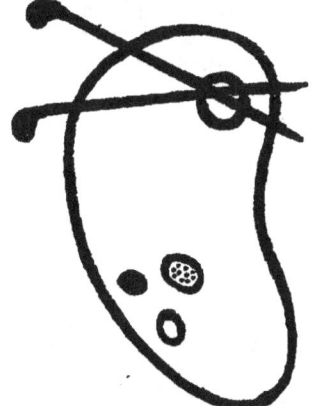

Original en couleur
NF Z 43-120-8

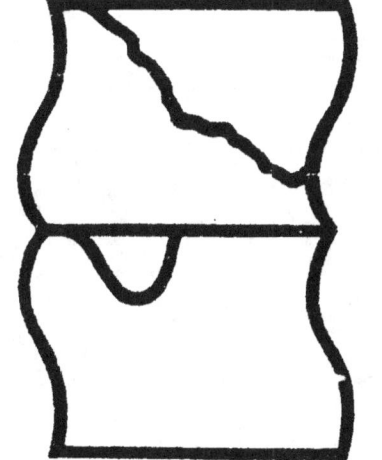

Texte détérioré — reliure défectueuse
NF Z 43-120-11

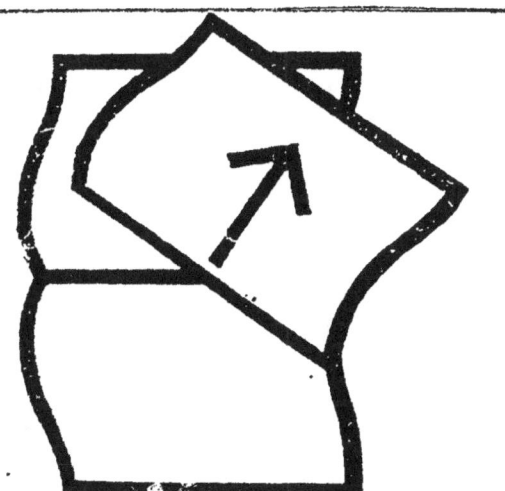

Couverture supérieure manquante

BIBLIOTHÈQUE DES MEILLEURS ROMANS ÉTRANGERS

ÉDITIONS A 1 FRANC 25 CENTIMES LE VOLUME

ROMANS TRADUITS DE L'ANGLAIS

Ainsworth (W.) : Abigaïl, 1 v. — Crichton, 2 v. — Jack Sheppard, 2 v.
Anonymes : Les pilleurs d'épaves, 1 v. — Miss Mortimer, 1 v. — Paul Ferroll, 1 v. — Violette, 1 v. — Whitehall, 2 v. — Whitefriars, 2 v. — La veuve Berashy, 2 vol. — Tom Brown à Oxford, 2 vol. — Mehalah, 1 vol. — Molly Bawn, 1 vol.
Austen (Miss) : Persuasion, 1 v.
Beaconsfield (lord) : Endymion, 2 vol.
Beecher-Stowe (Mme) : La case de l'oncle Tom, 1 v. — La fiancée du ministre, 1 v.
Black (W.) : Anna-Beresford, 1 vol.
Blakmore (R.) : Erema, 2 vol.
Braddon (Miss) : Œuvres, 31 volumes.
Bulver Lytton (sir Ed.) : Œuvres, 25 vol.
Conway (H.) : Le secret de la neige, 1 v.
Craik (Miss Mulock) : Deux mariages, 1 v. — Une noble femme, 1 v. — Mildred, 1 v.
Cummins (Miss) : L'allumeur de réverbères, 1 v. — Mabel Vaughan, 1 v. — La rose du Liban, 1 v.
Currer-Bell (Miss Bronte) : Jane Eyre, 2 v. — Le Professeur, 1 v. — Shirley, 2 v.
Dasent : Les Vikings de la Baltique, 2 v.
Derrick (F.) : Olive Vardoe, 2 v.
Dickens (Ch.) : Œuvres, 28 volumes.
Dickens et Collins : L'abîme, 1 v.
Voir aussi sous Beaconsfield.
Disraeli : Sybil, 2 v. — Lothair, 2 v.
Edwardes (Mrs Annie) : Un bas-bleu, 1 v. — Une singulière héroïne, 1 v.
Edwards (Miss Amélia) : L'héritage de Jacob Trefalden, 2 vol.
Elliot (E.) : Les Italiens, 1 vol.
Fleming (M.) : Un mariage extravagant, 1 v. — Le mystère de Catheron, 2 vol. — Les chaînes d'or, 1 vol.
Fullerton (lady) : L'oiseau du bon Dieu, 1 v. — Hélène Middleton, 1 v.
Gaskell (Mrs) : Autour du sofa, 1 v. — Marie Barton, 1 v. — Marguerite Hall (Nord et Sud), 2 v. — Ruth, 1 v. — Les amoureux de Sylvie, 1 v. — Cousine Phillis, 1 v. — L'œuvre d'une nuit de mai, Le héros du fossoyeur, 1 v.
Grenville Murray : Le jeune Brown, 2 v. — La cabale du boudoir, 2 v. — Veuve ou mariée ? 1 v. — Une famille endettée, 1 v. — Étranges histoires, 1 v.
Hall (Cap. Basil) : Scènes de la vie maritime, 1 v. — Scènes du bord et de la terre ferme, 1 v.
Hamilton-Aïde : Rita, 1 v.

Hardy (T.) : La trompette-major, 1 v.
Harwood (J.) : Lord Ulswater, 2 vol.
Haworth (Miss) : Une méprise. — Les trois soldats de la Saint-Jean. — Morwell, 1 v.
Hawthorne : La lettre rouge, 1 v. — La maison aux 7 pignons, 1 v.
Hildreth : L'esclave blanc, 1 v.
Howells : Le passager de l'Arowslock, 1 v.
James : Léonora d'Orco, 1 v. — L'Américain à Paris, 2 v. — Roderick Hudson, 1 v.
Jenkin (Mrs) : Qui ayant paix, 1 v.
Jerrold (D.) : Sans les villains, 1 v.
Kavanagh (J.) : Tuteur et pupille, 2 v.
Kingsley (H.) : à deux ans, 2 v.
Lawrence (G.) : Frontière et prison, 1 v. — Guy Livingstone, 1 v. — Honneur oblige, 2 v. — L'épée et la robe, 1 v. — Maurice Dering, 1 v. — Flora Bellamy, 2 v.
Longfellow : Drames et poésies, 1 v.
Marryat (Miss) : Deux amours, 2 v.
Marsh (Mrs) : Le contrefait, 1 v.
Mayne-Reid : La piste de guerre, 1 v. — Quarteronne, 1 v. — Le doigt du destin, 1 v. — Le roi des Séminoles, 1 v. — Les partisans, 1 v.
Melville (Whyte) : Les gladiateurs et Judée, 2 v. — Katerfelto, 1 v. — Qraid, 2 v. — Kate Coventry, 1 v. — Cerbolla, 1 v.
Ouida : Ariane, 2 v. — Pascarel, 1 v.
Page (H.) : Un collège de femmes, 1 v.
Poynter (E.) : Hetty, 1 v.
Reade et Dion Boucicault : L'île providentielle, 2 v.
Seagrave (A.) : Marmorne, 1 v.
Smith (J.) : L'héritage, 3 vol.
Stephens (Miss) : Opulence et misère, 1 v.
Thackeray : Henry Esmond, 2 v. — Histoire de Pendennis, 3 v. — La foire aux vanités, 2 v. — Le livre des Snobs, 1 v. — Mémoires de Barry Lyndon, 1 v.
Thackeray (Miss) : Sur la falaise, 1 v.
Tawnsend (V.-F.) : Madeline, 1 v.
Trolloppe (A.) : Le domaine de Belton, 1 v. — La veuve remariée, 2 v. — Le cousin Henry, 1 v.
Trolloppe (Mrs) : La Pupille, 1 v.
Wilkie Collins : Œuvres, 16 volumes.
Wood (Mrs) : Les ailes de lord Oakburn, 2 v. — Le serment de Lady Adélaïde, 2 v. — Le maître de Greylands, 2 v. — La gloire des Verner, 2 v. — Edina, 2 v. — L'héritier de Court-Netherleigh, 2 v.

Coulommiers. — Imp. P. Brodard et Gallois.

CONTES DE NOËL

OUVRAGES DU MÊME AUTEUR

EN VENTE A LA LIBRAIRIE HACHETTE ET Cie

Œuvres de Charles Dickens, traduites de l'anglais sous la direction de P. Lorain. 28 vol.

Aventures de M. Pickwick. 2 vol.
Barnabé Rudge. 2 vol.
Bleak-House. 2 vol.
Contes de Noël. 1 vol.
David Copperfield. 2 vol.
La petite Dorrit. 2 vol.
Dombey et fils. 3 vol.
Le Magasin d'antiquités. 2 vol.
Les temps difficiles. 1 vol.
Nicolas Nickleby. 2 vol.
Olivier Twist. 1 vol.
Paris et Londres en 1793. 1 vol.
Vie et aventures de Martin Chuzzlewit. 2 vol.
Les grandes Espérances. 2 vol.
L'ami commun. 2 vol.
Le Mystère d'Edwin Drood. 1 vol.

DICKENS et COLLINS: L'Abîme, traduit de l'anglais, par Mme Judith. 1 vol.

Coulommiers. — Typog. P. BRODARD et GALLOIS

CH. DICKENS

CONTES DE NOËL

TRADUITS DE L'ANGLAIS

AVEC L'AUTORISATION DE L'AUTEUR

SOUS LA DIRECTION DE P. LORAIN

PAR Mlle DE SAINT-ROMAIN ET M. DE GOY

Le Chant de Noël. — Les Carillons
Le Grillon du foyer. — La Bataille de la vie
Le Possédé.

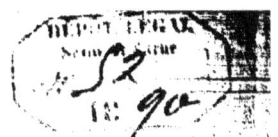

PARIS

LIBRAIRIE HACHETTE ET Cie

79, BOULEVARD SAINT-GERMAIN, 79

1890

Tous droits réservés

CANTIQUE DE NOËL

EN PROSE

CANTIQUE DE NOËL

EN PROSE.

PREMIER COUPLET.

Le spectre de Marley.

Marley était mort, pour commencer. Là-dessus, pas l'ombre d'un doute. Le registre mortuaire était signé par le ministre, le clerc, l'entrepreneur des pompes funèbres et celui qui avait mené le deuil. Scrooge l'avait signé, et le nom de Scrooge était bon à la bourse, quel que fût le papier sur lequel il lui plût d'apposer sa signature.

Le vieux Marley était aussi mort qu'un clou de porte[1].

Attention! je ne veux pas dire que je sache par moi-même ce qu'il y a de particulièrement mort dans un clou de porte. J'aurais pu, quant à moi, me sentir porté plutôt à regarder un clou de cercueil comme le morceau de fer le plus mort qui soit dans le commerce; mais la sagesse de nos ancêtres éclate dans les similitudes, et mes mains profanes n'iront pas toucher l'arche sainte; autrement le pays est perdu. Vous me permettrez donc de répéter avec énergie que Marley était aussi mort qu'un clou de porte.

Scrooge savait-il qu'il fût mort? Sans contredit. Comment aurait-il pu en être autrement? Scrooge et lui étaient associés depuis je ne sais combien d'années. Scrooge était son seul exécuteur testamentaire, le seul administrateur de son bien, son seul ayant cause, son seul légataire universel, son unique ami, le seul qui eût suivi son convoi. Quoiqu'à dire vrai, il ne fût pas si terriblement bouleversé par ce triste événement, qu'il ne se

---

1. Locution proverbiale en Angleterre.

montrât un habile homme d'affaires le jour même des funérailles et qu'il ne l'eût solennisé par un marché des plus avantageux.

La mention des funérailles de Marley me ramène à mon point de départ. Il n'y a pas de doute que Marley était mort : ceci doit être parfaitement compris, autrement l'histoire que je vais raconter ne pourrait rien avoir de merveilleux. Si nous n'étions bien convaincus que le père d'Hamlet est mort, avant que la pièce commence, il n'y aurait rien de plus remarquable à le voir rôder la nuit, par un vent d'est, sur les remparts de sa ville, qu'à voir tout autre monsieur d'un âge mûr se promener mal à propos au milieu des ténèbres, dans un lieu rafraîchi par la brise, comme serait, par exemple, le cimetière de Saint-Paul, simplement pour frapper d'étonnement l'esprit faible de son fils.

Scrooge n'effaça jamais le nom du vieux Marley. Il était encore inscrit, plusieurs années après, au-dessus de la porte du magasin : *Scrooge et Marley*. La maison de commerce était connue sous la raison Scrooge et Marley. Quelquefois des gens peu au courant des affaires l'appelaient Scrooge-Scrooge, quelquefois Marley tout court; mais il répondait également à l'un et à l'autre nom; pour lui c'était tout un.

Oh! il tenait bien le poing fermé sur la meule, le bonhomme Scrooge! Le vieux pécheur était un avare qui savait saisir fortement, arracher, tordre, pressurer, gratter, ne point lâcher surtout! Dur et tranchant comme une pierre à fusil dont jamais l'acier n'a fait jaillir une étincelle généreuse, secret, renfermé en lui-même et solitaire comme une huître. Le froid qui était au dedans de lui gelait son vieux visage, pinçait son nez pointu, ridait sa joue, rendait sa démarche roide et ses yeux rouges, bleuissait ses lèvres minces et se manifestait au dehors par le son aigre de sa voix. Une gelée blanche recouvrait constamment sa tête, ses sourcils et son menton fin et nerveux. Il portait toujours et partout avec lui sa température au-dessous de zéro; il glaçait son bureau aux jours caniculaires et ne le dégelait pas d'un degré à Noël.

La chaleur et le froid extérieurs avaient peu d'influence sur Scrooge. Les ardeurs de l'été ne pouvaient le réchauffer, et l'hiver le plus rigoureux ne parvenait pas à le refroidir. Aucun souffle de vent n'était plus âpre que lui. Jamais neige en tombant n'alla plus droit à son but, jamais pluie battante ne fut plus inexorable. Le mauvais temps ne savait par où trouver prise sur lui; les plus fortes averses, la neige, la grêle, les giboulées ne pouvaient se vanter d'avoir sur lui qu'un avantage : elles tombaient souvent « avec *profusion*. » Scrooge ne connut jamais ce mot.

Personne ne l'arrêta jamais dans la rue pour lui dire d'un air satisfait : « Mon cher Scrooge, comment vous portez-vous? quand viendrez-vous me voir? » Aucun mendiant n'implorait de lui le plus léger secours, aucun enfant ne lui demandait l'heure. On ne vit jamais personne, soit homme, soit femme, prier Scrooge, une seule fois dans toute sa vie, de lui indiquer le chemin de tel ou tel endroit. Les chiens d'aveugle eux-mêmes semblaient le connaître, et, quand ils le voyaient venir, ils entraînaient leurs maîtres sous les portes cochères et dans les ruelles, puis remuaient la queue comme pour dire : « Mon pauvre maître aveugle, mieux vaut pas d'œil du tout qu'un mauvais œil ! »

Mais qu'importait à Scrooge? C'était là précisément ce qu'il voulait. Se faire un chemin solitaire le long des grands chemins de la vie fréquentés par la foule, en avertissant les passants par un écriteau qu'ils eussent à se tenir à distance, c'était pour Scrooge du vrai nanan, comme disent les petits gourmands.

Un jour, le meilleur de tous les bons jours de l'année, la veille de Noël, le vieux Scrooge était assis, fort occupé, dans son comptoir. Il faisait un froid vif et perçant, le temps était brumeux; Scrooge pouvait entendre les gens aller et venir dehors dans la ruelle, soufflant dans leurs doigts, respirant avec bruit, se frappant la poitrine avec les mains et tapant des pieds sur le trottoir pour les réchauffer. Trois heures seulement venaient de sonner aux horloges de la Cité, et cependant il était déjà presque nuit. Il n'avait pas fait clair de tout le jour, et les lumières qui paraissaient derrière les fenêtres des comptoirs voisins ressemblaient à des taches de graisse rougeâtres qui s'étalaient sur le fond noirâtre d'un air épais et en quelque sorte palpable. Le brouillard pénétrait dans l'intérieur des maisons par toutes les fentes et les trous de serrure; au dehors il était si dense, que, quoique la rue fût des plus étroites, les maisons en face ne paraissaient plus que comme des fantômes. A voir les nuages sombres s'abaisser de plus en plus et répandre sur tous les objets une obscurité profonde, on aurait pu croire que la nature était venue s'établir tout près de là pour y exploiter une brasserie montée sur une vaste échelle.

La porte du comptoir de Scrooge demeurait ouverte, afin qu'il pût avoir l'œil sur son commis qui se tenait un peu plus loin, dans une petite cellule triste, sorte de citerne sombre, occupé à copier des lettres. Scrooge avait un très-petit feu, mais celui du commis était beaucoup plus petit encore : on aurait dit qu'il n'y avait qu'un seul morceau de charbon. Il ne pouvait l'augmenter, car Scrooge gardait la boîte à charbon dans sa chambre, et toutes les fois que le malheureux entrait avec la pelle, son patron ne manquait pas de lui déclarer qu'il serait forcé de le quitter. C'est pourquoi le commis mettait son cache-nez blanc et essayait de se réchauffer à la chandelle; mais comme ce n'était pas un homme de grande imaginative, ses efforts demeuraient superflus.

« Je vous souhaite un gai Noël, mon oncle, et que Dieu vous garde! » cria une voix joyeuse. C'était la voix du neveu de Scrooge, qui était venu le surprendre si vivement qu'il n'avait pas eu le temps de le voir.

« Bah! dit Scrooge, sottise! »

Il s'était tellement échauffé dans sa marche rapide par ce temps de brouillard et de gelée, le neveu de Scrooge, qu'il en était tout en feu; son visage était rouge comme une cerise, ses yeux étincelaient, et la vapeur de son haleine était encore toute fumante.

« Noël, une sottise, mon oncle! dit le neveu de Scrooge; ce n'est pas là ce que vous voulez dire sans doute?

— Si fait, répondit Scrooge. Un gai Noël! Quel droit avez-vous d'être gai? Quelle raison auriez-vous de vous livrer à des gaietés ruineuses? Vous êtes déjà bien assez pauvre!

— Allons, allons! reprit gaiement le neveu, quel droit avez-vous d'être triste? Quelle raison avez-vous de vous livrer à vos chiffres moroses? Vous êtes déjà bien assez riche!

— Bah! » dit encore Scrooge qui, pour le moment, n'avait pas une meilleure réponse prête; et son bah! fut suivi de l'autre mot : sottise!

« Ne soyez pas de mauvaise humeur, mon oncle, fit le neveu.

— Et comment ne pas l'être, repartit l'oncle, lorsqu'on vit dans un monde de fous tel que celui-ci? Un gai Noël! Au diable vos gais Noëls! Qu'est-ce que Noël, si ce n'est une époque pour payer l'échéance de vos billets, souvent sans avoir d'argent? un jour où vous vous trouvez plus vieux d'une année et pas plus riche d'une heure? un jour où, la balance de vos livres établie, vous reconnaissez, après douze mois écoulés, que chacun des articles qui s'y trouvent mentionnés vous a laissé sans le moindre profit? Si je pouvais en faire à ma tête, continua Scrooge d'un ton indigné, tout imbécile qui court les rues avec un gai Noël sur les lèvres serait mis bouillir dans la marmite avec son propre pouding et enterré avec une branche de houx au travers du cœur. C'est comme ça.

— Mon oncle! dit le neveu, voulant se faire l'avocat de Noël.

— Mon neveu! reprit l'oncle sévèrement, fêtez Noël à votre façon, et laissez-moi le fêter à la mienne.

— Fêter Noël! répéta le neveu de Scrooge; mais vous ne le fêtez pas, mon oncle.

— Alors laissez-moi ne pas le fêter. Grand bien puisse-t-il vous faire! Avec cela qu'il vous a toujours fait grand bien!

— Il y a quantité de choses, je l'avoue, dont j'aurais pu retirer quelque bien, sans en avoir profité néanmoins, répondit le neveu; Noël entre autres. Mais au moins ai-je toujours regardé le jour de Noël quand il est revenu (mettant de côté le respect dû à son nom sacré et à sa divine origine, si on peut les mettre de côté en songeant à Noël), comme un beau jour, un jour de bienveillance, de pardon, de charité, de plaisir, le seul, dans le long calendrier de l'année, où je sache que tous, hommes et femmes, semblent, par un consentement unanime, ouvrir librement les secrets de leurs cœurs et voir dans les gens au-dessous d'eux de vrais compagnons de voyage sur le chemin du tombeau, et non pas une autre race de créatures marchant vers un autre but. C'est pourquoi, mon oncle, quoiqu'il n'ait jamais mis dans ma poche la moindre pièce d'or ou d'argent, je crois que Noël m'a fait vraiment du bien et qu'il m'en fera encore; aussi je répète : Vive Noël! »

Le commis dans sa citerne applaudit involontairement; mais, s'apercevant à l'instant même qu'il venait de commettre une inconvenance, il voulut attiser le feu et ne fit qu'en éteindre pour toujours la dernière apparence d'étincelle.

« Que j'entende encore le moindre bruit de votre côté, dit Scrooge, et vous fêterez votre Noël en perdant votre place. Quant à vous, monsieur, ajouta-t-il en se tournant vers son neveu, vous êtes en vérité un orateur distingué. Je m'étonne que vous n'entriez pas au parlement.

— Ne vous fâchez pas, mon oncle. Allons, venez dîner demain chez nous. »

Scrooge dit qu'il voudrait le voir au.... oui, en vérité, il le dit. Il prononça le mot tout entier, et dit qu'il aimerait mieux le voir au d.... (Le lecteur finira le mot si cela lui plaît.)

« Mais pourquoi? s'écria son neveu.... Pourquoi?

— Pourquoi vous êtes-vous marié? demanda Scrooge.

— Parce que j'étais amoureux.

— Parce que vous étiez amoureux! grommela Scrooge, comme si c'était la plus grosse sottise du monde après le gai Noël. Bonsoir!

— Mais, mon oncle, vous ne veniez jamais me voir avant mon

mariage. Pourquoi vous en faire un prétexte pour ne pas venir maintenant ?

— Bonsoir, dit Scrooge.

— Je ne désire rien de vous ; je ne vous demande rien. Pourquoi ne serions-nous pas amis ?

— Bonsoir, dit Scrooge.

— Je suis peiné, bien sincèrement peiné de vous voir si résolu. Nous n'avons jamais eu rien l'un contre l'autre, au moins de mon côté. Mais j'ai fait cette tentative pour honorer Noël, et je garderai ma bonne humeur de Noël jusqu'au bout. Ainsi, un gai Noël, mon oncle !

— Bonsoir, dit Scrooge.

— Et je vous souhaite aussi la bonne année !

— Bonsoir, » dit Scrooge.

Son neveu quitta la chambre sans dire seulement un mot de mécontentement. Il s'arrêta à la porte d'entrée pour faire ses souhaits de bonne année au commis qui, bien que gelé, était néanmoins plus chaud que Scrooge, car il les lui rendit cordialement.

« Voilà un autre fou, murmura Scrooge, qui l'entendit de sa place : mon commis, avec quinze schellings par semaine, une femme et des enfants, parlant d'un gai Noël. Il y a de quoi se retirer aux petites maisons. »

Ce fou fieffé donc, en allant reconduire le neveu de Scrooge, avait introduit deux autres personnes. C'étaient deux messieurs de bonne mine, d'une figure avenante, qui se tenaient en ce moment, chapeau bas, dans le bureau de Scrooge. Ils avaient à la main des registres et des papiers, et le saluèrent.

« Scrooge et Marley, je crois ? dit l'un d'eux en consultant sa liste. Est-ce à M. Scrooge ou à M. Marley que j'ai le plaisir de parler ?

— M. Marley est mort depuis sept ans, répondit Scrooge. Il y a juste sept ans qu'il est mort, cette nuit même.

— Nous ne doutons pas que sa générosité ne soit bien représentée par son associé survivant, » dit l'étranger en présentant ses pouvoirs pour quêter.

Elle l'était certainement ; car les deux associés se ressemblaient comme deux gouttes d'eau. Au mot fâcheux de générosité, Scrooge fronça le sourcil, hocha la tête et rendit au visiteur ses certificats.

« A cette époque joyeuse de l'année, monsieur Scrooge, dit celui-ci en prenant une plume, il est plus désirable encore que d'habitude que nous puissions recueillir un léger secours pour les pauvres et les indigents qui souffrent énormément dans la saison où nous sommes. Il y en a des milliers qui manquent du plus strict nécessaire, et des centaines de mille qui n'ont pas à se donner le plus léger bien-être.

— N'y a-t-il pas des prisons? demanda Scrooge.

— Oh! en très-grand nombre, dit l'étranger laissant retomber sa plume.

— Et les maisons de refuge, continua Scrooge, ne sont-elles plus en activité?

— Pardon, monsieur, répondit l'autre; et plût à Dieu qu'elles ne le fussent pas!

— Le moulin de discipline et la loi des pauvres sont toujours en pleine vigueur, alors? dit Scrooge.

— Toujours; et ils ont fort à faire tous les deux.

— Oh! j'avais craint, d'après ce que vous me disiez d'abord, que quelque circonstance imprévue ne fût venue entraver la marche de ces utiles institutions. Je suis vraiment ravi d'apprendre le contraire, fit Scrooge.

— Persuadés qu'elles ne peuvent guère fournir une satisfaction chrétienne du corps et de l'âme à la multitude, quelques-uns d'entre nous s'efforcent de réunir une petite somme pour acheter aux pauvres un peu de viande et de bière, avec du charbon pour se chauffer. Nous choisissons cette époque, parce que c'est, de toute l'année, le temps où le besoin se fait le plus vivement sentir, et où l'abondance fait le plus de plaisir. Pour combien vous inscrirai-je?

— Pour rien! répondit Scrooge.

— Vous désirez garder l'anonyme.

— Je désire qu'on me laisse en repos. Puisque vous me demandez ce que je désire, messieurs, voilà ma réponse. Je ne me réjouis pas moi-même à Noël, et je ne puis fournir aux paresseux les moyens de se réjouir. J'aide à soutenir les établissements dont je vous parlais tout à l'heure; ils coûtent assez cher: ceux qui ne se trouvent pas bien ailleurs n'ont qu'à y aller.

— Il y en a beaucoup qui ne le peuvent pas, et beaucoup d'autres qui aimeraient mieux mourir.

— S'ils aiment mieux mourir, reprit Scrooge, ils feraient très-bien de suivre cette idée et de diminuer l'excédant de la population. Au reste, excusez-moi; je ne connais pas tout ça.

— Mais il vous serait facile de le connaître, observa l'étranger.

— Ce n'est pas ma besogne, répliqua Scrooge. Un homme a bien assez de faire ses propres affaires, sans se mêler de celles des autres. Les miennes prennent tout mon temps. Bonsoir, messieurs. »

Voyant clairement qu'il serait inutile de poursuivre leur requête, les deux étrangers se retirèrent. Scrooge se remit au travail, de plus en plus content de lui, et d'une humeur plus enjouée qu'à son ordinaire.

Cependant le brouillard et l'obscurité s'épaississaient tellement, que l'on voyait des gens courir çà et là par les rues avec des torches allumées, offrant leurs services aux cochers pour marcher devant les chevaux et les guider dans leur chemin. L'antique tour d'une église, dont la vieille cloche refrognée avait toujours l'air de regarder Scrooge curieusement à son bureau par une fenêtre gothique pratiquée dans le mur, devint invisible et sonna les heures, les demies et les quarts dans les nuages, avec des vibrations tremblantes et prolongées, comme si ses dents eussent claqué là-haut dans sa tête gelée. Le froid devint intense dans la rue même. Au coin de la cour, quelques ouvriers, occupés à réparer les conduits du gaz, avaient allumé un énorme brasier, autour duquel se pressait une foule d'hommes et d'enfants déguenillés, se chauffant les mains et clignant les yeux devant la flamme avec un air de ravissement. Le robinet de la fontaine était délaissé et les eaux refoulées qui s'étaient congelées tout autour lui formaient comme un cadre de glace misanthropique, qui faisait horreur à voir.

Les lumières brillantes des magasins, où les branches et les baies de houx pétillaient à la chaleur des becs de gaz placés derrière les fenêtres, jetaient sur les visages pâles des passants un reflet rougeâtre. Les boutiques de marchands de volailles et d'épiciers étaient devenues comme un décor splendide, un glorieux spectacle, qui ne permettait pas de croire que la vulgaire pensée de négoce et de trafic eût rien à démêler avec ce luxe inusité. Le lord-maire, dans sa puissante forteresse de Mansion-House, donnait ses ordres à ses cinquante cuisiniers et à ses cinquante sommeliers pour fêter Noël, comme doit le faire la maison d'un lord-maire; et même le petit tailleur qu'il avait condamné, le lundi précédent, à une amende de cinq schellings pour s'être laissé arrêter dans les rues ivre et faisant un tapage infernal, préparait tout dans son galetas pour le pouding du lendemain, tandis que sa maigre moitié sortait, avec son maigre nourrisson dans les bras, pour aller acheter à la boucherie le morceau de bœuf indispensable.

Cependant le brouillard redouble, le froid redouble ! un froid vif, âpre, pénétrant. Si le bon saint Dunstan avait seulement pincé le nez du diable avec un temps pareil, au lieu de se servir de ses armes familières, c'est pour le coup que le malin esprit n'aurait pas manqué de pousser des hurlements. Le propriétaire d'un jeune nez, petit, rongé, mâché par le froid affamé, comme les os sont rongés par les chiens, se baissa devant le trou de la serrure de Scrooge pour le régaler d'un chant de Noël; mais au premier mot de

>Dieu vous aide, mon gai monsieur!
>Que rien ne trouble votre cœur!

Scrooge saisit sa règle avec un geste si énergique que le chanteur s'enfuit épouvanté, abandonnant le trou de la serrure au brouillard et aux frimas qui semblèrent s'y précipiter vers Scrooge par sympathie.

Enfin l'heure de fermer le comptoir arriva. Scrooge descendit de son tabouret d'un air bourru, paraissant donner ainsi le signal tacite du départ au commis qui attendait dans la citerne et qui, éteignant aussitôt sa chandelle, mit son chapeau sur sa tête.

« Vous voudriez avoir toute la journée de demain, je suppose? dit Scrooge.

— Si cela vous convenait, monsieur.

— Cela ne me convient nullement, et ce n'est point juste. Si je vous retenais une demi-couronne pour ce jour-là, vous vous croiriez lésé, j'en suis sûr. »

Le commis sourit légèrement.

« Et cependant, dit Scrooge, vous ne me regardez pas comme lésé, moi, si je vous paye une journée pour ne rien faire. »

Le commis observa que cela n'arrivait qu'une fois l'an.

« Pauvre excuse pour mettre la main dans la poche d'un homme tous les 25 décembre, dit Scrooge en boutonnant sa redingote jusqu'au menton. Mais je suppose qu'il vous faut la journée tout entière; tâchez au moins de m'en dédommager en venant de bonne heure après-demain matin. »

Le commis le promit et Scrooge sortit en grommelant. Le comptoir fut fermé en un clin d'œil, et le commis, les deux bouts de son cache-nez blanc pendant jusqu'au bas de sa veste (car il n'élevait pas ses prétentions jusqu'à porter une redingote), se mit à glisser une vingtaine de fois sur le trottoir de Cornhill, à la suite d'une bande de gamins, en l'honneur de la veille de Noël, et, se dirigeant ensuite vers sa demeure à Camden-Town, il y arriva toujours courant de toutes ses forces pour jouer à colin-maillard.

Scrooge prit son triste dîner dans la triste taverne où il mangeait d'ordinaire. Ayant lu tous les journaux et charmé le reste de la soirée en parcourant son livre de compte, il alla chez lui pour se coucher. Il habitait un appartement occupé autrefois par feu son associé. C'était une enfilade de chambres obscures qui faisaient partie d'un vieux bâtiment sombre, situé à l'extrémité d'une ruelle où il avait si peu de raison d'être, qu'on ne pouvait s'empêcher de croire qu'il était venu se blottir là, un jour que, dans sa jeunesse, il jouait à cache-cache avec d'autres maisons et ne s'était plus ensuite souvenu de son chemin. Il était alors assez vieux et assez triste, car personne n'y habitait, excepté Scrooge, tous les autres appartements étant loués pour servir de comptoirs ou de bureaux. La cour était si obscure, que Scrooge lui-même, quoiqu'il en connût parfaitement chaque pavé, fut obligé de tâtonner avec les mains. Le brouillard et les frimas enveloppaient tellement la vieille porte sombre de la maison, qu'il semblait que le génie de l'hiver se tint assis sur le seuil, absorbé dans ses tristes méditations.

Le fait est qu'il n'y avait absolument rien de particulier dans le marteau de la porte, sinon qu'il était trop gros : le fait est encore que Scrooge l'avait vu soir et matin, chaque jour, depuis qu'il demeurait en ce lieu ; qu'en outre Scrooge possédait aussi peu de ce qu'on appelle imagination qu'aucun habitant de la Cité de Londres, y compris même, je crains d'être un peu téméraire, la corporation, les aldermen et les notables. Il faut bien aussi se mettre dans l'esprit que Scrooge n'avait pas pensé une seule fois à Marley, depuis qu'il avait, cette après-midi même, fait mention de la mort de son ancien associé, laquelle remontait à sept ans. Qu'on m'explique alors, si on le peut, comment il se fit que Scrooge, au moment où il mit la clef dans la serrure, vit dans le marteau, sans avoir prononcé de paroles magiques pour le transformer, non plus un marteau, mais la figure de Marley.

Oui, vraiment, la figure de Marley ! Ce n'était pas une ombre impénétrable comme les autres objets de la cour, elle paraissait au contraire entourée d'une lueur sinistre, semblable à un homard avarié dans une cave obscure. Son expression n'avait rien qui rappelât la colère ou la férocité, mais elle regardait Scrooge comme Marley avait coutume de le faire, avec des lunettes de spectre relevées sur son front de revenant. La chevelure était curieusement soulevée comme par un souffle ou une vapeur chaude, et, quoique les yeux fussent tout grands ouverts, ils demeuraient parfaitement immobiles. Cette circonstance et sa couleur livide la rendaient horrible ; mais l'horreur qu'éprouvait

Scrooge à sa vue ne semblait pas du fait de la figure, elle venait plutôt de lui-même et ne tenait pas à l'expression de la physionomie du défunt. Lorsqu'il eut considéré fixement ce phénomène, il n'y trouva plus qu'un marteau.

Dire qu'il ne tressaillit pas ou que son sang ne ressentit point une impression terrible à laquelle il avait été étranger depuis son enfance, serait un mensonge. Mais il mit la main sur la clef qu'il avait lâchée d'abord, la tourna brusquement, entra et alluma sa chandelle.

Il s'arrêta, un moment irrésolu, avant de fermer la porte, et commença par regarder avec précaution derrière elle, comme s'il se fût presque attendu à être épouvanté par la vue de la queue effilée de Marley s'avançant jusque dans le vestibule. Mais il n'y avait rien derrière la porte, excepté les écrous et les vis qui y fixaient le marteau ; ce que voyant, il dit : « Bah ! bah ! » en la poussant avec violence.

Le bruit résonna dans toute la maison comme un tonnerre. Chaque chambre au-dessus et chaque futaille au-dessous, dans la cave du marchand de vin, semblait rendre un son particulier pour faire sa partie dans ce concert d'échos. Scrooge n'était pas homme à se laisser effrayer par des échos. Il ferma solidement la porte, traversa le vestibule et monta l'escalier, prenant le temps d'ajuster sa chandelle chemin faisant.

Vous parlez des bons vieux escaliers d'autrefois par où l'on aurait fait monter facilement un carrosse à six chevaux ou le cortége d'un petit acte du parlement ; mais moi, je vous dis que celui de Scrooge était bien autre chose ; vous auriez pu y faire monter un corbillard, en le prenant dans sa plus grande largeur, la barre d'appui contre le mur, et la portière du côté de la rampe, et c'eût été chose facile : il y avait bien assez de place pour cela et plus encore qu'il n'en fallait. Voilà peut-être pourquoi Scrooge crut voir marcher devant lui, dans l'obscurité, un convoi funèbre. Une demi-douzaine des becs de gaz de la rue auraient eu peine à éclairer suffisamment le vestibule ; vous pouvez donc supposer qu'il y faisait joliment sombre avec la chandelle de Scrooge.

Il montait toujours, ne s'en souciant pas plus que de rien du tout. L'obscurité ne coûte pas cher, c'est pour cela que Scrooge ne la détestait pas. Mais avant de fermer sa lourde porte, il parcourut les pièces de son appartement pour voir si tout était en ordre. C'était peut-être un souvenir inquiet de la mystérieuse figure qui lui trottait dans la tête.

Le salon, la chambre à coucher, la chambre de débarras,

tout se trouvait en ordre. Personne sous la table, personne sous le sofa; un petit feu dans la grille ; la cuiller et la tasse prêtes; et sur le feu la petite casserole d'eau de gruau (car Scrooge avait un rhume de cerveau). Personne sous son lit, personne dans le cabinet, personne dans sa robe de chambre suspendue contre la muraille dans une attitude suspecte. La chambre de débarras comme d'habitude : un vieux garde-feu, de vieilles savates, deux paniers à poisson, un lavabo sur trois pieds et un fourgon.

Parfaitement rassuré, Scrooge tira sa porte et s'enferma à double tour, ce qui n'était point son habitude. Ainsi garanti de toute surprise, il ôta sa cravate, mit sa robe de chambre, ses pantoufles et son bonnet de nuit, et s'assit devant le feu pour prendre son gruau.

C'était, en vérité, un très-petit feu, si peu que rien pour une nuit si froide. Il fut obligé de s'asseoir tout près et de le couver en quelque sorte, avant de pouvoir extraire la moindre sensation de chaleur d'un feu si mesquin qu'il aurait tenu dans la main. Le foyer ancien avait été construit, il y a longtemps, par quelque marchand hollandais, et garni tout autour de plaques flamandes sur lesquelles on avait représenté des scènes de l'Écriture. Il y avait des Caïn et des Abel, des filles de Pharaon, des reines de Saba, des messagers angéliques descendant au travers des airs sur des nuages semblables à des lits de plume, des Abraham, des Balthazar, des apôtres s'embarquant dans des bateaux en forme de saucière, des centaines de figures capables de distraire sa pensée ; et cependant, ce visage de Marley, mort depuis sept ans, venait, comme la baguette de l'ancien prophète, absorber tout le reste. Si chacune de ces plaques vernies eût commencé par être un cadre vide avec le pouvoir de représenter sur sa surface unie quelques formes composées des fragments épars des pensées de Scrooge, chaque carreau aurait offert une copie de la tête du vieux Marley.

« Sottise ! » dit Scrooge ; et il se mit à marcher dans la chambre de long en large.

Après plusieurs tours, il se rassit. Comme il se renversait la tête dans son fauteuil, son regard s'arrêta par hasard sur une sonnette hors de service suspendue dans la chambre et qui, pour quelque dessein depuis longtemps oublié, communiquait avec une pièce située au dernier étage de la maison. Ce fut avec une extrême surprise, avec une terreur étrange, inexplicable, qu'au moment où il la regardait, il vit cette sonnette commencer à se mettre en mouvement. Elle s'agita d'abord si doucement, qu'à peine rendit-elle un son; mais bientôt elle sonna à double carillon, et toutes les autres sonnettes de la maison se mirent de la partie.

Cela ne dura peut-être qu'une demi-minute ou une minute au plus, mais cette minute pour Scrooge fut aussi longue qu'une heure. Les sonnettes s'arrêtèrent comme elles avaient commencé, toutes en même temps. Leur bruit fut remplacé par un choc de ferrailles venant de profondeurs souterraines, comme si quelqu'un traînait une lourde chaîne sur les tonneaux dans la cave du marchand de vin. Scrooge se souvint alors d'avoir ouï dire que, dans les maisons hantées par les revenants, ils traînaient toujours des chaînes après eux.

La porte de la cave s'ouvrit avec un horrible fracas, et alors il entendit le bruit devenir beaucoup plus fort au rez-de-chaussée, puis monter l'escalier, et enfin s'avancer directement vers sa porte.

« Sottise encore que tout cela! dit Scrooge; je ne veux pas y croire. »

Il changea cependant de couleur, lorsque, sans le moindre temps d'arrêt, le spectre traversa la porte massive et, pénétrant dans la chambre, passa devant ses yeux. Au moment où il entrait, la flamme mourante se releva comme pour crier : « Je le reconnais ! c'est le spectre de Marley ! » puis elle retomba.

Le même visage, absolument le même. Marley avec sa queue effilée, son gilet ordinaire, ses pantalons collants et ses bottes dont les glands de soie se balançaient en mesure avec sa queue, les pans de son habit et son toupet. La chaîne qu'il traînait était passée autour de sa ceinture; elle était longue, tournait autour de lui comme une queue, et était faite (car Scrooge la considéra de près) de coffre-forts, de clefs, de cadenas, de grands-livres, de paperasses et de bourses pesantes en acier. Son corps était transparent, si bien que Scrooge, en l'observant et regardant à travers son gilet, pouvait voir les deux boutons cousus par derrière à la taille de son habit.

Scrooge avait souvent entendu dire que Marley n'avait pas d'entrailles, mais il ne l'avait jamais cru jusqu'alors.

Non, et même il ne le croyait pas encore. Quoique son regard pût traverser le fantôme d'outre en outre, quoiqu'il le vît là debout devant lui, quoiqu'il sentît l'influence glaciale de ses yeux glacés par la mort, quoiqu'il remarquât jusqu'au tissu du foulard plié qui lui couvrait la tête, en passant sous son menton, et auquel il n'avait point pris garde auparavant, il refusait encore de croire et luttait contre le témoignage de ses sens.

« Que veut dire ceci ? fit Scrooge caustique et froid comme toujours. Que désirez-vous de moi ?
— Beaucoup de choses ! »
C'est la voix de Marley, plus de doute à cet égard.
« Qui êtes-vous ?
— Demandez-moi qui j'étais ?
— Qui étiez-vous alors ? dit Scrooge élevant la voix. Vous êtes bien puriste.... pour une ombre.
— De mon vivant j'étais votre associé, Jacob Marley.
— Pouvez-vous.... pouvez-vous vous asseoir? demanda Scrooge en le regardant d'un air de doute.
— Je le puis.
— Alors faites-le. »

Scrooge fit cette question parce qu'il ne savait pas si un spectre aussi transparent pourrait se trouver dans la condition voulue pour prendre un siége, et il sentait que, si par hasard la chose était impossible, il le réduirait à la nécessité d'une explication embarrassante. Mais le fantôme s'assit vis-à-vis de lui, de l'autre côté de la cheminée, comme s'il ne faisait que cela toute la journée.

« Vous ne croyez pas en moi? observa le spectre.
— Non, dit Scrooge.
— Quelle preuve de ma réalité voudriez-vous avoir, outre le témoignage de vos sens ?
— Je ne sais trop, répondit Scrooge.
— Pourquoi doutez-vous de vos sens?
— Parce que, fit Scrooge, la moindre chose suffit pour les affecter. Il suffit d'un léger dérangement dans l'estomac pour les rendre trompeurs ; et vous pourriez bien n'être au bout du compte qu'une tranche de bœuf mal digérée, une demi-cuillerée de moutarde, un morceau de fromage, un fragment de pomme de terre mal cuite. Qui que vous soyez, pour un mort vous sentez plus la bierre que la bière. »

Scrooge n'était pas trop dans l'habitude de faire des calembours, et il se sentait alors réellement, au fond du cœur, fort peu disposé à faire le plaisant. La vérité est qu'il essayait ce badinage comme un moyen de faire diversion à ses pensées et de surmonter son effroi, car la voix du spectre le faisait frissonner jusque dans la moelle des os.

Demeurer assis, même pour un moment, ses regards arrêtés sur ces yeux fixes, vitreux, c'était là, Scrooge le sentait bien, une épreuve diabolique. Il y avait aussi quelque chose de vraiment terrible dans cette atmosphère infernale dont le spectre était environné. Scrooge ne pouvait la sentir lui-même, mais elle n'était pas moins réelle; car, quoique le spectre restât assis, parfaitement immobile, ses cheveux, les basques de son habit, les glands de ses bottes étaient encore agités comme par la vapeur chaude qui s'exhale d'un four.

« Voyez-vous ce cure-dents? dit Scrooge retournant vivement à la charge, pour donner le change à sa frayeur, et désirant, ne fût-ce que pour une seconde, détourner de lui le regard du spectre, froid comme un marbre.

— Oui, répondit le fantôme.

— Mais vous ne le regardez seulement pas, dit Scrooge.

— Cela ne m'empêche pas de le voir, dit le spectre.

— Eh bien! reprit Scrooge, je n'ai qu'à l'avaler, et le reste de mes jours je serai persécuté par une légion de lutins, tous de ma propre création. Sottise, je vous dis.... sottise! »

A ce mot, le spectre poussa un cri effrayant et secoua sa chaîne avec un bruit si lugubre et si épouvantable, que Scrooge se cramponna à sa chaise pour s'empêcher de tomber en défaillance. Mais combien redoubla son horreur lorsque le fantôme, ôtant le bandage qui entourait sa tête, comme s'il était trop chaud pour le garder dans l'intérieur de l'appartement, sa mâchoire inférieure retomba sur sa poitrine.

Scrooge tomba à genoux et se cacha le visage dans ses mains

« Miséricorde! s'écria-t-il. Épouvantable apparition!... pourquoi venez-vous me tourmenter?

— Ame mondaine et terrestre! répliqua le spectre; croyez-vous en moi ou n'y croyez-vous pas?

— J'y crois, dit Scrooge; il le faut bien. Mais pourquoi les esprits se promènent-ils sur terre, et pourquoi viennent-ils me trouver?

— C'est une obligation de chaque homme, répondit le spectre, que son âme renfermée au dedans de lui se mêle à ses semblables et voyage de tous côtés; si elle ne le fait pendant la vie, elle est condamnée à le faire après la mort. Elle est obligée d'errer par le monde.... (oh! malheureux que je suis!).... et doit être témoin inutile de choses dont il ne lui est plus possible de prendre sa part, quand elle aurait pu en jouir avec les autres sur la terre pour les faire servir à son bonheur! »

Le spectre poussa encore un cri, secoua sa chaîne et tordit ses mains fantastiques.

« Vous êtes enchaîné? dit Scrooge tremblant; dites-moi pourquoi.

— Je porte la chaîne que j'ai forgée pendant ma vie, répondit le fantôme. C'est moi qui l'ai faite anneau par anneau, mètre par mètre; c'est moi qui l'ai suspendue autour de mon corps, librement et de ma propre volonté, comme je la porterai toujours de mon plein gré. Est-ce que le modèle vous en paraît étrange ? »

Scrooge tremblait de plus en plus.

« Ou bien voudriez-vous savoir, poursuivit le spectre, le poids et la longueur du câble énorme que vous traînez vous-même ? Il était exactement aussi long et aussi pesant que cette chaîne que vous voyez, il y aujourd'hui sept veilles de Noël. Vous y avez travaillé depuis. C'est une bonne chaîne à présent ! »

Scrooge regarda autour de lui sur le plancher, s'attendant à se trouver lui-même entouré de quelque cinquante ou soixante brasses de câbles de fer; mais il ne vit rien.

« Jacob, dit-il d'un ton suppliant, mon vieux Jacob Marley, parlez-moi encore. Adressez-moi quelques paroles de consolation, Jacob.

— Je n'ai pas de consolation à donner, reprit le spectre. Les consolations viennent d'ailleurs, Ebenezer Scrooge ; elles sont apportées par d'autres ministres à d'autres espèces d'hommes que vous. Je ne puis non plus vous dire tout ce que je voudrais. Je n'ai plus que très-peu de temps à ma disposition. Je ne puis me reposer, je ne puis m'arrêter, je ne puis séjourner nulle part. Mon esprit ne s'écarta jamais guère au delà de notre comptoir ; vous savez, pendant ma vie, mon esprit ne dépassa jamais les étroites limites de notre bureau de change ; et voilà pourquoi, maintenant, il me reste à faire tant de pénibles voyages. »

C'était chez Scrooge une habitude de fourrer les mains dans les goussets de son pantalon toutes les fois qu'il devenait pensif. Réfléchissant à ce qu'avait dit le fantôme, il prit la même attitude, mais sans lever les yeux et toujours agenouillé.

« Il faut donc que vous soyez bien en retard, Jacob, observa Scrooge en véritable homme d'affaires, quoique avec humilité et déférence.

— En retard ! répéta le spectre.

— Mort depuis sept ans, rumina Scrooge, et en route tout ce temps-là.

— Tout ce temps-là, dit le spectre.... ni trêve ni repos, l'incessante torture du remords.

— Vous voyagez vite ? demanda Scrooge.

— Sur les ailes du vent, répliqua le fantôme.

— Vous devez avoir vu bien du pays en sept ans, » reprit Scrooge.

Le spectre, entendant ces paroles, poussa un troisième cri, et produisit avec sa chaîne un cliquetis si horrible dans le morne silence de la nuit, que le guet aurait eu toutes les raisons du monde de le traduire en justice pour cause de tapage nocturne.

« Oh! captif, enchaîné, chargé de fers! s'écria-t-il, pour avoir oublié que chaque homme doit s'associer, pour sa part, au grand travail de l'humanité, prescrit par l'Être suprême, et en perpétuer le progrès, car cette terre doit passer dans l'éternité avant que le bien dont elle est susceptible soit entièrement développé: pour avoir oublié que l'immensité de nos regrets ne pourra pas compenser les occasions manquées dans notre vie! et cependant c'est ce que j'ai fait: oh! oui, malheureusement, c'est ce que j'ai fait!

— Cependant vous fûtes toujours un homme exact, habile en affaires, Jacob, balbutia Scrooge qui commençait en ce moment à faire un retour sur lui-même.

— Les affaires! s'écria le fantôme en se tordant de nouveau les mains. C'est l'humanité qui était mon affaire; c'est le bien général qui était mon affaire; c'est la charité, la miséricorde, la tolérance et la bienveillance; c'est tout cela qui était mon affaire. Les opérations de mon commerce n'étaient qu'une goutte d'eau dans le vaste océan de mes affaires. »

Il releva sa chaîne de toute la longueur de son bras, comme pour montrer la cause de tous ses stériles regrets, et la rejeta lourdement à terre.

« C'est à cette époque de l'année expirante, dit le spectre, que je souffre le plus. Pourquoi ai-je alors traversé la foule de mes semblables toujours les yeux baissés vers les choses de la terre, sans les lever jamais vers cette étoile bénie qui conduisit les mages à une pauvre demeure? N'y avait-il donc pas de pauvres demeures aussi vers lesquelles sa lumière aurait pu me conduire? »

Scrooge était très-effrayé d'entendre le spectre continuer sur ce ton, et il commençait à trembler de tous ses membres.

« Écoutez-moi, s'écria le fantôme. Mon temps est bientôt passé.

— J'écoute, dit Scrooge; mais épargnez-moi, ne faites pas trop de rhétorique, Jacob, je vous en prie.

— Comment se fait-il que je paraisse devant vous sous une forme que vous puissiez voir, je ne saurais le dire. Je me suis assis mainte et mainte fois à vos côtés en restant invisible. »

Ce n'était pas une idée agréable. Scrooge fut saisi de frissons et essuya la sueur qui découlait de son front.

« Et ce n'est pas mon moindre supplice, continua le spectre.... Je suis ici ce soir pour vous avertir qu'il vous reste encore une chance et un espoir d'échapper à ma destinée, une chance et un espoir que vous tiendrez de moi, Ebenezer.

— Vous fûtes toujours pour moi un bon ami, dit Scrooge. Merci.

— Vous allez être hanté par trois esprits, » ajouta le spectre.

La figure de Scrooge devint en un moment aussi pâle que celle du fantôme lui-même.

« Est-ce là cette chance et cet espoir dont vous me parliez Jacob? demanda-t-il d'une voix défaillante.

— Oui.

— Je.... je.... crois que j'aimerais mieux qu'il n'en fût rien, dit Scrooge.

— Sans leurs visites, reprit le spectre, vous ne pouvez espérer d'éviter mon sort. Attendez-vous à recevoir le premier demain quand l'horloge sonnera une heure.

— Ne pourrais-je pas les prendre tous à la fois pour en finir, Jacob? insinua Scrooge.

— Attendez le second à la même heure la nuit d'après, et le troisième la nuit suivante, quand le dernier coup de minuit aura cessé de vibrer. Ne comptez pas me revoir, mais, dans votre propre intérêt, ayez soin de vous rappeler ce qui vient de se passer entre nous. »

Après avoir ainsi parlé, le spectre prit sa mentonnière sur la table et l'attacha autour de sa tête comme auparavant. Scrooge le comprit au bruit sec que firent ses dents lorsque les deux mâchoires furent réunies l'une à l'autre par le bandage. Alors il se hasarda à lever les yeux et aperçut son visiteur surnaturel debout devant lui, portant sa chaîne roulée autour de son bras.

L'apparition s'éloigna en marchant à reculons; à chaque pas qu'elle faisait, la fenêtre se soulevait un peu, de sorte que quand le spectre l'eut atteinte, elle était toute grande ouverte. Il fit signe à Scrooge d'approcher; celui-ci obéit. Lorsqu'ils furent à deux pas l'un de l'autre, l'ombre de Marley leva la main et l'avertit de ne pas approcher davantage. Scrooge s'arrêta, non pas tant par obéissance que par surprise et par crainte; car, au moment où le fantôme leva la main, il entendit des bruits confus dans l'air, des sons incohérents de lamentation et de désespoir, des plaintes d'une inexprimable tristesse, des voix de regrets et de remords. Le spectre, ayant un moment prêté l'oreille, se joignit à ce chœur lugubre, et s'évanouit au sein de la nuit pâle et sombre.

Scrooge suivit l'ombre jusqu'à la fenêtre, et, dans sa curiosité haletante, il regarda par la croisée.

L'air était rempli de fantômes errant çà et là, comme des âmes en peine, exhalant, à mesure qu'ils passaient, de profonds gémissements. Chacun d'eux traînait une chaîne comme le spectre de Marley; quelques-uns, en petit nombre (c'étaient peut-être des cabinets de ministres complices d'une même politique), étaient enchaînés ensemble; aucun n'était libre. Plusieurs avaient été, pendant leur vie, personnellement connus de Scrooge. Il avait été intimement lié avec un vieux fantôme en gilet blanc, à la cheville duquel était attaché un monstrueux anneau de fer et qui se lamentait piteusement de ne pouvoir assister une malheureuse femme avec son enfant qu'il voyait au-dessous de lui sur le seuil d'une porte. Le supplice de tous ces spectres consistait évidemment en ce qu'ils s'efforçaient, mais trop tard, d'intervenir dans les affaires humaines, pour y faire quelque bien; ils en avaient pour jamais perdu le pouvoir.

Ces créatures fantastiques se fondirent-elles dans le brouillard ou le brouillard vint-il les envelopper dans son ombre, Scrooge n'en put rien savoir, mais et les ombres et leurs voix s'éteignirent ensemble, et la nuit redevint ce qu'elle était lorsqu'il était rentré chez lui.

Il ferma la fenêtre: il examina soigneusement la porte par laquelle était entré le fantôme. Elle était fermée à double tour, comme il l'avait fermée de ses propres mains; les verrous n'étaient point dérangés. Il essaya de dire: « Sottise! » mais il s'arrêta à la première syllabe. Se sentant un grand besoin de repos, soit par suite de l'émotion qu'il avait éprouvée des fatigues de la journée, de cet aperçu du monde invisible, ou de la triste conversation du spectre, soit à cause de l'heure avancée, il alla droit à son lit, sans même se déshabiller, et s'endormit aussitôt.

DEUXIÈME COUPLET.

Le premier des trois esprits.

Quand Scrooge s'éveilla, il faisait si noir, que, regardant de son lit, il pouvait à peine distinguer la fenêtre transparente des murs opaques de sa chambre. Il s'efforçait de percer l'obscurité avec ses yeux de furet, lorsque l'horloge d'une église voisine sonna les quatre quarts. Scrooge écouta pour savoir l'heure.

A son grand étonnement, la lourde cloche alla de six à sept, puis de sept à huit, et ainsi régulièrement jusqu'à douze; alors elle s'arrêta. Minuit! Il était deux heures passées quand il s'était couché. L'horloge allait donc mal? Un glaçon devait s'être introduit dans les rouages. Minuit!

Scrooge toucha le ressort de sa montre à répétition, pour corriger l'erreur de cette horloge qui allait tout de travers. Le petit pouls rapide de la montre battit douze fois et s'arrêta.

« Comment! il n'est pas possible, dit Scrooge, que j'aie dormi tout un jour et une partie d'une seconde nuit. Il n'est pas possible qu'il soit arrivé quelque chose au soleil et qu'il soit minuit à midi! »

Cette idée étant de nature à l'inquiéter, il sauta à bas de son lit et marcha à tâtons vers la fenêtre. Il fut obligé d'essuyer les vitres gelées avec la manche de sa robe de chambre avant de pouvoir rien voir, et encore il ne put pas voir grand'chose. Tout ce qu'il put distinguer, c'est que le brouillard était toujours très-épais, qu'il faisait extrêmement froid, qu'on n'entendait pas dehors les gens aller et venir et faire grand bruit, comme cela aurait indubitablement eu lieu si la nuit avait chassé le jour et pris possession du monde. Ce lui fut un grand soulagement; car, sans cela que seraient devenues ses lettres de change : « à trois jours de vue, payez à M. Ebenezer Scrooge ou à son ordre » et ainsi de suite? de pures hypothèques sur les brouillards de l'Hudson.

Scrooge reprit le chemin de son lit et se mit à penser, à repenser, à penser encore à tout cela, toujours et toujours et toujours, sans rien y comprendre. Plus il pensait, plus il était embarrassé; et plus il s'efforçait de ne pas penser, plus il pensait. Le spectre de Marley le troublait excessivement. Chaque fois qu'après un mûr examen, il décidait, au dedans de lui-même, que tout cela était un songe, son esprit, comme un ressort qui cesse d'être comprimé, retournait en hâte à sa première position, et lui présentait le même problème à résoudre: « était-ce ou n'était-ce pas un songe? »

Scrooge demeura dans cet état jusqu'à ce que le carillon eût sonné trois quarts d'heure de plus; alors il se souvint tout à coup que le spectre l'avait prévenu d'une visite quand le timbre sonnerait une heure. Il résolut de se tenir éveillé jusqu'à ce que l'heure fût passée, et considérant qu'il ne lui était pas plus possible de s'endormir que d'avaler la lune, c'était peut-être la résolution la plus sage qui fût en son pouvoir.

Ce quart d'heure lui parut si long, qu'il crut plus d'une fois s'être assoupi sans s'en apercevoir, et n'avoir pas entendu sonner l'heure. L'horloge à la fin frappa son oreille attentive.

« Ding, dong!

— Un quart, dit Scrooge comptant.

— Ding, dong!

— La demie! dit Scrooge.

— Ding, dong!

— Les trois quarts, dit Scrooge.

— Ding, dong!

— L'heure, l'heure! s'écria Scrooge triomphant, et rien autre! »

Il parlait avant que le timbre de l'horloge eût retenti; mais au moment où celui-ci eut fait entendre un coup profond, lugubre, sourd, mélancolique, une vive lueur brilla aussitôt dans la chambre et les rideaux de son lit furent tirés.

Les rideaux de son lit furent tirés, vous dis-je, de côté, par une main invisible; non pas les rideaux qui tombaient à ses pieds ou derrière sa tête, mais ceux vers lesquels son visage était tourné. Les rideaux de son lit furent tirés, et Scrooge, se dressant dans l'attitude d'une personne à demi couchée, se trouva face à face avec le visiteur surnaturel qui les tirait, aussi près de lui que je le suis maintenant de vous, et notez que je me tiens debout, en esprit, à votre coude.

C'était une étrange figure.... celle d'un enfant; et, néanmoins, pas aussi semblable à un enfant qu'à un vieillard vu au travers de quelque milieu surnaturel, qui lui donnait l'air de s'être éloigné à distance et d'avoir diminué jusqu'aux proportions d'un enfant. Ses cheveux, qui flottaient autour de son cou et tombaient sur son dos, étaient blancs comme si c'eût été l'effet de l'âge; et, cependant, son visage n'avait pas une ride, sa peau brillait de l'incarnat le plus délicat. Les bras étaient très-longs et musculeux; les mains de même, comme s'il eût possédé une force peu commune. Ses jambes et ses pieds, très-délicatement formés, étaient nus, comme les membres supérieurs. Il portait une tunique du blanc le plus pur, et autour de sa taille était serrée une ceinture lumineuse, qui brillait d'un vif éclat. Il tenait à la main une branche verte de houx fraîchement coupée; et, par un singulier contraste avec cet emblème de l'hiver, il avait ses vêtements garnis des fleurs de l'été. Mais la chose la plus étrange qui fût en lui, c'est que du sommet de sa tête jaillissait un brillant jet de lumière, à l'aide duquel toutes ces choses étaient visibles, et d'où venait, sans doute, que dans ses moments de tristesse, il se servait en guise de chapeau d'un grand éteignoir, qu'il tenait présentement sous son bras.

Ce n'était point là cependant, en regardant de plus près, son attribut le plus étrange aux yeux de Scrooge. Car, comme sa ceinture brillait et reluisait tantôt sur un point, tantôt sur un autre, ce qui était clair un moment devenait obscur l'instant d'après; l'ensemble de sa personne subissait aussi ces fluctuations et se montrait en conséquence sous des aspects divers. Tantôt c'était un être avec un seul bras, une seule jambe ou bien vingt jambes, tantôt deux jambes sans tête, tantôt une tête sans corps; les membres qui disparaissaient à la vue ne laissaient pas apercevoir un seul contour dans l'obscurité épaisse au milieu de laquelle ils s'évanouissaient. Puis, par un prodige singulier, il redevenait lui-même, aussi distinct et aussi visible que jamais.

« Monsieur, demanda Scrooge, êtes-vous l'esprit dont la venue m'a été prédite?

— Je le suis. »

La voix était douce et agréable, singulièrement basse, comme si, au lieu d'être si près de lui, il se fût trouvé dans l'éloignement.

« Qui êtes-vous donc? demanda Scrooge.

— Je suis l'esprit de Noël passé.

— Passé depuis longtemps? demanda Scrooge, remarquant la stature du nain.

— Non, votre dernier Noël. »

Peut-être Scrooge n'aurait pu dire pourquoi, si on le lui avait demandé, mais il éprouvait un désir tout particulier de voir l'esprit coiffé de son chapeau, et il le pria de se couvrir.

« Eh quoi! s'écria le spectre, voudriez-vous sitôt éteindre avec des mains mondaines la lumière que je donne? N'est-ce pas assez que vous soyez un de ceux dont les passions égoïstes m'ont fait ce chapeau et me forcent à le porter à travers les siècles enfoncé sur mon front! »

Scrooge nia respectueusement qu'il eût l'intention de l'offenser, et protesta qu'à aucune époque de sa vie il n'avait volontairement « coiffé » l'esprit. Puis il osa lui demander quelle besogne l'amenait.

« Votre bonheur! » dit le fantôme.

Scrooge se déclara fort reconnaissant, mais il ne put s'empêcher de penser qu'une nuit de repos non interrompu aurait contribué davantage à atteindre ce but. Il fallait que l'esprit l'eût entendu penser, car il dit immédiatement :

« Votre conversion, alors.... Prenez garde ! »

Tout en parlant, il étendit sa forte main, et le saisit doucement par le bras.

« Levez-vous ! et marchez avec moi ! »

C'eût été en vain que Scrooge aurait allégué que le temps et l'heure n'étaient pas propices pour une promenade à pied ; que son lit était chaud et le thermomètre bien au-dessous de glace ; qu'il était légèrement vêtu, n'ayant que ses pantoufles, sa robe de chambre et son bonnet de nuit ; et qu'en même temps il avait à ménager son rhume. Pas moyen de résister à cette étreinte, quoique aussi douce que celle d'une main de femme. Il se leva : mais s'apercevant que l'esprit se dirigeait vers la fenêtre, il saisit sa robe dans une attitude suppliante.

« Je ne suis qu'un mortel, lui représenta Scrooge, et par conséquent je pourrais bien tomber.

— Permettez seulement que ma main vous touche *là*, dit l'esprit mettant sa main sur le cœur de Scrooge, et vous serez soutenu dans bien d'autres épreuves encore. »

Comme il prononçait ces paroles, ils passèrent à travers la muraille et se trouvèrent sur une route en rase campagne, avec des champs de chaque côté. La ville avait entièrement disparu : on ne pouvait plus en voir de vestige. L'obscurité et le brouillard s'étaient évanouis en même temps, car c'était un jour d'hiver, brillant de clarté, et la neige couvrait la terre.

« Bon Dieu ! dit Scrooge en joignant les mains tandis qu'il promenait ses regards autour de lui. C'est en ce lieu que j'ai été élevé ; c'est ici que j'ai passé mon enfance ! »

L'esprit le regarda avec bonté. Son doux attouchement, quoiqu'il eût été léger et n'eût duré qu'un instant, avait réveillé la sensibilité du vieillard. Il avait la conscience d'une foule d'odeurs flottant dans l'air, dont chacune était associée avec un millier de pensées, d'espérances, de joies et de préoccupations oubliées depuis longtemps, bien longtemps !

« Votre lèvre tremble, dit le fantôme. Et qu'est-ce que vous avez donc là sur la joue ?

— Rien, dit Scrooge tout bas, d'une voix singulièrement émue, ce n'est pas la peur qui me creuse les joues ; ce n'est rien, c'est seulement une fossette que j'ai là. Menez-moi, je vous prie, où vous voulez.

— Vous vous rappelez le chemin ? demanda l'esprit.

— Me le rappeler ! s'écria Scrooge avec chaleur.... Je pourrais m'y retrouver les yeux bandés.

— Il est bien étrange alors que vous l'ayez oublié depuis tant d'années ! observa le fantôme. Avançons. »

Ils marchèrent le long de la route, Scrooge reconnaissant chaque porte, chaque poteau, chaque arbre, jusqu'à ce qu'un petit bourg apparut dans le lointain, avec son pont, son église et sa rivière au cours sinueux. Quelques poneys aux longs crins se montrèrent en ce moment trottant vers eux, montés par des enfants qui appelaient d'autres enfants juchés dans des carrioles rustiques et des charrettes que conduisaient des fermiers. Tous ces enfants étaient très-animés, et échangeaient ensemble mille cris variés, jusqu'à ce que les vastes campagnes furent si remplies de cette musique joyeuse, que l'air mis en vibration riait de l'entendre.

« Ce ne sont là que les ombres des choses qui ont été, dit le spectre. Elles ne se doutent pas de notre présence. »

Les gais voyageurs avancèrent vers eux ; et, à mesure qu'ils venaient, Scrooge les reconnaissait et appelait chacun d'eux par son nom. Pourquoi était-il réjoui, plus qu'on ne peut dire, de les voir ? pourquoi son œil, ordinairement sans expression, s'illuminait-il ? pourquoi son cœur bondissait-il à mesure qu'ils passaient ? Pourquoi fut-il rempli de bonheur quand il les entendit se souhaiter l'un à l'autre un gai Noël, en se séparant aux carrefours et aux chemins de traverse qui devaient les ramener chacun à son logis ? Qu'était un gai Noël pour Scrooge ? Foin du gai Noël ! Quel bien lui avait-il jamais fait ?

« L'école n'est pas encore tout à fait déserte, dit le fantôme. Il y reste encore un enfant solitaire, oublié par ses amis. »

Scrooge dit qu'il le reconnaissait, et il soupira.

Ils quittèrent la grand'route pour s'engager dans un chemin creux parfaitement connu de Scrooge, et s'approchèrent bientôt d'une construction en briques d'un rouge sombre, avec un petit dôme surmonté d'une girouette ; sur le toit, une cloche était suspendue. C'était une maison vaste, mais qui témoignait des vicissitudes de la fortune ; car on se servait peu de ses spacieuses dépendances ; leurs murs étaient humides et couverts de mousse, leurs fenêtres brisées et leurs portes délabrées. Des poules gloussaient et se pavanaient dans les écuries ; les remises et les hangars étaient envahis par l'herbe. A l'intérieur, elle n'avait pas gardé plus de restes de son ancien état ; car, en entrant dans le sombre vestibule, et, en jetant un regard à travers les portes ouvertes de plusieurs pièces, ils les trouvèrent pauvrement meublées, froides et solitaires; il y avait dans l'air une odeur de renfermé; tout, en ce lieu, respirait un dénûment glacial qui donnait à penser que ses habitants se levaient souvent avant le jour pour travailler, et n'avaient pas trop de quoi manger.

Ils allèrent, l'esprit et Scrooge, à travers le vestibule, à une porte située sur le derrière de la maison. Elle s'ouvrit devant eux, et laissa voir une longue salle triste et déserte, que rendaient plus déserte encore des rangées de bancs et de pupitres en simple sapin. A l'un de ces pupitres, près d'un faible feu, lisait un enfant demeuré tout seul; Scrooge s'assit sur un banc et pleura en se reconnaissant lui-même, oublié, délaissé comme il avait coutume de l'être alors.

Pas un écho endormi dans la maison, pas un cri des souris se livrant bataille derrière les boiseries, pas un son produit par le jet d'eau à demi gelé, tombant goutte à goutte dans l'arrière-cour, pas un soupir du vent parmi les branches sans feuilles d'un peuplier découragé, pas un battement sourd d'une porte de magasin vide, non, non, pas le plus léger pétillement du feu qui ne fît sentir au cœur de Scrooge sa douce influence, et ne donnât un plus libre cours à ses larmes.

L'esprit lui toucha le bras et lui montra l'enfant, cet autre lui-même, attentif à sa lecture.

Soudain, un homme vêtu d'un costume étranger, visible, comme je vous vois, parut debout derrière la fenêtre, avec une hache attachée à sa ceinture, et conduisant par le licou un âne chargé de bois. « Mais c'est Ali-Baba! s'écria Scrooge en extase. C'est le bon vieil Ali-Baba, l'honnête homme! Oui, oui, je le reconnais. C'est un jour de Noël que cet enfant là-bas avait été laissé ici tout seul, et que lui il vint, pour la première fois, précisément accoutré comme cela. Pauvre enfant! Et Valentin, dit Scrooge, et son coquin de frère, Orson; les voilà aussi. Et quel est son nom à celui-là, qui fut déposé, tout endormi, presque nu, à la porte de Damas; ne le voyez-vous pas? Et le palefrenier du sultan, renversé sens dessus dessous par les génies; le voilà la tête en bas! Bon! traitez-le comme il le mérite; j'en suis bien aise. Qu'avait-il besoin d'épouser la princesse? »

Quelle surprise pour ses confrères de la Cité, s'ils avaient pu entendre Scrooge dépenser tout ce que sa nature avait d'ardeur et d'énergie à s'extasier sur de tels souvenirs, moitié riant, moitié pleurant, avec un son de voix des plus extraordinaires, et voir l'animation empreinte sur les traits de son visage!

« Voilà le perroquet! continua-t-il; le corps vert et la queue jaune, avec une huppe semblable à une laitue sur le haut de la tête; le voilà! « pauvre Robinson Crusoé ! » lui criait-il quand il revint au logis, après avoir fait le tour de l'île en canot. « Pauvre Robinson Crusoé, où avez-vous été, Robinson Crusoé? » L'homme croyait rêver, mais non, il ne rêvait pas. C'était le perroquet vous savez. Voilà Vendredi courant à la petite baie pour sauver sa vie! Allons, vite, courage, houp! »

Puis, passant d'un sujet à un autre avec une rapidité qui n'était point dans son caractère, touché de compassion pour cet autre lui-même qui lisait ces contes : « Pauvre enfant! » répéta-t-il, et il se mit encore à pleurer.

« Je voudrais, murmura Scrooge en mettant la main dans sa poche et en regardant autour de lui après s'être essuyé les yeux avec sa manche; mais il est trop tard maintenant.

— Qu'y a-t-il? demanda l'esprit.

— Rien, dit Scrooge, rien. Je pensais à un enfant qui chantait un Noël hier soir à ma porte; je voudrais lui avoir donné quelque chose : voilà tout. »

Le fantôme sourit d'un air pensif, et, de la main, lui fit signe de se taire en disant : « Voyons un autre Noël. »

A ces mots, Scrooge vit son autre lui-même déjà grandi, et la salle devint un peu plus sombre et un peu plus sale. Les panneaux s'étaient fendillés, les fenêtres étaient crevassées, des fragments de plâtre étaient tombés du plafond, et les lattes se montraient à découvert. Mais comment tous ces changements à vue se faisaient-ils? Scrooge ne le savait pas plus que vous. Il savait seulement que c'était exact, que tout s'était passé comme cela, qu'il se trouvait là, seul encore, tandis que tous les autres jeunes garçons étaient allés passer les joyeux jours de fête dans leurs familles.

Maintenant il ne lisait plus, mais se promenait de long en large en proie au désespoir. Scrooge regarda le spectre; puis, avec un triste hochement de tête, jeta du côté de la porte un coup d'œil plein d'anxiété.

Elle s'ouvrit; et une petite fille, beaucoup plus jeune que l'écolier, entra comme un trait; elle passa ses bras autour de son cou et l'embrassa plusieurs fois en lui disant : « Cher, cher frère!

« Je suis venue pour vous emmener à la maison, cher frère, dit-elle en frappant ses petites mains l'une contre l'autre, et toute courbée en deux à force de rire. Vous emmener à la maison, à la maison, à la maison!

— A la maison, petite Fanny? répéta l'enfant.

— Oui, dit-elle radieuse. A la maison, pour tout de bon, à la maison, pour toujours, toujours. Papa est maintenant si bon, en comparaison de ce qu'il était autrefois, que la maison est comme un paradis ! Un de ces soirs, comme j'allais me coucher, il me parla avec une si grande tendresse, que je n'ai pas eu peur de lui demander encore une fois si vous ne pourriez pas venir à la maison; il m'a répondu que oui, que vous le pouviez, et m'a envoyée avec une voiture pour vous chercher. Vous allez être un homme ! ajouta-t-elle en ouvrant de grands yeux; vous ne reviendrez jamais ici; mais d'abord, nous allons demeurer ensemble toutes les fêtes de Noël, et passer notre temps de la manière la plus joyeuse du monde.

— Vous êtes une vraie femme, petite Fanny ! » s'écria le jeune garçon.

Elle battit des mains et se mit à rire; ensuite elle essaya de lui caresser la tête; mais comme elle était trop petite, elle se mit à rire encore, et se dressa sur la pointe des pieds pour l'embrasser. Alors, dans son empressement enfantin, elle commença à l'entraîner vers la porte, et lui, il l'accompagnait sans regret.

Une voix terrible se fit entendre dans le vestibule : « Descendez la malle de master Scrooge, allons ! » Et en même temps parut le maître en personne, qui jeta sur le jeune M. Scrooge un regard de condescendance farouche, et le plongea dans un trouble affreux en lui secouant la main en signe d'adieu. Il l'introduisit ensuite, ainsi que sa sœur, dans la vieille salle basse, la plus froide qu'on ait jamais vue, véritable cave, où les cartes suspendues aux murailles, les globes célestes et terrestres dans les embrasures de fenêtres, semblaient glacés par le froid. Il leur servit une carafe d'un vin singulièrement léger, et un morceau de gâteau singulièrement lourd, régalant lui-même de ces friandises le jeune couple, en même temps qu'il envoyait un domestique de chétive apparence pour offrir « quelque chose » au postillon, qui répondit qu'il remerciait bien monsieur, mais que, si c'était le même vin dont il avait déjà goûté auparavant, il aimait mieux ne rien prendre. Pendant ce temps-là on avait attaché la malle de maître Scrooge sur le haut de la voiture; les enfants dirent adieu de très-grand cœur au maître, et, montant en voiture, ils traversèrent gaiement l'allée du jardin ; les roues rapides faisaient jaillir, comme des flots d'écume, la neige et le givre qui recouvraient les sombres feuilles des arbres.

« Ce fut toujours une créature délicate qu'un simple souffle aurait pu flétrir, dit le spectre.... Mais elle avait un grand cœur,

— Oh! oui, s'écria Scrooge. Vous avez raison. Ce n'est pas moi qui dirai le contraire, esprit, Dieu m'en garde!

— Elle est morte mariée, dit l'esprit, et a laissé deux enfants je crois.

— Un seul, répondit Scrooge.

— C'est vrai, dit le spectre, votre neveu. »

Scrooge parut mal à l'aise et répondit brièvement : « Oui. »

Quoiqu'ils n'eussent fait que quitter la pension en ce moment, ils se trouvaient déjà dans les rues populeuses d'une ville, où passaient et repassaient des ombres humaines, où des ombres de charrettes et de voitures se disputaient le pavé, où se rencontraient enfin le bruit et l'agitation d'une véritable ville. On voyait assez clairement, à l'étalage des boutiques, que là aussi on célébrait le retour de Noël; mais c'était le soir, et les rues étaient éclairées.

Le spectre s'arrêta à la porte d'un certain magasin, et demanda à Scrooge s'il le reconnaissait.

« Si je le reconnais ! dit Scrooge. N'est-ce pas ici que j'ai fait mon apprentissage? »

Ils entrèrent. A la vue d'un vieux monsieur en perruque galloise, assis derrière un pupitre si élevé, que, si le gentleman avait eu deux pouces de plus, il se serait cogné la tête contre le plafond, Scrooge s'écria en proie à une grande excitation :

« Mais, c'est le vieux Fezziwig! Dieu le bénisse ! C'est Fezziwig ressuscité ! »

Le vieux Fezziwig posa sa plume et regarda l'horloge qui marquait sept heures. Il se frotta les mains, rajusta son vaste gilet, rit de toutes ses forces, depuis la plante des pieds jusqu'à la pointe des cheveux, et appela d'une voix puissante, sonore, riche, pleine et joviale :

« Holà! oh! Ebenezer! Dick! »

L'autre Scrooge, devenu maintenant un jeune homme, entra lestement, accompagné de son camarade d'apprentissage.

« C'est Dick Wilkins, pour sûr! dit Scrooge au fantôme.... Oui, c'est lui; miséricorde! le voilà. Il m'était très-attaché, le pauvre Dick ! ce bien cher Dick !

— Allons, allons, mes enfants ! s'écria Fezziwig, on ne travaille plus ce soir. C'est la veille de Noël, Dick. C'est Noël, Ebenezer ! Vite, mettons les volets, cria le vieux Fezziwig en faisant gaiement claquer ses mains. Allons tôt! comment! ce n'est pas encore fait? »

Vous ne croiriez jamais comment ces deux gaillards se mirent à l'ouvrage! Ils se précipitèrent dans la rue avec les volets, un, deux, trois; ... les mirent en place,... quatre, cinq, six;... posèrent les barres et les clavettes;... sept, huit, neuf,... et revinrent avant que vous eussiez pu compter jusqu'à douze, haletants comme des chevaux de course.

« Ohé! oh! s'écria le vieux Fezziwig descendant de son pupitre avec une merveilleuse agilité. Débarrassons, mes enfants, et faisons de la place ici! Holà, Dick! Allons, preste, Ebenezer!»

Débarrasser! ils auraient tout déménagé même s'il l'avait fallu, sous les yeux du vieux Fezziwig. Ce fut fait en une minute. Tout ce qui était transportable fut enlevé comme pour disparaître à tout jamais de la vie publique, le plancher balayé et arrosé, les lampes apprêtées, un tas de charbon jeté sur le feu, et le magasin devint une salle de bal aussi commode, aussi chaude, aussi sèche, aussi brillante qu'on pouvait le désirer pour une soirée d'hiver.

Vint alors un ménétrier avec son livre de musique. Il monta au haut du grand pupitre, en fit un orchestre et fit des accords réjouissants comme la colique. Puis entra Mme Fezziwig, un vaste sourire en personne; puis entrèrent les trois miss Fezziwig, radieuses et adorables; puis entrèrent les six jeunes poursuivants dont elles brisaient les cœurs; puis entrèrent tous les jeunes gens et toutes les jeunes filles employées dans le commerce de la maison; puis entra la servante avec son cousin le boulanger; puis entra la cuisinière avec l'ami intime de son frère, le marchand de lait; puis entra le petit apprenti d'en face, soupçonné de ne pas avoir assez de quoi manger chez son maître; il se cachait derrière la servante du numéro 15 à laquelle sa maîtresse, le fait était prouvé, avait tiré les oreilles. Ils entrèrent tous, l'un après l'autre, quelques-uns d'un air timide, d'autres plus hardiment, ceux-ci avec grâce, ceux-là avec gaucherie, qui poussant, qui tirant; enfin tous entrèrent de façon ou d'autre et n'importe comment. Ils partirent tous, vingt couples à la fois, se tenant par la main et formant une ronde. La moitié se porte en avant, puis revient en arrière; c'est au tour de ceux-ci à se balancer en cadence, c'est au tour de ceux-là à entraîner le mouvement; puis ils recommencent tous à tourner en rond plusieurs fois, se groupant, se serrant, se poursuivant les uns les autres : le vieux couple n'est jamais à sa place, et les jeunes couples repartent avec vivacité, quand ils l'ont mis dans l'embarras, puis, enfin, la chaîne est rompue et les danseurs se trouvent sans vis-à-vis. Après ce beau résultat, le vieux Fezziwig, frappant des mains pour suspendre la danse, s'écria : « C'est bien! » et le ménétrier plongea son visage échauffé dans un pot de porter, spécialement préparé à cette intention Mais, lorsqu'il reparut, dédaignant le repos, il recommença de plus belle, quoiqu'il n'y eût pas encore de danseurs, comme si l'autre ménétrier avait été reporté chez lui, épuisé, sur un volet de fenêtre, et que ce fût un nouveau musicien qui fût venu le remplacer, résolu à vaincre ou à périr.

Il y eut encore des danses, et le jeu des gages touchés; puis encore des danses, un gâteau, du négus, une énorme pièce de rôti froid, une autre de bouilli froid, des pâtés au hachis et de la bière en abondance. Mais le grand effet de la soirée, ce fut après le rôti et le bouilli, quand le ménétrier (un fin matois, remarquez bien, un diable d'homme qui connaissait bien son affaire : ce n'est ni vous ni moi qui aurions pu lui en remontrer!) commença à jouer « Sir Robert de Coverley. » Alors s'avança le vieux Fezziwig pour danser avec Mme Fezziwig. Ils se placèrent en tête de la danse. En voilà de la besogne! vingt-trois ou vingt-quatre couples à conduire, et des gens avec lesquels il n'y avait pas à badiner, des gens qui voulaient danser et ne savaient ce que c'était que d'aller le pas.

Mais quand ils auraient bien été deux ou trois fois aussi nombreux, quatre fois même, le vieux Fezziwig aurait été capable de leur tenir tête, Mme Fezziwig pareillement. Quant à elle, c'était sa digne compagne, dans toute l'étendue du mot. Si ce n'est pas là un assez bel éloge, qu'on m'en fournisse un autre, et j'en ferai mon profit. Les mollets de Fezziwig étaient positivement comme deux astres. C'étaient des lunes qui se multipliaient dans toutes les évolutions de la danse. Ils paraissaient, disparaissaient, reparaissaient de plus belle. Et quand le vieux Fezziwig et Mme Fezziwig eurent exécuté toute la danse: *avancez et reculez, tenez votre danseuse par la main, balancez, saluez; le tire-bouchon; enfilez l'aiguille et reprenez vos places*; Fezziwig faisait des entrechats si lestement, qu'il semblait jouer du flageolet avec ses jambes, et retombait ensuite en place sur ses pieds droit comme un I.

Quand l'horloge sonna onze heures, ce bal domestique prit fin. M. et Mme Fezziwig allèrent se placer de chaque côté de la porte, et secouant amicalement les mains à chaque personne individuellement, lui aux hommes, elle aux femmes, à mesure que l'on sortait, ils leur souhaitèrent à tous un joyeux Noël. Lorsqu'il ne resta plus que les deux apprentis, ils leur firent les mêmes adieux, puis les voix joyeuses se turent, et les jeunes gens regagnèrent leurs lits placés sous un comptoir de l'arrière-boutique.

Pendant tout ce temps, Scrooge s'était agité comme un homme qui aurait perdu l'esprit. Son cœur et son âme avaient pris part à cette scène avec son autre lui-même. Il reconnaissait tout, se rappelait tout, jouissait de tout et éprouvait la plus étrange agitation. Ce ne fut plus que quand ces brillants visages de son autre lui-même et de Dick eurent disparu à leurs yeux, qu'il se souvint du fantôme et s'aperçut que ce dernier le considérait très-attentivement, tandis que la lumière dont sa tête était surmontée brillait d'une clarté de plus en plus vive.

« Il faut bien peu de chose, dit le fantôme, pour inspirer à ces sottes gens tant de reconnaissance....

— Peu de chose! » répéta Scrooge.

L'esprit lui fit signe d'écouter les deux apprentis qui répandaient leurs cœurs en louanges sur Fezziwig, puis ajouta, lorsqu'il eut obéi :

« Eh quoi! voilà-t-il pas grand'chose? Il a dépensé quelques livres sterling de votre argent mortel; trois ou quatre peut-être. Cela vaut-il la peine de lui donner tant d'éloges?

— Ce n'est pas cela, dit Scrooge excité par cette remarque, et parlant, sans s'en douter, comme son autre lui-même et non pas comme le Scrooge d'aujourd'hui. Ce n'est pas cela, esprit. Fezziwig a le pouvoir de nous rendre heureux ou malheureux; de faire que notre service devienne léger ou pesant, un plaisir ou une peine. Que ce pouvoir consiste en paroles et en regards, en choses si insignifiantes, si fugitives qu'il est impossible de les additionner et de les aligner en compte, eh bien! qu'est-ce que cela fait? Le bonheur qu'il nous donne est tout aussi grand que s'il coûtait une fortune. »

Scrooge surprit le regard perçant de l'esprit et s'arrêta.

« Qu'est-ce que vous avez? demanda le fantôme.

— Rien de particulier, dit Scrooge.

— Vous avez l'air d'avoir quelque chose, insista le spectre.

— Non, dit Scrooge, non. Seulement j'aimerais à pouvoir dire en ce moment un mot ou deux à mon commis. Voilà tout. »

Son autre lui-même éteignit les lampes au moment où il exprimait ce désir; et Scrooge et le fantôme se trouvèrent de nouveau côte à côte en plein air.

« Mon temps s'écoule, observa l'esprit.... Vite !

Cette parole n'était point adressée à Scrooge ou à quelqu'un qu'il pût voir, mais elle produisit un effet immédiat, car Scrooge se revit encore. Il était plus âgé maintenant, un homme dans la fleur de l'âge. Son visage n'avait point les traits durs et sévères de sa maturité ; mais il avait commencé à porter les marques de l'inquiétude et de l'avarice. Il y avait dans son regard une mobilité ardente, avide, inquiète, qui indiquait la passion qui avait pris racine en lui : on devinait déjà de quel côté allait se projeter l'ombre de l'arbre qui commençait à grandir.

Il n'était pas seul, il se trouvait au contraire à côté d'une belle jeune fil'e vêtue de deuil, dont les yeux pleins de larmes brillaient à la lumière du spectre de Noël passé.

« Peu importe, disait-elle doucement, à vous du moins. Une autre idole a pris ma place, et, si elle peut vous réjouir et vous consoler plus tard, comme j'aurais essayé de le faire, je n'ai pas autant de raison de m'affliger.

— Quelle idole a pris votre place ? répondit-il.

— Le veau d'or.

— Voilà bien l'impartialité du monde! dit-il. Il n'y a rien qu'il traite plus durement que la pauvreté ; et il n'y a rien qu'il fasse profession de condamner avec autant de sévérité que la poursuite de la richesse !

— Vous craignez trop l'opinion du monde, répliquait la jeune fille avec douceur. Vous avez sacrifié toutes vos espérances à celle d'échapper un jour à son mépris sordide. J'ai vu vos plus nobles aspirations disparaître une à une, jusqu'à ce que la passion dominante, le lucre, vous ait absorbé. N'ai-je pas raison ?

— Eh bien ! quoi ? reprit-il. Lors même que je serais devenu plus raisonnable en vieillissant, après ? Je ne suis pas changé à votre égard. »

Elle secoua la tête.

« Suis-je changé ?

— Notre engagement est bien ancien. Nous l'avons pris ensemble quand nous étions tous les deux pauvres et contents de notre état, en attendant le jour où nous pourrions améliorer notre fortune en ce monde par notre patiente industrie. Vous avez bien changé. Quand cet engagement fut pris, vous étiez un autre homme.

— J'étais un enfant, dit-il avec impatience.

— Votre propre conscience vous dit que vous n'étiez point alors ce que vous êtes aujourd'hui, répliqua-t-elle. Pour moi, je suis la même. Ce qui pouvait nous promettre le bonheur, quand nous n'avions qu'un cœur, n'est plus qu'une source de peines depuis que nous en avons deux. Combien de fois et avec quelle amertume j'y ai pensé, je ne veux pas vous le dire. Il suffit que j'y aie pensé, et que je puisse à présent vous rendre votre parole.

— Ai-je jamais cherché à la reprendre?
— De bouche, non, jamais.
— Comment, alors?
— En changeant du tout au tout. Votre humeur n'est plus la même; ni l'atmosphère au milieu de laquelle vous vivez; ni l'espérance qui était le but principal de votre vie. Si cet engagement n'eût jamais existé entre nous, dit la jeune fille, le regardant avec douceur, mais avec fermeté, dites-le-moi, rechercheriez-vous ma main aujourd'hui? Oh! non. »

Il parut prêt à céder en dépit de lui-même à cette supposition trop vraisemblable. Cependant il ne se rendit pas encore :

« Vous ne le pensez pas, dit-il.

— Je serais bien heureuse de penser autrement si je le pouvais, répondit-elle; Dieu le sait! Pour que je me sois rendue moi-même à une vérité si pénible, il faut bien qu'elle ait une force irrésistible. Mais, si vous étiez libre aujourd'hui ou demain, comme hier, puis-je croire que vous choisiriez pour femme une fille sans dot, vous qui, dans vos plus intimes confidences, alors que vous lui ouvriez votre cœur avec le plus d'abandon, ne cessiez de peser toutes choses dans les balances de l'intérêt, et de tout estimer par le profit que vous pouviez en retirer ! ou si, venant à oublier un instant, à cause d'elle, les principes qui font votre seule règle de conduite, vous vous arrêtiez à ce choix, ne sais-je donc pas que vous ne tarderiez point à le regretter et à vous en repentir? j'en suis convaincue; c'est pourquoi je vous rends votre liberté, de grand cœur, à cause même de l'amour que je vous portais autrefois, quand vous étiez si différent de ce que vous êtes aujourd'hui. »

Il allait parler; mais elle continua en détournant les yeux :

« Peut-être.... mais non, disons plutôt : sans aucun doute, la mémoire du passé m'autorise à l'espérer, vous souffrirez de ce parti. Mais encore un peu, bien peu de temps, et vous bannirez avec empressement ce souvenir importun comme un rêve inutile et fâcheux dont vous vous féliciterez d'être délivré. Puisse la nouvelle existence que vous aurez choisie vous rendre heureux ! »

Elle le quitta, et ils se séparèrent.

« Esprit, dit Scrooge, ne me montrez plus rien! Ramenez-moi à la maison. Pourquoi vous plaisez-vous à me tourmenter?

— Encore une ombre ! cria le spectre.

— Non, plus d'autres! dit Scrooge; je n'en veux pas voir davantage. Ne me montrez plus rien!... »

Mais le fantôme impitoyable l'étreignit entre ses deux bras et le força de considérer la suite des événements.

Ils se trouvèrent tout à coup transportés dans un autre lieu où une scène d'un autre genre vint frapper leurs regards; c'était une chambre, ni grande, ni belle, mais agréable et commode. Près d'un bon feu d'hiver était assise une belle jeune fille, qui ressemblait tellement à la dernière, que Scrooge la prit pour elle, jusqu'à ce qu'il aperçût cette dernière devenue maintenant une grave mère de famille, assise vis-à-vis de sa fille. Le bruit qui se faisait dans cette chambre était assourdissant, car il y avait là plus d'enfants que Scrooge, dans l'agitation extrême de son esprit, n'en pouvait compter; et, bien différents de la joyeuse troupe dont parle le poëme, au lieu de quarante enfants silencieux comme s'il n'y en avait eu qu'un seul, chacun d'eux, au contraire, se montrait bruyant et tapageur comme quarante. La conséquence inévitable d'une telle situation était un vacarme dont rien ne saurait donner une idée; mais personne ne semblait s'en inquiéter. Bien plus, la mère et la fille en riaient de tout leur cœur, et s'en amusaient beaucoup. Celle-ci, ayant commencé à se mêler à leurs jeux, fut aussitôt mise au pillage par ces petits brigands qui la traitèrent sans pitié. Que n'aurais-je pas donné pour être l'un d'eux! Quoique assurément je ne me fusse jamais conduit avec tant de rudesse, oh! non! Je n'aurais pas voulu, pour tout l'or du monde, avoir emmêlé si rudement, ni tiré avec tant de brutalité ces cheveux si bien peignés; et quant au charmant petit soulier, je me serais bien gardé de le lui ôter de force, Dieu me bénisse! quand il se serait agi de sauver ma vie. Pour ce qui est de mesurer sa taille en jouant comme ils le faisaient sans scrupule, ces petits audacieux, je ne l'aurais certainement pas osé non plus; j'aurais craint qu'en punition de ce sacrilége, mon bras ne fût condamné à s'arrondir toujours, sans pouvoir se redresser jamais. Et pourtant, je l'avoue, j'aurais bien voulu toucher ses lèvres, lui adresser des questions afin qu'elle fût forcée de les ouvrir pour me répondre, fixer mes regards sur les cils de ses yeux baissés, sans la faire rougir; dénouer sa chevelure ondoyante dont une seule boucle eût été pour moi le plus précieux de tous les souvenirs; bref, j'aurais voulu, je le confesse, qu'il me fût permis de jouir auprès d'elle des priviléges d'un enfant, et, cependant, demeurer assez homme pour en apprécier toute la valeur.

Mais voilà qu'en ce moment on entendit frapper à la porte, et il s'ensuivit immédiatement un tel tumulte et une telle confusion, que ce groupe aussi bruyant qu'animé qui l'entourait la porta violemment, sans qu'elle pût s'en défendre, la figure riante et les vêtements en désordre, du côté de la porte, au-devant du père qui rentrait suivi d'un homme chargé de joujoux et de cadeaux de Noël. Qu'on se figure les cris, les batailles, les assauts livrés au commissionnaire sans défense ! C'est à qui l'escaladera avec des chaises en guise d'échelles, pour fouiller dans ses poches, lui arracher les petits paquets enveloppés de papier gris, le saisir par la cravate, se suspendre à son cou, lui distribuer, en signe d'une tendresse que rien ne peut réprimer, force coups de poing dans le dos, force coups de pied dans les os des jambes. Et puis, quels cris de joie et de bonheur accueillent l'ouverture de chaque paquet ! Quel effet produit la fâcheuse nouvelle que le marmot a été pris sur le fait, mettant dans sa bouche une poêle à frire du petit ménage, et qu'il est plus que suspecté d'avoir avalé un dindon en sucre, collé sur un plat de bois ! Quel immense soulagement de reconnaître que c'est une fausse alarme ! Leur joie, leur reconnaissance, leur enthousiasme, tout cela ne saurait se décrire. Enfin, l'heure étant arrivée, peu à peu les enfants, avec leurs émotions, sortent du salon l'un après l'autre, montent l'escalier quatre à quatre jusqu'à leur chambre située au dernier étage, où ils se couchent, et le calme renaît.

Alors Scrooge redoubla d'attention quand le maître du logis, sur lequel s'appuyait tendrement sa fille, s'assit entre elle et sa mère, au coin du feu; et quand il vint à penser qu'une autre créature semblable, tout aussi gracieuse, tout aussi belle, aurait pu l'appeler son père, et faire un printemps du triste hiver de sa vie, ses yeux se remplirent de larmes.

« Bella, dit le mari se tournant vers sa femme avec un sourire, j'ai vu ce soir un de vos anciens amis.

— Qui donc ?

— Devinez !

— Comment le puis-je ?... Mais, j'y suis, ajouta-t-elle aussitôt en riant comme lui. C'est M. Scrooge.

— Lui-même. Je passais devant la fenêtre de son comptoir; et, comme les volets n'étaient point fermés et qu'il avait de la lumière, je n'ai pu m'empêcher de le voir. Son associé se meurt, dit-on ; il était donc là seul comme toujours, je pense, tout seul au monde.

— Esprit, dit Scrooge d'une voix saccadée, éloignez-moi d'ici.

— Je vous ai prévenu, répondit le fantôme, que je vous montrerais les ombres de ce qui a été; ne vous en prenez pas à moi si elles sont ce qu'elles sont, et non autre chose.

— Emmenez-moi ! s'écria Scrooge, je ne puis supporter davantage ce spectacle ! »

Il se tourna vers l'esprit, et voyant qu'il le regardait avec un visage dans lequel, par une singularité étrange, se retrouvaient des traits épars de tous les visages qu'il lui avait montrés, il se jeta sur lui.

« Laissez-moi ! s'écria-t-il ; remmenez-moi, cessez de m'obséder ! »

Dans la lutte, si toutefois c'était une lutte, car le spectre, sans aucune résistance apparente, ne pouvait être ébranlé par aucun effort de son adversaire, Scrooge observa que la lumière de sa tête brillait, de plus en plus éclatante. Rapprochant alors dans son esprit cette circonstance de l'influence que le fantôme exerçait sur lui, il saisit l'éteignoir, et, par un mouvement soudain, le lui enfonça vivement sur la tête.

L'esprit s'affaissa tellement sous ce chapeau fantastique, qu'il disparut presque en entier ; mais Scrooge avait beau peser sur lui de toutes ses forces, il ne pouvait venir à bout de cacher la lumière qui s'échappait de dessous l'éteignoir et rayonnait autour de lui sur le sol.

Il se sentit épuisé et surmonté par un irrésistible besoin de dormir, puis bientôt il se trouva dans sa chambre à coucher. Alors il fit un dernier effort pour enfoncer encore davantage l'éteignoir, sa main se détendit, et il n'eut que le temps de rouler sur son lit avant de tomber dans un profond sommeil.

TROISIÈME COUPLET.

Le second des trois esprits.

Réveillé au milieu d'un ronflement d'une force prodigieuse, et s'asseyant sur son lit pour recueillir ses pensées, Scrooge n'eut pas besoin qu'on lui dît que l'horloge allait de nouveau sonner une heure. Il sentit de lui-même qu'il reprenait connaissance juste à point nommé pour se mettre en rapport avec le second messager qui lui serait envoyé par l'intervention de Jacob Marley. Mais trouvant très-désagréable le frisson qu'il éprouvait en restant là à se demander lequel de ses rideaux tirerait ce nouveau spectre, il les tira tous les deux de ses propres mains, puis, se laissant retomber sur son oreiller, il tint l'œil au guet tout autour de son lit, car il désirait affronter bravement l'esprit au moment de son apparition, et n'avait pas envie ni d'être assailli par surprise, ni de se laisser dominer par une trop vive émotion.

MM. les esprits forts, habitués à ne douter de rien, qui se piquent d'être blasés sur tous les genres d'émotion, et de se trouver, à toute heure, à la hauteur des circonstances, expriment la vaste étendue de leur courage impassible en face des aventures imprévues, en se déclarant prêts à tout, depuis une partie de croix ou pile, jusqu'à une partie d'honneur (c'est ainsi, je crois, qu'on appelle l'homicide). Entre ces deux extrêmes, il se trouve, sans aucun doute, un champ assez spacieux, et une grande variété de sujets. Sans vouloir faire de Scrooge un matamore si farouche, je ne saurais m'empêcher de vous prier de croire qu'il était prêt aussi à défier un nombre presque infini d'apparitions étranges et fantastiques, et à ne se laisser étonner par quoi que ce fût en ce genre, depuis la vue d'un enfant au berceau, jusqu'à celle d'un rhinocéros!

Mais s'il s'attendait presque à tout, il n'était, par le fait, nullement préparé à ce qu'il n'y eût rien, et c'est pourquoi, quand l'horloge vint à sonner une heure, et qu'aucun fantôme ne lui apparut, il fut pris d'un frisson violent et se mit à trembler de tous ses membres. Cinq minutes, dix minutes, un quart d'heure se passèrent, rien ne se montra. Pendant tout ce temps, il demeura étendu sur son lit, où se réunissaient, comme en un point central, les rayons d'une lumière rougeâtre qui l'éclaira tout entier quand l'horloge annonça l'heure. Cette lumière toute seule lui causait plus d'alarmes qu'une douzaine de spectres, car il ne pouvait en comprendre ni la signification ni la cause, et parfois il craignait d'être en ce moment un cas intéressant de combustion spontanée, sans avoir au moins la consolation de le savoir. A la fin, cependant, il commença à penser, comme vous et moi l'aurions pensé d'abord (car c'est toujours la personne qui ne se trouve point dans l'embarras, qui sait ce qu'on aurait dû faire alors, et ce qu'elle aurait fait incontestablement); à la fin, dis-je, il commença à penser que le foyer mystérieux de cette lumière fantastique pourrait être dans la chambre voisine, d'où, en la suivant pour ainsi dire à la trace, on reconnaissait qu'elle semblait s'échapper. Cette idée s'empara si complétement de son esprit, qu'il se leva aussitôt tout doucement, mit ses pantoufles, et se glissa sans bruit du côté de la porte.

Au moment où Scrooge mettait la main sur la serrure, une voix étrange l'appela par son nom et lui dit d'entrer. Il obéit.

C'était bien son salon; il n'y avait pas le moindre doute à cet égard ; mais son salon avait subi une transformation surprenante. Les murs et le plafond étaient si richement décorés de guirlandes de feuillage verdoyant, qu'on eût dit un bosquet véritable dont toutes les branches reluisaient de baies cramoisies. Les feuilles lustrées du houx, du gui et du lierre reflétaient la lumière, comme si on y avait suspendu une infinité de petits miroirs; dans la cheminée flambait un feu magnifique, tel que ce foyer morne et froid comme la pierre n'en avait jamais connu au temps de Scrooge ou de Marley, ni depuis bien des hivers. On voyait, entassés sur le plancher, pour former une sorte de trône, des dindes, des oies, du gibier de toute espèce, des volailles grasses, des viandes froides, des cochons de lait, des jambons, des aunes de saucisses, des pâtés de hachis, des plum-poudings, des barils d'huîtres, des marrons rôtis, des pommes vermeilles, des oranges juteuses, des poires succulentes, d'immenses gâteaux des rois et des bols de punch bouillant qui obscurcissaient la chambre de leur délicieuse vapeur. Un joyeux géant, superbe à voir, s'étalait à l'aise sur ce lit de repos; il portait à la main une torche allumée, dont la forme se rapprochait assez d'une corne d'abondance, et il l'éleva au-dessus de sa tête pour que sa lumière vînt frapper Scrooge, lorsque ce dernier regarda au travers de la porte entre-bâillée.

« Entrez! s'écria le fantôme. Entrez! N'ayez pas peur de faire plus ample connaissance avec moi, mon ami! »

Scrooge entra timidement, inclinant la tête devant l'esprit. Ce n'était plus le Scrooge rechigné d'autrefois ; et, quoique les yeux du spectre fussent doux et bienveillants, il baissait les siens devant lui.

« Je suis l'Esprit de Noël présent, dit le fantôme. Regardez-moi ! »

Scrooge obéit avec respect. Ce Noël-là était vêtu d'une simple robe, ou tunique, d'un vert foncé, bordée d'une fourrure blanche. Elle retombait si négligemment sur son corps, que sa large poitrine demeurait découverte, comme s'il eût dédaigné de chercher à se cacher ou à se garantir par aucun artifice. Ses pieds, qu'on pouvait voir sous les amples plis de cette robe, étaient nus pareillement; et, sur sa tête, il ne portait pas d'autre coiffure qu'une couronne de houx, semée çà et là de petits glaçons brillants. Les longues boucles de sa chevelure brune flottaient en liberté; elles étaient aussi libres que sa figure était franche, son œil étincelant, sa main ouverte, sa voix joyeuse, ses manières dépouillées de toute contrainte et son air riant. Un antique four reau était suspendu à sa ceinture, mais sans épée, et à demi-rongé par la rouille.

« Vous n'avez encore jamais vu mon semblable ! s'écria l'esprit.

— Jamais, répondit Scrooge.

— Est-ce que vous n'avez jamais fait route avec les plus jeunes membres de ma famille ; je veux dire (car je suis très-jeune) mes frères aînés de ces dernières années? poursuivit le fantôme.

— Je ne le crois pas, dit Scrooge : J'ai peur que non. Est-ce que vous avez eu beaucoup de frères, Esprit?

— Plus de dix-huit cents, dit le spectre.

— Une famille terriblement nombreuse, quelle dépense! murmura Scrooge.

Le fantôme de Noël présent se leva.

« Esprit, dit Scrooge avec soumission, conduisez-moi où vous voudrez. Je suis sorti la nuit dernière malgré moi, et j'ai reçu une leçon qui commence à porter son fruit. Ce soir, si vous avez quelque chose à m'apprendre, je ne demande pas mieux que d'en faire mon profit.

— Touchez ma robe ! »

Scrooge obéit et se cramponna à sa robe : houx, gui, baies rouges, lierre, dindes, oies, gibier, volailles, jambons, viandes, cochons de lait, saucisses, huîtres, pâtés, poudings, fruits et punch, tout s'évanouit à l'instant. La chambre, le feu, la lueur rougeâtre, la nuit disparurent de même : ils se trouvèrent dans les rues de la ville, le matin de Noël, où les gens, sous l'impression d'un froid un peu vif, faisaient partout un genre de musique quelque peu sauvage, mais avec un entrain dont le bruit n'était pas sans charme, en raclant la neige qui couvrait les trottoirs devant leur maison, ou en la balayant de leurs gouttières, d'où elle tombait dans la rue à la grande joie des enfants ravis de la voir ainsi rouler en autant de petites avalanches artificielles.

Les façades des maisons paraissaient bien noires et les fenêtres encore davantage, par le contraste qu'elles offraient avec la nappe de neige unie et blanche qui s'étendait sur les toits, et celle même qui recouvrait la terre, quoiqu'elle fût moins virginale ; car la couche supérieure en avait été comme labourée en sillons profonds par les roues pesantes des charrettes et des voitures ; ces ornières légères se croisaient et se recroisaient l'une l'autre des milliers de fois aux carrefours des principales rues, et formaient un labyrinthe inextricable de rigoles entremêlées, à travers la bourbe jaunâtre durcie sous sa surface, et l'eau congelée par le froid. Le ciel était sombre; les rues les plus étroites disparaissaient enveloppées dans un épais brouillard qui tombait en verglas et dont les atomes les plus pesants descendaient en une averse de suie, comme si toutes les cheminées de la Grande-Bretagne avaient pris feu, de concert, et se ramonaient elles-mêmes à cœur joie. Londres, ni son climat, n'avaient rien de bien agréable. Cependant on remarquait partout dehors un air d'allégresse, que le plus beau jour et le plus brillant soleil d'été se seraient en vain efforcés d'y répandre.

En effet, les hommes qui déblayaient les toits paraissaient joyeux et de bonne humeur; ils s'appelaient d'une maison à l'autre, et de temps en temps échangeaient en plaisantant une boule de neige (projectile assurément plus inoffensif que maint sarcasme), riant de tout leur cœur quand elle atteignait le but, et de grand cœur aussi quand elle venait à le manquer.

Les boutiques de marchands de volailles étaient encore à moitié ouvertes, celles des fruitiers brillaient de toute leur splendeur. Ici de gros paniers, ronds, au ventre rebondi, pleins de superbes marrons, s'étalant sur les portes, comme les larges gilets de ces bons vieux gastronomes s'étalent sur leur abdomen, semblaient prêts à tomber dans la rue, victimes de leur corpulence apoplectique; là des oignons d'Espagne rougeâtres, hauts en couleur, aux larges flancs, rappelant par cet embonpoint heureux les moines de leur patrie, et lançant, du haut de leurs tablettes, d'agaçantes œillades aux jeunes filles qui passaient en jetant un coup d'œil discret sur les branches de gui suspendues en guirlandes; puis encore, des poires, des pommes amoncelées en pyramides appétissantes; des grappes de raisin, que les marchands avaient eu l'attention délicate de suspendre aux endroits les plus exposés à la vue, afin que les amateurs se sentissent venir l'eau à la bouche, et pussent se rafraîchir gratis en passant; des tas de noisettes, moussues et brunes, faisant souvenir, par leur bonne odeur, d'anciennes promenades dans les bois, où l'on avait le plaisir d'enfoncer jusqu'à la cheville au milieu des feuilles sèches; des *biffins* de Norfolk, dodues et brunes, qui faisaient ressortir la teinte dorée des oranges et des citrons, et semblaient se recommander avec instance par leur volume et leur apparence juteuse, pour qu'on les emportât dans des sacs de papier, afin de les manger au dessert. Les poissons d'or et d'argent, eux-mêmes, exposés dans des bocaux parmi ces fruits de choix, quoique appartenant à une race triste et apathique, paraissaient s'apercevoir, tout poissons qu'ils étaient, qu'il se passait quelque chose d'extraordinaire, allaient et venaient, ouvrant la bouche tout autour de leur petit univers, dans un état d'agitation hébétée.

Et les épiciers donc! oh! les épiciers! leurs boutiques étaient presque fermées, moins peut-être un volet ou deux demeurés ouverts; mais que de belles choses se laissaient voir à travers ces étroites lacunes! Ce n'était pas seulement le son joyeux des balances retombant sur le comptoir, ou le craquement de la ficelle sous les ciseaux qui la séparent vivement de sa bobine pour envelopper les paquets, ni le cliquetis incessant des boîtes de fer-blanc pour servir le thé ou le moka aux pratiques. Pan, pan, sur le comptoir; parais, disparais, elles voltigeaient entre les mains des garçons comme les gobelets d'un escamoteur; ce n'étaient pas seulement les parfums mélangés du thé et du café si agréables à l'odorat, les raisins secs si beaux et si abondants, les amandes d'une si éclatante blancheur, les bâtons de cannelle si longs et si droits, les autres épices si délicieuses, les fruits confits si bien glacés et tachetés de sucre candi, que leur vue seule bouleversait les spectateurs les plus indifférents et les faisait sécher d'envie; ni les figues moites et charnues, ou les pruneaux de Tours et d'Agen, à la rougeur modeste, au goût acidulé, dans leurs corbeilles richement décorées, ni enfin toutes ces bonnes choses ornées de leur parure de fête; mais il fallait voir les pratiques, si empressées et si avides de réaliser les espérances du jour, qu'elles se bousculaient à la porte, heurtaient violemment l'un contre l'autre leurs paniers de provision, oubliaient leurs emplettes sur le comptoir, revenaient les chercher en courant, et commettaient mille erreurs semblables de la meilleure humeur du monde, tandis que l'épicier et ses garçons montraient tant de franchise et de rondeur, que les cœurs de cuivre poli avec lesquels ils tenaient attachés par derrière leurs serpillières, étaient l'image de leurs propres cœurs exposés au public pour passer une inspection générale..., de beaux cœurs dorés, des cœurs à prendre, si vous voulez, mesdemoiselles!

Mais bientôt les cloches appelèrent les bonnes gens à l'église ou à la chapelle; ils sortirent par troupes pour s'y rendre, remplissant les rues, dans leurs plus beaux habits, et avec leurs plus joyeux visages. Au même moment, d'une quantité de petites rues latérales, de passages et de cours sans nom, s'élancèrent une multitude innombrable de personnes, portant leur dîner chez le boulanger pour le mettre au four. La vue de ces pauvres gens chargés de leurs galas, parut beaucoup intéresser l'Esprit, car il se tint, avec Scrooge à ses côtés, sur le seuil d'une boulangerie, et soulevant le couvercle des plats à mesure qu'ils passaient, il arrosait d'encens leur dîner avec sa torche. C'était, en vérité, une torche fort extraordinaire que la sienne, car, une fois ou deux, quelques porteurs de dîners s'étant adressé des paroles de colère pour s'être heurtés un peu rudement dans leur empressement, il en fit tomber sur eux quelques gouttes d'eau; et aussitôt ces hommes reprirent toute leur bonne humeur, s'écriant que c'était une honte de se quereller un jour de Noël. Et rien de plus vrai! mon Dieu! rien de plus vrai!

Peu à peu les cloches se turent, les boutiques de boulangers se fermèrent, mais il y avait comme un avant-goût réjouissant de tous ces dîners et des progrès de leur cuisson dans la vapeur humide qui dégelait en l'air le dessus de chaque four, dont le carreau fumait comme s'il cuisait avec les plats.

« Y a-t-il donc une saveur particulière dans ces gouttes que vous faites tomber de votre torche en la secouant? demanda Scrooge.

— Certainement, il y a ma saveur, à moi.

— Est-ce qu'elle peut se communiquer à toute espèce de dîner aujourd'hui? demanda Scrooge.

— A tout dîner offert cordialement, et surtout aux plus pauvres.

— Pourquoi aux plus pauvres?

— Parce que ce sont ceux qui en ont le plus besoin.

— Esprit, dit Scrooge après un instant de réflexion, je m'étonne alors que, parmi tous les êtres qui remplissent les mondes situés autour de nous, des esprits comme vous se soient chargés d'une commission si peu charitable; celle de priver ces pauvres gens des occasions qui s'offrent à eux de prendre un plaisir innocent.

— Moi? s'écria l'esprit.

— Oui, puisque vous les privez du moyen de dîner tous les huit jours, et cela le seul jour souvent où l'on puisse dire qu'ils dînent, continua Scrooge. N'est-ce pas vrai?

— Moi! s'écria l'esprit.

— Certainement; n'est-ce pas vous qui cherchez à faire fermer ces fours le jour du sabbat? dit Scrooge. Et cela ne revient-il pas au même?

— Moi! je cherche cela! s'écria l'esprit.

— Pardonnez-moi, si je me trompe. Cela se fait en votre nom ou, du moins, au nom de votre famille, dit Scrooge.

— Il y a, répondit l'esprit, sur cette terre où vous habitez, des hommes qui ont la prétention de nous connaître, et qui, sous notre nom, ne font que servir leurs passions coupables, l'orgueil, la méchanceté, la haine, l'envie, la bigoterie et l'égoïsme; mais ils sont aussi étrangers à nous et à toute notre famille que s'ils n'avaient jamais vu le jour. Rappelez-vous cela, et une autre fois rendez-les responsables de leurs actes, mais non pas nous. »

Scrooge le lui promit; alors, ils se transportèrent, invisibles comme ils l'avaient été jusque-là, dans les faubourgs de la ville. Une faculté remarquable du spectre (Scrooge l'avait observé déjà chez le boulanger) était de pouvoir, nonobstant sa taille gigantesque, s'arranger de toute place, sans être gêné, en sorte que, sous le toit le plus bas, il conservait la même grâce, la même majesté surnaturelle qu'il eût pu le faire sous la voûte la plus élevée d'un palais.

Peut-être était-ce le plaisir qu'éprouvait le bon Esprit à faire montre de cette faculté singulière, ou bien encore la tendance de sa nature bienveillante, généreuse, cordiale et sa sympathie pour les pauvres qui le conduisit tout droit chez le commis de Scrooge; c'est là, en effet, qu'il porta ses pas, emmenant avec lui Scrooge, toujours cramponné à sa robe. Sur le seuil de la porte, l'esprit sourit et s'arrêta pour bénir, en l'aspergeant de sa torche, la demeure de Bob Cratchit. Voyez! Bob n'avait lui-même que quinze *Bob*[1] par semaine; chaque samedi il n'empochait que quinze exemplaires de son nom de baptême, et pourtant le fantôme de Noël présent n'en bénit pas moins sa petite maison composée de quatre chambres!

Alors se leva mistress Cratchit, la femme de Cratchit, pauvrement vêtue d'une robe retournée, mais, en revanche, toute parée de rubans bon marché, de ces rubans qui produisent, ma foi, un joli effet, pour la bagatelle de douze sous. Elle mettait le couvert, aidée de Belinda Cratchit, la seconde de ses filles, tout aussi enrubannée que sa mère, tandis que maître Pierre Cratchit plongeait une fourchette dans la marmite remplie de pommes de terre et ramenait jusque dans sa bouche les coins de son monstrueux col de chemise, pas précisément son col de chemise, car c'était celle de son père; mais Bob l'avait prêtée ce jour-là, en l'honneur de Noël, à son héritier présomptif, lequel, heureux de se voir si bien attiffé, brûlait d'aller montrer son linge dans les parcs fashionables. Et puis deux autres petits Cratchit, garçon et fille, se précipitèrent dans la chambre en s'écriant qu'ils venaient de flairer l'oie, devant la boutique du boulanger, et qu'ils l'avaient bien reconnue pour la leur. Ivres d'avance de la

1. Bob, nom populaire pour exprimer un schelling.

pensée d'une bonne sauce à la sauge et à l'oignon, les petits gourmands se mirent à danser de joie autour de la table, et portèrent aux nues maître Pierre Cratchit, le cuisinier du jour, tandis que ce dernier (pas du tout fier, quoique son col de chemise fût si copieux, qu'il menaçait de l'étouffer) soufflait le feu, jusqu'à ce que les pommes de terre en retard rattrapèrent le temps perdu et vinrent taper, en bouillant, au couvercle de la casserole, pour avertir qu'elles étaient bonnes à retirer et à peler.

« Qu'est-ce qui peut donc retenir votre excellent père? dit mitress Cratchit. Et votre frère Tiny Tim? et Martha? Au dernier Noël, elle était déjà arrivée depuis une demi-heure!

— La voici, Martha, mère! s'écria une jeune fille qui parut en même temps.

— Voici Martha, mère! répétèrent les deux petits Cratchit. Hourra! si vous saviez comme il y a une belle oie, Martha!

— Ah! chère enfant, que le bon Dieu vous bénisse! Comme vous venez tard! dit mistress Cratchit l'embrassant une douzaine de fois et la débarrassant de son châle et de son chapeau avec une tendresse empressée.

— C'est que nous avions beaucoup d'ouvrage à terminer hier soir, ma mère, répondit la jeune fille, et, ce matin, il a fallu le livrer!

— Bien! bien! n'y pensons plus, puisque vous voilà, dit mistress Cratchit. Allons! asseyez-vous près du feu et chauffez-vous, ma chère enfant!

— Non, non! voici papa qui vient, crièrent les deux petits Cratchit qu'on voyait partout en même temps. Cache-toi, Martha, cache-toi! »

Et Martha se cacha; puis entra le petit Bob, le père Bob avec son cache-nez pendant de trois pieds au moins devant lui, sans compter la frange; ses habits usés jusqu'à la corde étaient raccommodés et brossés soigneusement, pour leur donner un air de fête; Bob portait Tiny Tim sur son épaule. Hélas! le pauvre Tiny Tim! il avait une petite béquille et une mécanique en fer pour soutenir ses jambes.

« Eh bien! où est notre Martha? s'écria Bob Cratchit en jetant les yeux tout autour de lui.

— Elle ne vient pas, répondit mistress Cratchit.

— Elle ne vient pas? dit Bob frappé d'un abattement soudain, et perdant, en un clin d'œil, tout cet élan de gaieté avec lequel il avait porté Tiny Tim depuis l'église, toujours courant comme son dada, un vrai cheval de course. Elle ne vient pas! un jour de Noël! »

Martha ne put supporter de le voir ainsi contrarié, même pour rire; aussi n'attendit-elle pas plus longtemps pour sortir de sa cachette, derrière la porte du cabinet, et courut-elle se jeter dans ses bras, tandis que les deux petits Cratchit s'emparèrent de Tiny Tim et le portèrent dans la buanderie, afin qu'il pût entendre le pouding chanter dans la casserole.

« Et comment s'est comporté le petit Tiny Tim ? demanda mistress Cratchit après qu'elle eut raillé Bob de sa crédulité et que Bob eut embrassé sa fille tout à son aise.

— Comme un vrai bijou, dit Bob, et mieux encore. Obligé qu'il est de demeurer si longtemps assis tout seul, il devient réfléchi, et on ne saurait croire toutes les idées qui lui passent par la tête. Il me disait, en revenant, qu'il espérait avoir été remarqué dans l'église par les fidèles, parce qu'il est estropié, et que les chrétiens doivent aimer, surtout un jour de Noël, à se rappeler celui qui a fait marcher les boiteux et voir les aveugles. »

La voix de Bob tremblait en répétant ces mots; elle trembla plus encore quand il ajouta que Tiny Tim devenait chaque jour plus fort et plus vigoureux.

On entendit retentir sur le plancher son active petite béquille, et, à l'instant, Tiny Tim rentra, escorté par le petit frère et la petite sœur jusqu'à son tabouret près du feu. Alors Bob, retroussant ses manches par économie, comme si, le pauvre garçon! elles pouvaient s'user davantage, prit du genièvre et des citrons et en composa dans un bol une sorte de boisson chaude, qu'il fit mijoter sur la plaque après l'avoir agitée dans tous les sens; pendant ce temps, maître Pierre et les deux petits Cratchit, qu'on était sûr de trouver partout, allèrent chercher l'oie, qu'ils rapportèrent bientôt en procession triomphale.

A voir le tumulte causé par cette apparition, on aurait dit qu'une oie est le plus rare de tous les volatiles, un phénomène emplumé, auprès duquel un cygne noir serait un lieu commun; et, en vérité, une oie était bien en effet une des sept merveilles dans cette pauvre maison. Mistress Cratchit fit bouillir le jus, préparé d'avance, dans une petite casserole; maître Pierre écrasa les pommes de terre avec une vigueur incroyable; miss Belinda sucra la sauce aux pommes; Martha essuya les assiettes chaudes; Bob fit asseoir Tiny Tim près de lui à l'un des coins de la table; les deux petits Cratchit placèrent des chaises pour tout le monde, sans s'oublier eux-mêmes, et, une fois en faction à leur poste, fourrèrent leurs cuillers dans leur bouche, pour ne point céder à la tentation de demander de l'oie avant que vînt leur tour d'être servis. Enfin, les plats furent mis sur la table, et l'on dit le bénédicité suivi d'un moment de silence général, lorsque mistress Cratchit, promenant lentement son regard le long du couteau à découper, se prépara à le plonger dans les flancs de la bête; mais à peine l'eut-elle fait, à peine la farce si longtemps attendue se fut-elle précipitée par cette ouverture, qu'un murmure de bonheur éclata tout autour de la table, et Tiny Tim lui-même, excité par les deux petits Cratchit, frappa sur la table avec le manche de son couteau, et cria d'une voix faible : « Hourra ! »

Jamais on ne vit oie pareille! Bob dit qu'il ne croyait pas qu'on en eût jamais fait cuire une semblable. Sa tendreté, sa saveur, sa grosseur, son bon marché, furent le texte commenté par l'admiration universelle ; avec la sauce aux pommes et la purée de pommes de terre, elle suffit amplement pour le dîner de toute la famille. « En vérité, dit mistress Cratchit apercevant un petit atome d'os resté sur un plat, on n'a pas seulement pu manger tout, » et pourtant tout le monde en avait eu à bouche que veux-tu ; et les deux petits Cratchit, en particulier, étaient barbouillés jusqu'aux yeux de sauce à la sauge et à l'oignon. Mais alors, les assiettes ayant été changées par miss Belinda, mistress Cratchit sortit seule, trop émue pour supporter la présence de témoins, afin d'aller chercher le pouding et de l'apporter sur la table.

Supposez qu'il soit manqué ! supposez qu'il se brise quand on le retournera ! supposez que quelqu'un ait sauté par-dessus le mur de l'arrière-cour et l'ait volé pendant qu'on se régalait de l'oie ; à cette supposition, les deux petits Cratchit devinrent blêmes! Il n'y avait pas d'horreurs dont on ne fît la supposition.

Oh! oh! quelle vapeur épaisse! Le pouding était tiré du chaudron. Quelle bonne odeur de lessive! (c'était le linge qui l'enveloppait) Quel mélange d'odeurs appétissantes, qui rappellent le restaurateur, le pâtissier de la maison à côté et la blanchisseuse sa voisine! C'était le pouding. Après une demi-minute à peine d'absence, mistress Cratchit rentrait, le visage animé, mais souriante et toute glorieuse, avec le pouding, semblable à un boulet de canon tacheté, si dur, si ferme, nageant au milieu d'un quart de pinte d'eau-de-vie enflammée et surmonté de la branche de houx consacrée à Noël.

Oh! quel merveilleux pouding ! Bob Cratchit déclara, et cela d'un ton calme et sérieux, qu'il le regardait comme le chef-d'œuvre de mistress Cratchit depuis leur mariage. Mistress Cratchit répondit qu'à présent qu'elle n'avait plus ce poids sur le cœur, elle avouerait qu'elle avait eu quelques doutes sur la quantité de farine. Chacun eut quelque chose à en dire, mais personne ne s'avisa de dire, s'il le pensa, que c'était un bien petit pouding pour une si nombreuse famille. Franchement, c'eût été bien vilain de le penser ou de le dire. Il n'y a pas de Cratchit qui n'en eût rougi de honte.

Enfin, le dîner achevé, on enleva la nappe, un coup de balai fut donné au foyer et le feu ravivé. Le grog fabriqué par Bob ayant été goûté et trouvé parfait, on mit des pommes et des oranges sur la table et une grosse poignée de marrons sous les cendres. Alors toute la famille se rangea autour du foyer en cercle, comme disait Bob Cratchit, il voulait dire en demi-cercle : on mit près de Bob tous les cristaux de la famille, savoir : deux verres à boire et un petit verre à servir la crème dont l'anse était cassée. Qu'est-ce que cela dit? Ils n'en contenaient pas moins la liqueur bouillante puisée dans le bol tout aussi bien que des gobelets d'or auraient pu le faire, et Bob la servit avec des yeux rayonnants de joie, tandis que les marrons se fendaient avec fracas et petillaient sous la cendre. Alors Bob proposa ce toast :

« Un joyeux Noël pour nous tous, mes amis! Que Dieu nous bénisse! »

La famille entière fit écho.

« Que Dieu bénisse chacun de nous! » dit Tiny Tim le dernier de tous.

Il était assis très-près de son père sur son tabouret. Bob tenait sa petite main flétrie dans la sienne, comme s'il eût voulu lui donner une marque plus particulière de sa tendresse et le garder à ses côtés de peur qu'on ne vînt le lui enlever.

« Esprit, dit Scrooge avec un intérêt qu'il n'avait jamais éprouvé auparavant, dites-moi si Tiny Tim vivra.

— Je vois une place vacante au coin du pauvre foyer, répondit le spectre, et une béquille sans propriétaire qu'on garde soigneusement. Si mon successeur ne change rien à ces images, l'enfant mourra.

— Non, non, dit Scrooge. Oh! non, bon esprit! dites qu'il sera épargné.

— Si mon successeur ne change rien à ces images, qui sont l'avenir, reprit le fantôme, aucun autre de ma race ne le trouvera ici. Eh bien! après! s'il meurt, il diminuera le superflu de la population. »

Scrooge baissa la tête lorsqu'il entendit l'esprit répéter ses propres paroles, et il se sentit pénétré de douleur et de repentir.

« Homme, fit le spectre, si vous avez un cœur d'homme et non de pierre, cessez d'employer ce jargon odieux jusqu'à ce que vous ayez appris ce que c'est que ce superflu et où il se trouve. Voulez-vous donc décider quels hommes doivent vivre, quels hommes doivent mourir? Il se peut qu'aux yeux de Dieu vous soyez moins digne de vivre que des millions de créatures semblables à l'enfant de ce pauvre homme. Grand Dieu! entendre l'insecte sur la feuille déclarer qu'il y a trop d'insectes vivants parmi ses frères affamés dans la poussière! »

Scrooge s'humilia devant la réprimande de l'esprit, et, tout tremblant, abaissa ses regards vers la terre. Mais il les releva bientôt en entendant prononcer son nom.

« A M. Scrooge! disait Bob; je veux vous proposer la santé de M. Scrooge, le patron de notre petit gala.

— Un beau patron, ma foi! s'écria Mme Cratchit, rouge d'émotion; je voudrais le tenir ici, je lui en servirais un gala de ma façon, et il faudrait qu'il eût bon appétit pour s'en régaler!

— Ma chère, reprit Bob...; les enfants!... le jour de Noël!

— Il faut, en effet, que ce soit le jour de Noël, continua-t-elle, pour qu'on boive à la santé d'un homme aussi odieux, aussi avare, aussi dur et aussi insensible que M. Scrooge. Vous savez s'il est tout cela, Robert! Personne ne le sait mieux que vous, pauvre ami!

— Ma chère, répondit Bob doucement,... le jour de Noël!

— Je boirai à sa santé pour l'amour de vous et en l'honneur de ce jour, dit mistress Cratchit, mais non pour lui. Je lui souhaite donc une longue vie, joyeux Noël et heureuse année! Voilà-t-il pas de quoi le rendre bienheureux et bien joyeux! J'en doute. »

Les enfants burent à la santé de M. Scrooge après leur mère; c'était la première chose qu'ils ne fissent pas ce jour-là de bon cœur; Tiny Tim but le dernier, mais il aurait bien donné son toast pour deux sous. Scrooge était l'ogre de la famille; la mention de son nom jeta sur cette petite fête un sombre nuage qui ne se dissipa complétement qu'après cinq grandes minutes.

Ce temps écoulé, ils furent dix fois plus gais qu'avant, dès qu'on en eut entièrement fini avec cet épouvantail de Scrooge. Bob Cratchit leur apprit qu'il avait en vue pour Master Pierre une place qui lui rapporterait, en cas de réussite, cinq schellings six pence par semaine. Les deux petits Cratchit rirent comme des fous en pensant que Pierre allait entrer dans les affaires, et Pierre lui-même regarda le feu d'un air pensif entre les deux pointes de son col, comme s'il se consultait déjà pour savoir quelle sorte de placement il honorerait de son choix quand il serait en possession de ce revenu embarrassant.

Martha, pauvre apprentie chez une marchande de modes, raconta alors quelle espèce d'ouvrage elle avait à faire, combien d'heures elle travaillait sans s'arrêter, et se réjouit d'avance à la pensée qu'elle pourrait demeurer fort tard au lit le lendemain matin, jour de repos passé à la maison. Elle ajouta qu'elle avait vu, peu de jours auparavant, une comtesse et un lord, et que le lord était bien à peu près de la taille de Pierre; sur quoi Pierre tira si haut son col de chemise, que vous n'auriez pu apercevoir sa tête si vous aviez été là. Pendant tout ce temps, les marrons et le pot au grog circulaient à la ronde, puis Tiny Tim se mit à chanter une ballade sur un enfant égaré au milieu des neiges; Tiny Tim avait une petite voix plaintive et chanta sa romance à merveille, ma foi!

Il n'y avait rien dans tout cela de bien aristocratique. Ce n'était pas une belle famille; ils n'étaient bien vêtus ni les uns ni les autres; leurs souliers étaient loin d'être imperméables; leurs habits n'étaient pas cossus; Pierre pouvait bien même avoir fait la connaissance, j'en mettrais ma main au feu, avec la boutique de quelque fripier. Cependant ils étaient heureux, reconnaissants, charmés les uns des autres et contents de leur sort ; et au moment où Scrooge les quitta, ils semblaient de plus en plus heureux encore à la lueur des étincelles que la torche de l'esprit répandait sur eux; aussi les suivit-il du regard, et en particulier Tiny Tim, sur lequel il tint l'œil fixé jusqu'au bout.

Cependant la nuit était venue, sombre et noire; la neige tombait à gros flocons, et, tandis que Scrooge parcourait les rues avec l'esprit, l'éclat des feux pétillait dans les cuisines, dans les salons, partout, avec un effet merveilleux. Ici, la flamme vacillante laissait voir les préparatifs d'un bon petit dîner de famille, avec les assiettes qui chauffaient devant le feu, et des rideaux épais d'un rouge foncé, qu'on allait tirer bientôt pour empêcher le froid et l'obscurité de la rue. Là, tous les enfants de la maison s'élançaient dehors dans la neige au-devant de leurs sœurs mariées, de leurs frères, de leurs cousins, de leurs oncles, de leurs tantes, pour être les premiers à leur dire bonjour. Ailleurs, les silhouettes des convives réunis se dessinaient sur les stores. Un groupe de belles jeunes filles, encapuchonnées, chaussées de souliers fourrés, et causant toutes à la fois, se rendaient d'un pied léger chez quelque voisin; malheur alors au célibataire (les rusées magiciennes, elles le savaient bien !) qui les y verrait faire leur entrée avec leur teint vermeil animé par le froid !

A en juger par le nombre de ceux qu'ils rencontraient sur leur route se rendant à d'amicales réunions, vous auriez pu croire qu'il ne restait plus personne dans les maisons pour leur donner la bienvenue à leur arrivée, quoique ce fût tout le contraire ; pas une maison où l'on n'attendît compagnie, pas une cheminée où l'on n'eût empilé le charbon jusqu'à la gorge. Aussi, Dieu du ciel ! comme l'esprit était ravi d'aise ! comme il découvrait sa large poitrine ! comme il ouvrait sa vaste main ! comme il planait au-dessus de cette foule, déversant avec générosité sa joie vive et innocente sur tout ce qui se trouvait à sa portée ! Il n'y eut pas jusqu'à l'allumeur de réverbères qui, dans sa course devant lui, marquant de points lumineux les rues ténébreuses, tout habillé déjà pour aller passer sa soirée quelque part, se mit à rire aux éclats lorsque l'esprit passa près de lui, bien qu'il ne sût pas, le brave homme, qu'il eût en ce moment pour compagnie Noël en personne.

Tout à coup, sans que le spectre eût dit un seul mot pour préparer son compagnon à ce brusque changement, ils se trouvèrent au milieu d'un marais triste, désert, parsemé de monstrueux tas de pierres brutes, comme si c'eût été un cimetière de géants ; l'eau s'y répandait partout où elle voulait, elle n'avait pas d'autre obstacle que la gelée qui la retenait prisonnière ; il ne venait rien en ce triste lieu, si ce n'est de la mousse, des genêts et une herbe chétive et rude. A l'horizon, du côté de l'ouest, le soleil couchant avait laissé une traînée de feu d'un rouge ardent qui illumina un instant ce paysage désolé, comme le regard étincelant d'un œil sombre, dont les paupières s'abaissant peu à peu, jusqu'à ce qu'elles se ferment tout à fait, finirent par se perdre complétement dans l'obscurité d'une nuit épaisse.

« Où sommes-nous ? demanda Scrooge.

— Nous sommes où vivent les mineurs, ceux qui travaillent dans les entrailles de la terre, répondit l'esprit ; mais ils me reconnaissent. Regardez ! »

Une lumière brilla à la fenêtre d'une pauvre hutte, et ils se dirigèrent rapidement de ce côté. Passant à travers le mur de pierres et de boue, ils trouvèrent une joyeuse compagnie assemblée autour d'un feu splendide. Un vieux, vieux bonhomme et sa femme, leurs enfants, leurs petits-enfants, et une autre génération encore, étaient tous là réunis, vêtus de leurs habits de tête. Le vieillard, d'une voix qui s'élevait rarement au-dessus des sifflements aigus du vent sur la lande déserte, leur chantait un Noël (déjà fort ancien lorsqu'il n'était lui-même qu'un tout petit enfant); de temps en temps ils reprenaient tous ensemble le refrain. Chaque fois qu'ils chantaient, le vieillard sentait redoubler sa vigueur et sa verve; mais chaque fois, dès qu'ils se taisaient, il retombait dans sa première faiblesse.

L'esprit ne s'arrêta pas en cet endroit, mais ordonna à Scrooge de saisir fortement sa robe et le transporta, en passant au-dessus du marais, où? Pas à la mer, sans doute? Si, vraiment, à la mer. Scrooge, tournant la tête, vit avec horreur, bien loin derrière eux, la dernière langue de terre, une rangée de rochers affreux; ses oreilles furent assourdies par le bruit des flots qui tourbillonnaient, mugissaient avec le fracas du tonnerre et venaient se briser au sein des épouvantables cavernes qu'ils avaient creusées, comme si, dans les accès de sa rage, la mer eût essayé de miner la terre.

Bâti sur le triste récif d'un rocher à fleur d'eau, à quelques lieues du rivage, et battu par les eaux tout le long de l'année avec un acharnement furieux, se dressait un phare solitaire. D'énormes tas de plantes marines s'accumulaient à sa base, et les oiseaux des tempêtes, engendrés par les vents, peut-être comme les algues par les eaux, voltigeaient alentour, s'élevant et s'abaissant tour à tour, comme les vagues qu'ils effleuraient dans leur vol.

Mais même en ce lieu, deux hommes chargés de la garde du phare avaient allumé un feu qui jetait un rayon de clarté sur l'épouvantable mer, à travers l'ouverture pratiquée dans l'épaisse muraille. Joignant leurs mains calleuses par-dessus la table grossière devant laquelle ils étaient assis, ils se souhaitaient l'un à l'autre un joyeux Noël en buvant leur grog, et le plus âgé des deux dont le visage était raccorni et couturé par les intempéries de l'air, comme une de ces figures sculptées à la proue d'un vieux bâtiment, entonna de sa voix rauque un chant sauvage qu'on aurait pu prendre lui-même pour un coup de vent pendant l'orage.

Le spectre allait toujours au-dessus de la mer sombre et houleuse, toujours, toujours, jusqu'à ce que dans son vol rapide, bien loin de la terre et de tout rivage, comme il l'apprit à Scrooge, ils s'abattirent sur un vaisseau et se placèrent tantôt près du timonnier à la roue du gouvernail, tantôt à la vigie sur l'avant, où à côté des officiers de quart, visitant ces sombres et fantastiques figures dans les différents postes où ils montaient leur faction. Mais chacun de ces hommes fredonnait un chant de Noël, ou pensait à Noël, ou rappelait à voix basse à son compagnon quelque Noël passé, avec les espérances qui s'y rattachent d'un retour heureux au sein de la famille. Tous, à bord, éveillés ou endormis, bons ou méchants, avaient échangé les uns avec les autres, ce matin-là, une parole plus bienveillante qu'en aucun autre jour de l'année ; tous avaient pris une part plus ou moins grande à ses joies ; ils s'étaient tous souvenus de leurs parents ou de leurs amis absents, comme ils avaient espéré tous qu'à leur tour ceux qui leur étaient chers éprouvaient dans le même moment le même plaisir à penser à eux.

Ce fut une grande surprise pour Scrooge, tandis qu'il prêtait l'oreille aux gémissements plaintifs du vent, et qu'il songeait à ce qu'avait de solennel un semblable voyage au milieu des ténèbres, par-dessus des abîmes inconnus dont les profondeurs étaient des secrets aussi impénétrables que la mort; ce fut une grande surprise pour Scrooge, ainsi plongé dans ses réflexions, d'entendre un rire joyeux. Mais sa surprise devint bien plus grande encore quand il reconnut que cet éclat de rire avait été poussé par son neveu, et se vit lui-même dans une chambre parfaitement éclairée, chaude, brillante de propreté, avec l'esprit à ses côtés, souriant et jetant sur ce même neveu des regards pleins de douceur et de complaisance.

« Ah ! ah ! ah ! faisait le neveu de Scrooge. Ah ! ah ! ah ! »

S'il vous arrivait, par un hasard peu probable, de rencontrer un homme qui sût rire de meilleur cœur que le neveu de Scrooge, tout ce que je puis vous dire, c'est que j'aimerais à faire aussi sa connaissance. Faites-moi le plaisir de me le présenter, et je cultiverai sa société.

Par une heureuse, juste et noble compensation des choses d'ici-bas, si la maladie et le chagrin sont contagieux, il n'y a rien qui le soit plus irrésistiblement aussi que le rire et la bonne humeur. Pendant que le neveu de Scrooge riait de cette manière, se tenant les côtes, et faisant faire à son visage les contorsions les plus extravagantes, la nièce de Scrooge, sa nièce par alliance, riait d'aussi bon cœur que lui ; leurs amis réunis chez eux n'étaient pas le moins du monde en arrière et riaient également à gorge déployée. Ah ! ah ! ah ! ah ! ah ! ah !

« Oui, ma parole d'honneur, il m'a dit, s'écria le neveu de Scrooge, que Noël était une sottise. Et il le pensait !

— Ce n'en est que plus honteux pour lui, Fred ! » dit la nièce de Scrooge avec indignation. Car, parlez-moi des femmes, elles ne font jamais rien à demi ; elles prennent tout au sérieux.

La nièce de Scrooge était jolie, excessivement fort jolie, avec un charmant visage, un air naïf, candide : une ravissante petite bouche qui semblait faite pour être baisée, et elle l'était, sans aucun doute ; sur le menton, quantité de petites fossettes qui se fondaient l'une dans l'autre lorsqu'elle riait, et les deux yeux les plus vifs, les plus petillants que vous ayez jamais vus illuminer la tête d'une jeune fille ; en un mot, sa beauté avait quelque chose de provoquant peut-être, mais on voyait bien aussi qu'elle était prête à donner satisfaction. Oh! mais, satisfaction complète.

« C'est un drôle de corps, le vieux bonhomme! dit le neveu de Scrooge ; c'est vrai, et il pourrait être plus agréable, mais ses défauts portent avec eux leur propre châtiment, et je n'ai rien à dire contre lui.

— Je crois qu'il est très-riche, Fred ? poursuivit la nièce de Scrooge ; au moins, vous me l'avez toujours dit.

— Qu'importe sa richesse, ma chère amie, reprit son mari ; elle ne lui est d'aucune utilité ; il ne s'en sert pour faire du bien à personne, pas même à lui. Il n'a pas seulement la satisfaction de penser..., ah! ah! ah!... que c'est nous qu'il en fera profiter bientôt.

— Tenez ! je ne peux pas le souffrir, » continua la nièce. Les sœurs de la nièce de Scrooge et toutes les autres dames présentes exprimèrent la même opinion.

« Oh! bien, moi, dit le neveu, je suis plus tolérant que vous ; j'en suis seulement peiné pour lui, et jamais je ne pourrais lui en vouloir quand même j'en aurais envie, car enfin, qui souffre de ses boutades et de sa mauvaise humeur ? Lui, lui seul. Ce que j'en dis, ce n'est pas parce qu'il s'est mis en tête de ne pas nous aimer assez pour venir dîner avec nous ; car après tout, il n'a perdu qu'un méchant dîner....

— Vraiment ! eh bien ! je pense, moi, qu'il perd un fort bon dîner, » dit sa petite femme l'interrompant. Tous les convives furent du même avis, et on doit reconnaître qu'ils étaient juges compétents en cette matière, puisqu'ils venaient justement de le manger ; dans ce moment, le dessert était encore sur la table, et ils se pressaient autour du feu, à la lueur de la lampe.

« Ma foi ! je suis enchanté de l'apprendre, reprit le neveu de Scrooge, parce que je n'ai pas grande confiance dans le talent de ces jeunes ménagères. Qu'en dites-vous, Topper ? »

Topper avait évidemment jeté les yeux sur une des sœurs de la nièce de Scrooge, car il répondit qu'un célibataire était un misérable paria qui n'avait pas le droit d'exprimer une opinion sur ce sujet ; et là-dessus, la sœur de la nièce de Scrooge, la petite femme rondelette que vous voyez là-bas avec un fichu de dentelles, pas celle qui porte à la main un bouquet de roses, se mit à rougir.

« Continuez donc ce que vous alliez nous dire, Fred, dit la petite femme en frappant des mains. Il n'achève jamais ce qu'il a commencé ! Que c'est donc ridicule ! »

Le neveu de Scrooge s'abandonna bruyamment à un nouvel accès d'hilarité, et, comme il était impossible de se préserver de la contagion, quoique la petite sœur potelée essayât apparemment de le faire en respirant force vinaigre aromatique, tout le monde sans exception suivit son exemple.

« J'allais ajouter seulement, dit le neveu de Scrooge, qu'en nous faisant mauvais visage et en refusant de venir se réjouir avec nous, il perd quelques moments de plaisir qui ne lui auraient pas fait de mal. A coup sûr il se prive d'une compagnie plus agréable qu'il ne saurait en trouver dans ses propres pensées, dans son vieux comptoir humide ou au milieu de ses chambres poudreuses. Cela n'empêche pas que je compte bien lui offrir chaque année la même chance, que cela lui plaise ou non, car j'ai pitié de lui. Libre à lui de se moquer de Noël jusqu'à sa mort, mais il ne pourra s'empêcher d'en avoir meilleure opinion, j'en suis sûr, lorsqu'il me verra venir tous les ans, toujours de bonne humeur, lui dire : « Oncle Scrooge, comment vous portez-vous ? » Si cela pouvait seulement lui donner l'idée de laisser douze cents francs à son pauvre commis, ce serait déjà quelque chose. Je ne sais pas, mais pourtant je crois bien l'avoir ébranlé hier. »

Ce fut à leur tour de rire maintenant à l'idée présomptueuse qu'il eût pu ébranler Scrooge. Mais comme il avait un excellent caractère, et qu'il ne s'inquiétait guère de savoir pourquoi on riait, pourvu que l'on rît, il les encouragea dans leur gaieté en faisant circuler joyeusement la bouteille.

Après le thé, on fit un peu de musique ; car c'était une famille de musiciens qui s'entendaient à merveille, je vous assure, à chanter des ariettes et des ritournelles, surtout Topper, qui savait faire gronder sa basse comme un artiste consommé, sans avoir besoin de se gonfler les larges veines de son front, ni de devenir rouge comme une écrevisse. La nièce de Scrooge pinçait très-bien de la harpe : entre autres morceaux, elle joua un simple petit air (un rien que vous auriez pu apprendre à siffler en deux minutes), justement l'air favori de la jeune fille qui allait autrefois chercher Scrooge à sa pension, comme le fantôme de

Noël passé le lui avait rappelé. A ces sons bien connus, tout ce que le spectre lui avait montré alors se présenta de nouveau à son souvenir; de plus en plus attendri, il songea que, s'il avait pu souvent entendre cet air, depuis de longues années, il aurait sans doute cultivé de ses propres mains, pour son bonheur, les douces affections de la vie, ce qui valait mieux que d'aiguiser la bêche impatiente du fossoyeur qui avait enseveli Jacob Marley.

Mais la soirée ne fut pas consacrée tout entière à la musique Au bout de quelques instants, on joua aux gages touchés, car il faut bien redevenir enfants quelquefois, surtout à Noël, un jour de fête fondé par un Dieu enfant. Attention! voilà qu'on commence d'abord par une partie de colin-maillard. Oh! le tricheur de Topper! Il fait semblant de ne pas voir avec son bandeau, mais, n'ayez pas peur, il n'a pas ses yeux dans sa poche. Je suis sûr qu'il s'est entendu avec le neveu de Scrooge, et que l'Esprit de Noël présent ne s'y est pas laissé prendre. La manière dont le soi-disant aveugle poursuit la petite sœur rondelette au fichu de dentelle est une véritable insulte à la crédulité de la nature humaine. Qu'elle renverse le garde-feu, qu'elle roule par-dessus les chaises, qu'elle aille se cogner contre le piano, ou bien qu'elle s'étouffe dans les rideaux, partout où elle va, il y va; il sait toujours reconnaître où est la petite sœur rondelette; il ne veut attraper personne autre; vous aurez beau le heurter en courant, comme tant d'autres l'ont fait exprès, il fera bien semblant de chercher à vous saisir, avec une maladresse qui fait injure à votre intelligence, mais à l'instant il ira se jeter de côté dans la direction de la petite sœur rondelette. « Ce n'est pas de franc jeu, » dit-elle souvent en fuyant, et elle a raison; mais lorsqu'il l'attrape à la fin, quand, en dépit de ses mouvements rapides pour lui échapper, et de tous les frémissements de sa robe de soie froissée à chaque meuble, il est parvenu à l'acculer dans un coin, d'où elle ne peut plus sortir, sa conduite alors devient vraiment abominable. Car, sous prétexte qu'il ne sait pas qui c'est, il faut qu'il touche sa coiffure; sous prétexte de s'assurer de son identité, il se permet de toucher certaine bague qu'elle porte au doigt, de manier certaine chaîne passée autour de son cou. Le vilain monstre! aussi nul doute qu'elle ne lui en dise sa façon de penser, maintenant que le mouchoir ayant passé sur les yeux d'une autre personne, ils ont ensemble un entretien si confidentiel, derrière les rideaux, dans l'embrasure de la fenêtre!

La nièce de Scrooge n'était pas de la partie de colin-maillard; elle était demeurée dans un bon petit coin de la salle, assise à son aise sur un fauteuil avec un tabouret sous les pieds; le fantôme et Scrooge se tenaient debout derrière elle; mais, par exemple, elle prenait part aux gages touchés et fut particulièrement admirable à *Comment l'aimez-vous ?* avec toutes les lettres de l'alphabet. De même au jeu de *Où, quand et comment,* elle était fort habile, et, à la joie secrète du neveu de Scrooge, elle battait à plates coutures toutes ses sœurs, quoiqu'elles ne fussent pas sottes, non; demandez plutôt à Topper. Il se trouvait bien là environ une vingtaine de personnes, tant jeunes que vieux, mais tout le monde jouait, jusqu'à Scrooge lui-même qui, oubliant tout à fait, tant il s'intéressait à cette scène, qu'on ne pouvait entendre sa voix, criait tout haut les mots qu'on donnait à deviner; et il rencontrait juste fort souvent, je dois l'avouer, car l'aiguille la plus pointue, la meilleure *Whitechapel*, garantie pour ne pas couper le fil, n'est pas plus fine ni plus déliée que l'esprit de Scrooge, avec l'air benêt qu'il se donnait exprès pour attraper le monde.

Le spectre prenait plaisir à le voir dans ces dispositions et il le regardait d'un air si rempli de bienveillance, que Scrooge lui demanda en grâce, comme l'eût fait un enfant, de rester jusqu'après le départ des conviés. Mais pour ce qui est de cela, l'esprit lui dit que c'était une chose impossible.

« Voici un nouveau jeu, dit Scrooge : Une demi-heure, Esprit, seulement une demi-heure! »

C'était le jeu appelé *Oui et non*, le neveu de Scrooge devait penser à quelque chose et les autres chercher à deviner ce à quoi il pensait; il ne répondait à toutes leurs questions que par *oui* et par *non*, suivant le cas. Le feu roulant d'interrogations auxquelles il se vit exposé lui arracha successivement une foule d'aveux: qu'il pensait à un animal, que c'était un animal vivant, un animal désagréable, un animal sauvage, un animal qui grondait et grognait quelquefois, qui d'autres fois parlait, qui habitait Londres, qui se promenait dans les rues, qu'on ne montrait pas pour de l'argent, qui n'était mené en laisse par personne, qui ne vivait pas dans une ménagerie, qu'on ne tuait jamais à l'abattoir, et qui n'était ni un cheval, ni un âne, ni une vache, ni un taureau, ni un tigre, ni un chien, ni un cochon, ni un chat, ni un ours. A chaque nouvelle question qui lui était adressée, ce gueux de neveu partait d'un nouvel éclat de rire, et il lui en prenait de telles envies, qu'il était obligé de se lever du sofa pour trépigner sur le parquet. A la fin, la sœur rondelette, prise à son tour d'un fou rire, s'écria :

« Je l'ai trouvé ! Je le tiens, Fred ! Je sais ce que c'est.

— Qu'est-ce donc ? demanda Fred.
— C'est votre oncle Scro-o-o-o-oge ! »

C'était cela même. L'admiration fut le sentiment général, quoique quelques personnes fissent remarquer que la réponse à cette question « Est-ce un ours ? » aurait dû être « Oui ; » d'autant qu'il avait suffi dans ce cas d'une réponse négative pour détourner leurs pensées de M. Scrooge, en supposant qu'elles se fussent portées sur lui d'abord.

« Eh bien ! il a singulièrement contribué à nous divertir, dit Fred, et nous serions de véritables ingrats si nous ne buvions à sa santé. Voici justement que nous tenons à la main chacun un verre de punch au vin ; ainsi donc : A l'oncle Scrooge !

— Soit ! à l'oncle Scrooge ! s'écrièrent-ils tous.

— Un joyeux Noël et une bonne année au vieillard, n'importe ce qu'il est ! dit le neveu de Scrooge. Il n'accepterait pas ce souhait de ma bouche, mais il l'aura néanmoins. A l'oncle Scrooge ! »

L'oncle Scrooge s'était laissé peu à peu si bien gagner par l'hilarité générale, il se sentait le cœur si léger, qu'il aurait fait raison à la compagnie, quoiqu'elle ne s'aperçût pas de sa présence, et prononcé un discours de remercîment que personne n'eût entendu, si le spectre lui en avait donné le temps. Mais la scène entière disparut comme le neveu prononçait la dernière parole de son toast ; et déjà Scrooge et l'esprit avaient repris le cours de leurs voyages.

Ils virent beaucoup de pays, allèrent fort loin et visitèrent un grand nombre de demeures, et toujours avec d'heureux résultats pour ceux que Noël approchait. L'esprit se tenait auprès du lit des malades, et ils oubliaient leurs maux sur la terre étrangère, et l'exilé se croyait pour un moment transporté au sein de la patrie. Il visitait une âme en lutte avec le sort et aussitôt elle s'ouvrait à des sentiments de résignation et à l'espoir d'un meilleur avenir. Il abordait les pauvres, et aussitôt ils se croyaient riches. Dans les maisons de charité, les hôpitaux, les prisons, dans tous ces refuges de la misère, où l'homme vain et orgueilleux n'avait pu abuser de sa petite autorité si passagère pour en interdire l'entrée et en barrer la porte à l'esprit, il laissait sa bénédiction et enseignait à Scrooge ses préceptes charitables.

Ce fut là une longue nuit, si toutes ces choses s'accomplirent seulement en une nuit ; mais Scrooge en douta, parce qu'il lui semblait que plusieurs fêtes de Noël avaient été condensées dans l'espace de temps qu'ils passèrent ensemble. Une chose étrange aussi, c'est que, tandis que Scrooge n'éprouvait aucune modification dans sa forme extérieure, le fantôme devenait plus vieux, visiblement plus vieux. Scrooge avait remarqué ce changement, mais il n'en dit pas un mot, jusqu'à ce que, au sortir d'un lieu, où une réunion d'enfants célébrait les Rois, jetant les yeux sur l'esprit quand ils furent seuls, il s'aperçut que ses cheveux avaient blanchi.

« La vie des esprits est-elle donc si courte? demanda-t-il.

— Ma vie sur ce globe est très-courte, en effet, répondit le spectre. Elle finit cette nuit.

— Cette nuit! s'écria Scrooge.

— Ce soir, à minuit. Écoutez! L'heure approche. »

En ce moment, l'horloge sonnait les trois quarts de onze heures.

« Pardonnez-moi l'indiscrétion de ma demande, dit Scrooge qui regardait attentivement la robe de l'esprit, mais je vois quelque chose d'étrange et qui ne vous appartient pas, sortir de dessous votre robe. Est-ce un pied ou une griffe?

— Ce pourrait être une griffe, à en juger par la chair qui est au-dessus, répondit l'esprit avec tristesse. Regardez. »

Des plis de sa robe, il dégagea deux enfants, deux créatures misérables, abjectes, effrayantes, hideuses, repoussantes, qui s'agenouillèrent à ses pieds et se cramponnèrent à son vêtement.

« Oh! homme! regarde, regarde, regarde à tes pieds! » s'écria le fantôme.

C'étaient un garçon et une fille, jaunes, maigres, couverts de haillons, au visage renfrogné, féroces, quoique rampants dans leur abjection. Une jeunesse gracieuse aurait dû remplir leurs joues et répandre sur leur teint ses plus fraîches couleurs; au lieu de cela, une main flétrie et desséchée, comme celle du Temps, les avait ridés, amaigris, décolorés; ces traits où les anges auraient dû trôner, les démons s'y cachaient plutôt pour lancer de là des regards menaçants. Nul changement, nulle dégradation, nulle décomposition de l'espèce humaine, à aucun degré, dans tous les mystères les plus merveilleux de la création, n'ont produit des monstres à beaucoup près aussi horribles et aussi effrayants.

Scrooge recula, pâle de terreur; ne voulant pas blesser l'esprit, leur père peut-être, il essaya de dire que c'étaient de beaux enfants, mais les mots s'arrêtèrent d'eux-mêmes dans sa gorge, pour ne pas se rendre complices d'un mensonge si énorme.

« Esprit! est-ce que ce sont vos enfants? »

Scrooge n'en put dire davantage.

« Ce sont les enfants des hommes, dit l'esprit laissant tomber sur eux un regard, et ils s'attachent à moi pour me porter plainte contre leurs pères. Celui-là est l'ignorance; celle-ci la misère. Gardez-vous de l'un et de l'autre et de toute leur descendance, mais surtout du premier, car sur son front je vois écrit : Condamnation. Hâte-toi, Babylone, dit-il en étendant sa main vers la cité; hâte-toi d'effacer ce mot qui te condamne plus que lui; toi à ta ruine, comme lui au malheur. Ose dire que tu n'en es pas coupable; calomnie même ceux qui t'accusent : Cela peut servir au succès de tes desseins abominables. Mais gare la fin!

— N'ont-ils donc aucun refuge, aucune ressource? s'écria Scrooge.

— N'y a-t-il pas des prisons? dit l'esprit lui renvoyant avec ironie pour la dernière fois ses propres paroles. N'y a-t-il pas des maisons de force? »

L'horloge sonnait minuit.

Scrooge chercha du regard le spectre et ne le vit plus. Quand le dernier son cessa de vibrer, il se rappela la prédiction du vieux Jacob Marley, et, levant les yeux, il aperçut un fantôme à l'aspect solennel, drapé dans une robe à capuchon et qui venait à lui glissant sur la terre comme une vapeur.

QUATRIÈME COUPLET.

Le dernier des esprits.

Le fantôme approchait d'un pas lent, grave et silencieux. Quand il fut arrivé près de Scrooge, celui-ci fléchit le genou, car cet esprit semblait répandre autour de lui, dans l'air qu'il traversait, une terreur sombre et mystérieuse.

Une longue robe noire l'enveloppait tout entier et cachait sa tête, son visage, sa forme, ne laissant rien voir qu'une de ses mains étendues, sans quoi il eût été très-difficile de détacher cette figure des ombres de la nuit, et de la distinguer de l'obscurité complète dont elle était environnée.

Quand Scrooge vint se placer à ses côtés, il reconnut que le spectre était d'une taille élevée et majestueuse, et que sa mystérieuse présence le remplissait d'une crainte solennelle. Mais il n'en sut pas davantage, car l'esprit ne prononçait pas une parole et ne faisait aucun mouvement.

« Suis-je en la présence du spectre de Noël à venir ? » dit Scrooge.

L'esprit ne répondit rien, mais continua de tenir la main tendue en avant.

« Vous allez me montrer les ombres des choses qui ne sont pas arrivées encore et qui arriveront dans la suite des temps, poursuivit Scrooge. N'est-ce pas, esprit ? »

La partie supérieure de la robe du fantôme se contracta un instant par le rapprochement de ses plis, comme si le spectre avait incliné la tête. Ce fut la seule réponse qu'il en obtint.

Quoique habitué déjà au commerce des esprits, Scrooge éprouvait une telle frayeur en présence de ce spectre silencieux, que ses jambes tremblaient sous lui et qu'il se sentit à peine la force de se tenir debout, quand il se prépara à le suivre. L'esprit s'arrêta un moment, comme s'il eût remarqué son trouble et qu'il eût voulu lui donner le temps de se remettre.

Mais Scrooge n'en fut que plus agité; un frisson de terreur vague parcourait tous ses membres, quand il venait à songer que derrière ce sombre linceul, des yeux de fantôme étaient attentivement fixés sur lui, et que, malgré tous ses efforts, il ne pouvait voir qu'une main de spectre et une grande masse noirâtre.

« Esprit de l'avenir ! s'écria-t-il ; je vous redoute plus qu'aucun des spectres que j'aie encore vus ! Mais, parce que je sais que vous vous proposez mon bien, et parce que j'espère vivre de manière à être un tout autre homme que je n'étais', je suis prêt à vous accompagner avec un cœur reconnaissant. Ne me parlerez-vous pas ? »

Point de réponse. La main seule était toujours tendue droit devant eux.

« Guidez-moi ! dit Scrooge, guidez-moi ! La nuit avance rapidement ; c'est un temps précieux pour moi, je le sais. Esprit, guidez-moi. »

Le fantôme s'éloigna de la même manière qu'il était venu. Scrooge le suivit dans l'ombre de sa robe, et il lui sembla que cette ombre la soulevait et l'emportait avec elle.

On ne pourrait pas dire précisément qu'ils entrèrent dans la ville, ce fut plutôt la ville qui sembla surgir autour d'eux et les entourer de son propre mouvement. Toutefois, ils étaient au cœur même de la cité, a la bourse, parmi les négociants qui allaient deçà et delà en toute hâte, faisant sonner l'argent dans leurs poches, se groupant pour causer affaires, regardant à leurs montres et jouant d'un air pensif avec leurs grandes breloques, etc., etc., comme Scrooge les avait vus si souvent.

L'esprit s'arrêta près d'un petit groupe de ces capitalistes. Scrooge, remarquant la direction de sa main tendue de leur côté, s'approcha pour entendre la conversation.

« Non..., disait un grand et gros homme avec un menton monstrueux, je n'en sais pas davantage ; je sais seulement qu'il est mort.

— Quand est-il mort? demanda un autre.

— La nuit dernière, je crois.

— Comment, et de quoi est-il mort? dit un troisième personnage en prenant une énorme prise de tabac dans une vaste tabatière. Je croyais qu'il ne mourrait jamais....

— Il n'y a que Dieu qui le sache, reprit le premier avec un bâillement.

— Qu'a-t-il fait de son argent? demanda un monsieur à la face rubiconde dont le bout du nez était orné d'une excroissance de chair qui pendillait sans cesse comme les caroncules d'un dindon.

— Je n'en sais trop rien, fit l'homme au double menton en bâillant de nouveau. Peut-être l'a-t-il laissé à sa société; en tout cas, ce n'est pas à *moi* qu'il l'a laissé : voilà tout ce que je sais. »

Cette plaisanterie fut accueillie par un rire général.

« Il est probable, dit le même interlocuteur, que les chaises ne lui coûteront pas cher à l'église, non plus que les voitures; car, sur mon âme, je ne connais personne qui soit disposé à aller à son enterrement. Si nous faisions la partie d'y aller sans invitation !

— Cela m'est égal, s'il y a une collation, observa le monsieur à la loupe ; mais je veux être nourri pour la peine.

— Eh bien! après tout, dit celui qui avait parlé le premier. je vois que je suis encore le plus désintéressé de vous tous, car je n'y allais pas pour qu'on me donnât des gants noirs, je n'en porte pas : ni pour sa collation, je ne goûte jamais; et pourtant, je m'offre à y aller, si quelqu'un veut venir avec moi. C'est que, voyez-vous, en y réfléchissant, je ne suis pas sûr le moins du monde de n'avoir pas été son plus intime ami, car nous avions l'habitude de nous arrêter pour échanger quelques mots toutes les fois que nous nous rencontrions. Adieu, messieurs; au revoir! »

Le groupe se dispersa et alla se mêler à d'autres. Scrooge

reconnaissait tous ces personnages : il regarda l'esprit comme pour lui demander l'explication de ce qu'il venait d'entendre.

Le fantôme se glissa dans une rue et montra du doigt deux individus qui s'abordaient. Scrooge écouta encore, croyant trouver là le mot de l'énigme.

Il les reconnaissait également très-bien ; c'étaient deux négociants, riches et considérés. Il s'était toujours piqué d'être bien placé dans leur estime, au point de vue des affaires, s'entend, purement et simplement au point de vue des affaires.

« Comment vous portez-vous? dit l'un.

— Et vous? répondit l'autre.

— Bien! fit le premier. Le vieux *Gobseck* a donc enfin son compte, hein?

— On me l'a dit...; il fait froid, n'est-ce pas?

— Peuh! Un temps de la saison! temps de Noël. Vous ne patinez pas, je suppose?

— Non, non ; j'ai bien autre chose à penser. Bonjour. »

Pas un mot de plus. Telles furent leur rencontre, leur conversation et leur séparation.

Scrooge eut d'abord la pensée de s'étonner que l'esprit attachât une telle importance à des conversations en apparence si triviales; mais intimement convaincu qu'elles devaient avoir un sens caché, il se mit à considérer, à part lui, quel il pouvait être selon toutes les probabilités. Il était difficile qu'elles se rapportassent à la mort de Jacob, son vieil associé; du moins, la chose ne paraissait pas vraisemblable, car cette mort appartenait au passé, et le spectre avait pour département l'avenir : il ne voyait non plus personne de ses connaissances à qui il pût les appliquer. Toutefois, ne doutant pas que, quelle que fût celle à qui il convenait d'en faire l'application, elles ne renfermassent une leçon secrète à son adresse, et pour son bien, il résolut de recueillir avec soin chacune des paroles qu'il entendrait et chacune des choses qu'il verrait, mais surtout d'observer attentivement sa propre image lorsqu'elle lui apparaîtrait, persuadé que la conduite de son futur lui-même lui donnerait la clef de cette énigme et en rendrait la solution facile.

Il se chercha donc en ce lieu; mais un autre occupait sa place accoutumée, dans le coin qu'il affectionnait particulièrement, et, quoique l'horloge indiquât l'heure où il venait d'ordinaire à la Bourse, il ne vit personne qui lui ressemblât, parmi cette multitude qui se pressait sous le porche pour y entrer. Cela le surprit peu, néanmoins, car depuis ses premières visions, il avait médité dans son esprit un changement de vie; il pensait, il espérait que son absence était une preuve qu'il avait mis ses nouvelles résolutions en pratique.

Le fantôme se tenait à ses côtés, immobile, sombre, toujours le bras tendu. Quand Scrooge sortit de sa rêverie, il s'imagina, au mouvement de la main et d'après la position du spectre vis-à-vis de lui, que ses yeux invisibles le regardaient fixement. Cette pensée le fit frissonner de la tête aux pieds.

Quittant le théâtre bruyant des affaires, ils allèrent dans un quartier obscur de la ville, où Scrooge n'avait pas encore pénétré, quoiqu'il en connût parfaitement les êtres et la mauvaise renommée. Les rues étaient sales et étroites, les boutiques et les maisons misérables, les habitants à demi nus, ivres, mal chaussés, hideux. Des allées et des passages sombres, comme autant d'égouts, vomissaient leurs odeurs repoussantes, leurs immondices et leurs ignobles habitants dans ce labyrinthe de rues; tout le quartier respirait le crime, l'ordure, la misère.

Au fond de ce repaire infâme on voyait une boutique basse, s'avançant en saillie sous le toit d'un auvent, dans laquelle on achetait le fer, les vieux chiffons, les vieilles bouteilles, les os, les restes des assiettes du dîner d'hier au soir. Sur le plancher, à l'intérieur, étaient entassés des clefs rouillées, des clous, des chaînes, des gonds, des limes, des plateaux de balances, des poids et toute espèce de ferraille. Des mystères que peu de personnes eussent été curieuses d'approfondir s'agitaient peut-être sous ces monceaux de guenilles repoussantes, sous ces masses de graisse corrompue et ces sépulcres d'ossements. Assis au milieu des marchandises dont il trafiquait, près d'un réchaud de vieilles briques, un sale coquin, aux cheveux blanchis par l'âge (il avait près de soixante-dix ans), s'abritait contre l'air froid du dehors, au moyen d'un rideau crasseux, composé de lambeaux dépareillés suspendus à une ficelle, et fumait sa pipe en savourant avec délices la volupté de sa paisible solitude.

Scrooge et le fantôme se trouvèrent en présence de cet homme, au moment précis où une femme, chargée d'un lourd paquet, se glissa dans la boutique. A peine y eut-elle mis les pieds, qu'une autre femme, chargée de la même manière, entra pareillement, cette dernière fut suivie de près par un homme vêtu d'un habit noir râpé, qui ne parut pas moins surpris de la vue des deux femmes qu'elles ne l'avaient été elles-mêmes en se reconnaissant l'une l'autre. Après quelques instants de stupéfaction muette partagée par l'homme à la pipe, ils se mirent à éclater de rire tous les trois.

« Que la femme de journée passe la première, s'écria celle qui était entrée d'abord. La blanchisseuse viendra après elle, puis, en troisième lieu, l'homme des pompes funèbres. Eh bien! vieux Joe, dites donc, en voilà un hasard ! Ne dirait-on pas que nous nous sommes donné ici rendez-vous tous les trois?

— Vous ne pouviez toujours pas mieux choisir la place, dit le vieux Joe ôtant sa pipe de sa bouche. Entrez au salon. Depuis longtemps vous y avez vos libres entrées, et les deux autres ne sont pas non plus des étrangers. Attendez que j'aie fermé la porte de la boutique. Ah! comme elle crie! Je ne crois pas qu'il y ait ici de ferraille plus rouillée que ses gonds, comme il n'y a pas non plus, j'en suis bien sûr, d'os aussi vieux que les miens dans tout mon magasin. Ah! ah! nous sommes tous en harmonie avec notre condition, nous sommes bien assortis. Entrez au salon. Entrez. »

Le salon était l'espace séparé de la boutique par le rideau de loques. Le vieux marchand remua le feu avec un barreau brisé provenant d'une rampe d'escalier, et après avoir ravivé sa lampe fumeuse (car il faisait nuit) avec le tuyau de sa pipe, il le remit dans sa bouche.

Pendant qu'il faisait ainsi les honneurs de son hospitalité, la femme qui avait déjà parlé jeta son paquet à terre, et s'assit, dans une pose nonchalante, sur un tabouret, croisant ses coudes sur ses genoux, et lançant aux deux autres comme un défi hardi.

« Eh bien ! quoi? Qu'y a-t-il donc? Qu'est-ce qu'il y a ? mistress Dilber? dit-elle. Chacun a bien le droit de songer à soi, je pense. Est-ce qu'il a fait autre chose toute sa vie, *lui*?

— C'est vrai, par ma foi ! fit la blanchisseuse. Personne plus que lui.

— Eh bien ! alors, vous n'avez pas besoin de rester là à vous écarquiller les yeux comme si vous aviez peur, bonne femme : les loups ne se mangent pas, je suppose.

— Bien sûr ! dirent en même temps mistress Dilber et le croque-mort. Nous l'espérons bien.

— En ce cas, s'écria la femme, tout est pour le mieux. Il n'y a pas besoin de chercher midi à quatorze heures. Et d'ailleurs, voyez le grand mal. A qui est-ce qu'on fait tort avec ces bagatelles? Ce n'est pas au mort, je suppose?

— Ma foi, non, dit Mme Dilber en riant.

— S'il voulait les conserver après sa mort, le vieux grigou, poursuivit la femme, pourquoi n'a-t-il pas fait comme tout le monde? Il n'avait qu'à prendre une garde pour le veiller quand la mort est venue le frapper, au lieu de rester là à rendre le dernier soupir dans son coin, tout seul comme un chien.

— C'est bien la pure vérité, fit Mme Dilber. Il n'a que ce qu'il mérite.

— Je voudrais bien qu'il n'en fût pas quitte à si bon marché, reprit la femme; et il en serait autrement, vous pouvez vous en rapporter à moi, si j'avais pu mettre les mains sur quelque autre chose. Ouvrez ce paquet, vieux Joe, et voyons ce que cela vaut. Parlez franchement. Je n'ai pas peur de passer la première; je ne crains pas qu'ils le voient. Nous savions très-bien, je crois, avant de nous rencontrer ici, que nous faisions nos petites affaires. Il n'y a pas de mal à cela. Ouvrez le paquet, Joe. »

Mais il y eut assaut de politesse. Ses amis, par délicatesse, ne voulurent pas le permettre, et l'homme à l'habit noir râpé, montant le premier sur la brèche, produisit son butin. Il n'était pas considérable : un cachet ou deux, un portecrayon, deux boutons de manche et une épingle de peu de valeur, voilà tout. Chacun de ces objets fut examiné en particulier et prisé par le vieux Joe qui marqua sur le mur avec de la craie les sommes qu'il était disposé à en donner, et additionna le total quand il vit qu'il n'y avait plus d'autre article.

« Voilà votre compte, dit-il, et je ne donnerais pas six pence de plus quand on devrait me faire rôtir à petit feu. Qui vient après? »

C'était le tour de Mme Dilber. Elle déploya des draps, des serviettes, un habit, deux cuillers à thé en argent, forme antique, une pince à sucre et quelques bottes. Son compte lui fut fait sur le mur de la même manière.

« Je donne toujours trop aux dames. C'est une de mes faiblesses, et c'est ainsi que je me ruine, dit le vieux Joe. Voilà votre compte. Si vous me demandez un penny de plus et que vous marchandiez là-dessus, je pourrai bien me raviser et rabattre un écu sur la générosité de mon premier instinct.

— Et maintenant, Joe, défaites mon paquet, » dit la première femme.

Joe se mit à genoux pour plus de facilité, et, après avoir défait une grande quantité de nœuds, il tira du paquet une grosse et lourde pièce d'étoffe sombre.

« Quel nom donnez-vous à cela? dit-il. Des rideaux de lit.

— Oui! répondit la femme en riant et en se penchant sur ses bras croisés. Des rideaux de lit!

— Il n'est pas Dieu possible que vous les ayez enlevés, anneaux et tout, pendant qu'il était encore là sur son lit? demanda Joe.

— Que si, reprit la femme, et pourquoi pas?

— Allons, vous étiez née pour faire fortune, dit Joe, et fortune vous ferez.

— Certainement je ne retirerai pas la main quand je pourrai la mettre sur quelque chose, par égard pour un homme pareil, je vous en réponds, Joe, dit la femme avec le plus grand sang-froid. Ne laissez pas tomber de l'huile sur les couvertures, maintenant.

— Ses couvertures, à lui? demanda Joe.

— Et à qui donc? répondit la femme. N'avez-vous pas peur qu'il s'enrhume pour n'en pas avoir?

— Ah çà! j'espère toujours qu'il n'est pas mort de quelque maladie contagieuse, hein? dit le vieux Joe s'arrêtant dans son examen et levant la tête.

— N'ayez pas peur, Joe, je n'étais pas tellement folle de sa société, que je fusse restée auprès de lui pour de semblables misères, s'il y avait eu le moindre danger.... Oh! vous pouvez examiner cette chemise jusqu'à ce que les yeux vous en crèvent, vous n'y trouverez pas le plus petit trou; elle n'est pas même élimée : c'était bien sa meilleure, et de fait elle n'est pas mauvaise. C'est bien heureux que je me sois trouvée là; sans moi, on l'aurait perdue.

— Qu'appelez-vous perdue? demanda le vieux Joe.

— On l'aurait enseveli avec, pour sûr, reprit-elle en riant. Croiriez-vous qu'il y avait déjà eu quelqu'un d'assez sot pour le faire; mais je la lui ai ôtée bien vite. Si le calicot n'est pas assez bon pour cette besogne, je ne vois guère à quoi il peut servir. C'est très-bon pour couvrir un corps; et, quant à l'élégance, le bonhomme ne sera pas plus laid dans une chemise de calicot qu'il ne l'était avec sa chemise de toile, c'est impossible. »

Scrooge écoutait ce dialogue avec horreur. Tous ces gens-là, assis ou plutôt accroupis autour de leur proie, serrés les uns contre les autres, à la faible lueur de la lampe du vieillard, lui causaient un sentiment de haine et de dégoût aussi prononcé que s'il eût vu d'obscènes démons occupés à marchander le cadavre lui-même.

« Ah! ah! continua en riant la même femme lorsque le vieux Joe, tirant un sac de flanelle rempli d'argent, compta à chacun, sur le plancher, la somme qui lui revenait pour sa part. Voilà bien le meilleur, voyez-vous! Il n'a, de son vivant, effrayé tout le monde, et tenu chacun loin de lui que pour nous assurer des profits après sa mort. Ah! ah! ah!

— Esprit! dit Scrooge frissonnant de la tête aux pieds. Je comprends, je comprends. Le sort de cet infortuné pourrait être le mien. C'est là que mène une vie comme la mienne.... Seigneur miséricordieux, qu'est-ce que je vois ? »

Il recula de terreur, car la scène avait changé, et il touchait presque un lit, un lit nu, sans rideaux, sur lequel, recouvert d'un drap déchiré, reposait quelque chose dont le silence même révélait la nature en un terrible langage.

La chambre était très-sombre, trop sombre pour qu'on pût remarquer avec exactitude ce qui s'y trouvait, bien que Scrooge obéissant à une impulsion secrète, promenât ses regards curieux, inquiet de savoir ce que c'était que cette chambre. Une pâle lumière, venant du dehors, tombait directement sur le lit où gisait le cadavre de cet homme dépouillé, volé, abandonné de tout le monde, auprès duquel personne ne pleurait, personne ne veillait.

Scrooge jeta les yeux sur le fantôme dont la main fatale lui montrait la tête du mort. Le linceul avait été jeté avec tant de négligence, qu'il aurait suffi du plus léger mouvement de son doigt pour mettre à nu ce visage. Scrooge y songea; il voyait combien c'était facile, il éprouvait le désir de le faire, mais il n'avait pas plus la force d'écarter ce voile que de renvoyer le spectre qui se tenait debout à ses côtés.

« Oh! froide, froide, affreuse, épouvantable mort! Tu peux dresser ici ton autel et l'entourer de toutes les terreurs dont tu disposes; car tu es bien là dans ton domaine! Mais, quand c'est une tête aimée, respectée et honorée, tu ne peux faire servir un seul de ses cheveux à tes terribles desseins, ni rendre odieux un de ses traits. Ce n'est pas qu'alors la main ne devienne pesante aussi, et ne retombe si je l'abandonne ; ce n'est pas que le cœur et le pouls ne soient silencieux; mais cette main, elle fut autrefois ouverte, généreuse, loyale; ce cœur fut brave, chaud, honnête et tendre : c'était un vrai cœur d'homme qui battait là dans sa poitrine. Frappe, frappe, mort impitoyable! tes coups sont vains. Tu vas voir jaillir de sa blessure ses bonnes actions, l'honneur de sa vie éphémère, la semence de sa vie immortelle! »

Aucune voix ne prononça ces paroles aux oreilles de Scrooge, il les entendit cependant lorsqu'il regarda le lit. « Si cet homme pouvait revivre, pensait-il, que dirait-il à présent de ses pensées d'autrefois? L'avarice, la dureté du cœur, l'âpreté du gain, ces pensées-là, vraiment, l'ont conduit à une belle fin!

« Il est là, gisant dans cette maison déserte et sombre, où il n'y a ni homme, ni femme, ni enfant, qui puisse dire : « Il fut bon pour moi dans telle ou telle circonstance, et je serai bon pour lui, à mon tour, en souvenir d'une parole bienveillante. » Seulement un chat grattait à la porte, et, sous la pierre du foyer, on entendait un bruit de rats qui rongeaient quelque chose Que venaient-ils chercher dans cette chambre mortuaire? Pourquoi étaient-ils si avides, si turbulents? Scrooge n'osa point y penser.

« Esprit, dit-il, ce lieu est affreux. En le quittant, je n'oublierai pas la leçon qu'il me donne, croyez-moi. Partons ! »

Le spectre, de son doigt immobile, lui montrait toujours la tête du cadavre.

« Je vous comprends, répondit Scrooge, et je le ferais si je pouvais. Mais je n'en ai pas la force ; esprit, je n'en ai pas la force. »

Le fantôme parut encore le regarder avec une attention plus marquée.

« S'il y a quelqu'un dans la ville qui ressente une émotion pénible par suite de la mort de cet homme, dit Scrooge en proie aux angoisses de l'agonie, montrez-moi cette personne, esprit, je vous en conjure. »

Le fantôme étendit un moment sa sombre robe devant lui comme une aile, puis, la repliant, lui fit voir une chambre éclairée par la lumière du jour, où se trouvaient une mère et ses enfants.

Elle attendait quelqu'un avec une impatience inquiète; car elle allait et venait dans sa chambre, tressaillait au moindre bruit, regardait par la fenêtre, jetait les yeux sur la pendule, essayait, mais en vain, de recourir à son aiguille, et pouvait à peine supporter les voix des enfants dans leurs jeux.

Enfin retentit à la porte le coup de marteau si longtemps attendu. Elle courut ouvrir : c'était son mari, homme jeune encore, au visage abattu, flétri par le chagrin; on y voyait pourtant en ce moment une expression remarquable, une sorte de plaisir triste dont il avait honte et qu'il s'efforçait de réprimer.

Il s'assit pour manger le dîner que sa femme avait tenu chaud près du feu, et quand elle lui demanda d'une voix faible : « Quelles nouvelles ? » (ce qu'elle ne fit qu'après un long silence), il parut embarrassé de répondre.

« Sont-elles bonnes ou mauvaises ? dit-elle pour l'aider.

— Mauvaises, répondit-il.

— Sommes-nous tout à fait ruinés?

— Non, Caroline. Il y a encore de l'espoir.

— S'*il* se laisse toucher, dit-elle toute surprise; après un tel miracle, on pourrait tout espérer, sans doute.

— Il ne peut plus se laisser toucher, dit le mari ; il est mort.

C'était une créature douce et patiente que cette femme. On le voyait rien qu'à sa figure, et cependant elle ne put s'empêcher de bénir Dieu au fond de son âme à cette annonce imprévue, ni de le dire en joignant les mains. L'instant d'après, elle demanda pardon au ciel, car elle en avait regret; mais le premier mouvement partait du cœur.

« Ce que cette femme à moitié ivre, dont je vous ai parlé hier soir, m'a dit, quand j'ai essayé de le voir pour obtenir de lui une semaine de délai, et ce que je regardais comme une défaite pour m'éviter est la vérité pure; non-seulement il était déjà fort malade, mais il était mourant.

— A qui sera transférée notre dette ?

— Je l'ignore. Mais avant ce temps, nous aurons la somme, et lors même que nous ne serions pas prêts, ce serait jouer de malheur si nous trouvions dans son successeur un créancier aussi impitoyable. Nous pouvons dormir cette nuit plus tranquilles, Caroline! »

Oui, malgré eux, leurs cœurs étaient débarrassés d'un poids bien lourd. Les visages des enfants groupés autour d'eux, afin d'écouter une conversation qu'ils comprenaient si peu, étaient plus ouverts et animés d'une joie plus vive; la mort de cet homme rendait un peu de bonheur à une famille! La seule émotion causée par cet événement, dont le spectre venait de rendre Scrooge témoin, était une émotion de plaisir.

« Esprit, dit Scrooge, faites-moi voir quelque scène de tendresse étroitement liée avec l'idée de la mort; sinon cette chambre sombre, que nous avons quittée tout à l'heure, sera toujours présente à mon souvenir. »

Le fantôme le conduisit au travers de plusieurs rues qui lui étaient familières; à mesure qu'ils marchaient, Scrooge regardait de côté et d'autre dans l'espoir de retrouver son image, mais nulle part il ne pouvait la voir. Ils entrèrent dans la maison du pauvre Bob Cratchit, cette même maison que Scrooge avait visitée précédemment, et trouvèrent la mère et les enfants assis autour du feu.

Ils étaient calmes, très-calmes. Les bruyants petits Cratchit se tenaient dans un coin aussi tranquilles que des statues, et demeuraient assis, les yeux fixés sur Pierre, qui avait un livre ouvert devant lui. La mère et ses filles s'occupaient à coudre. Toute la famille était bien tranquille assurément!

« *Et il prit un enfant, et il le mit au milieu d'eux.* »

Où Scrooge avait-il entendu ces paroles ? Il ne les avait pas rêvées. Il fallait bien que ce fût l'enfant qui les avait lues à haute voix, quand Scrooge et l'esprit franchissaient le seuil de la porte. Pourquoi interrompait-il sa lecture?

La mère posa son ouvrage sur la table et se couvrit le visage de ses mains.

« La couleur de cette étoffe me fait mal aux yeux, dit-elle.

— La couleur? Ah! pauvre Tiny Tim!

— Ils sont mieux maintenant, dit la femme de Cratchit. C'est sans doute de travailler à la lumière qui les fatigue, mais je ne voudrais pour rien au monde laisser voir à votre père, quand il rentrera, que mes yeux sont fatigués. Il ne doit pas tarder, c'est bientôt l'heure.

— L'heure est passée, répondit Pierre en fermant le livre. Mais je trouve qu'il va un peu moins vite depuis quelques soirs, ma mère. »

La famille retomba dans son silence et son immobilité. Enfin, la mère reprit d'une voix ferme, dont le ton de gaieté ne faiblit qu'une fois :

« J'ai vu un temps où il allait vite, très-vite même, avec.... avec Tiny Tim sur son épaule.

— Et moi aussi, s'écria Pierre ; souvent.

— Et moi aussi, » s'écria un autre.

Tous répètent : « Et moi aussi.

— Mais Tiny Tim était très-léger à porter, reprit la mère en retournant à son ouvrage; et puis son père l'aimait tant que ce n'était pas pour lui une peine.... oh! non. Mais j'entends votre père à la porte! »

Elle courut au-devant de lui. Le petit Bob entra avec son cache-nez; il en avait bien besoin, le pauvre père. Son thé était tout prêt contre le feu, c'était à qui s'empresserait pour le servir. Alors les deux petits Cratchit grimpèrent sur ses genoux, et chacun d'eux posa sa petite joue contre les siennes, comme pour lui dire : « N'y pensez plus, mon père; ne vous chagrinez pas! »

Bob fut très-gai avec eux, il eut pour tout le monde une bonne parole : il regarda l'ouvrage étalé sur la table et donna des éloges à l'adresse et à l'habileté de Mme Cratchit et de ses filles. « Ce sera fini longtemps avant dimanche, dit-il.

— Dimanche! Vous y êtes donc allé aujourd'hui, Robert? demanda sa femme.

— Oui, ma chère, répondit Bob. J'aurais voulu que vous eussiez pu y venir : cela vous aurait fait du bien de voir comme l'emplacement est vert. Mais vous irez le voir souvent. Je lui avais promis que j'irais m'y promener un dimanche.... Mon petit, mon petit enfant! s'écria Bob! Mon cher petit enfant! »

Il éclata tout à coup, sans pouvoir s'en empêcher. Pour qu'il pût s'en empêcher, il n'aurait pas fallu qu'il se sentît encore si près de son enfant.

Il quitta la chambre et monta dans celle de l'étage supérieur, joyeusement éclairée et parée de guirlandes comme à Noël. Il y avait une chaise placée tout contre le lit de l'enfant, et l'on voyait à des signes certains que quelqu'un était venu récemment l'occuper. Le pauvre Bob s'y assit à son tour ; et, quand il se fut un peu recueilli, un peu calmé, il déposa un baiser sur ce cher petit visage. Alors il se montra plus résigné à ce cruel événement, et redescendit presque heureux.... en apparence.

La famille se rapprocha du feu en causant ; les jeunes filles et leur mère travaillaient toujours. Bob leur parla de la bienveillance extraordinaire que lui avait témoignée le neveu de M. Scrooge, qu'il avait vu une fois à peine, et qui, le rencontrant ce jour-là dans la rue et le voyant un peu.... un peu abattu, « vous savez, dit Bob, s'était informé avec intérêt de ce qui lui arrivait de fâcheux. Sur quoi, poursuivit Bob, car c'est bien le monsieur le plus affable qu'il soit possible de voir, je lui ai tout raconté. — Je suis sincèrement affligé de ce que vous m'apprenez, monsieur Cratchit, dit-il, pour vous et pour votre excellente femme. A propos, comment a-t-il pu savoir cela, je l'ignore absolument.

— Savoir quoi, mon ami ?
— Que vous étiez une excellente femme.
— Mais tout le monde ne le sait-il pas? dit Pierre.
— Très-bien répliqué, mon garçon ! s'écria Bob. J'espère que tout le monde le sait. « Sincèrement affligé, disait-il, pour votre excellente femme ; si je puis vous être utile en quelque chose, ajouta-t-il en me remettant sa carte, voici mon adresse. Je vous en prie, venez me voir. » Eh bien ! j'en ai été charmé, non pas tant pour ce qu'il serait en é de faire en notre faveur, que pour ses manières pleines de bienveillance. On aurait dit qu'il avait réellement connu notre Tiny Tim, et qu'il le regrettait comme nous.

— Je suis sûre qu'il a un bon cœur, dit Mme Cratchit.
— Vous en seriez bien plus sûre, ma chère amie, reprit Bob, si vous l'aviez vu et que vous lui eussiez parlé. Je ne serais pas du tout surpris, remarquez ceci, qu'il trouvât une meilleure place à Pierre.

— Entendez-vous, Pierre? dit Mme Cratchit.
— Et alors, s'écria une des jeunes filles. Pierre se mariera et s'établira pour son compte.

— Allez vous promener, repartit Pierre en faisant une grimace.

— Dame! cela peut être ou ne pas être, l'un n'est pas plus sûr que l'autre, dit Bob. La chose peut arriver un de ces jours, quoique nous ayons, mon enfant, tout le temps d'y penser. Mais de quelque manière et dans quelque temps que nous nous séparions les uns des autres, je suis sûr que pas un de nous n'oubliera le pauvre Tiny Tim; n'est-ce pas, nous n'oublierons jamais cette première séparation?

— Jamais, mon père, s'écrièrent-ils tous ensemble.

— Et je sais, dit Bob; je sais, mes amis, que, quand nous nous rappellerons combien il fut doux et patient, quoique ce ne fût qu'un tout petit, tout petit enfant, nous n'aurons pas de querelles les uns avec les autres, car ce serait oublier le pauvre Tiny Tim.

— Non, jamais, mon père! répétèrent-ils tous.

— Vous me rendez bien heureux, dit le petit Bob, oui bien heureux! »

Mme Cratchit l'embrassa, ses filles l'embrassèrent, les deux petits Cratchit l'embrassèrent, Pierre et lui se serrèrent tendrement la main. Ame de Tiny Tim, dans ton essence enfantine, tu étais une émanation de la divinité!

« Spectre, dit Scrooge, quelque chose me dit que l'heure de notre séparation approche. Je le sais, sans savoir comment elle aura lieu. Dites-moi quel était donc cet homme que nous avons vu gisant sur son lit de mort? »

Le fantôme de Noël futur le transporta, comme auparavant (quoique à une époque différente, pensait-il, car ces dernières visions se brouillaient un peu dans son esprit; ce qu'il y voyait de plus clair, c'est qu'elles se rapportaient à l'avenir), dans les lieux où se réunissent les gens d'affaires et les négociants, mais sans lui montrer son autre lui-même. A la vérité, l'esprit ne s'arrêta nulle part, mais continua sa course directement, comme pour atteindre plus vite au but, jusqu'à ce que Scrooge le supplia de s'arrêter un instant.

« Cette cour, dit-il, que nous traversons si vite, est depuis longtemps le lieu où j'ai établi le centre de mes occupations. Je reconnais la maison; laissez-moi voir ce que je serai un jour. »

L'esprit s'arrêta; sa main désignait un autre point.

« Voici la maison là-bas, s'écria Scrooge. Pourquoi me faites-vous signe d'aller plus loin? »

L'inexorable doigt ne changeait pas de direction. Scrooge courut à la hâte vers la fenêtre de son comptoir et regarda dans l'intérieur. C'était encore un comptoir, mais non plus le sien. L'ameublement n'était pas le même, la personne assise dans le fauteuil n'était pas lui. Le fantôme faisait toujours le geste indicateur.

Scrooge le rejoignit, et, tout en se demandant pourquoi il ne se voyait pas là et ce qu'il pouvait être devenu, il suivit son guide jusqu'à une grille de fer. Avant d'entrer, il s'arrêta pour regarder autour de lui.

Un cimetière. Ici, sans doute, gît sous quelques pieds de terre le malheureux dont il allait apprendre le nom. C'était un bien bel endroit, ma foi! environné de longues murailles, de maisons voisines, envahi par le gazon et les herbes sauvages, plutôt la mort de la végétation que la vie, encombré du trop plein des sépultures, engraissé jusqu'au dégoût. Oh! le bel endroit!

L'esprit, debout au milieu des tombeaux, en désigna un. Scrooge s'en approcha en tremblant. Le fantôme était toujours exactement le même, mais Scrooge crut reconnaître dans sa forme solennelle quelque augure nouveau dont il eut peur.

« Avant que je fasse un pas de plus vers cette pierre que vous me montrez, lui dit-il, répondez à cette seule question : Tout ceci, est-ce l'image de ce qui *doit* être, ou seulement de ce qui *peut* être? »

L'esprit, pour toute réponse, abaissa sa main du côté de la tombe près de laquelle il se tenait.

« Quand les hommes s'engagent dans quelques résolutions, elles leur annoncent certain but qui peut être inévitable, s'ils persévèrent dans leur voie. Mais s'ils la quittent, le but change; en est-il de même des tableaux que vous faites passer sous mes yeux? »

Et l'esprit demeura immobile comme toujours. Scrooge se traîna vers le tombeau, tremblant de frayeur, et, suivant la direction du doigt, lut sur la pierre d'une sépulture abandonnée son propre nom :

EBENEZER SCROOGE.

« C'est donc moi qui suis l'homme que j'ai vu gisant sur son lit de mort? » s'écria-t-il, tombant à genoux.

Le doigt du fantôme se dirigea alternativement de la tombe à lui et de lui à la tombe.

« Non, esprit! oh! non, non! »

Le doigt était toujours là.

« Esprit, s'écria-t-il en se cramponnant à sa robe, écoutez-moi! je ne suis plus l'homme que j'étais; je ne serai plus l'homme que j'aurais été si je n'avais pas eu le bonheur de vous connaître. Pourquoi me montrer toutes ces choses, s'il n'y a plus aucun espoir pour moi ? »

Pour la première fois, la main parut faire un mouvement.

« Bon esprit, poursuivit Scrooge toujours prosterné à ses pieds, la face contre terre, vous intercéderez pour moi, vous aurez pitié de moi. Assurez-moi que je puis encore changer ces images que vous m'avez montrées, en changeant de vie ! »

La main s'agita avec un geste bienveillant.

« J'honorerai Noël au fond de mon cœur, et je m'efforcerai d'en conserver le culte toute l'année. Je vivrai dans le passé, le présent et l'avenir; les trois esprits ne me quitteront plus, car je ne veux pas oublier leurs leçons. Oh ! dites-moi que je puis faire disparaître l'inscription de cette pierre ! »

Dans son angoisse, il saisit la main du spectre. Elle voulut se dégager, mais il la retint par une puissante étreinte. Toutefois, l'esprit, plus fort, encore cette fois, le repoussa.

Levant les mains dans une dernière prière, afin d'obtenir du spectre qu'il changeât sa destinée, Scrooge aperçut une altération dans la robe à capuchon de l'esprit qui diminua de taille, s'affaissa sur lui-même et se transforma en colonne de lit.

CINQUIÈME COUPLET.

La conclusion.

C'était une colonne de lit.

Oui ; et de son lit encore et dans sa chambre, bien mieux. Le lendemain lui appartenait pour s'amender et réformer sa vie !

« Je veux vivre dans le passé, le présent et l'avenir ! répéta Scrooge en sautant à bas du lit. Les leçons des trois esprits demeureront gravées dans ma mémoire. O Jacob Marley ! que le ciel et la fête de Noël soient bénis de leurs bienfaits ! Je le dis à genoux, vieux Jacob, oui, à genoux. »

Il était si animé, si échauffé par de bonnes résolutions que sa voix brisée répondait à peine au sentiment qui l'inspirait. Il avait sangloté violemment dans sa lutte avec l'esprit, et son visage était inondé de larmes.

« Ils ne sont pas arrachés, s'écria Scrooge embrassant un des rideaux de son lit, ils ne sont pas arrachés, ni les anneaux non plus. Ils sont ici je suis ici ; les images des choses qui auraient pu se réaliser peuvent s'évanouir ; elles s'évanouiront, je le sais ! »

Cependant ses mains étaient occupées à brouiller ses vêtements ; il les mettait à l'envers, les retournait sens dessus dessous, le bas en haut et le haut en bas ; dans son trouble, il les déchirait, les laissait tomber à terre, les rendait enfin complices de toutes sortes d'extravagances.

« Je ne sais pas ce que je fais ! s'écria-t-il riant et pleurant à la fois, et se posant avec ses bas en copie parfaite du Laocoon antique et de ses serpents. Je suis léger comme une plume ; je suis heureux comme un ange, gai comme un écolier, étourdi comme un homme ivre. Un joyeux Noël à tout le monde ! une bonne, une heureuse année à tous ! Holà ! hé ! ho ! holà ! »

Il avait passé en gambadant de sa chambre dans son salon, et se trouvait là maintenant, tout hors d'haleine.

« Voilà bien la casserole où était l'eau de gruau ! s'écria-t-il en s'élançant de nouveau et recommençant ses cabrioles devant la cheminée. Voilà la porte par laquelle est entré le spectre de Marley ! voilà le coin où était assis l'esprit de Noël présent ! voilà la fenêtre où j'ai vu les âmes en peine : tout est à sa place, tout est vrai, tout est arrivé.... Ah ! ah ! ah ! »

Réellement, pour un homme qui n'avait pas pratiqué depuis tant d'années, c'était un rire splendide, un des rires les plus magnifiques ; le père d'une longue, longue lignée de rires éclatants !

« Je ne sais quel jour du mois nous sommes aujourd'hui ! continua Scrooge. Je ne sais combien de temps je suis demeuré parmi les esprits. Je ne sais rien : je suis comme un petit enfant. Cela m'est bien égal. Je voudrais bien l'être, un petit enfant. Hé ! holà ! houp ! holà ! hé ! »

Il fut interrompu dans ses transports par les cloches des églises qui sonnaient le carillon le plus folichon qu'il eût jamais entendu.

Ding, din, dong, boum ! boum, ding, din, dong ! Boum ! boum ! boum ! dong ! ding, din dong ! boum !

« Oh ! superbe, superbe ! »

Courant à la fenêtre, il l'ouvrit et regarda dehors. Pas de brume, pas de brouillard ; un froid clair, éclatant, un de ces froids qui vous égayent et vous ravigotent ; un de ces froids qui sifflent à faire danser le sang dans vos veines ; un soleil d'or ; un ciel divin ; un air frais et agréable ; des cloches en gaieté. Oh ! superbe, superbe !

« Quel jour sommes-nous aujourd'hui ? cria Scrooge de sa fenêtre à un petit garçon endimanché, qui s'était arrêté peut-être pour le regarder.

— Hein? répondit l'enfant ébahi.

— Quel jour sommes-nous aujourd'hui, mon beau petit garçon? dit Scrooge.

— Aujourd'hui! repartit l'enfant; mais c'est le jour de Noël.

— Le jour de Noël! se dit Scrooge. Je ne l'ai donc pas manqué! Les esprits ont tout fait en une nuit. Ils peuvent faire tout ce qu'ils veulent; qui en doute? certainement qu'ils le peuvent. Holà! hé! mon beau petit garçon!

— Holà! répondit l'enfant.

— Connais-tu la boutique du marchand de volailles, au coin de la seconde rue?

— Je crois bien!

— Un enfant plein d'intelligence! dit Scrooge. Un enfant remarquable! Sais-tu si l'on a vendu la belle dinde qui était hier en montre? pas la petite; la grosse?

— Ah! celle qui est aussi grosse que moi?

— Quel enfant délicieux! dit Scrooge. Il y a plaisir à causer avec lui. Oui, mon chat!

— Elle y est encore, dit l'enfant.

— Vraiment! continua Scrooge. Eh bien, va l'acheter!

— Farceur! s'écria l'enfant.

— Non, dit Scrooge, je parle sérieusement. Va l'acheter et dis qu'on me l'apporte; je leur donnerai ici l'adresse où il faut la porter. Reviens avec le garçon et je te donnerai un schelling. Tiens! si tu reviens avec lui en moins de cinq minutes, je te donnerai un écu. »

L'enfant partit comme un trait. Il aurait fallu que l'archer eût une main bien ferme sur la détente pour lancer sa flèche moitié seulement aussi vite.

« Je l'enverrai chez Bob Cratchit, murmura Scrooge se frottant les mains et éclatant de rire. Il ne saura pas d'où cela lui vient. Elle est deux fois grosse comme Tiny Tim. Je suis sûr que Bob goûtera la plaisanterie; jamais Joe Miller n'en a fait une pareille. »

Il écrivit l'adresse d'une main qui n'était pas très-ferme, mais il l'écrivit pourtant, tant bien que mal, et descendit ouvrir la porte de la rue pour recevoir le commis du marchand de volailles. Comme il restait là debout à l'attendre, le marteau frappa ses regards.

« Je l'aimerai toute ma vie! s'écria-t-il en le caressant de la main. Et moi, qui, jusqu'à présent, ne le regardais jamais, je crois. Quelle honnête expression dans sa figure! Ah! le bon, l'excellent marteau! Mais voici la dinde! Holà! hé! Houp, houp! comment vous va? Un joyeux Noël! »

C'était une dinde, celle-là! Non, il n'est pas possible qu'il se soit jamais tenu sur ses jambes, ce volatile; il les aurait brisées en moins d'une minute, comme des bâtons de cire à cacheter. « Mais j'y pense, vous ne pourrez pas porter cela jusqu'à Camden-Town, mon ami, dit Scrooge; il faut prendre un cab. »

Le rire avec lequel il dit cela, le rire avec lequel il paya la dinde, le rire avec lequel il paya le cab, et le rire avec lequel il récompensa le petit garçon ne fut surpassé que par le fou rire avec lequel il se rassit dans son fauteuil, essoufflé, hors d'haleine, et il continua de rire jusqu'aux larmes.

Ce ne lui fut pas chose facile que de se raser, car sa main continuait à trembler beaucoup; et cette opération exige une grande attention, même quand vous ne dansez pas en vous faisant la barbe. Mais il se serait coupé le bout du nez, qu'il aurait mis tout tranquillement sur l'entaille un morceau de taffetas d'Angleterre sans rien perdre de sa bonne humeur.

Il s'habilla, mit tout ce qu'il avait de mieux, et, sa toilette faite, sortit pour se promener dans les rues. La foule s'y précipitait en ce moment, telle qu'il l'avait vue en compagnie du spectre de Noël présent. Marchant les mains croisées derrière le dos, Scrooge regardait tout le monde avec un sourire de satisfaction. Il avait l'air si parfaitement gracieux, en un mot, que trois ou quatre joyeux gaillards ne purent s'empêcher de l'interpeller. « Bonjour, monsieur! Un joyeux Noël, monsieur! » Et Scrooge affirma souvent plus tard que, de tous les sons agréables qu'il avait jamais entendus, ceux-là avaient été, sans contredit, les plus doux à son oreille.

Il n'avait pas fait beaucoup de chemin, lorsqu'il reconnut, se dirigeant de son côté, le monsieur à la tournure distinguée qui était venu le trouver la veille dans son comptoir, et lui disant: « Scrooge et Marley, je crois? » Il sentit une douleur poignante lui traverser le cœur à la pensée du regard qu'allait jeter sur lui le vieux monsieur au moment où ils se rencontreraient; mais il comprit aussitôt ce qu'il avait à faire, et prit bien vite son parti.

« Mon cher monsieur, dit-il en pressant le pas pour lui prendre les deux mains, comment vous portez-vous? J'espère que votre journée d'hier a été bonne. C'est une démarche qui vous fait honneur! Un joyeux Noël, monsieur!

— Monsieur Scrooge?

— Oui, c'est mon nom; je crains qu'il ne vous soit pas des plus agréables. Permettez que je vous fasse mes excuses. Voudriez-vous avoir la bonté.... (Ici Scrooge lui murmura quelques mots à l'oreille.)

— Est-il Dieu possible ! s'écria ce dernier, comme suffoqué. Mon cher monsieur Scrooge, parlez-vous sérieusement ?

— S'il vous plaît, dit Scrooge; pas un liard de moins. Je ne fais que solder l'arriéré, je vous assure. Me ferez-vous cette grâce ?

— Mon cher monsieur, reprit l'autre en lui secouant la main cordialement, je ne sais comment louer tant de munifi....

— Pas un mot, je vous prie, interrompit Scrooge. Venez me voir; voulez-vous venir me voir ?

— Oui ! sans doute, » s'écria le vieux monsieur. Évidemment, c'était son intention; on ne pouvait s'y méprendre, à son air.

« Merci, dit Scrooge. Je vous suis infiniment reconnaissant, je vous remercie mille fois. Adieu ! »

Il entra à l'église; il parcourut les rues, il examina les gens qui allaient et venaient en grande hâte, donna aux enfants de petites tapes caressantes sur la tête, interrogea les mendiants sur leurs besoins, laissa tomber des regards curieux dans les cuisines des maisons, les reporta ensuite aux fenêtres; tout ce qu'il voyait lui faisait plaisir. Il ne s'était jamais imaginé qu'une promenade, que rien au monde pût lui donner tant de bonheur. L'après-midi, il dirigea ses pas du côté de la maison de son neveu.

Il passa et repassa une douzaine de fois devant la porte, avant d'avoir le courage de monter le perron et de frapper. Mais enfin il s'enhardit et laissa retomber le marteau.

« Votre maître est-il chez lui, ma chère enfant ? dit Scrooge à la servante.... Beau brin de fille, ma foi !

— Oui, monsieur.

— Où est-il, mignonne ?

— Dans la salle à manger, monsieur, avec madame. Je vais vous conduire au salon, s'il vous plaît.

— Merci; il me connaît, reprit Scrooge, la main déjà posée sur le bouton de la porte de la salle à manger; je vais entrer ici, mon enfant. »

Il tourna le bouton tout doucement, et passa la tête de côté par la porte entre-bâillée. Le jeune couple examinait alors la table (dressée comme pour un gala), car ces nouveaux mariés sont toujours excessivement pointilleux sur l'élégance du service : ils aiment à s'assurer que tout est comme il faut.

« Fred ! » dit Scrooge.

Dieu du ciel! comme sa nièce par alliance tressaillit! Scrooge avait oublié, pour le moment, comment il l'avait vue assise dans son coin avec un tabouret sous les pieds, sans quoi il ne serait point entré de la sorte ; il n'aurait pas osé.

« Dieu me pardonne! s'écria Fred, qui est donc là?

— C'est moi, votre oncle Scrooge; je viens dîner. Voulez-vous que j'entre, Fred? »

S'il voulait qu'il entrât! Peu s'en fallut qu'il ne lui disloquât le bras pour le faire entrer. Au bout de cinq minutes, Scrooge fut à son aise comme dans sa propre maison. Rien ne pouvait être plus cordial que la réception du neveu; la nièce imita son mari; Topper en fit autant, lorsqu'il arriva, et aussi la petite sœur rondelette, quand elle vint, et tous les autres convives, à mesure qu'ils entrèrent. Quelle admirable partie, quels admirables petits jeux, quelle admirable unanimité, quel ad-mi-ra-ble bonheur!

Mais le lendemain, Scrooge se rendit de bonne heure au comptoir, oh! de très-bonne heure. S'il pouvait seulement y arriver le premier et surprendre Bob Cratchit en flagrant délit de retard! C'était en ce moment sa préoccupation la plus chère.

Il y réussit; oui, il eut ce plaisir! L'horloge sonna neuf heures, point de Bob; neuf heures un quart, point de Bob. Bob se trouva en retard de dix-huit minutes et demie. Scrooge était assis, la porte toute grande ouverte, afin qu'il le pût voir se glisser dans sa citerne.

Avant d'ouvrir la porte, Bob avait ôté son chapeau, puis son cache-nez : en un clin d'œil, il fut installé sur son tabouret et se mit à faire courir sa plume, comme pour essayer de rattraper neuf heures.

« Holà! grommela Scrooge imitant le mieux qu'il pouvait son ton d'autrefois; qu'est-ce que cela veut dire de venir si tard?

— Je suis bien fâché, monsieur, dit Bob. Je suis en retard.

— En retard! reprit Scrooge. En effet, il me semble que vous êtes en retard. Venez un peu par ici, s'il vous plaît.

— Ce n'est qu'une fois tous les ans, monsieur, fit Bob timidement en sortant de sa citerne; cela ne m'arrivera plus. Je me suis un peu amusé hier, monsieur.

— Fort bien; mais je vous dirai, mon ami, ajouta Scrooge, que je ne puis laisser plus longtemps aller les choses comme cela. Par conséquent, poursuivit-il, en sautant à bas de son tabouret et en portant à Bob une telle botte dans le flanc qu'il le fit trébucher jusque dans sa citerne; par conséquent, je vais augmenter vos appointements! »

Bob trembla et se rapprocha de la règle de son bureau. Il eut un moment la pensée d'en assener un coup à Scrooge, de le saisir au collet et d'appeler à l'aide les gens qui passaient dans la ruelle pour lui faire mettre la camisole de force.

« Un joyeux Noël, Bob! dit Scrooge avec un air trop sérieux pour qu'on pût s'y méprendre et en lui frappant amicalement sur l'épaule. Un plus joyeux Noël, Bob, mon brave garçon, que je ne vous l'ai souhaité depuis longues années! Je vais augmenter vos appointements et je m'efforcerai de venir en aide à votre laborieuse famille; ensuite cette après-midi nous discuterons nos affaires sur un bol de Noël rempli d'un bischoff fumant, Bob! Allumez les deux feux; mais avant de mettre un point sur un i, Bob Cratchit, allez vite acheter un seau neuf pour le charbon. »

Scrooge fit encore plus qu'il n'avait promis; non-seulement il tint sa parole, mais il fit mieux, beaucoup mieux.

Quant à Tiny Tim, qui ne mourut pas, Scrooge fut pour lui un second père.

Il devint un aussi bon ami, un aussi bon maître, un aussi bon homme que le bourgeois de la bonne vieille Cité, ou de toute autre bonne vieille cité, ville ou bourg, dans le bon vieux monde. Quelques personnes rirent de son changement; mais il les laissa rire et ne s'en soucia guère; car il en savait assez pour ne pas ignorer que, sur notre globe, il n'est jamais rien arrivé de bon qui n'ait eu la chance de commencer par faire rire certaines gens. Puisqu'il faut que ces gens-là soient aveugles, il pensait qu'après tout, il vaut tout autant que leur maladie se manifeste par les grimaces, qui leur rident les yeux à force de rire, au lieu de se produire sous une forme moins attrayante. Il riait lui-même au fond du cœur; c'était toute sa vengeance.

Il n'eut plus de commerce avec les esprits; mais il en eut beaucoup plus avec les hommes, cultivant ses amis et sa famille tout le long de l'année pour bien se préparer à fêter Noël, et personne ne s'y entendait mieux que lui : Tout le monde lui rendait cette justice.

Puisse-t-on en dire autant de vous, de moi, de nous tous, et alors comme disait Tiny Tim :

« Que Dieu nous bénisse, tous tant que nous sommes ! »

LES CARILLONS

CONTE DE FARFADETS

LES CARILLONS.

I

Premier quart.

Il est peu de personnes (et comme c'est une chose fort à désirer que l'auteur d'un récit quelconque et ses lecteurs s'entendent parfaitement dès le principe, remarquez, je vous prie, que je n'applique pas seulement cette observation à la jeunesse et à l'enfance, mais que je l'étends à tout le monde, sans distinction, aux grands comme aux petits, aux vieux comme aux jeunes, à ceux qui sont encore dans l'âge de la croissance, comme à ceux qui tendent vers leur déclin), il est peu de personnes, dis-je, qui se soucieraient volontiers de dormir dans une église. Je ne dis pas pendant le sermon, par un temps bien chaud (on sait bien que cela s'est vu, ne fût-ce qu'une fois ou deux), mais, la nuit, et tout seul.

Ah! si c'était en plein jour, il n'y aurait pas là de quoi étonner les gens. Mais, non, c'est la nuit; c'est de la nuit seulement qu'il est question. Et je me charge de maintenir mon défi victorieusement, pendant la première nuit d'hiver qu'on voudra, une nuit bien noire, par un grand vent, contre le premier champion venu qui viendra me trouver seul à seul dans un vieux cimetière, devant la porte d'une vieille église, après m'avoir autorisé au préalable, si cela est nécessaire pour lui donner satisfaction, à l'y enfermer jusqu'au lendemain matin.

Car le vent de la nuit a une façon lugubre d'errer autour, tout autour de ces vieux édifices, avec des gémissements prolongés, en essayant d'ébranler de sa main invisible les portes et les fenêtres et de découvrir quelque crevasse par laquelle il puisse passer. Puis, lorsqu'une fois il est entré, comme quelqu'un qui ne trouve pas ce qu'il cherche, n'importe quoi, il se lamente et hurle pour sortir ; non content de parcourir les nefs, de glisser autour des piliers, de s'engouffrer dans les profondeurs de l'orgue, il s'élance jusqu'aux voûtes, il s'efforce de briser la charpente et de soulever le toit, puis, tout à coup, se précipite en désespéré, sur les dalles d'en bas d'où il descend, en murmurant, dans les caveaux. Quelquefois il monte à petit bruit en rampant le long des murailles ; on dirait qu'il lit à voix basse les inscriptions consacrées aux morts ; aux unes, il semble pousser un cri perçant comme un éclat de rire ; aux autres, il gémit et pleure comme s'il se lamentait. C'est encore avec un accent lugubre et sépulcral qu'il s'arrête dans l'enceinte de l'autel, comme s'il entonnait, de sa voix sauvage, une complainte sur les crimes de toutes sortes, les meurtres, les sacriléges, le culte des faux dieux, le mépris des tables de la Loi, ces tables si belles et si unies au premier coup d'œil, mais si souvent écornées et brisées par leurs interprètes.

Ouf! que le ciel nous en préserve! Il vaut bien mieux rester commodément assis au coin de notre feu! C'est une voix terrible que celle du vent, quand il chante à minuit dans une église!

Mais, tout en haut dans le clocher! C'est là qu'il siffle et rugit avec violence! Tout en haut dans le clocher, où il peut aller et venir librement à travers les nombreux arceaux et les ouvertures multipliées, tourbillonner en serpentant le long de l'escalier qu'on ne peut gravir sans éprouver des vertiges, faire tourner rapidement sur elle-même la girouette criarde et trembler la tour, comme si, du sommet à la base, elle devenait la proie d'un horrible frisson! Tout en haut dans le clocher, où se trouve le beffroi, où les balustrades de fer sont rongées par la rouille, où les feuilles de cuivre et de plomb ridées par les variations de l'atmosphère craquent et s'enflent sous les pieds des rares visiteurs, où les oiseaux construisent des nids chétifs dans les encoignures formées par les vieilles solives de chêne, où la poussière grisonne à force de vieillir, où des araignées tachetées, qu'une longue sécurité a rendues grasses et indolentes, balancent nonchalamment de côté et d'autre en suivant la vibration des cloches, toujours cramponnées à leurs châteaux aériens, à l'abri des alarmes subites qui les forcent à grimper rapidement le long du fil comme le matelot aux cordages, ou à se laisser tomber à terre pour chercher leur salut dans la fuite précipitée d'une vingtaine de jambes agiles! Tout en haut dans le clocher d'une vieille église, bien au-dessus des lumières et du bruit de la ville, quoique bien au-dessous des nuages qui le couvrent de leur ombre passagère en traversant le ciel, c'est là qu'est le bon endroit pour avoir peur la nuit. Or, c'est dans le clocher d'une vieille église qu'habitaient les cloches dont je vais raconter l'histoire.

Dame! c'étaient de vieilles cloches. Il y avait des siècles que ces cloches avaient été baptisées par des évêques, un si grand nombre de siècles que leur extrait de baptême était perdu depuis longtemps, bien longtemps; on ne se souvenait plus même de l'époque, et personne ne connaissait leurs noms. Elles avaient eu leurs parrains et leurs marraines, ces cloches (pour ma part, soit dit en passant, si je devais être parrain, j'aimerais mieux encourir la responsabilité de tenir une cloche sur les fonts qu'un petit garçon), et, sans aucun doute, elles avaient eu aussi leurs gobelets d'argent. Mais le temps avait moissonné leurs parrains, et Henri VIII avait fait fondre les gobelets de leur baptême, en sorte qu'elles restaient maintenant suspendues dans la tour de l'église, sans nom et sans gobelets.

Oui, mais non pas sans voix, bien loin de là. Elles avaient des voix claires, fortes, puissantes et sonores, ces cloches, et qui pouvaient être entendues à de lointaines distances, portées sur l'aile des vents. De plus, leurs accents étaient trop énergiques pour avoir rien à redouter des caprices du vent. Bien au contraire, quand il lui prenait une foucade, elles acceptaient bravement bataille et finissaient toujours par aller frapper royalement de leurs notes joyeuses les oreilles attentives. Elles tenaient à porter leurs chants, pendant les nuits orageuses, à quelque pauvre mère veillant au chevet de son enfant malade, ou à quelque femme solitaire dont le mari était en mer, si bien qu'elles avaient plus d'une fois battu « à plates coutures, » une rafale du nord-ouest.... oui, « à plates coutures, » comme disait Toby Veck; car, bien qu'on l'appelât généralement Trotty Veck, son nom était Toby, et il n'est permis à personne de le changer en un autre (excepté en celui de Tobias), sans un acte spécial du parlement, puisqu'il avait été aussi légalement baptisé dans son temps que les cloches dans le leur, quoique avec moins de solennité toutefois et moins de réjouissances publiques.

Quant à moi, je n'irai pas contredire là-dessus l'opinion de Toby Veck; car il avait assez d'occasions de s'en former une pour que je la croie juste et vraie. Donc, tout ce que disait Toby Veck, je le dis : il me trouvera toujours à ses côtés, quoique ce soit une rude besogne de rester debout avec rui tout le long du jour en dehors de la porte de l'église. Le fait est qu'il était commissionnaire, notre ami Toby Veck, et c'était là son poste pour attendre qu'on l'envoyât en course.

Un joli poste pour attendre, en hiver, avec la joue glacée, la peau gercée, le nez violacé, l'œil éraillé, les pieds gelés, les dents brisées à force de claquer! Le pauvre Toby n'était pas à son aise.

Le vent, surtout le vent d'est, se précipitait avec rage, en rasant l'angle de la vieille église, comme s'il s'était tout exprès déchaîné des extrémités de la terre pour venir souffleter Toby. Souvent il semblait fondre sur lui, au moment où il s'y attendait le moins : tournant avec une rapidité furieuse le coin de la place, après avoir dépassé l'infortuné, il faisait demi-tour à l'improviste, comme s'il eût crié dans sa joie de le retrouver : « Ah! le voici! je le tiens! »

Vainement alors Toby relevait sur sa tête son petit tablier blanc, à la façon de ces enfants mal élevés qui se couvrent les yeux des pans de leurs jaquettes ; en vain armé de sa méchante petite canne, il essayait de soutenir quelque temps une lutte trop inégale, bientôt ses jambes mal assurées étaient prises d'un tremblement affreux. Il se tournait de biais, il se penchait, tantôt d'un côté, tantôt de l'autre; mais, il avait beau faire, il était tellement tiraillé, secoué, bousculé, soulevé de terre, qu'il fallait presque un miracle très-positif pour qu'il n'eût pas été cent fois emporté dans les airs, comme ces colonies de grenouilles, de limaces ou autres animalcules portatifs, au dire des naturalistes, pour retomber ensuite en pluie de commissionnaires, au grand étonnement des naturels, sur quelque coin sauvage du globe où l'espèce des commissionnaires n'est pas encore connue.

Mais un jour de vent, malgré tout ce que Toby avait à souffrir de ses rigueurs, était après tout pour lui, une sorte de jour de fête. C'est un fait. Les jours de vent, le temps ne lui semblait pas si long à attendre les pièces de dix sous que les autres jours ; car, la lutte forcée qu'il se voyait alors obligé de soutenir contre l'élément fougueux tenait son attention éveillée et lui redonnait du cœur quand il sentait venir la faim ou le découragement. Une forte gelée, un temps de neige, étaient aussi pour lui une émotion qui rompait la monotonie de l'attente; cela lui faisait du bien, je ne sais pourquoi ni comment : il aurait eu lui-même bien de la peine à le dire, le pauvre Toby ! Avec tout cela les jours de vent, de gelée, de neige et peut-être aussi de grêle accompagnée d'orage, étaient les bons jours de Toby Veck.

Les jours d'humidité, au contraire, étaient ses plus mauvais jours, lorsqu'une pluie froide, pénétrante, visqueuse, l'enveloppait comme un manteau mouillé, la seule espèce de manteau que possédât Toby, et encore il s'en serait bien dispensé si on l'avait consulté.

Tristes jours pour lui que ces jours de pluie, quand elle tombait lente, épaisse, obstinée; quand le brouillard prenait la rue à la gorge, comme il faisait de Toby ; quand les parapluies fumants passaient et repassaient, pirouettant sur eux-mêmes comme autant de totons, lorsqu'ils se heurtaient l'un contre l'autre sur les trottoirs encombrés et faisaient jaillir tout autour d'eux une quantité de petits jets d'eau fort incommodes ; quand l'eau clapotait dans les gouttières, que les gargouilles engorgées la laissaient échapper en cascades bruyantes, que, renvoyée par les pierres en saillie et les larmiers de l'église, elle tombait goutte à goutte sur Toby et changeait en moins de rien, en un vrai fumier, la poignée de paille où il tenait ses pieds; oh ! ces jours là étaient vraiment pour lui des jours d'épreuve. Alors, en effet, vous auriez pu voir Toby regarder autour de lui d'un air inquiet et avancer sa figure triste et allongée en avant de l'angle formé par le mur de l'église qui lui servait d'abri, pauvre abri qui, en été, ne lui donnait pas plus d'ombre que n'aurait pu le faire en plein soleil une canne ordinaire placée perpendiculairement sur le trottoir brûlant. Une minute après, il sortait de son coin pour se réchauffer par un peu d'exercice; il allait et venait de droite à gauche, trottinant toujours, une douzaine de fois, puis rentrait plus gaillard à sa niche.

On l'appelait Trotty à cause de son allure qui avait du moins l'intention d'être de la vitesse si elle ne l'était pas en réalité. Il aurait pu marcher plus vite peut-être, c'est très-probable ; mais ôtez-lui son trot et Toby se serait mis certainement au lit et serait mort. Ce trot, sans doute, le crottait jusqu'à l'échine, lorsqu'il y avait de la boue, et lui coûtait tout un monde d'embarras ; il aurait pu marcher autrement avec infiniment plus de facilité ; raison de plus pour y tenir avec tant d'obstination. Tout petit, faible et maigre vieillard qu'il fût, ce Toby, c'était un véritable hercule de bonnes intentions. Il ne voulait pas voler son argent; il se faisait un plaisir de croire (Toby n'était pas assez riche pour pouvoir se priver facilement d'un plaisir si peu coûteux), il se faisait, dis-je, un plaisir de croire qu'il gagnait bien son pain. Avec une commission de vingt à trente sous, ou un petit paquet à porter à la main, son courage, toujours grand, grandissait encore. Dès qu'il se mettait à trotter, il criait gare aux facteurs qui couraient devant lui, bien persuadé que, suivant le cours naturel des choses, il allait inévitablement les rattraper et les renverser au passage, de même qu'il avait la confiance, confiance rarement mise à l'épreuve, qu'il était capable de porter tout fardeau que puissent soulever les forces d'un homme.

Ainsi donc, lors même qu'il sortait de son coin pour se réchauffer un jour de pluie, Toby trottait, traçant en zigzag dans la boue, avec ses souliers percés, une série d'empreintes irrégulières et fangeuses. Soufflait-il sur ses mains glacées en les frottant l'une contre l'autre, mal défendues qu'elles étaient contre le froid pénétrant par de vieilles mitaines en laine grise, où le pouce avait seul le privilége d'avoir sa chambre particulière, tandis qu'une salle commune réunissait ensemble tous les autres doigts ; Toby, avec ses genoux en avant et son bâton sous le bras, trottait encore. S'avançait-il dans la rue pour regarder le beffroi quand les cloches sonnaient à pleines volées, Toby trottait toujours.

Il faisait cette dernière excursion plus d'une fois par jour, car les cloches étaient une société pour lui ; et, quand il entendait leurs voix, il éprouvait un intérêt véritable à regarder leur demeure, à songer comment elles étaient mises en branle et quels marteaux frappaient leurs parois sonores. Peut-être cet intérêt curieux pour les cloches tenait-il à ce qu'il y avait entre elles et lui plusieurs traits de ressemblance. Elles restaient là suspendues par tous les temps, exposées au vent et à la pluie, comme lui, comme lui ne voyant jamais que l'extérieur de toutes les maisons ; ne s'approchant jamais plus que lui des feux dont la flamme brillante se laissait voir à travers les fenêtres ou s'échappait en tourbillons de fumée épaisse par les tuyaux des cheminées ; exclues aussi de toute participation aux bonnes choses qu'elles voyaient apporter, par la porte des maisons ou par la grille des cuisines, à la cuisinière chargée de les mettre en œuvre. Ne voyaient-elles pas comme lui aller et venir derrière les fenêtres une foule de visages, les uns jeunes, jolis, agréables, d'autres fois tout l'opposé ; Toby de même (quoiqu'il réfléchît souvent à ces bagatelles lorsqu'il était là dans la rue à ne rien faire) ne savait pas plus que les cloches d'où venaient toutes ces figures, où elles allaient, ni si, dans tout le cours de l'année, lorsque leurs lèvres remuaient, il en tombait une seule parole bienveillante qui fût à son adresse.

Toby n'était pas un casuiste, il le savait de reste, et je ne prétends pas dire que, quand il commença à s'attacher aux cloches et à convertir petit à petit en une liaison plus intime et plus délicate les premiers instincts de curiosité qui lui avaient fait faire connaissance avec elles, il pesa successivement l'une après l'autre ces diverses considérations dans son esprit, ni qu'il passa en règle une revue générale des raisons de sympathie qui l'entraînaient de ce côté. Ce que je veux dire et ce que je dis, c'est que, comme les fonctions physiques de Toby, ses organes digestifs, par exemple, arrivaient d'eux-mêmes, par leur propre mécanisme, à un certain résultat, au moyen d'un grand nombre d'opérations qu'il ignorait complétement et dont la connaissance l'aurait bien étonné; de même, ses facultés intellectuelles avaient, à son insu et sans sa participation, mis en mouvement tous ces rouages et fait jouer tous ces ressorts, avec bien des milliers d'autres encore, lorsqu'elles travaillèrent à développer en lui son singulier attachement pour les cloches.

Quand même j'aurais dit son amour, au lieu de son attachement, je ne retirerais point cette expression, car elle eût à peine été capable de définir un sentiment aussi compliqué que le sien; il allait, dans sa simplicité extrême, jusqu'à les revêtir d'un caractère étrange et solennel. Elles mettaient tant de mystère à se faire entendre souvent sans être jamais vues; elles étaient placées si haut, si loin ; leurs accents étaient pleins d'une harmonie si grave et si imposante, qu'il les regardait avec une sorte de terreur respectueuse. Quelquefois, quand il levait les yeux vers les sombres fenêtres en ogive de la tour, il s'attendait presque à un signe d'appel de la part de quelque être qui n'était pas la cloche elle-même, mais dont il avait cependant souvent entendu la voix dans leur carillon. Par tous ces motifs, Toby repoussait avec indignation un mauvais bruit qui circulait, que les cloches étaient hantées, comme s'il était permis de les croire capables d'avoir des rapports avec l'esprit du mal. Bref, ces cloches étaient souvent présentes à son oreille, souvent présentes à sa pensée, mais toujours en parfaite estime ; plus d'une fois, à force de contempler fixement et la bouche toute grande ouverte le clocher où elles étaient suspendues, il s'était donné un tel torticolis que, pour le guérir, il lui fallut faire ensuite deux ou trois parties de trot en sus de ses exercices habituels.

C'était précisément à ce moyen curatif qu'il était en train de se livrer par une journée très-froide, lorsque le dernier coup de midi vint à sonner, laissant après lui un bourdonnement semblable à celui d'une abeille monstre qui aurait eu du temps à perdre à parcourir le clocher.

« Eh! eh! l'heure du dîner, dit Toby trottant toujours de long en large devant l'église. Ah ! »

Le nez de Toby était très-rouge ainsi que ses paupières; il clignotait beaucoup des yeux, ses épaules remontaient presque jusqu'à ses oreilles, ses jambes étaient roides et engourdies : évidemment, s'il n'était pas gelé, il ne s'en fallait guère.

« Eh! eh ! l'heure du dîner, » répéta Toby se servant de sa mitaine de la main droite comme d'un diminutif de gant de boxeur pour punir son estomac de ce qu'il avait froid. «Ah....h...h....h ! »

Après quoi il se remit à trotter en silence pendant une minute ou deux.

« Ce n'est rien, » dit Toby prenant brusquement la parole.... et ici il s'arrêta court dans son trot et dans son discours pour se tâter le nez dans toute sa longueur avec un air d'extrême préoccupation et d'alarme assez vive. La distance à parcourir pour ses doigts n'était pas grande, vu la dimension exiguë de son nez; aussi eut-il bientôt fait.

« Ma foi, je le croyais parti, continua-t-il en se remettant à trotter. Heureusement que non. Ce n'est pas que j'eusse le droit de lui en vouloir s'il venait à me quitter. Son service est joliment dur dans la mauvaise saison, et il n'a pas grands profits pour sa peine, puisqu'il ne prend pas même de tabac. Sans compter que, dans les meilleurs temps, il a bien encore ses épreuves, la pauvre créature, car, s'il lui arrive par hasard de respirer une odeur agréable (et ce n'est pas tous les jours), c'est en général le fumet du dîner d'autrui qu'on rapporte du four. »

Cette réflexion le ramena à celle qu'il avait suspendue pour s'assurer qu'il lui restait un nez.

« Il n'y a rien, dit-il, qui revienne plus sûrement chaque jour que l'heure du dîner, et rien qui revienne, au contraire, moins sûrement que le dîner lui-même. C'est la grande différence qui existe entre eux. Il m'a fallu longtemps pour faire cette découverte. Je voudrais bien savoir si mon observation ne vaudrait pas la peine de la recéder à un monsieur quelconque pour en gratifier les journaux ou le parlement! »

Ce n'était sans doute qu'une plaisanterie, car Toby secoua gravement la tête avec l'air de renoncer décidément au bénéfice de sa découverte.

« Eh! mon Dieu ! dit-il, les journaux sont pleins d'observations qui ne valent pas mieux; et le parlement, donc! Tenez, voici le journal de la semaine dernière (et Toby tira de sa poche une feuille de papier fort sale qu'il tint à la longueur de son bras) rempli d'observations ! oui, de belles observations! J'aimerais mieux des nouvelles; mais de nouvelles, point, poursuivit Toby lentement à mesure qu'il repliait le journal pour le mettre dans sa poche; aussi, maintenant, c'est presque à contre-cœur que je lis un journal. J'en ai la chair de poule ; je ne sais trop ce que nous deviendrons, nous autres pauvres gens! Dieu veuille que nous devenions quelque chose de mieux pendant l'année qui va commencer.

— Eh! père, père, » dit une douce voix près de lui.

Toby ne l'entendit pas. Il allait et venait, de son petit trot accoutumé, absorbé dans sa rêverie et se parlant à lui-même.

« Il semble, continua-t-il, que nous soyons incapables ni d'aller bien, ni de faire le bien, ni d'être ramenés au bien. Je n'ai pas été assez longtemps à l'école pour savoir dire si nous sommes, oui ou non, utiles à quelque chose ici-bas. Quelquefois je pense que nous n'y sommes peut-être pas tout à fait inutiles, d'autres fois que nous sommes de vrais intrus. Je suis par moments dans un tel embarras, que je me trouve même tout à fait incapable d'avoir une idée sur cette question, à savoir s'il y a en nous quelque chose de bon, ou si nous naissons décidément mauvais. Il paraît que nous faisons des choses épouvantables, et que nous donnons bien du mal à la société. On se plaint toujours de nous; on se tient toujours en garde contre nous; de façon ou d'autre, il n'est bruit que de nous dans les papiers publics. Après cela, allez donc me parler de nouvel an, poursuivit-il avec tristesse; je puis porter ma charge comme bien d'autres, plus que bien d'autres la plupart du temps, car je suis aussi fort qu'un lion, et tous les hommes ne le sont pas; mais en supposant qu'en réalité ce ne soit pas pour nous qu'est fait le nouvel an, en supposant que nous ne soyons réellement que des intrus....

— Eh! père, père, » répéta la douce voix.

Toby l'entendit cette fois, il tressaillit, s'arrêta, et, ramenant sur un espace moins étendu son regard qu'il avait dirigé bien loin, jusque dans le cœur de l'année future, comme pour y chercher l'éclaircissement de ses doutes, il se trouva nez à nez avec sa propre fille, face à face avec ses yeux.

Et quels yeux! des yeux dans lesquels il aurait fallu plonger longtemps avant d'en pénétrer la profondeur! des yeux noirs qui réfléchissaient comme un miroir les yeux qui cherchaient à les sonder. Pas de ces yeux coquets, séducteurs, non, mais d'une expression limpide, calme, honnête, patiente, émanée de cette pure lumière que Dieu créa le premier jour; des yeux où se peignaient la vérité et la candeur; des yeux rayonnant d'espérance, d'une espérance si jeune et si fraîche, si ardente, si vive, si énergique en dépit des vingt années de travail et de misère dont ils avaient contemplé les dures épreuves, qu'ils retentirent au cœur de Toby Veck comme une voix secrète qui lui disait : « Va, va, nous ne sommes pas inutiles dans ce monde.... pas tout à fait. »

Trotty baisa les lèvres et pressa entre ses mains les joues fraîches et vermeilles qui accompagnaient ces yeux-là.

« Eh bien ! mon ange, dit Trotty; qu'y a-t-il ? Je ne t'attendais pas aujourd'hui, Marguerite.

— Et moi, je ne m'attendais pas non plus à venir, père, s'écria la jeune fille hochant la tête et souriant; mais me voilà, et pas seule, oh ! non, pas seule !

— Allons donc ! tu ne veux pas dire, remarqua Toby tout en jetant un regard curieux sur certain panier couvert qu'elle tenait à la main, que tu....

— Flairez-le, cher père, dit Meg; flairez seulement. »

Trotty allait lever le couvercle en grande hâte, sans autre préambule, lorsqu'elle l'arrêta gaiement en posant sa main dessus.

« Non, non, non, dit-elle avec une joie d'enfant; faisons un peu durer le plaisir. Je vais seulement soulever un coin, un tout.... pe.... tit.... coin; voyez-vous, » ajouta-t-elle en joignant le geste à la parole de la façon la plus gentille et à voix basse, comme si elle eût craint d'être entendue par l'objet enfermé dans le panier; « là ! Maintenant, devinez ce que c'est ? »

Toby flaira aussi vivement que possible au bord du panier et s'écria dans le ravissement :

« Eh ! eh ! c'est chaud !

— Oui, fit Meg, c'est tout chaud, tout bouillant. Ah ! ah ! ah ! c'est brûlant !

— Ah ! ah ! ah ! cria Toby de sa plus grosse joie avec une gambade. Ma foi ! oui, c'est brûlant.

— Mais qu'est-ce que c'est, père ? dit Meg. Allons, vous ne l'avez pas deviné ! Il le faut, pourtant. Je ne puis rien tirer du panier avant que vous deviniez ce que c'est. Ne vous pressez pas ! Attendez encore une minute ! Tenez, je vais soulever le couvercle un tantinet. Devinez à présent. »

Meg avait terriblement peur qu'il ne vînt à deviner trop tôt, elle se reculait, tout en lui présentant le panier, relevait ses jolies épaules, se bouchant l'oreille avec une de ses mains comme pour arrêter le mot propre sur les lèvres de son père, et, pendant tout ce manége, continuait à rire doucement.

Cependant Toby, les deux mains sur ses genoux, le nez penché vers le panier, se livrait, dans le voisinage du couvercle à de longues aspirations qui faisaient épanouir sa face ridée : on aurait dit qu'il respirait un flacon d'essence de rire.

« Ah ! c'est quelque chose de bien bon, dit-il. Ce n'est pas.... Non, je ne suppose pas que ce soit du boudin.

— Non, non, non, s'écria Meg ravie, rien de pareil.

— Non, fit Toby après avoir reniflé une seconde fois, c'est.... c'est plus moelleux que du boudin, c'est du bon ! cela devient plus appétissant de minute en minute, c'est un goût trop prononcé pour des pieds de mouton, n'est-ce pas ? »

Meg était dans l'extase. Il en était à cent lieues des pieds de mouton ! autant dire que c'était du boudin.

« Du foie? reprit Toby se consultant en lui-même.... Non. Il y a là quelque chose de délicat qui ne se trouve pas dans le foie. Des pieds de cochon de lait ? Non. Ce n'est pas assez fade pour des pieds de cochon de lait.... Des arêtes de coq? ce n'est pas assez glutineux, ce n'est pas des saucissons, toujours. Ah ! ah ! j'y suis ; c'est de l'andouille !

— Non, non, s'écria Meg au comble du bonheur, vous n'y êtes pas !

— A quoi pensais-je donc, reprit tout à coup Toby se redressant sur ses pieds dans une position aussi perpendiculaire que sa nature le lui permettait. J'oublierai mon nom bientôt; ce sont des tripes ! »

En effet, c'étaient des tripes, et Meg, transportée, l'assura qu'avant une demi-minute il ajouterait que c'étaient les meilleures tripes qu'il eût mangées de sa vie.

« Ainsi, mon père, dit Meg s'empressant de débarrasser le panier, je vais tout de suite mettre la nappe ; car j'ai apporté les tripes dans un plat, et j'ai enveloppé le plat dans un mouchoir de poche ; mais, si je veux faire la fière pour une fois, faire une nappe de mon mouchoir et dire que c'est une nappe, il n'existe pas de loi qui me le défende, n'est-ce pas, mon père?

— Pas que je sache, ma chère enfant, répondit Toby, quoiqu'on en fabrique tous les jours de nouvelles.

— Et cependant, d'après ce que je vous lisais l'autre jour dans le journal, vous vous rappelez, mon père, ce que disait le juge, il paraît que nous autres pauvres gens, nous sommes censés connaître toutes les lois. Ah! ah! quelle erreur! Bon Dieu! ils nous croient donc bien savants!

— Oui, ma fille, s'écria Trotty, et ils raffoleraient joliment de celui d'entre nous qui les connaîtrait réellement toutes. Il s'engraisserait bien vite au travail, cet homme-là, et se verrait l'objet des prévenances de tous les riches du voisinage. Oui! oui, va-t'en voir s'ils viennent!

— Eh bien! cela ne l'empêcherait pas de manger son dîner de bon appétit, cet homme-là, si son dîner avait une aussi bonne odeur que le vôtre, reprit Meg gaîment. Dépêchez-vous, car il y a encore avec cela une pomme de terre chaude et une demi-pinte de bière fraîche en bouteille. Où voulez-vous dîner, mon père? Sur la borne ou sur le perron? Voyez un peu quel luxe! Nous avons l'embarras du choix.

— Le perron aujourd'hui, mon ange, dit Trotty. Le perron par un temps sec, la borne quand il pleut. Le perron est plus commode en tout temps parce qu'on peut s'asseoir, mais, lorsqu'il fait humide, on y attrape des rhumatismes.

— Ici, en ce cas, fit Meg se frappant les mains après un instant de remue-ménage; voilà; tout est prêt! le dîner est servi; comme il a bonne mine, hein! Allons, père, allons! »

Depuis sa découverte au sujet du contenu du panier, Trotty s'était tenu debout, les yeux fixés sur sa fille, parlant, mais sans suite, d'un air distrait qui montrait bien que, quoiqu'elle fût l'unique objet de ses pensées et de ses regards, à l'exclusion même des tripes, il ne la voyait plus dans son esprit telle qu'elle était en ce moment, mais telle qu'il se la figurait vaguement dans quelque tableau imaginaire où le drame de sa vie future se déroulait devant ses yeux. Tiré de sa rêverie par le joyeux appel de Meg, il secoua mélancoliquement la tête comme un homme qui veut chasser des idées noires dont il est assailli et trotta près d'elle. Au moment où il se baissait pour s'asseoir, les cloches vinrent à sonner.

« Amen! dit Trotty ôtant son chapeau et levant les yeux vers le beffroi.

— Vous dites amen aux cloches, père? demanda Meg.

— Elles ont sonné, ma chérie, comme pour dire le *benedicite*, reprit Trotty en s'asseyant. Et si elles pouvaient parler, je suis sûr qu'elles en diraient un bon. Que de choses bienveillantes elles me disent, à moi!

— Les cloches, mon père! fit Meg éclatant de rire, en plaçant devant lui l'assiette de tripes, avec un couteau et une fourchette. Ah! bien!

— Oui, ma fille, à ce qu'il me semble, au moins, dit Trotty, attaquant son dîner avec une grande vigueur. Et alors où est la différence? Si je les entends me parler, qu'importe qu'elles me parlent ou non? Si vous saviez, ma chérie, continua-t-il en lui montrant la tour avec sa fourchette, et s'animant de plus en plus sous l'influence du dîner, combien de fois je les ai entendues les bonnes cloches me dire : Toby Veck, Toby Veck, bon courage, Toby! Toby Veck, Toby Veck, bon courage, cher Toby! Un million de fois? Ce n'est pas assez, bien davantage, ma foi!

— Eh bien! moi, jamais! s'écria Meg. Le fait est cependant qu'elle l'avait entendu dire un nombre influi de fois. Car c'était le thème favori de son père.

— Et quand les affaires vont mal tout à fait, continua Toby, aussi mal que possible, alors, c'est : Toby Veck, Toby Veck, la besogne viendra bientôt, Toby! Toby Veck, Toby Veck, la besogne viendra bientôt, cher Toby! tout comme ça.

— Et à la fin, elle vient, au moins, mon père? dit Meg avec une nuance de tristesse dans sa douce voix.

— Toujours, répondit Toby sans la remarquer; cela ne manque jamais. »

Pendant ce dialogue, Trotty n'interrompit pas une minute l'attaque qu'il dirigeait contre le repas savoureux placé devant lui, mais il coupait et mangeait, il coupait et buvait, il coupait et mâchait, passant des tripes à la pomme de terre chaude, puis, revenant de la pomme de terre chaude aux tripes, en véritable gourmet et avec un appétit infatigable. Cependant, comme il regardait à droite et à gauche dans la rue, pour voir si personne ne lui faisait signe de quelque porte ou de quelque fenêtre afin de lui donner une commission, ses yeux, au retour, rencontrèrent Meg assise vis-à-vis de lui, les bras croisés et tout occupée de le voir à l'œuvre avec un sourire de bonheur.

« Mais, Dieu me pardonne! dit-il tout à coup en laissant tomber son couteau et sa fourchette.... ma colombe! Meg chérie! pourquoi ne pas me le dire? quelle brute je suis!

— Père!

— Quoi! continua Toby comme pour expliquer son repentir subit, je suis là tranquillement assis, me bourrant, m'empiffrant et me gorgeant à mon aise, tandis que je te laisse debout devant moi, encore à jeun, sans doute, et ne voulant pas me le dire, tandis que....

— Mais je ne suis pas à jeun, mon père, interrompit sa fille en riant, tant s'en faut; j'ai eu aussi mon dîner, moi.

7

— Allons donc! dit Trotty. Deux dîners en un jour à la maison? Pas possible! Autant vaudrait me dire qu'il y aura deux premiers jours de l'an à la fois, ou que j'ai gardé toute ma vie une pièce d'or sans la changer.

— Tout cela n'empêche pas que j'ai eu aussi mon dîner, mon père, dit Meg se rapprochant de lui ; et, si vous voulez continuer le vôtre, je vous dirai où et comment, comment il s'est fait que je vous aie apporté celui-ci, et.... et encore autre chose. »

Toby paraissait toujours incrédule ; mais elle attacha sur lui un regard limpide, et lui mettant la main sur l'épaule, l'engagea à ne pas laisser refroidir son dîner. Trotty reprit donc son couteau et sa fourchette et se remit à l'œuvre, mais beaucoup plus lentement qu'auparavant et en secouant la tête d'un air mécontent de lui-même.

« J'ai dîné, reprit Meg après une légère hésitation, avec.... avec Richard. L'heure de son repas se trouvait avancée, et comme il avait apporté son dîner avec lui en venant me voir, nous.... nous l'avons mangé ensemble, mon père. »

Trotty avala une gorgée de bière, fit claquer ses lèvres, et voyant que sa fille attendait, il se contenta de cette simple exclamation :

« Ah!

— Et Richard dit, mon père.... » poursuivit Meg.

Puis elle s'arrêta court.

« Que dit Richard, Meg? demanda Toby.

— Richard dit, mon père.... »

Autre pause.

« Richard est bien long à dire cela.... fit Toby.

— Il dit donc, mon père, acheva Meg levant enfin les yeux et parlant d'une voix distincte quoique tremblante, il dit comme ça : voilà une année encore bientôt passée, et à quoi sert d'attendre d'année en année, quand il est si peu probable que nous soyons jamais plus à notre aise ? Il dit que nous sommes pauvres maintenant, mon père, et que nous ne le serons pas davantage après ; mais qu'aujourd'hui nous sommes jeunes, et que, d'année en année, nous aurons vieilli avant que nous ayons eu le temps de nous en apercevoir. Il dit que, pour des gens de notre condition, attendre, pour nous mettre en route, que le chemin soit sans épines, c'est vouloir attendre qu'il ne nous reste plus d'autre chemin à prendre qu'un triste chemin, celui de tout le monde, le chemin qui mène au tombeau, mon père. »

Il aurait fallu un homme plus hardi que Trotty pour avoir le front de dire que non. Il ne dit mot.

« Il est bien dur, mon père, de devenir vieux et de mourir avec la pensée que nous aurions pu nous entr'aider et nous consoler mutuellement! Il est bien dur de s'aimer toute la vie et de languir néanmoins constamment séparés ; de se voir l'un l'autre travailler, changer, vieillir et blanchir chacun de son côté. Lors même que je pourrais prendre le dessus et oublier Richard (je vois que c'est impossible), oh! mon père, qu'il est dur d'avoir le cœur plein comme le mien l'est maintenant, et de vivre pour se sentir s'épuiser lentement, goutte à goutte, sans le souvenir d'un seul de ces moments si heureux qui font la vie d'une femme, pour me soutenir, me fortifier, me consoler. »

Toby demeurait silencieux. Meg s'essuya les yeux et reprit ensuite plus gaiement, c'est-à-dire tantôt riant, tantôt sanglotant, tantôt riant et sanglotant à la fois :

« Ainsi donc, mon père, Richard dit comme cela que, puisqu'on lui a assuré hier de l'ouvrage pour quelque temps, puisque je l'aime depuis trois grandes années (ah! depuis bien plus longtemps, s'il le savait!), il faut que je me décide à l'épouser le jour de l'an, ce jour, dit-il, le plus beau, le plus heureux de toute l'année, et qui porte presque toujours bonheur. C'est vous en prévenir bien peu de temps à l'avance, n'est-ce pas, mon père? Mais je n'ai pas d'arrangements à prendre, moi, relativement à ma dot, ni des robes de noce à faire faire comme les grandes dames, n'est-ce pas, mon père? Enfin il m'en a tant dit là-dessus, et il a été à la fois si pressant et si doux, si sérieux et si tendre, que je lui ai promis de vous en parler, et comme on m'a payé ce matin (je ne m'y attendais guère, bien sûr) l'ouvrage que j'ai rendu, et comme vous aviez fait maigre chère pendant toute la semaine, je n'ai pu m'empêcher de concevoir le désir que cette journée si heureuse pour moi fût aussi pour vous comme un jour de fête ; c'est ce qui fait que j'ai préparé ce petit régal et que je vous l'ai apporté pour vous faire une surprise.

— Et voyez-vous comme il le laisse refroidir sur les marches! » fit une autre voix.

C'était la voix dudit Richard, arrivé tout près d'eux sans être aperçu, et qui se tenait debout devant le père et la fille avec un visage aussi animé que le fer rouge sur lequel retentissait son lourd marteau tout le jour. Un beau jeune homme, robuste, bien tourné, avec des yeux d'où s'échappaient des étincelles semblables à celles que lance un feu de forge, des cheveux noirs frisés en boucles épaisses sur ses tempes basanées, et un sourire, oh! un sourire qui justifiait complétement tous les éloges donnés par Meg à son langage persuasif.

« Voyez comme il laisse refroidir son dîner sur les marches, répéta Richard. Meg ne sait donc pas ce qu'il aime ; elle ne l'a pas servi à son goût? »

Trotty, tout action et tout feu, saisit aussitôt la main de Richard, et il allait lui en dire bien long, lorsque la porte de la maison s'ouvrit brusquement ; un grand laquais faillit mettre le pied dans le plat de tripes.

« Gare de là ! Dites donc, l'ami, il faudra donc vous voir toujours installé sur notre perron? Est-ce que vous ne pourriez pas partager vos faveurs entre nous et quelqu'un de nos voisins? Voulez-vous évacuer la place, oui ou non? »

A dire vrai, cette dernière question était superflue, attendu qu'ils avaient décampé sans demander leur reste.

« Qu'est-ce que c'est, qu'est-ce que c'est? fit le personnage pour qui on venait d'ouvrir la porte de la maison, et qui sortait de ce pas à la fois leste et pesant, véritable juste milieu entre la marche et le petit trot, dont un homme entre deux âges, avec des bottes à semelles craquantes, une chaîne de montre et du linge blanc, doit sortir de chez lui, non-seulement sans rien perdre de sa dignité personnelle, mais encore en laissant deviner dans son maintien ses riches et importantes relations et les rendez-vous distingués qui l'appellent ailleurs. Qu'est-ce que c'est, qu'est-ce que c'est?

— Faut-il donc toujours vous prier, vous supplier, vous conjurer à deux genoux, dit le laquais à Toby Veck avec beaucoup de vivacité, de laisser nos marches tranquilles? Pourquoi ne les laissez-vous pas tranquilles? Ne pouvez-vous pas les laisser tranquilles?

— Là, là ! Assez, assez ! interrompit son maître. Holà, commissionnaire ! ajouta-t-il en faisant signe de la tête à Trotty Veck. Arrivez ici ! Qu'est-ce que vous avez là? Votre dîner?

— Oui, monsieur, répondit Trotty en laissant le plat derrière lui dans un coin.

— Ne le laissez pas là ! s'écria le monsieur. Apportez-le ici. Bien! c'est votre dîner, hein?

— Oui, monsieur, » répéta Trotty regardant d'un œil fixe, tandis que l'eau lui en venait à la bouche, le morceau de tripes qu'il avait gardé pour la bonne bouche, et que le personnage en question tournait et retournait dans tous les sens en le tenant sur la pointe de la fourchette.

Deux autres messieurs étaient sortis avec lui de la maison : l'un, qui n'était ni vieux ni jeune, maigre, de chétive mine, au visage mélancolique ; il avait ses mains fourrées constamment dans les larges goussets d'un étroit pantalon gris-souris, dont cette habitude même faisait retomber de chaque côté les coins en oreilles de chien. Il avait l'air, dans toute sa personne négligée, d'un homme qui ménage les coups de brosse et qui ne se ruine pas en savon. L'autre monsieur, gras, reluisant, cossu, portant un habit bleu à boutons de métal et une cravate blanche; son teint très-coloré annonçait sans doute qu'il y avait une partie du sang destiné à l'équilibre de son individu qui s'arrêtait indûment dans sa tête, ce qui explique sans doute pourquoi il paraissait si froid dans la région du cœur.

Celui qui tenait le dîner de Toby au bout de la fourchette appela le premier du nom de Filer, et ils se mirent tout près l'un de l'autre. Comme M. Filer avait la vue excessivement basse, il fut forcé d'examiner de si près le restant du dîner de Toby avant de pouvoir se rendre compte de ce que c'était, que le pauvre homme en eut la chair de poule. Cependant, il faut être juste, M. Filer ne le mangea pas.

« Vous voyez là, alderman, dit M. Filer en piquant le morceau de tripes avec un portecrayon, une espèce de nourriture animale connue généralement par la population ouvrière de ce pays sous le nom de *tripes*. »

L'alderman sourit et cligna de l'œil, car c'était un joyeux compère que l'alderman Cute; oh! oui, et un rusé compère aussi! un vrai connaisseur en toutes choses! On ne pouvait lui en imposer; il lisait dans l'âme des gens. Il connaissait bien son monde, l'alderman Cute, je vous en réponds!

« Mais qui est-ce qui mange des tripes? dit M. Filer promenant son regard autour de lui. La tripe est, sans contredit, l'article de consommation le moins économique qu'il soit possible aux marchés de ce pays de produire, celui qui donne le plus de déchet. On a reconnu que la perte d'une livre de tripes s'élevait, par la cuisson, à plus des sept huitièmes par livre d'un cinquième de la perte subie dans les mêmes circonstances par toute autre substance animale. La tripe, à tout prendre, revient donc plus cher que l'ananas de serre chaude. Si l'on calcule le nombre d'animaux abattus chaque année d'après le relevé des tables authentiques de mortalité, et si l'on estime au plus bas la quantité de tripes que produiraient ces animaux convenablement débités par la boucherie, on trouve que le déchet résultant de la cuisson sur cette quantité même suffirait pour nourrir une garnison de cinq cents hommes pendant cinq mois de trente et un jours chacun, et le mois de février par-dessus le marché. Quel gaspillage, quel gaspillage! »

A cette terrible révélation, Trotty, debout, effaré, chancelant sur ses jambes, semblait avoir sur sa conscience d'avoir fait mourir de faim, de sa propre bouche, une garnison de cinq cents hommes.

« Qui est-ce qui mange des tripes ? répéta M. Filer avec chaleur ; qui est-ce qui mange des tripes ? »

Trotty courba humblement la tête comme un coupable.

« C'est vous, ah ! c'est vous ! dit M. Filer. Alors je vais vous apprendre quelque chose. Votre plat de tripes, mon ami, vous l'arrachez de la bouche des veuves et des orphelins.

— J'espère que non, monsieur, fit Trotty d'une voix faible ; j'aimerais mieux mourir de faim.

— Divisez la somme des tripes ci-dessus, alderman, continua M. Filer, par le nombre présumé des veuves et des orphelins, vous aurez un gramme cinq cent cinquante-cinq milligrammes de tripes par tête. Il n'en reste pas seulement six cent quarante-sept dix-millièmes pour cet homme ; par conséquent, c'est un voleur ! »

Toby fut si écrasé sous ce coup d'assommoir, qu'il vit, sans le moindre regret, l'alderman achever lui-même le reste des tripes. C'était toujours cela qu'il aurait de moins sur la conscience.

« Et vous, qu'est-ce que vous dites ? demanda l'alderman d'un ton goguenard au monsieur à la figure rubiconde et à l'habit bleu. Vous avez entendu notre ami Filer. A vous, maintenant ; qu'en dites-vous ?

— Qu'est-ce qu'on peut dire ? répondit le personnage interpellé. Que voulez-vous qu'on dise ? Qui peut s'intéresser à un pareil magot (il voulait parler de Trotty) ? Les temps sont si dégénérés. Regardez-le ; le bel objet ! Ah ! le bon vieux temps, le bon vieux temps ! le grand, le noble, le généreux bon vieux temps ! C'est alors qu'on pouvait voir une race de paysans robustes, et le reste ; parlez-moi de cela ; tandis qu'aujourd'hui il n'y a plus rien. Ah ! s'écrie le monsieur à la figure rubiconde avec un gros soupir ; le bon vieux temps, le bon vieux temps ! »

Il ne prit pas la peine de spécifier à quels siècles en particulier il faisait allusion ; et il ne dit pas non plus si les reproches qu'il adressait au temps présent provenaient d'une conviction désintéressée que ce siècle-ci n'avait rien produit de très-remarquable en le produisant lui-même.

« Le bon vieux temps, le bon vieux temps ! répétait-il. Quel temps c'était ! le vrai temps, le seul, le seul ; d'ailleurs ne me parlez pas des autres, pas plus que des gens de ce temps-ci.

Vous n'appelez pas cela un temps, je pense? Quant à moi, j'en suis à cent lieues. Jetez les yeux sur le recueil des *Costumes de Strutt*, et vous verrez ce que c'était qu'un commissionnaire sous le règne de quelque bon vieux roi de notre vieille Angleterre.

— Laissez-moi donc! c'était le temps où, dans ses plus beaux jours, dit M. Filer, il n'avait pas de chemise à se mettre sur le dos, ni de bas dans ses souliers; à peine si toute l'Angleterre produisait un seul légume qu'il pût manger. Il me serait facile de le prouver par les tableaux statistiques. »

Mais le monsieur à la figure rubiconde n'en fit pas moins l'éloge du bon vieux temps, du grand et noble bon vieux temps. Quoi qu'on pût dire de contraire, il tournait et retournait toujours dans le même cercle pour en revenir à son éternel refrain, comme un pauvre écureuil qui tourne et retourne sans cesse dans sa cage, avec une idée aussi claire et aussi distincte du mécanisme qu'il fait ainsi mouvoir, que le monsieur à la figure rubiconde en avait lui-même de feu l'âge d'or qu'il regrettait.

Il est possible que la foi du pauvre Toby dans ces bons vieux temps si confus ne fût pas non plus entièrement détruite, car il se sentit en ce moment fort embarrassé de ce qu'il devait croire. Une chose pourtant lui semblait claire et évidente au milieu de sa perplexité, c'est que, malgré les divergences d'opinions qui pouvaient exister entre ces messieurs dans les détails, ses conjectures philosophiques du matin, et de combien d'autres matinées encore, n'en demeuraient pas moins bien fondées. « Non, non, pensait-il dans son désespoir, nous ne sommes pas capables d'aller bien, ni de rien faire de bien; nous ne sommes bons à rien. Nous sommes nés mauvais! »

Cependant Trotty portait dans sa poitrine un cœur de père qui se révoltait contre cette sentence; et il ne pouvait supporter l'idée que Meg, encore sous l'impression de sa courte joie, dût se voir exposée à entendre tirer son horoscope par ce trio d'oracles. « Par ma fine! pensait le pauvre père, elle ne saura que trop tôt le sort que lui réserve l'avenir. »

En conséquence, il fit signe au jeune forgeron de l'emmener. Mais Richard était si absorbé dans les doux propos qu'il tenait à sa fiancée, un peu en arrière, que les signes inquiets du bonhomme ne purent éveiller son attention avant d'avoir attiré celle de l'alderman Cute. Or, l'alderman n'avait pas encore placé son mot, et c'était aussi un philosophe, mais un philosophe pratique, oh! ce qu'il y a de plus pratique, et, comme il n'avait pas envie de perdre un seul de ses auditeurs: « Arrêtez! » s'écria-t-il.

« Vous savez, dit l'alderman, s'adressant à ses deux amis

avec ce sourire de satisfaction qui lui était habituel, moi, je suis un homme tout rond, un homme pratique et qui va au fait rondement, et sans chercher midi à quatorze heures. Je suis comme ça. Eh bien! selon moi, il n'y a pas le moindre mystère, pas la moindre difficulté à traiter avec ces gens-là; il n'y a qu'à savoir leur langue pour les comprendre et leur parler. Or çà, commissionnaire, mon ami, ne venez jamais me dire ou à personne autr.. de mes amis, que vous n'avez pas toujours de quoi manger, et du meilleur encore, parce que je sais parfaitement ce qu'il en est, j'ai goûté votre tripe, vous le savez; ainsi, pas de *carottes*. Vous comprenez bien ce que tirer des carottes veut dire, hein? c'est le mot propre, n'est-ce pas? Ah! ah! ah! Parbleu! continua l'alderman en se retournant vers ses amis; c'est la chose du monde la plus facile d'avoir affaire à ces gens-là, il ne faut que savoir leur langue. »

Un fameux homme pour le menu peuple, que l'alderman Cute! jamais de mauvaise humeur, toujours facile, affable, enjoué, et par-dessus tout d'une finesse!...

« Vous le voyez, mon ami, poursuivit le digne alderman, on débite un tas de sottises à propos du *besoin*, vous savez; n'est-ce pas le mot consacré? Ah! ah! ah! Eh bien! moi, je prétends supprimer ça. On a mis aussi en vogue un certain jargon, comme *crever de faim*; eh bien! moi, je veux aussi supprimer ça; voilà tout! Parbleu! continua-t-il, se tournant une seconde fois vers ses amis, vous pouvez tout supprimer avec ces gens-là, il ne faut que savoir la manière de s'y prendre! »

Trotty prit la main de Meg et la passa sous son bras, sans avoir trop l'air de savoir ce qu'il faisait.

« C'est votre fille, hein? » dit l'alderman lui passant familièrement la main sous le menton.

Toujours affable avec la classe ouvrière, l'alderman Cute! Il savait si bien les prendre! C'est celui-là qui n'était pas fier!

« Où est sa mère? demanda le digne homme.

— Morte, répondit Toby. Sa mère était ouvrière en linge; Dieu l'a rappelée au ciel lors de la naissance de sa fille.

— Ce n'est toujours pas, je suppose, pour raccommoder son linge là-haut, » remarqua facétieusement l'alderman.

Il est possible que Toby ne fût pas capable de séparer dans son esprit le séjour de sa femme au ciel des humbles soins auxquels elle se livrait en ce monde; mais, permettez, une simple question. Si Mme Cute, l'honorable épouse de l'alderman, était allée au ciel, M. l'alderman Cute l'aurait-il représentée comme tenant là-haut un état mécanique ou un poste prêtant à rire?

« Et vous, vous êtes son amoureux, sans doute ? dit l'alderman au jeune forgeron.

— Oui, répliqua vivement Richard piqué de cette question à brûle-pourpoint, et nous allons nous marier le jour de l'an.

— Que voulez-vous dire ? s'écria Filer d'un ton aigre ; vous marier ?

— Mais, sans doute ; nous y pensons, mon bourgeois. Et nous sommes pressés, voyez-vous, de peur qu'on ne vienne aussi à supprimer ça.

— Ah ! s'écria Filer en gémissant ; supprimez-le en effet, alderman ; vous n'aurez jamais rien fait de mieux. Le mariage ! le mariage ! l'ignorance des premiers principes de l'économie politique chez ces gens-là, leur imprévoyance, leur perversité, en voilà bien assez, grand Dieu ! pour.... Regardez-moi un peu ce couple, s'il vous plaît ! »

En effet, Richard et Meg en valaient bien la peine ; et, à les voir, rien, ce semble, ne paraissait plus naturel et plus raisonnable que leur mariage.

« Quand un homme vivrait aussi vieux que Mathusalem, dit M. Filer ; quand il travaillerait, pendant cette longue vie, dans l'intérêt de ces gens-là, quand il entasserait les faits sur les chiffres et les chiffres sur les faits, aussi haut que les plus hautes montagnes, il ne faudrait pas pour cela qu'il se flattât de les convaincre qu'ils n'ont pas plus de droit ou d'avantage à se marier qu'ils n'en avaient à naître. Et cependant, nous savons bien qu'ils n'en ont pas le droit. Depuis longtemps, c'est un fait rigoureusement démontré par nous, comme une vérité mathématique. »

L'alderman Cute, que tout cela divertissait extrêmement, commença par appuyer l'index de sa main droite sur l'un des côtés de son nez, comme pour dire à ses deux amis : « Regardez-moi bien, je vous prie, ne perdez pas de vue l'homme pratique ! » Puis il appela Meg près de lui.

« Venez ici, ma petite ! » lui dit-il.

Depuis quelques minutes, l'amoureux sentait bouillir son sang qui lui montait furieusement à la tête, et il était fort peu disposé à la laisser obéir. Cependant, faisant un effort sur lui-même, il s'approcha en même temps qu'elle, hardiment, et se plaça debout à ses côtés. Trotty continuait à presser sous son bras la main de sa fille, mais ne cessait de jeter, sur toutes les personnes présentes, des regards aussi effarés que ceux d'un somnambule au milieu de ses rêves.

« Maintenant, ma petite, je vais vous adresser une parole ou doux de bon conseil, dit l'alderman avec son air sans gêne. C'est mon affaire, vous savez, de donner des conseils, puisque je suis juge de paix.... Vous n'ignorez pas, sans doute, que je suis juge de paix ? »

Meg répondit timidement que non. Tout le monde, en effet, savait que l'alderman Cute était juge de paix, et un juge de paix si expéditif, si actif! Si son mérite n'avait pas crevé les yeux du public, le public aurait donc été aveugle.

« Vous allez vous marier, dites-vous, poursuivit l'alderman. Ce n'est déjà pas si beau ni si délicat pour une demoiselle. Mais n'importe! Une fois mariée, vous vous querellerez avec votre mari, et vous tomberez dans la peine. Peut-être croyez-vous que non; mais vous avez tort, puisque je vous le dis. Or, je vous avertis loyalement d'avance que j'ai résolu de supprimer les femmes dans la peine. Ainsi, arrangez-vous pour ne pas être amenée devant moi. Vous aurez des enfants.... des garçons. Ces garçons, en grandissant, feront naturellement de petits mauvais sujets qui iront courir les rues, comme des va-nu-pieds. Faites-y bien attention, ma jeune amie! je les condamnerai sans pitié jusqu'au dernier, car je suis déterminé à supprimer les petits va-nu-pieds. Peut-être votre mari mourra-t-il jeune (c'est fort probable), vous laissant un enfant sur les bras. Vous serez alors mise à la porte par votre propriétaire, et vous vous trouverez sur le pavé. En ce cas, ne venez pas rôder, ma chère, dans ma circonscription, car je suis résolu de supprimer toutes les mères sans asile ; oui, toutes les jeunes mères, de quelque genre que ce soit : c'est ma détermination bien arrêtée de les supprimer. Ne songez pas à m'alléguer la maladie ou le nombre de vos petits enfants, car je suis fermement décidé à supprimer tous *les malades et les petits enfants* (j'espère que vous connaissez le texte du service de l'église, quoique je craigne que non). Et si, emportée par le désespoir, l'ingratitude ou l'impiété, vous tentez, au mépris des lois les plus saintes, de vous noyer ou de vous pendre, je ne vous ferai pas grâce; car j'ai pris la résolution de supprimer complétement le suicide. S'il y a au monde, poursuivit l'alderman avec son sourire de satisfaction intime, une chose sur laquelle on puisse me rendre la justice que j'ai une résolution bien arrêtée, c'est certainement la suppression du suicide. Ainsi, n'allez pas *vous y frotter*. C'est la phrase usitée, n'est-ce pas ? ah ! nous nous comprenons à merveille, maintenant. »

Toby ne savait s'il devait se réjouir ou se désoler en voyant la pâleur mortelle qui couvrait le visage de Meg, dont la main venait de quitter machinalement celle de son fiancé.

« Quant à vous, chien de nigaud, reprit l'alderman en s'adressant avec un redoublement de gaieté et d'urbanité au jeune forgeron, à quoi songez-vous de vous marier, pauvre sot? Qu'est-ce que vous avez besoin de vous marier? Si j'étais un beau gaillard, jeune et bien découplé comme vous, j'aurais honte d'être assez chauffe-la-couche pour m'attacher aux cordons du tablier d'une femme. Ne voyez-vous pas qu'elle sera déjà vieille, avant que vous ayez atteint la trentaine! Vous ferez alors une jolie figure quand vous traînerez après vous une femme couverte de haillons et un tas d'enfants braillards, qui vous poursuivront partout de leurs larmes et de leurs cris! »

Oh! il savait bien gouailler le pauvre monde, l'alderman Cute!

« Voyons, continua-t-il, allez-vous-en et repentez-vous. Ne soyez pas assez niais pour vous marier au jour de l'an. Vous aurez des idées toutes différentes avant le jour de l'an qui suivra celui-ci. Un jeune drôle comme vous, bien bâti, qui donnera dans l'œil à toutes les jeunes filles!... Allons, décampez!... »

Ils décampèrent, non plus en se donnant le bras, ni en se tenant par la main, ni en échangeant de brillants regards, mais *elle* tout en larmes, et *lui* sombre et la tête baissée. Étaient-ce bien là les deux cœurs qui avaient naguère fait bondir de joie, dans sa poitrine, le cœur du vieux Toby au milieu de ses peines? Non, non; l'alderman, béni soit-il! venait de les supprimer.

« Puisque vous êtes là, dit Cute à Toby, vous allez me porter une lettre. Êtes-vous assez leste? vous êtes déjà vieux. »

Toby, qui suivait de l'œil la pauvre Meg d'un air de stupeur, eut quelque peine à murmurer entre ses dents qu'il était très-alerte et très-fort.

« Quel âge avez-vous? demanda l'alderman.

— Soixante ans passés, monsieur, dit Toby.

— Oh! cet homme a dépassé de beaucoup la moyenne, comme vous voyez, s'écria M. Filer en éclatant, car sa patience, poussée à bout, ne pouvait plus supporter un tel abus.

— Je sens bien que je suis un *intrus*, monsieur, dit Toby. je.... je.... m'en doutais ce matin, hélas! »

L'alderman coupa court à ses lamentations en lui remettant la lettre qu'il tira de sa poche. Il allait lui donner aussi vingt-cinq sous pour sa peine, mais M. Filer lui démontra si clairement que c'était comme s'il prenait dix-neuf sous par tête dans la poche d'un nombre donné de personnes, qu'il ne donna que douze sous à Toby, et encore ce dernier s'estima-t-il heureux de l'aubaine.

Alors l'alderman prit ses deux amis chacun par un bras, et se mit en marche d'un pas triomphant; mais il revint presque aussitôt en arrière, comme s'il avait oublié quelque chose.

« Commissionnaire ! s'écria-t-il.
— Monsieur, dit Toby.
— Veillez bien sur votre fille, elle est beaucoup trop jolie.
— Allons ! vous verrez que sa bonne mine elle-même aura été volée à quelqu'un, pensa Toby, regardant les douze sous qu'il tenait à la main, et songeant à ses tripes. Elle aura dépouillé cinq cents grandes dames d'un scrupule de fraîcheur qui devait leur revenir par tête; je n'en serais pas étonné. C'est vraiment bien terrible !
— Elle est beaucoup trop jolie, mon brave homme, répéta l'alderman. Toutes les chances sont pour qu'elle tourne mal ; je ne le vois que trop. Faites attention à ce que je vous dis. Veillez bien sur elle ! »

Cela dit, il se hâta de rejoindre ses deux amis.

« Toujours du mal ! partout du mal ! dit Toby joignant les mains. Nés mauvais ! nous n'avions que faire ici-bas. »

Comme il achevait de prononcer ces paroles, le carillon des cloches retentit tout à coup à ses oreilles; leur voix était pleine, grave et sonore ; mais elle ne contenait pas une seule note d'encouragement pour le pauvre Toby.

« Ce n'est plus le même air, s'écria le vieillard écoutant avec attention. Il n'y a pas un mot de ce qui me charmait. Et pourquoi, au fait, en serait-il autrement? Je n'ai pas plus affaire avec l'année qui va venir qu'avec l'année qui finit. Je voudrais mourir ! »

Les cloches, cependant, continuaient à remplir l'air de leurs nouveaux chants.

« Supprimez-les, supprimez-les, disaient-elles. Le bon vieux temps, le bon vieux temps ! Faits sur chiffres, chiffres sur faits ! Supprimez-les, supprimez-les ! »

Voilà ce qu'elles disaient, pas autre chose, si bien que le cerveau de Toby en avait le vertige.

Il se mit à presser sa tête égarée de ses deux mains, comme pour l'empêcher d'éclater, et il fit bien; car en faisant ce geste, il trouva la lettre de l'alderman entre ses doigts, et, rappelé par là au souvenir de sa commission, il retomba machinalement dans son petit trot d'habitude, et le voilà parti toujours trottant.

II

Second quart.

La lettre que Toby avait reçue de l'alderman Cute était adressée à un grand personnage dans le grand quartier de la ville, le plus grand quartier de la ville, puisqu'il est communément appelé « le monde, » par ceux qui l'habitent.

Et de fait, cette lettre aussi semblait à Toby plus lourde qu'aucune autre qu'il eût jamais portée ; non parce que l'alderman l'avait cachetée d'une large cotte d'armes avec une profusion de cire sans fin ; mais à cause du nom important de l'homme de poids dont elle portait l'adresse, et de l'énorme quantité d'or et d'argent dont ce nom seul donnait l'idée.

« Quelle différence entre eux et nous ! pensa Toby dans toute la simplicité et la bonne foi de son âme, en regardant l'adresse. Vous n'avez qu'à diviser le nombre des tortues vivantes d'après les tables de mortalité, par le nombre des gens comme il faut en état de les acheter ; je parie que chacun d'eux n'en peut prendre que sa part ! Quant à arracher des tripes de la bouche d'un autre, fi donc ! »

Par suite de l'hommage involontaire dû à un personnage aussi éminent, Toby introduisit un coin de son tablier entre la lettre et ses doigts.

« Ses enfants, continua-t-il (et un nuage humide passa sur ses yeux) ; ses filles.... de beaux messieurs peuvent leur gagner le cœur et les épouser ; elles peuvent devenir d'heureuses femmes, d'heureuses mères ; elles peuvent être jolies comme ma bien-aimée M....e.... »

Il fut impossible au pauvre père d'achever ce nom. La dernière lettre s'enfla dans son gosier jusqu'à prendre les dimensions de l'alphabet tout entier.

« N'importe, pensa Trotty, je sais ce que je veux dire ; c'est tout ce qu'il me faut. »

Et ranimé par cette réflexion consolante, il continua de trotter.

Il gelait dur, ce jour-là ; l'air était sain, clair, pétillant. Le soleil d'hiver était trop faible pour donner de la chaleur ; mais il n'en regardait pas moins radieux, du haut du ciel, la glace qu'il n'avait plus la force de fondre, et s'y montrait encore rayonnant dans sa gloire. En d'autres temps, Toby aurait trouvé, dans l'exemple résigné du soleil d'hiver, une leçon pour un pauvre homme ; mais il n'en était plus là maintenant.

L'année, ce jour-là, était bien vieille. Elle avait poursuivi patiemment sa carrière au milieu des reproches injustes de ses détracteurs, et avait fidèlement accompli sa tâche. Le printemps, l'été, l'automne, l'hiver ; elle avait parcouru laborieusement son cercle prédestiné, et maintenant courbait sa tête fatiguée, attendant la mort. Privée par elle-même de toute espèce d'espérance, de désir et de jouissance active, mais avant-courrière pour les autres de grand nombre de joies, elle demandait à son déclin qu'on se rappelât ses jours de labeur, ses heures de souffrance, et qu'on la laissât mourir en paix. Rien n'empêchait Trotty de lire encore, dans le déclin de l'année expirante, une allégorie pour la vieillesse d'un pauvre homme, mais il n'en était plus là maintenant.

Croyez-vous d'ailleurs que Trotty fût le seul qui eût pu s'appliquer cette comparaison ? Cet appel de l'année, sur ses vieux jours, à la charité publique, pour qu'on la laissât mourir en paix, n'a-t-il jamais été invoqué par l'ouvrier septuagénaire, Anglais comme nous, et invoqué sans succès?

Les rues étaient pleines de mouvement et les boutiques revêtues gaiement de leur parure de fête. Le nouvel an, comme un héritier présomptif du monde entier, était attendu avec des vœux, des présents, des réjouissances. Il y avait des livres et des joujoux pour le nouvel an, d'éblouissants bijoux pour le nouvel an, des parures pour le nouvel an, des plans de fortune pour le nouvel an, toutes sortes d'inventions nouvelles pour le charmer et le distraire. Son existence était analysée dans une foule d'almanachs et d'agenda; la venue de ses lunes, de ses astres, de ses marées, était connue d'avance à une seconde près ; toutes les vicissitudes de ses saisons par jours et par nuits étaient calculées avec autant de précision que pouvaient en présenter les tables statistiques de la population, dressées par M. Filer, par hommes et par femmes.

Le nouvel an, le nouvel an ! partout le nouvel an ! Déjà la vieille année n'était plus considérée que comme une défunte, et ses effets se vendaient à vil prix, comme se vend, à bord d'un navire, la défroque d'un matelot tombé à la mer. Ses modes étaient de l'année *dernière*, et on s'en débarrassait à perte, sans attendre qu'elle eût rendu le dernier soupir ; ses trésors n'étaient que de la drogue au prix des richesses de son successeur encore à naître !

Le pauvre Trotty ne voyait aucune part à réclamer pour lui dans la nouvelle année, pas plus que dans feu l'année dernière.

« Supprimons-les, supprimons-les ; faits sur chiffres, chiffres sur faits ; le bon vieux temps, le bon vieux temps ; supprimons-les, supprimons-les.... » C'est sur ce rhythme que se cadençait son trot qui se refusait à tout autre accompagnement.

Mais cette allure-là même, toute triste et mélancolique qu'elle était, l'amena, dans le temps voulu, au terme de son voyage, la maison de sir Joseph Bowley, membre du parlement.

La porte fut ouverte par un portier ; mais quel portier ! Ne pas confondre avec un porteur comme Toby. C'était bien autre chose, toute la distance qu'il y a d'une livrée d'étiquette à l'humble plaque d'un commissionnaire.

Ce concierge, haletant, eut besoin de reprendre haleine avant de pouvoir parler ; il s'était essouflé à quitter son fauteuil trop précipitamment, sans se donner seulement le temps de réfléchir et de se remettre. L'imprudent ! Lorsqu'il eut enfin recouvré la voix, ce qui lui prit encore quelque temps, car elle était descendue très-bas, ensevelie sous le poids d'un copieux dîner, il murmura d'une voix grasseyante :

« De la part de qui ? »

Toby le lui dit.

« Vous allez porter la lettre vous-même, continua le concierge, lui montrant du doigt une pièce située à l'extrémité d'un long corridor qui prenait son entrée sur le vestibule. Tout le monde entre sans cérémonie, en ce jour de l'année. Vous avez bien fait d'arriver, car la voiture est déjà à la porte, et les maîtres ne sont venus en ville, tout exprès, que pour y passer une couple d'heures. »

Toby essuya ses pieds avec grand soin, bien qu'ils fussent parfaitement secs, et prit le chemin qu'on venait de lui indiquer, non sans s'émerveiller à chaque pas de l'apparence grandiose qu'avait cette maison, quoique tous les meubles y fussent rangés et couverts comme si la famille était encore à la campagne. Il frappa à la porte ; de l'intérieur on lui cria d'entrer, ce que faisant aussitôt, il se trouva dans une vaste bibliothèque où, devant une table jonchée de papiers et de dossiers, étaient assis une majestueuse dame en chapeau, et un monsieur très-peu majestueux, vêtu de noir, qui écrivait sous sa dictée, tandis qu'un autre personnage, beaucoup plus âgé et plus majestueux, dont la canne et le chapeau se trouvaient sur la table, se promenait de long en large, une main dans son gilet, jetant par intervalles des regards de complaisance sur son portrait en pied, grand comme nature, suspendu au-dessus de la cheminée.

« Qu'est-ce que c'est? dit ce dernier personnage. Monsieur Fish, voudriez-vous avoir la bonté de voir? »

M. Fish demanda pardon, et prenant la lettre des mains de Toby, la présenta lui-même avec de grandes marques de respect.

« C'est de l'alderman Cute, sir Joseph.

— Est-ce tout? N'avez-vous pas autre chose, commissionnaire? » demanda le baronnet.

Toby répondit que non.

« Vous n'avez ni mémoire, ni traite à me présenter (mon nom est Bowley, sir Joseph Bowley) de quelque nature ou de la part de qui que ce soit, hein? reprit sir Joseph. Si vous en avez, présentez-les. Voici un livre de mandats à côté de M. Fish. Je ne veux pas qu'on transporte un seul mémoire d'une année à l'autre. Dans cette maison, les comptes sont arrêtés à la fin de chaque année; en sorte que si la mort venait à.... à....

— Couper, souffla M. Fish.

— Trancher, monsieur, reprit sir Joseph avec beaucoup de roideur, le fil de mes jours, on trouverait, je l'espère, mes affaires en ordre.

— Mon cher sir Joseph! dit la dame, qui était beaucoup plus jeune que le baronnet; c'est affreux de dire de ces choses-là!

— Milady Bowley, continua sir Joseph, pataugeant par intervalles comme un homme qui s'enfonce dans la trop grande profondeur de ses observations, nous devons, à ce moment de l'année, penser à.... à.... nous-mêmes; il nous faut examiner nos.... comptes. Nous devons reconnaître que le retour périodique d'une époque si importante dans le cours des transactions humaines fait naître les questions les plus graves entre un homme et.... son banquier. »

Sir Joseph débita cette tirade en homme profondément pénétré de la moralité de ses observations, et avec le désir que Trotty lui-même prît occasion de là de profiter de ses principes. Il n'avait peut-être pas d'autre but en différant de briser le cachet de la lettre, et en disant à Trotty d'attendre là une minute.

« Milady, vous disiez donc à M. Fish d'écrire.... remarqua sir Joseph.

— M. Fish l'a écrit, je crois, répondit la dame en jetant un coup d'œil sur la lettre.... Mais, sur mon âme! sir Joseph, je ne crois pas que je puisse l'envoyer. C'est si cher!

— Qu'est-ce qui est cher? demanda sir Joseph.

— Cette œuvre de charité, mon ami. On n'accorde que deux

votes pour une souscription de cent vingt-cinq francs. C'est réellement monstrueux!

— Milady Bowley, reprit sir Joseph, vous m'étonnez. Est-ce que la jouissance de bien faire est en proportion du nombre de votes? pour une âme bien placée, n'est-elle pas plutôt en proportion du nombre des candidats et des dispositions salutaires que leur inspire l'œuvre dont ils sont l'objet? N'est-ce pas un intérêt suffisant et des plus purs que d'avoir à sa disposition deux admissions pour cinquante places?

— Pas pour moi, je l'avoue, dit la dame. C'est fort ennuyeux. D'ailleurs, on se trouve ainsi hors d'état d'obliger ses connaissances. Mais, vous, vous êtes l'ami des pauvres gens, vous savez, sir Joseph, c'est ce qui fait que nous ne pensons pas de même.

— Je suis l'ami des pauvres gens, répéta le baronnet en regardant le pauvre homme présent à cette conversation. On peut m'en faire la guerre; ce ne sera pas la première fois; mais cela n'empêchera pas que je me fasse honneur de ce titre; je n'en demande pas d'autre.

— Que Dieu le bénisse! pensa Trotty; voilà un brave et digne monsieur!

— Je ne suis point de l'avis de Cute, par exemple, continua sir Joseph en montrant la lettre. Je ne suis pas d'accord avec Filer et sa coterie; je suis l'homme d'aucune coterie. Mon ami le pauvre n'a rien à démêler avec tout cela, et tout cela n'a rien à démêler avec lui. Mon ami le pauvre, dans mon quartier, est mon affaire, à moi; aucun individu, aucune corporation n'a le droit d'intervenir entre mon ami et moi. Voilà le terrain sur lequel je me place; je prends à l'égard de mon ami un.... un rôle tout paternel. Je lui dis : Mon bon ami, je veux vous traiter en père. »

Toby écoutait avec un grand sérieux et commençait à se sentir plus à l'aise.

« Votre unique affaire, mon bon' ami; poursuivit sir Joseph regardant Toby d'un air vague, votre unique affaire est de n'avoir affaire qu'à moi. Vous n'avez pas besoin de vous donner la peine de penser à quoi que ce soit; j'y penserai pour vous; je sais ce qui vous est bon; je suis votre père à perpétuité. Tel est l'ordre établi par une Providence, chef-d'œuvre de sagesse! or, en vous créant, Dieu a voulu, non pas que vous allassiez vous griser, ribotter, attacher, comme une brute, vos jouissances à la gourmandise (Toby se souvint de ses tripes avec des remords), mais que vous sentissiez toute la dignité du travail. Ainsi donc, allez, la tête haute, respirer l'air vivifiant du matin, et.... et tenez-vous-en là. Menez une vie dure et frugale, soyez respectueux, pratiquez le désintéressement, élevez votre famille avec rien ou presque rien, soldez votre loyer avec la régularité d'une horloge, soyez ponctuel dans vos payements (je vous donne un bon exemple; vous trouverez toujours M. Fish, mon secrétaire intime, avec une bourse devant lui pour acquitter les miens), et vous pouvez compter que je serai jusqu'à la fin votre ami et votre père.

— De charmants enfants, en vérité, sir Joseph! dit la dame avec un geste de dégoût. Des rhumatismes, des fièvres, des jambes torses, des asthmes et toutes sortes d'horreurs!

— Milady, répliqua sir Joseph avec solennité, je n'en suis pas moins l'ami et le père du pauvre; il n'en recevra pas moins mes encouragements. Chaque trimestre, il sera mis en communication avec M. Fish; à chaque nouvel an, mes amis et moi, nous boirons à sa santé; une fois par an, mes amis et moi, nous lui adresserons des paroles inspirées par les sentiments les plus sympathiques; une fois en sa vie, il pourra recevoir publiquement, en présence d'une réunion de la classe supérieure, « une bagatelle de la main d'un ami. » Et quand, n'étant plus soutenu par ces stimulants et par la dignité du travail, il descendra dans une tombe décente que nous lui ferons préparer, alors, milady, » ici sir Joseph s'interrompit pour se moucher, « je serai un ami et un père.... toujours au même titre.... pour ses enfants. »

Toby était profondément ému.

« Avec ça que vous avez là une famille reconnaissante, sir Joseph! s'écria sa femme.

— Milady, répliqua sir Joseph de l'air le plus majestueux du monde, on sait que l'ingratitude est le défaut de cette classe; je m'y attends comme les autres.

— Ah! voilà! nous sommes nés mauvais! pensa Toby; rien ne saurait nous rendre meilleurs!

— Ce qu'un homme peut faire, moi, je le fais, poursuivit sir Joseph. Je remplis mon devoir de père et d'ami du pauvre, et je m'efforce de cultiver son esprit en lui inculquant dans toutes les circonstances l'unique grande leçon de morale qui convienne à cette classe, c'est-à-dire leur confiance absolue en moi. Ils n'ont que faire de... s'occuper d'eux-mêmes. Si des hommes pervers et animés de mauvaises intentions leur tiennent un autre langage, les rendent par suite impatients, mécontents de leur sort, coupables d'insubordination et de noire ingratitude, ce qui ne manque jamais d'arriver, je demeure encore leur père et leur ami. C'est écrit là-haut; c'est dans la nature des choses. »

Après cette grande et belle profession de foi, il ouvrit la lettre de l'alderman et la lut.

« Très-poli, très-aimable assurément ! s'écria sir Joseph. Milady, l'alderman a l'obligeance de me rappeler que : « il a eu l'honneur insigne (il est trop bon, en vérité) de me rencontrer chez notre ami commun, le banquier Deedles, et il me fait la faveur de me demander s'il me serait agréable qu'il *supprimât* Will Fern. »

— *Extrêmement* agréable ! répliqua milady Bowley. C'est le pire de tous ces gens-là ! Il aura commis quelque vol, j'espère ?

— Non, dit sir Joseph consultant la lettre, pas tout à fait. Quelque chose d'approchant; pas tout à fait néanmoins. Il paraîtrait qu'il est venu à Londres chercher de l'ouvrage (toujours pour améliorer sa position; vous savez, c'est son excuse éternelle); trouvé la nuit endormi sous un hangar, il a été arrêté et conduit le lendemain devant l'alderman. Celui-ci remarque, et il a raison, selon moi, qu'il est déterminé à *supprimer* ce genre d'abus, et que s'il m'est agréable que Will Fern soit *supprimé*, il commencera par lui avec plaisir.

— Qu'on en fasse un exemple, n'importe comment, repartit la dame. L'hiver dernier, lorsque j'ai voulu introduire parmi les hommes et les garçons du village, comme un moyen d'employer agréablement les veillées, l'habitude de découper du feston et de faire des œillets, en chantant pendant ce travail les vers suivants, mis en musique d'après le nouveau système :

> Aimons notre profession,
> Donnons la bénédiction
> Au squire ainsi qu'à sa maison.
> Que toujours notre ration
> Suffise à notre ambition,
> N'ayons pas la prétention
> De changer de position.

Ce même Fern, je le vois encore, porta la main à son chapeau et osa me dire : Je demande humblement pardon à milady, mais est-ce qu'on me prend pour une grande petite fille ? Je m'y attendais, après tout; peut-on espérer autre chose que de l'ingratitude et de l'insolence des gens de cette classe ? mais ne parlons pas de cela. Sir Joseph, faites un exemple de ce Will Fern !

— Hem ! dit sir Joseph, monsieur Fish, si vous vouliez bien avoir la bonté de voir.... »

M. Fish prit immédiatement sa plume et écrivit sous la dictée de sir Joseph :

« *Particulière.* — Mon cher monsieur,

« Je vous suis bien reconnaissant de votre politesse au sujet de William Fern, sur le compte duquel je regrette d'ajouter que je n'ai à vous donner aucun renseignement favorable. Je n'ai jamais cessé de me conduire avec lui comme son ami et son père, mais j'en ai été payé (malheureusement, c'est l'ordinaire) par de l'ingratitude et une opposition constante à mes plans. C'est un esprit turbulent et rebelle, un caractère indépendant et fier, qui ne voudrait pas du bonheur si vous le lui mettiez dans la main. Dans cet état de choses, il me semble, je l'avoue, que quand il se présentera de nouveau devant vous (comme vous me dites qu'il a promis de le faire demain, afin de connaître le résultat de votre enquête, et je crois qu'on peut compter sur lui pour cela), ce sera rendre service à la société que de le faire enfermer quelque temps comme vagabond, et donner un exemple salutaire dans un pays où ces exemples sont devenus des plus nécessaires, dans l'intérêt de ceux qui se dévouent à être les amis et les pères du pauvre, aussi bien que dans l'intérêt de cette classe elle-même, généralement égarée.

« Je suis, etc., etc. »

« On dirait, remarqua sir Joseph après avoir signé cette lettre, tandis que M. Fish la cachetait, on dirait que c'était écrit là-haut, en vérité. Voyez! à la fin de l'année, je règle mes comptes et j'établis ma balance, même avec William Fern! »

Trotty, qui depuis longtemps déjà était retombé dans un profond découragement, s'avança tout triste et morne pour prendre la lettre.

« Avec mes compliments et mes remercîments, dit sir Joseph. Attendez.

— Attendez! répéta M. Fish.

— Vous avez entendu peut-être, poursuivit sir Joseph sur le ton d'un oracle, certaines observations que j'ai été conduit à faire par l'époque solennelle de l'année à laquelle nous touchons, et l'obligation qu'elle nous impose de mettre nos affaires en ordre et de nous tenir prêts. Vous avez dû remarquer que je ne me prévaux en aucune façon du rang supérieur que j'occupe dans la société, mais que M. Fish, monsieur que voici, a près de lui un livre de mandats et n'est pas ici, dans le fait, pour autre chose que pour m'aider à liquider l'année courante, et à commencer l'année nouvelle avec des comptes parfaitement liquides. Maintenant, mon ami, pouvez-vous, la main sur la conscience, vous rendre le témoignage que vous vous êtes, vous aussi, préparé pour une nouvelle année?

— J'ai peur, monsieur, balbutia Toby en le regardant d'un air humble, d'être.... d'être.... un peu.... en arrière dans mes petites affaires.

— En arrière dans vos petites affaires! répéta sir Joseph Bowley, articulant chaque syllabe avec une expression terrible.

— J'ai peur, monsieur, balbutia Trotty, de devoir encore quelque chose comme douze ou quinze francs chez Mme Chickenstalker.

— Chez Mme Chickenstalker! dit encore sir Joseph sur le même ton qu'auparavant.

— C'est une boutique, monsieur, s'écria Toby, où l'on vend un peu de tout. Je dois aussi quel....que ar....gent.... sur.... mon loyer; très-peu de chose, monsieur. Cela ne devrait pas être, je le sais, mais nous étions si gênés! »

Sir Joseph regarda milady, puis M. Fish, puis Trotty, l'un après l'autre, et deux fois de suite. Joignant alors les mains d'un air désespéré, comme un homme qui jette le manche après la cognée :

« Comment, dit-il, un homme, même dans cette race si imprévoyante et si incorrigible, un homme âgé, un homme à cheveux blancs peut-il regarder en face une nouvelle année, avec ses affaires en un pareil état? Comment peut-il se coucher le soir et se lever le matin? Comment.... allons! continua-t-il en tournant le dos à Trotty, prenez la lettre, prenez la lettre!

— Je voudrais de tout mon cœur qu'il en fût autrement, monsieur, dit Trotty préoccupé du besoin de s'excuser.... Mais voyez-vous, nous avons été bien éprouvés. »

Sir Joseph répétait toujours : « Prenez la lettre, prenez la lettre! » M. Fish, de son côté, non-seulement disait la même chose, mais encore donnait une nouvelle force à cette injonction en montrant la porte au commissionnaire. Toby n'avait donc plus qu'à tirer sa révérence et à sortir. Une fois dans la rue le pauvre homme enfonça son vieux chapeau usé sur ses yeux pour cacher le chagrin qu'il ressentait de voir qu'il ne pût trouver moyen de mettre la main sur le nouvel an, pour en avoir sa part.

Dans son chagrin, il ne se découvrit pas même devant la tour où étaient ses chères cloches, lorsqu'à son retour il passa devant la vieille église. Pourtant, il s'y arrêta un instant par la force de l'habitude, et vit alors qu'il se faisait tard, et que le clocher n'élevait plus au-dessus de sa tête qu'une forme vague et vaporeuse au milieu de l'atmosphère de la nuit. Il vit aussi que les cloches allaient bientôt sonner, et c'était l'heure où leurs chants harmonieux parlaient à son imagination comme des voix dans les nuages; mais il n'en fit que plus de diligence pour aller rendre la lettre à l'alderman, et s'éloigner avant que le carillon commençât, car il craignait de leur entendre encore bredouiller : « Amis et pères, amis et pères, » avec le refrain qu'elles avaient sonné au moment de son départ.

Toby s'acquitta donc de sa commission le plus promptement possible, et reprit son trot pour rentrer chez lui. Soit que ce fût la faute de cette allure, qui était bien, sans contredit, la moins avantageuse dans la rue, soit que ce fût celle de son chapeau rabattu, qui ne contribuait pas à la rendre plus sûre, il trotta en moins de rien contre quelqu'un dont le choc le renvoya pirouettant sur ses jambes, au beau milieu de la chaussée.

« Je vous demande pardon, mille fois pardon, dit Trotty soulevant son chapeau avec une confusion extrême, la tête prise entre la forme et la doublure déchirée, comme dans une espèce de ballon. J'espère que je ne vous ai point fait de mal ! »

Quant à faire mal à qui que ce fût, Toby était trop loin de ressembler à un Samson, il se serait bien plutôt fait mal à lui-même, car il venait de rebondir sur la chaussée, comme un volant sur la raquette. Cependant, telle était la bonne opinion qu'il avait de sa force, qu'il éprouvait une véritable inquiétude pour la personne qu'il avait heurtée; aussi répéta-t-il :

« J'espère que je ne vous ai point fait de mal ! »

L'homme contre lequel il était allé donner de la tête, espèce de paysan au teint bruni par le soleil, aux membres nerveux, aux cheveux grisonnants et à la barbe inculte, le regarda fixement pendant l'espace d'une seconde, comme s'il le soupçonnait de vouloir faire une mauvaise plaisanterie. Mais bientôt, convaincu de sa bonne foi :

« Non, mon ami, lui répondit-il, vous ne m'avez point fait de mal.

— Ni à l'enfant, j'espère? ajouta Trotty.

— Ni à l'enfant, repartit l'homme. Je vous remercie bien. »

En disant cela, il laissa tomber son regard sur une petite fille qu'il portait endormie dans ses bras, et lui couvrant le visage d'un bout de la méchante cravate qu'il avait autour du cou, il poursuivit lentement son chemin.

Le ton avec lequel il venait de lui dire : « Je vous remercie bien, » était allé au cœur du bon Trotty. Cet homme était si fatigué, il avait les pieds si gonflés par la marche, il était tellement crotté jusqu'à l'échine, et regardait autour de lui d'un air si malheureux et si étrange, que certainement il avait trouvé une consolation et un soulagement à pouvoir remercier quelqu'un, ne fût-ce que pour une bagatelle. Toby s'arrêta et le suivit des yeux, tandis qu'il se traînait péniblement d'un pas lourd et incertain, le bras de l'enfant passé autour de son cou.

En voyant cet homme avec ses savates, car ce n'étaient plus que des ombres, des fantômes de souliers, avec ses grosses guêtres de cuir, son sarrau de toile commune, et son chapeau à larges bords rabattus, Trotty s'arrêta à le considérer, oubliant tout le reste, excepté qu'il fixait aussi ses yeux sur le petit bras de l'enfant suspendu au cou du voyageur.

Avant de se perdre dans l'obscurité, celui-ci s'arrêta, se retourna, et apercevant Trotty, toujours immobile à la même place, il parut indécis, ne sachant s'il devait continuer ou revenir sur ses pas. Après un instant d'hésitation, il prit enfin ce dernier parti; Trotty, de son côté, fit la moitié du chemin pour venir à sa rencontre.

« Vous pourriez peut-être, dit l'homme avec un faible sourire, et si vous le pouvez, je suis sûr que vous le voudrez, aussi j'aime mieux le demander à vous qu'à d'autres; vous pourriez peut-être m'indiquer où demeure l'alderman Cute?

— Tout près d'ici, répondit Toby. Je me ferai un plaisir de vous montrer sa maison.

— Je devais aller le trouver demain dans un autre endroit, ajouta l'homme en suivant Toby; mais je ne suis pas bien aise de demeurer sous le coup d'un soupçon; j'ai besoin de me justifier, afin de pouvoir être libre d'aller gagner mon pain, je ne sais où. Ainsi, peut-être qu'il m'excusera de me présenter ce soir chez lui.

— C'est impossible, s'écria Toby en tressaillant; vous appelleriez-vous Fern, par hasard?

— Quoi! s'écria l'autre à son tour, se retournant vers lui, la stupéfaction peinte sur le visage.

— Fern? Will Fern? dit Trotty.

— C'est mon nom, répondit-il.

— Eh bien! alors, cria Trotty en le prenant par le bras et en regardant avec précaution autour de lui; au nom du ciel! n'allez pas chez lui! n'allez pas chez lui! Aussi sûr que vous existez, il vous supprimera. Par ici! venez dans cette allée, je vais tout vous expliquer. Mais, pour Dieu! n'allez pas chez lui. »

Sa nouvelle connaissance le regarda comme un fou, mais cependant elle le suivit. Quand ils furent à l'abri des curieux,

Trotty lui raconta ce qu'il savait, quelle réputation on lui avait faite, et le reste.

Le héros de son récit l'écouta avec un calme qui le surprit, sans le contredire ni l'interrompre une seule fois. Il hochait de temps en temps la tête, plutôt, à ce qu'il semblait, pour confirmer une vieille histoire des temps passés, que pour la réfuter : une fois ou deux, il rejeta son chapeau en arrière, et passa sa main calleuse sur un front où chacun des sillons qu'il avait creusés, la charrue en main, semblait avoir laissé empreinte son image en raccourci : ce fut tout.

« C'est assez vrai, au fond, dit-il, mon brave homme; je ne dis pas que je ne lui ai pas quelquefois donné du fil à retordre; mais ce qui est fait est fait. Ma foi ! tant pis, si j'ai contrecarré ses plans, c'est moi qui en souffre. D'ailleurs, je ne peux pas m'en empêcher; demain je recommencerais encore, s'il le fallait. Quant à notre réputation, que tous ces beaux messieurs-là fassent enquête sur enquête, qu'ils fouillent, qu'ils cherchent, ils la trouveront sans tache et exempte de tout reproche, et je les dispense de m'en faire le compliment. Je souhaite seulement pour eux qu'ils ne perdent pas l'estime du monde aussi aisément que nous autres, ou je leur réponds qu'ils mèneront une vie si rude, qu'elle ne vaudra pas beaucoup la peine d'être regrettée. Quant à moi, mon ami, cette main, et il l'étendit toute grande ouverte, cette main n'a jamais pris ce qui ne m'appartenait pas, elle n'a jamais reculé non plus devant la besogne, quelque pénible ou quelque mal payée qu'elle fût. Si quelqu'un peut dire le contraire, je lui permets de la couper à l'instant ! Mais quand le travail n'est plus capable de me soutenir comme il convient à une créature humaine, quand ma nourriture est si mauvaise, si peu abondante, que je meurs de faim, sans trouver à la satisfaire ni au dedans ni au dehors; quand je vois une vie tout entière de labeurs commencer comme cela, continuer comme cela, finir comme cela, sans espérance de changement, je dis à tous ces beaux messieurs : « Gare là ! laissez ma chaumière tranquille ! la porte en est assez sombre pour que vous ne veniez pas l'assombrir davantage de votre ombre ! Ne comptez pas sur moi pour venir dans le parc faire nombre dans la cantonade le jour anniversaire de vos naissances, écouter vos beaux discours, ou que sais-je encore ? Jouez vos comédies, faites vos parades sans moi, amusez-vous, réjouissez-vous, si vous voulez; mais nous n'avons rien à démêler ensemble. Je préfère que vous me laissiez seul ! »

S'apercevant que la petite fille qu'il portait dans ses bras avait ouvert les yeux et regardait autour d'elle avec une sorte d'étonnement, il s'interrompit pour lui dire bas à l'oreille une ou deux paroles enfantines, et la déposer à terre à côté de lui ; puis roulant lentement autour de son doigt grossier une des longues boucles de l'enfant, comme un anneau, tandis qu'elle se suspendait à sa jambe souillée de poussière, il dit à Trotty :

« Je ne suis pas, je crois, naturellement un fagot d'épines, je suis plutôt facile à contenter. Je n'en veux à aucun de ces gens-là ; tout ce que je demande, c'est de vivre comme une créature du bon Dieu. Je ne puis y arriver, j'ai beau faire, et c'est ce qui creuse un abîme entre moi et ceux-là. Je ne suis pas le seul; vous en compteriez plutôt par centaines et par milliers. »

Trotty savait qu'en cela il disait la vérité, et il secoua la tête en signe d'assentiment.

« C'est comme cela que je me suis fait une mauvaise réputation, poursuivit Fern, et il n'est guère probable, je le crains, que j'en acquière jamais une meilleure. Il n'est pas permis d'être mécontent, et je suis mécontent, moi, quoique, Dieu le sait, j'aimasse bien mieux être de bonne humeur, si je le pouvais. Au fait, je ne sais trop quel grand mal me ferait à moi cet alderman en m'envoyant en prison ; mais comme je n'ai pas un ami qui soit à même de dire un mot en ma faveur, il pourrait bien m'y envoyer ; et vous voyez !... ajouta-t-il en montrant la petite fille.

— Elle a une jolie figure, dit Trotty.

— Mais oui ! » reprit l'autre à voix basse, en même temps qu'il prenait doucement la petite tête avec ses deux mains pour la tourner de son côté, et la regardant fixement : « C'est aussi ce que je me suis dit bien des fois ; je me le disais, en voyant mon foyer froid et mon garde-manger vide ; je me le disais hier soir quand on nous a arrêtés comme deux voleurs. Mais il ne faudrait pas qu'ils vinssent tracasser trop souvent notre petit visage, n'est-ce pas, Lily? C'est déjà bien assez de venir tracasser un homme ! »

Le timbre de sa voix s'abaissa d'une manière si sensible, il la regarda d'un air si sérieux et si étrange, que Toby, pour détourner le cours de ses pensées, lui demanda s'il avait encore sa femme.

« Je n'en ai jamais eu, répondit-il en secouant la tête. C'est l'enfant de ma sœur, une orpheline. Elle a neuf ans, on ne le croirait pas ; elle est si fatiguée et épuisée maintenant ! On l'aurait bien recueillie dans la maison de refuge, à neuf lieues de l'endroit où nous demeurons, entre quatre murs (comme ils avaient recueilli aussi mon vieux père, lorsqu'il fut hors d'état de travailler davantage ; et il ne les a pas embarrassés longtemps) ; mais au lieu de cela, je l'ai prise avec moi ; et, depuis lors, elle ne m'a plus quitté. Sa mère avait autrefois une amie ici à Londres ; nous venons pour tâcher de la trouver, et de trouver de l'ouvrage, en même temps pour occuper mes bras, mais la' ville est si grande ! C'est égal ; nous n'en aurons que plus d'espace pour nous promener, n'est-ce pas, Lily ? »

Ses yeux rencontrèrent ceux de l'enfant, et ce regard était accompagné d'un sourire qui attendrit Toby plus que des larmes ; puis, serrant affectueusement la main de ce dernier :

« Je ne sais pas même votre nom, lui dit-il ; pourtant, je vous ai franchement ouvert mon cœur, parce que je vous ai de la reconnaissance, et ce n'est pas sans cause. Je vais suivre votre conseil et me mettre hors de la portée de ce....

— Juge de paix, fit Toby.

— Ah ! reprit l'étranger, juge de paix, soit, si c'est là le titre qu'on lui donne. Demain, nous essayerons des environs de Londres, pour voir si nous serons plus heureux par là. Bonsoir. Une bonne et heureuse année !

— Arrêtez ! s'écria Toby retenant sa main comme il l'ouvrait pour lâcher la sienne. Arrêtez ! La nouvelle année ne saurait être heureuse pour moi, si nous nous séparions comme ça. La nouvelle année ne saurait être heureuse pour moi, si je vous voyais, vous et votre enfant, errer ainsi sans savoir où, sans un abri pour vos têtes. Venez chez moi ! Je suis un pauvre homme, qui habite un pauvre logement, mais je puis bien vous donner asile pour cette nuit sans que cela me gêne. Venez avec moi. Par ici ! Je porterai la petite, ajouta-t-il en prenant l'enfant dans ses bras. Une jolie petite fille ! Je porterais vingt fois son poids, que je ne m'en apercevrais même pas. Dites-moi si je vais trop vite pour vous ; c'est que je marche très-vite ; je n'ai jamais su aller doucement. » Tout en disant cela, Trotty faisait six pas de son trot ordinaire contre une seule enjambée de son compagnon fatigué, et les jambes grêles de ce petit hercule tremblaient sous le poids de son fardeau.

« Mais c'est qu'elle est aussi légère qu'une plume, poursuivit Trotty, dont les paroles trottaient toujours en même temps que ses pieds ; car il ne voulait pas lui laisser le temps de le remercier. Plus légère qu'une plume de paon ; beaucoup plus légère. Nous y sommes, nous y voilà ! Au premier tournant à droite, oncle Will, passez la pompe et enfilez le passage à gauche, juste en face du cabaret. Bon ! Nous y sommes, nous y voilà ! Traversez la rue, oncle Will, et faites attention au marchand de pâtés de rognons du coin ! Bon ! Nous y sommes, nous y voilà ! Suivez le long des douries, de ce côté, oncle Will, et arrêtez-vous à la porte noire, où il y a écrit sur une planche : « T. Veck, commissionnaire. » Nous y sommes, nous y voilà ; ma foi ! nous y sommes cette fois tout de bon, et nous venons te faire une surprise, ma chère Meg ! »

Comme il achevait ces mots, Trotty, hors d'haleine, mit l'enfant à terre devant sa fille au milieu de la chambre. La petite étrangère n'eut pas besoin de regarder deux fois Marguerite ; elle lut tout de suite sur son visage qu'elle pouvait lui donner toute sa confiance, et elle courut se jeter dans ses bras.

« Nous y sommes, nous y voilà ! criait Trotty en courant tout essoufflé dans tous les coins de la chambre. Par ici ! oncle Will ! Voilà du feu, tenez ! Pourquoi ne vous approchez-vous pas du feu ? Oh ! nous y sommes, nous y voilà ! Meg, mon trésor bien-aimé, où est la bouilloire ? Elle est ici. La voilà ! elle va bouillir en moins de rien ! »

Au milieu de ces allées et venues burlesques, Trotty avait, en effet, trouvé la bouilloire dans quelque coin ; il la mit sur le feu, tandis que Meg, faisant asseoir l'enfant auprès de la cheminée, et se mettant à genoux devant elle, lui ôtait ses souliers et séchait avec un linge ses pieds humides. Oui-da ! et cela ne l'empêchait pas de rire, en regardant Trotty d'un air si aimable et si joyeux, qu'il avait envie de lui donner sa bénédiction quand elle s'était mise à genoux; car il l'avait vue en entrant assise près du feu tout en larmes.

« Eh bien ! mon père, dit Meg, je crois que vous perdez la tête ce soir ; je ne sais trop ce qu'en diraient les cloches. Pauvres petits pieds ! Sont-ils froids !

— Oh ! les voilà réchauffés maintenant, s'écria l'enfant : ils sont bien chauds.

— Non, non, non, reprit Meg. Nous ne les avons pas encore à moitié assez frottés. Nous avons tant à faire, tant à faire ! Et quand ils seront bien réchauffés, nous brosserons ces cheveux humides pour les sécher ; ensuite nous ferons revenir de la couleur sur ce pauvre petit visage pâlot avec un peu d'eau fraîche, et puis, après cela, nous serons si gaie, si contente, si heureuse ! »

L'enfant, éclatant en sanglots, lui passa les bras autour du cou, caressa sa belle joue avec la main, en disant : « O Meg, ô ma chère Meg ! »

La bénédiction de Toby n'aurait pas mieux valu. Celle-là était bien la meilleure.

« Eh bien ! père, s'écria Meg après un intervalle de silence.

— J'y suis, j'y suis, m'y voilà, ma chère, dit Trotty.

— Dieu de bonté ! fit Meg, il a perdu la tête. N'a-t-il pas mis le chapeau de cette chère petite sur la bouilloire, et accroché le couvercle derrière la porte !

— Je ne l'ai pas fait exprès, mon amour, dit Trotty se hâtant de réparer sa faute ; Meg, ma Meg chérie ! »

Meg leva les yeux de son côté et vit que le brave homme, après maints efforts, s'était juché derrière la chaise de son hôte, et de là, avec force gestes mystérieux, lui montrait par-dessus la tête de Fern les douze sous qu'il venait de gagner.

« J'ai vu en entrant, ma mignonne, dit-il, une demi-once de thé quelque part sur l'escalier, et je suis à peu près sûr qu'il y avait aussi une tranche de lard. Comme je ne puis me rappeler exactement où c'était, je vais aller chercher moi-même. »

Grâce à cet impénétrable artifice, Toby sortit pour aller acheter, argent comptant, chez Mme Chickenstalker, les susdits comestibles ; après quoi il revint, affectant de dire qu'il avait eu d'abord quelque peine à les trouver dans l'obscurité.

« Mais les voilà enfin, dit-il en disposant ce qu'il fallait pour le thé, tout y est ; j'étais bien sûr qu'il y avait du thé et une tranche de lard ; je ne me trompais pas. Meg, ma biche, si tu veux faire le thé, pendant que ton indigne père fera griller le lard, nous serons prêts à la minute. Une circonstance singulière, poursuivit Trotty se mettant en devoir de vaquer à ses fonctions culinaires, à l'aide de la fourchette à rôtir, une circonstance bien singulière et bien curieuse, mais bien connue de mes amis, c'est que je ne me suis jamais soucié de lard ni de thé. J'aime à voir les autres s'en régaler, ajouta-t-il très-haut afin de mieux convaincre son hôte ; mais, pour ce qui me regarde, comme aliments, ils me sont particulièrement désagréables. »

Cependant Trotty aspirait de toutes ses narines l'odeur du lard qui sifflait devant le feu !... tout comme s'il l'eût aimé ; et, quand il versa l'eau bouillante dans la théière, il regarda avec amour dans les profondeurs de ce bon petit pot, et laissa la vapeur odorante venir tourbillonner autour de son nez, et envelopper son visage et sa tête d'un épais nuage. Néanmoins, et malgré tout, il ne voulut ni boire ni manger, si ce n'est tout à fait au commencement, pour la forme, une bouchée seulement qu'il parut savourer avec un plaisir infini, quoique, à l'entendre, il ne s'en souciât nullement.

Non ; la grande affaire de Trotty, c'était de voir ses deux nouveaux amis manger et boire. Il en était de même de Meg.

Jamais spectateurs d'un dîner officiel du lord-maire dans la Cité, ou d'un banquet à la cour, n'éprouvèrent autant de plaisir à considérer d'illustres convives à table jusqu'au menton, fût-ce des empereurs ou des papes, que ces deux êtres simples et bons n'en ressentirent ce soir-là. Meg souriait à Trotty, Trotty riait pour répondre à Meg; Meg secouait la tête et faisait mine de battre des mains pour applaudir Trotty; Trotty, de son côté, par une pantomime muette, tâchait de faire comprendre à Meg comment, quand et où il avait trouvé ses hôtes; et ils étaient l'un et l'autre heureux, très-heureux.

« Pourtant, pensait Trotty avec chagrin en examinant le visage de Meg, ce mariage est rompu, je le vois!

— Maintenant, dit-il après le thé, je vais vous dire une chose. La petite couchera avec Meg, c'est entendu.

— Avec la bonne Meg, cria l'enfant la comblant de caresses, avec Meg.

— Très-bien, dit Trotty. Et je ne serais pas étonné qu'elle vînt embrasser le père de Meg pour la peine, n'est-ce pas, Lily? C'est moi qui suis le père de Meg. »

Grand fut le ravissement de Trotty lorsque la délicieuse enfant s'avança vers lui d'un air timide, et, après l'avoir embrassé, courut se rejeter au cou de Meg.

« Elle est aussi sage que Salomon, dit Trotty. Nous y sommes, nous y...., non, nous ne.... Ce n'est pas là ce que je voulais dire.... je.... Qu'est-ce que je disais donc, Meg, ma chérie? »

Meg regardait leur hôte, qui, penché sur la chaise où elle était assise, et le visage tourné d'un autre côté, caressait la tête de la petite fille, à moitié cachée sur ses genoux.

« Assurément, dit Toby; assurément! je ne sais plus ce que je chante ce soir; ma tête s'en va, je crois. Will Fern, venez avec moi. Vous êtes mort de fatigue, vous tombez de sommeil. Allons, venez avec moi! »

L'étranger, toujours appuyé sur la chaise de Meg, tournant toujours la tête du côté opposé, continuait à jouer avec les boucles de l'enfant. Il ne disait pas un mot; mais, dans la manière convulsive dont ses doigts rudes et grossiers s'étendaient et se serraient tour à tour parmi les beaux cheveux de l'enfant, il y avait une éloquence muette qui en disait assez.

« Oui, oui, continua Toby répondant, sans le savoir, aux sentiments dont il voyait l'expression peinte sur le visage de Marguerite, emmène-la avec toi, ma fille, couche-la. C'est bien. Maintenant, Will, je vais vous montrer où vous coucherez, mon garçon. Ce n'est pas un bel appartement: un grenier, pas autre chose : mais, comme je le dis toujours, c'est un des grands avantages qu'on trouve à loger dans une écurie, on a du moins un grenier ; et, tant que cette remise et cette écurie ne se loueront pas plus cher, nous y demeurerons, à cause du bon marché. Il y a là-haut en abondance d'excellent foin qui appartient à un voisin ; et puis, le grenier est propre comme.... d'ailleurs les mains de Meg y ont passé : c'est tout dire. Allons, du courage ! ne vous laissez point abattre. A nouvel an cœur neuf, dit le proverbe. »

Retirée de dessus la tête de l'enfant, la main de l'étranger était tombée, tremblante, dans celle de Trotty, qui, sans cesser de parler, le conduisit à son gîte avec autant de tendresse et de douceur que si c'eût été un enfant de plus.

De retour avant Meg, il écouta un instant à la porte de sa chambrette attenante à la pièce principale. La petite fille murmurait une prière, simple comme son âge, avant de s'endormir : quand elle eut nommé sa chère, bien chère Meg (ainsi disait-elle), Trotty l'entendit s'arrêter et demander le nom du père Toby pour le mêler à sa prière.

Il s'écoula néanmoins quelques instants avant que le pauvre homme recouvrât assez de sang-froid pour attiser le feu et approcher sa chaise de la cheminée. Mais quand il l'eut fait, quand il eut ranimé la lampe, il tira son journal de sa poche et se mit à lire, d'abord avec distraction, sautant d'une colonne à l'autre, mais bientôt avec une attention triste et sérieuse.

Car ce même malheureux journal ramenait les pensées de Trotty dans la voie où elles s'étaient trouvées engagées tout ce jour-là, et que les événements dont il avait été témoin avaient si bien fait ressortir et mises en relief. Sa sympathie pour les deux étrangers venait heureusement de faire naître en lui un autre ordre d'idées, pour le moment plus riantes ; mais maintenant qu'il était seul de nouveau, et sous l'impression d'une lecture où il n'était question que de violences et de crimes commis par le peuple, il ne tarda pas à retomber dans sa préoccupation première.

Telles étaient ses dispositions, quand il tomba justement sur le récit (et ce n'était pas le premier de ce genre qu'il eût lu) de l'horrible action d'une femme qui, égarée par le désespoir, avait attenté de ses mains, non-seulement à sa propre vie, mais encore à celle de son jeune enfant. Un crime aussi atroce révolta tellement tous les sentiments de son cœur plein de son amour pour Meg, qu'il laissa tomber le journal et se rejeta en arrière sur sa chaise, saisi d'épouvante.

« Mère cruelle et dénaturée! s'écria-t-il; mère cruelle et dénaturée! Il n'y a que des gens sans cœur, nés mauvais, n'ayant rien de bon à faire sur la terre, qui puissent se rendre coupables de pareils actes. Tout ce que j'ai entendu aujourd'hui n'est que trop vrai, trop juste, trop bien prouvé. Oui, nous sommes mauvais! »

Les cloches répondirent à ces paroles si soudainement, elles éclatèrent en accents si forts, si clairs, si sonores, que leur voix assourdissante sembla le clouer sur sa chaise.

Et que disaient-elles donc?

« Toby Veck, Toby Veck, nous t'attendons, Toby! Toby Veck, Toby Veck, nous t'attendons, Toby! Viens nous voir, viens nous voir! Amenez-le-nous, amenez-le-nous! attrapez, attrapez! courez après! réveillez-le, réveillez-le! Toby Veck, Toby Veck, la porte est toute grande ouverte. Toby! Toby Veck, Toby Veck, la porte est toute grande ouverte, Toby! » Puis, comme emportées par une ardeur furieuse, elles recommençaient de plus belle leurs accords impétueux, et retentissaient jusque dans le plâtre et les briques des murs ébranlés.

Toby écoutait. Imagination, illusion! Pur effet de ses remords pour s'être sauvé d'elles cette après-midi! Non, non, pas du tout. Tenez, les voilà encore qui répètent, et toujours répètent : « Attrape! attrape! courez après! amenez-le-nous, amenez-le-nous! » Il y a de quoi assourdir la ville entière.

« Meg, dit doucement Trotty après avoir frappé à la porte, entends-tu quelque chose?

— J'entends les cloches, mon père : elles font assez de vacarme ce soir.

— Dort-elle? » reprit Toby saisissant un prétexte pour regarder dans la chambre de sa fille.

— Oh! d'un sommeil bien paisible et bien heureux. Je ne puis pourtant pas la quitter encore, mon père; voyez comme elle me tient la main!

— Meg, dit tout bas Trotty, écoute les cloches! »

Elle prêta l'oreille, mais son visage tourné vers son père n'exprima aucun étonnement; il était clair qu'elle ne les comprenait pas.

Trotty se retira, reprit sa place plus près du feu, et se remit à écouter seul. Il resta ainsi quelque temps.

Il lui fut impossible d'y tenir davantage; l'appel des cloches devenait d'une énergie effrayante.

« Si la porte de la tour est réellement ouverte, se dit Toby ôtant son tablier à la hâte, mais oubliant son chapeau, qui m'empêche de monter au clocher pour m'assurer de ce qu'il en est? Si elle est fermée, tout est dit, je n'en demande pas davantage. »

Quand il se glissa sans bruit dans la rue, il était à peu près certain de trouver la porte de la tour poussée et fermée à clef, car il la connaissait parfaitement, et l'avait rarement vue ouverte, trois fois au plus, à ce qu'il pouvait croire. C'était une petite porte cintrée, placée en dehors de l'église, dans un enfoncement obscur, derrière un pilier, avec des gonds en fer si énormes, et une serrure si monstrueuse, qu'il y avait plus de serrure et de gonds que de porte.

Mais quel fut son étonnement lorsque, s'avançant tête nue vers l'église, la main étendue vers cet enfoncement obscur, non sans éprouver quelque crainte de sentir une autre main saisir la sienne à l'improviste, et bien tenté de la retirer, ma foi! car il en avait le frisson, il trouva cette porte qui s'ouvrait en dehors, entre-bâillée !

Dans le premier mouvement de surprise, il songeait à revenir sur ses pas ou à aller chercher de la lumière, ou à prendre quelqu'un avec lui; mais son courage se raffermit aussitôt, et il se détermina à monter seul.

« Qu'ai-je à craindre? disait Trotty.... C'est une église! D'ailleurs les sonneurs sont sans doute là; ils auront oublié de fermer la porte. »

Il entra donc, tâtonnant comme un aveugle pour trouver son chemin; car c'était bien noir et bien calme. Les cloches ne soufflaient pas le mot.

La poussière de la rue, poussée par le vent dans ce recoin, s'y était accumulée et formait sous les pieds comme un tapis de velours qui procurait une sensation singulière et même effrayante. L'étroit escalier commençait, en outre, si près de la porte, que Toby trébucha contre la première marche, et, frappant du pied la porte, sans le vouloir, la referma sur lui; quand une fois il l'eut entendue rebondir pesamment en retournant à sa gâche, il ne put plus la rouvrir.

Raison de plus, cependant, pour avancer.... Trotty chercha son chemin à tâtons, et continua d'avancer toujours en tournant comme dans un colimaçon; plus haut, plus haut, plus haut encore, toujours plus haut!

L'escalier n'était point du tout commode pour ce genre d'ascension au milieu des ténèbres; si bas, si étroit, que la main de Toby, dans ses tâtonnements, rencontrait sans cesse quelque chose; parfois il croyait apercevoir une forme humaine ou un fantôme debout devant lui, ou qui se rangeait pour le laisser passer, sans être vu; alors il promenait sa main sur les parois unies de la muraille, cherchant en haut le visage, ou en bas les pieds de son apparition, pendant qu'un frisson d'épouvante parcourait tous ses membres. Deux ou trois fois une porte ou une niche interrompit la monotone surface, et l'ouverture lui en semblait aussi vaste que l'église entière; il se sentait sur le bord d'un abîme où il allait tomber la tête la première, jusqu'à ce que sa main retrouvât la muraille.

« Monte, monte, monte toujours; tourne, tourne, tourne toujours, plus haut, plus haut, toujours plus haut ! »

A la fin, l'atmosphère lourde et étouffante commença à fraîchir; bientôt Toby ressentit les premières atteintes du vent qui, au bout d'un instant, en vint à souffler avec une violence telle que le pauvre homme pouvait à peine se tenir sur ses jambes. Mais il avait atteint une fenêtre en ogive de la tour, à hauteur d'appui, et, s'y cramponnant de toutes ses forces, il regarda de cette hauteur les toits des maisons, les cheminées d'où s'échappaient des nuages de fumée, les taches lumineuses produites par les becs de gaz, dirigeant surtout ses yeux vers le point où Meg, inquiète de savoir ce qu'il était devenu, l'appelait peut-être, tout cela ramassé, confus au milieu du brouillard et de l'obscurité.

C'était le beffroi dans lequel se tenaient les sonneurs. Toby avait saisi une des cordes éraillées qui pendaient à travers les trous du plancher de chêne. D'abord il tressaillit, croyant tenir une poignée de cheveux, puis il trembla d'épouvante à la pensée seule de réveiller le gros bourdon. Quant aux cloches, elles occupaient l'étage supérieur. Trotty, cédant à l'influence de la fascination, ou sous l'empire d'un charme véritable, reprit sa route à tâtons; mais cette fois, par une échelle excessivement roide et fatigante, et les degrés n'offraient pas un appui sûr pour les pieds.

« Monte, monte, monte toujours! gravis, grimpe! monte, monte, monte toujours! plus haut, plus haut, toujours plus haut ! »

Jusqu'à ce que, continuant son ascension difficile, passant à travers l'ouverture du plancher, et s'arrêtant juste pour dresser sa tête au-dessus des poutres, Toby se trouva au milieu des cloches. Il ne lui était presque pas possible de distinguer dans les ténèbres leurs formes gigantesques; mais elles étaient là, sombres, obscures, muettes.

Une sensation accablante de frayeur et d'isolement s'empara

de lui aussitôt, dès qu'il fut arrivé à ce nid aérien de pierres et de métal. La tête lui tourne; il écoute, et pousse un cri sauvage : « Hallo-oh ! »

« Hallo-oh ! » répétèrent les échos d'une voix lugubre.

Saisi de vertige, épouvanté, hors d'haleine, Toby promena autour de lui des yeux hagards, effarés, et tomba évanoui.

III

Troisième quart.

Des nuages noirs planent sur l'océan de la pensée, ses eaux profondes sont encore fangeuses, lorsque, se réveillant d'un calme inerte, il soulève enfin ses flots avec effort, pour secouer sa torpeur. Des monstres informes et bizarres, au moment de sa résurrection imparfaite, s'élèvent prématurément au-dessus de sa surface : des fragments mutilés, des formes incohérentes, s'unissent et se mêlent dans l'esprit au gré du hasard; quand, comment, et par quelles gradations merveilleuses se séparent-ils ensuite l'un de l'autre? Comment chaque sensation, chaque pensée, recouvre-t-elle sa forme régulière, reprend-elle sa vie distincte et réelle? C'est ce qu'aucun homme ne saurait dire (quoique chaque homme, en particulier, soit le théâtre où se célèbre tous les jours ce grand mystère).

De même ici : quand et comment l'obscurité profonde du clocher enseveli dans les ombres épaisses de la nuit, se changea-t-elle en une lumière brillante? quand et comment la tour solitaire se peupla-t-elle de myriades de figures? quand et comment le faible souffle qui murmurait d'un ton monotone pendant le sommeil ou l'évanouissement de Trotty : « Attrape! attrape! courez après! » devint-il une voix retentissante qui le tira de cette léthargie en criant à ses oreilles : « Réveillez-le, réveillez-le; » et comment cessa-t-il d'avoir des idées vagues et confuses? quand et comment parvint-il à dégager les objets autour de lui, des nombreuses chimères, fruits de son imagination? il est aussi impossible d'en préciser la date que les moyens. Quoi qu'il en soit, parfaitement éveillé, ce semble, et debout sur le plancher où il gisait naguère, Toby fut témoin du spectacle fantastique que nous allons décrire.

Il vit la tour où ses pas l'avaient conduit sous l'influence d'un charme inconnu, fourmiller de fantômes nains, d'esprits follets, de lutins, création vaporeuse des cloches. Il les vit sauter, voler, tomber goutte à goutte, ou versés à flots du fond des cloches, sans s'arrêter un instant. Il les vit tourner autour de lui, à terre; au-dessus de lui, dans l'air; descendre jusqu'en bas le long des cordes; le regarder du haut des poutres massives maintenues par des crampons de fer; le lorgner à travers les crevasses et les ouvertures des murailles, s'éloignant de lui peu à peu en cercles concentriques, qui s'élargissaient de plus en plus comme ceux que forme l'eau brusquement déplacée par une lourde pierre qui vient tout à coup à troubler, en tombant, sa surface. Il les vit sous toutes sortes de formes et d'aspects; il les vit laids, beaux, estropiés, admirablement bien tournés; il les vit jeunes, il les vit vieux, il les vit gracieux, il les vit repoussants, il les vit gais, il les vit affreux; il les vit danser, il les entendit chanter; il les vit s'arracher les cheveux, et les entendit hurler. Il en vit l'air épaissi; il les vit aller et venir incessamment; il les vit à cheval sur des coursiers aériens, descendre rapidement, puis remonter de même, prendre leur essor, mettre à la voile, disparaître au loin dans l'espace, se percher près de lui, s'agitant tous dans une perpétuelle et violente activité. La pierre, la brique, l'ardoise, la tuile, devenaient transparentes pour lui comme pour eux. Il les voyait jusque *dans l'intérieur* des maisons, occupés près du lit des hommes endormis; il les voyait consoler les uns par des songes agréables, il les voyait flageller les autres avec des fouets garnis de nœuds, il les voyait pousser des cris d'enfer à leurs oreilles; il les voyait faire à leur chevet la plus suave musique; il les voyait égayer ceux-ci par le chant des oiseaux et le parfum des fleurs; il les voyait effrayer ceux-là en faisant paraître soudain à leurs yeux d'horribles visages, au moyen des miroirs enchantés qu'ils tenaient à la main.

Il vit ces créatures étranges, non-seulement au milieu des hommes endormis, mais encore parmi ceux qui étaient éveillés, remplissant les fonctions les plus inconciliables, possédant ou empruntant les formes les plus opposées. Il en vit un s'attacher aux épaules d'innombrables ailes pour augmenter la rapidité de sa course; un autre, au contraire, se charger de chaînes et de poids pour retarder sa marche. Il en vit quelques-uns avancer les aiguilles des horloges et des montres, d'autres les faire rétrograder, d'autres, enfin, chercher à les arrêter tout à fait. Il les vit représenter ici la cérémonie d'un mariage; là, des funérailles; dans cette salle, une élection; dans cette autre, un bal; toujours et partout, une agitation sans repos, et un mouvement qui ne se ralentissait jamais.

Étourdi par cette multitude de figures changeantes et extraordinaires, non moins que par le vacarme des cloches qui, pendant ce temps-là, sonnaient à toute volée, Trotty chercha un appui en se cramponnant à un des poteaux de la charpente, et tourna de tous les côtés son visage pâle d'effroi, dans une muette stupéfaction.

Tandis qu'il promène ainsi à droite et à gauche ses regards effarés, les cloches s'arrêtent. En un clin d'œil, tout change : cet essaim d'esprits disparaît complétement, leurs formes s'affaissent sur elles-mêmes, leur activité prodigieuse les abandonne, ils cherchent à fuir, mais tombent, et, en tombant, meurent et s'évanouissent dans l'air, sans être remplacés. Un traînard saute assez agilement de la plus grosse cloche sur le sol et retombe sur ses pieds, mais il était mort et avait disparu avant d'avoir pu faire un tour sur lui-même. Un petit nombre de ceux qui avaient gambadé dans le clocher demeurèrent là à faire quelque temps encore pirouettes sur pirouettes ; mais à chaque tour, ils devenaient plus faibles, moins nombreux, plus languissants, et bientôt ils s'en allaient comme le reste. Le dernier de tous fut un petit bossu, blotti dans un angle où venait se répercuter l'écho ; là, il se mit à tourbillonner seul sans relâche, comme s'il eût flotté au-dessus de l'eau, pendant un espace de temps assez long, avec une persévérance telle, qu'il en vint petit à petit à n'être plus qu'une jambe, puis même simplement un pied, avant de se retirer tout à fait ; mais, enfin, il s'évanouit aussi, et la tour redevint silencieuse.

Alors, et seulement alors, Trotty vit dans chaque cloche une figure barbue de même taille et de même dimension qu'elle, ou plutôt, ce qui est vraiment incompréhensible, la cloche elle-même, faite homme, grave, l'œil ouvert sur lui d'un air sombre, tandis qu'il demeurait là, immobile, comme s'il eût pris racine dans le sol.

Mystérieuses et imposantes figures ! Ne s'appuyant sur rien, suspendues dans l'atmosphère ténébreuse de la tour, avec leurs têtes drapées et encapuchonnées qui se perdaient dans le faîte obscur de l'édifice, immobiles et nébuleuses ! Sombres et ténébreux fantômes, quoiqu'il les vît à la lueur d'une lumière qui leur était personnelle, car il n'y en avait pas d'autre en ce lieu, chacun d'eux tenant sa main voilée sur ses lèvres fantastiques.

Toby ne pouvait plonger à travers l'ouverture du plancher, car il avait perdu toute faculté de se mouvoir ; autrement, il l'aurait fait, oui, il se serait jeté en aveugle, la tête la première.

du haut du clocher, plutôt que de rester ainsi sous la surveillance de ces yeux constamment ouverts, au regard fixe et pénétrant, quoique sans prunelles.

De plus en plus, la crainte et la terreur que lui inspirait la solitude de ce lieu, jointe à la nuit effroyable qui y régnait, le pénétraient d'épouvante, comme s'il sentait sur lui la main d'un spectre. Son éloignement de tout secours; ce sentier long, obscur, tournant sur lui-même, peuplé de fantômes, qui s'étendait entre lui et la terre où habitaient les autres hommes; la pensée de se savoir si haut, si haut, à une si prodigieuse élévation qu'il en avait le vertige, même en plein jour, rien que d'y regarder voler les oiseaux; son isolement de tous les braves gens qui, bien en sûreté chez eux à cette heure, dormaient tranquillement dans leurs lits, tout cela le saisissait, non comme une simple réflexion, mais comme une sensation physique de froid qui lui glaçait le cœur et le transperçait d'outre en outre. Cependant, ses yeux, sa pensée, ses craintes, tout se fixait sur les figures attentives que l'obscurité profonde et l'ombre épaisse, au sein de laquelle elles étaient comme ensevelies, ainsi que leurs regards étranges, leurs formes bizarres et la façon surnaturelle dont elles demeuraient suspendues au-dessus du plancher, rendaient bien différentes de toutes les figures de ce monde, quoiqu'il les aperçût aussi distinctement que la massive charpente de chêne, les poutres enchevêtrées les unes dans les autres, les barres de fer et les solives énormes assemblées pour supporter les cloches. Tout cet ensemble de pièces les encadrait comme dans une vaste forêt de charpente, dans une espèce de labyrinthe inextricable, du fond desquels les cloches continuaient à faire le guet, sombres et vigilantes, comme au travers d'un bois dont les arbres auraient été frappés de mort, exprès pour servir de retraite à ces bizarres fantômes.

Une bouffée d'air, mais d'un air froid et saisissant, passa en gémissant à travers la tour. Quand ce souffle expira, le bourdon ou l'esprit du bourdon se mit à parler:

« Qu'est-ce que ce visiteur? » dit-il.

La voix était grave et creuse, et Trotty s'imagina qu'elle résonnait en même temps chez les autres fantômes.

« J'ai cru entendre mon nom prononcé par les cloches, répondit Trotty levant les mains dans une attitude suppliante. Je ne sais trop pourquoi je suis ici ou comment j'y suis venu. Voilà un grand nombre d'années que j'écoute les cloches; elles m'ont souvent réjoui le cœur.

— Et les as-tu remerciées? dit la voix.

— Mille et mille fois ! s'écria Trotty.

— Comment ?

— Je ne suis qu'un pauvre homme, balbutia Trotty ; je ne pouvais les remercier qu'en paroles.

— Et l'as-tu toujours fait ? demanda l'esprit de la cloche. Ne nous as-tu jamais insultées en paroles ?

— Non ! s'écria Trotty vivement.

— Ne nous as-tu jamais maltraitées par des paroles mensongères, injustes et méchantes ? » poursuivit l'esprit.

Trotty allait répondre : « Jamais ! » Il s'arrêta confus.

« La voix du temps dit le fantôme, crie à l'homme : Avance ! Le temps lui est donné pour son progrès et son amélioration, pour ajouter à sa dignité, à son bonheur, à son bien-être ; pour qu'il marche en avant vers le but placé à la portée de son intelligence, but fixé à ses efforts dès l'instant où le temps et lui ont commencé. Des siècles de ténèbres, d'injustice et de violence se sont succédé ; des millions d'hommes ont souffert, ont vécu, sont morts pour frayer la voie devant lui. Quiconque cherche à le ramener en arrière, ou à l'arrêter dans sa course, veut arrêter le mouvement d'une machine puissante qui frappera de mort le téméraire et n'en sera que plus furieuse et plus indomptable, pour avoir eu à subir ce temps d'arrêt momentané !

— Je n'ai jamais rien fait de pareil, que je sache, monsieur, dit Trotty. Si je l'ai fait, ç'a été un pur hasard ; je me garderais bien de le faire, à coup sûr !

— Celui qui met dans la bouche du temps ou de ses ministres, dit l'esprit de la cloche, un cri de lamentation sur des jours qui ont eu leurs épreuves et leurs fautes et en ont laissé des traces visibles même aux moins clairvoyants ; un cri de lamentation qui ne peut servir qu'à mieux montrer aux hommes combien le temps présent a besoin de leur assistance, puisqu'il se trouve encore des personnes disposées à écouter les regrets qu'inspire un tel passé ; celui qui fait cela a tort ; et ce tort, tu t'en es rendu coupable vis-à-vis de nous, les cloches. »

Toby était revenu de son premier effroi ; mais vous avez vu quels sentiments de tendresse et de reconnaissance lui inspiraient les cloches ; aussi, quand il s'entendit accuser d'une offense aussi grave envers elles, son cœur fut pénétré de douleur et de repentir.

« Si vous saviez, dit-il avec chaleur en joignant les mains ; ou peut-être le savez-vous ; si vous saviez combien de fois vous m'avez tenu fidèle compagnie, combien de fois vous avez relevé mon courage lorsque j'étais abattu, comment vous étiez le jouet préféré de ma petite Meg (la pauvre enfant n'en a guère jamais eu d'autre) depuis le jour où sa mère, en mourant, nous laissa seuls, elle et moi, vous ne m'en voudriez pas pour un mot qui m'est échappé.

— Celui qui croit entendre dans notre langage, à nous, les cloches, une seule note exprimant le mépris ou la froideur pour n'importe quelle espérance, quelle joie, peine ou douleur de l'humanité souffrante; celui qui croit nous entendre faire chorus avec les sectaires impies qui mesurent à leur jauge étroite les passions et les sentiments de l'homme, comme ils pèsent dans leurs chiches balances le minimum de subsistance chétive qui peut suffire pour prolonger la vie languissante de l'humanité affamée, celui-là nous fait injure; cette injure, tu nous l'as faite! ajouta la cloche.

— Oui! je l'avoue, dit Trotty. Oh! pardonnez-moi.

— Celui qui croit nous entendre faire écho à ces misérables vers de terre, ces hommes prêts à *supprimer* impitoyablement les créatures écrasées par la douleur et la souffrance, formées cependant pour s'élever plus haut mille fois que ne sauraient le faire ou le comprendre ces insectes rampants, véritable vermine du temps, poursuivit l'esprit de la cloche; celui qui agit de la sorte nous fait injure; et cette injure, tu nous l'as faite!

— C'était bien sans intention, dit Trotty; pure ignorance, mais sans intention, je vous assure.

— Enfin, et voici le pire de tout! poursuivit la cloche. Celui qui se détourne de ses semblables tombés et dégradés, qui les abandonne comme une chose vile, au lieu de contempler avec un regard compatissant le précipice ouvert sous leurs pas qui ont failli; celui qui leur refuse sa pitié, en les voyant saisir d'une main crispée, dans leur chute, quelque touffe d'herbes, quelque débris sauveur de cette terre qui leur échappe, et s'y cramponner en désespérés, alors qu'ils arrivent meurtris et expirants au fond du gouffre, celui-là fait injure au ciel, à l'homme, au temps et à l'éternité ; et cette injure, tu t'en es rendu coupable.

— Ayez pitié de moi ! s'écria Trotty tombant à genoux; grâce, au nom du ciel !

— Écoute! dit le fantôme du bourdon.

— Écoute! crièrent les autres fantômes.

— Écoute! » dit une voix claire et enfantine, que Trotty crut reconnaître pour l'avoir déjà entendue.

L'orgue résonna faiblement d'abord dans l'église au-dessous d'eux. S'enflant par degrés, la mélodie monta jusqu'au faîte et remplit le chœur et la nef; s'étendant de plus en plus, elle s'éleva toujours, toujours plus haut, plus haut encore, allant éveiller des émotions puissantes au cœur des énormes piliers de chêne, des cloches aux flancs creux, des portes aux solides ferrures, de la pierre solide des escaliers, jusqu'à ce que les murailles de la tour ne pouvant plus la contenir, elle prit son essor vers le ciel.

Il n'est pas étonnant que la poitrine du pauvre vieillard fût impuissante aussi à contenir un son si vaste et si fécond, qui s'échappa de cette faible prison en un torrent de larmes. Trotty se couvrit le visage de ses mains.

« Écoute, dit le fantôme du bourdon.
— Écoute! crièrent les autres fantômes.
— Écoute! » dit la voix de l'enfant.

Un chœur solennel de voix réunies remplit la tour de ses accents.

C'était un chant sourd et lugubre, un chant funèbre où l'oreille avide de Trotty reconnut la voix de sa fille parmi les autres.

« Elle est morte! s'écria le vieillard. Meg est morte! c'est son esprit qui m'apparaît, je l'entends!
— L'esprit de ta fille pleure les morts, elle se mêle aux morts, aux espérances mortes, aux illusions mortes, aux rêves de jeunesse morts aussi, reprit la cloche, mais elle vit. Que sa vie soit pour toi une leçon vivante. Apprends de la créature la plus chère à ton cœur comme les méchants sont nés méchants. Vois arracher un à un tous les boutons, toutes les feuilles de la plus belle tige, et regarde comme elle peut se dessécher et se flétrir Suis-la! jusqu'au désespoir! »

Chacun des fantômes étendit le bras droit et lui montra du doigt l'abîme au-dessous de lui.

« L'esprit des cloches t'accompagne, dit le spectre. Va! il marche derrière toi! »

Trotty se retourna et vit.... quoi? l'enfant.... l'enfant que Will Fern portait dans la rue, l'enfant que Meg avait couchée dans son lit, et auprès de laquelle, il n'y a qu'un moment encore, elle veillait pendant son sommeil! Elle était éveillée maintenant.

« Je l'ai portée moi-même ce soir, dit Trotty, dans ces bras!
— Montrez-lui ce qu'il appelle lui-même, » dirent les ténébreux fantômes, celui du bourdon d'abord, tous les autres ensuite.

La tour s'ouvrit à ses pieds. Il regarda et aperçut sa propre forme étendue au pied du clocher, hors de l'église, brisée, sans mouvement.

« Je ne suis plus du monde des vivants ! s'écria Trotty. Mort !

— Mort ! dirent tous les fantômes ensemble.

— Bonté du ciel ! Et le nouvel an !

— Passé, répondirent-ils.

— Quoi ! s'écria Toby frissonnant de terreur. Je me serais trompé de chemin, et m'avançant en dehors de cette tour, au milieu de l'obscurité, je suis tombé, il y a un an !

— Il y a neuf ans, » répliquèrent les fantômes.

En faisant cette réponse, ils retirèrent leurs mains étendues, et là où avaient été les spectres se trouvaient des cloches.

Elles sonnèrent ; leur heure était venue de nouveau. Et une fois encore, d'immenses multitudes de fantômes furent rappelés à l'existence ; une fois encore, ils se mêlèrent confusément, comme ils avaient fait d'abord ; une fois encore, dès que les cloches se turent, ils s'évanouirent et rentrèrent dans le néant.

« Quelles sont ces figures que je viens de voir, si je ne suis pas devenu fou ? demanda Trotty à son guide ; qui sont-elles ?

— Ce sont les esprits des cloches ; c'est leurs sons qu'on entend dans l'air, répondit l'enfant. Ils prennent toutes les formes et exercent toutes les fonctions que leur donnent les espérances des hommes, leurs pensées et le trésor de leurs souvenirs.

— Et vous, dit Trotty hors de lui, qui êtes-vous ?

— Chut ! chut ! fit l'enfant.... Regardez ! »

Dans une chambre pauvre, délabrée, travaillant au même ouvrage de broderie qu'il avait vu souvent, souvent, devant elle, Meg, sa fille chérie, lui apparut. Il ne fit aucun effort pour imprimer ses baisers sur son front, il ne chercha point à la serrer contre son cœur si rempli d'amour, il savait que ces caresses n'étaient plus faites pour lui. Mais il retint sa respiration haletante, et essuya les larmes qui l'aveuglaient, pour pouvoir la regarder, pour pouvoir seulement la voir.

Ah ! qu'elle était changée ! oui, bien changée ! Comme l'éclat de son regard limpide était obscurci ! comme la fraîcheur de ses joues avait disparu ! Elle était encore belle, elle l'avait toujours été ; mais l'espérance, l'espérance, l'espérance, oh ! où était donc la riante espérance qui avait parlé naguère à ce bon père comme une voix ?

Elle leva les yeux de dessus son ouvrage pour regarder une compagne, assise à ses côtés ; le vieux Toby suivit la direction de ce regard et se jeta vivement en arrière.

Dans la femme faite, il avait reconnu l'enfant au premier coup d'œil. Dans sa chevelure longue et soyeuse, il voyait les mêmes boucles d'autrefois; autour des lèvres régnait encore l'expression enfantine. Voyez ! dans ces yeux qu'elle tournait présentement vers Meg avec un air d'intérêt curieux, brillait le même regard qui animait sa physionomie le jour où il l'avait apportée dans sa pauvre maison ! Qu'est-ce que ce pouvait être ? Jetant un regard timide sur le visage de cet être inconnu, il y découvrit quelque chose de noble et d'imposant, quelque chose de vague et d'indéfini, qu'un simple souvenir de cette enfant d'autrefois... Ne serait-ce pas elle, en effet, qui est là-bas ?.... Mais oui ! c'est bien elle ; elle porte encore les mêmes vêtements.

Silence ! Elles parlaient !

« Meg, disait Lilian avec un peu d'hésitation, comme vous relevez souvent la tête de dessus votre ouvrage pour me regarder !

— Mes regards sont-ils donc si changés qu'ils vous fassent peur ? demanda Meg.

— Non, ma chère amie ! Mais je suis bien bonne de répondre à cette question, vous en riez vous-même !... Pourquoi donc ne souriez-vous plus, quand vous me regardez, Meg ?

— Comment ? est-ce que je ne le fais pas ? lui répondit-elle en souriant.

— Maintenant, oui, vous souriez, dit Lilian, mais ce n'est pas votre ordinaire. Quand vous croyez que je suis occupée et que je ne vous vois pas, vous paraissez si inquiète, si soucieuse, que j'ose à peine lever les yeux. Certes, il n'y a guère de quoi sourire dans une existence si laborieuse et si pénible ; mais vous étiez autrefois si gaie !

— Quoi ! ne le suis-je donc plus autant ? s'écria Meg d'une voix qui dénotait un trouble extraordinaire, en même temps qu'elle se leva pour l'embrasser. Est-ce que je rends plus lourd encore pour vous le fardeau déjà si lourd à porter de notre triste vie, ma chère Lilian ?

— Vous avez été la seule chose qui ait fait que cette existence soit encore une vie, reprit Lilian se jetant à son cou et l'embrassant avec ardeur, la seule chose parfois qui me fasse supporter de vivre ainsi, Meg. Que de peines ! que de travail ! Tant d'heures, tant de jours, tant de longues, interminables nuits d'un travail sans espoir, sans joie, sans fin, non pas pour entasser des richesses, non pour vivre au milieu des pompes et des plaisirs, ni même pour jouir d'une honnête, quoique modeste aisance ; mais pour gagner son pain, rien que son pain, et se procurer tout juste ce qu'il faut pour recommencer son travail, son besoin, le sentiment rongeur de sa dure et triste destinée! O Meg, Meg, ajouta-t-elle en élevant la voix et la serrant dans ses bras avec l'expression de la douleur, comment ce monde cruel peut-il passer son chemin sans jeter un œil de pitié sur des existences si malheureuses?

— Lilly! Lilly! dit Meg s'efforçant de la calmer et rejetant derrière sa tête ses longs cheveux qui retombaient sur son visage inondé de larmes ; comment, Lilly! vous! si jeune! si jolie! »

La jeune fille l'interrompit, et faisant un pas en arrière, regarda son amie d'un air suppliant. « Ne me dites pas cela, s'écrie-t-elle ; ne me dites pas cela ; voyez-vous, c'est le pire de tout. Meg, vieillissez-moi! Faites que je devienne vieille et laide pour me délivrer des horribles pensées qui viennent tenter ma jeunesse! »

Trotty se retourna pour regarder son guide, mais l'esprit de l'enfant avait pris la fuite, il était parti.

Trotty lui-même se trouva transporté dans un autre lieu ; car il voyait sir Joseph Bowley, l'ami et le père des pauvres, donner une grande fête à Bowley-Hall, pour célébrer le jour de naissance de lady Bowley ; et, comme cette dame était née le premier jour de l'an (circonstance que les gazettes de la localité regardaient comme une prédestination providentielle au numéro un, le seul digne de la personne de lady Bowley parmi les œuvres de la création), c'était aussi le premier jour de l'an qu'on avait choisi pour cette fête.

Une foule considérable de visiteurs remplissait Bowley-Hall. Le monsieur à la face rubiconde se trouvait là, M. Filer aussi, de même que l'alderman Cute : celui-ci avait une sympathie très-marquée pour les personnes de distinction, et s'était lié d'une manière plus particulière avec sir Joseph Bowley depuis la lettre obligeante qu'il lui avait écrite ; disons mieux, il était devenu, par le fait, un ami de la famille. On comptait encore bien d'autres invités, et c'était parmi eux qu'errait tristement le spectre de Trotty, pauvre fantôme, occupé de chercher son guide disparu.

Au banquet servi dans la grande salle, sir Joseph, en sa qualité bien connue d'ami et de père des pauvres, devait prononcer son fameux discours. Ses amis et enfants devaient d'abord manger certains plum-puddings dans une autre salle, et, à un signal donné, amis et enfants, venant se mêler à leurs amis et pères, allaient former une assemblée de famille que pas un œil humain ne pourrait considérer sans être aussitôt mouillé de larmes.

Mais tout cela n'était rien : il y avait bien autre chose, ma foi ! Sir Joseph Bowley, baronnet et membre du parlement, devait faire une partie de quilles, de vraies quilles, avec ses fermiers.

« Ceci nous rappelle tout à fait, dit l'alderman Cute, le temps du vieux roi Hall[1], le robuste, le vigoureux roi Hall ! Ah ! le beau caractère !

— Oui, dit sèchement M. Filer, pour épouser les femmes et les tuer ensuite : et, par parenthèse, il a joliment dépassé sa part proportionnelle des femmes qu'on peut avoir en moyenne.

— Vous épouserez les belles dames et vous ne les tuerez pas, vous, hein ?... dit l'alderman Cute à l'héritier présomptif des Bowley, âgé de douze ans. Le charmant garçon ! Bientôt nous verrons ce jeune gentleman siéger au parlement, avant d'avoir eu le temps de nous retourner, ajouta-t-il en le prenant par les épaules et en le regardant d'un air aussi réfléchi qu'il lui était possible. Nous entendrons parler de ses succès aux élections, de ses discours à la Chambre, des propositions que lui fera le gouvernement, de ses brillants avantages en tout genre ; ah ! nous ferons nos petites harangues à son sujet dans le conseil de la Cité, j'en réponds, avant d'avoir seulement le temps de nous retourner. »

« Oh ! voyez-vous ce que c'est que d'avoir des bas et des souliers, se dit Trotty en lui-même ! Quelle différence de langage ! » Cependant cela n'empêcha pas son cœur de s'attendrir en faveur de cet enfant, pour l'amour de ces mêmes petits va-nu-pieds prédestinés (selon l'alderman) à mal tourner, et qui auraient pu être les enfants de la pauvre Meg.

« Richard, disait Trotty en gémissant et portant ses pas errants à travers la foule, Richard, où est-il ? Je ne puis pas trouver Richard ! où est Richard ? »

Il n'était pas possible qu'il fût là, supposé qu'il vécût encore. Mais le chagrin de Trotty et son isolement au milieu de cette brillante assemblée troublaient ses idées ; et il se remettait à errer de plus belle au milieu de cette brillante société, cherchant son guide et répétant : « Où est Richard ? Voudriez-vous m'indiquer Richard ? »

Dans ses allées et venues, il rencontra M. Fish, le secrétaire intime, en proie à une grande agitation. « Dieu du ciel ! s'écriait

---

[1]. Henri VIII.

M. Fish, où est l'alderman Cute? Quelqu'un a-t-il vu l'alderman Cute? »

Vu l'alderman! cher monsieur Fish! qui aurait jamais pu s'empêcher de voir l'alderman? C'était un homme si sensé, si affable; il était tellement occupé toujours du désir naturel de se faire voir aux gens, que, s'il avait un défaut, c'était bien certainement de se mettre constamment en vue. Et partout où se réunissait le beau monde, à coup sûr, attiré par la sympathie qui unit les grandes âmes, là se trouvait aussi Cute.

Plusieurs voix crièrent en même temps qu'il était dans le cercle formé autour de sir Joseph. M. Fish se fraya un passage jusque-là; l'ayant trouvé, en effet, il l'emmena secrètement dans l'embrasure d'une fenêtre voisine. Trotty alla les y joindre, non pas de son propre mouvement; il sentait ses pas entraînés dans cette direction.

« Mon cher alderman Cute, dit M. Fish, venez un peu plus par ici. Une épouvantable catastrophe! j'en reçois la nouvelle à l'instant. Je crois qu'il vaudra mieux ne pas en instruire sir Joseph avant la fin de la journée. Vous connaissez sir Joseph et vous me donnerez votre avis. L'événement le plus déplorable, le plus affreux!

— Fish! Fish! répondit l'alderman, Fish! mon bon ami! de quoi s'agit-il? Pas de mouvement révolutionnaire, j'espère? Pas,... pas d'attentat non plus contre l'autorité des magistrats?

— Deedles, le banquier, dit le secrétaire pouvant à peine respirer. Deedles frères.... qui devait être ici aujourd'hui même.... un des principaux dignitaires de la corporation des orfèvres.... »

— N'a pas suspendu ses payements? s'écria l'alderman; impossible!

— Suicidé!

— Grand Dieu!

— Il s'est mis un pistolet à deux coups dans la bouche, assis dans son propre comptoir, reprit M. Fish, et s'est fait sauter la cervelle. Pas de motif connu. Une fortune princière!

— Une fortune! s'écria l'alderman; dites la plus noble existence. Un des hommes les plus respectables de la terre. Se suicider, monsieur Fish! de sa propre main!

— Ce matin même, ajouta Fish.

— Oh! le cerveau! le cerveau! s'écria le pieux alderman en levant les mains au ciel. Oh! les nerfs, les nerfs; les mystères de cette machine appelée l'homme! Qu'il faut peu de chose pour la détraquer; pauvres créatures que nous sommes! Peut-être un dîner, monsieur Fish; peut-être la conduite de son fils qui, d'après ce que j'ai entendu dire, menait une vie fort dissipée et avait l'habitude de tirer sur lui sans y être le moins du monde autorisé ! Un homme si respectable ! un des hommes les plus respectables que j'aie jamais connus ! C'est un déplorable événement, monsieur Fish ! une calamité publique ! Je me ferai un devoir de porter le deuil le plus sévère. Un homme si respectable ! Mais il y a un Dieu là-haut. Il faut se soumettre, monsieur Fish, il faut se soumettre. »

« Eh quoi ! alderman, je croyais que vous vouliez supprimer le suicide, et vous n'en dites pas un mot ! Souvenez-vous, juge de paix, de ces principes de haute morale dont vous faisiez orgueilleusement parade. Allons, alderman ! prenez vos balances. Jetez-moi dans ce plateau, celui qui est vide, rien à manger pour son dîner, et, chez quelque pauvre femme, les sources mêmes de la nature, ses mamelles maternelles mises à sec par la misère et la faim, rendues impuissantes et insensibles aux cris de détresse de son enfant qui réclame son droit, au nom de notre mère Ève, la sainte mère du genre humain. Pesez le pour et le contre, nouveau Daniel, le jour où vous aurez à ajuster les plateaux de Thémis ! Pesez-les, vos deux suicides, sous les yeux de milliers d'êtres souffrants, spectateurs attentifs de l'ignoble farce que vous jouez dans votre prétoire. Ou bien, supposez qu'un jour, dans un moment d'égarement, privé de vos cinq sens (cela se voit tous les jours), vous veniez aussi à porter la main sur votre gorge pour apprendre à vos camarades (si vous en avez) à ne pas mettre sur la même ligne une folie méchante et coupable au sein du bien-être, avec la fièvre d'une tête égarée, d'un cœur brisé par la rage et le désespoir ; que dites-vous de cela ? »

Ces paroles, Trotty les entendit distinctement au dedans de lui-même, comme si une voix intérieure les avait réellement prononcées. L'alderman Cute promit à M. Fish son assistance, pour annoncer la douloureuse catastrophe à sir Joseph, lorsque la journée serait terminée. Puis, avant de se séparer, il serra la main de M. Fish dans l'amertume de son âme : « Le plus respectable des hommes ! » dit-il encore, ajoutant qu'il pouvait à peine comprendre (jugez ! l'alderman Cute lui-même ne le comprenait pas !) que le ciel permît de telles afflictions sur la terre.

« On serait tenté de croire, ajouta l'alderman Cute, si on ne savait pas le contraire, à voir ces secousses ébranler de temps en temps notre système, qu'elles menacent l'économie générale de l'état social. Deedles frères ! »

La partie de quilles eut un succès immense. Sir Joseph les

abattait avec une adresse merveilleuse; master Bowley, son fils, ne s'en tira pas trop mal non plus, mais à une distance moins considérable, comme de raison, et chacun disait que, maintenant qu'on voyait un baronnet et le fils d'un baronnet jouer aux quilles, le pays ne pouvait manquer de prospérer prochainement.

A l'heure dite, le banquet fut servi, Trotty suivit involontairement la foule dans la grande salle; car il s'y sentait entraîné par une impulsion étrange supérieure à son libre arbitre. Le coup d'œil était ravissant, les dames fort jolies, les convives enchantés, joyeux, de la meilleure humeur. Quand on ouvrit la petite porte à la multitude, vêtue de ses habits rustiques, qui se pressait à l'entrée, la beauté du spectacle fut à son comble; ce qui n'empêchait pas Trotty de murmurer de plus en plus : « Où est Richard ? Il m'aiderait à la consoler! Je ne pourrais donc pas voir Richard ? »

On avait prononcé quelques discours ; on avait proposé la santé de lady Bowley ; sir Joseph avait remercié et fait son grand discours où il avait démontré jusqu'à l'évidence qu'il était l'ami né et le père des pauvres; puis il avait porté un toast à ses amis et enfants, à la dignité du travail, etc., lorsqu'un léger désordre, au fond de la salle, attira l'attention de Toby. Après un instant de confusion, de bruit et de résistance, un homme se fit jour au milieu des autres et s'avança seul.

Ce n'était pas Richard, non mais un homme auquel Toby avait pensé souvent aussi et qu'il avait cherché déjà plusieurs fois des yeux. Dans un endroit moins richement éclairé, il aurait pu douter de l'identité de cet homme usé, vieilli, courbé, aux cheveux blanchis; mais l'éclat des lumières qui venaient se refléter sur cette tête dure et raboteuse, lui fit reconnaître de suite Will Fern.

« Qu'est-ce que c'est? s'écria sir Joseph en se levant; qui est-ce qui a laissé entrer cet homme? C'est un criminel qui sort de prison. M. Fish, voulez-vous avoir la bonté....

— Une minute, dit Will Fern. Une seule minute. Milady, ce premier jour de l'année est aussi le jour anniversaire de votre naissance. Obtenez-moi la permission de parler une minute. »

Milady ne put se dispenser d'avoir l'air d'intercéder pour lui et sir Joseph reprit sa place avec sa dignité naturelle.

Le visiteur en haillons (car il était misérablement vêtu) promena son regard sur l'assemblée et salua humblement.

« Beaux messieurs et belles dames, dit-il. Vous venez de boire à la santé du travailleur. Regardez-moi !

— Je vois un homme qui sort de prison ! dit M. Fish.

— C'est cela. Un homme qui sort de prison, reprit Will. Et ce n'est ni la première, ni la seconde, ni la troisième, ni même la quatrième fois. »

On entendit M. Filer remarquer d'un air bourru que quatre fois c'était plus que la moyenne légitime, et qu'il devrait rougir de honte d'usurper ainsi la part des autres.

« Beaux messieurs et belles dames, répéta Will Fern, regardez-moi. Vous le voyez, je suis au plus bas; vous ne pouvez plus me faire de tort ni de mal, pas même me faire du bien, car le temps où les bonnes paroles et les bons traitements auraient pu me faire du bien, ajouta-t-il en se frappant la poitrine et en branlant la tête, s'est évaporé avec l'odeur des pois ou des trèfles de l'année dernière que l'air a emportée. Au moins laissez-moi vous dire un mot pour ceux-ci (il montrait les travailleurs rassemblés dans la salle), et puisque vous êtes tous réunis ensemble, entendez, en leur nom, la vérité vraie une fois en votre vie.

— Je ne crois pas qu'il y ait ici personne, interrompit sir Joseph, qui voulût le choisir pour interprète.

— C'est très-probable, sir Joseph. Je le crois sans peine. Peut-être ce que j'ai à dire n'en est-il pas moins vrai; peut-être même est-ce une preuve de plus. J'ai demeuré dans ce pays de longues années. Vous pouvez voir d'ici ma cabane, là-bas, au delà de la palissade renversée. J'ai vu cent fois les belles dames la dessiner dans leurs albums : elle fait très-bien en peinture, à ce que j'ai entendu dire ; mais il n'y a pas non plus de mauvais temps dans vos paysages en peinture, et peut-être convient-elle mieux en effet pour figurer dans un tableau, que pour loger un homme. Eh bien ! moi, j'y ai demeuré, j'y ai vécu. (Quelle vie ! quelle triste vie ! Je n'ai pas besoin de vous le dire.) Toute l'année et tous les jours de l'année; vous pouvez juger par vous-mêmes de ce que c'est. »

Il parlait comme le soir où Trotty l'avait rencontré dans la rue; sa voix était plus lourde, plus rauque, elle tremblait par intervalles; mais point d'éclat de colère; rarement dépassait-elle le ton calme et sérieux en rapport avec les simples faits qu'il exposait.

« Il est plus difficile que vous ne pensez, mes beaux messieurs, de devenir un homme honnête, ce qu'on appelle un homme honnête, dans une semblable demeure. Si j'y suis resté un homme et non pas une brute, c'est déjà quelque chose qui plaide en ma faveur. Je parle, bien entendu, de ce que j'étais alors; quant à ce que je suis maintenant, il n'y a rien à dire en ma faveur, ni rien à faire; c'est fini, je n'en suis plus là.

— Au fait, dit sir Joseph regardant autour de lui d'un air serein, je suis bien aise que cet homme soit entré. Ne l'interrompez pas; on dirait que c'était écrit là-haut. C'est un exemple, un exemple vivant, qui, j'espère, je l'espère fermement, ne sera point perdu pour mes amis présents ici.

— Enfin, de manière ou d'autre, j'ai donc continué à traîner comme j'ai pu ma triste existence, dit Fern après un moment de silence. Dire comment, ni moi ni personne ne pourrait le faire; mais la charge était si lourde que je n'étais pas en état de l'envisager avec satisfaction, ni de laisser croire que je fusse d'une autre humeur. Maintenant, vous, messieurs, qui siégez aux assises, quand vous voyez un homme portant sur son visage l'expression du mécontentement, vous vous dites l'un à l'autre : C'est un homme suspect. J'ai mes doutes, dites-vous, sur Will Fern : surveillez-moi cet homme! Je ne dis pas, messieurs, que ce ne soit point très-naturel, je dis seulement que cela est; et, dès ce moment, tout ce que Will Fern fera ou ne fera pas, c'est tout un; il faut que cela tourne contre lui. »

L'alderman Cute enfonça ses pouces dans les poches de son gilet, et se renversant sur sa chaise, regarda en clignant de l'œil d'un air souriant un lustre au plafond, comme s'il eût dit : Nous y voilà! ne vous l'avais-je pas dit? Leur plainte ordinaire! Mon Dieu, nous savons tout cela par cœur, moi et la nature humaine.

« Maintenant, messieurs, poursuivit Will Fern, les mains étendues en avant et son visage hagard couvert de la plus vive rougeur, voyez comme vos lois sont faites pour nous traquer et nous donner la chasse, lorsque nous en sommes arrivés là. J'essaye d'aller vivre ailleurs; je suis un vagabond : en prison, vite! Je reviens ici; je vais cueillir des noisettes dans vos bois, je casse (à qui cela n'arrive-t-il pas?) une baguette de coudrier ou deux : en prison! Un de vos gardes me voit un fusil à la main, en plein jour, près de mon petit morceau de jardin : en prison! J'ai naturellement une explication un peu vive avec cet homme quand je suis rendu à la liberté : en prison! Je coupe un bâton : en prison! Je mange une pomme pourrie ou un navet. en prison! Elle est à vingt milles d'ici, votre prison; au retour, je tends la main sur la route, je demande une bagatelle : en prison! Enfin, le constable, le garde, n'importe qui, me trouve n'importe où, faisant n'importe quoi : en prison! car cet homme est un vagabond, un pilier de prison; ou plutôt il n'a pas d'autre chez lui que la prison. »

L'alderman hocha la tête avec une expression particulière de sagacité, comme pour dire : Eh, eh! ce n'est déjà pas un si mauvais chez soi!

« Croyez-vous que je dis tout cela pour servir ma cause? s'écria Fern. Qui donc pourrait me rendre ma liberté, qui pourrait me rendre ma bonne réputation, qui peut me rendre l'innocence de ma nièce? Il n'y a pas dans toute l'Angleterre de lords ni de ladies qui pussent le faire. Mais, messieurs, messieurs, quand vous aurez affaire à d'autres hommes comme moi, ne prenez pas la chose de travers. Donnez-nous, par pitié, des habitations moins misérables lorsque nous sommes au berceau; donnez-nous une meilleure nourriture lorsque nous travaillons pour vivre; donnez-nous des lois plus douces pour nous ramener au bon chemin lorsque nous allons nous égarer; mais ne nous mettez pas sans cesse devant les yeux la prison, la prison et puis encore la prison, de quelque côté que nous nous retournions. Alors, vous n'aurez pas pour le travailleur un seul bon procédé dont il ne vous sache un gré infini, dont il ne vous soit reconnaissant autant qu'il est donné à l'homme de l'être, car il a le cœur patient, paisible, plein de bonne volonté. Mais il vous faut d'abord développer en lui ses bons sentiments; car, soit qu'il devienne une ruine et un débris comme moi, soit qu'il ressemble à un de ceux qui se trouvent ici maintenant, sa sympathie n'est pas pour vous à cette heure. Ramenez-le, messieurs, ramenez-le! ramenez-le avant que vienne le jour où la Bible elle-même n'aura plus pour lui le même sens que pour vous, où il croira y lire, comme je l'ai cru moi-même dans ma prison : « Où tu iras, je ne puis aller; où tu demeures, je ne demeurerai point; ton peuple n'est pas mon peuple, ton dieu n'est pas mon dieu! »

Une agitation soudaine éclata en ce moment dans la salle. Trotty crut d'abord que plusieurs personnes s'étaient levées pour chasser l'intrus, et que de là provenait ce changement subit. Mais il s'aperçut, au bout d'un instant, que la salle et toute la société avaient disparu. Sa fille était de nouveau devant lui, assise à travailler, mais dans un galetas plus pauvre, plus misérable qu'auparavant, et sans Lilian auprès d'elle.

Le métier, qui servait autrefois à Lilian, avait été mis de côté sur une planche et recouvert entièrement; la chaise sur laquelle elle s'asseyait d'ordinaire était tournée contre la muraille. Il y avait toute une histoire écrite dans ces petites circonstances et aussi sur le visage de Meg flétri par le chagrin. Hélas! elle n'était que trop facile à lire.

Meg continua de travailler, les yeux tendus sur son ouvrage, jusqu'à ce qu'il fît trop sombre pour distinguer les fils; quand la nuit fut tout à fait venue, elle alluma sa pauvre lampe et se remit au travail. Son vieux père était toujours là, invisible; il la considérait avec le même amour (Dieu sait jusqu'où allait cet amour!) et lui parlait d'une voix doucement émue du bon vieux temps et de ses chères cloches, quoiqu'il sût peurtant bien, le pauvre Trotty, qu'elle ne pouvait l'entendre.

Une grande partie de la soirée s'était écoulée, lorsqu'on frappa un coup à la porte. Meg l'ouvrit. Un homme se tenait sur le seuil, espèce de drôle aux regards hébétés, grognon et sale, à moitié ivre, usé par l'intempérance et le vice, les cheveux mal peignés, la barbe longue et en désordre, mais chez lequel l'on voyait encore à quelques traces qu'il avait dû faire dans sa jeunesse un gaillard bien taillé et de belle mine.

Il s'arrêta, jusqu'à ce que Meg lui permît d'entrer; alors faisant un ou deux pas en arrière, elle s'éloigna de la porte sans rien dire et en le regardant d'un œil plein de tristesse. Trotty voyait enfin ses désirs accomplis; c'était Richard.

Puis-je entrer, Marguerite?

— Oui. Entrez, entrez! »

Il était heureux que Trotty l'eût tout d'abord reconnu avant de l'entendre dire un mot; car, s'il avait pu conserver quelque doute à ce sujet, cette voix rauque et discordante lui aurait certainement fait supposer que c'était un autre que Richard.

Il n'y avait que deux chaises dans la chambre; Meg lui donna la sienne et demeura debout à quelque distance, prête à entendre ce qu'il avait à lui dire.

Richard s'assit cependant, promenant sur le plancher des yeux égarés, accompagnés d'un sourire terne et stupide; il offrait le spectacle d'une dégradation si profonde, d'un désespoir si abject, d'un si misérable abaissement, qu'elle se couvrit le visage de ses deux mains et se détourna pour ne pas lui laisser voir combien elle était émue.

Tiré de sa torpeur par le frôlement de sa robe, ou par quelque autre bruit insignifiant, il releva la tête et se mit à parler comme s'il ne faisait que d'entrer.

« Encore à l'ouvrage, Marguerite? Vous travaillez tard!

— Oui, généralement.

— Et de bonne heure?

— Et de bonne heure.

— C'est ce qu'elle m'a dit. Elle m'a dit que vous ne vous fatiguiez jamais, ou qu'au moins vous ne vouliez jamais convenir que vous fussiez fatiguée tout le temps que vous avez habité ensemble, lors même que vous tombiez en défaillance, également épuisée par le travail et le jeûne. Mais je vous ai déjà dit cela, lorsque je suis venu la dernière fois.

— Oui, répondit Meg; je vous ai supplié de ne point m'en reparler davantage, et vous m'avez fait la promesse solennelle, Richard, de ne plus recommencer.

— La promesse solennelle, répéta-t-il avec un rire niais et un regard vide; la promesse solennelle. Certainement la promesse solennelle! »

Après une assez longue pause, il eut l'air de se réveiller pour reprendre avec une animation soudaine :

« Comment voulez-vous que je fasse, Marguerite? Je ne peux pas m'en empêcher. Elle est encore revenue me trouver.

— Encore! s'écria Meg en serrant les mains. Oh! elle pense donc bien souvent à moi! Elle est encore venue?

— Vingt fois, dit Richard. Marguerite, elle m'obsède. Elle me suit dans la rue et me glisse cela dans les mains. J'entends son pas sur les cendres, lorsque je suis à mon travail (ah! ah! cela n'arrive pas souvent!), et avant que je puisse tourner la tête, sa voix murmure à mon oreille : « Richard, ne vous retournez pas. Pour l'amour du ciel, donnez-lui ceci! » Elle me l'apporte où je demeure, elle me l'envoie dans ses lettres, elle frappe à la fenêtre et le dépose sur le rebord. Qu'est-ce que vous voulez que j'y fasse? Tenez, le voilà! »

En même temps, il lui montra une petite bourse qu'il tenait dans sa main et fit sonner l'argent qu'elle contenait.

« Cachez-le! dit Meg; cachez-le! Lorsqu'elle reviendra, dites-lui, Richard, que je l'aime de toute mon âme, que je ne me couche jamais sans la bénir et prier pour elle, que, pendant mon travail solitaire, je ne cesse jamais de l'avoir présente à ma pensée, qu'elle est avec moi jour et nuit, que si je venais à mourir demain, je me la rappellerais jusqu'à mon dernier soupir, mais que je ne puis pas regarder cet argent! »

Richard retira lentement sa main, et la refermant sur la bourse, il ajouta avec une sorte de sérieux aviné:

« Je le lui ai bien dit; je le lui ai bien dit, on ne peut plus clairement. J'ai rapporté ce cadeau à sa porte et l'y ai laissé une douzaine de fois au moins depuis lors. Mais quand elle est venue une dernière fois et qu'elle s'est tenue là, devant moi, que je me suis trouvé face à face avec elle, que pouvais-je faire?

— Vous l'avez vue? s'écria Meg. Vous l'avez vue? O Lilian, ma chère fille! Oh! Lilian! Lilian!

— Je l'ai vue, continua Richard, moins pour répondre à la

question, que pour suivre lentement le cours de ses propres pensées. Elle était là tremblante! « Comment va-t-elle, Richard? Parle-t-elle encore de moi? Est-elle maigrie? Mon ancienne place à table; qu'y a-t-il à mon ancienne place? Et le métier sur lequel elle m'a appris à travailler autrefois, l'a-t-elle brûlé, Richard? » Voilà comme elle était; voilà ce qu'elle me disait. »

Meg étouffait ses sanglots; les yeux inondés de larmes, elle se penchait sur lui pour l'écouter sans perdre une syllabe.

Richard, accoudé sur ses genoux, le corps en avant, et plié en deux sur sa chaise, comme si ce qu'il disait eût été écrit à terre en caractères à peine lisibles, qu'il était occupé à déchiffrer et à ânonner, continua son récit:

« Richard, je suis tombée bien bas; et vous pouvez deviner combien j'ai souffert en voyant qu'on m'ait renvoyé cette bourse, après que j'avais pris sur moi de vous l'apporter moi-même. Mais vous l'avez aimée autrefois, tendrement même, si je m'en souviens bien. On vous a refroidis l'un contre l'autre: des craintes, des jalousies, des doutes, l'amour-propre blessé vous ont éloigné d'elle; cependant vous l'aimiez, si j'ai bonne mémoire! » Ça, c'est vrai, ajouta-t-il en s'interrompant. Je l'aimais bien. « Oh! Richard! si vous l'avez jamais aimée; si vous avez quelque souvenir de ce qui est passé et perdu maintenant, portez-le-lui encore une fois. Encore une fois! Dites-lui combien je vous ai prié et supplié. Dites-lui comment j'ai appuyé ma tête sur votre épaule, à la place où sa tête, à elle, devait reposer si elle eût été votre femme, combien je me suis humiliée devant vous, Richard. Dites-lui que vous avez regardé mon visage et que vous avez vu cette beauté qu'elle avait coutume de tant vanter, disparue, tout à fait disparue; et à sa place, des joues amaigries, creuses, décharnées, dont la vue lui arracherait des larmes. Dites-lui tout cela et rapportez-lui la bourse, elle ne vous refusera pas une seconde fois. Elle n'en aura pas le cœur. »

Il demeura de la sorte assis et rêveur, répétant ces dernières paroles, jusqu'à ce qu'il eut encore l'air de se réveiller et se leva.

« Ainsi donc vous ne voulez pas la prendre, Marguerite? »

Elle secoua la tête et fit un geste pour le prier de la laisser.

« Bonsoir, Marguerite!

— Bonsoir! »

Richard se retourna pour la regarder, frappé qu'il était de sa douleur, et peut-être aussi du sentiment de pitié pour lui-même que dénotait le tremblement de sa voix. Ce fut un mouvement rapide, instantané; pour un instant, une étincelle de sa première jeunesse brilla sur tout son être. La seconde d'après, il s'en alla comme il était venu; cet éclair passager, faible rayon d'une flamme à jamais éteinte, ne parut pas capable de provoquer en lui le sentiment de sa dégradation.

Quelles que fussent les dispositions de Meg, quelques chagrins, quelques tortures de l'âme ou du corps qu'elle éprouvât, il fallait bien toujours que son ouvrage se fît. Elle se remit donc à sa tâche avec un redoublement d'activité et de diligence. La nuit vient; minuit sonne, elle travaillait toujours.

Elle avait du feu, car il faisait bien froid, mais un tout petit feu, et se levait de temps en temps pour le raviver. Tandis qu'elle se livrait à ce soin, les cloches sonnèrent minuit et demi, et quand elles se turent, Meg entendit frapper doucement à la porte. Avant presque qu'elle eût eu le temps de se demander qui ce pouvait être à une heure aussi avancée, la porte s'ouvrit.

O jeunesse! ô beauté! si heureuses que vous puissiez être, regardez ceci! O jeunesse! ô beauté! la bénédiction et la joie de tout ce qui vous approche, vous qui restez fidèles, dans votre conduite, aux lois de votre bien-aimé Créateur, regardez ceci!

Meg vit une forme humaine entrer dans la chambre; un nom s'échappa de ses lèvres avec un cri d'effroi : « Lilian! chère Lilian! »

Prompte comme l'éclair, Lilian, tombant à genoux devant elle, se cramponna à sa robe.

« Relevez-vous, chère enfant! Relevez-vous, Lilian! ma bien-aimée!

— Non, non, plus jamais, Meg; plus jamais! Ici! ici! à vos pieds, mais près de vous, serrée contre vous; je veux sentir votre souffle chéri contre mon visage!

— Chère Lilian! Ma Lilian bien-aimée! Enfant de mon cœur.... Non, l'amour d'une mère ne saurait être plus tendre que le mien.... Venez reposer votre tête sur ma poitrine!

— Plus jamais, Meg; plus jamais! La première fois que j'ai contemplé votre visage, vous étiez là, agenouillée devant moi; à genoux à mon tour, devant vous, je veux, moi, mourir à vos pieds. Ici! ici!

— Vous voilà revenue, cher trésor! Nous demeurerons ensemble, nous travaillerons ensemble, nous espérerons ensemble, nous mourrons ensemble!

— Ah! un baiser contre mes lèvres, Meg; entourez-moi de vos bras; pressez-moi contre votre sein, regardez-moi avec tendresse, mais ne me relevez pas. Laissez-moi ici; que prosternée à genoux je voie pour la dernière fois dans cette posture votre visage chéri ! »

O jeunesse ! ô beauté ! heureuses comme vous méritez de l'être; regardez ceci. O jeunesse! ô beauté ! fidèles aux lois de votre bien-aimé Créateur, regardez ceci !

« Pardonnez-moi, Meg ! ma chère, ma bonne Marguerite, pardonnez-moi ! Je sais, je vois que vous me pardonnez; je le sais, je le vois ! mais dites-le, dites-le, Meg, ma bonne Meg ! »

Elle le dit aussi en effleurant de ses lèvres les joues de Lilian, et en entourant de ses bras (hélas! elle le vit bien alors) un cœur brisé.

« Que les bénédictions du ciel descendent sur vous, cher amour! Encore un baiser, un seul! *lui* aussi, il a souffert qu'*elle* s'assît à ses pieds et les essuyât de ses cheveux. O Meg! quelle compassion! quelle miséricorde! »

Pendant qu'elle était là expirante, l'esprit de l'enfant revint, innocent et radieux, toucha le vieillard de la main, et lui fit signe de s'éloigner avec lui.

IV

Quatrième quart.

Encore quelque réminiscence des figures fantastiques apparues dans les cloches; quelque vague impression produite par la voix sonore du carillon; quelque sentiment intime accompagné de vertiges qui lui rappelait la vue de cet essaim de fantômes se reproduisant sans cesse à ses yeux, jusqu'à ce que leur souvenir vînt se perdre dans la confusion de leur innombrable multitude; quelque connaissance acquise à la hâte, il ne savait trop comment, que plusieurs années s'étaient écoulées pendant cet intervalle, et Trotty, accompagné de l'esprit de l'enfant, considérait, attentif, deux mortels qui se tenaient compagnie.

Compagnie grosse et grasse, compagnie aux joues fraîches et vermeilles, compagnie heureuse et épanouie. Ils n'étaient que deux, mais ils étaient rouges pour dix, assis devant un bon feu et séparés seulement par une petite table basse qui venait de leur servir un petit régal à l'instant même, ou bien il fallait donc que le parfum du thé chaud et des brioches se conservât dans cette chambre plus longtemps que partout ailleurs. Mais comme les tasses et les soucoupes, parfaitement propres, occupaient leur place ordinaire dans le buffet de l'encoignure, que la fourchette de cuivre aux rôties pendait à son clou, étalant ses quatre doigts oisifs comme si elle eût voulu prendre mesure d'une paire de gants, il ne restait pas d'autres indices visibles du repas qui venait de finir, que le ronron du chat de la maison, occupé à se lécher les barbes, en se rôtissant les jambes devant le feu, et puis aussi l'air radieux empreint sur les visages gracieux (pour ne pas dire les gras visages) de ses maîtres.

Cet heureux couple, évidemment mari et femme, s'était partagé le feu d'une manière égale ; ils étaient assis à leur aise, l'œil abaissé sur les fragments de charbon embrasé qui tombaient dans la grille, tantôt remuant la tête de haut en bas en faisant un petit somme, tantôt se réveillant encore lorsqu'un morceau plus gros que les autres se détachait avec fracas de la masse, comme s'il allait entraîner avec lui tout le brasier.

Il n'y avait pourtant pas de danger que le feu s'éteignît de longtemps, car il répandait sa vive lueur, non-seulement dans le petit salon, sur les carreaux de la porte vitrée et les rideaux à demi tirés qui la garnissaient, mais encore jusque dans la petite boutique qu'on apercevait au delà. Une petite boutique bourrée, étouffée par l'abondance des marchandises, une petite boutique avec des mâchoires aussi voraces et une panse aussi accommodante et aussi pleine que celle d'un requin. Fromage, beurre, bois à brûler, savon, conserves, allumettes, lard, petite bière, toupies, confitures, cerfs-volants, millet pour les petits oiseaux, jambon froid, balais de bouleau, pierres à foyer, sel, vinaigre, cirage, harengs saurs, papeterie, saindoux, champignons à la sauce piquante, lacets à corsets, pains, volants, œufs et crayons d'ardoise ; tout était bon pour faire ventre à cette avide petite boutique ; tout poisson bon pour ses filets. Il y avait bien autre chose encore, et plus que je n'en saurais dire. Des pelotes de ficelles, des chapelets d'oignons, des paquets de chandelle, des paniers à salade, des brosses, etc., pendaient en grappes au plafond comme autant de fruits extraordinaires, tandis que des boîtes et des corbeilles de formes différentes, d'où s'exhalaient des odeurs aromatiques, attestaient la véracité de l'inscription placée au-dessus de la porte extérieure qui informait le public que le marchand établi dans cette petite boutique était débitant patenté de café, de thé, de poivre et de tabac, tant à priser qu'à fumer.

Jetant un coup d'œil sur ceux de ces articles qui se voyaient au rayonnement de la flamme et à la lueur moins gaie de deux lampes fumeuses, asphyxiées, dans la boutique elle-même, dont la pléthore semblait peser de tout son poids sur leurs poumons suffoqués; puis, ramenant ses regards sur le visage d'une des deux personnes assises près du feu, dans la petite salle, Trotty reconnut, sans beaucoup de peine, dans la grosse vieille dame, mistress Chickenstalker, qui avait toujours eu des dispositions à l'embonpoint, même du temps qu'elle l'avait connue dans son commerce de denrées générales, avec un petit arriéré inscrit sur ses livres à l'article *Trotty.*

Les traits de l'autre personnage lui causèrent un peu plus d'embarras. Ce large menton, avec des plis à y cacher le doigt, ces yeux étonnés, qui semblaient se consulter avec eux-mêmes pour savoir s'ils continueraient de s'enfoncer toujours plus avant dans la molle épaisseur de sa face charnue; ce nez, affligé de la perturbation apportée dans ses fonctions par l'infirmité connue sous le nom de reniflement; ce cou gros et court, cette poitrine asthmatique, et d'autres avantages du même genre, quoique de nature assurément à se graver profondément dans la mémoire, ne rappelèrent tout d'abord à Trotty aucune des personnes qu'il eût jamais connues, et pourtant il lui en restait comme un souvenir confus. A la fin, dans le personnage doublement associé au commerce de denrées générales de Mme Chickenstalker et au commerce de son existence matrimoniale, il reconnut l'ancien portier de sir Joseph Bowley, ce bienheureux apoplectique qui, depuis plusieurs années, se trouvait inséparablement lié dans la pensée de Trotty avec Mme Chickenstalker, parce que c'était lui qui l'avait fait entrer dans l'hôtel où il avait dû s'avouer le débiteur de cette dame, et attiré par là sur sa tête infortunée de si grands reproches.

Un changement comme celui-ci, après les changements dont il avait été le témoin, offrait à Trotty bien peu d'intérêt, mais l'association d'idées a quelquefois une force considérable, et il regarda involontairement derrière la porte vitrée, où les crédits faits aux pratiques étaient ordinairement inscrits à la craie. Son nom ne s'y lisait pas; il s'en trouvait d'autres, mais tout à fait inconnus à Trotty; la liste, d'ailleurs, paraissait infiniment moins longue qu'autrefois, ce qui le porta à conclure que le ci-devant portier était pour les affaires au comptant, et que, dès son entrée dans le commerce, il avait activement pourchassé les débiteurs retardataires de Mme Chickenstalker.

Eh bien! au milieu de la profonde tristesse qu'éprouvait Trotty d'avoir vu se flétrir la jeunesse de son enfant bien-aimé et s'évanouir les espérances qu'il avait fondées sur elle, croirait-on qu'il ne se vit pas non plus sans chagrin dépossédé de son titre de débiteur sur le grand livre de Mme Chickenstalker?

« Quel temps fait-il ce soir, Annette? demanda l'ancien portier de sir Joseph Bowley en étendant ses jambes devant le feu et les frottant aussi bas que le peu de longueur de ses bras pouvait le lui permettre, d'un air qui semblait dire : « Je reste ici s'il fait mauvais, et s'il fait beau, je n'ai nulle envie de sortir. »

« Il vente et il grésille extrêmement fort, répondit sa femme; le temps est à la neige; il fait un froid noir.

— Je suis bien aise de penser que nous avons eu des brioches, reprit l'ex-portier du ton d'un homme qui vient de mettre sur quelque point sa conscience en repos. C'est une vraie soirée à brioches, à galettes et à tartelettes. »

L'ex-portier énuméra successivement ces diverses sortes de friandises comme s'il eût fait une récapitulation mentale de ses bonnes actions. Après quoi, il se remit à frictionner ses grosses jambes, et croisant ses genoux l'un sur l'autre pour mieux exposer au feu les parties qui n'étaient pas encore rôties, il partit d'un grand éclat de rire, comme si quelqu'un l'avait chatouillé.

« Vous êtes de bien bonne humeur, Tugby, mon cher ami, » remarqua sa femme.

La raison de commerce était Tugby, ci-devant Chickenstalker.

« Non, dit Tugby, pas précisément. Je me sens seulement un peu en train. Les brioches sont venues si à propos! »

Et ce disant, il recommença à rire de plus belle; son visage en devint presque noir, si bien que, pour le ramener à une couleur plus naturelle, il fit faire à ses jambes massives les exercices les plus étranges en l'air, jusqu'à ce qu'un bon coup de poing dans le dos, asséné par sa robuste moitié, qui, non contente de ce premier avertissement, se mit à le secouer comme une dame-jeanne, vint le rappeler au décorum, dont il s'écartait trop sans façon.

« Bonté du ciel! s'écria mistress Tugby effrayée, que le ciel ait pitié de nous et soit en aide au pauvre homme! Qu'est-ce qui lui prend? »

M. Tugby, s'essuyant les yeux, répondit d'une voix à peine intelligible qu'il se sentait un peu en train.

« Ma chère âme, lui dit sa femme, ne recommencez pas, si vous ne voulez me faire mourir de peur, à gigoter et à vous débattre comme vous faites. »

M. Tugby promit de ne plus recommencer, quoique son existence tout entière fût un débat perpétuel contre l'exubérance de sa santé, à en juger par son haleine, qui devenait chaque jour plus courte, et par la couleur violacée de son visage, chaque jour plus prononcée, symptômes avant-coureurs de sa défaite dans cette lutte pléthorique.

« Ainsi donc, il fait du vent, il grésille, le temps est à la neige. Il fait un froid noir, n'est-ce pas, ma chère amie? fit le bonhomme, les yeux fixés sur le feu, et reprenant, après cette explosion passagère, son entrain délicieux.

— Un bien mauvais temps, en vérité, répondit sa femme en hochant la tête.

— Oui, oui, reprit M. Tugby. Les années, sous ce rapport, sont comme les chrétiens; les unes ont une mort pénible, les autres une mort tout à fait douce; celle-ci n'a plus que quelques jours à courir, et lutte énergiquement pour disputer sa vie; je ne l'en estime que davantage. Ah! voici une pratique, mon amour! »

Attentive au bruit de la porte, mistress Tugby s'était déjà levée.

« Eh bien! dit la dame passant dans la boutique, que vous faut-il?... Ah! je vous demande pardon, monsieur; je ne croyais pas que ce fût vous. »

Le personnage auquel mistress Tugby adressait ses excuses était un monsieur vêtu de noir, qui, les manchettes relevées, le chapeau négligemment incliné sur l'oreille et les mains dans ses poches, se mit, en entrant, à cheval sur le baril de petite bière, et répondit par un signe de tête :

« Cela va mal là-haut, madame Tugby, dit-il; notre homme ne peut aller loin.

— Ce n'est pas de la mansarde du fond que vous parlez? s'écria Tugby, faisant son entrée dans la boutique afin de se mêler de la conversation.

— La mansarde du fond, monsieur Tugby, descend l'escalier quatre à quatre, et sera bientôt plus bas que le rez-de-chaussée. »

Après quoi, regardant tour à tour Tugby et sa compagne, il fit résonner le baril en frappant dessus avec le revers de ses doigts pour savoir jusqu'où allait la bière; quand il eut trouvé le vide, il se mit incontinent à jouer un air sur la douve.

« La mansarde du fond, monsieur Tugby, ajouta-t-il (depuis un moment, Tugby paraissait plongé dans une consternation profonde), s'en va.

— En ce cas, fit Tugby s'adressant à sa femme, il faut, vous comprenez, qu'il s'en aille avant de s'en aller.

— Je ne pense pas qu'il vous soit possible de le faire transporter, reprit le monsieur en noir en secouant la tête. Je ne voudrais pas prendre sur moi la responsabilité de dire que la chose est possible. Il vaudrait beaucoup mieux le laisser où il est : il ne peut vivre longtemps.

— C'est le seul sujet, dit Tugby, qui fit retomber sur le comptoir le plateau de la balance au beurre sous le poids de son poing courroucé, c'est le seul sujet sur lequel nous ayons jamais eu la moindre discussion, ma femme et moi ; et voyez si ce n'est pas moi qui avais raison. Il va mourir ici, après tout ; mourir dans notre propriété ; mourir dans la maison !

— Et où donc vouliez-vous qu'il allât mourir, Tugby ? s'écria sa femme.

— A l'hôpital, répondit celui-ci. N'est-ce pas pour cela que sont faits les hôpitaux ?

— Certainement non, ce n'est pas pour cela, reprit Mme Tugby avec une grande énergie. Pas du tout pour cela. Ce n'est pas pour cela non plus que je vous ai épousé. N'y songez pas, Tugby ; je ne le veux pas ; je ne le souffrirai pas. J'aimerais mieux divorcer avec vous, et ne plus vous revoir jamais. Lorsque mon nom de veuve figurait au-dessus de cette porte, où chacun a pu le lire pendant nombre d'années, quand cette maison était connue de tout le quartier sous la raison Chickenstalker, et citée seulement pour son crédit honorable et son excellente réputation ; quand mon nom de veuve figurait au-dessus de cette porte, Tugby, je l'ai connu, lui, pour un beau et brave jeune homme, plein de bonne volonté et de courage ; je l'ai connue, elle, pour la plus gracieuse et la plus douce créature qu'on pût voir ; j'ai connu le père (pauvre vieux bonhomme, il est tombé du haut du clocher dans un accès de somnambulisme et s'est tué sur le coup) pour l'être le plus simple, le plus laborieux, innocent et sans malice comme l'enfant qui vient de naître. Avant que je les chasse de chez moi, de ma maison, puissent tous les anges me chasser aussi du ciel ! et ils le feraient certainement, et ils auraient raison. »

Son vieux visage, autrefois gras, frais, potelé, orné de ravissantes petites fossettes avant tous les changements survenus, semblait rajeunir de vingt ans pendant qu'elle prononçait ces paroles, et, quand après s'être essuyé les yeux, elle secoua la tête et son mouchoir en s'adressant à Tugby avec une expression de fermeté à laquelle évidemment il n'eût pas été prudent à lui de vouloir résister, Trotty ne put s'empêcher de dire : « Que Dieu la bénisse ! que Dieu la bénisse ! »

Il écouta ensuite, le cœur palpitant, ce qui allait suivre, car il ne savait rien encore, sinon qu'on parlait de Marguerite.

Si Tugby avait été un peu trop en train dans son petit salon, il en fut bien puni par son abattement dans la boutique, où il restait debout, fixant sur sa femme un regard étonné, sans oser répondre, tout en faisant secrètement passer néanmoins, soit distraction, soit mesure de précaution, tout l'argent du tiroir dans sa poche.

Le monsieur assis à califourchon sur le tonneau de bière, et qui paraissait être quelque autorité médicale chargée de soigner officiellement les pauvres du quartier, était, évidemment, trop accoutumé à ces petits diff'rends entre époux, pour intervenir par la moindre observation dans ces querelles de ménage. Il demeura donc assis, sifflant tout doucement et tournant la cannelle du baril de manière à laisser échapper de temps à autre quelques gouttes de bière sur le plancher, jusqu'à ce que le calme fût parfaitement rétabli ; alors il leva la tête et dit à Mme Tugby, ci-devant mistress Chickenstalker :

« La femme a quelque chose d'intéressant dans sa personne, même à cette heure : comment a-t-elle pu l'épouser ?

— Oh ! cela, monsieur, dit mistress Tugby prenant place à côté du médecin sur une chaise, ce n'est pas la partie la moins douloureuse de son histoire. Ils s'étaient connus, voyez-vous, elle et Richard, depuis plusieurs années, du temps qu'ils formaient encore un couple brillant de jeunesse et de beauté ; tout était arrangé entre eux, et ils devaient se marier le premier jour de l'an. Mais, je ne sais comment, un beau jour, Richard se mit dans la tête, d'après ce que lui dirent quelques gros messieurs, qu'il avait tort, qu'il ne tarderait pas à s'en repentir, qu'elle n'était pas assez riche pour lui, et qu'un jeune homme, plein de force et d'avenir comme lui, n'avait que faire de se marier. Quant à elle, ces messieurs cherchèrent aussi à l'effrayer : ils l'attristèrent profondément en lui inspirant la crainte de se voir abandonnée un jour par Richard, de voir ses enfants devenir des gibiers de potence, de faire mauvais ménage, et combien d'autres choses encore ! Bref, ils diffèrent de jour en jour, leur confiance mutuelle s'altéra peu à peu, et, en définitive, le mariage fut rompu. Mais la faute en fut à Richard. Elle l'aurait épousé avec joie, monsieur ; j'ai vu, bien souvent depuis, son pauvre cœur se gonfler, quand il passait près d'elle avec un air d'indifférence superbe, et jamais femme ne s'affligea plus sincèrement sur le compte d'un homme qu'elle ne le fit lorsque Richard commença à donner dans le désordre.

— Ah! il a mal tourné, vraiment! dit le monsieur en noir, soulevant la bonde du tonneau et essayant de regarder le fond par l'ouverture.

— Je ne sais trop, monsieur, voyez-vous, s'il avait bien toute sa tête. Je crois que son esprit était dérangé par suite de cette rupture, et que, sans une mauvaise honte à l'endroit des beaux messieurs, ou peut-être l'incertitude sur la façon dont elle pourrait prendre sa démarche, il aurait surmonté bien des peines et bravé bien des épreuves pour obtenir de nouveau la parole et la main de Meg. C'est ma conviction. Il ne l'a jamais dit, et c'est là le malheur, selon moi. Il s'adonna dès lors à la boisson, à la fainéantise, fréquenta de mauvaises compagnies, eut recours enfin à toutes ces belles habitudes qui devaient remplacer si avantageusement pour lui l'intérieur qu'il aurait pu avoir. Il perdit sa bonne mine, sa bonne réputation, sa santé, ses forces, ses amis, son ouvrage.

— Il ne perdit pas tout, madame Tugby, puisqu'il gagna une femme, et je voudrais bien savoir comment il y a réussi.

— J'y arrive, monsieur, dans un moment. Cela continua pendant des années et des années; lui, se dégradant de plus en plus; elle, la pauvre créature, endurant assez de misères pour miner sa vie et sa santé. Enfin, il tomba si bas, si bas, que personne ne voulut plus l'employer ni s'occuper de lui; partout où il se présentait, on lui fermait la porte au nez. Courant de place en place et de maison en maison, il alla trouver, pour la centième fois, un monsieur qui l'avait bien souvent occupé (car c'était, au fond, un habile ouvrier); ce monsieur, auquel son histoire était parfaitement connue, lui dit : « Je vous crois incorrigible, il n'y a qu'une personne au monde qui puisse peut-être vous ramener dans le bon chemin; ne me demandez plus de vous rendre ma confiance, à moins qu'elle n'entreprenne votre changement. Ce fut à peu près là le langage qu'il lui tint dans sa colère et sa mauvaise humeur.

— Ah! dit le monsieur en noir. Eh bien?

— Eh bien! monsieur, il vint la trouver, se jeta à ses genoux, lui raconta ce qui s'était passé, et la supplia de le sauver.

— Et elle.... Ne vous attendrissez pas comme cela, madame Tugby.

— Elle vint, le soir même, me demander un logement ici. « Ce qu'il fut autrefois pour moi, me dit-elle, est enseveli pour jamais dans un tombeau, côte à côte avec ce que je fus moi-même pour lui. Mais j'ai réfléchi à sa demande, et je veux faire cette épreuve, dans l'espoir de le sauver, pour l'amour de la jeune fille joyeuse (vous vous la rappelez) qui devait se marier le premier jour de l'an et pour l'amour de son Richard. » Puis, elle ajouta qu'il était venu la voir de la part de Lilian, que Lilian s'était confiée à lui, et que jamais elle n'oublierait cela. Ils se marièrent donc, et lorsqu'ils s'établirent ici, en les voyant, je souhaitai au fond du cœur que des prophéties comme celles qui les avaient séparés dans leur jeunesse ne s'accomplissent pas toujours si cruellement, et, dans tous les cas, je ne voudrais pas, pour tout l'or du monde, être du nombre de ces prophètes de malheur. »

Le monsieur en noir sauta à bas de son tonneau de bière et s'étira les membres en disant :

« Je suppose qu'il la maltraita dès qu'ils furent mariés !

— Non, répondit Mme Tugby en secouant la tête et en s'essuyant les yeux; je ne crois pas qu'il l'ait jamais maltraitée; il se conduisit même mieux pendant quelque temps, mais ses habitudes étaient trop anciennes et trop invétérées pour qu'il pût s'en défaire; il retomba bientôt, et il allait se perdre de nouveau quand il s'est vu si violemment atteint par la maladie. Je crois qu'il l'a toujours aimée : j'en suis même sûre. Je l'ai vu, au milieu de ses accès mêlés de larmes et de tremblements nerveux, essayer de lui baiser la main, je l'ai entendu l'appeler « sa chère Meg, » et lui dire : « C'est aujourd'hui votre dix-neuvième anniversaire depuis que je vous connais. » Voilà des semaines et des mois qu'il ne sort pas de son lit : partagée entre lui et son enfant, elle n'a pas été en état de reprendre son travail, et, ne pouvant rendre l'ouvrage régulièrement, elle n'en peut plus trouver; d'ailleurs il lui eût été impossible de travailler. Je ne sais pas comment ils ont vécu !

— Je le sais, moi, » murmura M. Tugby, promenant ses regards du tiroir à la boutique et à sa femme avec des roulements d'yeux très-significatifs qui les rendaient semblables à ceux d'un coq de combat !

Il fut interrompu par un cri, un cri déchirant, lamentable, parti de l'étage supérieur de la maison. Le jeune médecin se précipita vers la porte.

« Mon ami, dit-il en se retournant, vous n'avez pas besoin d'entamer une discussion pour savoir s'il faut le renvoyer ou non : je crois qu'il vous en a épargné la peine. »

En parlant de la sorte, il monta rapidement l'escalier, suivi par mistress Tugby, tandis que son digne époux soufflait et grommelait entre ses dents derrière eux tout à son aise, attendu que la charge ajoutée à son poids déjà respectable par le contenu du tiroir où se trouvait fort mal à propos une quantité de monnaie de cuivre, le rendait encore moins léger et plus poussif que de coutume.

Trotty, toujours en la compagnie de l'enfant, s'élevait au-dessus de l'escalier comme un esprit aérien.

« Suis-la! suis-la! suis-la! » Il entendait les voix fantastiques des cloches lui répéter ces paroles à mesure qu'il montait : « Reçois cette leçon de la créature la plus chère à ton cœur! »

C'en était fait! C'en était fait! Elle était là, Marguerite, l'orgueil et la joie de son père! Cette femme aux yeux hagards, à l'aspect misérable, qui pleurait près du lit, si toutefois un pareil grabat méritait ce nom, pressant contre son cœur un petit enfant, et laissant retomber sur lui sa tête. Qui pourrait dire combien il était chétif, maigre, maladif, ce petit enfant! qui pourrait dire aussi combien il lui était cher!

« Grâces soient rendues à Dieu, s'écria Trotty joignant les mains et les élevant vers le ciel; oh! oui, grâces soient rendues à Dieu! elle aime son enfant! »

Le monsieur en noir, dont on ne pouvait dire qu'il fût d'ailleurs plus insensible ou plus indifférent qu'un autre à ces sortes de scènes, dont il était chaque jour témoin, et qui les considérait comme autant de chiffres insignifiants destinés à figurer dans les états statistiques de Filer, de simples traits de plume dans ses calculs, posa sa main sur le cœur qui avait cessé de battre, et écouta pour s'assurer si l'infortuné respirait encore. « Ses souffrances sont terminées, dit-il; c'est bien heureux! » Mme Tugby s'efforça de consoler la veuve en redoublant vis-à-vis d'elle de soins empressés et de tendresse, tandis que M. Tugby avait recours à des raisonnements philosophiques.

« Allons! allons! lui dit-il les deux mains dans ses poches, il ne faut pas vous désespérer ainsi, voyez-vous. Cela ne vaut rien. Vous devez lutter avec énergie. Que serais-je devenu, moi qui vous parle, si je m'étais laissé aller à mon chagrin du temps que j'étais concierge, quand nous avions à la porte de l'hôtel jusqu'à six voitures à deux chevaux à piaffer toute la soirée? Mais, bah! je ne perdais pas la tête, je conservais tout mon courage, et.... je n'ouvrais qu'à bonne enseigne. »

Trotty entendit encore les voix lui dire : « Suis-la! » Il se tourna vers son guide et le vit s'éloigner de lui en s'élevant dans les airs, puis disparaître en répétant : « Suis-la! »

Alors il plana autour de sa fille, s'assit à ses pieds, regarda son visage avec une grande attention pour y découvrir une trace de ce qu'elle était autrefois, et prêta l'oreille afin de saisir une note de sa voix, jadis si douce. Il voltigeait autour de l'enfant, pauvre petit être, si pâle, si vieux avant l'âge, si effrayant avec son air grave, et sa petite poitrine haletante, de laquelle s'échappaient des plaintes faibles, lugubres, étouffées. Il éprouvait pour lui presque de l'adoration, il s'attachait à lui comme à l'unique sauvegarde de sa fille, comme au dernier anneau qui restât encore pour la rattacher à une existence toute de douleurs. Il asseyait sur cette tête si frêle toutes ses espérances de père, épiait chacun des regards que lui adressait sa mère en le portant dans ses bras, et s'écria mille fois : « Elle l'aime; Dieu soit loué! elle l'aime! »

Il vit la bonne voisine lui tenir compagnie le soir, retourner près d'elle lorsque son mari grondeur était endormi et que tout était redevenu silencieux autour d'elle, l'encourager, pleurer avec elle, lui apporter de la nourriture. Il vit venir le jour, puis encore la nuit, les jours et les nuits se succéder, le temps s'écouler, la mort quitter la maison mortuaire, Meg laissée seule dans cette triste chambre avec son enfant; il entendit ce dernier pleurer et gémir, il le vit la tourmenter, la fatiguer, et quand elle s'endormait épuisée, la rappeler à la conscience de ses peines et la replacer de ses petites mains sur la roue d'angoisse; sans qu'elle cessât d'être attentive, douce et patiente avec lui! Patiente! ah! ce n'était pas de la patience, c'était de la tendresse. Elle restait, au fond du cœur, au fond de l'âme, sa mère, sa tendre mère, et la faible existence de ce petit ange était unie aussi intimement à la sienne que quand elle le portait encore dans son sein.

Cependant la misère se faisait vivement sentir; Meg dépérissait rapidement, victime de cruelles, de terribles privations. Son enfant dans les bras, elle errait çà et là pour aller chercher de l'ouvrage; lorsqu'elle en avait trouvé pour une misérable somme, elle y travaillait sans relâche, le pâle nourrisson couché sur ses genoux et la regardant de son œil voilé; un jour et une nuit de travail opiniâtre pour gagner autant de sous qu'il y a de chiffres sur le cadran. Lui arriva-t-il jamais de maltraiter son enfant, de le négliger, de laisser tomber sur lui un regard de haine, de le frapper dans un moment d'égarement passager? Oh! non. Elle l'aimait toujours. C'était la consolation de Trotty.

Elle ne parlait à personne de sa position difficile, et sortait toute la journée sans but, de peur d'être interrogée là-dessus par son unique amie ; car les légers secours que lui donnait la bonne dame occasionnaient entre elle et son mari des altercations sans cesse renaissantes ; et c'était chaque fois pour la pauvre Meg un nouveau sujet d'amertume d'être la cause de querelles journalières et de dissentiments sans fin dans un ménage auquel elle avait déjà tant d'obligations.

Elle aimait toujours son enfant, elle l'aimait de plus en plus. Mais cet amour vint à changer de face, un soir.

Un soir, elle chantait à demi-voix pour l'endormir, et se promenait dans la chambre en le portant, pour faire cesser ses cris, quand, la porte s'étant ouverte doucement, un homme se montra.

« Pour la dernière fois, dit-il en entrant.
— William Fern !
— Pour la dernière fois. »

Il écouta comme un homme qu'on poursuit, puis dit tout bas :

« Marguerite, voilà ma course presque achevée. Je ne pouvais en finir sans vous adresser un mot d'adieu, sans vous apporter une parole de reconnaissance.

— Qu'avez-vous fait ?... » lui demanda-t-elle en l'observan d'un air effrayé.

Il la regarda à son tour, mais sans répondre.

Après un moment de silence, il fit un geste de la main, comme pour écarter la question de Meg, la rejeter bien loin, et lui dire :

« Il y a bien longtemps, Marguerite ; mais cette nuit-là est aussi présente à mon souvenir que jamais. Nous ne pensions guère, alors, ajoute-t-il en promenant ses regards autour de lui, que nous dussions jamais nous retrouver ainsi.... Votre enfant, Marguerite ? Laissez-le-moi prendre dans mes bras. Laissez-moi tenir votre enfant. »

Il mit son chapeau à terre et prit l'enfant ; en le prenant, il tremblait de la tête aux pieds.

« Est-ce une fille ?
— Oui. »

Will mit la main sur ce petit visage.

« Voyez comme je suis devenu faible, Marguerite, puisque je n'ai pas le courage de la regarder. Laissez, laissez-la encore un moment. Je ne lui ferai pas de mal. Il y a longtemps, mais.... Quel est son nom ?

— Marguerite, répondit-elle vivement.
— J'en suis bien aise, dit-il. J'en suis bien aise.

Il sembla respirer plus librement, et, après un court intervalle, ôta sa main et regarda le visage de l'enfant. Mais il le recouvrit aussitôt.

« Marguerite! dit-il, en rendant l'enfant à sa mère. C'est tout Lilian.

— Lilian!

— J'ai tenu dans mes bras le même petit être quand la mère de Lilian mourut, et la laissa après elle.

— Quand la mère de Lilian mourut et la laissa après elle, répéta Meg l'air égaré.

— Comme vous criez d'un ton perçant! Pourquoi fixez-vous ainsi vos yeux sur moi, Marguerite? »

Elle se laissa tomber sur une chaise, pressa l'enfant contre sa poitrine et l'inonda de ses larmes. Par moments, elle interrompait ses embrassements pour attacher sur le visage de la petite créature un regard inquiet; puis elle redoublait ses étreintes. En ce moment, pendant qu'elle le considérait fixement, on voyait qu'un sentiment farouche, terrible, commençait à se mêler à son amour. Ce fut alors que son vieux père eut peur.

« Suis-la, dit une voix qui retentit dans toute la maison. Reçois cette leçon de la créature la plus chère à ton cœur!

— Marguerite, dit Fern en se penchant vers elle et la baisant au front, je vous remercie pour la dernière fois. Bonsoir; adieu. Mettez votre main dans la mienne, et dites-moi que vous allez m'oublier désormais, et que vous essayerez de vous persuader qu'à partir de ce moment je cesse d'exister.

— Qu'avez-vous fait? demanda-t-elle encore.

— Il y aura un incendie ce soir, répondit Will en s'éloignant de quelques pas. Il y aura des incendies cet hiver pour éclairer les nuits sombres, à l'est, à l'ouest, au nord, au midi. Quand vous verrez, dans le lointain, le ciel devenir rouge, c'est l'incendie qui l'éclairera. Quand vous verrez, dans le lointain, le ciel devenir rouge, ne pensez plus à moi, ou, si vous y pensez, rappelez-vous quel enfer fut allumé au dedans de mon âme, et figurez-vous que vous en voyez un reflet dans les nuages. Bonsoir; adieu! »

Meg l'appela, mais il était parti. Elle s'assit toute stupéfaite, jusqu'à ce que les cris de son enfant vinrent lui rappeler la faim, le froid, l'obscurité. Elle se promena dans sa chambre tout le long de la nuit en le portant dans ses bras, cherchant à le calmer et à le faire taire. Elle répétait par intervalles : « Tout comme Lilian, quand sa mère mourut et la laissa seule! » Pourquoi son pas devenait-il donc si brusque, son regard si égaré?

pourquoi son amour prenait-il un aspect si farouche et si terrible toutes les fois qu'elle répétait ces paroles?

« Ce n'est que de l'amour, se disait Trotty, rien que de l'amour. Elle ne cessera jamais de l'aimer. Ma pauvre Meg ! »

Le lendemain matin, elle habilla son enfant avec un soin tout particulier ; que de soins perdus pour de si pauvres langes! et une fois encore elle essaya de se procurer quelques moyens d'existence. C'était le dernier jour de l'année. Jusqu'à la nuit elle continua ses recherches sans manger ni boire ; mais ses courses furent vaines.

Elle alla se mêler à une foule abjecte qui stationnait dans la neige, jusqu'à ce qu'il plût à un employé chargé de distribuer les secours de la charité publique (la charité légale, veux-je dire, non pas celle qui fut prêchée autrefois sur une montagne, vous savez), d'introduire en sa présence ces infortunés, de les interroger et de dire à l'un : « Allez-vous-en dans tel endroit ; » à l'autre : « Revenez la semaine prochaine ; » de renvoyer comme une balle un autre de ces malheureux, le faire aller ici et là, le passer de main en main, de maison en maison, jusqu'à ce que, épuisé de besoin et de fatigue, il succombe et meure, à moins qu'il ne se relève, par un suprême effort, pour voler ; car alors le voilà devenu un criminel privilégié dont les réclamations ne souffrent pas de retard. Là encore elle échoua ; comme elle aimait son enfant, elle désirait le garder contre son cœur, et ne s'en séparer jamais : il n'en fallait pas davantage pour éprouver un refus.

Il faisait nuit ; une nuit obscure, froide, pénétrante, lorsque, serrant la pauvre petite créature entre ses bras pour lui donner un peu de chaleur, elle arriva bientôt à la porte de la maison qu'elle appelait son *chez elle*. Elle était si faible, elle avait la tête si lourde, qu'elle n'aperçut pas un homme debout sur le seuil, avant d'être arrivé tout près pour entrer. Alors seulement elle reconnut le maître de la maison qui s'était établi là de telle manière (et la chose n'était pas difficile pour un si gras personnage), qu'il bouchait entièrement le passage.

« Ah! dit-il à voix basse, vous voilà revenue! »

Meg regarda l'enfant et secoua la tête.

« Ah çà, croyez-vous que vous n'êtes pas demeurée ici assez longtemps sans payer de loyer? N'y a-t-il pas, selon vous, assez longtemps que vous honorez gratis cette boutique de votre pratique? » dit M. Tugby.

Elle répéta encore le même appel muet à sa pitié.

« Supposons que vous alliez essayer d'en faire autant ailleurs, n'importe où, continua-t-il. Supposons que vous vous procuriez un autre logement. Allons! ne pensez-vous pas que vous pourriez arranger cela? »

Meg répondit à voix basse qu'il était bien tard.... Demain.

« Maintenant, je vois ce que vous voulez, dit Tugby, et je devine vos intentions. Vous savez qu'il y a deux partis à votre sujet dans cette maison, et vous trouvez du plaisir à les mettre aux prises. Je ne veux pas de querelles; je parle doucement pour éviter toute contestation; mais si vous ne partez, je vais prendre ma grosse voix, et vous allez entendre parler assez haut pour vous rendre contente. Mais vous n'entrerez point pour cela, j'y suis résolu. »

De la main elle rejeta ses cheveux en arrière, leva les yeux au ciel par un mouvement subit, et les plongea dans l'ombre qui s'étendait devant elle.

« Nous voici à la dernière nuit de l'année; je ne veux pas, pour vous plaire ou pour plaire à qui que ce soit, dit Tugby, véritable ami et père des pauvres en miniature, reporter sur l'année nouvelle les sujets d'ennuis, de querelles et de discorde de celle qui finit. Je m'étonne que vous n'ayez pas honte vous-même d'aller charger le nouvel an de ce vieux reliquat. Si vous n'avez pas autre chose à faire dans le monde que de toujours vous désoler et de semer constamment la discorde dans un ménage, vous feriez mieux d'en sortir. Allez-vous-en.

— Suis-la jusqu'au désespoir! »

Le vieillard entendit de nouveau les voix. Levant les yeux, il vit les fantômes planer dans l'air et désigner du doigt la route qu'elle suivait au milieu des ténèbres.

« Elle l'aime! s'écria-t-il comme par une sorte de supplication pleine d'angoisses adressée au ciel pour sa fille. Chères cloches, elle l'aime toujours! n'est-ce pas?

— Suis-la! » Et les ombres glissaient comme un nuage, rasant la terre sur le chemin qu'elle avait pris.

Il se joignit à elles pour la suivre, se tint près de sa fille, attacha son regard sur son visage. Il y lut la même expression farouche et terrible mêlée à celle de son amour qui brillait dans ses yeux d'un éclat effrayant. Il l'entendit répéter : « Tout comme Lilian!... Pour tourner comme Lilian! » et elle redoublait de vitesse.

« Oh! n'y a-t-il donc rien qui puisse l'éveiller? Pas un objet, pas un son, pas une odeur pour rappeler de tendres souvenirs dans une tête en feu! Pas une douce image du passé pour s'élever devant ses pas!

« ...J'étais son père! j'étais son père! s'écriait le vieillard étendant ses mains tremblantes vers les ombres ténébreuses qui voltigeaient au-dessus de sa tête. Ayez pitié d'elle et de moi! Où va-t-elle? Ramenez-la! j'étais son père! »

Mais les ombres se contentaient de la suivre du doigt dans sa course précipitée, et de dire :

« Jusqu'au désespoir! Reçois cette leçon de la créature la plus chère à ton cœur! »

Cent voix répétèrent ces paroles comme un écho. L'atmosphère était faite de leur souffle quand elles exhalèrent ces mots. Trotty semblait les aspirer chaque fois qu'il ouvrait la bouche. Elles étaient partout, il ne pouvait les éviter. Meg, cependant, pressait le pas, la même flamme dans les yeux, les mêmes paroles sur les lèvres : « Tout comme Lilian!... Pour tourner comme Lilian! »

Tout à coup elle s'arrêta.

« Oh! ramenez-la maintenant! s'écria le vieillard arrachant ses cheveux blancs. Meg! mon enfant chérie! Ramenez-la! grand Dieu! ramenez-la! »

Elle enveloppa chaudement le petit corps de l'enfant dans son châle usé; de ses mains fiévreuses elle caressa ses membres délicats, arrangea sa tête et disposa ses misérables langes. Elle le serrait entre ses bras amaigris, décidée à ne plus s'en séparer, et, de ses lèvres desséchées, elle imprima sur le front de la faible créature un tendre baiser, suprême expression de ses angoisses et de la longue mais dernière agonie de son amour.

Ramenant sa petite main autour de son cou, et le tenant serré dans les plis de sa robe, tout contre son pauvre cœur déchiré, elle appuya sur son épaule le visage de cet ange endormi, tout près de sa joue, bien serré, et courut à la rivière.

A la rivière, roulant ses flots rapides et noirs sur lesquels planait une froide nuit d'hiver, semblable aux dernières pensées lugubres et sombres d'une foule de malheureux qui, avant elle, étaient allés y chercher un refuge contre la rigueur du sort; où des lumières rougeâtres éparpillées sur ses rives répandaient une lueur blafarde, comme des torches allumées afin d'éclairer la route qui conduit au trépas; où nulle habitation, nulle demeure d'être vivant ne voit réfléchir son ombre dans l'obscurité profonde, impénétrable, triste et mélancolique de ses eaux.

A la rivière! Ses pas guidés par le désespoir la portaient vers ce portail de l'éternité avec la même vitesse qui entraîne ses ondes rapides au sein de la vaste mer. Lorsqu'elle passa près de lui, courant dans la direction du gouffre ténébreux, Trotty essaya de la toucher ; mais l'infortunée, en proie à une agitation, à une sorte d'égarement sauvage, dominée par cet amour farouche et terrible, victime d'un désespoir qu'aucune force humaine ne pouvait plus contenir ni arrêter, glissa, comme un souffle, aux côtés du vieillard.

Il la suivit. Elle s'arrêta un instant sur le rivage avant d'exécuter son terrible plongeon. Pour lui, tombant à genoux, poussa un cri inarticulé, humble supplication adressée aux esprits des cloches qui planaient en ce moment au-dessus d'eux.

« J'ai reçu la leçon, s'écria Trotty, de la créature la plus chère à mon cœur! Oh! sauvez-la, sauvez-la. »

Il put engager les doigts dans les plis de sa robe; il put la saisir! Au moment où ces paroles s'échappaient de ses lèvres, il sentit renaître en lui le sens du toucher, et comprit qu'il la retenait.

Les spectres abaissèrent sur lui leurs regards et le considérèrent fixement.

« J'ai reçu la leçon! s'écria le bon vieillard. Oh! ayez pitié de moi à cette heure, si, entraîné par mon amour pour elle, jeune et bonne comme elle est, j'ai calomnié la nature dans les entrailles des mères poussées au désespoir! Ayez pitié de ma présomption, de ma méchanceté et de mon ignorance, mais sauvez-la! »

Il sentit que sa main s'ouvrait, que Meg allait lui échapper. Les spectres demeuraient silencieux.

« Ayez pitié d'elle! s'écria-t-il; c'est par un funeste égarement de son amour même qu'elle a conçu la pensée de ce crime; entraînée par l'amour le plus fort, le plus profond que nous puissions connaître, nous autres, créatures déchues! Songez à ce qu'a dû être sa misère, si de telles semences portent de tels fruits. Le ciel avait voulu la faire bonne; il n'y a pas sur la terre de mère que l'amour de son enfant ne puisse conduire à une pareille extrémité, après une aussi douloureuse existence. Oh! ayez pitié de mon enfant qui, dans ce moment même, cède à sa profonde pitié pour le sort de son enfant, et se voue à la mort, corps et âme, pour le sauver! »

Elle était dans ses bras; il la serrait contre son cœur avec la force d'un géant.

« Je vois parmi vous le génie des carillons, s'écria le vieillard distinguant au milieu d'eux l'esprit de l'enfant, et comme inspiré par l'influence surnaturelle de leurs regards. Je sais que notre héritage est tenu pour nous en réserve par la main du temps. Je sais que le temps se lèvera un jour comme un océan devant lequel tous ceux qui nous oppriment ou nous insultent seront balayés comme la feuille. Je le vois; le flux commence. Je sais que nous devons avoir confiance, espérer et ne point douter de nous-mêmes ni des autres. Je l'ai appris de la créature la plus chère à mon cœur. Je la serre de nouveau dans mes bras. O esprits compatissants et bons, la leçon que vous me donnez, je la prends et la presse ainsi qu'elle contre mon cœur! O esprits compatissants et bons, que je vous suis reconnaissant! »

Il aurait pu en dire davantage, mais les cloches, les cloches, qui lui étaient familières depuis si longtemps; les cloches, ses amies si chères, si constantes, si fidèles, commencèrent à sonner en joyeuses volées pour annoncer le nouvel an, et cela si vivement, si lestement, si heureusement, si joyeusement, que Toby bondit sur ses pieds, et rompit le charme qui l'enchaînait.

« Vous direz tout ce que vous voudrez, mon père, dit Meg, mais dorénavant, ne mangez plus de tripes sans demander au médecin si elles ne peuvent pas vous faire de mal, car vous avez eu un sommeil assez agité, bon Dieu; pauvre père! »

Elle était occupée à coudre, assise à la petite table, près du feu, ajustant des nœuds de ruban à sa modeste robe de noce; mais si heureuse d'un bonheur doux et calme, si fraîche, si jeune, si pleine de beauté et d'espérances, que Toby poussa un grand cri, comme s'il eût vu un ange du ciel apparaître dans sa maison; puis, il s'élança pour la serrer dans ses bras.

Mais ses pieds s'embarrassèrent dans le journal qui était tombé devant le foyer, et quelqu'un profita de ce retard pour se précipiter entre eux deux.

« Que non! s'écria la voix de ce quelqu'un, et une voix fièrement franche et gaillarde, allez; que non! pas même vous, pas même vous! Le premier baiser de Meg, au nouvel an, m'appartient; il est pour moi! Voilà une heure que j'attends dehors que les cloches sonnent pour le réclamer. Meg, ma précieuse conquête, une heureuse année! Une vie entière d'heureuses années ma bonne petite femme! »

Et Richard l'étouffait de baisers.

Jamais, de votre vie, vous n'avez rien vu de pareil à Trotty après cette brusque interruption. Peu m'importe où vous avez vécu ni ce que vous avez vu; mais, pour sûr, jamais de votre vie vous n'avez rien vu nulle part qui pût en approcher! Il s'asseyait sur sa chaise et se frappait les genoux en pleurant; il se rasseyait encore et se frappait les genoux en riant; il s'asseyait de nouveau et se frappait les genoux en riant et pleurant à la fois; il se levait de sa chaise pour embrasser Meg; il se levait de sa chaise pour embrasser Richard; il se levait de sa chaise pour les embrasser tous les deux en même temps ; il courait à Meg, pressait son frais visage entre ses mains et le baisait, tantôt s'éloignant d'elle à reculons pour ne pas la perdre de vue, tantôt s'en rapprochant brusquement en courant comme les ombres chinoises des lanternes magiques; mais toujours et toujours il ne faisait que s'asseoir dans cette chaise et la quitter en moins d'une minute, tant il était, à la lettre, fou de joie.

« C'est donc demain ta noce, ma biche ! s'écria Trotty ; ta vraie, ton heureuse noce!

— C'est aujourd'hui! interrompit Richard en lui donnant une poignée de main ; c'est aujourd'hui. Les cloches carillonnent pour le nouvel an. Entendez-les ! »

C'était bien vrai; elles sonnaient! Gloire à leurs vigoureux poumons! Comme elles sonnaient! C'étaient de grandes cloches, de nobles cloches, harmonieuses, puissantes, fondues d'un métal rare, l'œuvre de quelque artiste distingué; n'ayez pas peur qu'elles eussent jamais sonné comme cela auparavant.

« Aujourd'hui pourtant, mon ange, dit Trotty, Richard et toi vous avez eu une petite querelle, ce me semble.

— C'est un si mauvais sujet, mon père, répondit Meg. N'est-il pas vrai, Richard! Vilain entêté que vous êtes! J'ai vu le moment où il ne se serait pas plus gêné pour dire sa façon de penser au gros alderman et le supprimer en l'envoyant je ne sais où, que pour....

— Embrasser Meg, dit Richard. » Et c'est qu'il le fit, ma foi comme il le disait

« Non; pas une fois de plus, repartit Meg.... Mais je n'ai pas voulu le laisser faire, mon père. A quoi cela aurait-il servi?

— Richard! Richard! s'écria Trotty. Vous avez toujours été un crâne garçon et vous resterez un crâne gaillard jusqu'à la fin. Mais pourquoi pleurais-tu ce soir, près du feu, mon ange, quand je suis entré?

— C'est que je songeais aux années que nous avons passées ensemble, mon père. Voilà tout. Je pensais que vous pourriez me regretter quand vous alliez vous trouver seul. »

Trotty allait encore s'asseoir sur cette chaise extraordinaire, quand l'enfant, éveillée par le bruit, accourut, à demi habillée.

« Comment! la voilà! dit le bonhomme en la soulevant dans ses bras. Voici la petite Lilian! Ah! ah! ah! Nous y sommes, nous y voilà! Oui, oui, nous y sommes, nous y voilà! Et l'oncle Will aussi! (s'arrêtant dans son trot pour lui faire un salut cordial.) Ah! oncle Will! s'écria Toby; si vous saviez la vision que j'ai eue ce soir pour vous avoir logé chez moi ! Oh ! oncle Will ! si vous saviez les obligations que je vous ai, mon ami, pour être venu habiter ma pauvre maison ! »

Avant que Will Fern pût répondre un seul mot, une troupe de musiciens fit irruption dans la chambre, suivis d'une foule de voisins, criant à qui mieux mieux : « Une heureuse nouvelle année, Meg ! et une heureuse noce !... accompagnée de plusieurs autres ! » toute sorte d'autres souhaits du jour. La grosse caisse, ami particulier de Trotty, s'avança alors, et prenant la parole :

« Trotty Veck, mon camarade ! dit-il ; le bruit court que votre fille se marie demain. Il n'est personne, parmi toutes vos connaissances, qui ne vous souhaite toute sorte de bonheur, et de même, personne qui connaisse Meg et ne lui souhaite aussi toutes sortes de prospérités, ou personne qui vous connaisse l'un et l'autre et ne vous souhaite à tous deux le bonheur que la nouvelle année peut donner ; et c'est pour cela que nous sommes venus vous faire danser au son de la musique. »

Cette harangue fut accueillie par une acclamation générale. A propos, la grosse caisse était ivre ou à peu près, mais qu'importe ?

« Quel bonheur, en vérité, dit Trotty, d'être ainsi estimé ! Que vous êtes de bons, d'aimables voisins ! Et tout cela, à cause de ma chère fille ! Elle le mérite bien ! »

En moins d'une demi-seconde, la société fut prête à commencer la danse, Meg et Richard en tête ; la grosse caisse allait frapper dur sur sa double peau d'âne, quand on entendit tout à coup au dehors un mélange de sons extraordinaires. Une bonne grosse maman, qui paraissait avoir atteint environ la cinquantaine, mais très-gracieuse encore et fort avenante, s'élança dans la chambre, accompagnée d'un homme qui portait une cruche de grès d'une taille effrayante, et suivie de près de cymbales et de clochettes, non pas les grosses cloches de Trotty, bien entendu, mais un carillon en miniature, suspendu à un cadre diminutif, en manière de bonnet chinois.

« Voilà Mme Chickenstalker ! » s'écria le bon vieillard. Cela dit, il s'assit et frappa de plus belle ses genoux avec les mains.

« Se marier et ne m'en rien dire, Meg ! fit la bonne dame ; jamais je n'aurais pu dormir la dernière nuit de l'année sans venir vous offrir mes vœux et mes souhaits de bonheur. Je n'aurais pu le faire, Meg, quand même la maladie m'aurait clouée sur mon lit. Aussi, me voilà ; et comme nous sommes à la veille du nouvel an, et en même temps à la veille de votre mariage, ma chère, j'ai fait préparer un petit punch de ma façon que j'apporte avec moi. »

Ce que Mme Chickenstalker entendait par un petit punch de sa façon faisait honneur à son talent. La cruche lançait des nuages de vapeur et de fumée, comme un volcan en éruption, et l'homme qui l'avait apportée en avait sa charge.

« Madame Tugby, dit Trotty qui se tournait et retournait autour d'elle en extase; madame Chickenstalker, voulais-je dire, que Dieu vous bénisse pour votre bon cœur. Une bonne année accompagnée de plusieurs autres! Madame Tugby, ajouta-t-il après l'avoir embrassée, c'est madame Chickenstalker que je veux dire, je vous présente William Fern et Lilian! »

La bonne dame, à la grande surprise de Tugby, rougit et pâlit tour à tour.

« Ce n'est pas, dit-elle, la petite Lilian dont la mère est morte dans le Dorsetshire?

— Précisément, » répondit Will. Il s'approcha aussitôt d'elle et ils échangèrent rapidement quelques paroles, dont le résultat fut que Mme Chickenstalker serra affectueusement les deux mains de Will, embrassa de nouveau Trotty sur la joue, mais d'elle-même, et pressa l'enfant contre son sein opulent.

« Will Fern! dit Trotty tirant sa mitaine de la main droite: est-ce que c'est là l'amie que vous espériez trouver?

— Oui, répondit Will appuyant ses deux mains sur les épaules du vieillard, et une amie aussi dévouée, si c'est possible, j'espère, que l'ami que j'ai rencontré en vous.

— Oh! fit Trotty. La musique, s'il vous plaît. Voulez-vous avoir cette bonté? »

La musique, le carillon.... tout éclata à la fois, et pendant que les cloches, dans la tour, sonnaient encore à toute volée, Trotty, faisant passer Meg et Richard au second rang, s'il vous plaît, se mit avec Mme Chickenstalker en tête de la danse, et ouvrit le bal avec elle par un pas inconnu avant et depuis; un pas qui avait pour base son petit trot particulier.

Trotty avait-il rêvé? Ses joies, ses chagrins, tous les acteurs qui ont joué un rôle dans ce drame ne sont-ils qu'un rêve? Trotty lui-même n'est-il qu'un rêve? L'auteur de ce récit n'est-il qu'un rêveur qui ne se réveille lui-même qu'en ce moment? S'il en est ainsi, ami lecteur, vous qui lui étiez si cher au milieu de toutes ses visions, tâchez de ne pas oublier les sérieuses réalités où ces ombres ont pris naissance; et, dans votre sphère (il n'en est aucune qui soit trop étendue, aucune qui soit trop bornée pour un tel but), efforcez-vous d'y apporter le remède, les améliorations et les adoucissements qu'elles comportent. Puisse, de cette sorte, le nouvel an être pour vous une heureuse année, heureuse également pour tous ceux dont le bonheur dépend de vous! Puisse ainsi chaque année être plus heureuse que la précédente, et que le dernier d'entre nos frères, la plus humble d'entre nos sœurs, reçoive sa légitime part du bonheur dont le Créateur du genre humain a voulu les faire jouir comme les autres.

LE GRILLON DU FOYER

CONTE DE FÉES

LE GRILLON DU FOYER

I

Premier cri.

C'est la bouilloire qui commença ! Je sais bien que Mme Peerybingle dit le contraire, mais cela m'est égal. Que Mme Peerybingle jure ses grands dieux, si elle veut, jusqu'à la consommation des siècles, qu'elle ne pourrait pas dire qui des deux a commencé ; je dis, moi, que c'est la bouilloire. Je dois bien le savoir, peut-être. La bouilloire commença cinq bonnes minutes à la petite horloge hollandaise au cadran verni, placée dans l'encoignure, avant que le grillon eût fait entendre un seul cri.

Comme si l'horloge n'avait pas fini de sonner, comme si le petit faneur aux mouvements convulsifs et saccadés qui la surmonte, promenant sa faux de droite à gauche, puis de gauche à droite devant la façade d'un palais moresque, n'avait pas fauché un demi-acre de gazon imaginaire avant que le grillon se fût mis de la partie !

Certes, je ne suis pas un obstiné, comme chacun sait. Je ne voudrais, à aucun prix, opposer mon opinion personnelle à l'opinion de Mme Peerybingle, si je n'étais parfaitement sûr de la chose. J'en suis tout à fait incapable. Mais c'est ici une question de fait : et le fait est que la bouilloire commença cinq minutes au moins avant que le grillon eût donné signe de vie Avisez-vous de me contredire, et je parierai pour dix minutes.

Laissez-moi raconter exactement comment la chose arriva. C'est ce que j'aurais dû faire dès mon premier mot, sans cette considération bien simple, que, si je raconte une histoire, je dois commencer par le commencement ; et comment voulez-vous que je commence par le commencement, si je ne commence pas par la bouilloire ?

Il semblait qu'il y eût une lutte, entendons-nous, je dis un assaut de talent musical, entre la bouilloire et le grillon. Et en voici l'origine et la suite.

Mme Peerybingle, sortie à la brune, une brune humide et froide, et faisant clic clac sur le pavé boueux avec une paire de patins dont les empreintes reproduisaient grossièrement tout autour de la cour une foule de figures circulaires de la première proposition d'Euclide; Mme Peerybingle, dis-je, était allée remplir la bouilloire à la fontaine. De retour maintenant, moins ses patins, ceci n'est pas peu de chose, car les patins étaient hauts, et Mme Peerybingle, au contraire, fort petite, elle mit la bouilloire sur le feu. Ce que faisant, elle perdit son sang-froid, ou du moins oublia pour un instant la patience de son caractère; car l'eau, se trouvant alors d'un froid glacial, dans cet état de grésil glissant et liquide, où elle s'infiltre jusqu'au cœur de toutes les substances, y compris les cercles de fer qui soutiennent les patins, n'avait pas respecté les orteils de Mme Peerybingle; elle avait même éclaboussé ses jambes. Or, quand nous sommes un peu fières de nos jambes, et qu'il y a de quoi, et que nous tenons en particulier à avoir toujours des bas bien propres, nous ne pouvons nous empêcher de trouver, au premier moment, cette petite épreuve très-dure à supporter.

En outre, la bouilloire était d'une obstination bien faite pour impatienter. Elle ne voulait pas se laisser ajuster sur la barre supérieure de la grille; elle ne voulait pas se prêter à s'accommoder tranquillement aux inégalités du charbon; elle se penchait en avant avec des façons d'ivrogne, et pendant ce temps-là égouttait, comme une sotte qu'elle était, sur le foyer. Elle faisait la mauvaise tête, elle sifflait et grondait au feu d'un ton de mauvaise humeur. Ce n'est pas tout, le couvercle, résistant aux doigts de Mme Peerybingle, commença d'abord par se retourner sens dessus dessous, puis, avec une opiniâtreté ingénieuse, digne d'une meilleure cause, plongea de côté, jusqu'au fond de la bouilloire. La coque du *Royal-George* n'a pas fait, pour sortir de l'eau, la moitié de la résistance monstrueuse que le couvercle opposa aux efforts de Mme Peerybingle, avant qu'elle pût le retirer et le remettre à sa place.

Et même alors, cette malheureuse bouilloire se montrait revêche et grognon, portant son anse avec un air de bravade et relevant son bec avec impertinence et moquerie du côté de Mme Peerybingle, comme si elle lui disait : « Je ne veux pas bouillir, moi. Rien ne pourra m'y forcer ! »

Mais Mme Peerybingle, dont la bonne humeur était revenue,

frotta l'une contre l'autre ses petites mains grassouillettes pour en ôter la poussière, et s'assit en riant devant la bouilloire. Cependant, la flamme joyeuse s'élevait et retombait tour à tour, répandant une éclatante lueur sur le petit faucheur placé tout en haut de l'horloge hollandaise, si bien qu'on aurait pu croire qu'il était planté là, immobile comme une souche devant le palais moresque, et qu'il n'y avait de mouvement que pour la flamme.

Il se remuait, cependant; il avait ses spasmes, deux par seconde, toujours avec la même régularité. Mais c'était surtout une chose effrayante à voir que les souffrances auxquelles il était en proie quand l'horloge allait sonner. Lorsqu'un coucou passait sa tête hors de la trappe du palais et chantait six fois sa note, chacun de ces cris l'ébranlait comme si c'eût été la voix d'un fantôme, ou comme si on l'eût tiré chaque fois par un fil d'archal attaché à ses jambes.

Ce n'était qu'après une violente secousse et quand le grincement des cordes et des poids placés au-dessous de lui avait entièrement cessé, que le pauvre faucheur, saisi d'effroi, revenait enfin à lui-même. Et il ne tressaillait pas sans raison, car ces bruyants squelettes d'horloges, avec leur cliquetis inquiétant, sont dans le cas de déconcerter une grande personne dans le cours de leurs opérations, et je m'étonne beaucoup qu'il se soit trouvé des hommes, mais par-dessus tout des Hollandais, qui aient trouvé du plaisir à les inventer. En effet, d'après une croyance populaire, les Hollandais aiment les larges fourreaux et d'amples vêtements, pour se cacher du haut en bas; ils auraient donc aussi bien fait, par analogie, de ne pas laisser leurs horloges nues et sans protection dans les régions inférieures de leur individu.

Or, ce fut en ce moment, remarquez bien, que la bouilloire commença la soirée. Ce fut en ce moment que la bouilloire, devenant tendre et musicale, commença à sentir dans sa gorge ses glouglous irrésistibles et à se permettre de courts ronflements, qu'elle arrêtait dès la première note, comme si elle n'était pas encore bien sûre qu'ils fussent de bonne compagnie. Ce fut en ce moment, qu'après avoir fait deux ou trois tentatives vaines pour étouffer ses sentiments expansifs, elle secoua toute humeur chagrine, toute réserve, et laissa échapper tout à coup un ruisseau de notes si gaies, si joyeuses, que jamais rossignol stupide n'en a conçu la moindre idée. Et si simples aussi! vous auriez pu, Dieu merci, comprendre ce chant comme un livre, mieux peut-être que certains livres que vous et moi pourrions nommer. Avec sa chaude haleine s'exhalant en un léger nuage qui montait gracieux et coquet à une hauteur de quelques pieds, puis demeurait suspendu vers l'angle de la cheminée, comme dans son ciel domestique, la bouilloire mit à poursuivre sa chanson tant de verve et d'énergie, que son corps de fer en bourdonnait et se trémoussait de plaisir sur le feu; et le couvercle lui-même, le couvercle rebelle naguère (tant est grande l'influence du bon exemple), exécuta une sorte de gigue et fit un bruit semblable à celui d'une jeune cymbale sourde et muette qui n'a jamais connu le contact de sa sœur jumelle.

Que ce chant de la bouilloire fût un chant d'invitation et de bienvenue adressé à quelqu'un du dehors, à quelqu'un qui se dirigeait en ce moment vers le bon petit intérieur domestique et le feu petillant, il n'y a là-dessus aucun doute. Mme Peerybingle le savait parfaitement, tandis qu'elle rêvait assise devant le foyer. « Il fait nuit noire, chantait la bouilloire, et les feuilles mortes jonchent le chemin; au-dessus, tout est brouillard et ténèbres; au-dessous, tout n'est que fange et boue; dans l'atmosphère triste et sombre il n'y a qu'un point où puisse se reposer le regard; encore n'est-ce qu'une lueur d'un rouge foncé et sinistre à l'endroit où règnent le soleil et le vent. Ce n'est qu'un feu rouge dont sont flétris les nuages pour les punir de faire un pareil temps. La vaste campagne, dans toute son étendue, n'est qu'une longue bande noirâtre à l'aspect lugubre. Les frimas couvrent le poteau indicateur. Il y a du verglas sur le sentier; l'eau n'est pas encore devenue glace, et pourtant elle n'est déjà plus libre; rien n'a gardé sa forme naturelle; mais le voilà qui vient, qui vient, qui vient!... »

C'est ici, s'il vous plaît, que le grillon se mit de la partie avec un crrri, crrri, crrri d'une ampleur magnifique, pour faire chorus; et cela, avec une voix si étonnamment disproportionnée à sa taille, en le comparant à la bouilloire (sa taille! vous n'auriez seulement pas pu la voir), que, s'il avait par hasard éclaté comme un canon trop chargé, et qu'il fût tombé sur la place, victime de son zèle, son petit corps brisé en mille pièces, cela n'aurait paru qu'une conséquence forcée, inévitable, de ses efforts surnaturels.

La bouilloire avait fini d'exécuter son solo. Elle persévéra avec une ardeur toujours égale, mais le grillon prit le dessus et s'y maintint. Bon Dieu! comme il criait! sa voix chevrotante, aiguë et perçante à la fois, résonnait dans la maison et paraissait scintiller comme une étoile au milieu de l'obscurité qui régnait au dehors. Il y avait dans ses notes les plus élevées un indescriptible petit tremblement qui permettait de croire qu'emporté par l'intensité de son enthousiasme, il ne demeurait point en équilibre sur ses jambes et se voyait forcé de faire des sauts et des bonds. Cependant, ils allaient très-bien ensemble, le grillon et la bouilloire. Le refrain de la chanson était encore le même, et, dans leur émulation mutuelle, ils le répétaient d'une voix toujours de plus en plus forte.

La jolie petite écouteuse, car elle était jolie et jeune, quoiqu'un peu de ce que l'on appelle rondelette, mais, pour mon goût particulier, je n'y trouve pas à redire, alluma une chandelle, jeta un coup d'œil sur le faucheur en haut de l'horloge, qui faisait une assez jolie récolte de minutes, et regarda en dehors de la fenêtre où l'obscurité ne lui permit de voir que son visage réfléchi dans la vitre. Il est vrai, selon moi (et je suis sûr aussi, selon vous), qu'elle aurait pu chercher bien loin sans rien voir d'aussi agréable. Quand elle revint s'asseoir à sa place, le grillon et la bouilloire s'escrimaient encore à chanter avec une sorte de rivalité furieuse, le côté faible de la bouilloire étant évidemment de ne pas savoir quand elle était battue.

Il y avait entre eux toute l'animation d'une course. Crrri, crrri, crrri! Un mille d'avance au grillon. Hum, hum, hum-m-m! la bouilloire bourdonne derrière comme une grosse toupie. Crrri, crrri, crrri! Le grillon tourne le coin. Hum, hum, hum-m-m! la bouilloire le serre de près, la voilà sur ses talons ; n'ayez pas peur qu'elle lâche pied. Crrri, crrri, crrri! le grillon est plus florissant que jamais. Hum, hum, hum-m-m! la bouilloire va doucement, mais elle est solide. Crrri, crrri, crrri! le grillon va l'achever. Hum, hum, hum-m-m! la bouilloire n'entend pas qu'on l'achève. Jusqu'à ce qu'enfin ils se brouillèrent et se confondirent tellement ensemble, dans le désordre et la précipitation de la course, que, pour décider avec quelque apparence si c'était la bouilloire qui criait et le grillon qui bourdonnait, ou si c'était le grillon qui criait et la bouilloire qui ronflait, ou si tous deux criaient et ronflaient tout ensemble, il aurait fallu avoir une meilleure tête que la mienne et peut-être que la vôtre. Mais une chose indubitable, c'est que la bouilloire et le grillon, à un seul et même moment, et par la puissance d'une combinaison qui n'est connue que d'eux, envoyèrent chacun leur consolante chanson du coin du feu sur un rayon de la lumière, qui, brillant au travers de la fenêtre, allait plonger jusqu'au fond du chemin creux ; et cette lumière, frappant en plein sur une certaine personne qui, au même instant, s'avançait de ce côté dans les ténèbres, lui expliqua

toute la chose en un clin d'œil (c'est à la lettre) et lui cria :
« Sois le bienvenu chez toi, mon vieil ami! sois le bienvenu
chez toi, mon garçon! »

Ce but atteint, la bouilloire, battue à plate couture, répandit
de colère son contenu en bouillonnant et fut emportée du feu.
Mme Peerybingle courut ensuite à la porte où le bruit des roues
d'une charrette, le pas d'un cheval, la voix d'un homme, les allées et venues d'un chien transporté de joie et l'apparition aussi
surprenante que mystérieuse d'un enfant au maillot causaient
une confusion au milieu de laquelle il devenait difficile de s'entendre.

D'où venait l'enfant, ou comment Mme Peerybingle le saisitelle dans ses bras en moins d'une seconde, c'est ce que j'ignore
tout à fait; mais il y avait un enfant plein de vie entre les bras
de Mme Peerybingle qui en paraissait joliment fière, quand elle
fut doucement attirée vers le feu par un homme aux formes robustes, beaucoup plus grand et plus âgé qu'elle, et obligé de
se baisser en deux pour l'embrasser. Mais elle en valait certes
bien la peine; qu'on me donne six pieds et six pouces, même
aux risques d'un lumbago, et je me charge bien d'en faire autant.

« Bonté du ciel, John! dit Mme Peerybingle, dans quel état
vous êtes par le temps qu'il fait! »

On ne pouvait nier, en effet, qu'il en eût souffert. Le brouillard épais pendait à ses cils en gouttes congelées, semblables à
des stalactites, et l'action simultanée du feu et de l'humidité
faisait éclater de véritables arcs-en-ciel jusque dans ses favoris.

« Eh! voyez-vous, mignonne, répondit John lentement, en
déroulant un châle qui lui entourait le cou et en se chauffant
les mains, ce n'est pas précisément un temps d'été. Ainsi, rien
là d'étonnant.

— Je voudrais bien, John, vous habituer à ne plus m'appeler
mignonne; je n'aime point ce nom, dit mistress Peerybingle,
faisant une moue gentille qui montrait clairement qu'elle l'aimait au contraire beaucoup.

— Et comment donc voulez-vous que je vous appelle? reprit
John laissant tomber sur elle un regard accompagné d'un sourire, et pressant sa taille d'une étreinte aussi légère que sa large
main et son bras d'hercule en étaient capables. Ma mignonne
avec son.... » Ici il jeta un coup d'œil sur l'enfant. « Ma mignonne avec son.... Non, je ne veux pas dire : son mignon,
de peur de gâter ce que j'allais dire; mais j'ai bien manqué de

faire une plaisanterie ; je ne crois pas en avoir jamais été plus près. »

A l'en croire, il était souvent sur le point de dire quelque chose de très-ingénieux, ce long, lent, lourd, honnête John ; mais s'il avait le corps pesant, il n'en avait pas moins l'humeur contente et légère ; s'il était rude à la surface, il n'en était pas moins doux au fond ; il était engourdi au dehors, c'est possible, mais si vif au dedans ; un peu benêt, mais si bon enfant. O mère Nature, donne à tes enfants la véritable poésie du cœur qui se cachait dans la poitrine de ce pauvre voiturier (car disons-le en passant, ce n'était qu'un voiturier), et nous ne les suivrons pas sans plaisir dans leurs entretiens en vile prose comme dans les épisodes de leur existence prosaïque ; nous aurons même à te remercier de l'agrément que nous trouverons dans leur compagnie !

C'était plaisir de voir Dot, avec sa petite taille et son baby entre les bras, une vraie poupée de baby, regarder le feu d'un air de coquetterie rêveuse, et pencher sa délicate petite tête d'un côté, juste assez pour la laisser reposer d'une façon singulière, moitié naturelle, moitié étudiée, dans le nid qu'elle s'était fait, très-gracieusement, du reste, sur la large et rude épaule du messager. C'était plaisir de le voir, lui, avec sa tendre gaucherie, s'efforcer d'adapter son grossier appui aux besoins de la légère créature et faire de sa virilité déjà mûre un bâton de jeunesse pour l'âge délicat de sa gentille ménagère. C'était plaisir de voir comment Tilly Slowboy, la petite bonne, qui attendait dans le fond qu'on lui donnât le baby, contemplait ce groupe avec ses yeux de quatorze ans ; comme elle se tenait là, bouche béante et les yeux tout grands ouverts, la tête en avant, humant avec avidité cet air salubre de la vie de famille. Il fallait voir encore comment John le voiturier, sur une remarque que lui fit Dot à propos du susdit baby, retint sa main au moment de toucher l'enfant, comme s'il eût craint de le faire craquer entre ses doigts, et, le corps incliné, se contenta de le considérer attentivement à une distance respectueuse, avec une sorte de fierté mêlée d'embarras, l'expression enfin d'un aimable mâtin, qui viendrait à se trouver un beau matin le père d'un jeune canari.

« N'est-ce pas qu'il est beau, John ? N'est-ce pas qu'il est ravissant quand il dort ?

— Très-ravissant, dit John, certainement : et il dort presque toujours, n'est-ce pas ?

— Mon Dieu, non, John !

— Ah ! dit John d'un air pensif, je croyais qu'il avait généralement les yeux fermés. Holà !

— Bonté du ciel, John! comme vous faites tressaillir le pauvre petit !

— C'est vrai, cela ne lui vaut rien, n'est-ce pas, de tourner les yeux en l'air comme ça? dit le messager étonné. Voyez comme il cligne des deux yeux à la fois! regardez sa bouche ! il est là qui l'ouvre et la ferme de même qu'un poisson en bocal.

— Vous ne méritez pas d'être père, non, vous ne le méritez pas, dit Dot avec toute la dignité d'une matrone remplie d'expérience. Mais comment connaîtriez-vous les petits maux qui affligent les enfants, John ! Vous n'en savez pas même les noms, grand benêt. » Et après avoir retourné le baby sur son bras gauche, et lui avoir donné une légère tape sur son dos, pour le remettre, elle pinça l'oreille de son mari en riant.

« Non, fit John ôtant sa houppelande ; c'est bien vrai, Dot, je ne me connais pas trop à tout cela. Tout ce que je sais, c'est que j'ai eu à soutenir ce soir contre le vent une lutte assez rude Il soufflait du nord-est juste dans la charrette, tout le long du chemin, à mon retour.

— Vraiment! mon pauvre bonhomme, s'écria mistress Peerybingle, devenant à l'instant d'une activité prodigieuse. Ici, Tilly! prenez ce précieux trésor, pendant que je vais me rendre bonne à quelque chose. Bon Dieu ! je l'étoufferais, je crois, à force de le baiser! Veux-tu bien t'en aller, mon bon chien ; veux-tu bien t'en aller, Boxer !... Laissez-moi d'abord faire le thé, John ; je vous aiderai ensuite à serrer les paquets, « comme une diligente abeille ; comme la petite, » et le reste, vous savez, John. Avez-vous jamais appris « comme la petite abeille, » quand vous alliez à l'école, John ?

— Pas assez pour la savoir entièrement, répondit John. J'en ai été bien près une fois, mais je n'aurais fait que l'estropier, je crois.

— Ah ! ah ! » fit Dot partant d'un éclat de rire. Elle avait bien le plus joyeux petit rire que vous ayez jamais entendu. « Quel cher amour de nigaudinos vous faites, en vérité, John ! »

Sans contester ce point le moins du monde, John sortit pour aller voir si le garçon d'écurie, armé d'une lanterne qu'on voyait danser depuis un moment devant la porte et la fenêtre comme un feu follet, avait bien pansé le cheval, beaucoup plus gras certainement que vous ne voudriez le croire, si je vous donnais sa dimension, et si vieux que la date de sa naissance se perdait dans la nuit des âges. Boxer sentant que la famille tout entière avait droit à ses attentions, qui devaient être réparties impartialement entre chacun de ses membres, entrait et sortait avec une agitation désordonnée, tantôt décrivant un cercle d'aboiements brusques autour du cheval, tandis qu'on le bouchonnait à la porte de l'écurie, tantôt feignant de fondre comme une bête farouche sur sa maîtresse et s'arrêtant de lui-même tout court devant elle d'un air facétieux ; tantôt arrachant un cri d'effroi à Tilly Slowboy assise près du feu dans la petite chaise de bonne d'enfant, en lui appliquant, alors qu'elle s'y attendait le moins, son museau humide sur la joue ; tantôt faisant preuve d'un intérêt indiscret pour le baby ; tantôt tournant un nombre indéfini de fois sur lui-même devant le foyer avant de se coucher, comme pour s'y établir pour la nuit, puis se relevant et allant remuer dehors son petit bout de queue à l'air, comme s'il venait de se rappeler un rendez-vous, et qu'il partît au grand trot pour ne pas le manquer.

« Là ! voilà la théière toute prête sur le feu, dit Dot aussi sérieusement affairée qu'une petite fille qui joue au ménage. Voilà le jambonneau froid, voilà le beurre, voilà le petit pain croustillant et le reste ! Voici un panier à claire-voie pour les petits paquets, John, si vous en avez quelques-uns. Mais où êtes-vous donc, John ? Surtout ne laissez pas tomber le cher poupon sous la grille, Tilly. »

Il est bon de savoir que miss Slowboy, malgré la vivacité avec laquelle elle repoussa cette observation, avait un talent rare et surprenant pour mettre le baby dans des positions difficiles; plusieurs fois déjà elle avait exposé sa frêle existence avec un sang-froid qui n'appartenait qu'à elle. La jeune personne avait une taille longue et maigre, en sorte que ses vêtements paraissaient toujours en danger de glisser de ses épaules en portemanteau, auxquelles ils étaient négligemment suspendus. Son costume avait cela de remarquable, qu'il offrait, dans toutes les occasions possibles, le déploiement partiel de quelque morceau de flanelle d'une coupe singulière, et laissait apercevoir, dans la région du dos, quelque bout de brassière de corset, couleur vert bouteille. Comme elle était dans un état perpétuel d'admiration devant n'importe quoi, et absorbée en outre dans la contemplation incessante des perfections de sa maîtresse et de l'enfant, on peut dire que les petites bévues produites par les distractions de miss Slowboy faisaient également honneur à son cœur et à sa tête, et, quoiqu'elles en fissent moins au front du baby, mis trop souvent, dans ces circonstances, en contact avec les portes, les dressoirs, les rampes d'escalier, les bois de lit et autres substances hétérogènes, ce n'était, après tout, que le résultat flatteur de l'étonnement qu'éprouvait sans cesse Tilly Slowboy de se voir si bien traitée et installée dans une maison si confortable. Car les Slowboy, tant du côté paternel que du côté maternel, étaient tous également des mythes inconnus dans l'histoire. Tilly avait été élevée par la charité publique, c'était une enfant trouvée, et les enfants trouvés n'étant pas des enfants gâtés, sa condition, quoique modeste, ne lui en paraissait que plus heureuse.

Cela vous aurait amusé presque autant que John lui-même de voir la petite mistress Peerybingle revenir avec son mari, traînant le fameux panier et faisant les plus énergiques efforts pour ne rien faire du tout (car, en somme, c'était John qui le traînait). Il n'est même pas impossible que cette petite scène ait également diverti le grillon; je serais tenté de le croire; ce qu'il y a de sûr, c'est qu'il se remit à chanter avec une nouvelle ardeur.

« Eh! eh! dit John lentement, selon sa coutume, il est plus gai que jamais ce soir, je crois.

— Sûrement il nous présage quelque bonne fortune, John! Il nous a toujours porté bonheur. Avoir un grillon dans son foyer, c'est la plus heureuse chose du monde! »

John la regarda comme s'il était sur le point de croire qu'en ce cas elle était son grillon en chef et qu'il était là-dessus tout à fait de son avis. Mais ce fut probablement encore une de ces occasions où il avait bien manqué de dire un bon mot, car il ne dit rien.

« La première fois que j'entendis sa joyeuse petite chanson, John, ce fut le soir où vous m'amenâtes chez vous, quand vous m'introduisîtes ici, dans ma nouvelle demeure, pour être sa petite maîtresse. Il y a près d'un an. Vous vous le rappelez, John? »

Oh, oui! John se le rappelait; n'ayez pas peur.

« Son petit gazouillement me souhaitait la bienvenue d'une manière si expressive! Il semblait si plein de promesses et d'encouragements; il semblait me dire que vous seriez aimable et bon pour moi, et que vous ne vous attendiez pas (je le craignais alors, John) à trouver une vieille tête sur les épaules de votre folle de petite femme. »

John, d'un air pensif, donna une petite tape d'amitié sur une des épaules et puis après sur la tête de Dot, comme s'il voulait dire : « Que non, que non; je ne comptais pas là-dessus et je ne me plains pas de ce que j'ai trouvé. » Et il avait bien raison; ce qu'il avait trouvé n'était déjà pas si mal.

« Le grillon disait la vérité, John, quand il semblait me le promettre; car vous avez toujours été pour moi, bien sûr, le meilleur, le plus attentif et le plus affectionné des maris. Vous m'avez rendu cette maison bien heureuse John, et c'est à cause de cela que j'aime le grillon.

— Mais alors, moi aussi je l'aime, Dot, dit le messager; moi aussi je l'aime.

— Je l'aime pour les bonnes pensées que son innocente musique a fait naître en moi chaque fois que j'ai pu l'entendre Quelquefois, le soir, à la tombée de la nuit, quand je me sentais un peu seule et triste, John, avant que le baby fût là pour me tenir compagnie et égayer la maison; quand je venais à penser combien vous seriez désolé si je mourais, combien, à mon tour, je le serais si je pouvais savoir que vous m'aviez perdue, mon bon ami; son crrri, crrri, crrri, venu du foyer, semblait me parler d'une autre petite voix, si douce, si chère à mon cœur, que le premier son avait bientôt fait évanouir mon chagrin comme un rêve. Et quand je craignais (je l'ai craint d'abord, John, j'étais si jeune, vous savez!) que notre union ne fût un mariage mal assorti, moi n'étant guère qu'un enfant, et vous ayant plutôt l'air de mon tuteur que de mon mari, quand je craignais que vous ne pussiez parvenir, malgré tous vos efforts, à m'aimer autant que vous l'espériez, autant que vous le désiriez, son crrri, crrri, crrri relevait mon courage et me remplissait d'une nouvelle confiance. Je pensais à toutes ces choses ce soir, mon ami, assise là à vous attendre, et voilà pourquoi j'aime le grillon!

— Et moi aussi, donc, répéta John. Mais, Dot!... que je désire, que j'espère pouvoir parvenir à vous aimer! Que voulez-vous dire? Et comment parlez-vous de la sorte? Il y avait longtemps que j'y étais parvenu avant de vous amener ici pour être la petite maîtresse du grillon, Dot! »

Elle posa un moment la main sur son bras et le regarda d'un air ému et en proie à une certaine agitation, comme si elle eût voulu lui dire quelque chose. Le moment d'après, elle était agenouillée devant le panier, babillant de sa voix animée et tout occupée des paquets.

« Il n'y en a pas beaucoup ce soir, John, mais j'ai vu tout à l'heure quelques ballots derrière la voiture, et, quoiqu'ils donnent peut-être plus d'embarras, ils rapportent aussi davantage; nous n'avons donc pas lieu de nous plaindre, n'est-ce pas? Vous en avez d'ailleurs sans doute distribué, le long du chemin?

— Oh! oui, dit John; un bon nombre.

— Mais qu'est-ce que cette boîte ronde? Cœur de ma vie! John, c'est un gâteau de noces!

— Il n'y a qu'une femme pour deviner cela, dit John saisi d'admiration. Un homme n'y aurait jamais pensé! Au lieu de cela, je parie que, si vous emballez un gâteau de mariage dans une caisse à thé, dans un pliant, dans une caque de saumon mariné ou dans tout autre contenant aussi peu vraisemblable, une femme mettra immédiatement la main dessus, sans aucun doute. Oui; c'en est un que j'ai pris chez le pâtissier.

— Et il pèse je ne sais combien, quelque chose comme.... cent livres! s'écria Dot, faisant de grands efforts pour essayer de le soulever. A qui est-il destiné, John? Où va-t-il?

— Lisez l'adresse de l'autre côté, répondit le messager.

— Comment, John! Bonté du ciel, John!

— Hein! qui l'aurait cru? reprit celui-ci.

— Vous ne voulez pas dire, poursuivit Dot s'asseyant sur le plancher et secouant la tête en le regardant, que c'est Gruff et Tackleton, le marchand de joujoux. »

John fit un signe d'affirmation.

Mistress Peerybingle le répéta cinquante fois au moins avec sa tête; mais chez elle ce n'était pas une affirmation : c'était un signe de surprise muette et pleine de pitié. Pendant tout ce temps-là, elle serrait ses lèvres et leur imprimait une petite moue pour laquelle elles n'étaient point faites à coup sûr, et continuait à jeter sur le bon messager un regard distrait mais pénétrant; et miss Slowboy, de son côté, qui avait un talent mécanique pour reproduire des lambeaux de conversation courante pour l'amusement du baby, mais en les dépouillant de toute espèce de sens et en mettant les noms substantifs au pluriel sans aucune exception, demandait tout haut au marmot « si c'étaient bien réellement les Gruffs et les Tackletons, les marchands de joujoux; si on passerait chez les pâtissiers pour y prendre les gâteaux de noces, et si les mamans savaient bien les reconnaître dans la boîte quand les papas les apportaient dans les maisons. » Et ainsi de suite.

« Et vous croyez que ce mariage se fera réellement? dit Dot. Mais, mon Dieu! nous allions, elle et moi, à l'école ensemble, John, quand nous étions petites filles. » John allait penser à elle, du temps qu'elle était petite fille et qu'elle allait à l'école : il ne s'en fallut pas de beaucoup. Il la regardait déjà d'un air de satisfaction rêveuse, mais il se borna là et ne dit mot.

« Et lui, il est si vieux! il a si peu de rapports avec elle!

Dites donc, John, combien d'années Gruff et Tackleton a-t-il de plus que vous ?

— Combien de tasses de thé boirai-je de plus ce soir en une séance que Gruff et Tackleton n'en but jamais en quatre ? Voilà ma question, » répliqua John avec enjouement, en même temps qu'il approcha sa chaise de la table ronde et attaqua le jambon. Pour ce qui est de manger, Dot, je mange peu, mais ce peu-là, je le mange avec plaisir. »

C'était une phrase consacrée de John à chaque repas, une de ses illusions innocentes, car son appétit opiniâtre ne manquait pas de lui donner un démenti formel ; cette fois, elle n'amena pas même le moindre sourire sur les lèvres de sa femme qui, debout parmi les paquets, repoussa lentement la boîte au gâteau de noces de son petit pied, sans seulement regarder, bien que ses yeux fussent baissés, son soulier mignon dont, en général, elle était assez occupée. Absorbée dans sa rêverie, elle demeurait là debout, ne songeant ni au thé, ni à John (quoique ce dernier l'appelât et frappât sur la table avec son couteau pour éveiller son attention), jusqu'à ce qu'enfin il se leva et lui toucha le bras ; elle le regarda alors un instant et courut bien vite prendre sa place à table, à portée de la théière, en riant de sa négligence. Mais ce n'était plus le même rire qu'auparavant ; c'est le ton qui fait la musique.

Le grillon, lui aussi, s'était tu. Je ne sais pourquoi cette petite chambre n'avait plus la même physionomie joyeuse. Ce n'était plus ça.

« Ainsi donc, John, voilà tous les paquets ? dit Dot rompant un long silence, que l'honnête messager avait consacré à la démonstration pratique d'une partie de sa phrase favorite, prouvant du moins qu'il mangeait avec plaisir ce qu'il mangeait, bien qu'il ne fût pas possible d'admettre avec lui qu'il mangeât peu. Ainsi donc, John, voilà tous vos paquets ?

— C'est tout, dit John. Mais... non... je... ajouta-t-il en déposant sur la table sa fourchette et son couteau et respirant longuement. Je déclare... que... j'avais tout à fait oublié le vieux monsieur !

— Le vieux monsieur ?

— Dans la voiture, dit John. Il était endormi sur la paille la dernière fois que je l'ai vu. J'ai été sur le point de me le rappeler deux fois, depuis que je suis arrivé ; mais il m'est encore sorti de la tête.... Holà ! oh ! debout ! levez-vous ! nous voilà arrivés. »

John prononça ces dernières paroles en dehors de la porte où il s'était précipité la chandelle à la main.

Miss Slowboy, convaincue que ce nom de *vieux monsieur*[1] cachait quelque mystère, et associant avec cette expression, dans son imagination ébranlée par des croyances superstitieuses, certaines idées d'une nature peu rassurante, fut si troublée, qu'elle se leva en hâte de dessus la chaise basse au coin du feu pour aller chercher protection derrière les jupons de sa maîtresse. Au moment où elle passait devant la porte, ayant heurté un vieillard inconnu, elle lui tomba dessus instinctivement en lui portant une botte avec la seule arme offensive qu'elle eût sous la main. Comme cet instrument se trouva être le baby, il s'ensuivit une grande agitation et une vive alarme que la sagacité de Boxer ne fit qu'accroître, car le brave chien, qui avait plus de mémoire que son maître, avait, à ce qu'il paraît, surveillé le vieux monsieur pendant son sommeil, de peur qu'il ne s'esquivât avec quelques jeunes plants de peuplier liés derrière la voiture, et il le serrait encore de très-près, mordant ses jambes hardiment et livrant bataille à ses boutons de guêtres.

« Ma foi ! vous êtes, monsieur, dit John quand le calme fut rétabli, un beau dormeur (pendant ce temps-là, le vieux monsieur se tenait debout au milieu de la chambre, immobile et tête nue); un si beau dormeur, en vérité, que je suis presque tenté de vous demander où sont les six autres, si ce n'était pas une plaisanterie, que j'aurais bien peur de gâter; j'ai pourtant bien manqué de la faire, murmura-t-il avec un gros rire. Ah ! oui, si bien manqué, en vérité ! »

L'étranger, qui avait de longs cheveux blancs, de beaux traits, singulièrement fiers et expressifs pour un vieillard, des yeux noirs, brillants et pénétrants, regarda tout autour de lui avec un sourire et salua la femme du messager par une grave inclination de tête.

Son costume, de couleur brune, était d'une singularité originale par sa coupe et son cachet antiques. Il tenait à la main un gros bâton de voyage, brun aussi à l'avenant; lorsqu'il en eut frappé le plancher, la canne s'ouvrit et devint une chaise sur laquelle il s'assit avec le plus grand calme.

« Là ! dit le messager, se tournant vers sa femme. Voilà de quelle manière je l'ai trouvé, assis sur le bord du chemin, immobile comme une borne et presque aussi sourd.

— Assis en plein air, John ?

— En plein air, répondit le messager; précisément à la tombée de la nuit. « Place payée, » m'a-t-il dit en me donnant dix-huit pence; puis il est monté et le voilà !...

1. Sobriquet du diable, en Angleterre.

— Il va s'en aller, je pense, John? »

Pas du tout. Il allait seulement parler.

« Pardon, dit l'étranger avec douceur, je suis expédié, bureau restant, j'attendrai ici qu'on vienne me chercher. Ne faites pas attention à moi. »

Là-dessus, il tira d'une de ses grandes poches une paire de lunettes et de l'autre un livre, puis se mit à lire tranquillement, sans plus s'inquiéter de Boxer que si c'eût été un agneau familier !

Le messager et sa femme échangèrent un regard embarrassé. L'étranger leva la tête et passant de la femme au mari :

« C'est votre fille, mon ami? demanda-t-il à ce dernier.

— Ma femme, répondit John.

— Votre nièce? dit l'étranger.

— Ma femme, cria John à tue-tête.

— Vraiment? reprit l'autre. Ah! vraiment! Elle est bien jeune ! »

Cela dit, il se remit à feuilleter son livre et continua sa lecture. Mais avant d'avoir pu lire deux lignes, il s'interrompit de nouveau pour dire :

« Et l'enfant, il est à vous? »

John lui fit de la tête un signe gigantesque, aussi affirmatif que s'il eût trompetté sa réponse à l'aide d'un porte-voix.

— Une fille?

— Un ga-a-a-arçon! hurla John.

— Bien jeune aussi, hein? »

Mistress Peerybingle se mêla aussitôt de la conversation.

« Deux mois et trois jou-ours! vacciné, il y a juste six semai-ai-aines! Le vaccin a parfaitement bien pri-is! Regardé par le docteur comme un enfant remarquablement beau-eau! aussi fort que les autres enfants de cinq moi-ois! d'une intelligence vraiment merveilleu-euse! Vous ne croiriez pas qu'il se tient déjà sur ses jam-ambes ? »

Ici la petite mère, hors d'haleine pour avoir crié ces courtes phrases dans l'oreille du vieux monsieur, au point que son joli visage en était devenu cramoisi, tient l'enfant devant lui sur ses jambes comme une preuve sans réplique et triomphante à l'appui de ce qu'elle vient d'avancer, tandis que Tilly Slowboy, avec le cri harmonieux de *Ketcher! Ketcher!* paroles mystérieuses qui résonnaient à l'oreille comme un éternument populaire, se mit à cabrioler comme un veau autour de l'innocente petite créature.

« Écoutez! on vient le chercher, j'en suis sûr, dit John. Il y a quelqu'un à la porte. Ouvrez, Tilly. »

Mais, avant que la jeune fille eût pu le faire, la porte avait été ouverte du dehors; car c'était une de ces portes primitives, à loquet, que chacun pouvait ouvrir à son gré, et bien des gens s'en passaient la fantaisie, je vous assure; car tous les voisins aimaient à venir échanger une parole ou deux avec le messager, quoiqu'il ne fût pas grand parleur. La porte ouverte donna entrée à un petit homme maigre, soucieux, au visage hâlé, qui semblait s'être fait un surtout avec une toile d'emballage ayant servi à recouvrer quelque vieille caisse; car, lorsqu'il se tourna pour refermer la porte, afin de ne pas laisser entrer le froid, il montra inscrites par derrière au dos de ce vêtement les initiales G et T, inscrites en grandes capitales noires, et le mot *fragile* en toutes lettres.

« Bonsoir, John ! dit le petit homme. Bonsoir, madame. Bonsoir, Tilly. Bonsoir, l'inconnu ! Comment va l'enfant, madame? Boxer va bien, j'espère?

— Tout le monde va à merveille, Caleb, répondit Dot. Pour vous en convaincre, vous n'aurez qu'à regarder ce cher amour d'enfant, d'abord.

— Ou bien encore je n'ai qu'à vous regarder vous-même, » dit Caleb.

Pourtant il ne la regarda pas; car son œil errant et soucieux avait toujours l'air d'être ailleurs, comme sa voix n'était jamais à ce qu'il disait.

« Ou bien encore John, ajouta Caleb; ou Tilly, ou Boxer même.

— Vous êtes occupé dans ce moment, Caleb? demanda le messager.

— Oui, John, assez, répondit l'autre de l'air distrait d'un homme qui chercherait, pour le moins, la pierre philosophale. Pas mal comme cela. On court après les arches de Noé. J'aurais bien voulu perfectionner la famille, mais je ne vois pas trop comment faire en la donnant à ce prix. Ce serait pourtant une satisfaction véritable pour moi de distinguer d'une manière plus nette Sem de Cham et les femmes de leurs maris. Les mouches non plus, voyez-vous, lorsqu'on les compare aux éléphants, ne sont pas assez bien proportionnées. Mais, à propos, John ; avez-vous quelque paquet pour moi ? »

Le messager mit la main dans l'une des poches de la houppelande qu'il avait quittée et en retira, soigneusement enveloppé de papier et de mousse, un petit pot de fleurs.

« Voilà ! dit-il en le rajustant avec le plus grand soin : pas la moindre feuille endommagée. Des boutons en masse ! »

L'œil terne de Caleb s'illumina en prenant l'arbuste, et il remercia son ami.

« C'est cher, Caleb, dit ce dernier. Très-cher, dans cette saison.

— N'importe! Je le trouverai toujours bon marché, quel qu'en soit le prix, répondit le petit homme. Y a-t-il autre chose, John?

— Une petite boîte, fit le messager. La voici!

— Pour Caleb Plummer, dit le petit homme en épelant l'adresse. *Cent francs*. Cent francs, John, je ne crois pas que ce soit pour moi.

— *Sans frais*, reprit le messager en regardant par-dessus son épaule. Où preniez-vous donc cent francs?

— Oh! bien sûr! dit Caleb. C'est cela, sans frais: oui, oui, c'est bien à mon adresse. Ce n'est pas qu'il aurait bien pu aussi y avoir cent francs, John, si mon pauvre garçon, qui est parti pour la Californie, vivait encore. Vous l'aimiez comme un fils, n'est-ce pas? Vous n'avez pas besoin de me le dire, je le sais, je le sais de reste. « A Caleb Plummer! sans frais. » Oui, oui, c'est bien cela; une boîte d'yeux de poupée pour le travail de ma fille. Je voudrais bien que ses yeux se retrouvassent aussi au fond de cette boîte, John.

— Et moi aussi, Caleb, je le souhaiterais de bon cœur, comme vous.

— Merci, reprit le petit homme. Votre langage part du cœur. Penser qu'elle ne pourra jamais voir ces poupées qui sont là, fixant leurs yeux sur elle, tout le long du jour! N'est-ce pas déchirant! Que vous dois-je pour votre peine, John?

— Je vais vous en faire de la peine, dit John, si vous me répétez votre question. Dot! j'ai été bien près de....

— Je vous reconnais bien là, dit le petit homme. C'est bien là votre bonté ordinaire. Voyons! je crois que c'est tout.

- Je ne crois pas, moi, dit le messager : cherchez encore.

— Quelque chose pour notre patron, hein? fit Caleb, après avoir réfléchi un instant. Vous avez raison, c'est pour cela que je venais; mais ma tête bat tellement la campagne à propos de ces arches de Noé, et, du reste!... il n'est pas venu ici, dites?

— Lui! répondit le messager : non certes, il est trop occupé à faire sa cour.

— Il doit venir, cependant, dit Caleb, car il m'a recommandé de prendre par le chemin qui conduit chez nous, qu'il y aurait dix à parier contre un que je le rencontrerais. A propos, je ferais mieux de m'en aller.... Mais, auparavant, madame, ne voudriez-vous pas avoir la bonté de me laisser pincer la queue de Boxer une petite seconde ; le permettez-vous ?

— Quoi ! Caleb, quelle singulière question ?

— Pardon, madame, dit le petit homme, ne faites pas attention ; car, peut-être que ce ne serait pas non plus beaucoup de son goût. Je viens de recevoir, voyez-vous, une commande assez forte de chiens jappants, et je désirerais approcher de la nature autant que cela se peut au prix de douze sous. Voilà tout, madame ; n'y pensons plus. »

Il arriva heureusement que Boxer, sans qu'on eût besoin de lui appliquer le stimulant proposé, se mit à aboyer avec une ardeur exceptionnelle. Mais, comme cet aboiement annonçait l'arrivée d'un nouveau visiteur, Caleb, remettant à un moment plus favorable son étude d'après nature, chargea la boîte ronde sur une épaule et prit congé à la hâte. Il aurait pu s'épargner toute cette agitation, car il rencontra le nouveau venu avant de passer la porte.

« Oh ! oh ! vous êtes encore ici ? Eh bien ! attendez un peu. Je vous ramènerai chez vous. John Peerybingle, votre serviteur ; et surtout le serviteur de tout mon cœur, de votre jolie femme. Plus jolie chaque jour ! et meilleure aussi, s'il est possible ! Et plus jeune aussi, murmura-t-il à voix basse ; c'est là le diable !

— Je serais étonnée de vous voir faire tant de compliments, monsieur Tackleton, dit Dot d'assez mauvaise grâce, si votre situation nouvelle ne nous en donnait pas l'explication.

— Ainsi vous savez tout ?

— J'ai fait tout mon possible pour le croire, reprit Dot.

— Ça n'a pas été sans peine, à ce que je vois.

— Vous avez raison. »

Tackleton, le marchand de jouets, assez généralement connu sous le nom de Gruff et Tackleton (c'était la raison sociale, quoique Gruff fût mort déjà depuis longtemps, laissant à son associé son nom, et au dire de bien du monde, l'humeur refrognée que le dictionnaire attache à ce mot malsonnant) ; Tackleton, le marchand de jouets, était un homme dont la vocation avait été complétement méconnue de ses parents et tuteur. S'ils en avaient fait un prêteur sur gages, un procureur cupide, un huissier ou un courtier, il aurait pu jeter sa mauvaise gourme dans sa jeunesse et, après avoir épuisé toute la malignité de son naturel dans les devoirs désagréables de son état, il aurait pu finir par redevenir aimable quand ce n'aurait été que par l'attrait de la nouveauté. Mais, réduit à s'échauffer la bile en demeurant cloué à ses paisibles occupations de marchand de jouets, c'était un véritable ogre domestique qui, toute sa vie, avait vécu aux dépens de la bourse des enfants sans cesser d'être leur implacable ennemi. Il méprisait tous les joujoux, n'en aurait pas acheté un seul pour le monde entier ; il trouvait, dans sa malice, un singulier plaisir à donner des visages remplis d'une expression farouche aux fermiers de carton qui conduisaient leurs porcs au marché, aux crieurs publics qui annonçaient une récompense honnête à quiconque aurait retrouvé une conscience d'avocat perdue, aux vieilles dames mécaniques qui ravaudaient des bas ou découpaient des pâtés, ainsi qu'aux autres personnages qu'on trouvait à acheter dans sa boutique. Il éprouvait un véritable bonheur à imaginer des masques effrayants, des diablotins à surprise, hideux, crépus, aux yeux rouges, des cerfs-volants vampires, des bateleurs démoniaques qu'on ne peut pas tenir renversés, mais qui se relèvent toujours, pour courir après les petits enfants mourants de peur. C'était sa seule consolation, et, si je puis le dire, la soupape de sûreté par laquelle s'échappait son mauvais caractère. Il avait vraiment du génie pour ces sortes d'inventions ; et l'idée de quelque cauchemar nouveau lui causait un bonheur indicible. Il avait même perdu de l'argent (c'était là, par exemple, le seul jouet qu'il affectionnait véritablement) à se procurer des sujets infernaux de lanterne magique où les puissances des ténèbres étaient représentées sous la forme de crustacés surnaturels à faces humaines ; il avait encore compromis un petit capital à exagérer la taille effrayante de ses géants, et, quoiqu'il ne fût pas peintre lui-même, il pouvait indiquer aux artistes qu'il employait, à l'aide d'un morceau de craie, de certains regards furtifs destinés à modifier d'une si étrange façon les physionomies de ces monstres, que leur vue était après cela capable de jeter l'effroi dans l'âme de tous les jeunes gentlemen de six à onze ans, pendant toute la durée des vacances de Noël ou de Pâques.

Ce qu'il était en joujoux, il l'était, comme de raison, dans tout le reste. Vous pouvez, en conséquence, aisément supposer que sa grande redingote verte, boutonnée jusqu'au menton, et qui lui descendait jusqu'aux mollets, recouvrait un individu déplaisant au possible ; figurez-vous le plus distingué, le plus agréable personnage qui ait jamais chaussé une paire de grosses bêtes de bottes à revers, couleur acajou.

Et cependant Tackleton, le marchand de jouets, allait se marier! Oui, en dépit de tout cela, il allait se marier, et à une jeune femme encore, une belle jeune femme.

Il ne ressemblait guère à un fiancé, lorsqu'il parut dans la cuisine du messager, avec sa face sèche et froide comme une corde à puits, sa taille en tire-bouchon, son chapeau rabattu en avant sur le bout de son nez, ses mains plongées jusqu'au fond de ses poches et toute sa méchante nature pétrie de sarcasme se faisant jour par un petit coin de son petit œil, comme l'essence concentrée d'une multitude de corbeaux; et pourtant c'était bien là l'homme qui allait se marier.

« Encore trois jours, dit-il; jeudi prochain, le dernier jour du premier mois de l'année, sera le jour de mes noces. »

Ai-je remarqué qu'il avait toujours un œil tout grand ouvert et l'autre presque fermé, et que c'était l'œil presque fermé qui était toujours l'œil expressif? Je ne crois pas l'avoir dit.

« Oui, c'est le jour de mon mariage! répéta Tackleton en faisant sonner son argent dans son gousset.

— Tiens! c'est aussi l'anniversaire de notre mariage, s'écria le messager.

— Ah! ah! ajouta Tackleton en riant, voilà qui est drôle! Vous faites justement un couple tout pareil au nôtre. Les deux font la paire. »

L'indignation de Dot, lorsqu'elle entendit une assertion aussi présomptueuse, ne saurait se dépeindre. Il ne manquait plus que son imagination téméraire allât jusqu'à ambitionner la possibilité d'un autre baby tout pareil aussi, sans doute, à son cher nourrisson. Cet homme était fou, en vérité.

« Ah çà, mais! j'ai un mot à vous dire, murmura Tackleton en poussant du coude le messager et le tirant à part. Vous viendrez à la noce? Nous sommes logés à la même enseigne, vous savez.

— Logés à la même enseigne! et comment cela? demanda John.

— Une petite différence d'âge entre époux, vous savez bien, dit Tackleton en le poussant de nouveau du coude. Allons! venez auparavant passer une soirée avec nous.

— Pourquoi? demanda John, étonné de cette hospitalité pressante.

— Pourquoi? répondit l'autre. Voilà une nouvelle manière de recevoir une invitation. Pourquoi? mais pour le plaisir, pour l'agrément de la société et tout cela.

— Je ne vous ai jamais vu si sociable, dit John avec sa simplicité et sa franchise habituelles

— Ta, ta, ta! Je vois qu'il ne sert de rien d'user de détours avec vous, dit Tackleton. Il vaut mieux aller droit au but. Eh bien! alors, la vérité est que vous avez, vous.... et votre femme, quand vous êtes ensemble.... ce que les gens du monde appellent un air confortable. Nous savons bien qu'en penser, nous autres ; mais....

— Comment? nous savons bien qu'en penser ! interrompit John. Que voulez-vous dire ?

— Bien, bien ! nous ne savons pas qu'en penser alors, si vous voulez, dit Tackleton. Nous ne nous disputerons pas là-dessus. Comme il vous plaira ; qu'importe d'ailleurs ? Je voulais donc dire que, parce que vous avez cette sorte d'apparence satisfaite, votre société produira un effet favorable sur la future mistress Tackleton. Et quoique je ne croie pas votre bonne dame très-bien disposée pour moi en cette affaire, elle ne pourra néanmoins s'empêcher d'entrer dans mes vues, car il y a un extérieur de satisfaction et de contentement répandu autour d'elle qui fait toujours un bon effet, quel que soit le fond des choses. Vous viendrez, j'y compte?

— Nous nous sommes arrangés pour fêter l'anniversaire de notre mariage (tant que nous pourrons) dans notre intérieur, répondit John. C'est une promesse que nous nous sommes faite à nous-mêmes depuis six mois. Nous pensons, voyez-vous, que notre chez nous....

— Bah ! qu'est-ce que c'est que ça, votre chez nous ? s'écria Tackleton. Quatre murs et un plafond !... (Tiens ! pourquoi donc ne tuez-vous pas ce grillon ? il y a longtemps que je l'aurais fait, à votre place ! Moi, je n'en laisse pas un.... je déteste leur vacarme). Il y a aussi chez moi quatre murs et un plafond. Ainsi vous venez me voir ?

— Vous tuez vos grillons, hein ? dit John.

— Je les écrase, monsieur, repartit l'autre en laissant retomber lourdement son talon sur le plancher.

— Allons, promettez-moi de venir ; c'est dans votre intérêt autant que le mien ; vous savez que nos femmes se persuadent mutuellement qu'elles sont heureuses et contentes et qu'elles ne pourraient l'être davantage ailleurs. Je connais les femmes. Ce qu'une femme dit, l'autre femme est toujours déterminée à le soutenir. Il y a entre elles, monsieur, un tel esprit d'émulation, que si votre femme dit à la mienne : Je suis la plus heureuse femme du monde, et mon mari est le meilleur des maris.... je l'adore.... ma femme dira la même chose à la vôtre, ou même ira plus loin, et finira presque par le croire.

— Voulez-vous donc dire, demanda le messager, qu'elle ne...?

— Qu'elle ne !... s'écria Tackleton, avec un rire bref, aigu..., qu'elle ne.... quoi ?.... »

John avait eu quelque velléité d'ajouter: « Vous adore pas. » Mais étant venu à rencontrer l'œil à demi fermé de Tackleton, au moment où il s'arrêtait sur lui en clignotant par-dessus le collet relevé de sa redingote, dont la pointe semblait prête à le lui crever, il comprit que, dans toute la personne de cet être singulier, il y avait si peu de chose qui méritât l'adoration, qu'il substitua une autre phrase à la première et continua ainsi: « Ne la croit pas du tout.

— Ah! rusé compère, vous plaisantez, » dit Tackleton.

Mais John, quoique lent à comprendre toute la portée de ce qu'il avait eu l'intention de dire, le regarda d'un air si sérieux, que Tackleton se vit forcé de s'expliquer plus catégoriquement.

« J'ai la fantaisie, dit-il en levant sa main gauche et tapant légèrement sur l'index, comme pour dire: Me voilà, moi, Tackleton; j'ai la fantaisie, monsieur, d'épouser une jeune et jolie femme (ici, il frappa sur son petit doigt : celui-là désignait la future; aussi, quand il tapa dessus, il ne le ménagea pas, il lui fit sentir son maître). Je suis en état de me passer cette fantaisie et je le fais, c'est mon caprice. Mais.... maintenant, regardez par ici. »

Il lui montrait du doigt Dot assise, pensive et rêveuse, devant le feu, tenant appuyé sur sa main son joli menton orné d'une gracieuse fossette et contemplant la flamme brillante. Le messager la regarda, puis le regarda, puis elle encore, et revint à lui de nouveau, sans rien comprendre.

« Elle vous honore et vous obéit, sans aucun doute, continua Tackleton; et je ne suis pas un homme de sentiment, moi, je n'en demande pas davantage. Mais pensez-vous qu'il y ait quelque chose de plus ?

— Je pense, observa le messager, que je jetterais par la fenêtre tout homme qui dirait le contraire.

— C'est exactement cela, reprit l'autre avec une vivacité d'adhésion extraordinaire. Oui, certainement, c'est positif, vous le feriez comme vous le dites. J'en suis persuadé. Bonsoir, bonne nuit; de bons rêves. »

Le bon John fut troublé et éprouva, en dépit de lui-même, un malaise mêlé d'incertitude. Il ne put s'empêcher de le laisser paraître à sa manière.

« Bonsoir, mon cher ami, fit Tackleton d'un air compatissant. Je pars. Nous sommes, en réalité, exactement semblables l'un à l'autre, à ce que je vois. Vous ne voulez pas nous donner la soirée de demain? Eh bien! je sais où vous allez faire une visite le jour d'après; je vous rencontrerai là et j'y amènerai ma future. Cela lui fera du bien. Vous êtes un homme charmant. Merci !

— Mais qu'est-ce que c'est que cela ? »

C'était un grand cri poussé par la femme du messager, un cri aigu, un cri soudain qui fit résonner la chambre comme un vase de verre. Elle s'était levée de son siége et demeurait debout pétrifiée en quelque sorte par la terreur et la surprise. L'étranger, lui, s'était approché du feu pour se chauffer et se tenait à deux pas de sa chaise, mais toujours calme et silencieux.

« Dot ! s'écria le voiturier ; Marie ! mon trésor ! Qu'est-ce ? qu'y a-t-il ? »

En un moment tout le monde fut auprès d'elle. Caleb, qui commençait à s'endormir sur la boîte du gâteau de noces, réveillé en sursaut, avait, dans le premier instant de trouble, saisi miss Slowboy par les cheveux ; mais, dès qu'il eut recouvré ses sens, il lui fit aussitôt des excuses.

« Marie ! s'écria John en soutenant sa femme dans ses bras, êtes-vous malade ? Qu'est-ce donc ? parlez-moi, chère amie ! »

Elle ne répondit qu'en se frappant les mains l'une contre l'autre et en partant d'un grand éclat de rire ; puis, se laissant glisser des bras de John sur le plancher, elle se couvrit le visage de son tablier et fondit en larmes. Puis elle recommença à rire, pleura encore, trouva qu'il faisait froid, se laissa ramener par son mari près du feu, où elle s'assit comme auparavant. Le vieil étranger, lui, demeurait toujours debout, calme et en silence.

« Je suis mieux, John, dit-elle ; je suis tout à fait bien maintenant ; je.... »

Mais en parlant à John elle regardait de l'autre côté. Pourquoi donc se tourner vers le vieil étranger comme si elle se fût adressée à lui ? Est-ce qu'elle perdait la tête ?

« Pure imagination, cher John.... une espèce de rencontre subite.... quelque chose comme une apparition soudaine se dressant tout à coup devant mes yeux.... Je ne sais trop ce que c'était... Mais tout est fini, c'est parti tout de suite.

— Je suis bien aise que ce soit parti, marmotta Tackleton promenant son œil expressif tout autour de la chambre. Je serais curieux de savoir où cela est allé et ce que c'était. Hum ! Caleb, venez par ici ! Qui est cet homme à cheveux gris ?

— Je ne sais pas, monsieur, répondit Caleb à voix basse. Je ne l'ai jamais vu de ma vie. Une belle figure de casse-noisette ; un modèle tout à fait nouveau. Avec une mâchoire à charnière qui rabattrait en s'ouvrant sur son gilet, ce serait délicieux.

— Pas assez laid, dit Tackleton.

— Ou bien encore pour une boîte à briquet, observa Caleb plongé dans une profonde contemplation, quel modèle! Dévissez-lui la tête pour placer les allumettes ; tournez-lui les talons en l'air pour la bougie ; tenez, tenez! dans cette attitude, quel charmant briquet à mettre sur la cheminée d'un gentleman !

— Il n'est pas à moitié assez laid, reprit Tackleton. On ne peut rien en faire. Allons! chargez-vous de cette boîte.... Cela va bien maintenant, j'espère?

— Oh! c'est fini! entièrement fini, dit la petite femme se hâtant de le congédier du geste. Bonsoir, bonsoir !

— Bonsoir, madame, fit Tackleton. Bonsoir, John Peerybingle !... Prenez garde à la manière dont vous portez cette boîte, Caleb. Laissez-la tomber et je vous assomme! Il fait noir comme dans un four, le temps est pire que jamais; diable! bonsoir ! »

Il se dirigea ainsi vers la porte, non sans avoir promené dans toute la chambre un autre regard scrutateur, et suivi de Caleb portant le gâteau de noces sur la tête.

Le messager avait été si fort abasourdi par l'accident arrivé à sa petite femme, si occupé à la calmer et à lui donner des soins, qu'il avait presque entièrement oublié la présence de l'étranger, jusqu'à ce qu'il l'aperçut enfin là toujours debout et maintenant le seul étranger dans sa maison.

« Il n'est pas des leurs, vous voyez, dit John. Il faut que je lui donne à entendre qu'il est temps de s'en aller.

— Je vous demande pardon, l'ami, dit le vieillard s'avançant vers lui, d'autant plus que je crains que votre femme ne se soit trouvée indisposée; mais la personne dont mon infirmité (en même temps il porta la main à ses oreilles et secoua la tête) rend les soins presque indispensables n'étant pas arrivée, je crains qu'il n'y ait eu quelque méprise. Le mauvais temps qui, ce soir, m'a fait trouver si agréable l'abri de votre bonne voiture (puissé-je n'en jamais avoir de pire!), est aussi affreux que jamais. Voudriez-vous avoir l'extrême bonté de me donner un lit chez vous en payant?

— Oui, oui, s'écria Dot. Oui, certainement !

— Oh! oh! dit le voiturier surpris de ce consentement si prompt. Bien! bien! je n'irai pas à l'encontre; toutefois je ne suis pas absolument sûr que....

— Chut! John! fit Dot l'interrompant.

— Bah! il est sourd comme une borne!

— Je le sais, mais.... Oui, monsieur, certainement. Oui, certainement! Je vais lui faire un lit tout de suite, John! »

Au moment où elle sortit précipitamment pour tout préparer, le trouble et l'agitation qui se montraient dans sa personne avaient quelque chose de si étrange, que le messager, la suivant du regard, demeura confondu.

« Et ses petites mamans font donc des lits, cria miss Slowboy à l'enfant; et ses cheveux sont devenus noirs et frisés quand ses bonnets étaient ôtés, et c'est ce qui a fait peur aux petits mimis chéris assis près des feux ? »

Par suite de cette attraction inexplicable que les bagatelles les plus insignifiantes exercent souvent sur un esprit en proie à des doutes confus, le messager, tout en se promenant de long en large à pas lents dans la chambre, se surprit à répéter mentalement, à diverses reprises, les absurdes paroles de Tilly. Il les répéta si souvent qu'il les apprit par cœur, et les récitait comme une leçon, lorsque miss Slowboy, après avoir frictionné avec la paume de sa main (selon la pratique hygiénique des bonnes) la petite tête chauve de son baby, aussi longtemps qu'elle le crut utile à sa santé, lui remit ensuite son bonnet et noua le ruban sous le menton.

« Et fait peur aux petits mimis chéris assis près des feux! Qu'est-ce qui a donc fait peur à Dot? je voudrais bien le savoir! » murmurait le messager, continuant d'aller et venir.

Il chassait de son cœur les insinuations perfides du marchand de jouets, et pourtant elles le remplissaient d'un sentiment de malaise vague, indéfini; car Tackleton était un esprit vif et fin, tandis que lui, il se rendait la triste justice qu'il n'avait pas l'esprit bien ouvert : ce qui faisait qu'une allusion indirecte ou une réticence lui mettait l'esprit à l'envers. Il n'avait certainement pas l'idée de rattacher en rien ce que lui avait dit Tackleton à la conduite extraordinaire de sa femme; mais ces deux sujets de réflexion se présentaient en même temps à son esprit sans qu'il pût parvenir à les séparer.

Le lit fut bientôt prêt : l'étranger, refusant tout autre rafraîchissement qu'une tasse de thé, se retira. Alors Dot, complétement remise, disait-elle, arrangea le grand fauteuil dans le coin de la cheminée pour son mari, bourra sa pipe, la lui donna, et prit son petit tabouret accoutumé à côté de lui, près du feu.

Elle ne manquait jamais de s'asseoir sur ce petit tabouret-là; il fallait qu'elle eût dans l'idée que c'était un petit câlin de tabouret, propre à faire valoir près de son mari ses charmes séducteurs.

Dot était bien, d'ailleurs, la femme la plus habile à bourrer une pipe, il faut le dire, qu'on pût trouver dans les quatre parties du monde. Rien de plus ravissant que de la voir introduire dans le fourneau son petit doigt potelé, puis souffler dans la pipe pour en nettoyer le tuyau : puis, quand elle avait fait cela, affecter de croire qu'il y avait réellement quelque chose dans le tuyau, y souffler une douzaine de fois, l'appliquer à son œil comme un télescope, en regardant au fond avec une mine agaçante qui allait si bien à sa bonne petite figure. Quant au tabac, personne n'était dans le cas de lui en remontrer là-dessus. Lorsqu'elle prenait un morceau de papier enflammé pour allumer la pipe, tandis que le bon messager la tenait à la bouche, sans jamais lui griller le nez, bien qu'elle s'en approchât de très-près, ce n'était pas de l'adresse, c'était de l'art, ou plutôt du génie.

Le grillon et la bouilloire reprirent leur chanson, comme pour lui rendre hommage, et le feu lança tout à coup des jets de flamme brillante, pour la louer à sa manière! et le petit faucheur de l'horloge, poursuivant son travail, dont personne ne remarquait les progrès, n'y était pas non plus insensible. Et le bon messager, le front déridé, la face épanouie, fut le premier de tous à lui en savoir gré.

Tandis qu'il fumait sa vieille pipe d'un air grave et pensif, que l'horloge hollandaise faisait entendre sans interruption son tic tac monotone, que le feu flambait joyeusement dans l'âtre, et que le grillon redoublait à plein gosier, ce bon génie familier du foyer (car il valait bien les dieux pénates) évoqua dans l'esprit de l'heureux John, sous une forme féerique, une multitude d'images de son bonheur domestique. Des Dot de tout âge et de toutes tailles se mirent à remplir la chambre; des Dot, enfants joyeuses, qui couraient devant lui et qui cueillaient des fleurs dans les champs; des Dot modestes, tantôt le repoussant à demi, tantôt cédant à demi aux supplications pleines de tendresse que lui adressait sa rude image; des Dot nouvellement mariées, franchissant le seuil de sa maison, et prenant, en bonnes ménagères, possession des clefs des armoires; de petites Dot, devenues mères, servies par des Slowboys fictives, portant des enfants au baptême; des Dot plus mûres, quoique jeunes encore et fraîches, qui surveillaient, en matrones vénérables, d'autres Dot, leurs filles, dansant à des bals champêtres; des Dot, grasses et rondelettes, entourées, assiégées comme de vraies grand'mères, par des bandes de petits enfants tout roses. des Dot ridées, qui s'appuyaient sur leurs bâtons et cheminaient lentement d'un pas mal assuré. Il vit aussi passer devant ses yeux de vieux messagers avec de vieux Boxers aveugles, couchés à leurs pieds; de nouvelles voitures, conduites par de nouveaux voituriers (« Peerybingle frères, » lisait-on sur la bâche); de vieux messagers malades, soignés par les plus douces mains; et des tombes de messagers, morts depuis longtemps, couvertes d'un gazon verdoyant dans le cimetière. Et pendant que le grillon lui faisait voir toutes ces choses, car il les voyait distinctement, quoique ses yeux demeurassent fixés sur la flamme du foyer, le messager se sentait le cœur heureux et satisfait, et remerciait de toute son âme ses dieux domestiques, sans plus se soucier de Gruff et Tackleton que vous ne vous en souciez vous-même.

Mais quelle était cette figure de jeune homme que le même grillon-fée plaça si près de son tabouret, à elle, et qui y demeurait seul, debout? Pourquoi restait-il si près d'elle, le bras appuyé sur le manteau de la cheminée, et répétant toujours : « Mariée! et mariée à un autre que moi! »

O Dot! ô Dot! auriez-vous trahi vos devoirs? Oh! non! c'est une pensée qui ne peut trouver place dans toutes les visions de votre mari; mais pourquoi donc alors cette ombre est-elle venue s'abattre sur son foyer?

II

Deuxième cri.

Caleb Plummer et sa fille aveugle vivaient tout seuls dans leur coin, comme disent les livres de contes (les bons petits livres de contes; je suis sûr que vous les bénissez, comme moi, de venir rompre par leurs récits la monotonie de ce monde prosaïque!), Caleb Plummer et sa fille aveugle vivaient tout seuls dans leur coin, c'est-à-dire dans une petite maison de bois lézardée, une vraie coquille de noix fêlée, comme qui dirait une verrue sur le nez proéminent, couleur de brique, de Gruff et Tackleton. La propriété de Gruff et Tackleton tenait la moitié de la rue, mais vous auriez pu abattre la demeure de Caleb Plummer d'un coup de marteau ou deux, et en emporter les débris dans une charrette.

Si quelqu'un avait fait à la maison de Caleb Plummer l'honneur, après une semblable expédition, de remarquer qu'elle avait disparu, ç'aurait été, sans aucun doute, pour en approuver, de tous points, la démolition comme une amélioration réelle. En effet, elle adhérait à celle de Gruff et Tackleton comme une moule à la quille d'un navire, un colimaçon à une porte, ou un petit paquet de sales champignons au tronc d'un arbre. Mais c'était le germe d'où s'était élancé le tronc vigoureux et superbe de Gruff et Tackleton ; et sous son toit en ruine, l'avant-dernier Gruff avait, sur une petite échelle, fabriqué des joujoux pour une génération de jeunes enfants, filles et garçons, du temps jadis, qui avaient commencé par jouer avec, et les avaient ensuite démontés et brisés, avant d'aller se coucher par là-dessus.

J'ai dit que Caleb et sa pauvre fille aveugle l'habitaient; j'aurais mieux fait de dire que Caleb y habitait, mais que sa pauvre fille aveugle avait une autre résidence, un séjour enchanté, orné et meublé par Caleb, où l'épargne et le besoin ne se faisaient point sentir, où les soucis n'entrèrent jamais. Caleb n'était pourtant pas sorcier, mais il était passé maître dans cette seule magie qui nous reste encore, la magie de l'amour dévoué, impérissable: c'est la nature qui avait dirigé ses études ; c'était d'elle qu'il avait appris l'art de faire des miracles.

La fille aveugle ne sut jamais que les plafonds étaient jaunis, les murs tachés et dépouillés par places de leur enduit de plâtre, que de grandes crevasses, faute de réparations, allaient s'élargissant chaque jour, que les poutres vermoulues s'affaissaient de plus en plus. La fille aveugle ne sut jamais que le fer se rouillait, que le bois pourrissait, que le papier s'en allait en pelures, que la maison elle-même perdait insensiblement de sa forme, de ses dimensions et de ses proportions régulières. La fille aveugle ne sut jamais qu'il n'y avait sur le buffet qu'une hideuse vaisselle de terre ou de faïence grossière; que le chagrin et le découragement étaient dans la maison; que les rares cheveux de Caleb grisonnaient de plus en plus devant les yeux éteints de sa compagne chérie. La fille aveugle ne sut jamais qu'ils avaient un maître froid, exigeant, insensible; elle ne sut jamais que Tackleton était Tackleton pour tout dire; elle vivait, au contraire, dans la croyance que c'était un original, d'humeur excentrique, qui aimait à les plaisanter, et qui, tout en jouant vis-à-vis d'eux le rôle protecteur d'un ange gardien, repoussait de leur part tout témoignage de reconnaissance.

Et tout cela, elle le devait à Caleb; tout cela, elle le devait à son bon père. Mais lui aussi, il avait un grillon dans son foyer; tandis qu'il écoutait mélancoliquement sa musique, lorsque l'enfant aveugle et déjà privée de sa mère n'était encore qu'une toute petite fille, cet esprit lui avait inspiré la pensée que la grande infortune de sa fille pourrait presque être changée en un bienfait du ciel, et la jeune fille rendue heureuse par ces petits moyens. Car les grillons forment une tribu d'esprits puissants, quoique les gens qui ont commerce avec eux l'ignorent presque toujours ; et il n'existe pas, dans le monde invisible, des voix plus douces et plus vraies, sur lesquelles on puisse plus absolument compter, ni qui nous donnent aussi sûrement des conseils doux et tendres que les voix dont se servent les esprits du sein du feu et du foyer domestique pour communiquer avec le genre humain.

Caleb et sa fille travaillaient ensemble dans leur atelier ordinaire, ou plutôt ils y passaient leur vie, et c'était un étrange séjour. On y voyait des maisons achevées et non achevées pour des poupées de tous les rangs; des appartements de banlieue pour les poupées d'une existence modeste ; des logements composés d'une seule pièce et d'une cuisine pour les poupées des classes inférieures ; de somptueuses résidences de ville pour les poupées du grand monde. Quelques-unes de ces demeures étaient déjà meublées à forfait, selon la condition et la fortune des poupées bourgeoises qui devaient les habiter; d'autres pouvaient l'être à la minute, de la manière la plus riche et la plus dispendieuse, sur un simple avis ; il n'y avait qu'à prendre ce qu'il fallait sur des tablettes chargées de chaises et de tables, de sofas, de lits et de tout ce qui constitue un mobilier complet. Les personnages de la haute noblesse, les gentilshommes de province, et le public en général, auxquels ces habitations étaient destinées, gisaient, çà et là, étendus dans des paniers, les yeux fixés vers le plafond; mais en marquant leurs divers rangs sur les degrés de l'échelle sociale, et en les mettant chacun à sa place respective (l'expérience est là pour nous apprendre combien c'est une chose malheureusement difficile dans la vie réelle); les faiseurs de poupées avaient été de beaucoup plus habiles que la nature qui se montre souvent si capricieuse et si imparfaite; car eux, au lieu de s'en tenir aux distinctions arbitraires du satin, de l'indienne ou des haillons, avaient ajouté, selon les classes, des différences frappantes qui ne permettaient aucune méprise. Ainsi, dame poupée de haut parage avait des membres de cire d'une symétrie parfaite, privilége réservé à celles de sa condition; le second degré de l'échelle sociale était en peau, et le degré inférieur en chiffons de toile grossière. Quant aux gens du commun, autant de bras et de jambes, autant d'allumettes prises dans la boîte, et par conséquent chacune se trouvait, une fois pour toutes, grâce à ces distinctions positives, bien établie dans sa sphère, sans possibilité d'en sortir jamais.

Outre les poupées, la chambre de Caleb Plummer renfermait encore grand nombre d'autres échantillons de son industrie : c'étaient des arches de Noé, dans lesquelles quadrupèdes et volatiles se trouvaient serrés à profit, je vous assure, empilés les uns sur les autres, n'importe comment, jusqu'au toit, sans perdre de place. Par une licence poétique pleine de hardiesse, la plupart de ces arches de Noé avaient des marteaux à leurs portes, appendices peu naturels peut-être, en ce qu'ils semblaient supposer des visites matinales comme celles du facteur de la poste, mais c'était pour qu'il ne manquât rien à l'extérieur de l'édifice. On voyait par vingtaines de mélancoliques petites charrettes qui, pendant que leurs roues tournaient, exécutaient une musique plaintive; quantité de petits violons, de tambours, et autres instruments de torture; des masses innombrables de canons, de boucliers, d'épées, de lances, de fusils; il y avait de petits saltimbanques, en culottes rouges, qui franchissaient incessamment, à qui mieux mieux, de hautes barrières en rubans rouges, et retombaient de l'autre côté, la tête la première; il y avait encore de vieux messieurs, d'un extérieur respectable, pour ne pas dire vénérable, qui sautaient constamment, comme des fous, par-dessus des chevilles horizontales, plantées dans ce dessein, au beau milieu de leurs propres portes. Il y avait des animaux de toute espèce, des chevaux, en particulier, de toutes les races, depuis le cylindre tacheté, montés sur quatre piquets avec une petite panoufle pour crinière, jusqu'au sauteur pur sang, animé de l'ardeur la plus indomptable. Il eût été difficile de compter les douzaines de figures grotesques, toujours prêtes à commettre toutes sortes d'absurdités, à un simple tour de manivelle. Il n'eût pas été plus facile de citer quelque folie humaine, quelque vice ou quelque infirmité dont on ne pût trouver le type, plus ou moins exact, dans la chambre de Caleb Plummer; et sans qu'il eût besoin pour cela d'avoir recours à des formes exagérées, car il ne faut pas de bien grandes manivelles pour faire exécuter à nous tous, hommes et femmes, dans le monde, des tours non moins étranges que ceux de n'importe quels jouets.

Au milieu de tous ces objets, Caleb et sa fille étaient assis à travailler; la pauvre aveugle, en qualité de couturière, après une des poupées, et lui, peignant et vernissant la façade à quatre fenêtres d'un petit hôtel bourgeois.

Les soucis dont les traits du visage de Caleb portaient la doujoureuse empreinte, son air rêveur et distrait, qui aurait parfaitement convenu à la physionomie d'un alchimiste ou d'un adepte des sciences occultes, formaient, à première vue, un contraste étrange avec la nature triviale de ses occupations et des frivolités dont il était entouré. Mais si triviales que soient les choses, quand on les invente et qu'on les exécute pour se procurer du pain, cela devient une affaire très-sérieuse; et, d'ailleurs, je ne suis point du tout sûr, et je ne voudrais pas en être garant, que, si Caleb avait été un lord chambellan, ou un membre du parlement, ou un homme de loi, ou même un grand spéculateur, en changeant de jouets, il les eût trouvés moins frivoles, tandis que je doute très-fort qu'ils eussent été, dans tous les cas, aussi innocents.

« Ainsi, vous étiez dehors, à la pluie, hier soir, mon père, avec votre belle redingote neuve? dit la fille de Caleb.

— Avec ma belle redingote neuve, répondit celui-ci, jetant un coup d'œil rapide vers une corde tendue dans la chambre, sur laquelle était soigneusement suspendu, pour sécher, le vêtement en toile d'emballage que nous avons décrit plus haut.

— Combien je suis aise que vous l'ayez achetée, mon père!

— Et encore d'un tailleur si fameux! dit Caleb. Un tailleur tout à fait fashionable. C'est trop beau pour moi. »

La jeune aveugle interrompit son travail et se mit à rire avec délices.

« Trop beau, mon père! est-ce qu'il peut y avoir rien de trop beau pour vous?

— Cela n'empêche pas que je suis presque honteux de la porter, dit le vieillard épiant l'effet de ses paroles sur le visage rayonnant de sa fille; ma parole! Lorsque j'entends les gens et les enfants dire derrière moi : « Oh! oh! en voilà un faraud! » je ne sais quelle mine faire. Et ce mendiant qui, hier soir, ne voulait pas s'en aller, s'obstinant à me répondre, lorsque je lui disais que j'étais un homme du commun : « Oh! que non, Votre Honneur! Votre Honneur ne me fera pas croire cela! » J'en étais tout confus, et il me semblait vraiment que je n'avais pas le droit de porter un si bel habit. »

Comme elle était heureuse, la jeune aveugle! Quelle joie, quel triomphe pour elle!

« Je vous vois, mon père, dit-elle en croisant ses mains, aussi clairement que si j'avais les yeux dont je ne sens jamais le besoin quand vous êtes avec moi. Un habit bleu....

— Bleu clair, dit Caleb.

— Oui, oui! bleu clair! s'écria la jeune fille relevant son visage radieux ; la couleur que je me rappelle précisément avoir vue au ciel, au beau ciel ! quand vous me disiez que c'était bleu. Ainsi donc, une belle redingote bleu clair !...

— Aisée à la taille, ajouta Caleb.

— Oui, aisée à la taille ! s'écria la jeune aveugle, riant de tout son cœur ; et dans cet habit, vous, cher père, avec votre œil joyeux, votre face souriante, votre pas dégagé et vos cheveux noirs, votre air si jeune et si beau !

— Grâce, grâce ! dit Caleb, ou je vais devenir vaniteux, vous allez voir.

— Je crois que vous l'êtes déjà, s'écria sa fille, lui faisant du doigt, dans son ravissement, un petit signe rempli de malice. Je vous connais, mon père. Ah ! ah ! ah ! je vous ai deviné, voyez-vous ! »

Ah ! que le pauvre Caleb ne ressemblait guère à ce portrait, pendant qu'il était là, sur sa chaise, occupé à l'observer !

Elle avait parlé de son pas dégagé, et, sur ce point, elle avait raison. Depuis nombre d'années, il n'avait pas une seule fois franchi le seuil de cette porte avec son pas naturel lent et lourd, mais avec un pas factice destiné à tromper l'oreille de sa fille ; et jamais, lorsque son cœur était le plus accablé, il n'avait oublié cette marche légère, calculée pour rendre à sa fille la vie aussi plus légère et le courage plus facile. Il n'y a que Dieu qui le sache ! mais je crois que cet égarement vague, qui régnait dans les manières de Caleb provenait en partie de la fiction où il s'était volontairement placé avec tous les objets qui l'entouraient, de cette comédie perpétuelle à laquelle il s'était condamné par amour pour sa fille aveugle. Comment le pauvre petit homme n'aurait-il pas eu l'air égaré, après tant d'efforts faits pendant un si grand nombre d'années, dans le but de détruire sa propre identité et celle de tous les objets qui s'y rattachaient !

« Nous y voilà, dit Caleb reculant d'un pas ou deux pour mieux juger du mérite de son ouvrage ; aussi près de la réalité que cinquante centimes d'une pièce de dix sous. Quel dommage que toute la façade de la maison s'ouvre tout d'une pièce ! S'il y avait seulement un escalier et des portes régulières pour entrer dans chaque chambre ! Mais c'est là le mal du métier. Je passe ma vie à me faire illusion à moi-même, à me prendre moi-même pour dupe.

— Vous parlez bien bas, mon père ! Vous n'êtes pas fatigué ?

— Fatigué ! répéta Caleb avec un nouvel élan de vivacité. Qu'est-ce qui me fatiguerait, Bertha ? Je n'ai jamais été fatigué. Qu'est-ce que cela signifie ? »

Pour donner une plus grande force à ses paroles, il s'interrompit lui-même au moment où, sans le vouloir, il allait faire comme deux figures de bonshommes qui s'étiraient et bâillaient sur le manteau de la cheminée, images parfaites de l'ennui éternel, depuis le buste jusqu'à la pointe des cheveux; puis il se mit à fredonner un refrain de chanson. C'était une chanson bachique, quelque drôlerie en l'honneur d'un vin généreux qui mourse dans le verre, et il l'entonna avec une voix et un entrain de Roger-Bontemps, qui faisait paraître son visage mille fois plus maigre et plus soucieux que jamais.

« Quoi! vous chantez, je crois? dit Tackleton avançant la tête dans l'intérieur de la chambre à travers la porte. Continuez, continuez! Ce n'est pas moi qui chanterais ! »

Personne ne l'en eût soupçonné, certes. Il n'avait, en aucune façon, une figure à chanter la chansonnette.

« Ce n'est pas moi qui me permettrais de chanter, dit Tackleton. Je suis ravi que vous, vous puissiez le faire. J'espère que cela ne vous empêche pas de travailler, quoiqu'on n'ait guère le temps de faire les deux choses à la fois.

— Si vous pouviez seulement le voir, Bertha; comme il me regarde en clignant de l'œil! murmura Caleb bas à l'oreille de sa fille. Il n'y a pas d'homme pareil pour plaisanter! si vous ne le connaissiez pas, vous croiriez qu'il parle sérieusement, je parie? »

La jeune aveugle sourit et fit de la tête un signe affirmatif.

« Quand un oiseau sait chanter et ne veut pas le faire, il faut l'y forcer, dit le proverbe, grommela Tackleton ; mais quand un hibou, qui ne sait pas chanter, qui ne devrait pas chanter, n'en chante pas moins, qu'est-ce qu'il faut lui faire?

— Quels yeux malins il nous fait dans ce moment! dit encore Caleb à sa fille. Oh! bonté du ciel!

— Toujours gai, toujours de joyeuse humeur avec nous! s'écria Bertha en souriant.

— Ah! vous voilà, vous? répondit Tackleton. Pauvre idiote! »

Il la croyait réellement idiote, et il se fondait pour le croire, par instinct ou par réflexion, sur ce qu'elle l'aimait.

« Eh bien! puisque vous êtes là,... comment allez-vous? dit Tackleton de son ton bourru.

— Oh! bien, tout à fait bien. Et aussi heureuse que vous pouvez le désirer, aussi heureuse que vous voudriez rendre le monde entier, si cela dépendait de vous.

— Pauvre idiote! murmura Tackleton. Pas une lueur de raison, pas la moindre lueur ! »

La jeune aveugle lui prit la main et la baisa; elle la tint un moment pressée entre les siennes, et y appuya tendrement sa joue avant que de la lâcher. Il y avait dans cette caresse quelque chose de si affectueux, et une expression de reconnaissance si vive, que Tackleton lui-même fut ému jusqu'à dire avec un grognement moins brutal que d'habitude :

« Qu'est-ce que vous avez ?

— Je l'ai placé à côté de mon oreiller lorsque je suis allée me coucher hier au soir, et je m'en suis souvenu dans mes rêves. Puis, quand le jour a paru, et que le soleil s'est levé tout rouge dans sa gloire.... le soleil *rouge*, mon père ?

— Rouge le matin et le soir, Bertha, dit le pauvre Caleb en jetant un regard empreint d'une tristesse profonde sur son patron.

— Quand il s'est levé, et que sa brillante lumière, contre laquelle je crains toujours de me heurter en marchant, est entrée dans la chambre, j'ai tourné le petit arbuste vers lui, j'ai béni le ciel qui a fait pour nous de si jolies choses, et je vous ai béni, vous qui me les envoyez pour me donner du bonheur !

— Une vraie échappée de Bedlam ! fit Tackleton en lui-même. Nous arriverons bientôt à la camisole de force et aux menottes. Nous faisons des progrès ! »

Caleb, les deux mains crispées et accrochées l'une dans l'autre, regardait devant lui d'un air égaré pendant que sa fille parlait, comme si réellement il se fût demandé (et je crois bien qu'il se le demandait en effet) si Tackleton n'avait pas fait quelque chose pour mériter ou non ces remerciments. Si le pauvre Caleb eût été pour lors parfaitement libre d'agir à sa guise, et si, dans ce moment, il eût dû, sous peine de mort, choisir de chasser à coups de pied le marchand de jouets, ou de tomber à ses genoux pour reconnaître ses bienfaits, je crois qu'on aurait pu parier à chances égales pour ou contre. Il savait pourtant, le bon Caleb, que c'était lui-même qui, de ses propres mains, avait apporté si soigneusement le petit rosier à la maison pour sa fille; que c'étaient bien ses propres lèvres qui avaient forgé ce mensonge innocent qui devait l'aider à écarter de sa fille jusqu'au moindre soupçon des privations nombreuses, infinies, qu'il s'imposait chaque jour, pour lui donner quelques jouissances de plus.

« Bertha ! dit Tackleton, affectant à dessein un peu de cordialité; venez ici.

— Oh ! répondit-elle, je puis aller droit à vous ! vous n'avez pas besoin de me guider !

— Voulez-vous que je vous dise un secret, Bertha?

— Je veux bien, » répondit-elle avec empressement.

Comme il devint radieux et brillant ce visage plongé dans les ténèbres! quelle auréole lumineuse entoura cette tête attentive!

« Voici le jour où la petite.... quel est son nom, déjà?... l'enfant gâté, la femme de Peerybingle, vient vous faire sa visite habituelle, pour son pique-nique fantastique, n'est-ce pas? ajouta Tackleton avec une expression prononcée de dédain pour leur petite fête.

— Oui, répondit Bertha. C'est aujourd'hui.

— Je le pensais bien, reprit Tackleton. Eh bien! je voudrais être de la partie.

— L'entendez-vous, mon père! s'écria la jeune aveugle ravie, hors d'elle-même.

— Oui, oui, je l'entends, murmura Caleb avec le regard fixe d'un somnambule; mais je ne le crois pas. C'est encore une de ces illusions dont je me berce, sans doute.

— Non, c'est que, voyez-vous, je.... je désire rapprocher un peu plus les Peerybingle de May Fielding, je.... je voudrais les lier ensemble, dit Tackleton. Je vais me marier avec May!

— Vous marier! s'écria la jeune aveugle en s'éloignant de lui par un mouvement brusque.

— Le diable confonde l'idiote! J'ai vu le moment où je ne pourrais pas réussir à lui faire comprendre la chose. Oui, Bertha, me marier! L'église, le ministre, le clerc, le bedeau, le carrosse à glaces, les cloches, le déjeuner, le gâteau de la mariée, les rubans de soie, les clarinettes, les trombonnes, et tout le tremblement; une noce, voyez-vous, une noce. Savez-vous bien ce que c'est qu'une noce?

— Je le sais, reprit la jeune aveugle d'une voix douce; je comprends!

— Vraiment? murmura Tackleton. C'est bien heureux. Eh bien! voilà pourquoi je désire être de la partie, et vous amener May avec sa mère. Je vous enverrai dans la matinée quelque petite chose, n'importe quoi; un gigot de mouton froid ou quelque friandise de même genre. Vous m'attendrez?

— Oui, » répondit-elle.

Elle avait laissé retomber sa tête sur sa poitrine, et s'était tournée de l'autre côté; elle demeurait ainsi debout, les mains jointes, immobile et rêveuse.

« Je ne crois pas que vous m'attendiez, murmura Tackleton jetant les yeux sur elle; car vous paraissez avoir déjà tout oublié. Caleb!

LES CONTES DE NOËL. 14

— Je puis me hasarder, je suppose, à croire que je suis ici, pensa Caleb.... Monsieur !

— Prenez garde qu'elle n'oublie ce que je lui ai dit.

— Oh ! n'ayez pas peur, elle n'oublie jamais, elle, répondit Caleb. C'est peut-être la seule chose qu'elle ne sache pas faire.

— Chacun prend ses oies pour des cygnes, murmura le marchand de jouets en haussant les épaules. Pauvre diable ! »

Après cette observation maligne faite de l'air d'un souverain mépris, le vieux Gruffet Tackleton se retira.

Bertha demeura à la même place où il l'avait laissée, perdue dans ses tristes pensées. La gaieté avait disparu de son visage abattu, empreint d'une profonde mélancolie. Trois ou quatre fois elle secoua la tête comme si elle pleurait le souvenir d'un bien qu'elle aurait perdu ; mais ses réflexions douloureuses ne trouvèrent point de paroles pour s'épancher.

Caleb, de son côté, était, depuis quelque temps, occupé à fixer à une voiture un attelage de chevaux, à l'aide d'un procédé excessivement simple, qui consistait à clouer les harnais dans les chairs vives de l'animal ; il finissait, quand sa fille s'approcha de son escabeau de travail, et, s'asseyant à ses côtés :

« Mon père, lui dit-elle, je sens que je suis retombée dans la solitude et les ténèbres. J'ai besoin de mes yeux, vous savez, de mes yeux patients et toujours prêts.

— Les voici, fit Caleb ; toujours prêts, en effet. Ils sont plus à vous qu'à moi, Bertha, à quelque heure du jour que ce soit sur les vingt-quatre. Qu'est-ce que vos yeux peuvent faire pour vous, chère enfant ?

— Regardez autour de la chambre, mon père.

— Voilà, dit Caleb. Aussitôt fait que dit, Bertha.

— Décrivez-la-moi.

— Elle est absolument la même qu'à l'ordinaire, fit Caleb ; simple, mais très-commode. Les vives couleurs des murailles, les fleurs brillantes sur les assiettes et les plats, le bois poli et luisant partout où il y a des poutres et des panneaux, l'ensemble de gaieté et de propreté de la maison la rendent vraiment jolie. »

En effet, elle était propre et gaie, partout où les mains de Bertha pouvaient atteindre ; mais, nulle part ailleurs, il n'y avait ni gaieté, ni propreté possible dans le vieux hangar crevassé que l'imagination de Caleb avait su transformer de la sorte.

« Vous avez sur vous votre habit de travail, et vous n'êtes pas aussi élégamment vêtu que quand vous portez le bel habit, dit Bertha en touchant son père.

— Pas tout à fait aussi élégamment, répondit Caleb; mais c'est déjà bien comme cela.

— Mon père, dit la jeune aveugle se rapprochant de lui et lui passant un bras autour du cou, parlez-moi de May. Elle est très-belle?

— Oui, assurément, » dit Caleb. Et c'était vrai. Il arrivait rarement que Caleb eût moins besoin de se mettre en frais d'imagination.

« Elle a des cheveux noirs, reprit Bertha d'un air pensif, plus noirs que les miens. Sa voix est douce et harmonieuse, je le sais; j'ai souvent pris plaisir à l'entendre. Sa taille....

— Il n'y a pas dans toute la chambre une poupée dont la taille puisse être comparée à la sienne, dit Caleb. Et ses yeux!... »

Il s'arrêta; car Bertha s'était plus étroitement suspendue à son cou, et ce bras qui l'entourait lui fit sentir une pression convulsive dont il ne comprit que trop bien le sens.

Il toussa un moment, donna quelques coups de marteau à ses dadas fringants, puis se remit à fredonner la chanson bachique sur le vin mousseux; c'était sa ressource infaillible dans toutes les difficultés de ce genre.

« Notre ami, mon père; notre bienfaiteur. Je ne me lasse jamais d'entendre parler de lui. Vous savez que je ne m'en suis jamais lassée? dit-elle avec précipitation.

— Non, assurément, répondit Caleb, et avec raison.

— Oh! oui! avec raison! s'écria la jeune aveugle. » Elle mit tant de chaleur à prononcer ces mots, que Caleb, malgré la pureté de ses intentions quand il trompait sa simplicité, n'osa pas la regarder en face; mais il baissa les yeux, comme si elle eût pu y lire son innocent mensonge.

« Parlez-moi encore de lui, alors, cher père, dit Bertha. Plusieurs fois encore! Son visage est bienveillant, bon, tendre, honnête, plein de franchise, j'en suis sûre. Le cœur généreux, qui cherche à dissimuler tous ses bienfaits sous une apparence de rudesse et de mauvais vouloir, se trahit dans chacun de ses regards.

— Et l'ennoblit encore, ajouta Caleb dans son calme désespoir.

— Et l'ennoblit encore! s'écria la jeune aveugle. Il est plus âgé que May, mon père?

— Oui, fit Caleb comme malgré lui. Il est un peu plus âgé que May. Mais cela ne veut rien dire.

— Oh! que si, mon père! Être sa compagne patiente dans les infirmités de la vieillesse, sa garde attentive dans la maladie, son amie fidèle dans la souffrance et l'affliction, ne pas connaître la fatigue en travaillant pour lui, le veiller, le consoler, s'asseoir à côté de son lit, lui parler quand il est éveillé, prier pour lui quand il dort : quels priviléges heureux pour sa femme! Quelles occasions de lui prouver toute sa fidélité et son dévouement! La croyez-vous capable de faire tout cela, cher père?

— Sans aucun doute, dit Caleb.

— En ce cas, j'aime May, mon père; je puis l'aimer de toute mon âme ! » s'écria la jeune aveugle. Et en disant ces mots, elle appuya son pauvre visage privé de la vue sur l'épaule de Caleb, en pleurant si fort et si fort, qu'il fut presque chagrin de lui avoir causé un bonheur accompagné de tant de larmes.

Pendant tout ce temps, il y avait eu pas mal de remue-ménage chez John Peerybingle. La petite mistress Peerybingle ne pouvait penser naturellement à aller quelque part sans son baby, et il fallait du temps pour l'emballer. Non pas qu'il y eût beaucoup à se préoccuper de cet article de messagerie, sous le double rapport du poids et du volume, mais c'était une multitude infinie de soins à prendre, par-ci, par-là, et de précautions successives. Par exemple, lorsqu'on fut arrivé, de fil en aiguille, à un certain point de sa toilette, et que vous auriez pu raisonnablement supposer qu'en un tour de main ou deux il ne devait plus rien y manquer pour en faire un poupon des mieux bichonnés, en état de défier hardiment le monde entier, il fallut tout à coup l'ensevelir dans un bonnet de flanelle, véritable éteignoir, et le porter dans son berceau, où il mitonna (si je puis m'exprimer ainsi) entre deux draps pendant près d'une heure. On l'arracha ensuite à cet état de torpeur, rouge comme une écrevisse et poussant des cris atroces, pour lui faire prendre.... Tenez! j'aimerais mieux dire, si vous voulez me permettre de parler d'une manière générale.... un léger repas; après quoi, il alla dormir encore. Mme Peerybingle profita de cet intervalle pour se faire aussi pimpante, à sa petite façon, que femme de votre connaissance; et durant cette trêve fort courte, miss Slowboy s'insinua dans un spencer d'une forme si surprenante et si ingénieuse, qu'il ne paraissait avoir été fait ni pour elle ni pour qui que ce fût au monde; c'était quelque chose d'étriqué, qui retombait en oreilles de chien, ne ressemblant à rien, unique dans sa coupe et sans nul rapport avec âme vivante. Cependant le baby, rendu une seconde fois à l'existence, était affublé, par les efforts réunis de Mme Peerybingle et de miss Slowboy, d'un manteau beurre frais et d'une espèce de bonnet nankin en forme de tourte montée. A la fin, ces préparatifs achevés, ils descendirent tous les trois à la porte, où le vieux cheval avait déjà regagné et au delà la valeur du péage qu'il faudrait payer à la barrière pour sa journée, en creusant la chaussée avec ses autographes impatients ; tandis qu'on pouvait à peine apercevoir de là, dans une perspective lointaine, l'impétueux Boxer en arrêt, se retournant vers son camarade, comme pour l'engager à partir sans attendre les ordres du maître.

Quant à une chaise ou toute autre espèce d'objet de ce genre pour aider mistress Peerybingle à monter dans la voiture, vous connaissez bien peu l'ami John, j'ose m'en flatter, si vous croyez que ce fût chose nécessaire. Avant que vous eussiez eu le temps de la voir soulevée dans ses bras, elle était déjà assise à sa place, fraîche et vermeille, et lui disait :

« A quoi donc songez-vous, John ? Songez plutôt à Tilly ! »

Si je pouvais seulement me permettre de parler des jambes d'une jeune personne, je remarquerais, à propos de celles de miss Slowboy, que, par une fatalité singulière, elles étaient sans cesse exposées à des avaries, et qu'elle n'effectuait jamais le moindre mouvement d'ascension ou de descente sans y faire une coche pour en prendre note, absolument comme Robinson Crusoé marquait les jours sur son calendrier de bois. Mais comme ces réflexions pourraient paraître inconvenantes, je les garderai pour moi.

« John, dit Dot, avez-vous pris le panier où se trouvent le pâté au jambon et au veau, les autres petites choses et les bouteilles de bière ? Si vous ne l'avez pas fait, il faut retourner le chercher, à l'instant même.

— En voilà un joli petit article à mettre sur ma feuille, répondit le messager, de me parler de retourner, après m'avoir déjà mis en retard d'un bon quart d'heure.

— J'en suis fâchée, John, reprit Dot fort troublée, mais je ne saurais réellement songer à aller chez Bertha.... Je n'y consentirais à aucun prix, John,.... sans le pâté de veau et jambon, les autres petites choses et les bouteilles de bière....Hoh ! »

Ce monosyllabe s'adressait au cheval qui n'y fit pas la moindre attention.

« Arrêtez donc, John, je vous en prie! dit Mme Peerybingle.

— Il sera bien assez temps d'arrêter, répondit John, quand j'aurai oublié quelque chose. Le panier est ici, en lieu de sûreté.

— Quel cœur de monstre il faut que vous ayez, John, pour ne pas me l'avoir dit tout de suite, au lieu de me laisser dans une pareille inquiétude! Je déclare que, pour tout l'or du monde je ne serais pas allé chez Bertha sans le pâté au veau et au jambon, les autres petites choses et les bouteilles de bière. Régulièrement, tous les quinze jours depuis notre mariage, John, nous avons fait là notre pique-nique. Si quelque chose allait de travers dans cette petite fête, je croirais presque que cela nous porterait malheur pour toujours.

— Allons! vous avez eu là une bonne pensée, la première fois que vous avez fait la chose, dit le messager, et cela vous fait honneur, ma petite femme.

— Mon cher John, reprit Dot en rougissant, ne parlez pas de me faire honneur. Honneur! à moi! Bonté divine!

— A propos.... observa le messager; ce vieux monsieur.... »

Nouvel embarras de la part de Dot, et bien visible, ma foi!

« C'est un drôle de particulier, dit John regardant devant eux sur la route. Je ne puis pas me l'expliquer. Je suppose toujours qu'il n'y a rien à craindre de sa part.

— Oh! non, certainement. Je.... je.... suis même sûre du contraire.

— Oui? dit le messager, les yeux attirés vers elle par la vivacité de son langage. Je suis ravi que vous en soyez si convaincue, parce que cela me confirme dans mes espérances. Mais c'est égal : il est curieux qu'il ait mis dans sa tête de nous demander à loger chez nous, n'est-ce pas? Il y a des choses si étranges dans ce monde!

— Des choses si étranges! répéta Dot à voix basse, si basse qu'on l'entendait à peine.

— Avec tout cela, c'est un bon vieux gentleman, reprit John, et qui paye en gentleman; ainsi, je crois bien qu'on peut compter sur sa parole comme sur la parole d'un gentleman. J'ai eu ce matin une très-longue conversation avec lui; il peut déjà mieux m'entendre, dit-il, à mesure qu'il s'accoutume davantage à ma voix. Il m'a beaucoup parlé de lui-même; je lui ai, à mon tour, beaucoup parlé de moi : les singulières questions qu'il m'a adressées! Je lui ai appris comme quoi j'avais deux tournées à faire, vous savez, pour mon commerce : un jour celle de droite en partant de la maison et retour, un autre jour celle de gauche en partant de la maison et retour (car il est étranger au pays et ne connaît pas les noms des localités), et cela a paru lui faire plaisir. « Ainsi donc, m'a-t-il dit, je retournerai ce soir chez moi par le même chemin que vous, quand je croyais au contraire que vous prendriez la route exactement opposée. C'est parfait! Je vous dérangerai peut-être encore pour vous prier de me donner encore place dans votre voiture, mais je m'engage à ne plus tomber dans un si profond sommeil. » C'est qu'il dormait profondément, en effet.... Dot, à quoi pensez-vous donc ?

— A quoi je pense, John ? Je.... je.... vous écoutais.

— Bien ! bien ! dit l'honnête messager. Je craignais, à votre air distrait, d'avoir parlé si longuement, que vous en étiez venue à songer à tout autre chose. Ma foi ! j'ai bien manqué de le croire, bien sûr. »

Dot ne répondit rien, et ils continuèrent quelque temps à trotter en silence. Mais il n'était pas facile de rester longtemps muet dans la voiture de John Peerybingle, car tous ceux qu'on rencontrait sur le chemin avaient quelque chose à lui dire, ne fût-ce qu'un : « Comment vous va ? » Et en réalité, le plus souvent ce n'était pas autre chose. Encore fallait-il y répondre avec toute la cordialité possible, non-seulement par un signe de tête ou un sourire, mais aussi par un exercice salutaire des poumons, ni plus ni moins que s'il s'agissait d'un discours de longue haleine, prononcé au Parlement. Quelquefois des voyageurs, à pied ou à cheval, venaient à côté de la voiture faire de conserve un petit bout de chemin, uniquement pour causer un moment, et alors on échangeait, de part et d'autre, bon nombre de paroles.

Ensuite Boxer donnait lieu à des reconnaissances amicales de la part du messager et réciproquement, mieux que n'auraient pu le faire une douzaine de chrétiens. Tout le monde le connaissait sur la route, principalement les poules et les cochons, qui ne le voyaient pas plutôt approcher, marchant de guingois, les oreilles dressées pour écouter aux portes, et son petit bout de queue en trompette, qu'ils se retiraient aussitôt dans les endroits les plus reculés de leurs logis, sans attendre l'honneur de faire avec lui une connaissance plus intime. Boxer avait affaire partout, s'engageait jusque dans les moindres détours, regardait dans tous les puits, s'élançait dans l'intérieur de toutes les chaumières, en sortait avec la même pétulance, faisait irruption chez toutes les maîtresses d'école, effarouchait tous les pigeons, faisait renfler la queue de tous les chats et se promenait dans tous les cabarets comme une pratique de l'endroit. Partout où il allait, on entendait quelqu'un s'écrier : « Tiens ! voici Boxer ! » et ce quelqu'un sortait aussitôt, accompagné d'au moins deux ou trois autres, pour donner le bonjour à John Peerybingle et à sa jolie petite femme.

Les gros ballots et les petits paquets chargés sur la voiture du messager étaient en grand nombre, ce qui l'obligeait à des haltes multipliées pour les recevoir ou les rendre, et ces temps d'arrêt ne formaient point, tant s'en faut, la partie la moins agréable du voyage. Il y avait des gens qui attendaient leurs paquets avec une si vive impatience, d'autres qui s'émerveillaient si fort de recevoir des paquets, d'autres enfin qui ne pouvaient jamais mettre un terme à leurs recommandations pour leurs paquets! Et puis, John lui-même prenait un intérêt si réel à tous les paquets, que c'était une vraie comédie. De même, il y avait des articles dont John ne pouvait se charger, sans mûre réflexion, sans discussion préalable, et pour les ajuster, et pour les placer, c'étaient, entre les expéditeurs et le voiturier, des conférences en règle auxquelles Boxer assistait d'ordinaire; il s'y faisait remarquer par de courts accès d'une attention très-sérieuse, et surtout par de longs accès de folie, où il se mettait à courir comme un dératé autour du grave aréopage, en aboyant jusqu'à s'enrouer. Dot, immobile sur son siége dans la voiture, s'amusait de tous ces petits incidents dont elle demeurait la spectatrice attentive sans se déranger, charmant petit portrait admirablement encadré par la bâche. Aussi, je vous assure, les jeunes gens ne se faisaient pas faute, en l'apercevant, de se pousser du coude, de se regarder entre eux, de se parler bas et d'envier le sort de l'heureux John; et l'heureux John en était ravi, car il était fier de voir admirer sa petite femme, sachant bien qu'elle n'y faisait pas attention,... quoiqu'elle ne détestât pas cela non plus.

Le petit voyage ne se faisait pas sans brouillard, certainement, car on était en janvier, et le temps était rude et froid. Mais qui s'inquiétait de si peu de chose? Ce n'était pas Dot, à coup sûr, ni Tilly Slowboy, pour qui aller en voiture, n'importe comment, était le suprême degré des félicités humaines, le *nec plus ultrà* des espérances de ce bas monde; ni le baby, j'en mettrais la main au feu, car jamais baby, quelle que fût sa capacité sous ce double rapport, ne fut plus chaudement ni plus profondément endormi que le bienheureux petit Peerybingle, pendant tout le chemin.

On ne pouvait pas voir bien loin devant soi dans le brouillard, c'est vrai; mais on voyait encore assez! C'est étonnant combien de choses on peut voir dans un brouillard plus épais encore, pour peu qu'on veuille prendre la peine d'y regarder. Tenez! rien que d'être là, à regarder de sa chaise les rondes des fées[1] et les paquets de givre encore ramassés à l'ombre près des haies

---

[1]. On appelle ainsi, en Angleterre, les places nues, ordinairement circulaires, dans les landes et les bruyères.

et des arbres, c'était déjà une agréable occupation, sans parler des formes inattendues que présentaient tout à coup les arbres en se dégageant du brouillard, avant d'y rentrer pour disparaître de nouveau. Les haies entremêlées, dépouillées de leurs feuilles, abandonnaient au vent une multitude de guirlandes flétries ; mais cette vue n'avait rien d'attristant. C'était, au contraire, un spectacle agréable à contempler, car il faisait ressortir encore davantage le charme d'un bon coin du feu que vous possédiez pendant l'hiver et rendait plus verte en espérance la belle saison de l'été prochain. La rivière avait un air frileux, mais elle coulait tout de même et coulait gentiment, c'était bien encore quelque chose ; le cours en était un peu lent et engourdi, sans doute ; mais c'est égal, il n'en gèlerait que plus vite lorsque le froid se ferait sentir tout de bon, et alors on viendrait y patiner, y glisser, et les grosses vieilles barques, emprisonnées par la glace quelque part près du quai, n'en feraient fumer que de plus belle, tout le long du jour, les tuyaux rouillés de leurs cheminées pour se donner un peu de bon temps.

Plus loin, dans les champs, brûlait un tas de mauvaises herbes et de chaume ; les voyageurs regardèrent le feu, si pâle au jour, jetant à travers le brouillard, par intervalles, une lueur de flamme rougeâtre, jusqu'à ce que miss Slowboy, en conséquence de l'observation qu'elle fit « que la fumée lui montait au nez, » se mit à étouffer (c'était d'ailleurs assez son habitude quand quelque chose la gênait), et réveilla le baby qui ne voulut plus se rendormir. Cependant Boxer, en avance d'un quart de mille environ, avait déjà dépassé les barrières du bourg et gagné le coin de la rue où demeuraient Caleb et sa fille. Aussi, longtemps avant que les Peerybingle fussent arrivés à leur porte, Caleb et la jeune aveugle se tenaient dehors sur le trottoir prêts à les recevoir.

Boxer, soit dit en passant, dans ses rapports avec Bertha, faisait certaines distinctions subtiles qui me permettent de croire absolument qu'il la savait aveugle. Il ne cherchait jamais à attirer son attention en la regardant, comme c'était son habitude avec les gens, il la touchait sans y manquer jamais. J'ignore quelle expérience il avait pu faire d'hommes ou de chiens aveugles ; il n'avait jamais vécu avec un maître aveugle ; ni M Boxer le père, ni mistress Boxer, ni aucun autre membre de sa respectable famille, tant du côté paternel que du côté maternel, n'avait, que je sache, été visité par cette infirmité. Peut-être avait-il trouvé cela de lui-même ; ce qu'il y a de sûr, c'est qu'il y tenait dans sa pratique avec les aveugles. Il tenait donc

Bertha par le bas de sa robe et tenait ferme sans lâcher prise, jusqu'à ce que mistress Peerybingle, le baby, miss Slowboy et le panier furent tous bien et dûment entrés dans la maison.

May Fielding y était déjà arrivée, aussi bien que sa mère, petit brin de vieille femme grondeuse, à la mine bourrue, qui, parce qu'elle avait conservé une taille semblable à une colonne de lit, passait pour avoir eu une tournure des plus distinguées. Parce qu'en outre elle s'était vue autrefois dans une meilleure position de fortune, ou qu'elle était poursuivie de l'idée qu'elle aurait pu s'y voir, si une chose était arrivée qui n'arriva jamais et qui ne paraissait même pas avoir jamais eu la moindre chance d'arriver (ce qui, d'ailleurs, est tout un), elle affectait les manières d'une personne comme il faut et se donnait des airs protecteurs. Gruff et Tackleton se trouvait là aussi, faisant l'agréable avec la mine d'un homme qui se trouve aussi parfaitement à son aise et aussi incontestablement dans son propre élément, qu'un jeune saumon nouvellement éclos sur le sommet de la grande pyramide.

« May ! ma chère vieille amie ! s'écria Dot en se précipitant à sa rencontre. Quel bonheur de vous voir ! »

Sa vieille amie était tout aussi ravie qu'elle-même, et c'était, croyez-moi, un spectacle charmant de les voir s'embrasser de la sorte. Il faut avouer que Tackleton était un homme de goût : May était ravissante.

Quelquefois, vous savez, quand vous êtes habitué à un joli visage, et qu'il se trouve, par occasion, à côté d'un autre joli minois, la comparaison commence par faire trouver le premier ordinaire et fade ; il perd sur-le-champ, dans votre esprit, de la haute opinion que vous en aviez conçue. Eh bien ! ici ce fut tout le contraire, aussi bien pour Marie que pour Dot, pour Dot que pour Marie ; car le visage de Dot faisait ressortir celui de Marie et le visage de Marie celui de Dot, d'une façon si naturelle et si agréable que, comme John Peerybingle fut sur le point de le dire lorsqu'il entra dans la chambre, elles auraient dû naître sœurs, et c'était tout ce qu'on pouvait y trouver à redire.

Tackleton avait apporté son gigot de mouton, et, chose merveilleuse, une tarte par-dessus le marché (mais on peut bien se permettre un peu de prodigalité quand nos fiancées sont en jeu, on ne se marie pas tous les jours) ; à ces friandises venaient s'ajouter le pâté de veau et jambon, et les autres « petites choses, » ainsi que mistress Peerybingle les appelait, c'est-à-dire des noix, des oranges, des gâteaux et autre menu gibier. Lorsque le repas fut servi sur la table, flanqué de l'écot de Caleb, qui consistait en une énorme terrine remplie de pommes de terre fumantes (il lui était interdit, par une solennelle convention, de fournir d'autres comestibles), Tackleton conduisit sa future belle-mère à la place d'honneur. Pour s'en montrer plus digne en une pareille solennité, la majestueuse vieille dame s'était parée d'un bonnet calculé pour inspirer aux plus indifférents des sentiments de crainte respectueuse. Elle portait aussi des gants; vive le bon ton! N'y manquons jamais : plutôt la mort!

Caleb s'assit près de sa fille : Dot et son ancienne compagne d'enfance à côté l'une de l'autre; le bon messager prit place au bout de la table. Miss Slowboy fut isolée, momentanément, de tout autre meuble que la chaise où elle était assise, afin qu'elle ne pût avoir à sa portée d'autre obstacle pour heurter la tête du baby.

Comme Tilly regardait autour d'elle d'un air ébahi les poupées et les jouets, ceux-ci, à leur tour, la regardaient de même avec de grands yeux, elle et la compagnie. Les vieux messieurs, à l'aspect vénérable (tous en plein exercice de cabrioles contre la porte de leurs maisons), témoignaient d'un intérêt particulier pour cette petite fête ; ils s'arrêtaient parfois avant de sauter, comme s'ils eussent écouté la conversation, puis recommençaient avec une énergie forcenée leur plongeon extravagant, je ne sais combien de fois, sans s'arrêter pour reprendre haleine, comme si ces perpétuelles culbutes leur eussent causé un bonheur frénétique. Ce qu'il y a de sûr, c'est que, si ces vieux messieurs étaient disposés le moins du monde à ressentir une joie maligne de la déconvenue de Tackleton, ils avaient amplement de quoi se satisfaire. Tackleton n'était pas dans son assiette ; plus sa future devenait gaie dans la société de Dot, moins il en éprouvait de plaisir, quoique pourtant il les eût réunies exprès. Car c'était un véritable fagot d'épines que ce Tackleton; quand on riait sans qu'il sût pourquoi, il se mettait aussitôt dans la tête que c'était de lui qu'on devait rire.

« Ah! chère May, disait Dot, quels changements, ma bonne amie! Comme cela rajeunit de parler de ces heureux jours de l'école!

— Mais, dites donc, vous n'êtes pas encore si vieille, ce me semble, interrompit Tackleton.

— Regardez quel mari grave et posé j'ai là, répondit Dot. Il ajoute au moins vingt années à mon âge ; n'est-ce pas, John ?

— Quarante, répliqua John.

— Et vous, continua Dot en riant, combien en ajouterez-vous à l'âge de May? Je n'en sais trop rien; mais, à son prochain anniversaire, elle ne pourra guère avoir moins de cent ans.

— Ah! ah! fit Tackleton en riant, mais d'un rire creux comme un tambour, accompagné d'un certain regard lancé sur Dot, comme s'il eût pensé qu'il aurait quelque plaisir à lui tordre le cou.

— Chère amie, ajouta Dot, vous rappelez-vous de quelle façon nous parlions à l'école des maris que nous prendrions un jour. Je ne sais plus combien le mien devait être jeune et beau, et gai et aimable! Et quant à celui de May !.... Ah! ma chère, je ne sais si je dois rire ou pleurer, quand je pense à nos folles idées de jeunes filles. »

May parut fixée sur ce qu'elle devait faire, elle; car ses joues se colorèrent d'une vive rougeur et les larmes lui vinrent aux yeux.

« Et ceux-là même.... de véritables jeunes gens en chair et en os.... auxquels nous arrêtions quelquefois notre pensée, continua Dot. Nous nous doutions peu du tour que prendraient les choses. Je ne m'étais jamais arrêtée à John, pour sûr; je n'avais seulement jamais songé à lui. Et si je vous avais dit alors que vous épouseriez M. Tackleton, vous m'auriez administré une fameuse tape. Qu'en dites-vous, May? »

Quoique May ne dit pas oui, certainement elle ne dit pas non : elle n'en fit même pas mine.

Tackleton riait, riait à s'en faire mal, ou plutôt il criait plus qu'il ne riait. John Peerybingle riait également, mais de son rire habituel franc et bon enfant; aussi ce n'était qu'un murmure de rire, à côté du rire monstre de Tackleton.

« Et malgré tout cela, dit ce dernier, vous n'avez pas pu y échapper, vous n'avez pas pu résister, vous voyez. Nous y voici, nous y voici, nous; où sont-ils maintenant vos jeunes et gais fiancés?

— Quelques-uns d'entre eux sont morts, répondit Dot; quelques-uns oubliés. Quelques autres, s'ils pouvaient paraître en ce moment au milieu de nous, ne voudraient pas croire que nous soyons les mêmes créatures; ils n'en croiraient ni leurs yeux ni leurs oreilles, et ne sauraient se persuader que nous ayons pu les oublier de la sorte. Oh! non, ils n'en voudraient rien croire !

— Eh! mais, Dot, ma petite femme! » s'écria le messager.

Elle avait parlé avec une telle vivacité et un tel feu, qu'elle avait besoin, sans doute, qu'on la rappelât à elle-même. L'avertissement de son mari était très-doux, car il n'intervenait, dans sa pensée, que pour couvrir le vieux Tackleton, mais il produisit son effet; car Dot se tut sans ajouter un mot de plus.

Pourtant il y avait jusque dans son silence une émotion extraordinaire, remarquée de près par le rusé Tackleton, qui avait fixé sur elle son œil à demi fermé; il en tint note, le vieux démon, et n'eut garde de l'oublier, comme vous verrez, dans l'occasion.

May ne prononçait pas une parole, ni en bien ni en mal; elle demeurait immobile, les yeux baissés vers la terre, sans avoir l'air de prendre le moindre intérêt à ce qui venait de se passer. Mais la bonne dame, sa mère, intervint à son tour; observant d'abord que les jeunes filles étaient des jeunes filles, que ce qui était passé était passé, et encore que : « Tant que la jeunesse serait jeune et étourdie, elle se conduirait probablement en jeunesse folle et étourdie; » Après avoir lancé deux ou trois autres propositions d'un sens non moins solide et d'un caractère non moins incontestable, elle fit cette remarque, inspirée par un sentiment de piété reconnaissante, qu'elle remerciait le ciel d'avoir toujours trouvé dans sa fille May une enfant respectueuse et obéissante, et elle ne s'en attribuait en aucune façon le mérite bien qu'elle eût toutes sortes de raisons de penser qu'elle ne le devait qu'à son propre savoir-faire. Relativement à M. Tackleton, elle dit : « Qu'au point de vue moral, c'était un individu présentable; un homme que, sous certains rapports, on devait s'estimer bien aise d'avoir pour gendre; il faudrait avoir perdu la tête pour dire le contraire. » (Elle débita cette dernière phrase d'un ton très-emphatique.) Quant à la famille dans laquelle il allait bientôt être admis, après avoir sollicité cet honneur, elle pensait que M. Tackleton n'ignorait pas que, si sa bourse était un peu réduite, elle n'en avait pas moins de justes prétentions à la noblesse, et que si certaines circonstances, relatives au commerce de l'indigo, car elle voulut bien condescendre à indiquer cette origine de tous leurs maux, mais sans entrer dans plus de détails sur la question, s'étaient présentées différemment, elle aurait pu peut-être se trouver à la tête d'une grande fortune. Elle remarqua ensuite qu'elle ne voulait aucunement revenir sur le passé, ni rappeler que sa fille avait, pendant quelque temps, rejeté la demande de M. Tackleton, et qu'elle ne voulait pas dire une foule d'autres choses dont elle parla cependant fort au long. Enfin, elle se résuma en donnant comme le résultat général de son observation et de son expérience, que ces sortes de mariages dans lesquels se trouvait le moins de ce qu'on appelle, dans le sot langage des romans, de l'amour étaient toujours les plus heureux; qu'elle prévoyait par conséquent, pour celui dont l'époque approchait, la plus grande somme possible de bonheur, non pas d'un de ces bonheurs qui brillent et passent comme un feu de paille, mais de ces bonheurs bien établis et solidement conditionnés. Elle conclut en informant la compagnie que la journée du lendemain était celle qu'elle avait ambitionnée toute sa vie, et que ce jour une fois passé, elle ne désirerait plus rien que d'être emballée et expédiée pour n'importe quel aimable cimetière.

Comme il n'y avait absolument rien à répondre à ces remarques, heureux avantage de toutes les remarques dont le caractère est de se renfermer dans les généralités, elles changèrent le cours de la conversation et détournèrent l'attention de la société sur le pâté de veau et jambon, le mouton froid, les pommes de terre et la tarte. Afin qu'on n'eût point le tort de négliger la bière en bouteilles, John Peerybingle proposa de boire à la santé de demain, jour de la noce, et demanda qu'on lui fît raison avant qu'il poursuivît sa tournée.

Car il faut vous dire que John ne faisait que poser là et donner un picotin à son vieux cheval. Il avait encore à faire quatre ou cinq milles, et le soir, au retour, il venait chercher Dot en passant et s'arrêtait une seconde fois avant de rentrer au logis. C'était le programme de tous les jours de pique-nique, fidèlement observé depuis sa fondation.

Il se trouvait là, outre Tackleton et sa fiancée, deux personnes qui firent peu d'honneur au toast. L'une d'elles était Dot, trop agitée et trop troublée pour prendre sa part des petits incidents de la fête; l'autre était Bertha, qui se leva précipitamment avant les autres et quitta la table.

« Adieu ! dit le robuste John Peerybingle en jetant sur son dos sa houppelande imperméable. Je serai de retour à l'heure ordinaire. Adieu, tous !

— Adieu, John ! » répondit Caleb.

Il prononça cet adieu machinalement, et le salua également de la main comme par routine, car il observait en ce moment sa fille avec un regard inquiet qu'on ne voyait jamais altérer l'expression de sa physionomie.

« Adieu, petit blanc-bec ! » dit le joyeux messager, se penchant pour baiser l'enfant que Tilly Slowboy, tout absorbée pour l'instant par l'exercice de sa fourchette et de son couteau, avait déposé endormi (et, chose singulière, sans accident !) dans une petite maisonnette meublée par les mains de Bertha. « Adieu ! quand est-ce que tu iras braver le froid à ma place, mon bel ami, pour laisser ton vieux père soigner sa pipe et ses rhumatismes au coin de la cheminée ; eh bien ! où est Dot ?

— Me voici, John ! dit-elle réveillée comme en sursaut.

— Allons, allons ! continua le voiturier en frappant ses deux mains l'une contre l'autre ; où est la pipe ?

— J'avais complètement oublié la pipe, John ! »

Oublié la pipe ! Avait-on jamais entendu chose pareille ? Elle ! Dot ! oublier la pipe !

« Je.... je vais la garnir tout de suite. C'est bientôt fait.... »

Ce ne fut pas sitôt fait, pourtant. La pipe était à sa place ordinaire, dans la poche de l'imperméable, avec la petite blague, ouvrage de ses mains, où elle avait coutume de prendre le tabac pour garnir la pipe ; mais sa main tremblait tellement qu'elle s'y embarrassa (et cependant elle avait la main assez petite pour qu'elle n'eût pas de peine à en sortir, ma foi !) enfin elle fut d'une maladresse révoltante. Moi, qui vous avais vanté son habileté à bourrer la pipe, à l'allumer, eh bien ! tous ces petits offices où elle excellait, elle y fut maladroite ou ne peut plus, depuis le commencement jusqu'à la fin. Pendant tout ce temps-là, Tackleton ne faisait qu'ajouter à sa confusion en la regardant malicieusement de son œil à demi fermé, toutes les fois qu'il rencontrait le sien, ou plutôt qu'il l'attrapait au passage, car on ne peut pas dire qu'il rencontrât jamais un autre œil ; le sien était plutôt comme une trappe ouverte pour engloutir les autres.

« Mon Dieu ! quelle petite nigaude de Dot vous faites, cette après-midi ! fit John. Je crois vraiment que je l'aurais mieux bourrée moi-même ! »

Après ces paroles, prononcées sans y entendre malice, le voilà parti en compagnie de Boxer, du vieux cheval et de la voiture, faisant ensemble une joyeuse musique le long de la route. Cependant, Caleb, toujours rêveur, observait sa fille aveugle avec la même expression de stupeur répandue sur sa physionomie.

« Bertha, dit-il enfin doucement.... qu'est-il arrivé ? Comme vous voilà changée, ma chérie, en quelques heures.... depuis ce matin ! Vous êtes demeurée tout le jour triste et silencieuse ! Qu'est-ce ? dites-moi !

— O mon père, mon bon père ! s'écria la jeune aveugle fondant en larmes. O ma cruelle destinée ! ma cruelle destinée ! »

Caleb, avant de lui répondre, passa la main sur ses yeux.

« Mais songez donc, Bertha, combien vous avez toujours été gaie et heureuse, bonne et aimée de tant de monde !

— C'est là ce qui me déchire le cœur, cher père ! de vous voir toujours si occupé de moi, toujours si bon pour moi ! »

Caleb se trouvait fort embarrassé pour comprendre.

« Être.... être aveugle, Bertha, ma pauvre chère enfant, balbutia-t-il, voilà sans doute une grande affliction; mais....

— Je ne l'ai jamais sentie! s'écria la jeune fille, je ne l'ai jamais sentie, du moins dans toute sa plénitude. Non, jamais, j'ai désiré quelquefois de vous voir, ou de le voir, lui, seulement une fois, mon bon père, une petite minute seulement, afin de pouvoir connaître de mes yeux l'image que je conserve ici (elle mit la main sur son cœur), comme un précieux trésor! afin d'être sûre que je ne m'étais pas trompée! Et quelquefois (mais j'étais une enfant, alors), j'ai pleuré, dans mes prières du soir, en songeant que vos chères images, qui montaient de mon cœur au ciel, pourraient bien n'avoir pas avec vous une exacte ressemblance. Mais je n'ai pas éprouvé longtemps ces sentiments; ils se sont dissipés et m'ont laissée satisfaite et tranquille

— Il en sera encore de même, dit Caleb.

— Mais, mon père, mon bon, mon tendre père, ayez de l'indulgence pour moi, si je suis coupable! continua l'aveugle. Ce n'est pas là le chagrin qui m'accable en ce moment. »

Son père ne put retenir les larmes dont ses yeux étaient inondés, tant la voix de Bertha était émue et son accent pathétique! Pourtant il ne la comprenait pas encore.

« Amenez-la-moi, reprit Bertha: je ne puis garder ce secret enfermé au dedans de moi-même. Amenez-la-moi, mon père! »

Elle s'aperçut qu'il hésitait; « May; ajouta-t-elle. Amenez May! »

May entendit prononcer son nom, et, s'approchant d'elle doucement, lui toucha le bras. La jeune aveugle se retourna aussitôt et lui prit les deux mains

« Regardez mon visage, cher cœur, bonne et douce amie! dit-elle. Lisez-y avec vos beaux yeux, et dites-moi si la vérité y est écrite.

— Oui, chère Bertha! »

La jeune aveugle, relevant son visage sans regard, le long duquel se précipitaient des larmes abondantes, lui parla en ces termes :

« Il n'y a pas dans mon âme un désir ou une pensée qui ne soit pour votre bonheur, belle May! Il n'y a pas dans mon âme un souvenir de reconnaissance plus grand que le souvenir profondément gravé là des nombreuses marques d'attention données par vous, vous qui pourriez être fière de vos yeux clairvoyants et de l'éclat de votre beauté, à la pauvre aveugle Bertha.

alors même que nous étions deux enfants, hélas! s'il y a une enfance pour un aveugle! Que toutes les bénédictions du ciel descendent sur votre tête! Que toutes les splendeurs brillent sur votre heureuse carrière! tant mieux! tant mieux! chère May! »

Et, en ce moment, elle se rapprocha encore de son amie, dont elle serra les mains avec un redoublement de tendresse.

« Oh, tant mieux! je vous assure, quoique la nouvelle que vous alliez devenir sa femme ait torturé mon cœur presque jusqu'à le briser! Mon père, May, Marie, pardonnez-moi ce sentiment, il est bien naturel. Songez à tout ce qu'il a fait pour alléger les peines de ma triste vie plongée dans les ténèbres. Eh bien! pourtant, vous pouvez me croire avec confiance, quand je prends le ciel à témoin que je ne pouvais lui souhaiter d'épouser une femme plus digne de sa bonté! »

Tout en parlant, elle avait lâché les mains de May Fielding pour saisir ses vêtements, auxquels elle se tenait cramponnée dans une attitude où la tendresse se mêlait à la supplication; jusqu'à ce que, prenant une pose de plus en plus humble, à mesure qu'elle avançait dans son étrange confession, elle se laissa enfin tomber aux pieds de son amie, et cacha son visage aveugle dans les plis de la robe de May.

« Grand Dieu! s'écria son père, éclairé tout à coup par une illumination subite de la vérité, ne l'ai-je donc trompée depuis son berceau que pour finir par lui briser le cœur! »

Il fut heureux pour eux tous que Dot, cette rayonnante, utile, active petite Dot, car elle était tout cela, avec tous ses défauts, et, en dépit de la mauvaise opinion que vous pourrez concevoir d'elle, quand le moment sera venu, il fut heureux, dis-je, pour eux tous, qu'elle se trouvât là; sans quoi, on ne peut pas savoir comment cela aurait fini. Mais Dot, recouvrant sa présence d'esprit, intervint avant que May pût répliquer, ou Caleb dire un mot de plus.

« Venez, venez, chère Bertha! venez-vous-en avec moi! Donnez-lui le bras, May. C'est cela. Voyez comme elle est déjà plus calme, et comme c'est bien à elle de nous écouter, dit la joyeuse petite femme en la baisant sur le front. Allons, venez, chère Bertha! venez! Et voici son excellent père qui va l'emmener; n'est-ce pas, Caleb? vous allez l'em-me-ner!

— Bien! bien! bravo! »

C'était une noble petite créature que Dot dans ces occasions, et il aurait fallu avoir le cœur bien dur pour résister à son influence. Quand elle eut fait sortir le pauvre Caleb avec sa fille

Bertha, afin qu'ils pussent se consoler et s'encourager l'un l'autre (elle savait bien qu'ils étaient seuls en état de le faire), elle revint d'un seul bond aussi fraîche, comme on dit, qu'une pâquerette, et moi je dis plus fraîche, pour monter la garde auprès de ce petit roidillon de Mme Fielding, de ce collet monté, avec son bonnet sur la tête, les gants aux mains, de peur que la pauvre vieille n'en vînt à faire quelque fâcheuse découverte.

« Apportez-moi le cher poupon, Tilly, dit-elle en approchant une chaise du feu. Pendant que je le tiendrai sur mes genoux, voici Mme Fielding, Tilly, qui va me dire comme on doit s'y prendre pour emmaillotter les enfants, et m'enseigner une foule de petits soins où je suis aussi gauche que possible. Le voulez-vous bien, madame Fielding? »

Le géant gallois lui-même, qui, suivant la légende populaire, fut assez nigaud pour exécuter sur sa propre personne une fatale opération chirurgicale, en croyant imiter le tour de jongleur que faisait devant lui son ennemi mortel, à l'heure du déjeuner, ce géant lui-même ne se laissa pas prendre plus facilement au piége qu'on lui tendait que la vieille dame aux attrapes flatteuses de Dot. Le départ de Tackleton, sorti pour aller faire un tour, et surtout les chuchotements de deux ou trois autres personnes causant ensemble à l'écart deux ou trois minutes, en l'abandonnant à ses propres agréments, auraient suffi pour lui faire tenir son quant à soi, et renouveler l'expression de ses regrets, vingt-quatre heures durant, sur cette mystérieuse et fatale révolution dans le commerce de l'indigo. Mais une déférence si marquée pour son expérience, de la part de la jeune mère, fut si irrésistible, qu'après quelques petites façons de modestie, elle commença à l'éclairer de la meilleure grâce du monde. Assise, roide comme un piquet, vis-à-vis la malicieuse petite Dot, elle débita en une demi-heure plus de recettes infaillibles et de préceptes domestiques qu'il n'en aurait fallu (si on avait voulu la croire) pour ruiner complétement la constitution du jeune Peerybingle, eût-il été un autre Samson au berceau.

Pour changer de thème, Dot se mit à coudre, car je ne sais pas comment elle faisait, mais elle portait toujours dans sa poche le contenu d'un plein sac à ouvrage; puis elle berça un peu l'enfant, reprit ensuite son ouvrage pendant quelques instants, entama une petite causerie à voix basse avec May, tandis que la vieille dame faisait un somme, si bien qu'en débitant son temps par menus morceaux, suivant son habitude, elle finit par arriver, sans s'en apercevoir, au bout de l'après-midi, qui passa comme un songe.

A la nuit, comme c'était une des conventions solennelles de cette institution du pique-nique qu'elle devait, ce jour-là, faire tout le ménage de Bertha, elle arrangea le feu, balaya le foyer, prépara la table à thé, tira le rideau et alluma une chandelle. Après quoi, elle joua un air ou deux sur une espèce de harpe grossièrement fabriquée par Caleb pour sa fille et en joua, ma foi! fort bien, car la nature lui avait fait présent d'une jolie petite oreille aussi bien faite pour la musique qu'elle l'aurait été pour des boucles, si elle en avait eu à se mettre. L'heure fixée pour le thé étant arrivée sur ces entrefaites, Tackleton revint en prendre une tasse, et passer la soirée avec eux. Caleb et Bertha étaient déjà rentrés depuis quelque temps : le bonhomme avait repris son ouvrage interrompu; mais il ne pouvait guère s'y remettre, le pauvre diable, tant il était inquiet, tant il éprouvait de remords au sujet de sa fille. C'était un spectacle attendrissant de le voir assis les bras croisés, sans rien faire, sur son escabeau de travail, l'œil fixé tristement sur elle et se répétant sans cesse : « Ne l'ai-je trompée depuis le berceau que pour finir par lui briser le cœur! »

Quand il fut tout à fait nuit, qu'on eut pris le thé, que Dot eut fini de laver les tasses et les soucoupes, en un mot (car je suis bien obligé d'en venir là, à quoi sert de lanterner?) quand vint le moment où chaque bruit lointain des roues allait lui annoncer, en se rapprochant, le retour du messager, les manières de Dot changèrent de nouveau; elle rougissait et pâlissait tour à tour sans pouvoir rester en place. Toutes les honnêtes femmes, dites-vous, en font autant quand elles entendent revenir leur mari. Mais non, ce n'était pas comme cela; son agitation ne venait pas de son impatience.

On entend le bruit des roues, le pas d'un cheval, les aboiements d'un chien. Ces divers sons se rapprochent peu à peu. Voilà Boxer qui gratte à la porte.

« Quel est ce pas? s'écria Bertha en tressaillant.

— Le pas de qui? répondit le voiturier, debout sur le seuil, sa bonne figure hâlée, rougie comme une graine d'églantier par l'air vif du soir. Eh! parbleu, c'est le mien!

— L'autre, reprit Bertha, le pas de l'homme qui marche derrière vous?

— Il n'y a pas moyen de la tromper, fit John en riant. Entrez monsieur, vous serez le bienvenu, ne craignez rien! »

Il criait ces derniers mots à tue-tête : pendant qu'il parlait, le vieux monsieur sourd entra dans la chambre.

« Monsieur ne vous est pas tellement étranger, que vous ne

l'ayez déjà vu une fois, Caleb, continua le messager. Vous lui donnerez bien l'hospitalité, jusqu'à ce que nous partions?

— Oh! certainement, John, c'est bien de l'honneur pour moi.

— C'est d'ailleurs le compagnon le plus commode qu'on puisse avoir sur la terre, dit John, quand on a des secrets à se dire. Je possède d'assez bons poumons, mais il les met à l'épreuve; je puis vous en répondre. Asseyez-vous, monsieur. Il n'y a que des amis ici, et enchantés de vous voir! »

Après avoir donné cette assurance à l'étranger d'une voix qui confirmait amplement ce qu'il venait de dire de ses poumons, il ajouta de son ton naturel :

« Une chaise dans le coin de la cheminée, et qu'on le laisse tranquillement assis regarder à son aise autour de lui, voilà tout ce qu'il lui faut. Il n'est pas difficile à contenter. »

Bertha avait écouté avec une profonde attention. Elle appela Caleb auprès d'elle, lorsqu'il eut placé une chaise pour l'étranger, et le pria, tout bas, de lui dépeindre le visiteur. Quand Caleb l'eut fait (sans mentir, cette fois, et avec une fidélité scrupuleuse), elle fit un mouvement, le premier depuis qu'il était entré, poussa un soupir, et ne parut plus s'occuper de lui.

Le voiturier était de très-joyeuse humeur, cet excellent garçon de John, et plus épris que jamais de sa petite femme.

« A-t-elle été assez maladroite, la petite Dot, cette après-midi, dit-il en passant autour de sa taille son rude bras, pendant qu'elle se tenait debout, seule à l'écart; mais c'est égal, ça ne m'empêche pas de l'aimer tout de même. Regardez là-bas, Dot! »

Il lui montrait du doigt le vieux monsieur. Elle baissa les yeux. Je crois même qu'elle trembla.

« C'est,... ah! ah! ah! votre admirateur, savez-vous! ajouta le voiturier. Il ne m'a pas parlé d'autre chose tout le long du chemin jusqu'ici. Mais, bah! c'est un brave vieux garçon. Il m'a fait plaisir.

— Je voudrais qu'il eût choisi un plus digne sujet, répondit Dot, promenant autour de la chambre un regard inquiet, dirigé surtout du côté de Tackleton.

— Un plus digne sujet! s'écria le bon gros réjoui, il n'y en a guère. Allons! à bas la houppelande, à bas le cache-nez, à bas les lourdes couvertures de voyage, et passons une bonne demi-heure près du feu! je suis votre serviteur très-humble, madame Fielding. Voulez-vous que nous fassions tous les deux un piquet? Je suis à vous. Dot, les cartes et la table! et puis, un verre de bière aussi,... si vous n'avez pas tout bu, petite femme! »

Sa proposition s'adressait à la vieille dame, qui l'accueillit avec un gracieux empressement, en sorte que la partie fut bientôt engagée. D'abord, le messager regardait par intervalles autour de lui avec un sourire, ou bien, de temps en temps, il appelait Dot pour qu'elle vînt examiner son jeu par-dessus son épaule et le conseiller sur quelque point difficile. Mais, comme son adversaire était une joueuse rigide, une vraie puritaine sur l'article, et sujette de plus à la faiblesse de se marquer parfois plus de points qu'elle n'avait le droit de le faire, force fut à notre ami John d'exercer une vigilance telle, qu'il n'eut pas trop de tous ses yeux et de toutes ses oreilles pour veiller à ses intérêts. Les cartes absorbèrent de la sorte son attention, et il ne pensait plus à autre chose, lorsqu'une main appuyée sur son épaule vint lui rappeler qu'il existait un Tackleton.

« Je suis fâché de vous déranger; mais un mot, tout de suite.

— C'est moi qui donne, répondit le messager. Voilà le moment critique.

— Vous avez raison, le moment critique, dit Tackleton. Venez, mon brave homme! »

Il y avait dans son pâle visage une expression qui fit lever l'autre immédiatement en lui demandant, avec précipitation, de quoi il s'agissait.

« Chut! John Peerybingle, dit Tackleton; j'en suis désolé, oui, désolé; je le craignais, à vrai dire; je l'avais soupçonné tout d'abord.

— Qu'est-ce que c'est? demanda le voiturier, l'effroi peint sur son visage.

— Chut! je vais vous le montrer, si vous voulez venir avec moi. »

John le suivit, sans dire un mot de plus. Ils traversèrent une cour, à la clarté des étoiles, et, par une petite porte de derrière, ils entrèrent dans le comptoir même de Tackleton, où se trouvait un vitrage au travers duquel on voyait dans le magasin, fermé alors pour la nuit. Il n'y avait pas de lumière dans le comptoir, mais il y avait des lampes le long de son étroit magasin, qui éclairaient les vitres.

« Un moment! dit Tackleton. Aurez-vous la force de regarder par le vitrage? Le pensez-vous?

— Pourquoi non? demanda le messager.

— Un moment encore, dit Tackleton. Surtout pas de violence! cela ne servirait de rien; ce serait même dangereux. Vous êtes un homme solide, et vous pourriez bien assommer un homme avant de vous en douter. »

Le voiturier le regarda en face et recula d'un pas comme s'il venait de recevoir un coup à bout portant. D'un saut il fut à la porte vitrée et vit....

« Oh! quelle ombre sur le foyer! ô fidèle grillon! ô épouse perfide! »

Il la vit avec le vieux monsieur; que dis-je? vieux, non pas, s'il vous plaît, mais bien plutôt un jeune et beau garçon, droit comme un I, tenant à la main les faux cheveux blancs qui lui avaient donné accès dans leur foyer, désolé maintenant et misérable. Il la vit, prêtant l'oreille à ses discours, tandis qu'il se penchait pour lui parler bas à l'oreille, lui laissant passer le bras autour de sa taille, lorsqu'ils se dirigèrent lentement le long de la sombre galerie de bois vers la porte par laquelle ils étaient entrés; il les vit s'arrêter, il la vit se retourner (oh! voir ce visage, ce visage qu'il aimait tant, sous ce nouvel aspect), il la vit rajuster de ses propres mains, sur la tête du jeune vieux, les cheveux menteurs, en riant sans doute de la simplicité confiante et crédule de son mari.

John serra d'abord convulsivement sa robuste main, comme s'il se préparait à terrasser un lion; mais ses muscles se détendirent aussitôt; il la déploya tout ouverte devant les yeux de Tackleton, car il aimait encore sa Dot, il l'aimait même en ce moment, et, quand les deux apparitions se furent évanouies, il se laissa tomber sur un bureau, aussi faible qu'un enfant.

Il était déjà emmitouflé jusqu'au menton, et occupé de son cheval et de ses paquets, lorsque Dot rentra dans la chambre pour s'apprêter à partir.

« Allons, John, mon ami! Bonne nuit, May! Bonne nuit, Bertha! »

Avait-elle bien le cœur de les embrasser? d'être enjouée et gaie comme elle l'était en leur disant adieu? Avait-elle bien le front de les regarder en face sans rougir? Oui. Tackleton l'observait de près; eh bien! elle en eut le cœur, elle en eut le front.

Tilly endormait l'enfant; elle passa et repassa une douzaine de fois près de Tackleton, en répétant de sa voix traînante :

« C'était donc de savoir que les autres allaient être leurs femmes qui leur brisait les cœurs; et les papas ne les trompaient donc dès les berceaux que pour finir par leur briser les cœurs!

— Maintenant, Tilly, donnez-moi le marmot. Bonne nuit, monsieur Tackleton. Où est John, pour l'amour du ciel?

— Il veut aller à pied, à la tête du cheval, dit Tackleton en l'aidant à monter sur son siége.

— Mon cher John, aller à pied! la nuit! »

La figure emmitouflée de son mari lui fit aussitôt un signe de tête affirmatif; le perfide étranger et la petite bonne s'étant assis dans la voiture, le vieux cheval se mit en mouvement. Boxer, dans son ignorance absolue de toutes choses, partit devant, au galop; puis, rebroussant chemin, revint en arrière; il courait à droite et à gauche, traçant un cercle autour de la voiture, et aboyait d'une façon aussi triomphante et aussi joyeuse que jamais.

Quand Tackleton fut sorti, lui aussi, pour reconduire Mme Fielling et sa fille jusque chez elles, le pauvre Caleb s'assit près du feu à côté de sa chère Bertha, le cœur déchiré d'inquiétudes et de remords, et disant toujours, en la contemplant avec tristesse : « Ne l'ai-je donc trompée depuis le berceau que pour finir par lui briser le cœur! »

Les joujoux qu'on avait mis en mouvement pour amuser le baby s'étaient tous arrêtés au repos depuis longtemps. Au milieu du silence, à la lueur de cette lumière douteuse, les poupées avec leur calme imperturbable; les chevaux à bascule, si agités peu auparavant, avec leurs yeux fixes et leurs naseaux ouverts; les vieux bonshommes, devant la porte de leurs maisons, à demi repliés sur eux-mêmes, courbés en deux, sur leurs genoux défaillants; les casse-noisettes aux visages grimaçants; jusqu'aux animaux qui se rendaient dans l'arche, deux par deux, comme une pension qui va à la promenade; tous avaient l'air d'avoir été frappés d'une immobilité magique, en voyant un double miracle, Dot perfide et Tackleton aimé

III

Troisième cri

Dix heures sonnaient à l'horloge hollandaise placée dans le coin de la cuisine, lorsque le messager s'assit près du feu, si troublé, si abattu par le chagrin, que le coucou, je crois, en fut tout effarouché, car, après s'être dépêché de pousser ses dix petits cris mélodieux afin d'annoncer l'heure, il se replongea bien vite dans le palais moresque, en fermant avec fracas la petite porte derrière lui, comme s'il ne se sentait pas le courage d'affronter plus longtemps ce spectacle inaccoutumé.

Le petit faucheur lui-même, eût-il été armé de la faux la plus tranchante, et l'eût-il enfoncée à chaque coup dans le cœur du messager, n'aurait jamais pu le navrer, l'entailler aussi cruellement que l'avait fait Dot.

C'était un cœur si rempli d'amour pour elle, uni si étroitement, si solidement au sien par d'innombrables liens de souvenirs doux et puissants, tissu précieux que ses qualités, aussi nombreuses qu'attrayantes, travaillaient assidûment chaque jour à rendre plus serré; c'était un cœur dans lequel Dot s'était, en quelque sorte, enchâssée si doucement et si profondément; un cœur si simple et si vrai; toujours si droit, toujours si innocent, qu'il ne put d'abord nourrir ni colère ni pensée de vengeance, et n'eut de place que pour y garder encore l'image brisée de son idole.

Mais peu à peu, insensiblement, à mesure que le messager demeurait plus longtemps absorbé par ses réflexions devant son foyer, maintenant froid et sombre, d'autres pensées plus farouches commencèrent à se faire jour dans son esprit, comme un vent furieux qui s'élève au milieu de la nuit. L'étranger était sous son toit déshonoré. Trois pas pouvaient le conduire à sa chambre, un seul coup de poing suffirait pour en enfoncer la porte. « Vous pourriez bien assommer un homme avant de vous en douter, » avait dit Tackleton. Ce ne serait pas l'assommer, s'il donnait à l'infâme le temps de lutter avec lui, corps à corps; n'avait-il pas l'avantage de la jeunesse?

C'était une pensée dangereuse, dans les sombres dispositions de son esprit. C'était une pensée de colère, une tentation de vengeance, qui pouvait changer sa joyeuse maison en un de ces repaires mal famés, devant lesquels le voyageur craindrait de passer seul pendant la nuit, et où les imaginations timides verraient, à travers les fenêtres brisées, des ombres lutter ensemble, quand la lune serait voilée, et entendraient des bruits sauvages dans les jours de tempête.

Il avait l'avantage de la jeunesse! Oui, oui; c'était quelque amant qui avait trouvé le chemin d'un cœur que *lui*, John, n'avait jamais touché; quelque amant choisi par elle autrefois, dans sa jeunesse, à qui elle avait songé toujours, dont elle avait rêvé dans son sommeil, pour qui elle languissait et soupirait, tandis qu'il la croyait si heureuse à ses côtés. O la cruelle angoisse, seulement d'y penser!

Elle était montée à l'étage supérieur pour coucher le baby. Pendant que John s'abandonnait de la sorte à ses tristes réflexions, seul, près du feu, elle vint se mettre à côté de lui, sans même qu'il la remarquât (car les douleurs qu'il souffrait dans ses tortures lui avaient fait perdre jusqu'à la perception des sens), et plaça son petit tabouret à ses pieds. Il ne s'en aperçut que lorsqu'il sentit la main de Dot se poser sur la sienne, et qu'il la vit le regarder en face.

Avec étonnement? Non. C'est ce qui le surprit d'abord, et il eut besoin de la regarder encore pour s'assurer que c'était bien vrai. Non, pas avec étonnement, avec un regard curieux et scrutateur, mais pas étonné du tout; un regard inquiet, sérieux, qui fit place à un sourire étrange, sauvage, effrayant, comme si elle devinait ses pensées; puis, rien autre chose, si ce n'est qu'elle appliqua ses mains croisées sur son front, les cheveux tombants.

Quand John aurait pu disposer en ce moment de la toute-puissance de Dieu, n'ayez pas peur qu'il en eût fait tomber sur Dot le poids d'une plume; il avait dans le cœur trop de miséricorde, cet autre attribut du bon Dieu. Aussi ne put-il supporter de la voir, ainsi affaissée sur le petit siége où il l'avait souvent contemplée, avec amour et orgueil, si innocente et si gaie; et quand elle se leva et s'éloigna de lui en sanglotant, il se sentit plus soulagé de voir sa place vide à ses côtés, que si elle l'avait encore remplie de sa présence, autrefois et longtemps chère à son cœur. Cette présence était en ce moment pour lui la plus poignante de toutes les angoisses, parce qu'elle lui rappelait dans quel abîme de désolation il venait de tomber, et comment venait de se briser à toujours le lien suprême qui l'attachait à la vie.

Plus il y songeait, plus il sentait qu'il aurait préféré la voir frappée à ses yeux d'une mort prématurée avec leur petit enfant entre les bras, et plus aussi la rage contre son ennemi redoublait de violence. Il regarda autour de lui pour chercher une arme.

Un fusil se trouvait suspendu à la muraille. John le décrocha, et fit un pas ou deux vers la porte de la chambre du perfide étranger. Il savait que le fusil était chargé : une idée vague qu'il avait le droit de tuer cet homme comme une bête fauve, s'empara de son esprit, et l'envahit tout entier comme un noir démon, bannissant toute pensée de clémence et de pardon.

Non, ce n'est pas cela que je voulais dire. Cette idée ne bannit point de son cœur toute pensée de clémence et de pardon, elle les transforma avec un art infernal, et en fit des aiguillons qui le stimulaient davantage, changeant l'eau en sang, l'amour en haine, la douceur en férocité aveugle. L'image de Dot désolée, humiliée, mais faisant encore appel à sa tendresse et à sa pitié avec un pouvoir irrésistible, ne sortait point de son esprit ; mais la vue même de cette image le poussait vers la porte, élevait l'arme à la hauteur de son épaule, adaptait, assurait son doigt sur la détente et lui criait : « Tue-le! Dans son lit ! »

Il renversa le fusil pour enfoncer la porte avec la crosse ; déjà il le tenait levé en l'air ; il sentait une voix prête à s'échapper de ses lèvres pour crier à sa victime, dans un dernier accès de miséricorde : « Sauve-toi, au nom du ciel ; sauve-toi par la fenêtre ! »

Quand, tout à coup, le feu, qui, jusque-là avait couvé en silence, illumina la cheminée par un jet brillant de lumière, et le grillon du foyer recommença son crri, crri, crri.

Aucun des sons qu'il aurait pu entendre, aucune voix humaine, pas même la sienne, à elle, n'aurait ému et calmé le pauvre John d'une manière aussi efficace. Les paroles pleines de franchise par lesquelles Dot lui avait exprimé son amour pour ce petit favori retentissaient encore toutes vibrantes à ses oreilles ; il la revoyait avec son ton de franchise et de douceur, son léger tremblement dans tout son être, sa douce voix (oh ! quelle voix ! ou plutôt quelle musique domestique pour charmer un honnête homme au coin du feu !), tout cela venait ranimer ses bonnes pensées, les réchauffer, leur rendre le mouvement et la vie.

Il recula d'auprès de la porte, comme un somnambule éveillé au milieu d'un rêve effrayant, et mit le fusil de côté. Alors, couvrant son visage de ses deux mains, il se rassit près du feu et trouva du soulagement dans les larmes.

Le grillon du foyer s'avança dans la chambre, et vint se placer devant lui sous la forme d'une fée.

« Je l'aime, dit la voix féerique, répétant les paroles que John se rappelait bien ; je l'aime, pour toutes les bonnes pensées que son innocente musique a fait naître en moi, chaque fois que j'ai pu l'entendre. »

— Ce sont ses propres paroles ! s'écria le messager. C'est bien cela !

— « Vous m'avez rendu cette maison bien heureuse, et c'est à cause de cela que j'aime le grillon. »

— Oui, elle a été bien heureuse, Dieu le sait, cette maison, reprit le voiturier. C'est elle qui l'a rendue heureuse, toujours.... jusqu'à présent.

— Si gracieuse, d'humeur si douce ; si entièrement à son ménage, si joyeuse, si occupée, le cœur si léger ! dit la voix.

— Sans cela, est-ce que je l'aurais aimée comme je l'aimais? fit le voiturier.

— Dites donc comme je l'aime!... reprit la voix.

— Comme je l'aimais, » répéta le messager; mais son accent n'était plus aussi ferme; sa langue, mal assurée, résistait à sa volonté et voulait parler à sa manière, pour elle-même et pour lui. »

L'apparition, dans une attitude solennelle, leva la main et dit :

« Par ton foyer....

— Le foyer qu'elle a désolé, interrompit John.

— Le foyer qu'elle a.... si souvent.... béni et illuminé! dit le grillon; le foyer qui, sans elle, n'était qu'un assemblage de pierres et de briques avec des barreaux de fer rouillé, mais qui, par elle, est devenu ton autel domestique, l'autel sur lequel tu as sacrifié chaque soir quelque petite passion mauvaise, quelque égoïsme, quelque souci, pour y déposer l'offrande d'un esprit tranquille, d'une nature confiante et d'un cœur généreux, en sorte que la fumée, s'élevant de ta pauvre cheminée, est montée vers le ciel avec un parfum plus suave que le plus riche encens brûlé devant les plus riches châsses, dans tous les magnifiques temples de ce monde! Par ton foyer, par son paisible sanctuaire, entouré de toutes les douces influences qu'il te rappelle, écoute-la! écoute-moi! car tout, ici, te parle le langage de ton foyer et de ton intérieur domestique.

— Et, croyez-vous qu'il parle en sa faveur? demanda John.

— Oui, tout ce qui parle le langage de ton foyer et de ton intérieur doit parler en sa faveur! répondit le grillon, car ce langage-là ne peut mentir. »

Et, pendant que le messager, la tête appuyée sur ses mains, continuait à rêver, assis sur sa chaise, l'image de Dot, présente en personne, se tenait à ses côtés, lui suggérant ses pensées par un effet de son pouvoir surnaturel, et les lui remettant devant les yeux, comme dans un miroir ou dans un tableau.

Et l'image présente n'était pas seule. De la pierre du foyer, de la cheminée, de l'horloge, de la pipe, de la bouilloire et du berceau; du plancher, des murs, du plafond et de l'escalier; de la voiture au dehors et du buffet au dedans, de tous les ustensiles de ménage; de chaque objet, de chaque lieu avec lesquels Dot avait toujours été familière, et auxquels se rattachait un souvenir d'elle dans l'esprit de son infortuné mari, des fées sortaient en troupes, non pour se tenir immobiles à côté de lui, comme avait fait le grillon, mais pour s'occuper et s'agiter en tous sens; pour rendre toutes sortes d'honneurs à l'*image*, pour le tirer par les pans de son habit, et la lui montrer du doigt quand elle paraissait; pour se grouper autour d'elle, l'enlacer dans leurs bras et jeter des fleurs sur ses pas; pour essayer de couronner sa belle tête avec leurs petites mains; pour lui montrer qu'elles l'aimaient tendrement, et qu'il n'y avait pas une seule créature laide, méchante et accusatrice qui pût se vanter de la connaître.... Elles, elles seules, ses compagnes folâtres et fidèles, savaient tout ce qu'elle valait.

Ses pensées suivaient constamment l'image, qui était toujours là.

Assise devant le feu, elle travaillait à l'aiguille en chantonnant toute seule. Quelle créature enjouée, active et patiente que cette petite Dot! Les figures des fées se tournèrent toutes à la fois vers lui, d'un seul et même accord, et concentrant sur elle un regard, semblaient dire, toutes fières de leur idole : « Et c'est là la femme légère que tu accuses? »

Au dehors, on entendait des sons joyeux d'instruments de musique, de voix bruyantes et de rires éclatants. Une troupe de jeunes gens et de jeunes personnes en train de se divertir se précipitèrent dans la maison; parmi elles, May Fielding, avec une vingtaine d'autres aussi jolies; Dot était la plus belle de toutes, et aussi jeune que pas une d'elles. Elles venaient l'inviter à prendre part à leur fête; il s'agissait d'aller danser. Si jamais pieds furent faits pour danser, c'étaient assurément les siens. Mais elle se mit à rire, hocha la tête et leur montra son dîner sur le feu et la table déjà mise, avec un air de satisfaction peu jalouse de leurs plaisirs qui la rendait encore plus charmante. Elle les congédia donc gaiement, saluant de la tête, l'un après l'autre, à mesure qu'ils sortaient, ses danseurs prétendus, avec une indifférence comique; ils n'avaient plus, après cela, ces beaux galants, qu'à s'aller jeter à l'eau de désespoir; et pourtant l'indifférence n'était pas son défaut, oh non! car en ce moment, parut à la porte certain messager, et Dieu sait quel bon accueil elle lui fit!

Les fées se tournèrent toutes à la fois vers lui et semblèrent lui dire : « Et c'est là la femme qui t'a abandonné? »

Une ombre passa sur le miroir ou le tableau, comme il vous plaira. Une grande ombre de l'étranger, tel qu'il apparut d'abord sous leur toit; elle en couvrait toute la surface et effaçait tous les autres objets. Mais les fées agiles travaillèrent comme des abeilles diligentes à la dissiper; Dot reparut encore belle et brillante.

Elle berçait son petit enfant, lui chantait doucement une

chanson, la tête sur une épaule qui avait sa contre-partie dans la figure rêveuse près de laquelle se tenait le grillon-fée.

La nuit, je veux dire la nuit réelle, et non pas celle qui se règle aux horloges des fées, la nuit poursuivait sa course; dans cette phase des pensées du messager, la lune se montra au ciel, brillante de clarté. Peut-être une lumière calme et tranquille s'était-elle aussi levée dans son esprit, et put-il réfléchir avec plus de sang-froid à ce qui était arrivé.

Quoique l'ombre de l'étranger passât par intervalles sur le miroir, toujours distincte, grande et parfaitement définie, elle ne paraissait déjà plus aussi sombre que d'abord. Toutes les fois qu'elle se montrait, les fées poussaient un cri général de consternation, et employaient, avec une activité inconcevable, leurs petits bras et leurs petites jambes à l'effacer. Puis, quand elles retrouvaient dessous celle de Dot, et la lui faisaient voir, une fois de plus, belle et brillante, elles manifestaient leur joie de la manière la plus communicative.

Elles ne la montraient jamais autrement que brillante et belle, car elles étaient de ces génies domestiques pour lesquels le mensonge c'est le néant : aussi, Dot ne pouvait être pour elles qu'une petite créature active, radieuse, pleine de charmes, qui avait été la lumière et le soleil de la maison du messager!

Les fées redoublèrent d'ardeur lorsqu'elles la montrèrent avec le baby, causant au milieu d'un groupe de sages vieilles matrones, affectant des airs merveilleux de sage et vieille matrone elle-même, s'appuyant d'un air posé, grave et digne d'une vieille dame sur le bras de son mari, tentant (elle! une fleur de petite femme à peine éclose) de leur persuader qu'elle avait abjuré les vanités du monde en général, et appartenait à cette catégorie de personnes mûres pour lesquelles ce n'était point chose nouvelle que la maternité; cependant, à la même minute, elles la montraient encore, riant de la gaucherie du messager, remontant son col de chemise pour faire de lui un dandy, et l'entraînant gaiement, avec sa mine rieuse, tout autour de la chambre pour lui apprendre à danser!

Elles se tournaient plus que jamais vers lui et le regardaient avec de grands yeux démesurément ouverts, lorsqu'elles la lui montraient auprès de la jeune fille aveugle, car, bien qu'elle portât en tous lieux, avec elle, son animation et sa gaieté naturelles, c'était surtout dans la demeure de Caleb Plummer qu'elle les faisait couler à plein bord. L'amour que lui portait la jeune aveugle, sa confiance absolue en elle, sa reconnaissance, la manière délicate dont elle savait repousser les remerciments de

Bertha; ses petites ruses adroites pour mettre à profit chacun des moments de sa visite en faisant quelque chose d'utile dans le ménage, se donnant en réalité beaucoup de peine, sous prétexte de prendre un jour de plaisir; sa prévoyance généreuse, relativement aux gourmandises de fondation, le pâté de veau et jambon, et les bouteilles de bière; sa figure radieuse, lorsqu'elle arrivait à la porte et lorsqu'elle prenait congé; cette merveilleuse conviction, répandue dans toute sa personne, depuis l'extrémité de ses pieds jusqu'au sommet de sa tête, qu'elle sentait l'importance de son rôle dans la fête qu'elle avait fondée, qu'elle y était nécessaire, indispensable, faisait la joie des fées et redoublait leur amour pour elle. Aussi regardèrent-elles une fois encore le messager, l'appelant toutes ensemble et semblant lui dire, pendant que quelques-unes d'entre elles allaient se nicher dans les plis de sa robe pour la caresser de plus près : « Et c'est là la femme qui a trahi ta confiance ? »

Plus d'une fois, plus de deux, trois fois dans le cours des rêves de cette longue nuit, elles la lui montrèrent assise sur son siège favori, la tête penchée en avant, les mains croisées sur son front, les cheveux dénoués, comme il l'avait vue la dernière fois. Et quand elles la trouvaient ainsi, elles ne se tournaient plus vers lui, ne le regardaient plus, mais se pressaient à l'envi autour d'elle, la consolaient, l'embrassaient, s'ingéniaient à lui donner des marques de leur sympathie et de leur tendresse, oubliant complétement son mari.

La nuit se passa de la sorte. La lune descendit à l'horizon; les étoiles pâlirent; les premières lueurs du jour percèrent les ténèbres; la fraîcheur du matin se fit sentir : le soleil se leva. John était encore assis tout pensif au coin de la cheminée; il se retrouvait dans la même position qu'il avait prise la veille au soir, la tête dans ses mains. Toute la nuit, le fidèle grillon avait cri, cri, cri, crié dans le foyer; toute la nuit, John avait écouté sa voix; toute la nuit, les fées domestiques avaient été occupées autour de lui; toute la nuit, Dot avait été aimable et sans reproche dans le miroir des fées, excepté dans les moments où cette certaine ombre venait à y passer

John se leva dès qu'il fut grand jour, fit sa toilette et s'habilla. Il ne pouvait vaquer à ses joyeuses occupations du matin, il n'en avait pas le courage, mais peu importe : comme c'était le jour du mariage de Tackleton, il avait pris ses arrangements pour se faire remplacer dans ses tournées. Il s'était proposé d'abord d'aller gaiement à l'église avec Dot, mais il n'y fallait plus penser. C'était aussi le jour anniversaire de leur mariage.

Qui lui aurait jamais dit qu'une telle année dût avoir une telle fin !

Le messager s'attendait à une visite matinale de Tackleton ; il ne se trompait pas. A peine avait-il commencé à se promener de long en large devant sa porte, qu'il aperçut, le long de la route, la carriole du marchand de jouets. A mesure qu'il approchait davantage, John put voir que Tackleton était déjà paré pour la noce, et qu'il avait orné la tête de son cheval de fleurs et de rubans.

Le cheval ressemblait plus à un fiancé que son maître, dont l'œil, à demi fermé, avait une expression plus désagréable que jamais. Mais le messager n'en fit pas la remarque. Il avait bien autre chose en tête.

« John Peerybingle ! dit Tackleton d'un air de condoléance. Mon pauvre ami, comment vous trouvez-vous ce matin ?

— Je n'ai pas passé une bonne nuit, maître Tackleton, répondit le messager en secouant la tête ; j'avais l'esprit troublé. Mais maintenant, c'est fini ! Pouvez-vous m'accorder quelque chose comme une demi-heure d'entretien particulier?

— Je suis venu exprès, reprit Tackleton en descendant de voiture. Ne vous inquiétez pas du cheval. Il se tiendra assez tranquille, les rênes passées par-dessus ce poteau, si vous voulez lui donner une poignée de foin. »

Le messager alla en chercher à l'écurie et le mit devant le cheval ; puis ils entrèrent tous deux dans la maison.

« Vous ne vous mariez pas avant midi, je pense ? dit John.

— Non, répondit Tackleton. J'ai bien le temps ! J'ai bien le temps ! »

Au moment où ils entrèrent dans la cuisine, Tilly Slowboy frappait à la porte de l'étranger, tout près de là. Un de ses yeux rouges (car Tilly avait pleuré toute la nuit, parce que sa maîtresse pleurait) était appliqué au trou de la serrure ; elle frappait à coups redoublés et paraissait fort effrayée.

« S'il vous plaît, dit Tilly regardant autour d'elle, je ne puis me faire entendre de personne. J'espère qu'il n'y a personne de parti pour l'autre monde, s'il vous plaît ! »

En formulant ce souhait philanthropique, miss Slowboy redoubla de plus belle ses coups de poing et ses coups de pied contre la porte, mais sans obtenir plus de résultat.

« Voulez-vous que j'aille voir ? dit Tackleton. C'est curieux. »

Le messager, qui avait détourné le visage de la porte, lui fit signe qu'il pouvait y aller, s'il voulait.

Tackleton alla donc au secours de Tilly ; il frappa aussi à

coups de pied et à coups de poing, et n'obtint, lui non plus, pas la moindre réponse. Mais il eut la pensée de prendre le bouton; l'ayant tourné sans peine, il passa la tête dans la porte entrebâillée, regarda dans l'intérieur de la chambre, entra, et revint aussitôt en courant.

« John Peerybingle, lui dit-il à l'oreille, j'espère qu'il n'y a rien eu là.... pas de violences cette nuit. »

Le messager se retourna vivement de son côté.

« C'est qu'il est parti! reprit Tackleton ; et la fenêtre est ouverte. Je ne vois aucune marque.... Certainement la chambre est presque de niveau avec le jardin,... mais j'ai eu peur de.... quelque.... quelque bagarre, hein ? »

Il ferma presque entièrement son œil expressif arrêté sur John avec une persistance opiniâtre, et lui fit faire, ainsi qu'à son visage et à toute sa personne, une contorsion singulière; on aurait dit qu'il voulait lui arracher la vérité comme on débouche une bouteille de vin de Champagne.

« Tranquillisez-vous, dit le voiturier. Il est entré dans cette chambre hier au soir sans avoir éprouvé de ma part le moindre mal ni la moindre injure, et personne n'y est entré depuis. Il est parti de sa propre volonté, et je sortirais moi-même avec plaisir de cette maison pour aller demander mon pain de porte en porte, le reste de mes jours, si je pouvais faire à ce prix qu'il ne fût jamais entré ici. Mais il est venu et il est parti; que ce soit une affaire finie.

— Oh! oh! Eh bien! il peut se vanter d'en être quitte à bon marché, » dit Tackleton prenant une chaise.

Son ricanement moqueur fut perdu pour John, qui s'assit pareillement, et se couvrit un instant le visage de ses mains avant de continuer.

« Hier au soir, dit-il enfin, vous m'avez montré ma femme que j'aime..., qui secrètement....

— Et tendrement, insinua Tackleton.

— Aidait cet homme à se déguiser, et lui avait fourni l'occasion d'un tête-à-tête. C'était ce que je pouvais voir qui me fit le plus de peine, et ce qui me fâche le plus, c'est que ce soit vous qui me l'ayez fait voir.

— J'avoue que j'ai toujours eu mes soupçons, dit Tackleton; et c'est aussi ce qui m'a toujours fait voir ici de mauvais œil, je le sais.

— Mais, comme c'est vous qui me l'avez fait voir, poursuivit le messager sans faire attention à ses paroles, et que vous l'avez vue, ma femme, ma femme que j'aime.... » Sa voix, son regard, son geste, prirent quelque chose de plus ferme et de plus assuré à mesure qu'il prononçait ces mots, preuve évidente qu'il avait un but bien arrêté.... « Que vous l'avez vue dans une circonstance fâcheuse pour elle, il est de toute justice que vous la voyiez aussi avec mes yeux, et que vous pénétriez dans mon cœur pour y lire mes intentions sur ce point. Car mon parti est pris, dit le messager le regardant avec attention; et rien ne pourra maintenant ébranler ma résolution. »

Tackleton murmura en termes généraux quelques paroles d'approbation sur la nécessité où il se trouvait d'exercer une vengeance quelconque; mais les manières de son interlocuteur lui imposèrent. Quelque simples et rudes qu'elles fussent, elles avaient une certaine noblesse et une dignité naturelle qui ne pouvaient provenir que d'un fond d'honneur et de générosité bien enracinés dans son âme.

« Je suis un être simple et grossier, continua John, je n'ai pas grand'chose pour moi. Je ne suis pas un homme d'esprit, comme vous le savez fort bien; je ne suis pas un jeune homme; j'aimais ma petite Dot, parce que je l'ai vue grandir depuis son enfance, dans la maison de son père ; parce que je savais tout ce qu'elle valait; parce qu'elle avait été ma vie depuis des années. Il y a beaucoup d'hommes auxquels je ne puis me comparer, mais qui n'auraient pu, je crois, aimer ma petite Dot autant que moi ! »

Il s'arrêta et frappa doucement le plancher du pied pendant quelques instants avant de poursuivre :

« J'ai souvent pensé que, quoique je ne fusse pas fait pour elle, je pourrais faire un bon mari, et apprécier peut-être mieux qu'un autre tout ce qu'elle vaut; c'est ce qui fait que j'en suis venu à croire qu'un mariage entre nous n'était pas déraisonnable. Et en effet, nous nous sommes mariés.

— Ah ! dit Tackleton avec un hochement de tête significatif.

— Je m'étais étudié, je m'étais mis à l'épreuve; je savais combien je l'aimais et combien je serais heureux, ajouta le messager.

— Mais je n'avais pas (je le sens aujourd'hui) suffisamment réfléchi aux conséquences qui en résulteraient pour elle.

— Bien sûr, dit Tackleton. L'étourderie, la frivolité, la légèreté, le désir de plaire ! Vous n'aviez pas réfléchi ! vous aviez perdu de vue !... Ah !

— Vous feriez bien mieux de ne pas m'interrompre, reprit John avec un peu de mauvaise humeur, jusqu'à ce que vous me compreniez, et vous en êtes bien loin. Hier, j'aurais assommé d'un coup de poing l'homme qui se serait permis de dire un seul mot contre elle; aujourd'hui, je lui écraserais la figure avec mon pied, à cet homme, fût-il mon frère ! »

Le marchand de jouets le regarda étonné. John continua d'un ton plus radouci :

« Avais-je réfléchi, dit-il, que je l'enlevais, à son âge, avec sa beauté, à ses jeunes camarades, aux différentes scènes dont elle était l'ornement, la plus radieuse étoile du firmament, pour l'enfermer à jamais dans ma triste maison et l'enchaîner à mon ennuyeuse société? Avais-je réfléchi combien j'étais peu fait pour sa vivacité, et combien ma conception lente doit être pénible à un esprit prompt comme le sien? Avais-je réfléchi que ce n'était pas un mérite pour moi, ou un titre pour moi de l'aimer, quand tous ceux qui la connaissaient se voyaient forcés d'en faire autant? Non, jamais! J'ai profité de son caractère enjoué, confiant dans l'avenir, et je l'ai épousée : je voudrais ne l'avoir jamais fait! Pour elle, grand Dieu! non pour moi! »

Le marchand de jouets le regarda sans cligner de l'œil; et même, son œil à demi fermé s'ouvrit, cette fois, tout entier.

« Que Dieu la bénisse, dit John, pour la généreuse constance avec laquelle elle a cherché à écarter de moi cette douloureuse découverte! Et que le ciel me pardonne de n'avoir pas, dans mon intelligence épaisse, compris plus tôt la chose! Pauvre enfant! Pauvre Dot! je ne l'ai pas devinée, moi, qui ai vu ses yeux se remplir de larmes quand on parlait de mariages semblables au nôtre! Moi, qui ai vu cent fois le secret errer sur ses lèvres tremblantes sans jamais en soupçonner l'existence, jusqu'à la nuit dernière. Pauvre jeune fille! avoir pu espérer qu'elle m'aimerait! avoir pu croire qu'elle m'aimait en effet!

— C'est qu'aussi elle en a bien fait semblant, dit Tackleton, et c'était même si fort, qu'à vous parler franchement, c'est là ce qui a donné naissance à mes soupçons. » Et ici, il fit valoir la supériorité de May Fielding, qu'on ne pouvait, à coup sûr, accuser de faire semblant d'être amoureuse de lui.

« C'est qu'elle essayait, dit le pauvre John avec une émotion plus grande qu'il ne l'avait encore laissé paraître; je commence seulement maintenant à savoir combien il a dû lui en coûter d'essayer d'être ma femme fidèle et dévouée. Combien elle a été bonne! combien elle a fait pour moi! quel cœur brave et énergique! j'en atteste le bonheur que j'ai goûté sous ce toit! Ce sera toujours une consolation et un soulagement pour moi, lorsque je serai seul ici.

— Seul ici? dit Tackleton. Vous avez donc l'intention de donner suite à cet incident?

— J'ai l'intention, répondit le messager, de lui donner la plus grande marque de tendresse et de lui faire la réparation la plus complète qui soient en mon pouvoir. Je puis l'affranchir d'une souffrance de chaque jour, celle qui résulte d'un mariage mal assorti et des efforts qu'elle fait pour me le cacher. Elle sera aussi libre qu'il peut dépendre de moi.

— Lui faire une réparation, à elle! s'écria Tackleton en roulant ses grandes oreilles autour de ses doigts. Il faut qu'il y ait ici quelque erreur. J'aurai mal entendu. »

John saisit au collet le marchand de joujoux et le secoua comme un roseau.

« Écoutez-moi! dit-il, et prenez garde de bien m'entendre. Écoutez-moi. Est-ce que je ne parle pas clairement?

— Très-clairement, au contraire, répondit Tackleton.

— En homme qui est bien résolu?

— Sûrement, sûrement, en homme qui est bien résolu.

— Je suis resté la nuit dernière, toute la nuit, assis devant ce foyer, s'écria le messager, à la place où elle s'est souvent assise à mes côtés, en me regardant avec son doux visage. J'ai passé en revue sa vie entière, jour par jour; j'ai revu sa chère image se présenter devant mes yeux dans toutes les situations de sa vie. Sur mon âme, elle est innocente, aussi vrai qu'il y a un Dieu pour juger le coupable et l'innocent. »

Brave grillon du foyer! loyales fées domestiques!

« La colère et la défiance m'ont abandonné! continua John. Il ne me reste plus que mon chagrin. Dans un moment malheureux, quelque ancien amant, mieux assorti que moi à son âge et à ses goûts, abandonné peut-être pour moi, contre sa volonté, sera revenu. Dans un moment malheureux, prise à l'improviste, sans avoir le temps de réfléchir à ce qu'elle faisait, elle s'est rendue elle-même complice de sa trahison par un rendez-vous clandestin. Elle l'a vu la nuit dernière dans l'entretien dont nous avons été témoins. Elle a eu tort; mais, à part cela, elle est innocente, ou il n'y a plus d'honneur sur la terre.

— Si c'est là votre opinion.... commença Tackleton.

— Ainsi, qu'elle parte! poursuivit le messager. Qu'elle parte avec ma bénédiction pour toutes les heures de bonheur qu'elle m'a données, et mon pardon pour les angoisses dont elle a été pour moi la cause. Qu'elle parte, avec la paix du cœur que je lui souhaite! Elle ne me haïra jamais; elle apprendra, au contraire, à m'aimer davantage quand je ne la traînerai plus à la remorque de ma destinée. Elle portera alors plus légèrement la chaîne que j'ai rivée si malheureusement pour elle. C'est aujourd'hui le jour où je l'ai enlevée si malheureusement pour elle. C'est aujourd'hui le jour où je l'ai enlevée au foyer paternel, sans m'être inquiété de savoir si elle serait heureuse. C'est aujourd'hui qu'elle y retournera, et je ne l'importunerai plus. Son père et sa mère seront ici tout à l'heure ; nous avions formé un petit plan pour passer ensemble cette journée ; ils la ramèneront chez eux. Je peux me fier à elle, là et partout. Si je mourais (je puis mourir peut-être pendant qu'elle est jeune encore ; je sens que j'ai perdu de mes forces en quelques heures), elle verrait que je me suis souvenu d'elle, et que je l'ai aimée jusqu'au dernier jour ! Voilà la conclusion de ce que vous m'avez fait voir. Maintenant tout est fini !

— Oh ! non, John, tout n'est pas fini. Ne dites pas encore que c'est fini. Pas tout à fait encore. J'ai entendu vos nobles paroles ; je ne veux pas m'en aller sans vous dire que j'en suis pénétré d'une profonde reconnaissance. Ne dites pas que c'est fini, avant que l'horloge ait sonné encore une fois. »

Dot, entrée peu après Tackleton, était demeurée là. Elle n'avait pas seulement regardé Tackleton ; mais, les yeux fixés sur son mari, elle s'était tenue à l'écart, laissant entre elle et lui la plus grande distance possible ; et, quoiqu'elle parlât avec l'entraînement le plus passionné, elle ne s'approcha point de lui, même alors. Qu'elle était en cela différente d'elle-même, de la Dot d'autrefois !

« Il n'y a pas d'horloge qui puisse maintenant sonner pour moi une seconde fois les heures qui sont écoulées, malheureusement, répliqua le messager avec un faible sourire. Mais, puisque vous le voulez, ma chère, je le veux bien. L'heure sonnera bientôt. Nous n'en aurons pas pour longtemps. Je ferais volontiers des choses plus difficiles que cela pour vous faire plaisir.

— Fort bien, murmura Tackleton. Il faut que je parte ; car, lorsque l'heure sonnera, je dois être en route pour l'église. Bonjour, John Peerybingle. Je suis fâché d'être privé du plaisir de rester avec vous ; pour votre compagnie d'abord, et puis aussi pour la circonstance.

— J'ai parlé clairement ? dit John en l'accompagnant vers la porte.

— Oh ! très-clairement.

— Et vous vous souviendrez de ce que je vous ai dit ?

— Oui, et si vous me forcez d'en faire la remarque, dit Tackleton, non sans avoir pris au préalable la sage précaution de commencer par monter en voiture, je dois vous dire que ç'a été pour moi quelque chose de si inattendu, qu'il n'est guère probable que je l'oublie.

— Tant mieux pour nous deux, reprit John. Adieu. Bien du plaisir ɩ

— Je voudrais pouvoir vous faire le même souhait, dit Tackleton. Comme la chose ne m'est pas possible, merci toujours pour moi. Entre nous (je vous l'ai déjà dit, n'est-ce pas?) je ne crois pas que j'en aie moins de plaisir dans ma vie conjugale, parce que May n'aura pas été trop empressée autour de moi, ni trop démonstrative. Adieu! soignez-vous bien. »

John le suivit des yeux jusqu'à ce que la distance le fît paraître assez petit pour se perdre dans les fleurs et les rubans de son cheval. Alors, poussant un profond soupir, il s'en alla errer, comme une âme en peine, à l'ombre de quelques ormeaux du voisinage, ne voulant pas rentrer chez lui avant que l'horloge fût sur le point de sonner.

Sa petite femme, laissée seule, sanglotait à faire pitié ; mais elle s'essuyait souvent les yeux et arrêtait le cours de ses larmes pour se dire : mon Dieu! comme il est bon, comme il est excellent ! Et puis, une fois ou deux, elle rit de si bon cœur, avec un tel air de triomphe et d'une manière si incohérente (car elle ne cessait pas de pleurer en même temps), que Tilly en fut tout épouvantée.

« Ouh! ouh! s'il vous plaît, ne faites pas cela, dit-elle. Il y aurait de quoi tuer et enterrer l'enfant, s'il vous plaît!

— L'apporterez-vous quelquefois à son père, Tilly, quand je ne pourrai plus habiter ici, et que je serai retournée dans mon ancienne maison? lui demanda sa maîtresse essuyant ses yeux.

— Ouh! s'il vous plaît, ne faites pas cela, s'écria Tilly renversant la tête et poussant un hurlement affreux, tout à fait comme Boxer : Ouh! s'il vous plaît, ne faites pas cela. Ouh! qu'est-ce que tout le monde a donc été faire à tout le monde, pour rendre tout le monde si malheureux! Ouh-ouh-ouh-ouh! »

La sensible Slowboy allait laisser éclater là-dessus un hurlement si terrible, à raison même des efforts qu'elle avait faits pour l'étouffer plus longtemps, que le baby en aurait été réveillé infailliblement et en aurait éprouvé une frayeur suivie de conséquences très-fâcheuses (de convulsions probablement), si ses yeux n'eussent rencontré Caleb Plummer, qui entrait avec sa fille. Cette vue la rappelant au sentiment des convenances, elle resta silencieuse quelques minutes, la bouche toute grande ouverte ; puis, courant au galop vers le lit où dormait l'enfant, elle se mit à danser sur le plancher une ronde de sabbat, ou danse de saint Guy, en même temps qu'elle se fourrait le visage et la tête dans les draps, trouvant sans doute beaucoup de soulagement à sa peine dans ces exercices extraordinaires.

« Comment ! dit Bertha, vous n'êtes pas au mariage ?

— Je lui ai dit, madame, que vous n'y assisteriez pas, dit Caleb à voix basse. J'en ai entendu assez hier soir sur votre compte. Mais que Dieu vous bénisse, ajouta le petit homme en pressant ses deux mains avec tendresse, ce n'est pas moi qui m'occupe de ce qu'ils disent ; ce n'est pas moi qui irais les croire. Je ne vaux pas grand'chose, mais le peu que je vaux se ferait hacher en mille morceaux plutôt que de croire un seul mot contre vous ! »

Il lui passa les bras autour du cou et la tint serrée, comme un enfant presse sa poupée dans ses bras.

« Bertha n'a pas pu rester à la maison ce matin, continua Caleb. Elle avait peur, j'en suis sûr, d'entendre sonner les cloches, et ne pouvait prendre sur elle de se sentir si près d'eux le jour de leurs noces. Nous sommes donc partis de bonne heure et nous sommes venus ici. J'ai réfléchi à ce que j'ai fait, dit-il après un moment de silence. Je me suis reproché, jusqu'à ne plus savoir que faire ou que devenir, tout le chagrin que je lui ai causé, et j'en suis arrivé à cette conclusion qu'il valait mieux, si vous voulez rester avec moi pendant ce temps-là, madame, lui dire la vérité. « Voulez-vous rester avec moi tout ce temps, » lui demanda-t-il, tremblant de la tête aux pieds. « J'ignore quel effet cela peut produire sur elle ; j'ignore ce qu'elle pensera de moi ; j'ignore si, après cela, elle aimera encore son pauvre père. Mais il faut absolument pour elle qu'elle soit désabusée ; et, pour moi, quelles qu'en soient les conséquences, il est juste que je les subisse. »

— Mary, dit Bertha, où est votre main ? Ah ! la voici, la voici. Elle la porta à ses lèvres avec un sourire et l'attira sous son bras. Je les ai entendus chuchoter entre eux, la nuit dernière, et critiquer votre conduite. Ils avaient tort. »

La femme du messager demeura silencieuse. Caleb répondit pour elle.

« Ils avaient tort, dit-il.

— Je le savais, s'écria Bertha fièrement. Je le leur ai dit. Je n'ai pas daigné écouter un seul mot ! Elle ! la critiquer ! allons donc ! et elle pressait la main de Dot dans la sienne, et approchait sa bonne joue contre la sienne. Non, non, je ne suis pas encore assez aveugle pour cela. »

Son père vint se placer à sa droite, tandis que Dot restait à sa gauche, lui tenant la main.

« Je vous connais tous, dit Bertha, mieux que vous ne pensez, mais personne aussi bien qu'elle, pas même vous, mon père. Il n'y a rien d'aussi pur et d'aussi vrai qu'elle dans tout ce qui m'entoure. Si je pouvais recouvrer la vue en ce moment, je la reconnaîtrais au milieu d'une foule nombreuse, sans qu'elle eût besoin de dire un mot !... ma sœur !

— Bertha, chère enfant ! dit Caleb, j'ai quelque chose sur la conscience que j'ai besoin de vous dire, pendant que nous sommes seuls tous les trois. Écoutez-moi avec bonté ! j'ai une confession à vous faire, mon ange !

— Une confession, mon père ?

— Je me suis écarté de la vérité et je me suis perdu, mon enfant, dit Caleb avec une expression déchirante, qui bouleversait tous ses traits. Je me suis écarté de la vérité par amour pour vous, et cet amour m'a rendu cruel. »

Elle tourna vers lui son visage où se peignait l'excès de l'étonnement et répéta : « Cruel ! »

« Il s'accuse trop sévèrement, Bertha, reprit Dot, vous le lui direz tout à l'heure : vous serez la première à le lui dire.

— Lui, cruel pour moi ! s'écria Bertha avec un sourire d'incrédulité.

— Sans le vouloir, mon enfant, dit Caleb. Mais je l'ai été, quoique je ne m'en sois aperçu qu'hier. Ma chère fille aveugle, écoutez-moi et pardonnez-moi ! Le monde où vous vivez, cher enfant de mon cœur, n'existe pas tel que je vous l'ai représenté. Les yeux auxquels vous vous êtes fiée vous ont menti. »

Elle tourna encore vers lui son visage où se peignait une surprise toujours croissante, mais elle recula et se serra plus près de son amie.

« Le chemin de la vie était rude pour vous, ma pauvre bien-aimée, continua Caleb ; j'ai voulu vous le rendre plus doux. J'ai altéré les objets, dénaturé les caractères des gens, inventé bien des choses qui n'ont jamais existé, afin de vous rendre plus heureuse. J'ai eu des secrets pour vous, je vous ai entourée d'illusions, Dieu me pardonne ! et je vous ai placée au milieu d'une existence toute de rêves.

— Mais les personnes vivantes ne sont pas des rêves ! dit-elle avec précipitation, en pâlissant et en s'éloignant de lui encore davantage. Vous ne pouvez les changer.

— Je l'ai pourtant fait, Bertha, confessa Caleb. Il y a une personne que vous connaissez, ma colombe....

— Oh ! mon père, répondit-elle avec un accent d'amer reproche, pourquoi dites-vous que je la connais? Est-ce que je connais quelqu'un ou quelque chose, moi, pauvre misérable aveugle! qui n'ai pas de guide? »

Dans l'angoisse de son cœur, elle étendit les mains, comme si elle cherchait sa route à tâtons, puis les ramena sur son visage avec un geste de tristesse et de sombre désespoir.

« Celui qui se marie aujourd'hui, dit Caleb, est un homme égoïste, avare, despote; un maître dur pour vous et pour moi, chère enfant, depuis bien des années, hideux de visage comme de naturel, toujours froid, toujours dur; tout à fait différent du portrait que je vous en ai tracé sous tous les rapports, ma chère Bertha, sous tous les rapports.

— Oh ! pourquoi, s'écria la jeune aveugle visiblement en proie à une torture cruelle presque au-dessus de ses forces, pourquoi avez-vous fait cela? Pourquoi avoir toujours rempli mon cœur à pleins bords, et puis venir, comme la mort, en arracher les objets de mon amour? O ciel, comme je suis aveugle! comme je suis seule, sans assistance ! »

Son père, désolé, baissa la tête et ne répondit que par son repentir et son affliction.

Elle se livrait depuis un moment à peine à ces violents transports de regret, lorsque le grillon du foyer, entendu d'elle seule, commença son crrri, non pas gaiement, cette fois, mais sur un ton bas, faible, mélancolique, et si triste, si lugubre, qu'elle se mit à fondre en larmes; et, quand l'image qui s'était tenue près du messager pendant toute la nuit parut derrière elle, lui montrant du doigt son père, ses larmes coulèrent à torrents.

Elle entendit aussi bientôt plus clairement la voix du grillon; et cette image mystérieuse, si ses yeux ne purent la voir, son âme la sentit voltiger autour de son père.

« Mary, demanda la jeune aveugle, dites-moi ce qu'est ma demeure, ce qu'elle est réellement.

— C'est une pauvre habitation, Bertha, très-pauvre et bien nue, en vérité. La maison vous abritera difficilement un autre hiver contre le vent et la pluie. Elle est aussi mal protégée contre le mauvais temps, Bertha, continua Dot d'une voix basse, mais distincte, que votre pauvre père dans son surtout de toile d'emballage. »

La jeune aveugle, très-agitée, se leva et tira à l'écart la petite femme du messager.

« Ces présents dont je m'occupais tant, dit-elle toute tremblante, ces présents qui prévenaient mes moindres désirs, et que je recevais avec tant de reconnaissance, d'où venaient-ils ? Est-ce vous qui me les envoyiez ?

— Non.

— Qui donc ? »

Dot vit qu'elle la devinait déjà et garda le silence. La jeune aveugle se couvrit une seconde fois le visage de ses mains, mais cette fois avec une tout autre expression.

« Chère Mary, un moment ! Un seul moment !... Venez un peu par ici. Parlez-moi plus bas. Vous êtes sincère, je le sais. Vous ne voudriez pas me tromper ?

— Non, Bertha, en vérité !

— Non, je suis sûre que vous ne le voudriez pas. Vous avez trop pitié de moi. Mary, regardez à travers la chambre l'endroit où nous étions tout à l'heure ; l'endroit où est mon père, mon père si compatissant, si plein d'amour pour moi, et dites-moi ce que vous voyez.

— Je vois, dit Dot, qui la comprenait parfaitement, un vieillard assis sur une chaise, tristement renversé sur le dossier, le visage appuyé sur sa main, comme s'il avait besoin de son enfant pour le consoler, Bertha.

— Oui, oui, elle le consolera. Continuez.

— C'est un vieillard usé par le travail et les soucis : un homme maigre, abattu, pensif, dont les cheveux blanchissent. Je le vois maintenant désespéré, courbé en deux, accablé sous le poids de ses peines. Mais, Bertha, je l'ai vu bien des fois précédemment lutter avec courage et constance pour un but grand et sacré. Aussi j'honore sa tête grise et je le bénis ! »

La jeune aveugle la quitta brusquement ; et, se jetant à genoux devant son père, elle prit sa tête blanchie qu'elle serra contre son cœur.

Caleb ne trouvait pas de paroles pour exprimer son émotion.

« Il n'y a pas sur cette terre de tête belle et noble, s'écria la jeune aveugle en la tenant embrassée, que je pusse aimer aussi tendrement, chérir avec une affection aussi dévouée que celle-ci ; plus elle est blanche et triste, plus elle m'est chère ! Qu'on ne vienne plus me dire que je suis aveugle ! Il n'y a pas une ride sur ce visage, il n'y a pas un cheveu sur cette tête qui soit à l'avenir oublié dans mes prières et dans mes actions de grâces au ciel ! »

Caleb essaya de balbutier : « Ma Bertha ! »

« Et dans mon infirmité, aveugle que j'étais, dit la jeune fille, mêlant à ses caresses les larmes de la plus vive tendresse, je le croyais si différent ! L'avoir près de moi, jour par jour ! si préoccupé toujours de moi, et n'avoir jamais songé à cela !

— Ce petit-maître de père, Bertha, avec son bel habit bleu, dit le pauvre Caleb, ma Bertha !

— Rien n'est parti, répondit-elle. Père chéri, non ! Tout est ici, en vous ! Le père que j'aimais tant, le père que je n'ai jamais assez aimé et jamais connu, le bienfaiteur que j'ai d'abord commencé à révérer et à aimer, parce qu'il avait pour moi une si tendre sympathie, tout se retrouve ici en vous. Rien n'est mort pour moi. L'âme de tout ce qui m'était le plus cher est ici, ici, avec son visage flétri, et sa tête blanche, et, de plus, je ne suis plus aveugle, mon père ! »

Toute l'attention de Dot, pendant ce discours, avait été concentrée sur le père et la fille ; mais dirigeant ses regards maintenant vers le petit faucheur dans la prairie moresque, elle vit que l'heure allait sonner au bout de quelques minutes, et tomba aussitôt dans un état d'agitation nerveuse très-prononcé.

« Mon père, dit Bertha, en hésitant.... Marie....

— Oui, ma chère enfant, répondit Caleb, elle est là.

— Il n'y a pas de changements en *elle*. Vous ne m'avez jamais rien dit d'*elle* qui ne fût vrai ?

— Je l'aurais fait, ma chère enfant, j'en ai peur, répondit Caleb, si j'avais pu la figurer meilleure qu'elle n'était. Mais, pour peu que je l'eusse changée, je n'aurais pu que lui faire tort. »

Quelle que fût la confiance dont la jeune aveugle avait été animée en faisant cette question, sa joie et son orgueil à la réponse de Caleb, et les nouvelles caresses qu'elle prodiguait à Dot étaient charmants à voir.

« Cependant, chère amie, reprit Dot, il peut encore arriver plus de changements que vous ne pensez. Des changements en mieux, je veux dire, des changements qui causeront une grande joie à quelques-uns de nous. S'il en est qui vous touchent, il ne faudra pas vous laisser entraîner par une émotion trop vive. N'est-ce pas un bruit de roues qu'on entend sur le chemin ? Vous avez l'oreille fine, Bertha ; sont-ce bien des roues ?

— Oui, et qui s'avancent avec une grande rapidité.

— Je.... je.... je sais que vous avez l'oreille fine, dit Dot, une main sur son cœur, et, évidemment, parlant aussi vite qu'elle le pouvait, afin d'en dissimuler les palpitations : je le sais, parce que je l'ai souvent remarqué, et surtout hier au soir où vous avez été si prompte à reconnaître ce pas étranger : quoique je ne sache pas trop pourquoi vous avez dit, Bertha, car je me le rappelle fort bien, quel est ce pas? pourquoi vous l'avez remarqué plus qu'un autre. Oui, comme je le disais tout à l'heure, il se fait de grands changements dans le monde, de grands changements, et ce que nous avons de mieux à faire, c'est de nous préparer à n'être surpris de rien. »

Caleb se demandait ce que cela voulait dire s'apercevant qu'elle s'adressait à lui aussi bien qu'à sa fille. Il la vit avec étonnement si troublée, si agitée, qu'elle pouvait à peine respirer et obligée de se retenir à une chaise pour éviter de tomber.

« Ce sont des roues, en effet, s'écria-t-elle haletante; les voilà qui approchent! Plus près encore! Encore un moment et les voici. Les entendez-vous s'arrêter à la porte du jardin? Et, quel est ce pas en dehors de la porte d'entrée? Le même pas qu'hier, Bertha, n'est-ce pas le même?.... et maintenant!.... »

Dot poussa un cri de joie, un de ces cris que rien ne peut arrêter, et, se précipitant vers Caleb, lui mit la main sur les yeux, au moment où un jeune homme entrait précipitamment dans la chambre et, jetant son chapeau en l'air, s'approchait d'eux en courant.

« Est-ce fini? s'écria Dot.
— Oui.
— Heureusement?
— Oui.
— Vous rappelez-vous cette voix, cher Caleb? Avez-vous jamais entendu une voix semblable à celle-ci auparavant? s'écria Dot.
— Si mon garçon, parti pour l'Amérique, là-bas, au Sud, dans la Californie, vivait encore! dit Caleb tremblant.
— Il vit! cria Dot, écartant ses mains des yeux qu'elles couvraient, et les frappant l'une contre l'autre dans l'excès de sa joie; regardez-le! Voyez-le devant vous, fort et bien portant! votre fils chéri! votre frère chéri, Bertha, qui vit et qui vous aime! »

Honneur à la petite créature pour ses transports! Honneur pour ses larmes et ses rires, pendant que le père et les deux enfants étaient enlacés dans les bras l'un de l'autre! Honneur à la franche cordialité avec laquelle Dot alla au-devant du matelot brûlé par le soleil, avec ses cheveux noirs flottant sur ses épaules, sans détourner sa petite bouche vermeille et lui permettant, au contraire, de l'embrasser bonnement et simplement et de la presser sur son cœur palpitant d'émotion.

Mais, honneur aussi au coucou (et pourquoi pas?), pour s'être précipité hors de la trappe à bascule du palais moresque, comme un enfonceur de portes et pour avoir salué douze fois la société de sa ritournelle intermittente, comme s'il était, lui aussi, ivre de joie !

Le messager, entrant alors, fit un pas en arrière ; il ne s'attendait pas à trouver si bonne compagnie.

« Regardez, John ! dit Caleb hors de lui, regardez ici ! Mon garçon de la Californie, mon fils ! mon propre fils ! celui que vous aviez équipé et embarqué vous-même ; celui pour qui vous avez toujours été un si bon ami ! »

Le messager s'approcha pour lui donner la main ; mais il recula brusquement, en croyant reconnaître les traits du sourd qu'il avait pris dans la voiture.

« Édouard ! dit-il ; quoi ! c'était vous ?

— Racontez-lui tout, maintenant ! s'écria Dot. Racontez-lui tout, Édouard, et ne m'épargnez pas, car je suis bien décidée à ne pas m'épargner moi-même.

— C'était moi, dit Édouard.

— Et comment avez-vous eu le courage d'entrer clandestinement, travesti, dans la maison de votre vieil ami ? reprit le messager. J'ai connu autrefois un loyal garçon.... (combien d'années de cela, Caleb, depuis que nous avons entendu dire qu'il était mort et que nous crûmes en avoir la preuve ?...) qui n'aurait jamais fait cela.

— C'est comme moi, j'ai connu autrefois un généreux ami, un père pour moi plutôt qu'un ami, dit Édouard, qui n'aurait jamais voulu juger un homme, moi surtout, sans l'entendre. C'était vous. Aussi, j'espère que vous m'entendrez maintenant. »

Le messager, jetant un regard troublé sur Dot, qui se tenait encore éloignée de lui, répondit :

« Eh bien ! soit ! Rien de plus juste. Je vous écoute.

— Il faut que vous sachiez que quand je partis d'ici, encore bien jeune, dit Édouard, j'étais amoureux, et mon amour était payé de retour. Il s'agissait d'une très-jeune fille qui, peut-être (allez-vous me dire), ne connaissait pas son propre cœur. Mais, moi, je connaissais le mien, et j'avais une vive passion pour elle.

— Vous ! s'écria John ; vous !

— Oui, en vérité, répondit l'autre. Et elle me payait de retour. Je l'ai toujours cru depuis, et maintenant, j'en suis sûr.

— Dieu du ciel ! dit le messager. Il ne manquait plus que cela.

— Demeuré constant, reprit Édouard, et revenant, plein d'espérance, après bien des dangers et des souffrances, pour accomplir ma part de notre mutuel engagement, j'apprends, à vingt milles d'ici, qu'elle a été parjure, qu'elle m'a oublié et qu'elle s'est donnée à un autre, à un homme plus riche que moi. Je n'avais pas l'intention de lui adresser des reproches, mais je désirais la voir et me convaincre par moi-même que c'était la vérité. J'espérais qu'elle aurait pu être contrainte à prendre ce parti contre ses vœux et ses souvenirs. Ce serait une bien légère consolation, pensais-je, mais enfin c'en serait une, et je suis venu. Afin de pouvoir connaître la vérité, la *vérité vraie*, d'observer librement par moi-même, de juger sans obstacle de son côté, et, sans user de mon influence personnelle sur elle (à supposer que j'en eusse), je me déguisai.... vous savez comment ; j'attendis sur la route.... vous savez où Vou. n'eûtes aucun soupçon, ni *elle* non plus (montrant Dot), jusqu'à ce que je lui glissai un mot à l'oreille, près de ce même foyer, et qu'elle fut, par l'explosion de sa surprise, sur le point de me trahir.

— Mais quand elle sut qu'Édouard vivait et qu'il était de retour, reprit Dot, la voix entrecoupée de sanglots, parlant pour elle-même comme elle avait brûlé de le faire pendant tout le récit du marin ; et quand elle connut son projet, elle lui recommanda expressément de garder le secret, car son vieil ami John Peerybingle était beaucoup trop ouvert de sa nature, et trop maladroit pour rien cacher, oui, un vrai maladroit en tout et pour tout, incapable d'aider à sa ruse, dit Dot, moitié riant, moitié pleurant ; et quand elle, c'est-à-dire moi, John, ajouta en sanglotant la petite femme, lui eut tout raconté, comment sa maîtresse l'avait cru mort, comment, à la fin, elle s'était laissé pousser par sa mère à un mariage que la vieille bonne femme, dans sa simplicité, appelait avantageux ; et quand elle, c'est encore moi, John, lui eut dit qu'ils n'étaient pas encore mariés (quoique bien près de l'être) et que, si ce mariage se faisait, ce ne serait pas autre chose qu'un sacrifice, car du côté de la future il n'y avait point d'amour ; et quand il devint presque fou de joie à cette nouvelle, alors elle, c'est-à-dire encore moi, dit qu'elle interviendrait, comme elle avait souvent fait autrefois, John, qu'elle sonderait sa maîtresse et saurait bien s'assurer qu'elle, moi encore, John, ne se trompait pas dans ce qu'elle disait là. Et, en effet, elle ne s'était pas trompée, John ! et ils ont été réunis, John ! et ils ont été mariés, John ! il y a une heure. Et voici la nouvelle mariée ! et Gruff et Tackleton risque bien de mourir garçon ! Et je suis une heureuse petite femme, May, que Dieu vous bénisse ! » Or, vous savez, par parenthèse que c'était une irrésistible petite femme ; mais jamais elle n'avait été si irrésistible que dans les transports auxquels elle se livrait en ce moment. Jamais il n'y eut de félicitations si tendres, si délicieuses que celles qu'elle se prodiguait à elle-même et à la nouvelle mariée.

Au milieu du tumulte d'émotions qui s'élevait dans sa poitrine, l'honnête messager était resté confondu. Tout à coup, il court vers elle, mais Dot étend la main pour l'arrêter et recule loin de lui, conservant sa distance.

« Non, John, non! entendez tout! Ne m'aimez plus, John, jusqu'à ce que vous ayez entendu tout ce que j'ai à vous dire. C'était mal d'avoir un secret pour vous, John; j'en suis très-fâchée. Je ne croyais pas avoir si mal fait, jusqu'au moment où je vins m'asseoir près de vous, sur le petit tabouret, hier soir; mais quand je pus lire sur votre visage que vous m'aviez vue me promener dans la galerie avec Édouard, quand je vis ce que vous pensiez, je compris toute l'étendue de ma faute étourdie. Mais aussi, cher John, comment avez-vous pu, ah! comment avez-vous pu avoir de pareilles idées? »

Pauvre petite femme, comme elle sanglotait encore! John Peerybingle voulait la serrer dans ses bras. Mais non; elle ne le permit pas.

« Ne m'aimez pas encore, s'il vous plaît, John! pas de longtemps, encore! Quand j'étais triste de ce prochain mariage, cher, c'est parce que je me rappelais May et Édouard, qui s'aimaient tant dans leur jeunesse, et parce que je savais que le cœur de May était bien loin de s'être donné à Tackleton. Vous croyez cela maintenant, n'est-ce pas, John? »

John, à cet appel, allait de nouveau se précipiter vers sa femme, mais elle l'arrêta encore.

« Non, restez là, s'il vous plaît, John! Quand il m'arrive de vous plaisanter, comme je le fais quelquefois, John, en vous apllant un maladroit, mon vieil oison chéri, et d'autres noms pareils, c'est parce que je vous aime tant, John, et vous et vos manières, que je ne voudrais pas vous voir changer le moins du monde, fût-ce même demain, pour vous changer en roi.

— Bravo, bravissimo! s'écria Caleb avec une vigueur inaccoutumée, c'est mon opinion!

— Et lorsque je parle de gens entre deux âges, de gens rassis, John, et qu'alors je prétends que nous faisons un drôle de couple, un attelage boiteux et mal assorti, c'est seulement parce que je ne suis qu'une sotte petite créature, et par la même raison qui fait que j'aime aussi quelquefois à jouer à la madame; tout cela, c'est seulement pour de rire. »

Elle vit bien qu'il allait encore s'approcher; elle l'arrêta une troisième fois, mais elle faillit bien ne pas s'y être prise à temps.

« Non; ne m'aimez pas encore; seulement une minute ou deux, s'il vous plaît, John! Ce que je désire surtout vous dire, je l'ai gardé pour la fin. Mon cher, mon bon, mon généreux John, quand nous parlions l'autre soir du grillon, j'avais un aveu sur mes lèvres, j'allais le laisser échapper, à savoir que je ne vous avais pas aimé d'abord tout à fait aussi tendrement que je vous aime maintenant; que, lorsque je vins pour la première fois ici, dans votre maison, je craignais presque de ne pouvoir réussir à vous aimer aussi bien que je l'espérais et que je priais Dieu de m'y aider; j'étais si jeune, John! Mais, cher John, chaque jour, chaque heure, je vous ai aimé de plus en plus. Et s'il m'eût été possible de vous aimer plus que je ne vous aime, les nobles paroles que je vous ai entendu prononcer ce matin auraient bien suffi pour cela. Mais je ne le puis. Toute l'affection que j'avais en moi (et j'en avais beaucoup à donner, John), je vous l'ai donnée, comme vous le méritez bien, il y a longtemps, longtemps, et je n'en ai plus à donner maintenant. A présent, mon cher mari, reprenez-moi sur votre cœur! Voici ma maison, John, et ne songez jamais, non jamais, à me renvoyer de celle-là pour en habiter une autre! »

Vous n'éprouverez jamais autant de plaisir à voir une noble petite femme dans les bras de personne, que vous en auriez ressenti, si vous aviez vu Dot courir au-devant des embrassements du messager. Ce fut bien la plus complète, la plus naïve, la plus franche petite scène de tendresse et d'émotion que vous puissiez jamais voir dans toute votre vie vivante.

Soyez sûr que John se trouvait dans un état de ravissement indicible; et soyez sûr aussi qu'il en était de même de Dot; mais, soyez sûr, en même temps, que tout le monde était aux anges, y compris miss Slowboy, qui pleurait de joie, et, dans son désir de faire participer son jeune fardeau à cet échange général de félicitations, le présentait successivement, à la ronde, à chacun des assistants, absolument comme elle aurait fait circuler un plateau de rafraîchissements.

Mais un bruit de roues se fit encore entendre au dehors, et quelqu'un s'écria que c'était Gruff et Tackleton qui revenait. En effet, le digne gentleman fit presque aussitôt son apparition, le visage enflammé et tout ému.

« Voyons, que diable est-ce ci, John Peerybingle? dit-il en entrant. Il faut qu'il y ait quelque erreur. J'ai donné rendez-vous à Mme Tackleton dans l'église, et je parierais que nous nous sommes croisés sur la route, pendant qu'elle venait ici. Tiens, mais la voici! Je vous demande bien pardon, monsieur, je n'ai pas le plaisir de vous connaître ; mais, si vous pouvez me faire la faveur de me laisser cette demoiselle, elle a un engagement particulier pour ce matin.

— Mais, non, je n'ai pas l'intention de vous la laisser du tout, répondit Édouard. Cela m'est impossible.

— Que voulez-vous dire, vagabond ? reprit Tackleton.

— Je veux dire, dit l'autre en souriant, que je veux bien vous pardonner votre humeur, parce que je vois que vous êtes vexé ; je serai aussi sourd ce matin à vos propos grossiers, que je l'étais hier soir à toute espèce de propos. »

Quel regard lui lança Tackleton, et comme il tressaillit !

« Je suis fâché, monsieur, continua celui-ci en tenant la main gauche de May, et surtout le doigt du milieu, avec une affectation toute particulière, que cette jeune dame ne puisse vous accompagner à l'église ; mais comme elle y a déjà été une fois ce matin, peut-être voudrez-vous l'excuser. »

Tackleton regarda d'un air mécontent ce doigt du milieu, et tira de la poche de son gilet un petit morceau de papier argenté qui, selon l'apparence, contenait un anneau.

« Miss Slowboy, dit-il, voulez-vous avoir la bonté de jeter ceci au feu ?.... Merci.

— Voyez-vous, dit Édouard, c'était un engagement antérieur au vôtre, un engagement déjà fort ancien, qui a empêché ma femme d'être exacte à votre rendez-vous, je vous assure.

— M. Tackleton me rendra la justice de reconnaître que je lui en avais très-fidèlement fait confidence, et que maintes fois, ajouta May en rougissant, je lui ai dit qu'il me serait impossible de l'oublier jamais.

— Oh! certainement! fit Tackleton, certainement. C'est parfaitement juste ; il n'y a rien à dire. Monsieur Édouard Plummer, je présume?

— C'est mon nom, répondit le nouveau marié.

— Ah ! je ne vous aurais pas reconnu, monsieur, dit Tackleton, l'examinant avec un regard inquisiteur et lui faisant un profond salut. Je vous fais mes compliments, monsieur.

— Merci.

— Madame Peerybingle, reprit Tackleton en se tournant tout à coup du côté où Dot se tenait avec son mari, recevez l'expression de mes regrets. Vous n'avez jamais eu pour moi une grande bienveillance, mais, sur mon âme, je regrette sincèrement ce qui s'est passé : vous valez mieux que je ne croyais. John Peerybingle, recevez aussi mes excuses. Vous me comprenez, cela suffit. Il n'y a rien à dire, mesdames et messieurs tout va pour le mieux. Bonjour! »

Là-dessus, le voilà parti, sans demander son reste; il s'arrêta seulement un instant à la porte pour dépouiller la tête de son cheval des rubans et des fleurs qui l'ornaient, et donner au pauvre animal un violent coup de pied dans les côtes, sans doute afin de lui apprendre qu'il y avait quelque anicroche.

A présent, il n'y avait pas à badiner : il fallut songer sérieusement à célébrer ce jour-là, de manière qu'il laissât à tout jamais sa trace dans le calendrier des fêtes et galas de la maison Peerybingle. En conséquence, Dot se mit à l'œuvre pour préparer un régal qui pût couvrir d'un honneur immortel son ménage et chacune des parties intéressées. En moins de rien, elle plongea ses bras dans la farine jusqu'au coude, y compris les charmantes fossettes, et se fit un jeu malin de blanchir l'habit du bon John, chaque fois qu'il venait près d'elle, en l'arrêtant pour lui donner un baiser. Ce brave garçon lava les légumes, ratissa les navets, brisa les assiettes, renversa les marmites de fer pleines d'eau froide sur le feu, enfin il se rendit utile de toutes les façons, tandis qu'une couple d'aides de cuisine, appelées à la hâte de quelque endroit du voisinage, comme dans une question de vie ou de mort, couraient l'une contre l'autre, se heurtaient à chaque porte et se cognaient à tous les coins. Pour Tilly Slowboy avec l'enfant, tout le monde était sûr de la trouver partout sur son passage. Tilly n'avait jamais encore, jusqu'alors, fait preuve d'une telle activité ; elle se multipliait; son ubiquité était l'objet de l'admiration générale. Elle était dans le corridor à deux heures vingt-cinq minutes, véritable pierre d'achoppement pour ceux qui entraient et sortaient ; dans la cuisine, à deux heures et demie précises, comme un traquenard; dans le grenier, comme un trébuchet, à trois heures moins vingt-cinq minutes. La caboche du baby tint lieu de pierre de touche à toute sorte de matière animale, végétale et minérale avec laquelle elle se trouva en contact; ou plutôt, il n'y eut ce jour-là en mouvement, ni gens, ni meubles, ni ustensiles qui ne fissent, à un moment donné, connaissance intime avec la tête du poupon.

Puis il y eut une grande expédition mise sur pied pour aller chercher Mme Fielding, pour exprimer de touchants regrets à cette excellente dame, et l'amener, de gré ou de force, à se trouver heureuse de pardonner la chose. Et, quand l'expédition envoyée à la découverte fit sa première reconnaissance, la dame ne voulut d'abord rien entendre, répéta un nombre incalculable de fois qu'elle avait vécu uniquement pour voir ce beau jour, qu'on ne lui demandât pas autre chose ; qu'on n'avait plus qu'à la porter en terre : ce qui paraissait absurde avec raison, attendu qu'elle n'était point morte ; bien loin de là, au bout d'un certain temps elle tomba dans un état de calme effrayant, et observa qu'à l'époque de cette fameuse catastrophe dans le commerce de l'indigo, elle avait bien prévu que sa vie entière serait exposée à toute espèce d'insulte et d'outrage ; qu'elle n'était donc pas étonnée de ce qui arrivait et qu'elle suppliait qu'on ne se donnât pas la moindre peine à son occasion (qu'était-elle en effet? Bon Dieu! rien! un zéro!) ; qu'on voulût bien oublier qu'une pauvre petite créature comme elle eût jamais vécu, et que l'on continuât d'aller tout droit son chemin, comme si elle n'existait pas. Passant de ce ton amer et sarcastique à un langage inspiré par la colère, elle fit entendre cette expression remarquable « que le ver se retourne quand on le foule aux pieds; » après quoi, elle finit par exprimer un tendre regret. Encore s'ils lui avaient seulement donné leur confiance, quelles idées n'aurait-elle pas pu leur suggérer! Profitant de cette crise opérée dans ses sentiments, l'expédition l'embrassa ; alors, Mme Fielding eut bientôt mis ses gants, et se dirigea vers la maison de John Peerybingle dans une tenue irréprochable, en femme comme il faut, portant à sa ceinture, dans une enveloppe de papier, un bonnet de cérémonie, presque aussi haut et certainement aussi roide qu'une mitre.

Le père et la mère de Dot, qui devaient aussi venir dans une autre petite carriole, étaient en retard ; on eut des inquiétudes, et on regarda souvent du côté de la route si on ne les voyait ; Mme Fielding regardait toujours au rebours et dans une direction moralement impossible ; et, lorsqu'on lui en faisait l'observation, elle espérait, répondait-elle, qu'elle pouvait prendre la liberté de regarder où bon lui semblait. A la fin, ils arrivèrent : un petit couple potelé, marchant de ce petit pas serré et solide, véritable cachet de la famille Dot. Dot et sa mère, assises à côté l'une de l'autre, offraient une ressemblance frappante.

Alors la mère de Dot eut à renouveler connaissance avec la mère de May ; la mère de May affectait toujours de se tenir sur ses grands airs, tandis que la mère de Dot ne se tenait sur rien autre chose que sur ses petits pieds d'une rare activité. Et le vieux Dot (c'est le père de Dot que je veux dire : j'ai oublié que ce n'était pas son vrai nom, mais n'importe) prenait des libertés avec Mme Fielding ; il lui donna des poignées de main à première vue, sans autre révérence pour le fameux bonnet, dans lequel il eut l'air de ne voir qu'un composé d'empois et de mousseline, ne témoigna pas la moindre sensibilité pour les malheurs de feu l'indigo, vu qu'il n'y avait rien à y faire ; enfin, d'après la définition de Mme Fielding, c'était une bonne pâte d'homme ! mais si grossière, ma chère !

Je ne voudrais pas, pour tout l'or du monde, oublier Dot, faisant les honneurs avec sa robe de noce ; béni soit son joli visage ! Non ! ni le bon messager, si jovial et si rubicond, au bout de la table ; ni le brun et frais matelot avec sa gracieuse femme, ni un seul de leurs convives. Quant au dîner, ce serait bien dommage de l'oublier aussi. Jamais il ne se mangea de dîner plus substantiel ni plus appétissant ; j'aimerais presque autant oublier les rouges bords dans lesquels on trinqua à la santé des noces : le pire de tous les oublis.

Après le dîner, Caleb chanta sa chanson bachique en l'honneur d'un vin mousseux. Aussi vrai que je suis un homme vivant, qui espère l'être encore un an ou deux, il la chanta sans en perdre un couplet.

Et d'aventure, un incident tout à fait imprévu survint précisément au moment où Caleb achevait sa chanson.

On frappa un coup léger à la porte : un homme entra en chancelant sans dire : Avec votre permission, ou : Sauf votre permission ; il portait quelque chose de lourd sur la tête, et déposa son fardeau au centre de la table, sans déranger la symétrie, au beau milieu des pommes et des noix.

« M. Tackleton, dit-il, vous présente ses compliments, et comme il n'a pas besoin pour lui de son gâteau de noces, il espère que vous voudrez bien lui faire l'honneur de le manger. »

Après ce peu de mots, il sortit.

Il y eut quelque surprise parmi la compagnie, comme vous pouvez l'imaginer. Mme Fielding, personne d'un discernement infini, insinua que le gateau était empoisonné, et raconta l'histoire d'un autre gâteau, qui, à sa connaissance, avait fait tourner au bleu toute une pension de jeunes demoiselles ; mais on lui répondit par des réclamations unanimes qui décidèrent le siége de la place ; May y plongea le couteau en grande cérémonie et au milieu de la joie générale.

Je ne crois pas que personne y eût encore goûté, lorsqu'un autre coup léger fut frappé à la porte ; le même homme paraît de nouveau, portant sous son bras un énorme paquet recouvert de papier gris :

« M. Tackleton vous présente ses compliments, et il envoie quelques joujoux au baby. Ils ne sont pas vilains. »

Puis, cela dit, il se retire comme la première fois.

Tous les convives auraient été fort embarrassés de trouver des paroles capables d'exprimer leur étonnement, quand même ils auraient eu plus de temps de reste pour en chercher. Mais on ne le leur laissa pas, car le commissionnaire avait à peine fermé la porte derrière lui, qu'à un troisième coup, frappé presque immédiatement, Tackleton lui-même entra dans la chambre.

« Madame Peerybingle, dit le marchand de jouets, le chapeau à la main, j'ai beaucoup de regrets, plus de regrets encore que ce matin. J'ai eu tout le temps d'y penser. John Peerybingle, mon caractère est naturellement assez mauvais; mais il ne peut manquer de s'améliorer, plus ou moins, dans la compagnie d'un homme comme vous. Caleb, cette petite bonne m'a donné hier soir, sans s'en douter, une sorte d'avis énigmatique dont j'ai retrouvé la clef. Je rougis de penser combien il m'aurait été facile de vous attacher à moi, vous et votre fille; et quel misérable idiot j'étais moi-même de la prendre pour une idiote. Mes amis, permettez-moi de vous appeler tous de ce nom, ma maison est bien solitaire ce soir. Je n'ai pas même un grillon dans mon foyer, puisque je les ai tous effarouchés. Ayez pitié de mon isolement, et permettez que je me joigne à votre heureuse réunion ! »

En cinq minutes, il fut comme chez lui. Jamais vous n'avez vu un tel compagnon. Qu'est-ce qu'il avait donc eu toute sa vie, de n'avoir jamais su, jusqu'à ce jour, quel joyeux convive il pouvait faire? ou bien comment les fées s'y étaient-elles donc prises pour opérer en lui un tel changement?

« John ! vous ne voulez plus me renvoyer chez mes parents ce soir; le voulez-vous encore, John ? » murmura Dot à voix basse.

Il en avait pourtant été bien près !

Il ne manquait plus qu'un être vivant pour rendre la partie complète; en un clin d'œil, il fut là, très-altéré à force d'avoir couru, et cherchant par des efforts inutiles à faire entrer sa tête dans le goulot trop étroit d'une cruche. Il avait suivi la voiture jusqu'au terme de son voyage, très-fort contrarié de l'absence de son maître, et prodigieusement rebelle à son remplaçant. Après avoir rôdé aux environs de l'écurie pendant quelque temps, bien peu de temps, après avoir tenté en vain d'exciter le vieux cheval à retourner seul, par un acte positif de mutinerie, il était allé se coucher devant le feu, dans la salle commune du cabaret voisin. Mais, cédant tout à coup à la conviction que le remplaçant de l'honnête John n'était qu'une mauvaise plaisanterie, qui ne valait pas la peine qu'on restât avec lui, il s'était remis sur ses jambes, lui avait tourné le dos et repris le chemin du logis.

Le soir, on se mit à la danse. Je me serais contenté de mentionner d'une manière générale ce divertissement, sans en rien dire de plus, si je n'avais quelque raison de supposer que ce fut une danse tout à fait originale et d'un caractère peu commun. Voici la manière bizarre dont elle se trouva engagée.

Édouard, le marin, un bon, brave et loyal garçon, leur avait fait divers récits merveilleux sur les perroquets, les mines, les Mexicains, la poudre d'or, etc..., quand tout à coup il lui passa par la tête de s'élancer de sa chaise, et de proposer une danse, car la harpe de Bertha était là, et elle maniait son instrument à ravir. Dot (la bonne pièce! avec ses petits airs hypocrites quelquefois), Dot prétendit que le temps de la danse était passé pour elle; mais la bonne raison, je présume, c'est que le voiturier fumait en ce moment sa pipe, et qu'elle aimait mieux demeurer assise auprès de lui. Après cela, Mme Fielding, vous pensez bien, ne pouvait guère accepter un danseur, et fut bien obligée de dire aussi que le temps de la danse était également passé pour elle; tout le monde dit de même, excepté May; May était prête.

Ainsi, Édouard et May se lèvent au milieu des applaudissements pour danser seuls; et Bertha joue son air le plus entraînant.

Eh bien! vous me croirez si vous voulez, mais ils n'eurent pas dansé cinq minutes que, tout à coup, le messager jette sa pipe, saisit Dot par la taille, s'élance au milieu de la chambre et tourbillonne avec elle d'une manière surprenante, pirouettant, tantôt sur les talons, tantôt sur la pointe du pied. Tackleton ne les voit pas plutôt, qu'il glisse légèrement jusqu'à Mme Fielding, la saisit à son tour par la taille, et suit le branle. Le vieux Dot ne voit pas plutôt cela, que le voilà debout, alerte, qui entraîne Mme Dot au milieu du groupe et se met en tête; Caleb, à son tour, ne voit pas plutôt cela, qu'il prend miss Slowboy par les deux mains, et part sur-le-champ avec elle; miss Slowboy, bien convaincue que les seuls principes de la danse consistent à plonger vivement au milieu des autres couples et à exécuter à leurs dépens un certain nombre de chocs plus ou moins violents, s'en donne à cœur joie

Écoutez, comme le grillon accompagne la musique de son crrri, crrri, crrri, et comme la bouilloire bourdonne!

. . . .
Mais, qu'est-ce que ceci? Pendant que je les écoute avec un vif sentiment de satisfaction et de bonheur, et que je me tourne du côté de Dot, afin d'apercevoir encore une dernière fois cette petite figure qui me plaît tant, Dot et les autres se sont évanouis dans les airs et m'ont laissé seul. Un grillon chante dans le foyer ; un jouet d'enfant brisé gît sur le sol, et rien de plus.

LA
BATAILLE DE LA VIE

CONTE D'AMOUR

LA
BATAILLE DE LA VIE.

PREMIÈRE PARTIE.

Jadis, peu importe l'époque, et dans la vaillante Angleterre, peu importe où, une terrible bataille fut livrée. C'était pendant un de ces longs jours d'été, où l'herbe ondoyante est encore verte. Ce jour-là, mainte fleur sauvage, formée par une main toute-puissante pour recevoir la rosée dans son calice embaumé, sentit sa corolle émaillée s'emplir de sang jusqu'aux bords, et s'inclina mourante sur sa tige. Maint insecte, tirant ses couleurs délicates des feuilles et des herbes pures, fut souillé, ce jour-là, par le sang des mourants, et, dans son épouvante, marqua son passage de traces étranges. Le papillon diapré emporta dans l'air le bout de ses ailes taché de sang. Le ruisseau coula rouge. Le sol piétiné devint un marécage, et des flaques de sang, creusées par les pieds des hommes et des chevaux, miroitèrent lugubrement au soleil.

Que le ciel nous préserve de connaître les spectacles que la lune contempla sur ce champ de bataille, lorsque, s'élevant au-dessus de la ligne noire des lointaines collines, elle monta dans le ciel et découvrit la plaine jonchée de têtes renversées, qui jadis, sur le sein maternel, avaient cherché les doux regards ou paisiblement sommeillé! Que le ciel nous préserve d'apprendre les secrets murmurés plus tard par le vent corrompu qui souffla sur la scène où fut accomplie l'œuvre de ce jour fatal! Bien des lunes solitaires ont éclairé le champ de bataille, bien des étoiles ont veillé sur lui pendant des nuits de deuil, et bien des brises, venant de tous les points du globe, ont passé sur ces lieux, avant que les traces du combat aient disparu.

Ces traces s'effacèrent peu à peu, néanmoins; car la nature, qui est au-dessus des mauvaises passions des hommes, recouvra bientôt sa sérénité, et sourit au champ de bataille criminel, ainsi qu'elle l'avait fait dans les jours d'innocence.

Les alouettes chantèrent dans les airs, les ombres des nuages fuyants se poursuivirent en glissant sur l'herbe, sur les prés et les bois, pour s'élancer dans l'éblouissant horizon où s'éteignent les rouges couchers de soleil. Des moissons furent semées et récoltées; le ruisseau dont les ondes avaient été rougies fit tourner la roue du moulin; les hommes sifflèrent à la charrue; des glaneurs et des faucheurs formèrent dans ce champ des groupes laborieux; des troupeaux vinrent y paître; de petits garçons y pourchassèrent les oiseaux de leurs cris; la fumée s'élança des cheminées du hameau; les cloches du dimanche sonnèrent paisiblement; les générations naquirent et moururent; les fleurs des buissons et des jardins poussèrent et se flétrirent après leurs jours écoulés : et tout cela sur le sanglant champ de bataille où des milliers d'hommes avaient été tués pendant le grand combat.

Mais, dans les premiers temps, au milieu du blé naissant, s'étendaient des couches d'un vert sombre, qu'on voyait avec effroi. D'année en année, ces traînées épaisses reparurent, et l'on savait que, sous le sol fertile, des monceaux d'hommes et de chevaux, ensevelis pêle-mêle, entretenaient cette fécondité. Les hommes qui labouraient cette terre reculaient à la vue des grands vers qui y fourmillaient. Les gerbes qu'on y moissonnait furent nommées, durant de longues années, les gerbes de a bataille, et serrées à part. Pendant bien longtemps, chaque sillon creusé mit à découvert quelque débris du combat. Pendant bien longtemps, on put voir encore, sur le champ de bataille, des débris de barrières rompues et des fragments de murs éventrés, là où des engagements désespérés avaient eu lieu. Pendant bien longtemps aucune fille de village ne mit sur son sein ou dans ses cheveux des fleurs venant de ce champ de mort. Et, après de nombreuses années, on s'imaginait encore que les mûres cueillies dans ce champ laissaient sur la main des taches trop vives.

Cependant les saisons, tout en passant avec la légèreté des nuages d'été, finirent par détruire ces restes mêmes du combat; et le temps fit si bien, que les souvenirs d'autrefois se changèrent en légendes et en contes de vieilles femmes, pour remplir les veillées du coin du feu. Dans les lieux où les fleurs sauvages et les mûres étaient restées si longtemps intactes sur leurs tiges, des jardins furent tracés ; des maisons s'élevèrent et des enfants jouèrent à la *bataille* sur les gazons verts. Depuis longtemps, les arbres blessés avaient été convertis en bûches de Noël et s'étaient consumés en pétillant. On ne se souvenait pas plus des vertes touffes de blé si remarquées autrefois que des combattants dont la poussière était mêlée au sol. De temps à autre, le soc de la charrue déterrait encore quelques fragments de métal rouillé ; mais on avait peine à deviner l'usage auquel ils avaient autrefois servi, et ceux qui les trouvaient se livraient à de savantes discussions. Une vieille cuirasse bosselée et un casque étaient depuis si longtemps suspendus dans l'église, que les vieillards dont les yeux affaiblis avaient peine à les apercevoir se souvenaient de les avoir contemplés avec étonnement aux jours de leur enfance. Si les combattants tués sur ce champ de bataille eussent pu revivre un seul instant avec les formes qu'ils possédaient à l'heure de la mort, chacun à l'endroit qui lui servait de tombe, des milliers de soldats mutilés et pâles auraient surgi, les uns près des foyers paisibles, les autres dans les jardins, dans les prairies et dans le ruisseau qui fait tourner le moulin : tant était changé ce champ de bataille sur lequel tous ces hommes avaient été tués durant le grand combat !

Nulle part, peut-être, ces changements n'étaient plus remarquables, il y a de cela cent ans environ, que dans un petit verger dépendant d'une vieille maison en pierre, avec un portique tapissé de chèvrefeuille.

Par une belle matinée d'automne, des bruits de musique et des rires retentissaient dans ce verger, et deux jeunes filles dansaient joyeusement sur l'herbe, tandis que des paysannes, perchées sur des échelles pour cueillir des pommes, oubliaient leur occupation pour regarder danser les jeunes filles et prendre part à leur joie. C'était une scène aimable, animée, naturelle ; le temps était superbe, le lieu retiré, et les deux jeunes filles, insoucieuses et naïves, dansaient dans la franche et joyeuse liberté de leur cœur.

Si la contrainte et la roideur disparaissaient du monde, je crois, et vous croyez avec moi, j'espère, que nous nous en trouverions beaucoup mieux et que la société y gagnerait infiniment. C'était charmant de voir comme ces deux jeunes filles dansaient, sans autres témoins que les femmes qui cueillaient des pommes. Les danseuses étaient fort aises de plaire aux paysannes, mais elles dansaient pour se faire plaisir à elles-mêmes, ou du moins vous l'auriez supposé ; aussi ne pouvait-on s'empêcher de les admirer, pas plus que les jeunes filles ne pouvaient s'empêcher de danser. Comme elles dansaient !

Non pas comme des danseuses d'opéra. Pas du tout. Non pas comme les premiers élèves de Mme *Qui que ce soit*. Pas le moins du monde. Ce n'était ni la danse du quadrille, ni la danse du menuet, ni même la danse de la campagne. Ce n'était ni dans le vieux style, ni dans le style nouveau, ni dans le style français, ni dans le style anglais; mais peut-être était-ce quelque peu dans le style espagnol, lequel, m'a-t-on dit, est libre, gai, et relevé d'une façon délicieuse par l'inspiration due au cliquetis des castagnettes.

Tandis que ces jeunes filles dansaient entre les arbres du verger et autour des bosquets, l'influence de leurs mouvements aériens sur la scène éclairée par le soleil ressemblait à un cercle s'élargissant dans l'eau. Leurs chevelures flottantes, leurs robes agitées, l'herbe élastique foulée par leurs pieds, les branches craquant à l'air du matin, les feuilles luisant capricieusement et leurs ombres découpées sur la molle pelouse verte, la brise embaumée caressant le paysage, et joyeuse de faire tourner le lointain moulin, tout cela, tout enfin ce qui se trouvait entre les deux jeunes filles et l'homme labourant avec ses bœufs et sa charrue dans le champ voisin, tout semblait danser aussi.

Enfin, la plus jeune des danseuses, hors d'haleine et radieuse de gaieté, se jeta sur un banc pour se reposer. L'autre s'appuya contre un arbre. L'orchestre, composé d'une harpe et d'un violon, sentit aussi le besoin de prendre un peu de repos.

Les femmes perchées sur les échelles firent entendre des murmures d'applaudissement, puis, tout en fredonnant, se remirent au travail comme des « abeilles laborieuses. »

Et peut-être ce redoublement d'activité était-il causé par l'arrivée soudaine d'un gentleman assez âgé, lequel n'était autre que le docteur Jeddler en personne; car la maison et le verger appartenaient au docteur Jeddler, et les deux jeunes danseuses étaient ses filles. En entendant le son des instruments, il était accouru pour voir *qui diable* faisait de la musique sur sa propriété, avant l'heure du déjeuner; car il était grand philosophe, le docteur Jeddler, et peu amateur de musique.

« Musique et danse aujourd'hui ! dit le docteur en s'arrêtant court et en se parlant à lui-même. Je pensais qu'elles redoutaient ce jour. Mais nous vivons dans un monde de contradictions. Eh bien, Grâce ! Eh bien, Marion ! ajouta-t-il à haute voix, est-ce que le monde est encore plus fou ce matin que d'habitude ?

— En ce cas, père, montrez-lui quelque indulgence, répondit la cadette, Marion, en s'approchant tout près du docteur qu'elle regarda en face ; car c'est l'anniversaire de naissance de quelqu'un.

— L'anniversaire de naissance de quelqu'un, Minette ? reprit le docteur. Ne savez-vous pas que chaque jour est le jour de naissance de quelqu'un ? N'avez-vous jamais entendu dire combien de nouveaux acteurs entraient dans cette.... ha! ha! ha! impossible de parler sérieusement de cela.... dans cette absurde et ridicule farce appelée la vie ?

— Non, père!

— Non, n'est-ce pas ? Cela ne m'étonne nullement ; vous êtes une femme.... à peu près du moins. A propos.... Ici le docteur fixa les yeux sur le joli visage si rapproché du sien.... A propos, n'est-ce pas aujourd'hui l'anniversaire de votre naissance ?

— Mais oui, père! s'écria la fille favorite du docteur, en avançant son front pour recevoir un baiser.

— Là! dit le docteur en embrassant la jeune fille ; je vous souhaite le retour joyeux et souvent répété de ce.... quelle idée!.... de ce jour.... La bonne charge! se dit tout bas le docteur, de souhaiter de joyeux retours dans une farce comme celle-ci!.... ha! ha! ha! »

Le docteur Jeddler était, comme je l'ai déjà dit, un grand philosophe, et le fond, le secret de sa philosophie consistait à considérer le monde comme une plaisanterie énorme, comme une trop grande absurdité pour être prise au sérieux par aucun homme intelligent. Son système de croyance avait fait, dans le commencement, partie intégrante du champ de bataille, ainsi que vous allez le comprendre tout à l'heure.

« Et comment vous êtes-vous procuré la musique ? demanda le docteur ; d'où viennent ces ménestrels ?

— Ils ont été envoyés par Alfred, répondit Grâce en ajustant dans les cheveux de sa sœur quelques fleurs que, dans son admiration pour cette jeune beauté, elle avait posées elle-même et que la danse avait dérangées.

— Ah! c'est Alfred qui a envoyé ces musiciens ? reprit le docteur.

— Oui. Il les a rencontrés de grand matin qui sortaient de la ville au moment où il y entrait. Et comme c'est aujourd'hui l'anniversaire de la naissance de Marion, Alfred, dans le désir de lui plaire, les a envoyés ici avec un billet au crayon, pour m'annoncer une sérénade en l'honneur de ma sœur, si toutefois j'approuvais la chose

— Oui, je sais, dit négligemment le docteur; Alfred n'agit jamais sans vous avoir consultée.

— Or, mon opinion étant favorable, dit Grâce avec bonne humeur et en faisant une petite pause pour admirer, dans une attitude charmante, la jolie tête sur laquelle elle posait des fleurs, mon opinion étant favorable, et Marion se trouvant en de bonnes dispositions pour danser, j'ai fait comme elle : si bien que nous avons dansé avec l'orchestre d'Alfred jusqu'à perte d'haleine. Et cette musique nous a paru d'autant plus agréable qu'elle était envoyée par Alfred. N'est-ce pas, chère Marion?

— En vérité, je n'en sais rien, Grâce. Comme vous me taquinez à propos d'Alfred!

— Je vous taquine en parlant de votre adorateur!

— Il est certain que je me soucie fort peu d'entendre parler de lui, dit la mutine beauté en arrachant, pour les éparpiller, les pétales des fleurs qu'elle tenait à la main. J'en suis presque fatiguée, d'entendre parler de lui; et quant à ce titre d'adorateur...

— Chut! ne parlez pas légèrement, même pour plaisanter, d'un cœur sincère qui vous appartient tout entier. Il n'est pas au monde un cœur plus vrai que celui d'Alfred!

— Non, non, dit Marion en levant gracieusement ses sourcils avec un air de parfaite indifférence, peut-être que non. Mais je ne vois pas grand mérite à cela. Je.... je ne la lui demande pas cette grande sincérité.... Je ne la lui ai jamais demandée.... S'il s'attend à ce que je.... Mais, chère Grâce, à quoi bon causer de lui maintenant? »

Il y avait plaisir à voir le gracieux groupe formé par ces charmantes jeunes filles qui, se tenant enlacées dans les bras l'une de l'autre, se promenaient entre les arbres en causant avec une douce tendresse. Les yeux de la cadette étaient gros de larmes, et, malgré ses efforts, l'apparente amertume de ses paroles laissait deviner un sentiment contraire.

La différence d'âge entre elles était de quatre années au plus; mais Grâce, ainsi que cela se voit souvent chez des sœurs qui n'ont plus leur mère, et ces jeunes filles avaient perdu la leur, Grâce, par sa tendre sollicitude et son dévouement pour sa jeune sœur, semblait plus âgée qu'elle ne l'était réellement.

Les réflexions du docteur, tandis qu'il suivait ses filles du regard, tout en entendant leur entretien, se bornèrent d'abord à certaines considérations amusantes au sujet des amours et des attachements, et de cette puérile contrainte que s'imposent les jeunes gens, qui prennent au sérieux ces enfantillages et qui s'y laissent toujours tromper.... toujours ! Mais les qualités d'intérieur, le dévouement de Grâce, la douceur de son caractère, si naïf et si modeste, malgré la constance de ses sentiments et la vivacité de son humeur, se montrèrent en plein aux regards de son père, relevées encore par un contraste piquant entre son extérieur de ménagère paisible et la beauté plus frappante de sa sœur; et en les regardant, il était fâché pour elle, pour toutes deux, que la vie fût en effet quelque chose de si profondément ridicule.

Le docteur ne songeait jamais à se demander si ses enfants prenaient la vie au sérieux. Il est vrai que le docteur était philosophe. C'était un homme naturellement bon et généreux, mais le malheur avait voulu qu'il allât broncher contre cette pierre d'achoppement de la philosophie (je ne parle pas de la pierre philosophale que les alchimistes cherchent encore), qui a déjà fait trébucher bien des natures bonnes et généreuses, et qui a la vertu fatale de changer à leurs yeux l'or le plus pur en un vil minerai, et de déprécier toutes les bonnes choses.

« Bretagne! appela le docteur.... Bretagne! holà! »

Un petit homme à la figure épaisse et revêche sortit de la maison et répondit d'un ton bourru : « Eh bien !... Après !

— Où est la table pour le déjeuner ? demanda le docteur.

— Dans la maison, répondit Bretagne.

— Vous disposez-vous à la dresser ici, comme on vous a dit de le faire? Ignorez-vous que nous attendons quelques personnes ? qu'il y a quelque chose à faire ce matin avant le passage du coche? que la circonstance où nous nous trouvons est peu ordinaire?

— Je ne pouvais rien faire, docteur Jeddler, avant que les femmes eussent rentré les pommes ; n'est-ce pas vrai? dit Bretagne.

— Eh bien ! ont-elles fini maintenant? reprit le docteur en consultant sa montre.... Allons! continua-t-il en frappant ses mains l'une contre l'autre, allons! hâtez-vous !... Où est Clemency?

— Me voici, monsieur, répondit une voix partant de l'une des échelles, tandis que deux gros pieds descendaient vivement les échelons.

— L'ouvrage est fini. Partez, filles....

— Dans un moment, monsieur, tout sera prêt. »

A ces mots, Clemency se mit à l'œuvre avec une incroyable énergie et des allures dont l'étrangeté justifiera suffisamment un mot d'introduction.

Elle avait trente ans environ. Son visage était assez avenant, bien qu'il prît très-fréquemment une expression de sérieux qui le rendait comique. Quant à sa tournure et à ses manières, il suffisait de les voir pour oublier sa figure et toutes les figures du monde. Dire qu'elle avait deux jambes gauches et des bras dépareillés, que ces quatre membres semblaient séparés de leurs attaches et se mouvoir tout de travers lorsqu'ils étaient mis en jeu; dire cela, c'est tracer une esquisse très-légère de la réalité. Dire que Clemency était parfaitement satisfaite de ces arrangements, et qu'elle les considérait comme lui étant complétement indifférents; qu'elle prenait ses bras et ses jambes comme ils venaient, et qu'elle leur permettait de disposer d'eux-mêmes à leur gré, c'est rendre faiblement justice à son égalité d'âme Elle portait une prodigieuse paire de souliers indépendants et volontaires, qui jamais ne voulaient aller où allaient ses pieds; des bas bleus, une robe imprimée, de plusieurs nuances et du goût le plus détestable; sur la robe, un tablier blanc. Toujours elle était en manches courtes. En général, un petit bonnet perchait quelque peu sur sa tête, bien qu'on le rencontrât rarement à la place occupée d'ordinaire par cet article de toilette chez les femmes. Maintenant, ajoutons que, de la tête aux pieds, elle était d'une propreté scrupuleuse, quoique disloquée. Il y a plus : l'importance louable qu'elle mettait à toujours être propre et nette, devant Dieu comme devant les hommes, avait fini par lui donner un tic des plus agaçants, c'était de se saisir elle-même par une espèce de poignée de bois, qui faisait partie inhérente de sa toilette (n'appelle-t-on pas cela un busc?) et de le tirer et le tortiller jusqu'à ce qu'elle le vît en parfaite harmonie, à son idée, avec le reste de son costume.

Telle était, dans son extérieur et ses habillements, Clemency Newcome. Quant à son nom, on supposait que, par corruption, il avait changé de Clementina en Clemency. Au reste, tout le monde l'ignorait, car sa vieille mère était morte, et elle n'avait pas d'autres parents.

Clemency était occupée à préparer la table devant laquelle elle s'arrêtait de temps en temps, en tenant croisés ses bras rouges et nus, et en se frottant les coudes jusqu'à ce que, s'apercevant de l'absence de quelque objet, soudain elle s'élançait pour l'aller chercher.

« Voici les deux avocats qui arrivent, monsieur, dit Clemency d'un ton fort peu bienveillant pour les personnes annoncées.

— Ah! fit le docteur en s'avançant vers la grille pour les recevoir. bonjour, bonjour! Grâce, ma chère! Marion! voici MM. Snitchey et Craggs.... Où est Alfred?

— Il sera bientôt de retour, assurément, répondit Grâce.... Il avait tant de choses à préparer ce matin pour son départ, qu'il s'est levé et qu'il est sorti au point du jour.... Bonjour, messieurs.

— Mesdames, dit M. Snitchey, pour moi-même et pour Craggs, — ce dernier salua, — je vous souhaite le bonjour.... Miss, ajouta-t-il en s'adressant à Marion, je vous baise les mains, — ce qu'il fit en effet, — et je vous souhaite, — ce qui était vrai ou non, car il n'avait pas, au premier abord, l'air d'un homme débordé par des sentiments très-affectueux à l'égard d'autrui, — je vous souhaite de voir cent fois revenir ce jour fortuné.

— Ha! ha! ha! fit le docteur en riant d'un air préoccupé et en mettant les mains dans ses poches, la grande farce en cent actes!

— Vous ne voudriez pas, j'en suis sûr, dit M. Snitchey en posant contre un des pieds de la table un petit sac bleu contenant les *choses* de sa profession, vous ne voudriez pas, en tout cas, interrompre la représentation de cette farce pour cette jeune actrice, docteur Jeddler?

— Non, répliqua le docteur, à Dieu ne plaise! Puisse-t-elle vivre, pour en rire, aussi longtemps qu'il lui sera donné de rire, et s'écrier alors : « Tirez le rideau, la farce est jouée. »

— Celui qui a dit cela avait tort, docteur Jeddler, répliqua M. Snitchey en fouillant dans son sac bleu, et votre philosophie a tort aussi, comme je vous l'ai déjà dit bien des fois. Rien de sérieux dans la vie, dites-vous! Et la loi?

— Plaisanterie! répondit le docteur.

— Avez-vous jamais plaidé? demanda M. Snitchey en levant les yeux de dessus son sac.

— Jamais, repartit le docteur.

— Si quelque jour cela vous arrive, dit M. Snitchey, peut-être changerez-vous d'opinion. »

A ce propos, Craggs, qui paraissait se contenter d'être représenté par Snitchey, dépourvu, quant à lui, de tout sentiment d'individualité, fit néanmoins une remarque à lui appartenant. Cette remarque exprimait l'unique idée qu'il ne possédât pas de moitié avec Snitchey, bien qu'elle soit partagée par quelques bonnes têtes.

« La loi est devenue beaucoup trop facile, dit M. Craggs.

— Vous trouvez? repartit le docteur.

— Oui, répondit M. Craggs. Il en est ainsi de toutes choses aujourd'hui. C'est là le vice de notre époque. Si le monde est une plaisanterie.... je ne suis pas préparé pour soutenir le contraire.... si le monde est une plaisanterie, on devrait la rendre moins facile. Le monde, monsieur, devrait être une lutte aussi rude que possible. Mais on le rend beaucoup trop coulant. On frotte d'huile les portes de la vie, tandis qu'on devrait plutôt les rouiller. Bientôt elles commenceront à tourner avec un bruit agréable, tandis qu'elles devraient grincer sur leurs gonds, monsieur. »

M. Craggs semblait lui-même grincer sur ses gonds en débitant son opinion, à laquelle il communiqua un immense effet, car c'était un homme froid, dur et sec, habillé de gris et de blanc, semblable à un caillou, avec de petites étincelles dans les yeux, toutes prêtes à jaillir au premier choc. Ce trio de personnages représentait donc parfaitement les trois règnes de la nature, car si M. Craggs, par son insensibilité, appartenait au minéral, Snitchey, noir comme un corbeau, sans être aussi lisse de plumage, jouait assez bien l'animal, tandis que le docteur, avec sa figure de pomme de reinette tachetée et picassée, terminée par une petite queue en forme de pédoncule, soutenait l'honneur des végétaux.

En voyant un beau jeune homme en habits de voyage, suivi par un portefaix chargé de paquets, entrer dans le verger d'un pas assuré et avec un air de gaieté et d'espérance en harmonie parfaite avec la brillante matinée, les trois hommes s'avancèrent ensemble, comme les frères des Parques ou bien encore comme les trois sorcières sur la bruyère, pour complimenter le jeune homme.

« Heureux retour, Alfred! dit le docteur d'un ton léger.

— Cent retours heureux de ce beau jour, monsieur Alfred! dit Snitchey en faisant un profond salut.

— .... Retours! murmura Craggs d'une voix sombre.

— Ah! s'écria Alfred en s'arrêtant court, quelle surprise! un.... deux.... trois.... tous prophètes de malheur, devant le vaste horizon qui s'étend sous mes yeux. Heureusement, vous n'êtes pas les premiers que je rencontre aujourd'hui, car j'aurais vu dans cette rencontre un fâcheux présage. Mais Grâce a été la première.... l'aimable, la charmante Grâce.... Aussi, je vous défie tous!

— S'il vous plaît, monsieur, c'est *moi* que vous avez vue la première, vous savez, dit Clemency Newcome; miss Grâce se promenait ici avant le lever du soleil, vous vous le rappelez; moi, j'étais dans la maison.

— C'est vrai! Clemency a été la première, dit Alfred. Alors, je vous défie avec Clemency.

— Ha! ha! ha! pour moi-même et pour Craggs, quel défi fit Snitchey.

— Peut-être! » reprit Alfred en serrant cordialement les mains du docteur, celles de Snitchey et celles de Craggs. Puis, regardant autour de lui : « Grand Dieu! s'écria-t-il, où sont les...? »

Et s'élançant avec une précipitation qui produisit entre Jonathan Snitchey et Thomas Craggs un rapprochement plus intime que celui dont ils étaient convenus, il s'arrêta à l'endroit où les deux sœurs se trouvaient ensemble; et peut-être, en le voyant aborder Marion d'abord, puis Grâce, d'une manière aisée que je n'ai pas besoin d'expliquer plus clairement, M. Craggs trouva-t-il les façons du jeune homme *trop faciles*.

Pour détourner l'attention, peut-être, le docteur Jeddler se dirigea sur-le-champ vers la table, où tous prirent place pour déjeuner. Grâce présidait, mais elle s'était placée de manière à séparer sa sœur et Alfred des autres convives. Snitchey et Craggs étaient assis chacun à un des bouts de la table.... Quant au docteur, il avait pris sa place ordinaire, en face de Grâce. Clemency voltigeait avec sa légèreté galvanique tout autour de la table, tandis que le mélancolique Bretagne, en qualité d'écuyer tranchant, découpait un filet de bœuf et un jambon.

« Bœuf? demanda Bretagne en s'approchant de M. Snitchey, la fourchette et le couteau à la main, et en lui lançant sa question comme un projectile.

— Certainement, répondit l'avocat.

— Et vous? dit Bretagne à Craggs.

— Maigre et bien cuit, » répondit celui-ci.

Après avoir servi ces messieurs ainsi que le docteur, sans s'occuper des autres convives, qui ne lui faisaient pas l'effet d'avoir grand appétit, Bretagne se tint aussi près des deux associés que le permettait la bienséance; puis il suivit d'un œil sévère les manœuvres de leurs fourchettes. Une seule fois l'expression de sa physionomie se relâcha de son austérité; ce fut lorsque M. Craggs faillit s'étrangler en voulant avaler sans mâcher, attendu que ses dents n'étaient pas des meilleures.

« Alfred, dit le docteur, quelques mots d'affaires tandis que nous sommes encore à table.

— Tandis que nous sommes encore à table, » répétèrent Snitchey et Craggs, qui ne paraissaient nullement songer à quitter la partie.

Bien qu'Alfred n'eût pas déjeuné et qu'il semblât avoir bien assez d'occupation sans cela en ce moment, il répondit respectueusement : « Je suis à vos ordres, monsieur.

— S'il pouvait y avoir quelque chose de sérieux, commença le docteur, dans une....

— Une semblable farce, monsieur, souffla Alfred.

— Dans une semblable farce, répéta le docteur, ce serait peut-être la circonstance qui nous rassemble, à la veille d'une séparation, d'un double anniversaire de naissance, circonstance à laquelle se rattachent une foule de pensées agréables pour chacun de nous, ainsi que le souvenir de relations anciennes et affectueuses. Mais qu'est-ce que ça fait?

— Ah! si, si, docteur Jeddler, dit le jeune homme, ça fait beaucoup, comme mon cœur peut en témoigner ce matin, comme en témoignerait le vôtre, je le sais, si vous le laissiez parler Je quitte aujourd'hui votre maison; aujourd'hui je cesse d'être votre pupille. Nous nous séparons avec des relations d'attachement qui s'éteindent bien loin derrière nous sans pouvoir jamais renaître telles qu'elles existaient naguère, et avec des sentiments bien nouveaux.... « Ici, Alfred abaissa ses regards sur sa voisine....» J'ai mille choses à dire sans avoir le courage de parler. Allons! allons! ajouta-t-il avec une certaine animation, dans ce grand amas de poussière et de folies, il se trouve une semence sérieuse. Docteur, avouons aujourd'hui qu'il en existe une.

— Aujourd'hui!.... s'écria le docteur. Écoutez-le! Ha! ha! ha! De tous les jours de l'année, ce jour est le plus abondant en folies. Savez-vous bien que c'est à pareil jour que la grande bataille a été livrée sur ce sol. A cette place où nous sommes assis, où j'ai vu ce matin danser mes deux filles, où l'on vient de cueillir pour notre table les fruits de ces arbres dont les racines sont enfouies dans des tas d'hommes et non dans la terre.... en ces lieux, dis-je, tant d'existences ont été tranchées que, je me le rappelle, après une succession de générations, un cimetière rempli d'ossements a été creusé sous nos pieds. Pourtant, dans cette bataille, il ne se trouvait pas cent hommes sachant pour quelle cause ils combattaient, et, parmi les vainqueurs, il n'y avait pas cent hommes pouvant expliquer les joies insensées que fit naître en eux la victoire. Il ne s'en est pas trouvé cinquante auxquels elle ait porté profit. A cette heure, on n'en trouverait pas, parmi les vivants, six d'accord sur la cause et les résultats de cette affaire. En un mot, personne n'a jamais rien su de certain à ce sujet. Il n'y a que ceux qui ont pleuré les victimes qui ont bien su pourquoi.... Hein? comme c'est sérieux! ajouta le docteur en riant. Quel système!

— Mais tout cela, répliqua Alfred, me semble, à moi, très-sérieux!

— Sérieux! répliqua le docteur. Si vous admettez de pareilles choses comme sérieuses, vous deviendrez infailliblement fou, ou vous mourrez, ou bien vous gravirez le sommet d'une montagne pour vous faire ermite.

— Après tout..... il y a de cela si longtemps, dit Alfred.

— Il y a longtemps, dites-vous? reprit le docteur. Savez-vous ce que le monde n'a cessé de faire depuis cette époque? Croyez-vous qu'il ait fait autre chose? Pour moi, je ne le crois pas.

— Il a fait un peu de procédure, insinua M. Snitchey en promenant sa cuiller dans sa tasse de thé.

— Bien qu'on l'ait toujours rendue trop facile, ajouta son associé.

— Et vous excuserez mon dire, docteur, continua M. Snitchey; car, dans le cours de nos discussions, je vous ai mille fois fait part de mon opinion : à savoir que j'aperçois un côté sérieux.... et, réellement.... un but arrêté, dans le système légal en usage aujourd'hui.... »

En ce moment, Clemency Newcome se heurta si violemment contre un angle de la table, que la vaisselle s'entre-choqua d'une manière inquiétante. « Eh bien! qu'y a-t-il ? s'écria le docteur.

— C'est ce méchant sac à malices, dit Clemency; il est toujours à vous embarrasser les jambes.

— Je disais donc, poursuivit Snitchey, un but arrêté et bien digne de respect. La vie, dites-vous, est une farce, docteur Jeddler? mais vous ne pensez donc pas au droit et à la loi?

Le docteur se prit à rire et tourna ses regards vers Alfred.

« Je vous accorde, si vous le voulez, que la guerre est chose insensée, dit Snitchey. Sur ce point, nous sommes d'accord. Par exemple, voici un pays heureux et tranquille (il désignait du bout de sa fourchette ce pays hypothétique), envahi tout à coup par des soldats,... un tas de chenapans, qui le mettent à feu et à sang. Voilà quelque chose de stupide! d'abominable! de véritablement ridicule! Vous ne pouvez pas vous empêcher de faire des gorges chaudes de vos semblables, en pensant à cela. Mais maintenant, voyez ce pays heureux et paisible, tel qu'il est aujourd'hui. Songez aux lois qui règlent la propriété, les transmissions de propriété, les mainmortes et hypothèques sur les propriétés, les mainlevées d'opposition, les purges légales; songez, continua M. Snitchey avec une émotion qui montrait que l'eau lui venait à la bouche, songez aux lois compliquées qui déterminent les titres, les contrats; songez à tous les précédents contradictoires sur la matière, à tous les actes du parlement y relatifs; songez au nombre infini de procès admirables, et surtout interminables devant la chancellerie, qui doivent heureusement naître de cet ensemble harmonieux, et vous serez bien obligé de reconnaître, docteur Jeddler, que tout cela n'est pas une plaisanterie.... Je pense, ajoute M. Snitchey en jetant un coup d'œil à son partenaire, que je parle ici au nom combiné de Snitchey et Craggs! »

M. Craggs s'étant incliné en signe d'assentiment, M. Snitchey, que son éloquence venait de remettre en appétit, fit observer qu'il prendrait bien encore une petite tranche de bœuf avec une seconde tasse de thé.

« Je ne défends pas la vie en général, reprit-il en se frottant les mains; elle abonde en folies, en choses pires encore, en protestations de confiance, de désintéressement, de dévouement, etc., etc. Bah! bah! bah! nous savons ce qu'elles valent. Mais il ne faut pas rire de la vie, car nous avons à y jouer un jeu sérieux, très-sérieux! Tout le monde joue contre nous, n'est-il pas vrai? Et nous jouons contre tout le monde. Oh! c'est une chose fort intéressante! On exécute des manœuvres habiles sur l'échiquier. Eh bien! docteur Jeddler, ne rions que quand nous gagnons, et encore ne rions pas trop. Ha! ha! ha! et encore ne rions pas trop! répéta Snitchey en hochant la tête et en clignant les yeux.

— Eh bien! Alfred, demanda le docteur, que dites-vous maintenant?

— Je dis, monsieur, répondit Alfred, que la plus grande faveur que vous puissiez accorder à moi et je crois à vous-même, serait de vous efforcer parfois d'oublier votre champ de bataille historique pour ce plus grandiose champ de bataille de la vie, que le soleil éclaire tous les jours.

— Réellement, je crains que cela ne puisse tempérer ses opinions, monsieur Alfred, dit Snitchey. Les combattants sont bien ardents et bien acharnés, dans cette bataille de la vie. Que de gens y sont frappés à la tête et par derrière! Combien d'autres sont écrasés et foulés aux pieds! En somme, c'est une misérable chose.

— Il y a, je crois, monsieur Snitchey, reprit Alfred, des luttes et des victoires pacifiques, de grands sacrifices de soi-même, de nobles actes d'héroïsme, souvent même dans les légèretés et les contradictions apparentes du monde; et ces grandes choses, pour n'avoir ni témoins ni chroniqueurs terrestres, n'en sont pas moins difficiles à exécuter. Elles ont pour théâtres quotidiens des retraites inconnues, des intérieurs modestes et retirés, enfin des cœurs d'hommes et de femmes dont un seul suffirait pour réconcilier avec le monde le plus triste misanthrope, pour lui donner espoir et confiance en ses habitants, dût-il y en avoir la moitié en guerre et un quart en procès ; je vais loin, comme vous voyez. »

Les deux sœurs écoutaient attentivement. « Bien, bien ! dit le docteur, je suis trop vieux pour être converti, même par l'ami Snitchey ou par ma bonne vieille sœur, Marthe Jeddler, qui a eu jadis ses peines de cœur, et qui, depuis ce temps, a passé sa vie avec toutes sortes de gens ; qui, enfin, est si bien de votre avis (avec cette différence qu'étant femme, elle est moins raisonnable et plus obstinée), que nous ne pouvons nous accorder, et que nous nous voyons rarement. Je suis né sur ce sol. Dès mon enfance, je commençai à tourner mes pensées vers l'histoire réelle d'un champ de bataille. Soixante années ont passé sur ma tête, et je n'ai jamais vu le monde chrétien, contenant Dieu sait combien de mères aimantes et de filles assez bonnes, comme les miennes, par exemple ; je n'ai jamais vu, dis-je, ce monde autrement que passionné pour les combats. Les mêmes contradictions prévalent en toutes choses. Il faut rire ou pleurer en face de ces monstrueux contre-sens, et je préfère en rire. »

Bretagne, qui avait prêté la plus profonde et la plus mélancolique attention à chaque orateur, sembla tout à coup se décider en faveur de l'opinion du docteur, si toutefois le grognement sourd et lugubre qui lui échappa pouvait passer pour une expression d'acquiescement et de sympathie. Néanmoins, son visage resta si parfaitement indifférent, soit avant, soit après l'explosion, que, bien que deux ou trois convives eussent cherché à savoir d'où provenait ce bruit mystérieux, personne ne soupçonna Bretagne, excepté Clemency Newcome qui, le poussant du coude, lui demanda tout bas et avec un accent de reproche, qu'est-ce qui le faisait rire.

« Ce n'est pas vous ! dit Bretagne.
— Qui donc ?
— L'humanité, répondit Bretagne. Voilà la farce !
— Avec le bourgeois d'un côté et ses avocats de l'autre, il devient chaque jour de plus en plus imbécile ! dit Clemency en appliquant à Bretagne une bourrade avec l'autre coude, en guise de stimulant. Tâchez de vous rappeler où vous êtes, lui dit-elle, si vous ne voulez pas qu'on vous mette à la porte.
— Je ne sais rien, dit Bretagne avec un œil de plomb et un visage immobile. Je ne demande rien. Je ne comprends rien. Je ne crois rien. Je n'ai besoin de rien. »

Bien que cet exposé de sa condition générale fût sans doute

exagéré, par suite d'un accès de découragement, Benjamin Bretagne, parfois nommé Petit-Bretagne, avait défini sa situation réelle plus exactement qu'on ne le pourrait supposer. A force d'entendre répéter les innombrables arguments adressés par le docteur à différentes personnes, pour prouver que sa propre existence était tout au plus une erreur ou une absurdité, cet infortuné serviteur était tombé, par degrés, dans un tel abîme de pensées confuses et contradictoires, venant du dedans et du dehors, qu'il se perdait dans leurs profondeurs. Le seul point qu'il comprît clairement, c'était que le nouvel élément introduit dans ces discussions par Snitchey et Craggs ne servait jamais à les rendre plus claires, et semblait toujours donner au docteur une espèce d'avantage. Aussi attribuait-il en grande partie aux deux associés l'état de son esprit, et conséquemment, les tenait-il en souverain mépris.

« Mais ce n'est pas là notre affaire, Alfred, dit le docteur. Je cesse aujourd'hui d'être votre tuteur, et, après vous être bien nourri de toute l'instruction que le collège voisin pouvait vous donner, et de ce que vos études à Londres y ont ajouté, vous nous quittez pour entrer dans le monde. Vous voilà libre maintenant, et, longtemps avant que se soient écoulées les trois années que, suivant le désir de votre pauvre père, vous allez passer dans les écoles de médecine étrangères, vous nous aurez oubliés.

— Plutôt que de vous oublier.... Mais vous savez que cela ne sera pas ; à quoi bon alors chercher à vous persuader le contraire ? dit Alfred en riant.

— Je ne sais, répliqua le docteur. Qu'en dites-vous, Marion ? »

Tout en jouant avec sa tasse, Marion sembla dire, mais elle ne le dit pas, qu'il pouvait bien l'oublier si cela lui faisait plaisir. Grâce pressa contre ses lèvres les joues rougissantes de sa sœur et se prit à sourire.

« Je n'ai pas, j'espère, mal rempli mon mandat, poursuivit le docteur ; cependant, mes pouvoirs vont m'être retirés ce matin même, et voici nos bons amis, Snitchey et Craggs, qui ont apporté un sac plein de papiers et de comptes, pour le transfert des sommes et autres drôleries de cette espèce; vous allez signer et emporter tout cela.

— Pour procéder en présence de témoins, ainsi que le prescrit la loi, dit Snitchey en repoussant son assiette et en tirant du sac les papiers que son associé étala sur la table, moi-même et Craggs ayant été curateurs pour l'administration du capital, nous aurons besoin de vos deux domestiques pour la signature des pièces. Savez-vous lire, *madame* Newcome?

— Je ne suis pas mariée, répondit Clemency.

— Oh! pardon. Cela ne m'étonne pas, murmura Snitchey en reluquant l'étrange figure qui venait de lui répondre. Vous savez lire?

— Un peu, dit Clemency.

— Dans le livre du mariage, hein? insinua l'avocat d'un ton badin.

— Non, dit Clemency. Trop difficile. Je ne puis lire que sur un dé à coudre.

— Lire sur un dé à coudre! répéta Snitchey. Que diable me dites-vous là, jeune femme? »

Clemency confirma son dire par un signe de tête.

« Et sur une râpe à noix muscade, reprit-elle.

— Cette femme est folle! » dit Snitchey en regardant fixement Clemency.

Cependant Grâce, s'interposant, expliqua comment, sur les objets en question, étaient gravées des devises composant la bibliothèque portative de Clemency Newcome, fort peu lettrée d'ailleurs.

« Ah! voilà donc le mot de l'énigme, dit Snitchey en riant. Je prenais Clemency pour une idiote. Et vraiment, elle en a tout l'air, murmura-t-il. Mais, dites-moi donc ce que vous lisez sur votre dé, madame Newcome?

— Je ne suis pas mariée, monsieur, répéta Clemency.

— Eh bien! Newcome, alors. Êtes-vous satisfaite? Maintenant, Newcome, qu'est-ce qu'il vous dit, votre dé? »

Avant de répondre à cette question, Clemency ouvrit une poche, dans les profondeurs de laquelle ses yeux plongèrent à la recherche du dé qui ne s'y trouvait point. Alors elle fouilla dans une autre poche, dont elle retira un mouchoir, un bout de bougie, une pomme d'api, une orange, un petit sol, un étui, des ciseaux dans une gaîne à cisailles, des pelotes de coton, une masse de papillotes, et un biscuit, qu'elle passait successivement à Bretagne. Il fallait la voir, pendant ce temps-là, tenir sa poche prisonnière d'une main obstinée, pendant qu'elle lui faisait rendre gorge, et l'empêcher de ballotter et d'aller heurter à tous les coins; tout cela avec des attitudes et des poses qui semblaient braver toutes les lois de l'équilibre et les principes d'anatomie connus. Toujours est-il qu'elle finit par montrer d'un air triomphant la râpe et le dé, ces deux fleurons de sa couronne littéraire, un peu usés l'un et l'autre par leurs frictions quotidiennes et réciproques, dans la poche de leur propriétaire.

« Eh bien! jeune femme, demanda Snitchey d'un air goguenard, voyons ce que dit le dé!

— Il dit, répondit Clemency en lisant lentement autour de l'objet en question, il dit : « Ou-bli-ez et par-don-nez. »

Snitchey et Craggs éclatèrent de rire.

« C'est nouveau! dit Snitchey.

— Et facile! répliqua Craggs.

— Comme ça peint bien la nature humaine! dit Snitchey.

— Comme ça s'applique bien aux affaires de la vie! ajouta Craggs.

— Et la râpe à muscade? demanda le chef de l'association.

— La râpe dit, répondit Clemency : « Faites aux autres ce que vous voudriez qu'on vous fît. »

— Faites la nique aux autres, si vous ne voulez pas qu'ils vous la fassent, n'est-ce pas? c'est là ce que vous voulez dire? commenta M. Snitchey.

— Je ne comprends pas, repartit Clemency en hochant la tête; je ne suis pas avocat.

— Si elle était avocat, docteur, dit Snitchey en se tournant vers ce dernier comme pour prévenir les conséquences possibles de cette réplique; si elle était avocat, elle comprendrait, je le crains, que la moitié des plaideurs appliquent cette maxime à l'autre. A ce point de vue, ils sont assez sérieux, quoi que vous en disiez avec vos plaisanteries sur le monde, mais c'est sur nous qu'ils déversent le blâme, quoique, dans notre profession, nous ne soyons guère que des miroirs, après tout, monsieur Alfred; car nous sommes consultés, en général, par des gens hargneux et querelleurs qui ne se montrent pas avec tous leurs avantages, et il n'est pas juste de se fâcher contre nous, parce que nous reflétons seulement des visages désagréables. Je crois parler pour moi-même et pour Craggs.

— Sans aucun doute, dit celui-ci.

— Et maintenant, reprit Snitchey en examinant les papiers, si M. Bretagne veut bien nous donner une goutte d'encre, nous allons signer ces pièces, les cacheter, et les envoyer aussitôt que possible, pour ne pas être surpris par le passage du coche. »

A en juger par les apparences, le coche aurait eu cent fois le temps de passer; car M. Bretagne demeurait plongé dans ses réflexions, occupé à se demander mentalement ce qu'il devait penser des avocats, des clients, du docteur, de la râpe et du dé, en mêlant le tout dans une affreuse confusion.

Heureusement, Clemency, qui était le bon génie de Bretagne, bien que celui-ci la considérât comme un être entièrement dépourvu d'intelligence, Clemency, toujours prête à se rendre utile, apporta un encrier, et rendit à l'autre le service de le rappeler à lui-même, en lui enfonçant son coude dans les côtes.

Bretagne était en proie à une grande perplexité, à la pensée d'apposer son nom au bas de papiers importants dans lesquels il s'agissait de sommes considérables. Aussi le docteur fut-il obligé de le contraindre, en quelque sorte, à donner sa signature, ce qu'il ne fit néanmoins qu'après avoir insisté pour lire les différentes pièces, bien qu'il n'y comprît absolument rien. Enfin, il signa; mais, après cette formalité accomplie, il se désola comme un homme qui vient de renoncer à ses droits et à ses biens. Alors ce sac bleu, contenant sa signature, prit à ses yeux un intérêt mystérieux qui le préoccupa vivement. Quant à Clemency Newcome, elle avait éclaté de rire en songeant à son importance et à sa dignité; et, ayant étalé ses deux coudes sur la table, comme un aigle qui déploie ses ailes pour prendre son vol, elle commença par poser sa tête sur son bras gauche, avant de former des signes cabalistiques qui dépensèrent beaucoup d'encre, sans compter les grimaces dont elle accompagna l'opération tout du long, en tirant la langue. Et puis, une fois qu'elle eut tâté de ce liquide précieux, comme le tigre qui vient dit-on, de tâter d'un autre liquide qui n'a pas la même couleur, elle ne pouvait plus en rassasier sa soif, elle aurait voulu signer tout, et mettre son nom tout partout.

Enfin, le docteur fut déchargé de ses comptes de tutelle, et Alfred se trouva libre d'entreprendre le voyage de la vie.

« Bretagne, dit le docteur, courez à la porte de la maison et épiez l'arrivée du cocho. Le temps vole, Alfred!

— Oui, monsieur, répondit avec vivacité le jeune homme. Chère Grâce! un instant.... Écoutez-moi! Votre sœur.... si jeune et si belle, si séduisante et si admirée, chère à mon cœur par-dessus toutes choses.... je vous la confie!

— Toujours je l'ai considérée comme un dépôt sacré, Alfred. Maintenant elle me sera doublement chère, et je tiendrai fidèlement ma promesse, croyez-moi.

— Je vous crois, Grâce. Et qui pourrait ne pas vous croire en contemplant votre visage et en entendant votre voix sincère? Ah! bonne Grâce! si je possédais votre cœur ferme et droit, votre esprit serein et tranquille, je quitterais aujourd'hui cette maison avec plus de courage.

— En vérité! dit-elle avec un calme sourire.

— Et pourtant, Grâce.... ma sœur, devrais-je dire plutôt.

— Nommez-moi donc votre sœur, interrompit Grâce : ce titre m'est bien doux.

— Eh bien! ma sœur, dit Alfred, j'enviais vos vertus; mais il vaut mieux que ce soit vous qui les ayez, car vous nous servirez tous deux ici; vous nous rendrez plus calmes et plus heureux. Et pourtant ces vertus me seraient bien utiles pour soutenir mon courage!

— Le coche au haut de la colline! cria Bretagne.

— Le temps vole, Alfred, » dit le docteur.

Marion se tenait à l'écart, les yeux baissés vers la terre; mais, en entendant le cri de Bretagne, Alfred s'approcha d'elle et la conduisit tendrement dans les bras de sa sœur.

« Je disais à Grâce, chère Marion, que je lui confiais mon cher trésor en partant. Lorsque je reviendrai pour vous rappeler mon amour, et que nous aurons devant nos yeux la brillante perspective de notre union, une de nos plus douces jouissances sera de nous occuper du bonheur de Grâce, de prévenir ses désirs, de lui prouver notre tendre gratitude, et de nous acquitter de la dette que nous avons déjà contractée envers elle, et dont les intérêts vont bien augmenter.

Marion avait une main dans la main d'Alfred, et l'autre posée sur l'épaule de sa sœur. Ses yeux plongeaient avec une expression participant à la fois de la tendresse, de l'admiration, du chagrin, de l'étonnement, dans les yeux sereins et souriants de sa sœur.

Elle contemplait les traits de cette sœur, comme si ces traits eussent été ceux de quelque glorieux ange. Les regards de Grâce embrassaient le jeune couple.

« Et quand le temps viendra, comme il doit venir un jour, continua Alfred, je me demande même comment il n'est pas encore venu, mais il faut nous en rapporter à Grâce, elle qui ne se trompe jamais, lorsque le temps sera venu et qu'elle aura besoin de cœurs dévoués pour y déposer tous ses secrets et pour y trouver l'appui qu'elle nous a prêté, Marion, comme nous nous montrerons fidèles, et quel ravissement nous éprouverons en apprenant qu'elle, notre chère et bonne sœur, aime et est aimée autant que nous le souhaitons! » La jeune fille ne cessait cependant de regarder sa sœur, sans tourner les yeux sur son fiancé. « Et quand tout cela sera passé, lorsque nous serons vieux, lorsque nous causerons des choses d'autrefois, poursuivit Alfred, quand nous échangerons nos pensées, nos espérances, nos craintes..., lorsque nous nous rappellerons l'heure de notre séparation, en nous demandant comment nous avons eu la force de prononcer le mot adieu!...

— Le coche traverse le bois! cria Bretagne.

— Oui, je suis prêt, » répondit Alfred. Puis, tout bas à la jeune fille : « Et quand nous nous rappellerons comment nous nous sommes retrouvés, combien nous avons été heureux, en dépit de toutes choses, nous ferons de ce jour le plus beau de l'année, et nous le célébrerons comme un triple anniversaire.... Qu'en pensez-vous, chère Marion?

— Oui, s'empressa de dire la sœur aînée avec un radieux sourire ; oui, Alfred!... Mais.... il est temps de partir. Dites adieu à Marion, et que le ciel soit avec vous ! »

Le jeune homme pressa Marion sur son cœur; la jeune fille passa des bras de son fiancé dans ceux de sa sœur, et fixa de nouveau ses regards sur les yeux calmes, célestes et joyeux de son aînée. « Adieu, mon garçon ! dit le docteur. Causer de sérieuses correspondances, d'affections sérieuses, de serments, etc., en un pareil.... Ah! ah!... vous savez ce que je veux dire.... ce serait absurde, vous en conviendrez. Tout ce que je puis dire, c'est que, si vous et Marion restez dans les mêmes folles dispositions d'esprit, je ne refuserai pas de vous unir un de ces jours.

— Sur le pont! cria Bretagne.

— Eh bien! qu'il arrive! qu'il arrive! dit Alfred en serrant la main du docteur dans une chaleureuse étreinte. Pensez à moi quelquefois, mon vieil ami, mon bon tuteur, aussi sérieusement que possible! Adieu, monsieur Snitchey! adieu, monsieur Craggs!

— A la descente de la route! cria Bretagne.

— Embrassons-nous, Clemency Newcome, en souvenir de notre vieille connaissance.... Votre main, Bretagne.... Marion, mon âme, adieu! Grâce, ma sœur, souvenez-vous! »

Grâce chargea de sa réponse l'expressif et clair regard qu'elle jeta sur le jeune homme; mais Marion demeura impassible.

Le coche était à la porte. En deux temps on chargea les bagages. Le coche partit. Marion garda son immobilité.

« Il agite son chapeau pour vous faire un dernier adieu, mon amour, dit Grâce, l'époux de votre choix, ma chérie. Regardez!»

La jeune fille leva la tête et la tourna un instant. Puis, regardant fixement sa sœur, et rencontrant son regard doux et calme, elle se jeta à son cou en sanglotant. « O ma sœur, que Dieu vous bénisse! Je ne puis porter les yeux de ce côté. Cela me brise le cœur.... »

DEUXIÈME PARTIE.

Snitchey et Craggs avaient, sur le vieux champ de bataille, une bonne petite *étude*, dans laquelle ils faisaient de bonnes petites affaires, et livraient beaucoup de petites batailles rangées pour un grand nombre de parties adverses. On ne pouvait pourtant pas dire que la plupart de ces affaires fussent menées au pas de charge, ce serait plutôt au pas de tortue ; mais cela n'empêchait pas que les associés procureurs, raison Craggs et Snitchey, tantôt faisaient feu sur celui-ci, tantôt portaient une botte à celui-là, sans compter, de temps à autre, de légères escarmouches avec un corps irrégulier de petits débiteurs, selon l'occasion. La *Gazette* jouait un grand rôle dans leurs affaires comme dans bien d'autres combats plus glorieux, et, dans la plupart des batailles où ils commandaient en chef, les parties n'y voyaient goutte, tant elles se trouvaient enveloppées d'épais tourbillons de fumée, ou, pour mieux dire, elles n'y voyaient que du feu, et avaient peine à distinguer leurs amis de leurs ennemis.

L'étude de MM Snitchey et Craggs était convenablement située sur la place du marché, de façon que tout fermier mécontent n'avait qu'un pas à faire pour y pénétrer. La chambre spéciale du conseil, servant en même temps de salle des conférences, était une vieille pièce de derrière, située au-dessus du rez-de-chaussée, avec un plafond bas et noir, qui semblait froncer les sourcils en réfléchissant aux difficultés inextricables de la loi.

La pièce en question possédait, en fait d'ameublement, quelques chaises à dos élevé, recouvertes en cuir. Ces chaises étaient garnies de gros clous en cuivre. De distance en distance, il en manquait deux ou trois tombés de vieillesse, ou bien arrachés par des doigts de clients distraits. On voyait sur le mur le portrait d'un juge célèbre, orné d'une terrible perruque dont chaque boucle avait porté l'effroi dans l'âme de quelque plaideur. Des monceaux de papiers encombraient les crasseux cabinets, les rayons et les tables, et le long des lambris étaient rangées des boîtes cadenassées, sur lesquelles on lisait les noms des clients; occupation forcée et monotone des visiteurs, qu'on aurait pris sur leurs chaises pour de malheureux ensorcelés, condamnés par quelque magicien à lire à l'endroit, à relire à l'envers, les noms présents à leurs yeux, à en faire des charades, des anagrammes, tout le temps qu'ils étaient assis là à faire semblant d'écouter Snitchey et Craggs, sans comprendre un mot de tout ce qu'ils disaient.

Snitchey et Craggs avaient, dans la vie privée comme dans la vie publique, chacun son partenaire, c'est-à-dire une femme. Snitchey et Craggs étaient les meilleurs amis du monde, et s'accordaient réciproquement une confiance réelle; mais mistress Snitchey, par une de ces bizarreries assez communes dans les affaires de la vie, se montrait systématiquement défiante à l'égard de Craggs, tandis que, de son côté, mistress Craggs se défiait systématiquement de M. Snitchey. « Vos Snitchey ! disait parfois mistress Craggs à son mari, vos Snitchey ! En vérité, je ne vois pas que vous ayez si grand besoin d'eux ! Vous placez en ces gens-là une confiance trop entière, et je souhaite que vous ne soyez point obligé de me donner raison quelque jour. » De son côté, mistress Snitchey disait à son mari, en parlant de Craggs, que si jamais il lui arrivait malheur, ce serait de ce côté, et qu'elle n'avait jamais vu un œil plus faux que celui de Craggs.

Malgré cela, ces quatre personnes vivaient généralement en bonne intelligence, et les deux femmes avaient contracté un traité d'alliance contre l'étude, qu'elles considéraient comme l'ennemi commun, d'autant mieux qu'elles ne pouvaient lui pardonner l'ignorance où elles étaient des affaires particulières de leurs maris.

C'était néanmoins dans cette étude que Snitchey et Craggs faisaient du miel pour leurs ruches respectives. Souvent, par une belle soirée, surtout à l'époque des assises, parce qu'alors l'abondance des affaires leur donnait un tour d'esprit plus sentimental, les deux associés, assis près de la fenêtre de la chambre du conseil, qui ouvrait sur le vieux champ de bataille, s'étonnaient de la folie des hommes, qui ne savaient ni vivre en paix l'un avec l'autre, ni se faire tout tranquillement un bon petit procès pour se remettre d'accord.

C'est dans cette étude que des jours, des semaines, des mois avaient passé sur leurs têtes. C'était là que se trouvaient leurs « flèches », les fameuses chaises qui perdaient tous les jours quelques-uns de leurs clous de cuivre, et des tas de papiers qui grossissaient tous les jours sur leur bureau. Là, trois années environ, écoulées depuis le déjeuner dans le verger, avaient fait maigrir l'un et donné de l'embonpoint à l'autre.

Ils étaient donc un soir assis en consultation dans leur chambre du conseil. Ils n'étaient pas seuls. Avec eux se trouvait un homme âgé d'une trentaine d'années, vêtu avec négligence, et dont la physionomie avait quelque chose d'effaré. Du reste, il était bien fait de sa personne, et ses traits ne manquaient pas de distinction. Cet homme, assis dans le grand fauteuil de M. Snitchey, avec une main contre la poitrine et l'autre dans ses cheveux en désordre, était plongé dans une profonde méditation. MM. Snitchey et Craggs étaient assis en face l'un de l'autre, près d'un pupitre voisin, sur lequel se trouvait une boîte ouverte. Une partie du contenu de cette boîte était éparpillée sur la table, et le reste des papiers se trouvait en ce moment entre les mains de M. Snitchey, qui, après les avoir approchés un à un de la lumière, les passait, en hochant la tête, à M. Craggs, qui les examinait et hochait la tête à son tour. De temps en temps ils faisaient une pause, et alors, hochant simultanément la tête, ils jetaient les yeux sur leur client. Sur la boîte on lisait ce nom : Michaël Warden, *esquire*. D'où nous pouvons conclure que ce nom appartenait au client en question, et que ses affaires se trouvaient en fort mauvais état.

« C'est tout, dit M. Snitchey en prenant le dernier papier. En vérité, il n'y a pas d'autre ressource; pas d'autre ressource.

— Ainsi, tout est perdu, dépensé, dissipé, engagé, vendu? demanda le client en levant les yeux.

— Tout, répondit M. Snitchey.

— Il n'y a plus rien à faire, dites-vous?

— Absolument rien. »

Le client se mordit les ongles et reprit le cours de ses méditations. « Et ma sécurité personnelle elle-même est compromise en Angleterre?... Vous persistez dans cette opinion?

— En Angleterre! mais elle ne serait pas plus assurée en Irlande, ni en Écosse, répliqua M. Snitchey.

— Je ne suis donc plus qu'un véritable enfant prodigue, si ce n'est que je n'ai plus de père à qui recourir, ni de pourceaux à garder, ni de pommes de terre à partager avec eux dans leur frugal repas! » poursuivit le client, balançant sa jambe droite sur sa jambe gauche, et les yeux fixés sur le parquet.

M. Snitchey toussa comme pour décliner toute participation aux tristes résultats de cette position légale, et M. Craggs toussa à l'unisson, comme pour s'associer à l'opinion de son collègue et coprocureur.

— Ruiné à trente ans! dit le client! Mon Dieu!

— Vous n'êtes pas ruiné, monsieur Warden, répliqua Snitchey. La situation n'est pas à ce point désespérée. Vous avez marché vers votre ruine à grands pas, je dois l'avouer; mais avec un peu de sagesse,... une administration sévère....

— Au diable! interrompit le client.

— Monsieur Craggs, dit Snitchey, voulez-vous avoir la bonté de me donner une prise de tabac?... Merci, monsieur. »

Tandis que l'imperturbable avocat humait sa prise, de l'air d'un homme qui savoure une jouissance, digne d'absorber toute son attention, le client parvint à grimacer un sourire, et levant les yeux : « Vous avez parlé d'administration sévère : combien de temps cela durerait-il?

— Combien de temps? répéta Snitchey en enlevant des grains de tabac adhérents à ses doigts, tandis qu'il se livrait à un lent calcul. Pour racheter votre propriété grevée, vos intérêts étant remis entre bonnes mains, par exemple, entre les mains de Snitchey et Craggs, il faudrait six ou sept ans.

— Mourir de faim pendant six ou sept ans! dit le client avec un rire convulsif et des contorsions effrayantes.

— Mourir de faim pendant six ou sept ans, monsieur Warden! dit Snitchey; c'est cela, par exemple, qui serait assez extraordinaire. Si vous étiez capable de mourir de faim pendant six ou sept ans, c'est pour le coup que vous gagneriez, à vous faire voir, de quoi acheter un autre domaine. Mais non, il ne s'agit pas de cela du tout, et.... toujours au nom de Craggs et de moi, ce n'est pas là le conseil que nous voulions vous donner.

— Quel est donc ce conseil?

Il faut remettre en bonnes mains l'administration de vos affaires, je vous le répète, dit Snitchey. Si vous nous chargez de ce mandat, moi et Craggs, pendant quelques années, vos affaires se rétabliront. Mais, pour nous aider à prendre des arrangements, et pour que vous ne puissiez les contrarier, il vous faut aller vivre à l'étranger. Quant à mourir de faim, nous pourrions, même dès les premiers temps, vous assurer un revenu de quelques milliers de francs, pour vous aider à mourir de faim confortablement.

— Quelques milliers, à moi qui les dépensais par centaines de mille!

— Quant à cela, répliqua M. Snitchey en replaçant lentement les papiers dans la boîte, quant à cela, je ne puis le nier. Oui, vous dites vrai, » ajouta-t-il tout en continuant *in petto* ses calculs.

Vraisemblablement, le procureur connaissait son client à merveille. En tout cas, ses manières sèches et froides influaient favorablement sur les fâcheuses dispositions de celui-ci et le préparaient à se montrer plus conciliant. Peut-être aussi le client connaissait-il son procureur, et n'avait-il rejeté ses premières offres que pour mieux assurer la réussite du projet qu'il allait révéler. Levant peu à peu la tête, M. Warden regarda son impassible vis-à-vis avec un sourire qui ne tarda pas à se changer en un franc rire.

« Après tout, dit-il, mon estimable ami.... M. Snitchey désigna du doigt son associé....

— J'en demande bien pardon à M. Craggs, reprit le client, mais après tout, mes estimables amis, continua-t-il en se penchant en avant, et en baissant un peu la voix, vous ne connaissez pas encore la moitié de mes désastres. »

M. Snitchey regarda le client d'un air ébahi. M. Craggs en fit autant de son côté.

« Non-seulement je suis criblé de dettes, poursuivit le client, mais je suis amoureux à en perdre la raison....

— Amoureux ! s'écria Snitchey.

— Oui, dit le client en se renversant dans son fauteuil et en toisant les deux associés, amoureux fou !

— Et ce n'est pas d'une héritière, monsieur ? demanda Snitchey.

— Ce n'est pas d'une héritière.

— Ni même d'une femme possédant quelque fortune ?

— La femme que j'aime n'a d'autre fortune que ses vertus et sa beauté.

— Au moins ce n'est pas une veuve ? demanda M. Snitchey avec une certaine animation.

— Non, assurément.

— Ce n'est pas l'une des filles du docteur Jeddler ?... reprit Snitchey en posant ses coudes sur ses genoux et en allongeant démesurément la tête.

— Si, répondit le client.

— Ce n'est pas la cadette ?

— C'est la cadette précisément.

— Monsieur Craggs, dit Snitchey grandement soulagé, voulez-vous avoir la bonté de me donner une autre prise de tabac ?...

Merci.... Je suis heureux de pouvoir vous dire que vous ne réussirez pas, monsieur Warden. La jeune personne est promise, monsieur; elle est promise. Mon associé vous le dira comme moi. Nous vous donnons le fait comme certain.

— Comme certain, répéta Craggs.

— Qui vous dit que j'ignore cette circonstance? répliqua tranquillement le client. Eh bien ! qu'est-ce que ça fait? N'avez-vous jamais vu des femmes changer de résolution?

— Assurément, des procès ont été intentés pour des cas analogues, dit M. Snitchey, et contre des veuves et contre de vieilles filles ; mais la plupart du temps,....

— C'est bon, c'est bon, interrompit le client impatienté. Vous n'avez pas besoin de me citer des exemples : j'en ferais un volume plus gros que tous vos bouquins de jurisprudence. Tout ce que je puis vous dire, moi, c'est que je n'ai pas vainement passé six semaines dans la maison du docteur.

— Et je pense, moi, dit bravement Snitchey en s'adressant à son associé, que de tous les mauvais tours que les chevaux de M. Warden lui ont joués, dans un temps ou dans un autre, le plus mauvais de tous, si M. Warden persiste dans ses idées, aura peut-être été celui dont il a été victime le jour où son cheval l'a laissé à la porte du docteur avec trois côtes enfoncées. Nous n'y avons pas trop songé à l'époque où nous savions M. Warden en voie de guérison, grâce aux bons soins du docteur ; mais la chose est plus grave aujourd'hui. Elle est très-grave. Le docteur Jeddler est aussi notre client, monsieur Craggs.

— M. Alfred Heathfield aussi.... est en quelque sorte un client, monsieur Snitchey, dit Craggs.

— Il me semble que M. Michaël Warden est aussi un peu votre client, et ce ne doit pas être le plus mauvais ! car il a fait des folies pendant dix ou douze ans, répliqua le jeune visiteur. Néanmoins, désormais M. Michaël Warden a jeté sa gourme, et veut se corriger ; et pour le prouver, M. Michaël Warden veut épouser, si la chose est possible, Marion, l'aimable fille du docteur, et l'emmener avec lui.

— Réellement, monsieur Craggs,... dit Snitchey.

— Réellement, monsieur Snitchey et monsieur Craggs, interrompit M. Warden, vous connaissez vos devoirs envers vos clients, et vous savez parfaitement, j'en suis sûr, que ces devoirs ne vous obligent point à intervenir dans la simple affaire d'amour que je me vois réduit à vous confier. Je n'enlèverai pas la jeune personne sans son consentement. Je ne ferai rien d'illégal. De plus, je n'ai jamais été l'intime ami de M. Heathfield. Je ne trahis pas sa confiance. J'aime la femme qu'il aime, je veux gagner la partie, voilà tout.

— Il ne réussira pas, monsieur Craggs, dit Snitchey évidemment inquiet et contrarié. Il ne réussira pas. Elle adore M. Alfred.

— Ah ! vraiment ! dit le client.

— Monsieur Craggs, elle l'adore, répéta Snitchey.

— Je n'ai pas passé vainement six semaines dans la maison du docteur, il y a quelques mois, et je n'ai pas été longtemps à douter de cet amour prétendu, reprit le client. Elle l'aurait adoré, c'est vrai, si sa sœur avait pu mieux monter l'affaire ; mais je les ai surveillées. Marion évitait de prononcer le nom d'Alfred, et souffrait à la moindre allusion faite au sujet de cet amour.

— Pourquoi donc en souffrirait-elle, monsieur Craggs, pourquoi, s'il vous plaît ? demanda Snitchey.

— J'ignore pourquoi, bien que je connaisse une foule de raisons vraisemblables, dit le client avec un sourire de satisfaction provoqué par la perplexité de M. Snitchey et par les ruses qu'il employait pour continuer indirectement un entretien qui l'intéressait ; j'ignore pourquoi, reprit-il, mais cela est ainsi. Marion était fort jeune à l'époque où elle contracta cet engagement, si toutefois je puis employer cette expression, depuis, elle s'en est repentie, je le crois. Peut-être.... vous allez dire que je suis un fat : mais, sur mon âme, vous vous trompez.... Eh bien ! peut-être partage-t-elle l'amour que j'éprouve pour elle.

— Ah ! ah ! vous rappelez-vous, monsieur Craggs, dit Snitchey en riant du bout des lèvres.... M. Alfred qui a connu Marion depuis son enfance, qui a toujours joué avec elle, quand ils étaient tout petits....

— Ce qui rend d'autant plus probables les sentiments que je lui prête, poursuivit avec calme le client. Je la crois donc assez disposée à aimer un nouvel admirateur qui se présenterait, ou qui aurait été présenté par son cheval dans des circonstances romanesques, surtout si le jeune homme.... vous allez encore dire que je suis un fat, mais franchement vous vous tromperiez.... surtout si le jeune homme était assez bien de sa personne pour éclipser M. Alfred lui-même. »

Il était difficile, assurément, de contredire cette dernière remarque, et M. Snitchey le comprit fort bien. Il y avait, en effet, quelque chose de naturellement aimable et gracieux jusque dans les manières insouciantes du client; et l'on devinait que, lorsqu'il était piqué au jeu, il devait aisément réussir à plaire.

« Un dangereux coquin ! » se disait en lui-même le rusé procureur, bien capable de donner dans l'œil à une demoiselle.

« Au reste, veuillez observer, Snitchey, continua le client en se levant et en le tirant par un bouton ; et vous, Craggs, ajouta-t-il en l'attirant aussi par le même procédé, et en se plaçant entre eux deux pour être sûr de les retenir l'un et l'autre, veuillez observer que je ne vous demande aucun conseil. Vous avez raison de vous tenir tout à fait en dehors des parties intéressées, dans une affaire dont il ne convient pas à des hommes graves comme vous l'êtes de se mêler en rien. Je vais vous exposer très-brièvement ma position et mes projets; puis, je vous laisserai le soin de traiter, le plus avantageusement possible, mes intérêts pécuniaires ; d'autant mieux que si je pars avec la charmante fille du docteur, et c'est ce que je compte faire, mon voyage sera pour le moment plus dispendieux. Mais cette question est peu importante ; car bientôt, et grâce à l'influence de l'aimable Marion, je réformerai complétement ma vie.

— Nous ferons bien, je pense, monsieur Craggs, de n'en pas entendre davantage, dit Snitchey.

— Je pense comme vous, » répondit Craggs.

Tous les deux, cependant, écoutaient attentivement. « Il n'est pas nécessaire que vous écoutiez, reprit le client; pourtant je vais continuer.... Je n'ai pas l'intention de demander le consentement du docteur, parce qu'il me le refuserait. Mais je ne crois pas mal agir à son égard en sauvant sa fille d'un danger qu'elle redoute : celui de voir revenir son ancien prétendant. Je suis positivement certain de ce que j'avance. Par la suite, et grâce à vos soins, ma fortune sera rétablie, et Marion, en devenant ma femme, sera plus riche un jour qu'elle ne l'eût jamais été en épousant Alfred Heathfield.... Vous voyez donc bien que toute cette affaire est parfaitement honorable. Maintenant vous connaissez mes besoins et mes projets.... Quand faut-il que je quitte le pays ?

— Dans une semaine, monsieur Craggs ? dit Snitchey.

— Vous feriez mieux de partir un peu avant, monsieur Snitchey, répondit Craggs.

— Dans un mois, dit le client après avoir attentivement examiné les deux physionomies.... Dans un mois, jour pour jour. C'est aujourd'hui jeudi : que je réussisse ou que j'échoue, dans un mois, à pareil jour, je partirai.

— C'est un long délai, dit Snitchey; beaucoup trop long. Mais, enfin.... Vous partez!... Bonsoir, monsieur.

— Bonsoir, répondit le client en donnant une poignée de main aux associés.... Vous me verrez un jour faire un bon usage de ma fortune. Désormais, Marion sera l'étoile de ma pensée.

— Prenez garde dans les escaliers, monsieur, répliqua Snitchey, car votre étoile ne brille pas par là.... Bonne nuit!

— Bonne nuit ! »

Les deux associés se tenaient au haut de l'escalier, une lumière à la main, pour éclairer leur client, et lorsque celui-ci fut parti, ils se regardèrent l'un l'autre. » Que pensez-vous de tout cela, monsieur Craggs ? » demanda Snitchey.

M. Craggs fit un hochement de tête. « Nous avons été d'opinion, le jour du départ d'Alfred, dit-il, qu'il y avait quelque chose d'étrange dans leurs adieux.

— Il m'en souvient, dit Snitchey.

— Il m'en souvient aussi.

— Peut-être M. Warden se trompe-t-il entièrement, poursuivit M. Snitchey en fermant la boîte du client et en la mettant en place; et s'il ne se trompe pas, nous aurons à enregistrer une perfidie de plus, monsieur Craggs. Cependant, j'avais confiance en ces jolis yeux-là. Il me semblait, ajouta M. Snitchey en endossant son pardessus, car le temps était très-froid, en mettant ses gants et en soufflant une des chandelles, il me semblait avoir remarqué dans le caractère de Marion une amélioration sensible; je la trouvais plus ferme et plus résolue, dans ces derniers temps : elle ressemblait davantage à sa sœur.

— Mistriss Craggs était du même avis, repartit Craggs.

— Je donnerais volontiers quelque chose ce soir, reprit M. Snitchey, qui était un bon homme au fond, pour être sûr que M. Warden a compté sans son hôte; mais, en dépit de sa légèreté, de son excentricité, il possède une certaine connaissance du monde; il l'a payée cher, il est vrai. Quant à nous, monsieur Craggs, nous ne pouvons rien à cela; par conséquent, nous ferons bien de nous tenir tranquilles.

— Nous n'y pouvons rien, répliqua Craggs.

— Notre ami le docteur traite ces choses-là légèrement, dit M. Snitchey en remuant la tête.... Dieu veuille qu'il n'ait pas un jour besoin de toute sa philosophie! Notre ami Alfred parle de la bataille de la vie; je souhaite qu'il ne succombe pas dès les premiers engagements.... Avez-vous pris votre chapeau, monsieur Craggs? Je vais éteindre l'autre chandelle. » Sur la réponse affirmative de M. Craggs, M. Snitchey souffla la lumière; puis les deux associés sortirent de la chambre du conseil, qui devint immédiatement aussi obscure que l'avenir de leurs jeunes clients, ou que la loi elle-même en général.

La scène se passe maintenant dans un cabinet de travail où, ce soir-là, le bon vieux docteur et ses deux filles étaient assis au coin d'un feu joyeux. Grâce faisait un travail d'aiguille. Marion lisait à haute voix. Le docteur, en robe de chambre et en pantoufles, avec ses pieds chaudement étendus sur le tapis, était renversé dans sa chaise longue et regardait ses filles, tout en écoutant la lecture.

Elles étaient bien belles à regarder. Jamais foyer n'a vu près de lui deux figures plus capables de le rendre cher et sacré.

En trois années, le temps avait adouci les contrastes qu'on remarquait naguère entre les deux sœurs: maintenant on voyait trôner sur le front limpide de la cadette, briller dans ses yeux, vibrer dans sa voix la même énergie de nature que l'aînée avait depuis longtemps appelée à son aide pour suppléer aux conseils d'une mère qu'elle n'avait plus. Pourtant, Marion était encore la plus gracieuse, la plus délicate; elle semblait toujours avoir besoin de reposer sa tête sur le sein de sa sœur, de mettre en elle sa confiance, de chercher dans ses yeux sa force et son appui, ces yeux toujours si aimants, si calmes, si sereins, si gais, comme autrefois.

« Et se trouvant dans sa propre maison, lisait Marion, maison que ses souvenirs rendaient délicieusement chère, elle comprit que la grande épreuve de son cœur devait bientôt commencer. O foyer domestique! notre consolateur, notre ami quand tout nous abandonne; asile sacré que nous ne pouvons quitter sans douleur....

— Marion, mon amour! dit Grâce.

— Eh bien! Minette, s'écria le père, qu'avez-vous? »

Marion mit sa main dans celle que lui tendait sa sœur, et continua de lire d'une voix émue et tremblante, malgré les efforts qu'elle tentait pour cacher son émotion. « Asile sacré que nous ne pouvons quitter sans douleur, à aucune époque de la vie; asile toujours si fidèle, en retour si souvent dédaigné, sois indulgent pour ceux qui te quittent, et ne les poursuis pas de trop durs remords dans leur course errante! Qu'ils ne voient pas dans leurs rêves les doux sourires d'autrefois! »

— Chère Marion, ne lisez plus ce soir, dit Grâce en voyant pleurer sa sœur.

— Les mots me semblent écrits en caractères de feu, » répondit Marion en fermant le livre.

Le docteur caressa la tête de sa fille en souriant. « Quoi ! à ce point bouleversée par un conte ! dit-il ; par des lettres sur du papier ! Après tout, ce n'est pas plus déraisonnable de prendre ces choses au sérieux que quoi que ce soit au monde. Mais séchez vos yeux, j'ai dans l'idée que l'héroïne de ce départ est revenue il y a beau jour dans un foyer domestique, et que tout ça s'est arrangé.... Et puis, voyez-vous, au pis aller : qu'est-ce que c'est que ça ! un foyer domestique, en réalité ? Les quatre murs, et voilà tout.... Quant à celui des romans, c'est de l'encre et un chiffon de papier, pas davantage.... Eh bien ! que voulez-vous ? ajouta le docteur en voyant entrer Clemency.

« Venez un peu par ici, s'il vous plaît, monsieur. »

Le docteur, étonné, se rendit à cette invitation.

« Vous disiez que je ne vous en donnerais pas *une*, » dit Clemency en regardant le docteur d'une façon toute particulière. Un étranger qui eût été témoin de ces étranges œillades et du ravissement dans lequel semblait être Clemency, qui se tenait les deux coudes, comme si elle eût voulu *s'embrasser elle-même*, un étranger aurait pu supposer que le mot *une*, dans la plus favorable acception, signifiait une chaste caresse. Un instant le docteur lui-même fut alarmé ; mais il recouvra bientôt son sang-froid, en voyant Clemency qui, après avoir longtemps fouillé dans toutes ses poches, finit par tirer de la dernière une lettre timbrée de la poste.

« Il y a A. H. dans le coin, dit-elle mystérieusement, en présentant la lettre au docteur. M. Alfred va revenir, je parie. Nous aurons une noce.... bien sûr. D'ailleurs, j'ai rêvé pigeons cette nuit. Quel bonheur !... Comme il ouvre lentement la lettre !.... »

Tout cela fut dit en forme de monologue par Clemency, tandis que, dans son impatience d'apprendre des nouvelles, elle se livrait aux plus grotesques contorsions, tantôt se dressant par degrés sur la pointe du pied, pour mieux voir, tantôt tortillant le coin de son tablier, comme si elle en voulait faire un tire-bouchon et le mettant dans sa bouche qui figurait la bouteille.

« Écoutez, petites ! s'écria le docteur, c'est plus fort que moi ; je n'ai jamais pu garder un secret en ma vie. Au reste, il y a bien peu de secrets dignes d'être gardés dans une telle.... Enfin ! ne parlons pas de cela !... Alfred arrive, mes chères filles !...

— Il arrive ! s'écria Marion.

— Eh quoi ! l'histoire du livre est déjà oubliée ? dit le docteur en pinçant la joue de sa fille cadette. Je savais bien que la nouvelle en question sécherait ces larmes.... Gardez-moi le secret, m'écrit Alfred, je prépare une surprise. Mais, ajouta le docteur, je ne veux pas du tout qu'il nous fasse une surprise, c'est nous, au contraire, qui fêterons son retour.

— Il arrive ! répéta Marion.

— Pas assez vite, peut-être, au gré de votre impatience, répondit le docteur ; mais enfin, il arrivera très-prochainement. Voyons ; c'est aujourd'hui jeudi, n'est-ce pas? Eh bien ! il promet d'être ici dans un mois, jour pour jour !

— Dans un mois ! répéta doucement Marion.

— Quel beau jour pour nous ! dit Grâce en embrassant sa sœur pour la féliciter. Enfin, il approche, ce jour si impatiemment attendu ! »

Marion répondit par un sourire, un sourire triste, mais plein d'affection fraternelle. Et, en voyant la radieuse figure de sa sœur, en entendant sa voix harmonieuse chanter le bonheur du retour, son visage aussi rayonna d'espérance et de joie. Marion ne répondit pas seulement par un sourire : il y avait encore dans ses yeux autre chose qui dominait tout le reste et que je ne sais comment appeler. Ce n'était ni l'ivresse de la joie, ni l'orgueil du triomphe, ni l'ardeur de l'enthousiasme : c'était trop calme pour cela. Ce n'était pas non plus seulement de l'amour et de la reconnaissance, quoiqu'ils y fussent mêlés. Ce n'était rien qui ressemblât à une pensée mauvaise, car les mauvaises pensées n'épanouissent pas le front, ne voltigent pas sur les lèvres et n'agitent pas l'esprit comme une flamme vacillante, jusqu'à faire trembler tout le corps d'un frémissement sympathique.

Le docteur Jeddler, en dépit de son système philosophique, qu'il mettait rarement en pratique, — mais les plus grands philosophes n'agissent pas autrement, — le docteur Jeddler ne pouvait s'empêcher de s'intéresser au retour de son pupille, comme on s'intéresse à un événement sérieux. Il reprit donc sa place dans son fauteuil, étendit de nouveau ses pieds sur le tapis, puis il lut et relut plusieurs fois la lettre, tout en se livrant à de nombreux commentaires.

« Ah ! il y eut un temps, dit le docteur en regardant le feu, où vous et lui, Grâce, aviez l'habitude de courir ensemble, bras dessus bras dessous ; vous en souvient-il?

— Oui, répondit-elle avec son aimable sourire et en faisant marcher activement son aiguille.

— Dans un mois, jour pour jour ! dit le docteur d'un air rêveur.... Quand je pense qu'il y a de cela si longtemps, et que je crois y être encore! Et, dans ce temps-là, où était ma petite Marion?

— Jamais bien loin de ma sœur, repartit gaiement Marion; car, depuis notre plus tendre enfance, Grâce était tout pour moi.

— C'est vrai, Minette, c'est vrai, dit le docteur. Déjà Grâce était une petite femme, une excellente ménagère; et puis, comme elle était aimable et bonne! Comme elle oubliait vite ses désirs pour voler au-devant de ceux d'autrui! Je ne vous ai jamais vue obstinée et têtue que sur un point, Grâce.

— Je crains d'avoir bien changé à mon désavantage depuis ce temps, répondit Grâce sans quitter son ouvrage. Et quel était ce point-là, cher père?

— Alfred, naturellement, répondit le docteur. Vous vouliez absolument être appelée la femme d'Alfred, et vous auriez préféré, je crois, ce titre à celui de duchesse, s'il vous eût été proposé.

— En vérité? dit tranquillement Grâce.

— Comment? l'avez-vous oublié? demanda le docteur.

— Il me semble bien me rappeler quelque chose comme cela, répondit-elle; mais il y a si longtemps!... »

Et elle se mit à fredonner une vieille chanson que le docteur aimait.

« Alfred aura bientôt une véritable femme, reprit-elle après un instant, et alors nous serons tous heureux. Mon mandat de trois années touche à son terme, Marion, et je n'ai pas eu de peine à le remplir. Je dirai à Alfred, en vous rendant à lui, que vous n'avez pas cessé de l'aimer tendrement, et qu'il n'a jamais eu besoin de mes bons offices pendant son absence. Pourrai-je lui dire cela, mon amour?

— Dites-lui, chère Grâce, répondit Marion, que jamais mandat ne fut plus généreusement, plus noblement, plus résolûment rempli; dites-lui que je n'ai pas cessé de vous aimer chaque jour davantage. Oh! oui! je vous aime bien tendrement.

— Non, dit gaiement Grâce en embrassant sa sœur, je ne lui dirai pas cela. Il faut laisser à l'imagination d'Alfred le soin d'apprécier ce que je vaux. Son imagination sera bien assez libérale si elle ressemble à la vôtre, chère Marion. »

Cela dit, elle reprit l'ouvrage qu'elle avait un instant quitté pour écouter les paroles passionnées de sa sœur; puis elle recommença la chanson favorite du docteur, tandis que lui, étendu dans son fauteuil, les pieds dans ses pantoufles, les jambes allongées sur le tapis devant lui, prêtait l'oreille en battant la mesure sur son genou avec la lettre d'Alfred. De temps en temps,

Il regardait ses deux filles, et se disait que, parmi les mille enfantillages de ce monde enfantin, les enfantillages qu'il avait là sous les yeux avaient bien leur charme.

Pendant ce temps, Clemency Newcome, ayant accompli son message et flâné dans la chambre, afin d'avoir sa part des nouvelles, descendit à la cuisine, où son *coadjuteur*, M. Bretagne, digérait son souper au milieu d'une collection de casseroles, de bouilloires et de couvercles si reluisants, pendus le long du mur, ou étalés sur les tablettes, qu'il semblait être assis au centre d'un salon lambrissé de miroirs. Sans doute, la majorité de ces miroirs ne le reproduisaient pas d'une manière très-flatteuse; ils n'étaient pas non plus, à beaucoup près, unanimes dans leurs *réflexions*. Les uns le représentaient avec un visage très-allongé; les autres avec un visage démesurément large. Ceux-ci lui donnaient un air aimable; ceux-là le faisaient atrocement laid, chacun suivant sa façon de réfléchir, en cela ressemblant fort aux diverses réflexions de la foule sur un même sujet. Tous cependant s'accordaient à reconnaître qu'au milieu d'eux était confortablement assis un individu avec une pipe à la bouche et un pot de bière à son côté; lequel individu souriait avec condescendance à Clemency, qui se trouvait assise à la même table.

« Eh bien! Clemency, dit Bretagne, comment vous trouvez-vous, à cette heure, et quelles nouvelles? »

Clemency raconta les nouvelles à Bretagne, qui les accueillit avec bienveillance. Une gracieuse métamorphose s'était opérée en lui. Il était devenu beaucoup plus large, beaucoup plus rouge, beaucoup plus gai, et beaucoup plus aimable sous tous les rapports. On eût dit que son visage, après avoir été longtemps serré dans un nœud, s'était tout à coup et librement épanoui. « Encore de la besogne pour Snitchey et Graggs, je suppose, dit-il en aspirant longuement la fumée de sa pipe. Encore des signatures qu'il nous faudra donner, peut-être, Clemency!

— Oh! je voudrais bien que ce fût mon tour! dit Clemency.

— Votre tour?... de faire quoi?...

— De me marier, Bretagne. »

Benjamin ôta la pipe de sa bouche, et se prit à rire aux éclats! « En effet, dit-il, vous avez tout ce qu'il faut pour cela pauvre Clem! »

De son côté, Clemency s'amusa fort de cette idée. « Oui, répliqua-t-elle, j'ai ce qu'il faut pour cela..... n'est-il pas vrai?

— Vous ne vous marierez jamais, vous le savez bien, dit M. Bretagne en reprenant sa pipe.

— Vraiment.... vous croyez ? » demanda naïvement Clemency.

M. Bretagne hocha la tête. « Il n'y a pas la moindre chance, dit-il.

— Pourtant, dit Clemency, tenez! une supposition que vous y songeriez, vous, un de ces jours, eh bien? »

Une question si imprévue, sur un sujet si important, demandait réflexion. Après avoir lancé dans l'air un grand nuage de fumée qu'il contempl en portant la tête tantôt d'un côté, tantôt de l'autre, comme si ce nuage eût été la question elle-même qu'il était nécessaire d'examiner sous tous ses aspects, M. Bretagne répondit que, sans être parfaitement édifié sur ce point, ou-i, il pourrait bien faire une fin.

« Quelle que soit la femme que vous épouserez, je fais des vœux pour son bonheur! s'écria Clemency. Mais elle pourra bien se vanter que si elle a ce bonheur-là, elle n'aurait pas été si heureuse, et n'aurait pas eu un mari la moitié aussi sociable, ajouta Clemency s'étalant sur la table et fixant sur le bout de chandelle un regard rétrospectif, si ce n'avait pas été moi. Je ne veux pas dire qu'elle me le devra, ça peut être accidentel, mais c'est égal, sans moi.... n'est-ce pas, Bretagne?

— Certainement, répliqua M. Bretagne, qui se trouvait dans un état de complète béatitude, car la jouissance de la pipe l'absorbait si délicieusement, qu'il eut à peine le courage de se tourner vers Clemency pour lui dire d'un ton grave : « Oh! c'est vrai que je vous suis bien redevable, Clemency, c'est vrai.

— Comme ça me fait plaisir de vous entendre dire ça! » répliqua-t-elle.

En même temps, tout en regardant la chandelle, elle s'avisa tout à coup qu'elle avait entendu vanter les vertus curatives du suif, un vrai baume pour les meurtrissures, et se hâta d'en appliquer un copieux liniment au coude de son bras gauche, car c'était encore une des particularités de cette active servante, qu'elle avait toujours les coudes écorchés.

« C'est que, voyez-vous, poursuivit M. Bretagne, je n'ai pas toujours été ce que je suis aujourd'hui, Clemency. Dans mon temps, j'ai fait une foule de recherches, et j'ai lu quantité de livres sur la philosophie; car, dans ma jeunesse, j'ai suivi la carrière littéraire.

— En vérité? s'écria Clemency avec admiration.

— Oui, continua M. Bretagne ; pendant près de deux ans je suis resté caché derrière un étalage de libraire, toujours prêt à m'élancer et à saisir au collet quiconque s'aviserait d'emporter un volume. Après cela, j'ai occupé l'emploi de commissionnaire chez une fabricante de corsets qui me faisait porter, dans des cartons recouverts de toile cirée, un tas de mensonges, circonstance qui ébranla ma confiance en l'espèce humaine. Depuis, j'ai vécu dans cette maison-ci où j'ai entendu un monde de discussions qui ont bouleversé mon esprit. Eh bien ! après tout j'en suis venu à croire que, pour lui rendre son repos et pour charmer ma vie, il n'y a rien de mieux qu'une *râpe à muscade*. »

A ce propos, Clemency se disposait à suggérer une idée, mais Bretagne s'empressa de la prévenir.

« *Combinée*, ajouta-t-il gravement, avec un dé à coudre.

— *Faites ce que vous voudrez....* et la suite, hein ? dit Clemency, en croisant ses bras et en caressant ses coudes pour exprimer la joie que lui causait cet aveu. La bonne maxime en deux mots, n'est-ce pas !

— Je ne suis pas certain, reprit Bretagne, que cela puisse être considéré comme une bonne philosophie.... J'ai mes doutes à cet égard.... Mais, enfin, je m'en contente....

— Voyez comme vous avez changé à votre avantage ! dit Clemency.

— Ce qui m'étonne, surtout, reprit Bretagne, c'est que ce changement, c'est vous qui l'avez produit, Clemency. Vous ! qui n'avez pas, je suppose, la moitié d'une idée dans la tête. »

Sans se sentir le moins du monde offensée de cette supposition, Clemency dit en riant : « Ma foi ! je ne le suppose pas non plus.

— J'en suis même certain, répliqua Bretagne.

— Oh ! vous avez bien raison, Bretagne. Je n'ai pas la prétention d'avoir une idée.... A quoi bon ? »

Benjamin ôta de nouveau la pipe de ses lèvres et se mit à rire aux larmes.

« Combien vous êtes naïve, Clemency ! » dit-il en remuant la tête et en s'essuyant les yeux.

Et tous deux de rire à gorge déployée. « Eh bien ! je ne puis m'empêcher de vous aimer, dit maître Bretagne ; vous êtes dans votre genre une brave et bonne créature ; aussi, donnez-moi une poignée de main, Clem. Quoi qu'il arrive, je vous garderai toujours un bon souvenir de bonne amitié.

— Bien vrai ? répliqua Clemency.... Que vous êtes bon, Bretagne !

— Oui, oui, dit Bretagne en secouant les cendres de sa pipe, vous pouvez compter sur moi.... Écoutez un peu !... Quel singulier bruit !

— Quel bruit ?

— Un bruit de pas dehors : on dirait quelqu'un qui se serait laissé tomber du haut du mur.... Sont-ils tous couchés là-haut ?

— Oui, tous.

— N'avez-vous rien entendu ?

— Non. »

Tous deux prêtèrent l'oreille; mais aucun bruit ne se fit entendre. « Pour ma propre satisfaction, dit Benjamin en prenant une lanterne, je vais faire une petite ronde avant de me coucher.... Ouvrez la porte, Clemency, pendant que j'allume cette lanterne. »

Clemency se hâta d'aller ouvrir, tout en disant que Bretagne en serait pour sa peine, et que c'était du temps perdu. « C'est possible, » répondit Bretagne.

Ce qui ne l'empêcha pas de sortir avec un bâton dans une main et la lanterne de l'autre. « Tout est aussi tranquille que dans un cimetière, dit Clemency en le suivant des yeux. Puis, jetant un regard dans la cuisine, elle poussa un cri, à la vue d'une personne qui s'avançait de ce côté.

« Silence ! dit Marion à voix basse.... Vous m'avez toujours aimée, n'est-ce pas ? ajouta-t-elle avec émotion.

— Je crois bien ! répondit Clemency.

— Oui, je le sais. Aussi, je puis me fier à vous, n'est-il pas vrai ?... En ce moment, vous êtes la seule à qui je puisse me confier.

— Je suis à vous de tout mon cœur.

— Il y a là, reprit Marion en montrant la porte, il y a là quelqu'un qu'il faut que je voie cette nuit.... Michaël Warden. »

Surprise et tremblante, Clemency se retourna soudain et aperçut une sombre figure arrêtée sur le seuil de la porte. « Pas encore, dit Marion, on vous surprendrait. Cachez-vous quelque part, et attendez-moi. Dans quelques instants je reviendrai. »

Michaël Warden salua Marion de la main et s'éloigna.

« Ne vous couchez pas, dit précipitamment Marion à Clemency. Depuis plus d'une heure j'épisis un moment favorable. Oh ! ne me trahissez pas ! »

Saisissant la main de Clemency dans ses deux mains, Marion la pressa contre son cœur, et, après cette muette supplication, plus expressive que les plus éloquentes paroles, elle s'éloigna.

Un moment après, Bretagne entra dans la cuisine.

« Tout est parfaitement tranquille, dit-il. Je n'ai vu personne. Ce que c'est pourtant, ajouta-t-il en barricadant la porte, ce que c'est que d'avoir l'imagination trop vive !... Eh bien ! qu'est-ce que vous avez ? »

Clemency, hors d'état de cacher son trouble, était assise sur sa chaise et tremblait de tous ses membres.

« Ce que j'ai? Vous me le demandez, dit-elle, après m'avoir presque fait mourir de peur avec vos bruits, vos lanternes et tout ça. Ce que j'ai? Excusez!

— Si ce n'est qu'une lanterne qui vous met hors de vous comme cela, répliqua M. Bretagne en la soufflant tranquillement pour la rependre au clou, vous voilà désensorcelée, j'espère. Mais, j'y pense, ajouta-t-il en l'observant de plus près, vous n'avez pas froid aux yeux, et je ne vous ai pas vue si peureuse, même après le bruit entendu et la lanterne allumée. Qu'est-ce qui vous a donc passé par la tête? Il faut que vous ayez eu quelque idée? »

Mais comme Clemency lui souhaita le bonsoir à peu près comme à l'ordinaire, et qu'elle parut disposée à aller se coucher, M. Bretagne, après quelques réflexions sur les inexplicables caprices des femmes, lui souhaita le bonsoir à son tour; puis, prenant une chandelle, il sortit d'un pas nonchalant pour s'aller mettre au lit. Lorsque tout fut tranquille, Marion revint dans la cuisine.

« Ouvrez la porte, dit-elle à Clemency, et restez à mes côtés pendant l'entretien que je vais avoir avec *lui*. »

Malgré sa timidité naturelle, Marion faisait preuve, en ce moment, d'une résolution d'esprit à l'influence de laquelle Clemency ne put résister. Elle tira doucement les verrous de la porte; mais, avant de tourner la clef, elle jeta des regards inquiets sur la jeune fille.

Loin de paraître confuse et abattue, Marion, dans tout l'éclat de sa jeunesse et de sa beauté, regarda Clemency d'un œil calme et pur. En pensant, comme par instinct, que l'heureuse maison était menacée de perdre son plus cher trésor, Clemency se sentit le cœur si plein d'angoisses et de compassion, qu'elle se jeta au cou de Marion en fondant en larmes.

« Ce que je sais est bien peu de chose, ma chère Marion, bien peu de chose, lui dit-elle; mais je sais que vous faites mal. Réfléchissez!...

— J'ai bien réfléchi, dit Marion.

— Réfléchissez encore, supplia Clemency; seulement jusqu'à demain. »

Marion répondit par un mouvement de tête négatif.

« Au nom de M. Alfred! dit Clemency suppliante; au nom de celui que vous avez tant aimé!

— Laissez-moi sortir, dit Marion d'une voix caressante.

— Voulez-vous que je lui parle pour vous?... Ne franchissez pas le seuil de la porte cette nuit.... Je suis sûre que cela vous porterait malheur.... Ah! malheur, en effet, au jour où M. Warden a mis les pieds ici!... Pensez à votre bon père..., à votre sœur.

— C'est ce que je fais, dit Marion, croyez-le bien. Vous ne savez pas ce que je veux faire : vous ne pouvez pas le savoir. Il faut que je lui parle. Je vous remercie du fond du cœur de vos conseils si touchants, et je vois bien que j'ai en vous une amie sincère; mais il faut que j'accomplisse mon projet. Voulez-vous venir avec moi, Clemency, continua-t-elle en l'embrassant, ou bien faut-il que je m'en aille seule? »

Douloureusement découragée, Clemency tourna la clef et ouvrit la porte. Marion, tenant Clemency par la main, s'avança dans la nuit sombre, d'un pas rapide et sûr. Il vint à elle, et ils causèrent longuement avec animation. Et Clemency sentit la main qui tenait la sienne devenir tour à tour tremblante, froide et brûlante. L'entretien terminé, elles reprirent le chemin de la maison. Il les suivit jusqu'à la porte, et là, après une courte pause, il prit l'autre main de Marion et la pressa sur ses lèvres; puis il disparut. La porte fut de nouveau fermée. Marion se retrouvait sous le toit paternel, et, malgré le secret qu'elle y apportait, malgré sa jeunesse, son courage n'avait pas faibli. Seulement, cette expression, pour laquelle je n'avais pas de nom tout à l'heure, rayonnait sur son visage à travers les larmes dont il était inondé. Elle remercia de nouveau son humble amie, et, après lui avoir répété qu'elle plaçait en elle toute sa confiance, elle rentra dans sa chambre. Alors, tombant à genoux, elle se mit à prier, accablée par le secret qui pesait sur son cœur. Sa prière achevée, elle s'approcha, calme et pâle, vers la couche où reposait sa sœur chérie, et se pencha pour contempler son doux visage et lui sourire, tristement, il est vrai, tout en murmurant, tandis qu'elle la baisait au front, des mots de tendresse et de gratitude pour l'affection de mère que cette sœur n'avait cessé de lui témoigner depuis son enfance. Puis, s'étant couchée près d'elle, elle prit son bras pour le passer autour de son cou, et le bras obéissant sembla rester, de son propre mouvement, à cette place, tendre et protecteur, même pendant le sommeil. Sur les lèvres entr'ouvertes de sa sœur, elle dit tout bas ces paroles : « Mon Dieu, bénissez-la! » Puis elle s'endormit à son tour d'un sommeil paisible, une seule fois troublé par un rêve dans lequel elle s'écria, de sa voix touchante et pure, qu'elle était seule au monde et que tous l'avaient oubliée.

Un mois passe vite, même celui qui paraît marcher le plus lentement. Le mois qui séparait cette nuit du jour fixé pour le retour, avait le pied léger et marcha rapidement. Ce jour arriva : un affreux jour d'hiver, pendant lequel la vieille maison tressaillit sous le souffle impétueux de la tempête; un de ces jours qui rendent le foyer domestique deux fois cher, et apportent au coin du feu des jouissances nouvelles; un de ces jours où l'on aime les rideaux fermés, les joyeux regards, la musique, les rires, la danse, la lumière et tous les plaisirs de la vie. Le docteur avait fait provision de tout cela pour fêter le retour d'Alfred, et il avait invité tous ses amis pour célébrer le retour du jeune homme. Il ne fallait pas qu'Alfred cherchât vainement un visage aimé! Donc, les amis avaient été tous invités, les musiciens retenus; les tables étaient dressées, et tous les trésors de l'hospitalité prodigués, parce que c'était la nuit de Noël, et que les yeux d'Alfred s'étaient déshabitués au loin du houx anglais et de son vert feuillage, dont on avait fait des guirlandes pour orner la salle de bal. Partout les baies rouges de l'arbuste épineux sortaient du sein des feuilles luisantes, comme pour lui faire un accueil national à son retour en Angleterre.

Ce fut une journée laborieuse pour tous les habitants de la maison, et surtout pour Grâce, qui, sans précipitation, sans brusquerie, présidait à tout et donnait la vie à tous les préparatifs. Plus d'une fois, durant ce jour, comme plus d'une fois durant le mois qui venait de s'écouler, Clémency avait jeté sur Marion des regards pleins d'anxiété et presque d'épouvante. Elle la vit pâle, plus que d'habitude peut-être, mais sa figure respirait un calme qui la rendait plus que jamais charmante. Vers le soir, lorsqu'elle eut revêtu sa toilette de bal, et que Grâce eut posé sur sa tête une guirlande tressée avec les fleurs favorites d'Alfred, ainsi qu'elle le rappelait en les choisissant, sa physionomie prit une expression pensive et presque mélancolique qui la rendit plus belle encore. « La première couronne que je poserai sur cette charmante tête sera une couronne de mariée, dit Grâce, ou bien je ne m'y connais pas. »

Sa sœur sourit et la serra dans ses bras. « Attendez, Grâce; ne me quittez pas encore. Êtes-vous sûre que je n'aie plus besoin de rien?

— Mon art ne saurait aller plus loin, chère fille, dit Grâce, non plus que votre beauté. Je ne vous ai jamais vue si belle.

— C'est que je n'ai jamais été plus heureuse, répondit Marion.

— Pourtant, un bonheur plus grand encore vous est réservé!

Dans une autre demeure, aussi joyeuse que celle-ci l'est à présent, dit Grâce, Alfred et sa jeune femme habiteront bientôt.... Marion sourit de nouveau.... Cette future demeure sera heureuse, n'est-ce pas? ajouta Grâce. Je lis dans vos yeux que vous le pensez. Oui, chère, elle sera heureuse, je le sais, j'en suis sûre!

— Eh bien! cria le docteur en entrant gaiement, nous voici tous prêts à recevoir Alfred, hein! Il ne peut arriver que bien tard dans la soirée, une heure avant minuit environ ; ainsi, nous avons du temps pour nous préparer à la joie.... Mettez du bois au feu, Bretagne. Que la flamme du foyer rayonne sur ce houx. Le monde est une folie, Minette, les amants et tout ce qui s'ensuit.... folie ; mais nous agirons comme le monde, et nous ferons à notre fiancé fidèle un accueil extravagant.... Sur ma parole! ajouta le vieux docteur en regardant ses filles avec orgueil, parmi toutes les autres absurdités, j'ai presque l'absurdité, ce soir, de me croire le père de deux charmantes filles.

— Si l'une d'elles vous a causé quelque chagrin, si.... quelque jour.... elle doit vous en causer encore, dit Marion, pardonnez-lui.... Dites-lui que vous l'aimerez toujours, et.... » Elle n'acheva pas, elle cacha son visage contre le sein de son père.

« Tut, tut, tut, fit le vieillard d'un ton caressant. Pardonner! que puis-je avoir à vous pardonner? Allons, Minette, vous êtes une petite folle ; embrassez-moi et chassez toutes ces vilaines idées.... Çà, que l'on fasse bon feu, et que chacun ait chaud et se donne du plaisir ; sinon je me fâcherai. » On empila bûches sur bûches, on multiplia les lumières, et peu à peu la maison du docteur se remplit de bruit et d'allégresse. Les yeux de Marion brillaient d'un vif éclat, et chacun la félicitait du retour de son fiancé. Les jeunes filles lui portaient envie ; les jeunes gens trouvaient bien heureux l'amant attendu. M. et mistress Craggs arrivèrent ensemble ; mais mistress Snitchey vint seule.

« Et votre mari? » demanda le docteur.

A cette question, la plume d'oiseau de paradis qui ornait le turban de mistress Snitchey s'agita, comme si l'oiseau lui-même eût été vivant, et mistress Snitchey répondit que sans doute M. Craggs savait mieux qu'elle pourquoi M. Snitchey n'était pas venu. Quant à elle, on ne lui disait jamais rien.

« Cette affreuse *étude!* dit mistress Craggs.

— Je voudrais la voir brûler, répliqua mistress Snitchey.

— Mon associé aura été retenu par une *petite* affaire, dit M. Craggs en jetant autour de lui des regards inquiets.

— Oui.... *naturellement*, dit mistress Snitchey d'un ton ironique.

— Nous savons ce que vous entendez par vos petites *affaires*, » ajouta mistress Craggs.

Mais c'était peut-être parce qu'ils n'en savaient rien que l'oiseau de paradis de mistress Snitchey s'agitait d'une façon si menaçante, et que les pendants d'oreilles de mistress Craggs retentissaient comme des clochettes.

« Je suis surprise que vous n'ayez pas fait comme votre associé, monsieur Craggs, lui dit sa femme.

— Je ne comprends pas qu'on se marie avec de pareilles occupations, » reprit mistress Snitchey, tout en ajoutant, à part soi, que ses regards avaient porté le trouble dans l'âme de Craggs, tandis que, de son côté, mistress Craggs affirmait à son mari que son associé profitait de son absence pour le tromper, et que, tôt ou tard, il découvrirait une trahison.

Cependant M. Craggs, insensible en apparence à ces remontrances, quoique au fond mal à son aise, ne recouvra son calme qu'en apercevant Grâce, qu'il se hâta d'aller saluer. « Vous êtes ravissante, ce soir, mademoiselle, lui dit-il en l'abordant. Comment se porte votre sœur, miss Marion?

— A merveille, monsieur Craggs.

— Et où donc est-elle?

— Comment! ne la voyez-vous pas là-bas? Elle se dispose à danser. »

M. Craggs mit ses lunettes, regarda pendant quelques instants dans la direction indiquée, toussa, puis, d'un air satisfait, replaça les lunettes dans leur étui et l'étui dans sa poche.

En ce moment, la musique se fit entendre, et la danse commença. Le feu brillant pétilla, sa flamme montait et descendait comme si elle eût aussi voulu entrer en danse. Parfois elle chantonnait comme pour se joindre à l'orchestre; parfois elle rayonnait comme un regard étincelant : on eût dit l'œil du vieil appartement; et, de temps en temps, semblable à un prudent patriarche, elle jetait des regards obliques sur les jeunes groupes causant tout bas dans les coins. A la fin de la contredanse, M. Craggs vit arriver son associé, et tressaillit comme s'il eût aperçu un spectre. « Est-il parti? lui demanda-t-il en s'avançant précipitamment à sa rencontre.

— Chut! il est resté pendant plus de trois heures avec moi, répondit Snitchey. Il a examiné scrupuleusement et en détail tous les arrangements que nous avons faits pour lui. Il.... Chut! »

Snitchey s'interrompit en voyant Marion passer près de lui; mais, sans faire attention aux deux associés, elle tourna les yeux du côté où se trouvait sa sœur, et se perdit dans la foule.

« Vous le voyez, tout marche à merveille, dit M. Craggs.

— Il n'est pas revenu sur ce sujet, j'imagine?

— Nullement.

— Et est-il réellement parti?

— Il tiendra parole; en ce moment il doit se mettre en route. pour mon compte, je suis enchanté que cette affaire soit terminée.... M. Snitchey s'essuya le front.... Que pensez-vous de...?

— Silence! dit Snitchey en interrompant son associé et en regardant droit devant lui. Je vous comprends. N'ayons pas l'air de nous confier des secrets. Surtout, pas de noms propres. Je ne sais que penser, et, à parler franchement, je m'inquiète peu maintenant de l'affaire. Je suis soulagé d'un grand poids. Son amour-propre l'aura, je crois, abusé. Peut-être la jeune personne a-t-elle été quelque peu coquette. Du moins, les apparences me le font supposer.... Alfred n'est pas arrivé?

— Pas encore, répondit M. Craggs. Il est attendu d'un instant à l'autre.

— Bon! répliqua M. Snitchey en s'essuyant le front de nouveau. Enfin, me voilà sorti d'inquiétude, et je me propose de passer agréablement la soirée, monsieur Craggs. »

A peine cette phrase était-elle achevée, que mistress Craggs et mistress Snitchey s'approchèrent d'eux. L'oiseau de paradis était dans un état d'extrême agitation, et les clochettes tintaient bruyamment.

« Votre conduite a fait l'objet de toutes les conversations, monsieur Snitchey, dit mistress Snitchey. L'*étude* est satisfaite j'espère?

— Satisfaite de quoi, ma chère? demanda M. Snitchey.

— D'avoir exposé à la critique et au ridicule une pauvre femme sans défense, cela rentre dans les attributions de l'étude, si je ne me trompe.

— Quant à moi, dit mistress Craggs, je suis habituée depuis si longtemps à voir l'étude en opposition flagrante avec tous les devoirs domestiques, que je suis ravie de savoir qu'elle est l'ennemie déclarée de mon repos. Au moins, je sais à quoi m'en tenir maintenant.

— Ma chère, insinua M. Craggs, j'attache un très-grand prix à votre opinion; mais je n'ai jamais avoué, pour ma part, que l'étude fût une ennemie de votre repos.

— Non, riposta mistress Craggs en faisant un véritable carillon avec ses clochettes, non, vous ne l'avez jamais avoué, j'en conviens, vous ne seriez pas digne de l'étude, si vous aviez la candeur de faire un pareil aveu.

— En ce qui regarde mon absence pendant une partie de la soirée, dit M. Snitchey en offrant son bras à mistress Craggs, assurément, la privation a été toute pour moi; mais M. Craggs sait bien.... »

Mistress Snitchey coupa court à cette explication en prenant le bras de son mari, qu'elle tira à l'écart.

« Regardez cet homme, lui dit-elle.... Faites-moi le plaisir de le regarder!

— Quel homme, ma chère?

— Votre associé, votre compagnon de toutes les heures, car ce n'est pas votre femme à qui vous tiendriez ainsi compagnie.

— Mais si, mais si, ma chère.

— Oh que non! je le sais bien, dit mistress Snitchey avec un sourire majestueux. Mais regardez-le, ce compagnon chéri, monsieur Snitchey, votre confident, le dépositaire de vos secrets, votre homme de confiance, votre second vous-même, en un mot.

— Eh bien! dit M. Snitchey en jetant les yeux sur Craggs.

— Eh bien! reprit mistress Snitchey, si vous pouvez, ce soir, regarder cet homme en face sans vous dire que vous êtes trompé, joué par lui; que, sous l'empire d'une fascination inexplicable exercée par cet homme, vous êtes devenu sa dupe, en dépit de tous mes avertissements; si vous ne reconnaissez pas cette vérité, tout ce que je puis dire, c'est que.... je vous plains. »

Au même moment, mistress Craggs, de son côté, demandait à son mari comment il pouvait être assez insensé, assez niais, assez crédule pour ne pas deviner les ruses et les piéges de Snitchey; comment il ne comprenait pas que l'absence de celui-ci, pendant la première partie de cette soirée, était l'indice d'une trahison manifeste.

Ni Snitchey ni Craggs ne tentèrent de lutter contre le courant. Tous les deux se contentèrent de se laisser entraîner jusqu'à ce que le flot fût passé, ce qui, du reste, ne tarda guère, car, en entendant le prélude de la contredanse, M. Snitchey s'offrit pour cavalier à mistress Craggs, tandis que M. Craggs présentait galamment sa main à mistress Snitchey. Et, après quelques faux semblants de refus, comme: « pourquoi donc n'invitez-vous pas plutôt Mme une telle? » ou bien encore: « vous seriez trop content si je vous refusais; » ou même : « comment se fait-il que vous puissiez danser hors de l'étude ? » plaisanterie charmante qui annonçait la réconciliation, les deux dames acceptèrent avec de charmants sourires et se placèrent en vis-à-vis. Il n'y avait pas de jour que pareille scène ne se répétât entre les deux ménages, qui vivaient, d'ailleurs, dans les termes de la plus affectueuse intimité; mais la femme du *perfide* Craggs et celle du *fourbe* Snitchey auraient cru leurs intérêts respectifs affreusement compromis si, par des conseils incessamment réitérés, elles ne se fussent efforcées de tenir leurs maris en haleine.

Dans tous les cas, l'honneur et les intérêts de la raison Craggs et Snitchey n'avaient point à en souffrir, et les dames ne les avaient pas moins à cœur, dans leur prétendue rivalité, que leurs maris mêmes.

Quoi qu'il en soit, l'oiseau de paradis se faisait remarquer par son agitation désordonnée, et les clochettes tintaient de plus belle : on voyait le visage vermeil du docteur paraître et reparaître, tournant avec sa danseuse comme un toton bien coloré et bien verni; l'essoufflé M. Craggs commençait à croire que, pour les danses de province, elles n'étaient pas comme la loi, on ne les avait pas rendues *trop faciles*. Quant à M. Snitchey, avec ses entrechats et ses soubresauts agiles, il était dans le cas de représenter à lui seul douze études comme Craggs et Snitchey.

Et le feu donc! Il fallait voir le feu reprendre courage, à la faveur du vent actif qu'entretenait la danse, et jeter sa flamme haute et claire. C'était comme le génie du salon qui animait tout. Il vous éblouissait les yeux, il étincelait dans les bijoux qui se jouaient sur le col de neige des demoiselles, il pétillait à leurs oreilles comme pour y glisser en tapinois une déclaration secrète, il resplendissait autour de leurs tailles, il illuminait le parquet pour faire ressortir leurs petits pieds sur un tapis rose, il illuminait le plafond pour faire ressortir leurs figures animées, enfin, il avait l'air d'entretenir une illumination générale dans le petit beffroi de clochettes retentissantes qui surmontait la tête de Mme Craggs.

Et l'air donc! L'air qui servait au feu d'éventail, qui suivait d'un souffle plus lent ou plus précipité le mouvement de la danse, qui venait réveiller les feuilles et les baies du houx verdoyant, et faire danser leurs ombres sur la muraille, comme ils les avaient fait tant de fois en pleine campagne; qui emportait avec lui le froissement des robes, à travers le bal, comme s'il accompagnait une troupe de petites fées invisibles sur les pas plus solides des danseurs en chair et en os. Et alors, ma foi, la tête du docteur tournait, tournait, tournait, qu'on ne pouvait plus rien y reconnaître. Et l'oiseau de paradis se multipliait de manière qu'on aurait cru voir une bande d'oiseaux.

Le docteur promenait de groupe en groupe son visage épanoui ; il se rajeunissait et se multipliait pour faire dignement les honneurs de sa maison. Néanmoins, il était impatient de voir arriver Alfred, et pour la vingtième fois il alla demander à Bretagne :

« Eh bien ! vous n'avez encore rien vu, rien entendu?

— Trop sombre pour voir loin, monsieur. Trop de bruit ici pour entendre, répondit Bretagne.

— C'est ce qu'il faut ? son retour n'en sera que mieux fêté. Quelle heure, Bretagne?

— Minuit juste, monsieur. Il ne peut tarder à arriver, monsieur. Ce cher enfant ! Peut-être voit-il déjà les lumières de la maison. »

Alfred les voyait, en effet, car sa voiture tournait en ce moment près de la vieille église. Il apercevait les branches des arbres qui se détachaient sur les vitres étincelantes. Il se rappelait que l'un de ces arbres frémissait harmonieusement sous la fenêtre de la chambre de Marion, durant les jours d'été.

Ses yeux se mouillèrent de larmes. Son cœur battait si fort qu'il avait peine à supporter son émotion. Que de fois il avait pensé à cette heure, à toutes les joies de cette heure; et que de fois il avait craint qu'elle n'arrivât jamais, quand il en était bien loin !

Cependant, il voit les lumières de la maison de plus en plus distinctes. Il tend les mains, il agite en l'air son chapeau, comme si les rayons de ces lumières étaient ses amis eux-mêmes, comme si ses amis pouvaient le voir ! Il crie, comme s'ils pouvaient l'entendre, pendant qu'il se précipite vers eux à travers la crotte et la boue, dans son char triomphal.

Un instant : il reconnaît là le docteur : il se doute de la surprise qu'il veut lui faire. Eh bien! non, c'est lui qui va leur en faire une. Ah ! vous vous attendez à me recevoir là-haut, au saut de ma voiture sur le perron. Plus souvent : je vais aller à pied jusqu'au verger. Qui sait si la porte n'en est pas ouverte ? J'entrerai par là. Au pis aller le mur n'est déjà pas si difficile à escalader, j'en sais quelque chose, et pan ! me voilà d'un bond au milieu d'eux.

Il le fait comme il le dit : il descend de la chaise de poste, donne l'ordre au cocher de rester un peu en arrière, et de le suivre ensuite au pas, court comme un fou, secoue la porte qu'il trouve fermée, escalade la muraille, saute de l'autre côté et s'arrête haletant dans le vieux verger.

Un grésil épais couvrait les arbres et pendait aux branches en guirlandes funèbres qui se dessinaient à la pâle clarté de la lune. Les feuilles desséchées craquaient sous les pas d'Alfred, à mesure qu'il s'approchait lentement de la maison. La désolation d'une nuit d'hiver enveloppait la terre et le ciel; mais la rouge lumière des fenêtres arrivait joyeusement jusqu'au voyageur. Des formes passaient et repassaient; le murmure des voix frappait ses oreilles, et il croyait distinguer déjà la voix de sa bien-aimée. Il touchait au seuil de la porte, lorsqu'une femme sortit brusquement; mais, à la vue d'Alfred, elle recula en poussant un cri.

« Clemency, ne me reconnaissez-vous pas ? s'écria Alfred...
— N'entrez pas, répondit-elle en le repoussant. Fuyez. Ah! fuyez, monsieur!
— Qu'est-ce qu'il y a ? s'écria-t-il.
— Je ne sais pas; j'ai... j'ai peur de le savoir. Sauvez-vous. »
En ce moment, il se fit un grand bruit dans la maison. Un cri perçant retentit, et Grâce, hors d'elle-même et les traits bouleversés, se précipita vers la porte.

« Grâce! que se passe-t-il, mon Dieu ? » s'écria Alfred en saisissant la jeune fille dans ses bras; mais en le reconnaissant, elle se dégagea de l'étreinte et tomba mourante à ses pieds.

Aussitôt une foule éperdue sortit de la maison, et, dans cette foule, Alfred reconnut le docteur qui accourait en tenant un papier à la main.

» Mon Dieu! que se passe-t-il ? s'écria Alfred, qui, à genoux près de la jeune fille évanouie, cherchait à lire sur les visages. Personne ne veut donc me voir ? continua-t-il dans une agonie de désespoir. Personne ne veut donc me parler et me reconnaître ? N'est-il personne parmi vous qui consente à me dire ce qui se passe ? »

La foule murmura : « Elle est partie! »
— Partie! répéta-t-il.
— Elle a fui, Alfred! dit le docteur d'une voix brisée et en cachant son visage dans ses mains. Elle s'est enfuie de la maison! Elle nous a quittés! cette nuit! Elle nous écrit qu'elle a fait un autre choix, qu'elle n'a point à en rougir... Elle nous prie de lui pardonner, de ne pas l'oublier. Elle est partie!
— Avec qui ? Par où ? » s'écria Alfred en s'élançant comme

pour courir à la poursuite de Marion. Mais, voyant la foule s'écarter devant lui, il promena sur elle des yeux égarés, chancela, puis retomba aux pieds de Grâce, et prit dans ses mains une des mains glacées de la jeune fille. A cette scène succédèrent le tumulte et la confusion. Ceux-ci partirent d'un côté, ceux-là de l'autre; les uns montèrent à cheval, les autres apportèrent des lumières; mais personne ne savait ce qu'il y avait à faire, car la fugitive n'avait pas laissé de traces. Quelques amis s'approchèrent d'Alfred pour lui offrir des consolations, et voulurent transporter Grâce dans la maison; mais il les en empêcha. Il resta dans la même attitude, sans les entendre.

La neige tombait épaisse et battante. Il regarde un moment dans l'air et se dit que ces cendres blanches qui tombent à flots pressés sont le linceul qui va ensevelir ses espérances et ses peines. Il regarde la terre, couverte d'un blanc tapis, et se dit, en songeant à Marion, que la trace de ses pas, recouverte par la neige, sera bien vite effacée, et que son souvenir s'effacera de même. Mais il ne sent pas les atteintes du froid, et demeure dans son attitude immobile et stupéfaite.

TROISIÈME PARTIE.

Le monde avait vieilli de six années depuis la nuit du retour. C'était par une chaude après-midi d'automne, et il avait plu abondamment. Soudain, le soleil déchira les nuages et illumina le vieux champ de bataille, qui refléta ses joyeux rayons sur les coteaux voisins.

Quel beau paysage à voir sous l'influence de cette puissante lumière, de ce feu céleste qui éclairait tout alentour ! Ici les bois, qui n'étaient tout à l'heure dans l'ombre de la nuit qu'une masse sombre, bigarrés maintenant de leurs teintes jaunes, vertes, brunes, empourprées; avec les formes variées des arbres qui les composent, leurs feuilles où scintille la goutte d'eau de la pluie nocturne, avant de descendre en perle sur le gazon ! Les prés verdoyants s'éveillent : il semble que leurs yeux, fermés il n'y a qu'un instant aux ténèbres, s'ouvrent gaiement à présent pour admirer l'éclat du jour. Les blés, les haies, les barrières, les fermes, les hameaux, les cloches de l'église, le ruisseau, le moulin se détachent des tristes ombres et prennent un air riant. Les oiseaux ont des chants suaves; les fleurs relèvent leur tête appesantie, la terre renouvelée exhale des parfums plus frais. Le bleu du ciel se propage et s'étend : les flèches d'Apollon vont percer mortellement de leurs coups obliques l'arrière-garde ténébreuse des nuages qui ne précipitaient pas assez leur fuite : un arc-en-ciel, l'essence de toutes les couleurs ensemble qui égayent le ciel et la terre, déploie son vaste diadème dans toute sa gloire triomphale.

A l'entrée du village voisin, une petite auberge, confortablement abritée sous un grand orme orné d'un banc circulaire trop étroit pour les cisifs, présentait au voyageur sa gaie façade et lui promettait silencieusement une douce bienvenue. L'enseigne d'un rouge éclatant, perchée au haut de l'arbre en face, avec ses lettres d'or étincelant au soleil, lançait une œillade au passant, par-dessous le feuillage, d'une mine tout à fait engageante. L'auge, pleine d'une eau bien claire et bien fraîche, avec les miettes d'un foin odorant éparpillé par-dessous faisait dresser l'oreille à chaque cheval qui passait par là. Les rideaux rouges du rez-de-chaussée et les rideaux blancs des chambres supérieures semblaient dire, chaque fois que soufflait la brise : « Entrez ! » Sur les volets verts on lisait des légendes dorées à propos de bière, d'ale, de vins généreux et de bons lits, en même temps qu'on y voyait en peinture le portrait intéressant d'une chope de bière foncée, où la mousse débordait de tous côtés. Les fenêtres étaient ornées de fleurs logées dans des pots d'un rouge éclatant, qui se détachaient gaiement sur la blanche façade de la maison, et dans l'ombre du corridor il y avait des reflets de lumière lancés par la surface polie des pots et des bouteilles rangées en bataille. Sur le seuil de la porte, on voyait l'honnête figure de l'hôte, un petit homme gros et rond qui se tenait debout, les mains dans ses poches et les jambes suffisamment écartées pour prouver, sans trop de jactance, sa sécurité parfaite à l'endroit des ressources du logis.

L'humidité apparente dont la pluie de la veille avait laissé partout des traces, n'allait pas mal à son rôle. Il était bon qu'auprès de lui rien ne sentît la soif. Il y avait bien quelque chose à dire pour ces gros lourdauds de dahlias qui se penchaient par-dessus le treillage de son joli jardin, parce qu'ils en avaient pris plus que de raison, un peu plus qu'il ne fallait pour l'honneur de leur sobriété. Mais l'églantine, les roses, les girofiées, les plantes qui décoraient la fenêtre, les feuilles du vieil arbre étaient seulement dans l'état de béatitude d'une société honnête qui n'en a pris que son content, pour développer et faire valoir ses brillantes qualités. Ils distillaient autour d'eux sur le sol des gouttes de rosée, comme le buveur modéré prodigue son innocente et sympathique gaieté ; tant mieux pour la terre aride qui en profitait ; et pour les coins négligés qui n'avaient pas souvent l'occasion de se trouver sur le passage de la pluie, ce n'est pas là ce qui pouvait leur faire du mal.

La petite auberge avait pris, à son origine, une étrange enseigne ; elle s'appelait *la Râpe à muscade*. Au-dessous était écrit, même en caractères d'or, le nom de Benjamin Bretagne.

En examinant de près la figure de l'hôte, qui se tenait sur le seuil de la porte, on aurait reconnu sans peine Benjamin Bretagne, raisonnablement changé par le temps, mais changé à son avantage. C'était véritablement un hôte avenant.

« Mistress Bretagne est en retard, se dit M. Bretagne ; il est l'heure de prendre le thé. » En attendant mistress Bretagne, il se promena de long en large devant la maison, sur laquelle il jetait de temps en temps un regard de satisfaction. « C'est bien là, se disait Benjamin, la maison dans laquelle j'aimerais à m'arrêter, si je n'en étais pas d'ailleurs le patron. »

Puis il alla vers la palissade du jardin, et donna un coup d'œil à ses dahlias, que la pluie avait fatigués. « Il faudra qu'on s'occupe de vous, dit Benjamin ; j'en parlerai à ma femme ; mais, elle tarde bien à venir ! » La femme de M. Bretagne était bien réellement sa moitié, et sa meilleure moitié, car, pendant son absence, l'autre moitié de lui-même était complétement abattue et découragée. « Cependant, elle n'avait pas grand'chose à faire, se dit Bretagne. Quelques emplettes au marché, voilà tout. Ah ! enfin, la voici ! »

Un char-à-bancs conduit par un garçon de ferme venait au petit trot le long du chemin. Dans une chaise, sur le devant, avec un grand parapluie bien imbibé, étendu derrière elle pour sécher au vent, on voyait une bonne grosse dame, les bras nus passés dans l'anse d'un panier qu'elle portait sur ses genoux, entourée d'autres paniers et d'autres paquets accumulés autour d'elle ; un air heureux de belle humeur au milieu des poses contrariantes que lui imposaient les cahots multipliés de son équipage, faisait plaisir à voir, même de loin, et rappelait le sans façon du bon vieux temps, et quand elle fut plus près encore, le bon vieux temps ne perdit rien de son mérite ; si vous aviez vu, au moment où le char-à-bancs s'arrêta à la porte de *la Râpe à muscade*, descendre la paire de souliers solides dont la propriétaire se laissa glisser dans les bras de M. Bretagne, et retomba d'aplomb sur le pas de la porte, vous auriez tout de suite reconnu la paire de souliers pour celle de Clemency Newcome et pas d'une autre.

C'étaient en effet ses souliers, dans lesquels elle apparut avec son visage honnête et bien portant.

« Vous arrivez tard, Clemency ! dit M. Bretagne.

— C'est que, voyez-vous, Ben, j'avais une foule de choses à faire, répondit-elle en surveillant d'un œil actif le transport des paquets et des paniers dans la maison. Huit, neuf, dix.... Où est le onzième?... Ah ! bien, le voici.... Harry, conduisez le cheval à l'écurie, et, s'il tousse encore, faites-lui boire, ce soir, quelque chose de chaud.... Comment vont les enfants, Ben ?

— Comme des petits cœurs, Clemency.

— Chers petits ! dit mistress Bretagne en ôtant son bonnet et en lissant ses cheveux avec ses deux mains. Eh bien ! mon vieux, vous ne m'embrassez pas ? » M. Bretagne embrassa sa femme.

« Je crois, dit mistress Bretagne en fouillant dans ses poches, dont elle tira une immense quantité de petits livres et de papiers froissés, je crois n'avoir rien oublié. Toutes les notes sont acquittées.... les navets vendus.... le compte du brasseur est réglé.... les pipes commandées.... les 1755 francs placés à la banque.... Quant au mémoire du docteur Heathfield.... devinez ce qui est arrivé.... Le docteur n'a encore rien voulu recevoir, Ben.

— Cela ne m'étonne pas, dit Bretagne.

— Il dit que, quand même vous auriez un jour vingt enfants, il les soignerait sans qu'il vous en coûtât un sou, » ajouta Clemency.

La physionomie de M. Bretagne prit une expression sérieuse, et ses yeux se fixèrent d'un air soucieux sur la muraille.

« N'est-ce pas généreux à lui ? dit Clemency.

— Oui, répliqua M. Bretagne. Mais, je n'abuserai certainement pas de cette générosité-là.

— Dame ! non, dit Clemency. Ah ! j'oubliais.... j'ai vendu le poney deux cents francs.... Êtes-vous content ?

— Très-content.

— Eh bien ! alors, et moi aussi.... Tenez, prenez tous ces papiers et mettez-les sous clef.... Ah !... voici une affiche pour coller sur le mur, elle est encore toute fraîche : comme ça sent bon !

— Quelle est cette affiche ?

— Je n'en sais rien, répondit Clemency, je n'en ai pas lu un seul mot.

— « A vendre aux enchères », lut l'hôte de *la Râpe à muscade*, à moins qu'il ne se trouve un acquéreur avant l'époque fixée pour la vente.... »

— Ils mettent toujours cela, dit Clemency.

— Oui, mais ils ne mettent pas toujours ce qui suit, continua M. Bretagne, en reprenant sa lecture : « maison et dépendances, etc., etc. MM. Snitchey et Craggs, etc., etc., etc. Portion d'agrément de la propriété de Michaël Warden, esquire, qui a l'intention de prolonger son séjour à l'étranger. »

— L'intention de prolonger son séjour à l'étranger, répéta Clemency.

— Oui.... lisez!

— Quand je songe qu'aujourd'hui même j'ai entendu dire à la vieille maison que bientôt on aurait des nouvelles de Marion ! dit Clemency en secouant tristement la tête et en caressant ses coudes, comme si le souvenir du temps passé eût, à son insu, réveillé ses habitudes d'autrefois. Mon Dieu ! mon Dieu ! ils vont avoir le cœur bien gros, là-bas, Ben ! »

Bretagne fit entendre un gros soupir, et hocha la tête en disant qu'il ne comprenait pas : depuis longtemps il avait renoncé à essayer de comprendre. Après cette remarque, il se mit à coller l'affiche, et Clemency sortit pour aller voir les enfants.

Bien que l'hôte de *la Râpe à muscade* portât à son excellente femme une vive affection, ce sentiment avait, comme autrefois, quelque chose de protecteur : Clemency l'amusait beaucoup. Il eût été prodigieusement surpris si quelqu'un se fût avisé de lui dire que c'était sa femme qui faisait marcher toute la maison, et qui, par sa persévérance, sa bonne humeur, son honnêteté et son activité, avait fait de lui, Benjamin Bretagne, ce qu'il était actuellement. Tant il est commode, dans toutes les positions de la vie, de n'estimer qu'à la seule valeur qu'elles s'attribuent modestement, ces franches natures qui ne parlent jamais de leur mérite, tandis que nous admirons les vanteries impudentes de certaines gens qui ne nous valent pas, et dont nous sentirions l'infériorité, si nous nous donnions la peine de les étudier de près.

M. Bretagne aimait à se dire qu'il avait fait preuve de condescendance en épousant Clemency. Elle était, à ses yeux, un constant témoignage de la bonté de son cœur et de la générosité de son caractère ; et, en la voyant si bonne épouse et mère si dévouée, il se disait qu'il avait bien éprouvé par lui-même la vérité du proverbe qui dit que la vertu trouve toujours sa récompense.

M. Bretagne, ayant fini de coller l'affiche, attendit, en méditant sur ce chapitre, que Clemency vînt servir le thé. Elle rentra bientôt, après s'être assurée que les deux petits MM. Bretagne étaient occupés à jouer tranquillement dans la remise sous les yeux de Betsy, leur bonne, et que la petite Clem était dans son berceau « sage comme une image. » Alors M. Bretagne et sa femme se mirent à table dans leur petite salle propre et nette, garnie, comme de raison, de verres et de bouteilles de tous côtés ; avec l'horloge bien réglée, au doigt et à l'œil (elle marquait alors cinq heures et demie) : tout était en ordre à sa place, bien poli et bien fourbi, il n'y avait rien à redire.

« Voici la première fois d'aujourd'hui que je puis m'asseoir à mon aise, dit mistress Bretagne en respirant longuement, comme si rien ne devait la déranger de la soirée, ce qui ne l'empêcha pas de se lever un instant après pour verser du thé à son mari et pour lui préparer des tartines de pain et de beurre. Comme cette affiche me rappelle le vieux temps ! dit-elle en soupirant.

— Ah ! fit Bretagne en prenant la soucoupe comme on prend une huître, et en avalant le contenu d'après le même principe.

— Ce M. Michaël Warden, continua Clemency en jetant les yeux sur l'affiche d'un air de regret, c'est lui qui m'a fait perdre ma place.

— Et gagner un mari, dit M. Bretagne.

— C'est vrai, et je l'en remercie, répliqua Clemency.

— L'homme est un animal d'habitude, dit M. Bretagne en regardant sa femme par-dessus sa soucoupe. Je m'étais, je ne sais trop comment, habitué à vous, Clem, et je sentais que je ne pourrais me passer de votre société. C'est pourquoi nous sommes devenus mari et femme. Ha ! ha ! ha ! *Nous !* qui l'eût pensé ?

— Oui, qui l'eût pensé ? s'écria Clemency. Comme vous avez été bon !

— Bah ! répliqua M. Bretagne d'un air modeste, cela ne vaut pas la peine qu'on en parle.

— Oh ! si, Ben, reprit sa femme avec une grande simplicité, j'y pense avec reconnaissance, je vous assure. Ah ! ajouta-t-elle en regardant de nouveau l'affiche; chère fille ! après son départ, et lorsqu'elle fut hors d'atteinte, je ne pus m'empêcher de dire ce que je savais, dans son propre intérêt et dans l'intérêt de tout le monde. N'ai-je pas bien fait, Ben?

— En tout cas, vous l'avez fait, dit M. Bretagne.

— Et le docteur Jeddler, reprit Clemency en déposant sa tasse et regardant tristement l'affiche, le docteur Jeddler, dans sa colère et sa douleur, m'a chassée de la maison. Que je suis contente de ne lui avoir pas dit, ce jour-là, une seule parole de mauvaise humeur et de n'avoir pas eu de colère contre lui ! car depuis il m'en a bien su gré. Que de fois, ici, dans cette chambre, il m'a dit qu'il regrettait ce qu'il avait fait ! Hier encore, pendant que vous étiez sorti, il me l'a répété. Que de fois il est resté dans cette chambre, des heures entières, à me parler des choses qui m'intéressent, comme si ça l'intéressait ! tout cela en souvenir du passé, et parce qu'il sait qu'*elle* m'aimait, Ben !

— Comment avez-vous deviné cela, Clem ? demanda M. Bretagne, étonné de voir que sa femme s'était parfaitement rendu compte d'une vérité qu'avec toute sa pénétration il commençait seulement à entrevoir lui-même.

— Dame ! je n'en sais rien, répondit Clemency en soufflant sur son thé pour le refroidir. Je serais bien en peine de vous le dire, quand vous m'offririez cent louis. »

M. Bretagne aurait peut-être poursuivi ce sujet métaphysique si elle ne lui avait pas fait signe de se retourner pour voir un gentleman vêtu de deuil, en bottes et en manteau, qui venait sans doute de descendre de cheval et se tenait debout à la porte de la salle derrière l'hôtelier. Il paraissait attentif à leur conversation, et ne montrait aucune envie de les interrompre.

Clemency se leva sur-le-champ. M. Bretagne se leva à son tour et salua son hôte : « Voulez-vous avoir la bonté de monter l'escalier, monsieur ? nous allons vous donner une jolie chambre, dit Clemency.

— Merci, répondit l'étranger en regardant attentivement la femme de Bretagne. Puis-je entrer ici dans votre salle ?

— Assurément, si cela vous fait plaisir, monsieur, dit Clemency. Désirez-vous quelque chose ? »

L'affiche avait attiré les regards de l'étranger, qui se mit à lire. « Excellente propriété, monsieur, » dit M. Bretagne. L'étranger ne répondit pas, et, lorsqu'il eut fini de lire, il se tourna vers Clemency et lui dit, en la regardant avec une nouvelle attention : « Vous me demandiez quelque chose, je crois?

— Je vous demandais, monsieur, ce qu'il fallait vous servir, répondit Clemency en l'examinant à son tour.

— Si vous voulez me servir de l'ale, là, près de cette petite table contre la fenêtre, sans vous déranger de votre repas, je vous serai fort obligé. »

En même temps, l'étranger alla s'asseoir à la table en question et se mit à regarder par la fenêtre, avec un air d'insouciance. C'était un élégant cavalier dans la vigueur de l'âge. Son visage, très-bruni par le soleil, était ombragé par une épaisse chevelure noire, et il portait des moustaches. L'ale lui ayant été servie, il emplit son verre et but gaiement à la prospérité de l'établissement ; puis il ajouta en déposant son verre : Cette maison est-elle neuve ?

— Pas précisément, monsieur, dit M. Bretagne.

— Elle est bâtie depuis cinq ou six ans, dit Clemency en accentuant les mots.

— Il me semble vous avoir entendu prononcer le nom du docteur Jeddler, au moment où j'entrais, reprit l'étranger. Cette affiche me fait souvenir de lui, car j'ai entendu parler de son histoire par plusieurs personnes.... Existe-t-il encore?

— Oui, monsieur, répondit Clemency.

— Est-il bien changé?

— Depuis quelle époque, monsieur? répliqua Clemency en appuyant sur les mots avec affectation.

— Depuis.... la fuite de sa fille.

— Oui, il est très-changé depuis lors, dit Clemency. Pourtant, quoiqu'il soit devenu bien vieux et bien cassé, je le crois heureux à présent. Il va souvent voir sa fille aînée, et cela le réjouit. Dans les premiers temps, il était fort accablé, et nous avions le cœur brisé en le voyant errer tristement dans le pays; mais, au bout de deux années, il reparla de sa fille avec tendresse, et jamais il ne se lassait de dire, avec des larmes dans ses pauvres yeux, que c'était une bien belle et bien bonne fille. Il lui avait pardonné. C'était à l'époque du mariage de miss Grâce. Vous en souvenez-vous, Bretagne? »

M. Bretagne fit un signe affirmatif.

« Ainsi, l'autre fille du docteur est mariée? demanda l'étranger. » Puis, après une courte pause : « Avec qui? » A cette question, Clemency fut si troublée qu'elle faillit renverser la table. « On ne vous l'a jamais dit? demanda-t-elle.

— Non, et je voudrais bien le savoir, répondit l'étranger en remplissant son verre et en le portant à ses lèvres.

— Ah! ce serait une longue histoire à raconter par le menu, dit Clemency d'un air rêveur. Ce serait une longue histoire, je vous assure.

— Eh bien! racontez-la-moi en quelques mots.

— Que puis-je vous dire, monsieur, sinon qu'ils n'ont fait depuis ce temps-là que la pleurer tous comme on pleure une personne morte, qu'ils n'en parlent qu'avec amour, qu'ils ne lui ont jamais rien reproché, qu'ils ne sont occupés qu'à se rappeler les uns aux autres ses bonnes qualités, pour lui servir d'excuse? Tout le monde sait cela, et moi mieux que tout le monde, dit Clemency en essuyant ses yeux.

— Et puis? dit l'étranger.

— Et puis, dit Clemency machinalement, sans rien changer à son attitude, son menton posé sur sa main et l'autre main contre son coude; ils ont fini par se marier. Ils ont choisi son anniversaire pour leur mariage :... c'est justement demain, l'anniversaire.... Ils n'ont pas fait grand bruit, grande fête, ce qui ne les empêche pas d'être heureux. Un soir, en se promenant dans le verger avec miss Grâce, M. Alfred lui dit : « Grâce, voulez-vous que notre mariage ait lieu le jour de l'anniversaire de la naissance de Marion ? » Et le mariage fut célébré ce jour-là.

— Ainsi, ils ont continué de vivre heureux? demanda l'étranger.

— Heureux autant qu'on peut l'être ; ils n'ont d'autre chagrin que celui d'avoir perdu Marion. »

Clemency leva les yeux en parlant ainsi, et regarda l'étranger. Tandis que celui-ci paraissait être absorbé dans la contemplation du paysage par la fenêtre, elle faisait des signes énergiques à son mari, en lui montrant l'affiche et en remuant les lèvres comme pour articuler quelques mots très-significatifs. Mais, comme elle continuait sa pantomime extraordinaire sans prononcer un mot, M. Bretagne, ne comprenant rien à la conduite de sa femme, tomba dans un état d'exaspération inconcevable. Il regardait tour à tour, et d'un air hébété, la table, l'étranger, les cuillers et sa femme ; puis, suivant avec une anxiété croissante les gestes incompréhensibles qu'elle ne cessait de faire, il lui adressait des questions dans le même langage : Que voulait-elle dire? Était-ce lui, était-ce elle, était-ce leur argenterie qui était en danger ? et il répondait par d'autres gestes exprimant sa confusion et sa perplexité ; suivait les mouvements des lèvres de sa femme, et, au lieu de « Monsieur Warden », il croyait deviner qu'elle lui disait « montre le jardin : » ou « mon feu va bien » ou bien enfin « Monsieur Martin. »

De guerre lasse, Clemency renonça à se faire comprendre, et, approchant peu à peu sa chaise de celle de l'étranger, elle fixa ses yeux sur lui, en attendant qu'il lui adressât une question. Elle n'attendit pas longtemps. Il lui dit, en se tournant brusquement vers elle : « Et qu'est-ce qu'est devenue la jeune personne?... On sait cela, je suppose ? »

Clemency hocha la tête. « J'ai entendu dire, répondit-elle, que le docteur Jeddler en sait plus long qu'il n'en raconte. Miss Grâce a reçu des lettres de sa sœur dans lesquelles celle-ci se disait heureuse, heureuse surtout de la savoir mariée avec M. Alfred. Mais il y a dans son existence et ses aventures quelque chose qui n'a pas été jusqu'à présent éclairci, et que....

— Et que.... répéta l'étranger

— Et qu'une seule personne au monde, je crois, pourrait expliquer.

— Quelle est cette personne? demanda l'étranger.

— M. Michaël Warden ! s'écria Clemency, regardant à la fois son mari pour lui dire que c'était là ce qu'elle voulait en vain lui faire comprendre depuis une heure, et l'étranger pour lui faire voir qu'elle l'avait bien reconnu. Vous me reconnaissez, monsieur? continua-t-elle tremblante d'émotion.... Vous me reconnaissez? vous vous rappelez la fameuse nuit dans le jardin?... J'étais avec miss Marion.

— Oui, je vous reconnais, dit Michaël.

— Je vous ai bien reconnu, moi.... Voici mon mari, monsieur. Ben, mon cher Ben, courez chez madame.... chez son père!... où vous voudrez.... mais hâtez-vous d'amener quelqu'un, vite et vite.

— Arrêtez, dit Michaël Warden en s'avançant entre Bretagne et la porte. Quel est votre projet?

— Il va leur dire que vous êtes ici, monsieur, répondit Clemency dans une extrême agitation, leur dire qu'ils peuvent savoir de ses nouvelles par vous; que, par vous, ils vont apprendre qu'elle n'est pas à jamais perdue pour eux, et qu'elle reviendra pour rendre bien heureux son père, sa tendre sœur.... et sa vieille servante; et elle se frappait la poitrine à deux mains.... Courez, courez, Ben!» Et, elle poussa de nouveau son mari vers la porte, pendant que M. Warden, de son côté, continuait de lui fermer le passage, les mains étendues, d'un air triste plutôt qu'irrité.

« Mais peut-être est-elle ici, ajouta-t-elle en passant devant son mari, et prenant, dans son émotion, M. Warden par son habit. Peut-être est-elle ici.... tout près de nous! Oh! monsieur, laissez-moi la voir! J'ai veillé sur elle dès sa plus tendre enfance; je l'ai vue grandir et devenir belle. Je vivais auprès d'elle du temps qu'elle était la fiancée de M. Alfred. J'ai voulu l'empêcher de fuir quand vous avez voulu l'enlever. Si vous aviez vu la maison paternelle lorsqu'elle en était comme l'âme, et si vous saviez combien tout est changé depuis son départ! Ah! laissez-moi lui parler! »

M. Warden jeta sur Clemency des regards de compassion mêlés de surprise, mais sans dire un seul mot, sans faire aucun geste d'assentiment.

« Sans doute elle ignore, poursuivit Clemency, qu'elle a depuis longtemps obtenu son pardon. Elle ignore à quel point ils l'aiment et quelle serait leur joie en la retrouvant! Peut-être n'ose-t-elle rentrer chez son père, mais en me voyant, elle reprendra courage. Seulement dites-moi la vérité, monsieur Warden: est-elle venue avec vous?

— Non, » répondit M. Warden avec un accent de tristesse.

Cette réponse, ses vêtements, ses manières, son retour imprévu, son intention de continuer à vivre à l'étranger, expliquaient tout.... Marion était mortel...

M. Warden ne chercha pas à dissuader Clemency.

Clemency cacha sa tête dans ses mains et sanglota.

En ce moment, un vieillard à tête blanche entra précipitamment; il était si haletant, si essoufflé, qu'on avait peine à le reconnaître à sa voix : c'était M. Snitchey, l'avocat: « Grand Dieu! s'écria-t-il, en prenant à part M. Warden, quel motif vous ramène ?

— Un motif douloureux; répondit M. Warden. Si je vous disais ce qui s'est passé récemment; si vous connaissiez les impossibilités qu'on m'a supplié d'exécuter ! Si vous saviez, enfin, quelle affliction j'apporte ici !

— Je ne le devine que trop, répliqua Snitchey, mais pourquoi donc êtes-vous entré dans cette maison, mon cher monsieur?

— Pourquoi ? Et comment vouliez-vous que je susse par quelles personnes elle est occupée ? Après vous avoir envoyé mon domestique, je suis entré dans cette auberge, parce qu'elle m'était inconnue, et que j'éprouvais un sentiment de curiosité bien naturel à voir les changements survenus dans ce pays depuis que je l'ai quitté. D'ailleurs, cette maison est à quelque distance de la villa, où je ne voulais pas me montrer avant de vous avoir entretenu. Je voulais savoir ce que l'on me dirait; et, à votre air, je devine que vous pouvez me satisfaire. Il y a même longtemps que je saurais tout sans votre maudite circonspection.

— *Notre* circonspection ! répliqua l'avocat. Parlant pour moi-même et pour.... feu Craggs. » M. Snitchey jeta les yeux sur le crêpe de son chapeau, et remua la tête avec chagrin. « Comment pouvez-vous raisonnablement nous blâmer, M. Warden ? Il avait été convenu entre nous que ce sujet ne serait jamais remis sur le tapis, la question n'étant pas de celles dans lesquelles des hommes graves et prudents comme nous (j'ai pris note des observations faites autrefois par vous à cet égard), dans lesquelles des hommes graves et prudents comme nous peuvent intervenir. Notre circonspection ! dites-vous. Lorsque M. Craggs est descendu dans sa tombe respectée, monsieur, il emporta la ferme conviction....

— Je vous avais solennellement promis, interrompit M. Warden, de garder le silence jusqu'à mon retour, quelle que fût l'époque de ce retour, et j'ai tenu parole.

— Fort bien, monsieur, répondit M. Snitchey ; mais nous aussi, je le répète, nous étions engagés à observer la même discrétion. Nous devions nous taire par devoir envers nous-mêmes et envers une foule de clients d'une réserve excessive. Il ne nous convenait pas de vous interroger sur une affaire si délicate. J'avais mes soupçons, monsieur, mais depuis six mois environ je connais la vérité, et je sais positivement que vous avez perdu Marion.

— Par qui l'avez-vous su ?

— Par le docteur Jeddler lui-même, qui a fini par me confier volontairement ce secret. Lui seul, monsieur, lui seul a connu la vérité depuis des années.

— Et vous la connaissez maintenant ? demanda M. Warden.

— Oui, monsieur, répondit Snitchey. De plus, j'ai tout lieu de croire que ce secret sera révélé demain soir à sa sœur ; on le lui a promis. D'ici là, peut-être me ferez-vous l'honneur d'habiter ma maison, puisque vous n'êtes pas attendu dans la vôtre. Mais pour ne pas être exposé à l'inconvénient d'être reconnu ailleurs, comme vous venez de l'être ici, bien que vous soyez tellement changé que j'aurais, je crois, passé près de vous sans vous reconnaître, monsieur Warden ; pour ne pas vous exposer, dis-je, à pareil désagrément, nous ferions bien de dîner ici. Dans la soirée, nous irons à pied chez moi. On dîne fort bien dans cette maison, qui vous appartient par parenthèse, monsieur Warden. Moi-même et feu Craggs, nous y venions, de temps à autre, manger une côtelette, et nous étions parfaitement servis. M. Craggs, monsieur, ajouta Snitchey en fermant un instant les yeux bien serrés, puis les rouvrant après gravement, M. Craggs a été trop tôt rayé du livre de la vie !

— Que le ciel me pardonne de ne pas vous faire, comme je devrais, mes compliments de condoléance ! répliqua Michaël Warden en passant la main sur son front ; mais il me semble que je rêve et que je n'ai plus ma tête à moi. Vous me parliez de M. Craggs ; oui, je suis bien fâché que nous ayons perdu M. Craggs. »

Mais, tout en parlant, il regardait Clemency et semblait sympathiser plutôt avec Ben, qui s'efforçait de la consoler.

« M. Craggs, monsieur, reprit Snitchey, n'a pas trouvé la vie, je le dis à regret, aussi facile à pratiquer et à garder que le lui avait enseigné sa théorie ; autrement, il serait encore parmi nous. C'est une grande perte pour moi : c'était mon bras droit, ma jambe droite, mon oreille droite, mon œil droit, ce pauvre M. Craggs. Sans lui, je ne suis plus qu'un misérable paralytique. Il a légué à mistress Craggs sa part dans toutes les affaires de notre maison, qui, jusqu'à ce jour, a conservé son nom. Parfois, j'ai l'enfantillage de me faire l'illusion que mon associé existe encore. Vous pouvez remarquer, monsieur, que je parle encore, comme autrefois, pour moi-même et Craggs,... feu Craggs, monsieur, » ajouta le sensible avocat en déployant son mouchoir de poche.

Lorsque M. Snitchey eut achevé de parler, Michaël Warden, dont les yeux avaient été constamment fixés sur Clemency, se tourna vers lui et lui dit quelques mots à voix basse.

« Ah! pauvre créature! dit M. Snitchey en hochant la tête; certainement elle a toujours été fidèle à Marion; elle l'a toujours tendrement aimée. Charmante Marion! pauvre Marion!... Allons! ne vous désolez pas, madame.... Je puis vous appeler ainsi maintenant, Clemency, car vous êtes mariée. » Pour toute réponse Clemency soupira et remua tristement la tête.

« Bien! bien! attendez jusqu'à demain! dit l'avocat avec un accent plein de bonté.

— Demain ne peut ressusciter les morts, répliqua Clemency en sanglotant.

— Non; s'il ressuscitait les morts, il nous rendrait feu M. Craggs, reprit l'avocat; mais il peut amener des circonstances atténuantes; il peut nous apporter quelques consolations.... Attendez jusqu'à demain; » ajouta-t-il en tendant la main à Clemency.

Clemency serra la main de M. Snitchey d'un air de résignation, et Bretagne, qui avait été terriblement ému par le désespoir de sa femme, donna son approbation aux conseils affectueux de M. Snitchey. Celui-ci monta alors l'escalier avec Michaël Warden, et tous deux commencèrent à voix basse une conversation intime, dont le secret était d'ailleurs suffisamment protégé par le bruit des plats et des assiettes, les crépitations de la poêle à frire, le bouillonnement des casseroles, la monotone rotation du tournebroche qui, à chaque instant, faisait entendre un cri perçant, comme si, dans un accès de vertige, il eût reçu quelque mortelle atteinte à la tête; enfin par tous les préparatifs qui se faisaient dans la cuisine pour le dîner de ces messieurs.

La journée du lendemain fut belle et calme; et nulle part les teintes d'automne ne se montrèrent plus splendides que dans le paisible verger de la maison du docteur. Les neiges de bien des nuits d'hiver s'y étaient fondues; les feuilles flétries de bien des étés écoulés y avaient crié sous les pas des promeneurs depuis la fuite de Marion. Le chèvrefeuille du portique était encore une fois en fleur; les arbres projetaient sur l'herbe des ombres changeantes et salutaires ; le paysage avait la douce sérénité des plus beaux jours ; mais elle, où était-elle ?

Elle n'était pas là. Oh non ! Sa présence en ce jour dans l'ancienne demeure eût produit un changement plus grand que le changement autrefois causé par sa disparition ; mais en ce lieu familier se trouvait une jeune femme dont le cœur avait toujours conservé le souvenir de Marion, souvenir inaltérable, jeune, radieux de promesses et d'espérances. Cette jeune femme, devenue mère, — une petite fille adorée jouait à ses côtés, — avait gardé sa tendresse dévouée, profonde à Marion, et en ce moment même ce nom tremblait sur ses douces lèvres.

L'âme de la jeune fille perdue respirait dans les yeux de Grâce, cette sœur tant aimée. Ce jour était le double anniversaire de son mariage et de la naissance de Marion ; et Grâce était venue dans le verger avec son enfant et son mari. Celui-ci n'était devenu ni célèbre ni riche ; il n'avait point oublié les scènes et les amis de sa jeunesse ; en un mot, il n'avait justifié aucune des prédictions du vieux docteur. Mais, par ses visites bienfaisantes, continuelles et ignorées dans la demeure du pauvre, par ses veilles au chevet du lit de la souffrance ; par la connaissance, chaque jour mieux approfondie, des vertus modestes qui fleurissent dans les sentiers de la vie, et qui, au lieu d'être foulées par le pied pesant de la pauvreté, naissent en liberté sous ses pas et embellissent sa route, il avait mieux appris et mieux éprouvé, dans la succession des années, la vérité de ses premières croyances.

Les habitudes de sa vie, quoique calmes et retirées, lui avaient révélé que bien souvent, sans qu'ils s'en doutent, les hommes ont un commerce avec les anges, comme dans le bon vieux temps, et que les plus humbles créatures humaines, même celles qui ont le plus repoussant aspect et que recouvre la pauvreté, deviennent rayonnantes au chevet de la douleur, du besoin, de la souffrance, et se changent en esprits bienfaisants avec une auréole au-dessus de leurs têtes.

Sa vie avait un plus noble but sur le champ de bataille transformé que s'il l'eût passée dans les luttes plus retentissantes de l'ambition, et il était heureux avec Grâce, sa femme chérie.

Et Marion ! l'avait-il oubliée ?

« Les heures ont passé rapidement depuis cette nuit lamentable, chère Grâce, dit-il, et pourtant il me semble qu'il y a bien longtemps de cela. Nous comptons, non par les années, mais par les changements et les événements qui surviennent en nous et autour de nous.

— Des années ne s'en sont pas moins écoulées depuis que nous avons perdu Marion, répondit Grâce. Six fois, cher ami, en comptant cette soirée, nous sommes venus en ce lieu, le jour anniversaire de sa naissance, et nous avons parlé de l'heureux retour si vivement attendu, si longtemps différé. Quand donc aurons-nous la joie de ce retour? »

Le mari de Grâce l'observait attentivement en voyant les larmes qui roulaient dans ses yeux, et, se rapprochant d'elle, il lui dit : « Mais Marion ne nous a-t-elle pas déclaré, mon amour, dans la lettre d'adieu laissée sur votre table et si souvent relue par vous, qu'il fallait attendre des années avant que ce retour fût possible? N'est-ce pas là ce que disait la lettre? »

Grâce tira de son sein la lettre et la baisa.

« Ne vous disait-elle pas que, durant ce laps de temps, si heureuse qu'elle pût être, elle penserait au jour où vous seriez réunies, et que tout serait expliqué, en vous priant d'avoir la même pensée et de garder espoir et confiance? La lettre ne disait-elle pas cela, chère ?

— Oui, Alfred.

— N'a-t-elle pas tenu le même langage dans toutes les lettres qu'elle vous a écrites depuis?

— Excepté dans la dernière, celle que j'ai reçue il y a quelques mois, et dans laquelle elle me parlait de vous, de ce que vous saviez et des révélations qui doivent m'être faites ce soir. »

Alfred regarda le soleil qui déclinait rapidement, en disant que l'heure de ces révélations était fixée pour le coucher du soleil. « Alfred! répliqua Grâce en posant vivement la main sur l'épaule de son mari, il y a dans cette lettre.... cette vieille lettre si souvent relue par moi, disiez-vous.... il y a quelque chose dont je ne vous ai jamais parlé. Mais ce soir, cher mari, à mesure que s'approche l'heure du coucher du soleil, à mesure que toute notre existence semble s'adoucir et se faire silencieuse avec le jour qui s'en va, je ne puis garder ce secret.

— Quel est-il, mon amour?

— Au moment de nous quitter, Marion m'écrivit ici que vous l'aviez autrefois confiée à moi comme un dépôt sacré, et que maintenant, en vous quittant, Alfred, elle vous confiait à moi de même, en me priant, en me suppliant, au nom de ma tendresse pour elle, de ma tendresse pour vous, de ne pas repousser l'affection que vous reporteriez sur moi; et, loin de repousser cette affection, de l'encourager au contraire et de la payer de retour.

— Par conséquent, de me rendre heureux et fier, Grâce. Disait-elle aussi cela?

— Non, elle voulait seulement par là me faire vivre bénie et honorée dans votre amour, répondit Grâce en se jetant dans les bras de son mari.

— Écoutez-moi, chère! et restez là pour m'écouter, dit-il en la retenant sur sa poitrine par une caressante étreinte. Je sais pourquoi, jusqu'à ce jour, vous ne m'avez pas lu ce passage de la lettre. Je sais pourquoi, dans le temps, vos paroles et vos regards ne l'ont en rien trahi. Je sais pourquoi Grâce, malgré son amitié si vraie pour moi, montrait tant de répugnance à devenir ma femme. Et sachant cela, chère âme, je connais la valeur inappréciable du cœur qui bat sur le mien, et je remercie Dieu de ce riche trésor. »

Grâce versait des larmes; mais ces larmes étaient bien douces. Au bout de quelques instants, Alfred abaissa ses regards sur l'enfant qui jouait à leurs pieds avec une petite corbeille de fleurs, et lui dit de regarder comme le soleil était rouge et doré.

« Alfred, reprit Grâce en relevant vivement la tête à ces mots, le soleil descend à l'horizon. Vous n'avez pas oublié ce que je dois apprendre avant son coucher?

— Oui, vous allez apprendre l'histoire de Marion dans toute sa vérité, mon amour!

— Dans toute sa vérité! dit-elle d'une voix suppliante. Rien ne me sera plus caché. Voilà ce qu'on m'a promis. N'est-il pas vrai?

— On vous l'a promis, cela est vrai.

— Cette promesse doit être accomplie avant le coucher du soleil, le jour anniversaire de la naissance de Marion. Et voyez, Alfred, le soleil descend rapidement!

— Ce n'est plus à moi, chère Grâce, qu'il appartient de vous apprendre ce secret. Il doit vous être révélé par d'autres lèvres.

— Par d'autres lèvres! répéta Grâce.

— Oui; je connais la fermeté de votre cœur, votre courage, et je sais qu'un mot de préparation suffira. Vous avez dit que l'heure était venue de tout vous apprendre, et vous avez dit vrai. Promettez-moi donc d'avoir assez de force pour supporter une épreuve.... une surprise.... un choc violent, et sur-le-champ j'appelle le messager; il est ici près.

— Quel messager? demanda Grâce. Et quel est son message?

— Je me suis engagé, répondit Alfred en la regardant fixement, je me suis engagé à n'en pas dire davantage. Croyez-vous me comprendre ?

— J'en ai peur, » répondit-elle.

Grâce était offrayée en voyant l'émotion que trahissait la physionomie de son mari, bien qu'il s'efforçât de donner de l'assurance à son égard. Derechef, elle cacha son visage contre l'épaule d'Alfred, et, tremblante, elle le pria de ne pas appeler encore le messager.

« Du courage, mon amie ! J'attendrai que votre fermeté soit revenue.... Mais le soleil se couche.... et nous sommes au jour anniversaire de la naissance de Marion.... Du courage, du courage, Grâce ! »

Elle releva la tête ; puis, jetant les yeux sur son mari, elle lui dit qu'elle était prête. En ce moment, tandis qu'elle le regardait s'éloigner, sa physionomie prit une merveilleuse ressemblance avec celle qu'on remarquait chez Marion pendant les derniers jours qui précédèrent sa fuite. Comme Alfred emmenait l'enfant, Grâce la rappela.... elle portait le nom de la sœur perdue. Grâce la pressa contre son sein ; puis, après cette caresse, l'enfant s'étant empressée de rejoindre son père, Grâce demeura seule. Sans se rendre compte de ses craintes ou de ses espérances, elle restait à la même place, immobile, et les yeux fixés sur le portique, par lequel avaient disparu sa fille et son mari. Ah !... quelle est cette forme sortant de l'ombre du portique et s'arrêtant sur le seuil ? Cette forme humaine, avec ses blancs vêtements, agités par la brise du soir, et cette tête que le vieux docteur étreint si passionnément contre son cœur.... Grand Dieu ! est-ce une vision qui s'élance des bras du vieillard en poussant un cri, en tendant les mains, pour se précipiter ensuite au-devant de Grâce avec un irrésistible élan d'amour, et tomber défaillante entre ses bras ? « O Marion ! Marion ! ô ma sœur ! ô cher amour de mon âme ! ô joie ! ô bonheur ineffable ! je vous revois ! » Ce n'était ni un rêve, ni un fantôme évoqué par l'espoir et la crainte.... Mais Marion elle-même, la douce Marion ! si belle, si heureuse, si exempte de soucis et d'inquiétude, si radieuse dans sa beauté céleste que, tandis que le soleil couchant rayonnait sur son visage penché en arrière, on l'eût prise pour un esprit visitant la terre afin d'y accomplir une mission de charité.

Elle tenait embrassée sa sœur qui était tombée sur un banc et qui se penchait sur elle ; elle était agenouillée devant Grâce et l'enlaçait dans ses bras en lui souriant à travers ses larmes, sans pouvoir détourner un seul instant ses regards du visage bien-aimé. Et, tandis que les derniers rayons du soleil illuminaient son front, que le doux calme du soir se faisait autour d'elles, Marion rompit enfin le silence, d'une voix suave, claire, délicieuse, en parfaite harmonie avec la circonstance.

« Au temps où cette demeure était ma chère demeure, Grâce, comme elle va le redevenir....

— Ne parlez pas, mon doux amour !.. O Marion ! demeurez un instant sans parler. »

Dans ses premiers transports, Grâce n'avait pas la force d'entendre cette voix si chère.

« Au temps où cette demeure était la mienne, Grâce, comme elle va le redevenir, je l'aimais, lui, de toute mon âme. Je l'aimais tant que, jeune comme je l'étais, je serais morte pour lui. Jamais je n'ai douté de son affection, car elle m'était précieuse par-dessus tout. Quoiqu'il y ait longtemps, bien longtemps de cela, et que tout soit grandement changé, je serais profondément affligée, si vous, qui aimez si bien, pouviez croire que je ne l'ai pas aimé sincèrement autrefois. Jamais je ne l'aimai mieux, Grâce, que quand, à pareil jour, il s'éloigna de ces lieux. Je ne l'aimai jamais mieux, chère sœur, que le soir où, à mon tour, je quittai cette maison. »

Grâce, toujours penchée sur sa sœur, ne pouvait que la regarder en face en la tenant dans ses bras.

« Mais, reprit Marion avec un doux sourire, il avait, à son insu, conquis un autre cœur avant que j'eusse appris que j'en avais un à lui donner.... Ce cœur, dans son autre tendresse, m'était si pleinement consacré..., il était si dévoué, si noble, qu'il déracina son amour et cacha son secret à tous les yeux, hormis aux miens.... Ah ! quels autres auraient pu deviner une tendresse si grande sans la clairvoyance de la gratitude !... Et ce cœur était heureux de se sacrifier à moi ! Mais j'entrevis quelque chose dans ses profondeurs. Je compris de quel inestimable prix il serait pour Alfred qui, malgré son amour pour moi, l'appréciait dignement. Je compris tout ce que je devais à ce cœur. J'avais, chaque jour, ses grands exemples devant moi. Ce que vous aviez fait pour moi, Grâce, je sentis que je pourrais le faire pour vous, si je voulais. Jamais je ne reposai ma tête sur l'oreiller sans demander au ciel, avec des larmes, la force d'accomplir un pareil sacrifice, et sans me rappeler les propres paroles d'Alfred, le matin de son départ. Il avait dit, et vous me l'aviez répété, que chaque jour, dans les luttes du cœur, on remportait des victoires devant lesquelles pâlissaient celles des champs de bataille. A force de penser aux grandes peines vaillamment supportées dans le silence et l'oubli, au milieu des glorieuses et incessantes luttes dont il parlait, mon épreuve me semblait devenir légère, facile, et celui qui lit dans nos cœurs en ce moment, chère Grâce, qui sait qu'il n'y a pas dans le mien une seule goutte d'amertume ou de chagrin mêlée à mon bonheur parfait, me donna la force de jurer que je ne deviendrais jamais la femme d'Alfred ; qu'il serait mon frère et votre mari, si la résolution que je prenais pouvait amener cet heureux résultat ; mais que jamais, — et pourtant, Grâce, je l'aimais bien ! — que jamais je ne serais sa femme !

— O Marion ! Marion !

— Je m'étais efforcée de lui témoigner de l'indifférence.... Marion pressa le visage de sa sœur contre le sien.... Mais cette tâche était difficile, et toujours vous plaidiez chaleureusement sa cause. J'avais essayé de vous parler de ma résolution ; mais vous ne vouliez jamais m'écouter ; vous ne vouliez jamais me comprendre.

« L'époque de son retour approchait. Je sentis que je devais agir avant de reprendre notre intimité de chaque jour. Je savais qu'une crise violente nous épargnerait à tous une longue agonie. Je me disais qu'en partant alors il arriverait ce qui est arrivé depuis, en effet, à notre grande joie à toutes deux, Grâce ! J'écrivis à notre tante Martha, pour lui demander asile en sa maison. Elle y consentit volontiers, bien qu'à cette époque je ne lui aie dit qu'une partie de mon histoire. Tandis que je discutais cette démarche avec moi-même, avec mon amour pour vous et pour le foyer paternel, M. Warden, amené ici par un accident, devint notre hôte.

— Pendant ces dernières années, j'ai songé quelquefois à cela en tremblant, s'écria Grâce, dont le visage se couvrit de pâleur. Vous ne l'avez jamais aimé, ajouta-t-elle, et vous l'avez épousé, par suite du sacrifice que vous vous êtes imposé pour moi !

— Il était alors, reprit Marion en attirant à elle sa sœur, il était sur le point de partir secrètement pour un long voyage. Après avoir quitté la maison, il m'écrivit pour me dire la vérité touchant sa situation, ses projets, et pour m'offrir sa main. Il s'était aperçu, me disait-il, de l'inquiétude où me jetait la pensée du retour d'Alfred. Il croyait sans doute que mon cœur n'avait aucune part dans ce projet d'union, ou bien que j'avais cessé de l'aimer.... Que sais-je encore ? Mais je voulais vous faire bien sentir que j'étais entièrement perdue pour Alfred.... morte pour lui.... Me comprenez-vous, mon amour ? »

Grâce la regarda attentivement, d'un air de doute. « Je vis

M. Warden, poursuivit Marion, et, me fiant à son honneur, je lui révélai mon secret, la veille de notre double départ. Il garda ce secret.... Maintenant, me comprenez-vous, chère ? »

Grâce la regarda d'un œil incertain, et sembla ne pas l'entendre.

« Mon amour, ma sœur ! dit Marion ; rappelez un instant vos pensées; écoutez-moi. Ne jetez pas sur moi ces regards étranges. Il y a des pays, ma bien-aimée, où ceux qui désirent abjurer une passion funeste, ou lutter contre un sentiment de leur cœur, se retirent dans une profonde solitude, et mettent une éternelle barrière entre eux-mêmes et le monde avec ses amours et ses espérances. Quand des femmes agissent ainsi, elles prennent ce nom qui nous est si cher à nous deux et s'appellent sœurs. Mais, Grâce, il peut se trouver des sœurs dans le vaste monde où nous vivons, sous son libre ciel, au milieu de la foule agitée, dans la vie enfin où elles s'efforcent de se rendre aimables et utiles, il peut se trouver des sœurs qui suivent les mêmes enseignements, et qui, avec des cœurs encore tendres et jeunes accessibles à tous les bonheurs, à toutes les chances de bonheur, peuvent dire que la bataille est depuis longtemps terminée, que depuis longtemps elles ont remporté la victoire. Je puis dire cela, moi ! me comprenez-vous maintenant ?... »

Grâce fixa ses regards sur sa sœur, et ne répondit pas.

« O Grâce, chère Grâce, poursuivit Marion en s'appuyant plus tendrement et plus passionnément encore sur ce sein loin duquel elle avait été si longtemps exilée, si vous n'étiez pas une heureuse épouse, une heureuse mère ; si Alfred, mon bon frère, n'était pas votre époux adoré, d'où me viendrait le ravissement où je suis plongée ce soir ? Mais je reviens telle que je suis partie; mon cœur n'a pas connu d'autre amour; ma main m'appartient encore, je suis ce que j'étais autrefois, votre Marion toujours aimante, et dont l'affection est à vous sans partage, Grâce ! »

Grâce comprit alors. Son visage s'épanouit ; des sanglots la soulagèrent; et, se jetant au cou de sa sœur, elle pleura et pleura encore, en la caressant comme au temps de son enfance.

Lorsque leurs transports furent un peu calmés, elles s'aperçurent que le docteur et sa sœur, la bonne tante Martha, étaient tout près d'elles avec Alfred.

« Ce jour n'est pas sans regrets pour moi, dit la bonne tante Martha en souriant à travers ses larmes, tandis qu'elle embrassait ses nièces; car, en vous rendant tous heureux, je perds ma chère compagne ; et que pouvez-vous me donner en échange de ma douce Marion ?

— Un frère converti, dit le docteur.

— Assurément, répliqua la tante Martha, c'est bien quelque chose dans une farce comme....

— Oh ! cessez, de grâce !... dit le docteur avec un accent de repentir.

— Eh bien ! soit, reprit la tante Martha. Pourtant, je me regarde comme lésée dans mes intérêts de cœur. Je ne sais ce que je vais devenir sans Marion, après avoir vécu des années entières avec elle.

— Vous resterez avec nous, répondit le docteur ; nous n'aurons plus de querelles, chère Martha.

— Ou bien vous vous marierez, tante, dit Alfred.

— Eh !... ce ne serait peut-être pas une mauvaise idée, si je devais épouser, par exemple, M. Michaël Warden qui, m'a-t-on dit, est revenu au pays, changé, sous tous les rapports, à son grand avantage ; mais, comme je l'ai connu enfant, et qu'à cette époque je n'étais déjà plus une très-jeune fille, peut-être ne se soucierait-il pas de moi. Aussi me déciderai-je à suivre Marion et à vivre avec elle, quand elle se mariera. D'ici là, et je n'attendrai pas bien longtemps, je crois, je vivrai seule. Que dites-vous de ce projet, frère ?

— J'ai bonne envie de dire que ce monde est ridicule, et qu'il ne s'y trouve rien de sérieux, répliqua le pauvre vieux docteur avec un sourire mélancolique.

— Vous auriez beau dire, lui répondit sa sœur, personne ne vous croirait, en voyant ce qui se passe autour de nous en ce moment.

— Oui, ce monde est plein de nobles cœurs, dit le docteur en embrassant tour à tour ses deux filles. C'est un monde sérieux, malgré toutes ses folies, et par-dessus le marché, malgré ma propre folie, qui aurait suffi pour donner le vertige au globe entier ; un monde dont nous ne devons parler qu'avec circonspection, car il abonde en mystères sacrés, et le Créateur seul sait ce que recouvre la surface de sa plus humble image ! »

Vous ne seriez pas fort enchantés de ma plume indiscrète, si elle décrivait dans tous leurs détails les transports de cette famille enfin réunie après une si longue séparation. C'est pourquoi je ne suivrai pas le pauvre docteur à travers les souvenirs de sa douleur passée. Je ne dirai pas combien il avait fini par trouver sérieux ce monde dans lequel un amour profondément enraciné est le lot de toute créature humaine. Je ne dirai pas à quel point il avait été affligé par l'absence d'une petite unité faisant partie du grand tout si absurde, selon lui. Je ne dirai pas enfin comment, prenant pitié de son désespoir, sa sœur lui avait révélé la vérité, depuis longtemps et peu à peu, au sujet de cette fille, exilée volontaire, qu'elle lui rendait, et dont elle lui avait fait connaître le cœur.

Je m'abstiendrai même de raconter comment Alfred Heathfield avait, depuis quelque temps, appris la vérité par Marion elle-même, qui lui avait promis que, pour l'anniversaire de sa naissance, à l'heure du soir, Grâce connaîtrait enfin toute la vérité....

« Je vous demande pardon, docteur, dit M. Snitchey en paraissant à la porte du verger; puis-je me permettre d'entrer? »

Et sans attendre la permission, M. Snitchey vint droit à Marion, et lui baisa la main d'un air tout joyeux. « Si M. Craggs était encore de ce monde, ma chère miss Marion, il aurait pris une part bien vive à l'événement d'aujourd'hui. Cet événement, monsieur Alfred, lui aurait appris que la vie n'est pas trop facile, et que, la plupart du temps, elle se trouve bien de toutes les petites douceurs que nous pouvons lui donner; mais.... M. Craggs était un homme à se laisser convaincre sans répugnance; il était toujours accessible à la conviction, monsieur. Si maintenant il pouvait être encore accessible à la conviction, je.... mais, hélas!... j'oublie.... Mistress Snitchey, ma chère! »

A cet appel, la dame en question entra dans le verger. « Mistress Snitchey, vous êtes au milieu d'anciens amis. »

Mistress Snitchey, ayant fait ses compliments à la société, prit à part son mari : « Un mot, monsieur Snitchey, dit-elle. Il n'est pas dans ma nature de troubler les cendres de ceux qui ne sont plus.

— Non, ma chère, je le sais, répliqua M. Snitchey.

— Mais, reprit mistress Snitchey, je vous dirai que M. Craggs est...

— Mort, oui, ma chère, il est mort, je le sais, interrompit M. Snitchey.

— Permettez-moi cependant, riposta mistress Snitchey, de vous demander si vous vous rappelez la fameuse nuit du bal. Je ne vous demande que cela. Si vous vous la rappelez, et si votre mémoire ne vous a pas complètement abandonné, monsieur Snitchey; si vous n'êtes pas absolument dans votre radotage habituel, je vous prie de faire un rapprochement entre ce qui s'est passé durant la nuit en question et ce qui se passe aujourd'hui.... Je vous prie de vous rappeler avec quelles instances je vous suppliai à genoux....

— A genoux, ma chère? s'écria M. Snitchey.

— Oui, dit mistress Snitchey avec assurance, oui, à genoux, vous le savez bien.... Je vous suppliai de vous défier de cet homme.... d'observer son regard.... et je vous prie de me dire maintenant si j'avais raison, et si Craggs ne vous cachait pas un secret!...

— Mistress Snitchey, répondit M. Snitchey à l'oreille de sa femme, si vous avez vu une paille dans son œil, avez-vous jamais vu la poutre qui était dans le mien?

— Non, jamais, répliqua sèchement mistress Snitchey.

— C'est que, cette nuit-là, madame, continua-t-il en tirant sa femme par la manche, il arriva que nous possédions, Craggs et moi, un secret que nous ne voulions pas communiquer, et que ce secret avait rapport à notre profession. Aussi, moins nous parlerons de cette circonstance, mieux cela vaudra, mistress Snitchey, et je souhaite que mes paroles vous apprennent à voir plus juste et plus charitablement une autre fois.... Miss Marion, je vous ai amené une amie.... Venez, madame, » ajouta-t-il en faisant signe à la femme de M. Bretagne.

La pauvre Clemency, tenant son tablier sur ses yeux, entra lentement en compagnie de son mari, qui disait mélancoliquement que si sa femme s'abandonnait à la douleur, c'était fait de *la Râpe à muscade.*

« Eh bien? madame, lui dit l'avocat en retenant Marion qui s'élançait à la rencontre de Clemency, et en se plaçant entre elles; eh bien? qu'avez-vous?

— Ce que j'ai! » s'écria la triste Clemency.

A ces mots, elle leva les yeux pour manifester la surprise et le courroux provoqués en elle par la question de M. Snitchey, non moins que par une espèce de rugissement poussé par M. Bretagne. Mais, en voyant devant elle le doux visage de Marion si bien gravé dans sa mémoire, elle la regarda d'un œil effaré, sanglota, rit, cria, embrassa Marion, l'étreignit dans ses bras, la quitta pour se jeter sur M. Snitchey qu'elle embrassa aussi, à la grande indignation de mistress Snitchey, puis sur le docteur qu'elle embrassa de même; enfin, elle cacha sa tête dans son tablier, derrière lequel elle se livra à des rires et à des sanglots convulsifs.

Cependant, un étranger était entré dans le verger à la suite de M. Snitchey, et s'était tenu près de la porte, sans être vu de personne; car chacun était fort occupé, et toute l'attention disponible avait été absorbée par l'extase de Clemency. Loin de sembler désireux d'attirer les regards, l'étranger demeurait à l'écart, les yeux baissés. Son air abattu contrastait singulièrement avec la joie générale.

Tante Martha fut la seule qui le vît, et aussitôt elle alla causer avec lui. Un instant après, elle s'approcha de Grâce et de Marion, puis dit quelques mots à l'oreille de cette dernière, qui tressaillit et parut fort troublée; mais, recouvrant bientôt son sang-froid, elle alla timidement vers l'étranger avec tante Martha et se mit, à son tour, à causer avec lui.

Pendant ce temps, M. Snitchey, tirant de sa poche un papier qui avait la tournure d'une pièce légale, aborda M. Bretagne.

« Monsieur Bretagne, lui dit-il, je vous félicite; vous êtes maintenant l'unique propriétaire de la maison connue sous le nom de *la Râpe à muscade*. Par la faute de Michaël Warden, mon client, votre femme a perdu jadis une maison; elle en gagne une autre aujourd'hui. Un de ces jours, j'aurai le plaisir de solliciter, un de ces quatre matins, votre suffrage dans les élections du comté.

— Mon vote aurait-il la même valeur, si je changeais l'enseigne de ma maison? demanda M. Bretagne.

— Assurément, répondit l'avocat.

— En ce cas, dit M. Bretagne en tendant le titre de propriété à M. Snitchey, ajoutez ces mots à mon enseigne : *et du dé à coudre*. Voulez-vous avoir cette bonté? Quant aux devises écrites sur le dé, je les ferai graver ailleurs.

— Laissez-moi réclamer le bénéfice des maximes auxquelles vous faites allusion, dit une voix derrière M. Bretagne.... C'était celle de Michaël Warden.... Monsieur Heathfield.... et vous docteur Jeddler, j'aurais pu vous faire bien du mal, mais je n'ai nul mérite à m'en être abstenu. Je ne prétends pas être plus sage ou meilleur après une expérience de six années; néanmoins, j'ai gémi sur moi-même pendant ce laps de temps. Je n'ai nul droit à solliciter votre bienveillance; j'ai abusé de l'hospitalité de cette maison, et je rougis de ma conduite. La leçon que j'ai reçue m'a profité, et je dois remercier une personne, — il adressa un regard à Marion, — une personne à laquelle j'ai demandé bien humblement pardon, en reconnaissant son mérite et mon indignité.... Dans quelques jours, je quitterai ces lieux pour n'y plus revenir. Je vous supplie de me pardonner : *Faites ce que vous voudriez qu'on fît pour vous; oubliez et pardonnez!* »

Le TEMPS, de qui je tiens la dernière partie de cette histoire et que j'ai le plaisir de connaître personnellement depuis quelque trente-cinq ans, m'a appris, en s'appuyant nonchalamment sur sa faux, que Michaël Warden ne quitta plus la contrée, et qu'au lieu de vendre sa maison, il l'ouvrit de nouveau, y offrit une hospitalité magnifique, et eut une femme, l'orgueil et l'ornement du pays, laquelle se nommait Marion.

Mais, comme j'ai remarqué que le TEMPS confond parfois les faits, je ne sais trop quelle confiance je dois avoir dans cette autorité.

LE POSSÉDÉ

LE POSSÉDÉ.

I

Le don accordé.

Tout le monde le disait.

Loin de moi la pensée de soutenir que ce que dit tout le monde doive être vrai. Souvent il arrive que tout le monde a raison, comme aussi que tout le monde a tort. D'après la commune expérience, tout le monde a tort si fréquemment, et, la plupart du temps, il a fallu de si fastidieuses recherches pour découvrir à quel point il a eu tort, qu'il vaut mieux admettre tout de suite que son autorité est évidemment contestable. Il peut se faire que parfois tout le monde ait raison; « mais cela n'est point une règle, » comme dit le spectre de Giles Scroggins dans la ballade.

Ce mot redoutable, le *spectre*, me rappelle à mon héros.

Tout le monde disait qu'il avait l'air d'un homme poursuivi par des visions. Et je demande à ajouter que, cette fois, tout le monde avait raison. C'était la vérité.

Quiconque eût vu ses joues creuses, son œil cave, brillant; et sous leurs noirs vêtements, ses formes qui avaient je ne sais quoi de repoussant, quoique bien prises et bien proportionnées; ses cheveux argentés, tombant le long de son visage, semblables à des algues marines enchevêtrées, comme s'il eût été, durant sa vie entière, un but solitaire exposé aux flots déchaînés du vaste océan de l'humanité; quiconque eût vu cet homme, aurait assurément dit qu'il avait l'air d'un homme poursuivi par des visions, d'un possédé.

Quiconque eût observé son maintien taciturne, rêveur, sombre, ses manières empreintes d'une réserve habituelle, d'une froideur invariable, et son air préoccupé semblant indiquer un retour aux choses et aux temps passés, ou bien une profonde attention prêtée à quelques vieux échos de son esprit ; quiconque eût observé tout cela, aurait dit que ses manières étaient celles d'un possédé.

Quiconque eût entendu sa voix lente, caverneuse, grave et remarquable par une ampleur, une mélodie naturelle, contre lesquelles il semblait se tenir en garde, quiconque eût entendu cette voix, aurait dit, à coup sûr, que c'était la voix d'un possédé.

Quiconque l'eût vu dans son appartement retiré, mi-bibliothèque et mi-laboratoire, car, à la connaissance de tout le monde, au loin et dans le voisinage, c'était un homme expert en chimie et un professeur aux lèvres et aux mains duquel une foule d'oreilles et d'yeux se suspendaient chaque jour ; quiconque l'eût vu là, pendant une soirée d'hiver, seul, entouré de ses drogues, de ses instruments et de ses livres, à la lueur d'une lampe couverte d'un abat-jour, et projetant sur la muraille une ombre gigantesque, immobile, au milieu d'innombrables formes fantastiques, produites par les clartés vacillantes du foyer sur les objets étranges étalés çà et là, quelques-uns de ces fantômes se trouvant réfléchis par les vaisseaux en verre remplis de liquide, et tremblant convulsivement comme des choses ayant la conscience de sa puissance à les combiner et à réduire leurs atomes en vapeur et en feu ; quiconque l'eût vu à pareilles heures, après l'œuvre accomplie, méditant dans son fauteuil, devant la rouge flamme du foyer, remuant ses lèvres minces comme l'on fait en parlant, bien qu'elles demeurassent muettes comme la mort, aurait dit infailliblement que l'homme et l'appartement semblaient être au pouvoir des esprits.

Qui ne se serait dit, avec un faible effort d'imagination, que chaque objet, autour de cet homme, prenait cette apparence surnaturelle, et que ce séjour était habité par des esprits !

Cette retraite avait, en effet, l'aspect d'un antre mystérieux. C'était un vieux bâtiment isolé, qui faisait partie d'un édifice fondé anciennement pour recevoir des étudiants et situé sur un terrain vaste et découvert. Mais, à cette époque, déchue de son antique splendeur, l'œuvre en ruine d'architectes oubliés, noircie par le temps et la fumée, pressée de tous côtés par les envahissements croissants d'une grande ville, était étouffée comme un vieux puits par une masse de briques et de pierres ; ses petits quadrangles, gisant dans de véritables fossés formés par les rues et les maisons construites avec le temps au-dessus de ses massives cheminées ; ses arbres séculaires, insultés par la fumée du voisinage qui daignait descendre à leur niveau lorsqu'elle était très-faible et le temps très-variable ; ses pelotes de gazon luttant avec la terre amaigrie pour conserver au moins un reste d'existence; ses pavés, inaccoutumés au contact des pas humains, et même reculés de tous les yeux, si ce n'est lorsqu'un passant égaré plongeait là des regards étonnés, en se demandant ce que c'était que ce trou; son cadran solaire enfoui dans un petit coin recouvert de briques, où, depuis un siècle, pas le moindre rayon de soleil n'avait pénétré, mais au fond duquel, comme dédommagement de l'abandon du soleil, la neige séjournait pendant des semaines entières, par un privilége exclusif, tandis que le noir vent d'est, partout ailleurs silencieux et calme, s'y engouffrait comme dans une immense toupie ronflante; tout enfin y frappait l'esprit d'une terreur sombre.

A l'intérieur, au cœur même de son logis, aux abords de son foyer, la demeure du chimiste semblait s'affaisser de vétusté, et cependant, elle était encore fort solide, malgré ses poutres, ses solives rongées par les vers, et son lourd plancher allant en pente dans la direction de la grande cheminée de chêne; entourée, serrée par la pression de la ville, et néanmoins bien éloignée d'elle par le caractère, le temps et les usages; paisible s'il en fut, et pourtant si pleine de retentissants échos, lorsqu'au loin une voix s'élevait ou que quelque porte se fermait, échos obstinés qui, au lieu de s'éteindre dans les corridors et les chambres vides, couraient grondant et murmurant jusque dans les profondeurs les plus reculées.

Il eût fallu le voir dans sa mansarde à l'heure du crépuscule, au milieu de la désolation de l'hiver.

A l'heure où le vent souffle et siffle, tandis que le soleil terne descend à l'horizon; à l'heure où il fait juste assez sombre pour que les formes des choses deviennent vastes et indistinctes; à l'heure où les gens assis près du feu commencent à voir dans les charbons des figures fantastiques, des montagnes, des abîmes, des embuscades et des armées; à l'heure où dans les rues, le passant court, devant la brise; à l'heure où ceux qui sont forcés d'affronter le temps sont arrêtés dans quelque coin obscur et glacial, par la neige qui fouette leurs paupières; à l'heure où les fenêtres des maisons sont soigneusement closes, et où le gaz commence à darder ses rayons dans es rues tranquilles ou agitées, sur lesquelles la nuit descend avec rapidité;

A l'heure où le vagabond, grelottant sur la voie publique, plonge des regards affamés sur les fourneaux des cuisines souterraines, surexcitant ainsi son appétit, en humant, tout le long du chemin, la fumée des dîners d'autrui;

A l'heure où ceux qui voyagent par terre sont gelés de froid et fixent des yeux hagards sur les sombres paysages, en frissonnant de tous leurs membres au souffle de la tempête; à l'heure où les matelots suspendus aux vergues couvertes de glaçons sont affreusement balancés en tous sens au-dessus des flots en courroux; à l'heure où les phares, plantés sur les rochers et les pointes de terre, apparaissent comme des sentinelles solitaires, tandis que les oiseaux de mer, surpris par la nuit, se précipitent sur les fanaux, s'y brisent et tombent morts;

A l'heure où les petits enfants, lisant des contes au coin du feu, tremblent en songeant au sort de Cassim Baba, dont les membres, coupés en morceaux, sont suspendus dans la caverne des quarante voleurs, ou se demandent avec effroi s'il ne leur arrivera pas, en traversant le sombre et long corridor conduisant à la chambre à coucher, de rencontrer quelque soir la petite vieille si terrible avec sa béquille, celle qui avait coutume de s'élancer hors de la boîte, dans la chambre du marchand Abudah;

A l'heure où, dans la campagne, les dernières lueurs du jour s'évanouissent au fond des avenues, tandis que les arbres, courbés en forme de voûte, se couvrent de ténèbres épaisses; à l'heure où, dans le parc et les bois, les hautes et humides fougères, la mousse et les lits de feuilles mortes et les troncs d'arbres se dérobent à la vue sous des masses d'ombres impénétrables; à l'heure où des brouillards surgissent des prés et des rivières, à l'heure où les clartés qui brillent aux fenêtres des vieux manoirs et des cottages font envie au voyageur. A l'heure où le moulin s'arrête, où l'artisan ferme son atelier, où le laboureur, laissant sa charrue dans le champ désert, ramène ses bœufs à l'étable, tandis que l'horloge de l'église tinte plus sonore, et que la porte du cimetière est close pour toute la nuit;

A l'heure où, de toutes parts, le crépuscule délivre les ombres emprisonnées depuis le commencement du jour, qui, maintenant, se rassemblent et se massent, pareilles à d'innombrables légions de fantômes; à l'heure où elles se tiennent accroupies dans les coins des maisons et grimacent derrière les portes entr'ouvertes; à l'heure où elles sont en pleine possession des demeures désertes; à l'heure où, dans les lieux habités, elles dansent sur les planches, sur les murs et les plafonds, pendant que le feu languit au foyer, mais pour se retirer, comme des eaux à la marée basse, dès que la flamme se réveille; à l'heure où, transformant d'une façon fantastique tout ce qui se trouve au logis, elles font de la bonne une ogresse, du cheval de bois un monstre, de l'enfant étonné, qui ne sait plus s'il doit rire ou pleurer, une forme étrangère à lui-même, et des pincettes de la cheminée, un géant qui étend ses grands bras comme pour broyer les os des humains et les moudre en farine afin d'en faire son pain;

A l'heure où ces ombres portent dans l'imagination des vieillards d'autres pensées, et leur présentent des images nouvelles ; à l'heure où elles sortent furtivement de leurs retraites, avec des formes et des visages des temps passés, exhumés des tombeaux, des profondeurs de la mer, où sont errantes les choses qui auraient pu être et n'ont jamais été ;

A cette heure, notre homme était assis devant son feu sur lequel ses yeux étaient fixés, tandis que les ombres allaient et venaient suivant les caprices de la flamme.

Et, bien qu'il n'observât pas ces ombres avec les yeux de son corps obstinément attachés au foyer, c'est à cette heure qu'il eût fallu le voir, alors que les bruits surgissant avec les ombres, et quittant leurs retraites aux appels du crépuscule, semblaient faire une solitude plus profonde encore autour de lui; alors que le vent mugissait dans la cheminée et hurlait ou sifflait dans la maison; alors que les vieux arbres de la cour subissaient de si fortes secousses, qu'un vieil oiseau de nuit, troublé dans son sommeil, protestait contre ce vacarme, en cris dolents et plaintifs; alors que, par intervalles, la fenêtre tressaillait, que la girouette rouillée de la tourelle grinçait, que la cloche suspendue dans le beffroi annonçait la fuite d'un autre quart d'heure, et que le feu s'affaissait en craquant.

En ce moment, et tandis que le chimiste était assis, comme nous venons de le voir, devant son foyer, un coup frappé soudain à la porte le tira de sa rêverie.

« Qui va là? s'écria-t-il. Entrez! »

Assurément, nulle forme humaine n'était venue s'appuyer sur son fauteuil; nuls regards n'étaient venus l'épier par-dessus son épaule. Certainement, aucun pas n'avait effleuré le sol au moment où le chimiste leva la tête comme en sursaut et parla. Et cependant, bien qu'il n'y eût dans la chambre aucun miroir sur la surface duquel son image eût pu se réfléchir un moment, *quelque chose* avait obscurément passé pour s'évanouir aussitôt.

« Je crains, monsieur, permettez-moi de vous le faire observer, dit un homme au visage haut en couleur, à l'air affairé, en tenant la porte ouverte avec son pied, afin d'introduire sa propre personne et un panier qu'il portait; je crains, monsieur, répéta-t-il en retirant peu à peu son pied pour que la porte se refermât sans bruit, je crains d'être un peu en retard ce soir. Mais mistress William a été si souvent enlevée de dessus ses jambes....

— Par le vent? Ah! oui, je l'ai entendu souffler.

— Par le vent, monsieur. C'est un miracle qu'elle soit parvenue à rentrer au logis. Oh! mon Dieu, oui, oui.... par le vent, monsieur Redlaw, par le vent. »

Tout en parlant, il avait déposé le panier contenant le dîner, et après avoir allumé la lampe, il mit la nappe sur la table, occupation qu'il abandonna précipitamment pour attiser le feu, et qu'il reprit aussitôt après. Pendant ce court espace de temps, la double clarté de la lampe et du foyer avait si subitement changé l'aspect de la chambre, qu'il semblait que la seule présence de cet homme, avec sa figure rubiconde et son activité, eût suffi pour opérer cette agréable métamorphose.

« Mistress William est naturellement sujette, en tout temps, monsieur, à être dérangée de son équilibre par les éléments. Elle ne peut pas s'en empêcher.

— Non? répondit M. Redlaw d'un ton de bonne humeur, quoique un peu brusquement.

— Non, monsieur. Tantôt c'est la terre sur laquelle elle marche, qui fera perdre à mistress William son équilibre. Comme, par exemple, il y a eu dimanche huit jours, qu'il faisait si gras et si glissant, pendant qu'elle était sortie pour aller prendre le thé en ville avec sa nouvelle belle-sœur. Or, mistress William a soin de sa personne; elle a surtout à cœur de ne pas se crotter, et de faire preuve d'une grande propreté. Tantôt mistress William perdra son équilibre par la faute de l'air. Ainsi, elle consentit un jour à accompagner une de ses amies pour aller essayer une escarpolette à la foire de Peckham; eh bien! cet exercice agit subitement sur sa constitution, comme le mouvement d'un bateau à vapeur. Mistress William peut perdre encore son équilibre par le feu : à preuve qu'à propos d'une fausse alerte des pompiers, pendant qu'elle habitait chez sa mère, elle parcourut la distance de deux milles en bonnet de nuit. Mistress William peut perdre son équilibre par l'eau, comme un jour à Battersea, se trouvant dans un canot avec son petit neveu, Charley Swidger junior, âgé de douze ans, lequel n'entendant rien à la navigation, laissa dériver le canot contre les pierres de la jetée. Mais ce sont les éléments qui sont cause de tout cela! Ce n'est qu'en dehors des éléments qu'on peut juger de la force de caractère de mistress William. »

Il s'arrêta dans l'attente d'une réponse qui se traduisait par un *oui* accentué comme précédemment.

« Oui, monsieur; mon Dieu! oui, dit M. Swidger, tout en continuant ses préparatifs et en énumérant chaque objet pris par lui sur la table.

— C'est comme cela, monsieur. Voilà ce que je me dis toujours, monsieur. Nous sommes si nombreux, nous autres Swidgers! Poivre.... Tenez, monsieur, voilà mon père, le vieux gardien de ces bâtiments : il a quatre-vingt-sept ans. C'est un Swidger. Cuiller.

— C'est vrai, William, » lui fut-il répondu d'un ton patient et distrait.

William s'arrêta de nouveau.

« Oui, monsieur, répondit-il, voilà ce que je dis toujours, monsieur. Vous pouvez bien l'appeler le tronc de l'arbre! Pain.... Puis, vient son humble successeur, c'est-à-dire moi en personne. Sel.... Et mistress William, tous deux des Swidgers. Fourchettes et couteaux.... Après cela viennent tous mes frères et leurs familles, tous Swidgers, homme et femme, garçon et fille. Eh bien! tant avec les cousins, les oncles, les tantes et leurs parents à tous les degrés, qu'avec les mariages et les naissances, les Swidgers — verre.... — pourraient, en se tenant par la main, former un cercle autour de l'Angleterre. »

Ne recevant plus aucune réponse de l'être rêveur auquel il s'adressait, M. William s'approcha plus près de lui, et, pour attirer son attention, frappa sur la table, comme par accident, avec une carafe. Son stratagème ayant réussi, il continua comme s'il eût eu hâte de manifester un assentiment :

« Oui, monsieur! C'est juste ce que je me dis, monsieur. Mistress William et moi, nous avons été du même avis. Il y a assez de Swidgers, disons-nous, sans notre contingent volontaire. Beurre.... Le fait est, monsieur, que mon père est une famille à lui seul. Huilier.... dont il faut prendre soin ; et il se trouve, Dieu merci! que nous n'avons pas d'enfants à nous appartenant.... Êtes-vous disposé à manger la volaille et les pommes de terre, monsieur? Lorsque j'ai quitté la loge, mistress William m'a dit que tout serait prêt dans dix minutes.

— Je suis tout disposé, répondit l'autre, comme en sortant d'un rêve, et tout en marchant de long en large, à pas lents.

— Mistress William s'est mise à l'œuvre de nouveau, monsieur! » reprit le serviteur en ce moment occupé à faire chauffer au foyer une assiette dont il se servit en guise d'écran pour abriter son visage.

M. Redlaw cessa de marcher, et sa physionomie prit une expression d'intérêt et de bienveillance.

« C'est ce que je me dis toujours, monsieur, continua M. William. Elle y arrivera! Il y a dans le cœur de mistress William un sentiment maternel qui doit avoir et qui aura son cours.

— De quoi s'agit-il? demanda M. Redlaw.

— Il y a, monsieur, que non contente d'être en quelque sorte une mère pour les jeunes gens qui viennent d'une foule de pays pour suivre vos leçons dans cet ancien établissement.... C'est étonnant comme la vaisselle s'échauffe vite, par ce temps de gelée, c'est étonnant ! »

Cela dit, il tourna l'assiette et souffla sur ses doigts.

« Eh bien! dit M. Redlaw.

— C'est juste ce que je me dis toujours, monsieur, reprit M. William, en parlant par-dessus son épaule, avec un air d'assentiment cordial et empressé. C'est exactement comme cela, monsieur! il n'y a pas un de nos étudiants qui n'ait cette opinion de mistress William. Chaque jour régulièrement ils mettent le nez dans la loge, l'un après l'autre, et ils ont tous quelque chose à dire ou à demander à mistress William, ou plutôt à mistress Swidge, comme ils ont coutume de l'appeler entre eux, du moins pour la plupart; mais voilà ce que je dis, monsieur : mieux vaut avoir son nom ainsi estropié, si c'est de bonne amitié, que d'entendre crier bien haut son vrai nom, sans que personne y prenne garde ! Pourquoi est-ce faire un nom? pour désigner quelqu'un; eh bien! si mistress William est connue par quelque chose de meilleur que son nom, j'entends parler des qualités et du caractère de mistress William, peu importe son nom, bien que, de fait, ce nom soit Swidger. Après cela, mon Dieu ! ils peuvent bien l'appeler Swidge, Widge, London Bridge, Blackfriars', Chelsea, Putney, Waterloo, ou toute autre chose, si cela leur fait plaisir. »

En prononçant les derniers mots de ce triomphant discours, il s'approcha de la table sur laquelle il posa ou plutôt jeta l'assiette avec la conviction de l'avoir suffisamment chauffée. Au même instant, l'objet de ses louanges entra dans la chambre, portant un autre panier et une lanterne, et précédant un vénérable vieillard avec de longs cheveux blancs.

A l'image de M. William, mistress William était une personne remarquable par sa simplicité et son air innocent. Ses fraîches joues, qui semblaient refléter la couleur rouge du gilet officiel de son mari, faisaient plaisir à voir. Mais si les cheveux de nuance claire appartenant à M. William se tenaient tout droits sur sa tête, et paraissaient tirer ses yeux en l'air, dans un excès de zèle prêt à toute chose, les cheveux bruns de mistress William étaient soigneusement lissés et tressés sous un joli petit bonnet, de la façon du monde la plus calme et la plus symétrique. Si les bouts du pantalon de M. William se relevaient sur ses talons, comme si leur nature gris de fer ne leur permettait pas de se tenir tranquilles, sans regarder à droite et à gauche, les jupes de mistress William ornées de guirlandes rouges et blanches comme sa jolie figure, étaient aussi contenues et aussi scrupuleusement ajustées que si le vent lui-même, qui soufflait avec tant de violence au dehors, eût été impuissant à déranger un seul de leurs plis.

Si l'habit du mari avait, à l'endroit du collet et des revers, quelque chose de fringant et d'évaporé, le petit corset de la femme était si placide et si chaste, qu'il l'aurait à coup sûr protégée contre les gens les plus grossiers, en supposant qu'elle eût eu besoin de protection. Mais qui donc aurait eu le cœur de soulever les battements de ce sein si calme par un chagrin, ou de le faire palpiter de frayeur ou tressaillir d'une pensée déshonnête! Quel homme n'eût respecté son repos et sa quiétude, comme on respecte le sommeil innocent de l'enfance!

« Ponctuelle comme d'habitude, Milly, dit M. William en débarrassant sa femme du panier; autrement je ne vous reconnaîtrais pas. Voici mistress William, monsieur! » Puis, parlant bas à l'oreille de sa femme pendant qu'il prenait le panier : « Il a l'air plus sombre que jamais ce soir, et ses regards sentent encore plus le revenant! »

Sans aucune affectation et sans le moindre bruit; en un mot, sans rien faire pour attirer l'attention, tant elle était modeste et réservée, Milly posa sur la table les plats qu'elle avait apportés. Quant à William, après s'être livré à une foule d'évolutions bruyantes, qui avaient eu pour unique résultat de le mettre en possession d'une saucière, il se tenait prêt à en servir le contenu.

« Qu'est-ce que notre vieil ami tient donc dans ses bras? demanda M. Redlaw en s'asseyant pour prendre son repas solitaire.

— Des branches de houx, monsieur, répondit la douce voix de Milly.

— C'est ce que je me dis, monsieur, ajouta M. William en s'avançant avec sa saucière. Les baies et le houx sont tout à fait de circonstance, à cette époque de l'année! Sauce au roux!

— Encore un jour de Noël, encore une année qui s'enfuit,

murmura le chimiste avec un douloureux soupir; encore des souvenirs à ajouter au nombre toujours croissant de ceux que nous amassons pour notre tourment, jusqu'à ce que la mort les confonde tous ensemble et les anéantisse. Ainsi va le monde, Philip! »

Le chimiste avait élevé la voix en s'adressant au vieillard qui se tenait debout, à l'écart, avec son brillant feuillage dont la douce mistress William tirait de petites branches qu'elle façonnait avec ses ciseaux, et avec lesquelles elle décorait la chambre, tandis que son vénérable beau-père observait la cérémonie avec un vif intérêt.

« Je vous présente mes devoirs, monsieur, dit le vieillard.

« J'aurais déjà parlé, monsieur, mais je connais vos façons, monsieur Redlaw ; je suis fier de le dire, et j'attends que vous me parliez. Joyeux Noël, monsieur, et heureuse nouvelle année, suivie de beaucoup d'autres ! J'en compte un bon nombre pour ma part, ah! ah! et je puis prendre la liberté d'en souhaiter. J'ai quatre-vingt-sept ans !

— Chaque année a-t-elle été pour vous bonne et heureuse ? demanda M. Redlaw.

— Oui, monsieur, chacune d'elles, répondit le vieillard.

— L'âge fatigue sa mémoire, et cela n'a rien d'étonnant, dit M. Redlaw, se tournant vers le fils et lui parlant à voix basse.

— Pas le plus petit brin, monsieur, répondit M. William. C'est exactement ce que je me dis, monsieur. Il n'y a jamais eu de mémoire pareille à celle de mon père. C'est l'homme le plus extraordinaire qu'on puisse voir. Il ne sait ce qu'oublier veut dire. C'est l'observation que je fais sans cesse à mistress William, monsieur; vous pouvez m'en croire. »

M. Swidger, dans son désir poli de paraître acquiescer en tout et toujours, débita ces paroles comme s'il n'y voyait pas la moindre contradiction avec l'assertion de M. Redlaw, et qu'elles ne fussent au contraire que la confirmation pleine et entière de son opinion.

Le chimiste repoussa son assiette, et, se levant de table, il s'avança vers le vieillard, qui se tenait debout, les yeux fixés sur un petit rameau de houx qu'il tenait à la main.

« Cela vous rappelle donc bien des jours semblables à celui-ci, c'est-à-dire bien des années, les unes finissant, les autres allant commencer? dit M. Redlaw en étudiant attentivement la physionomie du vieillard et en posant la main sur son épaule.

— Oh! oui, bien des jours, bien des jours ! répondit Philip sortant à demi de sa rêverie. J'ai quatre-vingt-sept ans !

— Des jours joyeux et heureux, mon vieil ami ? demanda le chimiste à voix basse.

— Je n'étais pas plus haut que cela, répliqua le vieillard en étendant sa main un peu au-dessus du niveau de son genou, et en regardant ensuite M. Redlaw ; pas plus haut que cela, lorsque, pour la première fois, j'ai fêté ce jour, et depuis, j'en ai toujours gardé le souvenir. Ce jour-là, il faisait froid, le soleil brillait, et nous nous promenions, lorsque quelqu'un, c'était ma mère, aussi sûr que vous êtes là, bien que je ne me rappelle pas exactement son image bénie, car elle prit mal et mourut cette année-là durant les fêtes de Noël, me dit que les petits oiseaux faisaient leur nourriture de ces baies. Le joli petit marmot pensa (c'était moi, vous comprenez) que, si les yeux des oiseaux sont si brillants, c'est peut-être à cause que les baies dont les petits oiseaux se nourrissent en hiver sont si brillantes. Je me rappelle cela ; j'ai quatre-vingt-sept ans !

— Joyeux et heureux ! murmura le chimiste en baissant ses yeux noirs sur le vieillard voûté, avec un sourire de compassion. Joyeux et heureux, et il vous en souvient bien ?

— Oui, oui, oui ! répondit le vieillard qui avait saisi les derniers mots. Je me souviens bien de ces jours-là, au temps où j'allais à l'école, année par année, ainsi que de toutes les joyeuses choses qu'ils amenaient avec eux. J'étais un gaillard vigoureux alors, monsieur Redlaw, et, je vous prie de le croire, je n'avais pas d'égal au jeu de balle, à dix milles à la ronde. Où est mon fils William ? N'est-ce pas que je n'avais pas mon égal au jeu de balle, William, à dix milles à la ronde ?

— C'est ce que je me dis toujours, père ! repartit aussitôt le fils du ton le plus respectueux. Vous êtes bien un Swidger, si jamais il en fut dans la famille.

— Ah ! reprit le vieillard en hochant la tête, tandis qu'il jetait de nouveau les yeux sur le houx. Sa mère (mon fils William est mon plus jeune fils), sa mère et moi les avons vus, tous autour de nous, garçons et filles et petits enfants au maillot, pendant longues années, lorsque les baies semblables à celles-ci ne brillaient pas moitié autant que leurs brillantes figures. Beaucoup d'entre eux sont partis ; *elle* est partie, et mon fils Georges, notre aîné, dont elle était fière plus que de tous les autres, est tombé bien bas ! mais ce houx et ces baies me les rappellent, et il me semble les voir tous gais et bien portants, tels qu'ils étaient alors ; et je puis, Dieu merci, me le rappeler, lui aussi dans son innocence. C'est une bénédiction pour moi, à quatre-vingt-sept ans ! »

Les regards perçants que le chimiste avait fixés sur le vieillard avec une si vive attention, s'étaient abaissés peu à peu vers la terre.

« Lorsque ma position commença à devenir moins aisée, par suite de circonstances pénibles, et lorsque j'entrai ici comme gardien, dit le vieillard, ce qui remonte à cinquante ans et plus.... où est mon fils William? Plus d'un demi-siècle, William!

— C'est ce que je dis, père, répondit le fils aussi promptement et respectueusement que d'habitude; c'est exactement comme cela. Deux fois tant, c'est tant, et deux fois cinq font dix, et il y en a comme cela une centaine.

— Ce fut un vrai plaisir d'apprendre qu'un de nos fondateurs, ou, pour parler plus correctement, dit le vieillard tout glorieux de connaître le fait en question, un des savants *gentlemen* qui concourut à nous doter, du temps de la reine Elisabeth, car *nous fûmes fondés avant ce règne*, nous laissa dans son testament, avec les autres legs qu'il nous fit, une somme destinée à acheter du houx, pour mettre aux murs et aux fenêtres le jour de Noël. Il y avait là quelque chose de beau, de touchant. Simples étrangers alors en ces lieux, où nous arrivâmes à Noël, nous nous prîmes à aimer son portrait qui est suspendu dans ce qui était anciennement notre grande salle des banquets ; un gentleman à l'air calme, avec une barbe en pointe, une fraise autour du cou, et au-dessous cette inscription en vieux caractères : *Seigneur, conservez-moi la mémoire!* Vous savez toute son histoire, M. Redlaw?

— Je sais que ce portrait se trouve où vous dites, Philip.

— Oui, pour sûr ; c'est le second à droite, au-dessus de la boiserie. J'allais vous dire qu'il m'a aidé à conserver ma mémoire, et je l'en remercie ; car, en faisant, chaque année, le tour du bâtiment, comme je le fais aujourd'hui, et en rafraîchissant l'aspect de ces chambres nues avec ces branches et ces baies, je sens aussi ma vieille cervelle nue rafraîchie. Une année en amène une autre; et celle-là une autre, et cent autres années à la suite! Enfin, il me semble que le jour de naissance de Notre-Seigneur est le jour de naissance de tous ceux que j'ai aimés ou pleurés, et ils sont nombreux, car j'ai quatre-vingt-sept ans !

— Joyeux et heureux ! » murmura Redlaw.

La chambre commença à devenir étrangement obscure.

« Ainsi vous le voyez, monsieur, poursuivit le vieux Philip, dont le visage glacé, s'échauffant par degrés, avait pris un ton plus vif, et dont les yeux bleus étaient animés pendant qu'il parlait ; je conserve bien des souvenirs en observant ce jour....

Maintenant où est ma douce Minette? Aimer à jaser, c'est notre faible à nous vieillards, et il me reste encore à visiter la moitié du bâtiment ! Pourvu que le froid ne nous glace pas en route, ou que le vent ne nous enlève pas, ou que les ténèbres ne nous avalent pas ! »

La douce Minette avait approché son placide visage tout près de celui du vieillard, et s'était silencieusement emparée de son bras avant qu'il eût fini de parler.

« Allons-nous-en, chère enfant, dit-il, autrement M. Redlaw ne se mettrait pas à table, et son dîner aurait le temps de devenir aussi froid que la saison. J'espère que vous excuserez mon radotage, monsieur, et je vous souhaite une bonne nuit, et, encore une fois, un joyeux....

— Demeurez ! dit M. Redlaw en se remettant à table, plutôt (à en juger par ses manières) pour rassurer le vieux gardien, que pour répondre aux exigences de son appétit. Accordez-moi quelques instants encore, Philip.... William, vous allez me dire quelque chose à la louange de votre excellente femme. Il ne lui sera pas désagréable de s'entendre louer par vous. Qu'alliez-vous donc dire ?

— Dame ! c'est comme cela.... vous voyez.... monsieur, répondit M. William Swidger en se tournant vers sa femme avec un air considérablement embarrassé. Mistress William a les yeux sur moi....

— Mais les yeux de mistress William ne vous font pas peur ?

— Oh ! non, monsieur, répondit M. Swidger, c'est ce que je me dis. Ses yeux n'ont rien d'effrayant ; ils n'ont pas été faits doux comme ils sont pour effrayer les gens. Mais j'aimerais mieux ne pas.... Milly.... *lui*, vous savez.... en bas.... dans les bâtiments. »

Debout derrière la table, et tout en bousculant d'un air déconcerté les objets qui s'y trouvaient, M. William lançait des regards persuasifs à sa femme, et lui désignait M. Redlaw, à l'aide de mystérieux signes faits avec la tête et le pouce, comme pour l'inviter à s'avancer vers le chimiste.

« *Lui*.... vous savez.... mon amour, dit M. William; en bas, dans les bâtiments. Parlez, ma chère ! Vous êtes les œuvres de Shakspeare en comparaison de moi. En bas.... dans les bâtiments.... vous savez, mon amour.... L'étudiant....

— L'étudiant ? répéta M. Redlaw en levant les yeux.

— C'est ce que je dis, monsieur ! s'écria M. William avec l'assentiment le plus vif et le plus marqué. S'il ne s'agissait pas du pauvre étudiant, en bas, dans les bâtiments, vous ne tiendriez guère, n'est-il pas vrai, à l'apprendre de la bouche même de mistress William ?... Mistress William, ma chère.... les bâtiments.... Parlez donc !

— J'ignorais, dit Milly avec une franchise naïve et exempte de toute préoccupation ou du moindre embarras, que William eût dit un seul mot à ce sujet; autrement, je ne serais pas venue. Je l'avais prié de n'en rien dire.... Il s'agit d'un pauvre jeune homme, monsieur, et bien pauvre, je le crains, lequel est trop malade pour aller passer ces jours de fête dans sa famille, et demeure, inconnu de tout le monde, dans une espèce de logement bien commun pour un *gentleman*, en bas, dans les bâtiments de Jérusalem. C'est là tout, monsieur.

— Comment se fait-il que je n'aie jamais entendu parler de lui ? demanda le chimiste en se levant précipitamment. Pourquoi ne m'a-t-il pas fait connaître sa position ? Malade !... Donnez-moi mon chapeau, mon manteau. Pauvre !... Quelle maison ?... quel numéro ?

— Oh ! il ne faut pas que vous alliez là, monsieur, dit Milly, en quittant le bras de son beau-père, et en se posant en face de M. Redlaw, les mains croisées et ses jolis yeux levés sur lui.

— N'y pas aller ?

— Oh ! non, n'y allez pas, je vous en prie ! dit Milly en faisant un signe de tête pour exprimer une impossibilité évidente. Il n'y faut pas songer !

— Pourquoi ? Et que voulez-vous dire ?

— Dame ! vous voyez, monsieur, dit M. William Swidger d'un ton persuasif et convaincu ; c'est ce que je dis. Croyez-le bien, le jeune homme ne consentirait jamais à mettre au fait de sa situation une personne de son sexe. Mistress William est dans la confidence, mais c'est tout à fait différent. Ils se confient tous à mistress William ; ils ont tous confiance en *elle*. Un homme, monsieur, n'aurait rien arraché de lui ; mais une femme, monsieur, et mistress William par-dessus le marché !...

— Il y a un grand sens et beaucoup de délicatesse dans ce que vous dites, William, répliqua M. Redlaw en examinant le doux et tranquille visage de la jeune femme. Puis, posant un doigt sur ses lèvres, il mit secrètement sa bourse dans la main de mistress William.

— Oh ! non, monsieur ! s'écria Milly en rendant la bourse. Il ne faut pas seulement y penser ! »

Mistress William était une petite ménagère si grave, si positive, et ce mouvement de refus, empreint d'une certaine précipitation, la troubla si peu cependant, qu'un instant après, elle se mit à ramasser soigneusement quelques feuilles qui s'étaient échappées de son tablier, tandis qu'elle disposait les branches de houx autour de la chambre.

S'apercevant, lorsqu'elle se fut relevée, que M. Redlaw continuait de la regarder d'un air de surprise et de doute, elle répéta tranquillement, sans cesser néanmoins de chercher les petites branches qui pouvaient avoir échappé à ses regards:

« Oh! mon Dieu, non! monsieur. Il a dit que de vous, moins que de tout autre au monde, il ne voulait être connu, ou recevoir des secours.... bien qu'il soit du nombre de ceux qui suivent vos cours. Je ne vous ai pas demandé le secret, monsieur, mais je m'en rapporte entièrement à votre discrétion.

— Pourquoi le jeune homme a-t-il tenu ce langage?

— En vérité, monsieur, je ne saurais vous le dire, répondit Milly après un moment de réflexion, je ne suis pas bien clairvoyante, vous le savez; j'avais simplement pour but de lui être utile en mettant tout en ordre autour de lui, et je m'y suis employée. Mais je sais qu'il est pauvre et isolé; je le crois aussi un peu abandonné.... Oh! comme il fait sombre! »

La chambre s'était, en effet, obscurcie de plus en plus. Une ombre épaisse et noire s'amassait derrière le fauteuil du chimiste.

« Que savez-vous encore sur son compte? demanda-t-il.

— Il a contracté un engagement de mariage qu'il remplira dès que sa position le lui permettra, répondit Milly, et il étudie, je crois, pour se mettre à même de gagner sa vie. Pendant longtemps j'ai remarqué qu'il travaillait assidûment et s'imposait de grandes privations.... Mon Dieu! comme il fait sombre!

— Et le froid a augmenté, dit le vieillard en se frottant les mains. On se sent frissonner et devenir triste dans cette chambre. Où est mon fils William? William! mon garçon, remonte la lampe, et attise le feu! »

La voix de Milly reprit, semblable à une douce musique:

« Hier, dans l'après-midi, après avoir causé quelques instants avec moi, il s'endormit d'un sommeil fréquemment interrompu, et, tout en dormant, il murmura des paroles sans suite, à propos d'une personne morte et de torts bien graves qu'il était impossible d'oublier jamais; mais j'ignore si c'était lui ou tout autre qui en avait souffert. En tout cas, ce dont je suis bien sûre, c'est que les torts n'étaient pas de lui.

— Et pour finir, dit M. William en s'approchant de M. Redlaw afin de lui parler à l'oreille, mistress William, vous le voyez, ne voudrait pas raconter cela elle-même, quand elle devrait rester ici jusqu'à la nouvelle année, après celle qui va commencer ; cependant mistress William a fait tout au monde pour lui. Mon Dieu ! oui, tout au monde ! A la maison, pas le plus petit changement. Mon père est soigné, dorloté, comme toujours.... pas un grain de poussière au logis ; on n'en trouverait pas un seul, lors même qu'on en offrirait cinquante livres sterling en espèces sonnantes. Mistress William n'a jamais l'air d'y toucher ; néanmoins mistress William court de çà, de là, devant, derrière, en haut et en bas.... enfin, c'est une vraie mère pour lui ! »

La chambre devint plus sombre et plus froide ; l'ombre se fit plus lugubre et plus dense derrière le fauteuil.

« Non contente de cela, monsieur, continua M. William, mistress William sort ce soir, et trouve en revenant à la maison, ma foi ! il n'y a pas de cela plus de deux heures, elle trouve sur le seuil d'une porte une créature ressemblant plutôt à un jeune animal sauvage qu'à un petit enfant. Que fait mistress William ? Elle l'apporte à la maison pour le sécher, le nourrir et le garder, Dieu sait jusqu'à quand ! S'il a jamais senti la chaleur du feu, avant ce soir, c'est tout au plus ; car, tandis qu'il était assis dans la grande cheminée de la loge, il fixait sur nous de grands yeux, comme s'il n'avait plus envie de les refermer jamais. Il est encore là.... A moins, dit M. William, en se reprenant après réflexion, à moins qu'il ne se soit échappé !

— Que le ciel conserve le bonheur à mistress William ! dit le chimiste à haute voix, et à vous aussi, Philip ! Et à vous, William ! Il faut que je songe à ce que j'ai à faire en cette circonstance. Peut-être sera-t-il bon que je voie cet étudiant. Je ne veux pas vous retenir plus longtemps. Bonne nuit !

— Merci, monsieur, merci ! dit le vieillard, pour Minette, pour mon fils William et pour moi. Où est mon fils William ? William, prenez la lanterne et marchez devant nous pour traverser ces longs et sombres corridors, comme vous l'avez fait l'an passé et l'année d'avant. Ha ! ha ! Je me souviens, moi ! Quoique j'aie quatre-vingt-sept ans ! *Seigneur, conservez-moi la mémoire !*

« C'est une bien bonne prière, monsieur Redlaw, cette prière du savant *gentleman* à la barbe en pointe, avec une fraise autour du cou.... Il est accroché, le second à droite au-dessus de la boiserie, dans ce qui était anciennement notre grande salle de banquets. « Seigneur, conservez-moi la mémoire. » Bonne et pieuse prière, monsieur. Amen ! amen ! »

En sortant, ils tirèrent doucement la lourde porte ; mais, en dépit de toutes les précautions, elle retentit en se fermant comme un coup de tonnerre répété par de lointains échos. En ce moment, la chambre devint plus obscure encore ; et, tandis que le chimiste, assis dans son fauteuil et seul dans l'appartement, s'abandonnait à ses rêveries, les vertes branches de houx appendues au mur se fanèrent tout à coup et tombèrent desséchées.

L'ombre lugubre en croissant derrière lui, à cette même place où elle était devenue si épaisse, prit peu à peu une forme, ou plutôt il en sortit, par quelque effet surnaturel, une effrayante image de lui-même.

Image hideuse et froide, avec son visage et ses mains incolores, mais reproduisant les traits et les yeux brillants et les cheveux argentés du chimiste ; vêtue de l'ombre lugubre de son costume, elle vint avec sa terrible apparence de vie, sans mouvement et sans le plus léger bruit. Tandis que, les coudes appuyés sur les bras du fauteuil, il rêvait devant le feu, l'ombre était également accoudée sur le dos du fauteuil, juste au-dessus de lui, avec la terrifiante image de ses yeux fixant les objets qu'il fixait, et avec la même expression de physionomie.

C'était ce *quelque chose* qui déjà avait passé près de lui pour s'évanouir aussitôt. C'était le compagnon terrible de l'homme hanté par un fantôme.

Pendant quelques instants, le fantôme ne fit pas, en apparence, plus attention à l'homme que l'homme au fantôme.... Les sérénades de Noël retentissaient au loin ; et, dans sa rêverie, l'homme semblait prêter l'oreille à la musique.... Le spectre semblait écouter aussi.

Enfin l'homme parla sans que son visage fît le moindre mouvement.

« Encore ici ? s'écria-t-il.
— Encore ici, répliqua le fantôme.
— Je vous vois dans le feu, dit l'homme ; je vous entends dans la musique, dans le vent, dans le calme de la nuit. »

Le spectre hocha la tête en signe d'assentiment.

« Pourquoi venez-vous me hanter ainsi ?
— Je viens quand on m'appelle, répondit le fantôme.
— Non. Sans être appelé ! s'écria l'homme.
— Soit ! sans être appelé, dit le fantôme. Il suffit que je suis ici. »

Jusqu'à ce moment la clarté du feu avait lui sur les deux visages, si l'on peut nommer visage les terribles traits du fantôme... Tous deux tournés vers le foyer, comme avant le dialogue, et sans que l'un ou l'autre fît un mouvement oblique Mais, en cet instant, l'homme se tourna brusquement et regarda le fantôme d'un œil fixe. Par un mouvement aussi soudain, le fantôme passa devant le fauteuil, et regarda l'homme fixement.

Ainsi l'homme vivant, et son image vaine et creuse, mais animée, se regardaient dans le blanc des yeux !

Terrifiante contemplation dans une des parties solitaires et éloignées d'un antique édifice inhabité, pendant une nuit d'hiver, tandis que le vent, dans son mystérieux voyage, vient à passer avec un grand bruit, venant d'où ? allant où ? c'est ce qu'aucun homme n'a jamais su depuis le commencement du monde ; et tandis que les étoiles, en nombre inimaginable, scintillent à travers l'éternel espace, ces lieux où la masse du monde est comme un grain de sable, et où sa vieillesse est l'enfance.

« Regarde-moi ! dit le fantôme. Je suis celui qui, abandonné dans sa jeunesse, et misérablement pauvre, a souffert et lutté, et souffre et lutte encore, jusqu'à ce qu'il ait tiré la science de la mine où elle est enterrée, et qu'il s'en soit fait un rude piédestal pour s'y élever et y reposer ses pieds fatigués.

— Je suis cet homme, répliqua le chimiste.

— Ni l'amour plein d'abnégation d'une mère, ni les conseils d'un père ne me sont venus en aide, continua le fantôme. A l'époque où j'étais encore enfant, un étranger vint prendre la place de mon père, et je fus bientôt banni du cœur de ma mère. Mes parents étaient de ces gens dont les préoccupations durent peu, et dont les devoirs sont vite accomplis ; qui abandonnent de bonne heure leur progéniture, comme les oiseaux leurs petits ; et qui, si elle tourne bien, s'en font gloire.... se faisant plaindre, au contraire, s'il arrive qu'elle tourne mal. »

Le fantôme se tut et sembla tenter et aiguillonner l'homme, par le regard et le sourire, comme il venait de le faire par l'accent de ses paroles.

« Je suis, reprit-il, celui qui, dans cette lutte, sut trouver un ami. Je le conquis, et me l'attachai ! Nous travaillâmes ensemble, côte à côte. Toute la tendresse, toute la confiance qui, pendant ma première jeunesse, n'avaient trouvé nulle issue pour s'échapper de mon cœur.... je les lui donnai.

— Pas sans partage, dit Redlaw, d'une voix rauque.

— Pas sans partage, répéta le fantôme. J'avais une sœur.

— Oui, j'avais une sœur ! » dit l'homme en posant sa tête sur ses mains.

Avec un méchant sourire, le fantôme s'approcha plus près encore du fauteuil, et appuyant son menton sur ses mains croisées contre le dos du fauteuil, il plongea sur le visage de l'homme des regards de flamme, et poursuivit en ces termes :

« Les rares éclairs d'affection de famille que j'eusse entrevus, avaient jailli de son cœur. Qu'elle était jeune, belle et aimante! Je l'emmenai dans la première maison dont je fus possesseur, et cette maison devint un palais. Elle vint dans les ténèbres de ma vie, et ma vie fut illuminée. Elle est devant mes yeux en ce moment.

— Je viens de la voir dans le feu, répliqua l'homme. Je l'entends dans la musique, dans le vent, dans le calme profond de la nuit.

— Fut-elle aimée de lui demanda le fantôme ? en imitant l'accent rêveur du chimiste. Je crois qu'elle en fut aimée, du moins, pendant un temps. Mieux eût valu qu'il l'aimât moins, moins secrètement, moins tendrement, moins exclusivement!

— Laissez-moi oublier cela! dit le chimiste en faisant un geste de colère! Laissez-moi effacer ce souvenir de mon esprit! »

Le fantôme, immobile, avec ses yeux cruels, fixes et ardemment attachés sur le chimiste, continua ainsi :

« Une vision semblable à elle est apparue dans ma vie.

— Oui, dit Redlaw.

— Un amour aussi semblable à son amour que le pouvait entretenir ma nature inférieure, s'éleva dans mon cœur, reprit le fantôme. J'étais trop pauvre alors pour attacher à ma fortune, par promesses ou par persuasion, l'objet de cet amour. J'aimais trop pour agir ainsi. Mais, plus que jamais je travaillai, je luttai, dans l'espoir d'arriver. Chaque pas accompli me rapprochait du but, et je fis d'ardents efforts ! A cette époque de ma vie laborieuse, ma sœur, douce compagne, partageait encore avec moi les restes de chaleur du foyer refroidi ; à cette époque, quels tableaux de l'avenir se déroulaient à mes yeux!

— Je viens de les voir dans le feu, murmura le chimiste. Ce souvenir m'est répété par la musique, par le vent, par le calme profond de la nuit, par la révolution des années.

— Images de nos jours, dit le fantôme, passés avec celle qui me donnait la force de travailler. Souvenirs de ma sœur, devenue la femme de mon meilleur ami : souvenirs du temps et du bonheur calmes de notre vie ; souvenirs des liens d'or qui, s'étendant au loin dans le passé, nous rassemblent, nous et nos enfants, dans une guirlande étincelante.

— Illusions, mensonges! dit le chimiste. Pourquoi suis-je condamné à en garder le souvenir trop fidèle!

— Illusions! mensonges! répéta le fantôme, avec ses invariables inflexions de voix, et en dardant sur le chimiste son regard immuable et fixe. Car mon ami, dans le sein de qui ma confiance était renfermée comme dans mon propre sein, mon ami passant entre moi et le centre du système où gravitaient mes espérances et mes luttes, conquit la tendresse de ma sœur, et brisa mon frêle univers.

— Doublement chère, doublement dévouée, doublement joyeuse sous mon toit, ma sœur vivait avec l'espoir de me voir arriver à la célébrité, et d'assister au triomphe d'une ambition si longtemps caressée, lorsque le ressort de cette ambition vint à se rompre, ma sœur.... mourut, dit le chimiste. Elle mourut sans perdre sa sérénité.... heureuse et confiante en l'avenir de son frère. Que la paix soit avec elle ! »

Le fantôme épiait en silence la physionomie du chimiste.

« Je me souviens! dit ce dernier après un moment de silence; oui, je me souviens.... à ce point que, même à cette heure, après tant d'années écoulées, et quoique rien ne me semble plus vain et plus mensonger que l'amour du jeune âge depuis si longtemps évanoui.... j'y pense avec attendrissement, comme si c'était l'amour d'un jeune frère ou d'un fils. Parfois même je me reporte au temps où elle se prit à l'aimer si tendrement. Mais ces chimères se sont évanouies, le souvenir seul du malheur des premières années a survécu, comme le souvenir de la confiance et de l'amitié trahies.... comme le souvenir d'une irréparable perte.

— Ainsi, dit le fantôme, je porte en moi le cancer dévorant d'un éternel chagrin. Ainsi, ma mémoire est le poison de mon existence; et, si j'avais le pouvoir d'oublier, j'oublierais!

— Railleur maudit! répliqua le chimiste en bondissant et en faisant le geste de sauter à la gorge de son autre lui-même. Pourquoi ces paroles cruelles retentissent-elles sans cesse à mon oreille?

— Arrière! s'écria le fantôme d'une voix effroyable. Ose porter sur moi la main, et tu meurs ! »

Le chimiste s'arrêta subitement, comme si ces paroles eussent paralysé son bras; puis, il porta ses regards sur le fantôme qui s'était éloigné en faisant de la main un geste menaçant, tandis qu'un sourire passait sur son visage, et que sa forme noire se dressait en triomphe.

« Si j'avais le pouvoir d'oublier, j'oublierais! répéta le fantôme.

— Mauvais esprit de moi-même, répliqua le chimiste d'une

voix faible et tremblante, mon existence est troublée par ces paroles incessamment répétées.

— C'est un écho, dit le fantôme.

— Si c'est un écho de mes pensées, comme à cette heure, reprit le chimiste, pourquoi m'en tourmenter ainsi, car cette pensée n'est pas égoïste? Je lui permets de se propager loin de moi. Toutes les créatures humaines ont leurs chagrins.... la plupart ont à se plaindre du mal qui leur a été fait, puisque toutes, sans distinction, sont exposées à l'ingratitude, à la basse jalousie, à la cupidité. Qui ne voudrait oublier ses chagrins et le mal qui lui a été fait?

— Qui ne les voudrait oublier, en effet, pour en être plus heureux et plus tranquille? dit le fantôme.

— Ces révolutions d'années, que nous commémorons, reprit Redlaw, que viennent-elles nous rappeler? Ne réveillent-elles pas dans tous les esprits le souvenir de quelque chagrin, de quelque souffrance? témoin ce vieillard qui était ici ce soir : ses souvenirs sont-ils autre chose qu'un tissu de tourments et de peines?

— Mais, répliqua le fantôme avec son hideux sourire sur son visage vitreux, les natures vulgaires, les intelligences communes ou incultes, ne sentent ni ne raisonnent ces choses comme le font les esprits éclairés et les intelligences d'élite.

— Tentateur! répondit Redlaw, tentateur, dont les regards pénétrants et la voix me sont plus redoutables que je ne puis l'exprimer, et qui fais planer sur moi, pendant que je parle, comme un esprit avant-coureur d'une plus grande épouvante! Oui.... vos paroles sont encore un écho de ma pensée!

— C'est une preuve de ma puissance, répondit le fantôme. Écoutez ce que je vous offre! Oubliez les chagrins, les ennuis que vous avez éprouvés et le mal qu'on vous a fait!

— Les oublier! répéta le chimiste.

— J'ai le pouvoir d'anéantir leur souvenir, de n'en laisser que des traces confuses, à peine saisissables, qui ne tarderont pas à disparaître entièrement. Parlez! Voulez-vous qu'il en soit ainsi?

— Arrêtez! s'écria le chimiste en retenant par un geste d'épouvante la main du fantôme prête à se lever. Vous m'inspirez une défiance et des doutes qui me font frémir; et l'épouvante que vous jetez en moi, déjà se change en un sentiment d'horreur sans nom que je puis à peine supporter. Je ne consentirai pas à me dépouiller des pensées généreuses qui peuvent être salutaires pour moi-même et pour autrui. Si j'accepte votre offre, que me faudra-t-il perdre? Quelles autres choses disparaîtront de ma mémoire?

— Ni la science, ni le fruit de l'étude ; rien enfin que la chaîne des sentiments et des associations d'idées, dépendant des souvenirs bannis et successivement alimentés par ces mêmes souvenirs. Voilà ce qui disparaîtra.

— Ces sentiments et ces associations sont-ils donc si nombreux? demanda le chimiste, alarmé par ses réflexions.

— Ils ont coutume de se révéler dans le feu, dans la musique, dans le vent, dans le calme profond de la nuit, dans la révolution des années, répondit le fantôme d'un ton de mépris.

— Pas ailleurs ? » demanda le chimiste.

Le fantôme garda le silence. Mais, après avoir demeuré, pendant quelques instants encore, debout et silencieux devant le chimiste, il se dirigea vers le foyer, puis il s'arrêta.

« Décidez-vous ! dit-il, avant que l'occasion vous échappe !

— Un moment encore ! » s'écria le chimiste avec agitation. Je prends le ciel à témoin que je n'ai jamais eu, à l'égard de mes semblables, des sentiments de haine.... et que je ne me suis jamais montré froid, indifférent ou méchant, pour ce qui m'entourait. Si, vivant seul ici, j'ai attaché un trop grand prix à tout ce qui a été ou aurait pu être.... et trop peu de valeur à ce qui est, le mal, ce me semble, n'a frappé que moi seul et non les autres. Mais, s'il y avait un poison dans mon corps, n'aurais-je pas le droit de me servir d'antidotes, si j'en possédais et si j'en connaissais l'usage? S'il existe un poison dans mon esprit, et que je puisse le rejeter avec l'aide de cette ombre effroyable, ne suis-je pas en droit de le faire ?

— Eh bien ! dit le fantôme, voulez-vous qu'il en soit ainsi ?

— Quelques instants encore ! répondit le chimiste avec précipitation. *Si j'avais le pouvoir d'oublier, j'oublierais!* Ai-je eu seul cette pensée, ou bien a-t-elle germé dans l'esprit de chaque homme, de génération en génération ? Toute mémoire humaine est chargée de chagrins et de trouble. Ma mémoire est semblable à celle des autres hommes, mais les autres hommes n'ont pas eu, comme moi, la faculté de choisir. Oui, je conclus le pacte. Oui ! *Je veux* oublier mes chagrins et mes ennuis.

— Parlez ! dit le fantôme, voulez-vous qu'il en soit ainsi?

— Je le veux !

— Le pacte est conclu ! répondit le fantôme. Maintenant, à vous ce don, homme qu'ici je renie ! Le don que je vous ai fait, vous le transmettrez partout où vous porterez vos pas. Non-seulement vous ne pourrez recouvrer vous-même le pouvoir auquel vous avez renoncé, mais vous le détruirez désormais chez tous ceux que vous approcherez. Votre sagesse a découvert que le souvenir des chagrins et des souffrances est le lot de l'espèce humaine tout entière, et que l'espèce humaine, exempte de ce souvenir, serait plus heureuse avec le seul souvenir du reste. Allez! soyez le bienfaiteur de vos semblables! Délivré de ce souvenir, portez dès à présent avec vous, et involontairement, la félicité d'une telle délivrance. Allez! Soyez heureux du bien que vous avez conquis et du mal que vous allez faire! »

Tandis qu'il parlait, le fantôme avait tenu sa main incolore étendue au-dessus de la tête du chimiste, comme s'il eût fait quelque évocation sacrilége; en même temps, il avait graduellement avancé son visage assez près de celui du chimiste pour que Redlaw pût voir que les yeux de son ombre, au lieu de reproduire le sourire satanique empreint dans le reste de ses traits, n'exprimaient qu'une horreur fixe, inaltérable, stupide.

Enfin le fantôme s'évanouit....

Debout et comme cloué sur place, en proie à la terreur et à la stupéfaction, le chimiste croyait entendre encore ces paroles, répétées par de sinistres échos, et se perdant peu à peu dans le lointain : « Vous détruirez ce souvenir chez tous ceux qui vous approcheront ! »

Tout à coup un cri perçant frappa ses oreilles. Ce cri venait, non des corridors aboutissant à la porte de la chambre, mais d'une autre partie du vieil édifice, et ressemblait au cri de quelqu'un qui s'est égaré dans les ténèbres.

Le chimiste porta des yeux hagards sur ses membres, comme pour s'assurer de son identité; puis, répondant au cri qu'il avait entendu, il se mit à pousser, à son tour, des cris sauvages et retentissants, comme si lui aussi se fût égaré, tant était violent le sentiment d'étrange épouvante qui s'était emparé de lui.

Les cris qu'il avait entendus s'étant reproduits et rapprochés de la chambre, il prit une lampe et souleva une lourde portière en tapisserie, servant à masquer un passage qui communiquait avec la salle où il faisait ses cours. Ce vaste amphithéâtre, si souvent animé par de jeunes et riantes têtes saluant l'arrivée toujours impatiemment attendue du professeur.... désert et sombre à cette heure, lui apparut comme un emblème de la mort.

« Holà! s'écria-t-il. Holà! par ici! avancez vers la lumière! »

Et, tandis que tenant la portière d'une main, il levait la lampe de l'autre main pour essayer de percer les ténèbres qui remplissaient la salle, quelque chose de semblable à un chat sauvage passa rapidement contre lui, se précipita dans la chambre, et alla s'accroupir dans un coin.

« Qu'est-ce que cela ? » s'écria vivement le chimiste.

Aussi bien aurait-il pu répéter sa question, lors même qu'il eût vu distinctement, comme il le vit en ce moment, en l'examinant avec attention, l'objet en question blotti et ramassé dans son coin :

Un paquet de guenilles, rassemblées par une main qui, pour la dimension et la forme, était presque la main d'un enfant, mais qui, par sa petite étreinte, avide, désespérée, ressemblait plutôt à la main d'un méchant vieillard. Un visage arrondi, et uni dans certaines parties comme celui d'un enfant de cinq ou six ans, mais en d'autres, pincé et plissé comme celui d'un homme usé par l'abus de la vie. Des yeux brillants, mais sans jeunesse ; des pieds nus, beaux dans leur délicatesse enfantine, laids par le sang et la boue gercés dessus. Un *baby* sauvage, un jeune monstre, un enfant qui n'avait jamais été enfant, une créature qui, conservée, pouvait, en grandissant, prendre la forme extérieure de l'homme, mais qui, intérieurement, devait toujours vivre et mourir comme un pur animal.

Accoutumé déjà à se voir maltraité et chassé comme une bête sauvage, l'enfant prit une posture rampante, à la vue de l'homme qui l'examinait, puis il détourna de nouveau la tête, et arrondit son bras comme pour se garantir d'un coup prêt à l'atteindre.

« Je mords, si vous me touchez ! » s'écria-t-il.

Il y avait eu un temps, et ce temps-là remontait à quelques minutes à peine, où pareil spectacle aurait déchiré le cœur du chimiste. A cette heure, il le contempla froidement ; mais, faisant un effort puissant pour se rappeler quelque chose, sans savoir ce que c'était, il demanda à l'enfant ce qu'il faisait là et d'où il venait.

« Où est la femme ? répliqua l'enfant. Je veux trouver la femme.

— Qui ?

— La femme. Celle qui m'a apporté dans cette maison et m'a mis devant le grand feu. Elle est restée si longtemps dehors, que je suis sorti pour la chercher ; et je me suis perdu.... Je ne veux pas de vous.... Je veux la femme. »

Cela dit, il fit, pour s'échapper, un bond si soudain, que ses pieds nus retombèrent en un clin d'œil près de la portière et produisirent un son mat sur le plancher. Redlaw le saisit par ses haillons.

« Voyons ! voulez-vous me lâcher ? murmura l'enfant en se

débattant et en grinçant des dents. Je ne vous ai rien fait....
Voyons! Lâchez-moi; je veux aller trouver la femme!

— Ce n'est pas là le chemin. Il y en a un plus court, dit Redlaw qui retint l'enfant, tout en faisant les mêmes efforts impuissants pour rappeler quelque souvenir qui dût naturellement se rattacher à ce monstrueux objet.

— Quel est votre nom? demanda Redlaw.

— Je n'en ai pas.

— Où demeurez-vous?

— Je ne demeure pas. »

L'enfant secoua ses cheveux qui lui tombaient sur les yeux, afin de regarder le chimiste; puis, arc-boutant ses jambes, et se débattant, il répéta :

« Voyons! voulez-vous me lâcher? Je veux aller trouver la femme. »

Redlaw le mena vers la porte.

« Par là, lui dit-il, en le regardant avec une répugnance et un dégoût invincibles. Je vais vous conduire vers la femme. »

Les yeux inquiets de l'enfant, errant autour de la chambre, rayonnèrent sur la table où se trouvaient les restes du dîner.

« Donnez-moi de ça! dit-il avidement.

— Elle ne vous a donc rien donné à manger? demanda le chimiste.

— J'aurai encore faim demain, n'est-ce pas? Est-ce que je n'ai pas faim tous les jours? »

Se sentant en liberté, il bondit jusqu'à la table comme une bête de proie, et, entassant contre sa poitrine du pain, de la viande et ses haillons, le tout pêle-mêle, il dit :

« Là!... maintenant, conduisez-moi vers la femme! »

Tandis que le chimiste, dans sa répugnance à le toucher, par suite de son nouveau don, faisait froidement signe à l'enfant de le suivre, et se dirigeait vers la porte, il se sentit trembler et s'arrêta.

« *Le don que je vous ai fait, vous le transmettrez partout où vous porterez vos pas!* »

Ces paroles du fantôme hurlaient dans le vent, et le vent glacial soufflait sur le chimiste.

« Je n'irai pas là ce soir, murmura-t-il d'une voix faible. Je n'irai nulle part, ce soir.... Enfant! allez tout droit devant vous dans ce long corridor, et quand vous aurez passé la grande porte sombre de la cour.... vous verrez du feu briller à une fenêtre.

— Le feu de la femme? » demanda l'enfant.

Le chimiste fit un signe affirmatif, et les pieds nus se mirent à courir. Redlaw, sa lampe à la main, rentra dans sa chambre, ferma précipitamment la porte, et alla s'asseoir dans son fauteuil; puis il cacha son visage dans ses mains, comme un homme qui a peur de lui-même.

Car, à cette heure, il était bien réellement seul.... seul.... seul!...

II

Le don transmis.

Un petit homme était assis dans une petite chambre, séparée d'une petite boutique par un petit paravent recouvert de petits fragments de journaux.

En compagnie du petit homme, il y avait des petits enfants en aussi grand nombre qu'il vous plaira; du moins ils produisaient cet effet, tant ils semblaient se multiplier dans cette sphère d'action si limitée.

Deux des marmots composant ce menu fretin avaient été mis au lit dans un coin, à l'aide de quelque moyen violent, et ils y auraient pu dormir passablement à leur aise, n'eût été leur propension constitutionnelle à rester éveillés et en même temps à se battre dans le lit comme hors du lit. La cause actuelle de ces excursions dans le monde éveillé provenait de la construction d'une muraille faite dans un coin avec des écailles d'huître par deux autres marmots d'un âge tendre. Les deux qui étaient couchés faisaient de nombreuses descentes pour attaquer cette fortification, après quoi ils se retiraient sur leur propre territoire.

Pour surcroît au vacarme occasionné par ces invasions et par les représailles exercées par les assiégés qui poursuivaient chaudement leurs adversaires et bousculaient les draps et les couvertures sous lesquels les maraudeurs cherchaient un refuge.... un autre petit garçon, dans un autre lit, contribuait de son mieux à cette confusion de famille, en jetant ses souliers et une foule d'autres petits objets, inoffensifs en eux-mêmes, mais peu moelleux, considérés comme projectiles, à la tête des perturbateurs de son repos, lesquels ne se faisaient faute de lui rendre son compliment.

Outre cela, un autre petit garçon, le plus grand de tous, mais petit cependant, se balançait de çà, de là, penché d'un côté, et fort incommodé à l'endroit des genoux par le poids d'un gros poupard qu'il était supposé vouloir endormir en le berçant, sorte de supposition parfois en crédit dans les familles confiantes.

Mais il fallait voir la contemplation curieuse et sans limites à laquelle les yeux écarquillés du *baby* commençaient à se préparer pour l'avenir par-dessus l'épaule de son berceur naïf.

C'était un véritable petit Moloch sur l'autel insatiable duquel l'existence entière de ce jeune frère était exclusivement et quotidiennement offerte en sacrifice.

On peut dire de sa personnalité qu'elle consistait à ne rester jamais en repos, en quelque place que ce fût, pendant cinq minutes consécutives, et à ne jamais s'endormir lorsqu'on l'y invitait. Le *Baby de Tetterby* était aussi connu dans le voisinage que le facteur ou le laitier.... Il errait de porte en porte, dans les bras du petit Johnny Tetterby, et flânait lourdement à la suite des enfants qui suivaient les bateleurs ou les singes, et arrivait tout d'un côté, et toujours un peu trop tard pour voir les choses amusantes, depuis le lundi matin jusqu'au samedi soir. Partout où une troupe d'enfants se rassemblait pour jouer, le petit Moloch s'y faisait porter par Johnny.

Si Johnny désirait de rester quelque part, le petit Moloch s'insurgeait aussitôt et voulait s'en aller. Chaque fois que Johnny avait envie de sortir, Moloch dormait, et il fallait demeurer près de lui. Chaque fois que Johnny éprouvait le besoin de rester à la maison, Moloch était éveillé, et n'avait de cesse qu'on ne le menât promener. Néanmoins, Johnny était sincèrement persuadé que Moloch était un irréprochable *baby*, qui n'avait pas son pareil dans le royaume d'Angleterre, et il se trouvait entièrement satisfait d'entrevoir vaguement les objets en général, par-dessus la robe ou le bonnet de Moloch, et non moins satisfait de vaguer çà et là, d'un pas mal assuré, avec son fardeau sur les bras, comme un petit commissionnaire porteur d'un très-gros paquet sans adresse, dont il ne peut se débarrasser nulle part.

Le petit homme, assis dans la petite chambre, et essayant, mais en vain, de lire tranquillement son journal au milieu de ce vacarme, était le père de la famille et le chef de la maison de commerce dont la raison sociale était désignée, sur le devant de la petite boutique, sous le nom et titre de A. TETTERBY ET Cie, VENDEURS DE JOURNAUX.

De fait, et à strictement parler, il était le seul individu répondant à cette dénomination, le mot *compagnie* n'étant là que comme une simple abstraction poétique, sans aucune espèce de réalité.

La boutique de Tetterby était située à l'angle des bâtiments de Jérusalem. Sur la devanture de la boutique on voyait une exhibition choisie de littérature, consistant principalement en vieux numéros de journaux illustrés, d'histoires de pirates et de voleurs, par livraisons. Des cannes et des billes en marbre faisaient aussi partie du fonds de commerce, qui avait même pris de plus grandes proportions, à une certaine époque; on y avait en effet ajouté des bonbons et des sucreries; mais il paraîtrait que cette marchandise de luxe n'était pas généralement demandée dans le quartier, car il ne restait plus rien dans la montre qui se rattachât à cette branche de commerce, si ce n'est une espèce de petit bocal en verre contenant une masse torpide de figures en sucre qui s'étaient fondues en été et congelées en hiver; si bien qu'il n'y avait plus le moindre espoir de les pouvoir jamais extraire du récipient, ou de les manger sans manger le bocal.

La maison Tetterby avait essayé de différentes industries; elle avait, dans un temps, abordé le commerce de jouets d'enfants, car on voyait dans un autre bocal une quantité de toutes petites poupées en cire, collées les unes aux autres et placées sens dessus-dessous, dans la plus abominable confusion, avec des têtes en bas et des pieds en l'air, et au fond, un précipité de jambes et de bras fracassés.

La maison Tetterby avait aussi travaillé dans les modes, comme pouvaient l'attester quelques carcasses de chapeau construites en laiton. Elle avait même songé à trouver des ressources dans le commerce du tabac, et l'on voyait, collé dans la boutique, un dessin représentant un habitant de chacune des trois portions intégrantes du royaume britannique; chacun d'eux était occupé à consommer la plante odorante. Au-dessous du dessin, on lisait une poétique légende dont le sens était qu'ils étaient là assis, tous trois unis pour la même cause, l'un fumant, un autre chiquant, un troisième prisant.

A une autre époque, la maison avait eu quelque confiance dans le commerce des imitations de bijoux; car, sous une vitre, on voyait une carte de cachets communs, ainsi que différents autres articles à bon marché, qui étaient restés sans acheteurs. Bref, la maison Tetterby avait fait de nombreux essais pour s'enrichir; mais ces divers essais avaient été si malheureux, du moins à en juger par les apparences, que, dans l'association, cela n'était que trop évident, « *Et Cie* » avait eu la meilleure part des bénéfices, « *Et Cie*, comme création immatérielle, n'éprouvant pas les vulgaires inconvénients de la faim, de la soif, et n'ayant ni taxe à payer, ni jeunes enfants à nourrir et à élever.

Cependant Tetterby, assis dans sa petite chambre, comme on l'a vu précédemment, Tetterby, averti de la présence de sa jeune famille d'une façon trop bruyante pour qu'il lui fût permis de se soustraire à cette pensée ou de lire paisiblement un journal, déposa celui qu'il tenait, fit plusieurs fois le tour de sa chambre d'un air distrait, essaya vainement de mettre la main sur un ou deux marmots qui se jetèrent dans ses jambes en courant; puis, se précipitant tout à coup sur le seul membre inoffensif de la famille, le jeune garçon qui servait de bonne au petit Moloch, il lui tira vigoureusement les oreilles.

« Mauvais garnement ! s'écria M. Tetterby, vous ne ressentez donc pas la moindre affection pour votre pauvre père, après toutes les fatigues qu'il a endurées depuis cinq heures du matin, par un froid glacial? Avez-vous juré de flétrir son repos et de *corroder ses nouvelles du soir* avec vos méchancetés!... Ne vous suffit-il pas, monsieur, que votre frère Dolphus soit exposé à la pluie, au brouillard et au froid, tandis que vous êtes plongé dans le luxe avec.... avec un *baby* dans les bras, et tout ce que vous pouvez désirer?... Vous faut-il donc encore faire de la maison un enfer, jusqu'à en rendre vos parents fous?... Est-ce votre intention, Johnny? hein?... »

A chaque point d'interrogation, M. Tetterby avait fait mine de vouloir tirer de nouveau les oreilles de son fils; mais, après réflexion, il s'était abstenu.

« Oh! père! dit Johnny en pleurnichant, je vous assure que je n'ai rien fait, et que j'ai seulement bercé Sally pour l'endormir.... C'est vrai, père!

— Je voudrais voir rentrer ma petite femme! dit M. Tetterby en se calmant et se repentant. Je voudrais seulement voir rentrer ma petite femme! Je ne sais pas comment les prendre, moi! Ils me font tourner la tête, et je ne suis plus bon à rien. Oh! Johnny! n'est-ce pas assez que votre chère mère vous ait pourvu de cette petite sœur? continua-t-il en désignant Moloch; n'est-ce pas assez *qu'après avoir eu sept garçons*, sans l'ombre d'une fille, votre bonne mère ait supporté ce qu'elle a supporté, afin que vous pussiez tous avoir une petite sœur; et faut-il, après cela, que vous vous conduisiez de façon à me faire tourner la cervelle? » S'apaisant de plus en plus, à mesure qu'il surexcitait ses propres sentiments et ceux de son fils injustement puni, M. Tetterby finit par l'embrasser; puis, il se mit immédiatement à la poursuite d'un des véritables délinquants. Après une

LES CONTES DE NOËL. 24

sorte de course au clocher, au milieu des chaises et des tables, sous les lits et sur les lits, il réussit, non sans peine, à mettre la main sur un marmot qu'il châtia comme il le méritait, et qu'il plongea ensuite entre ses draps.

Cet exemple eut une influence très-salutaire et en quelque sorte soporifique sur le tapageur aux souliers, car il tomba instantanément dans un profond sommeil, bien qu'il fût tout à fait éveillé, et on ne peut plus ingambe, une minute avant cet épisode. Obéissant à la même influence, les deux jeunes architectes gagnèrent à la hâte, et même furtivement, leurs lits placés dans un cabinet adjacent. Le camarade du marmot intercepté, s'étant à son tour réfugié sous ses couvertures, avec les mêmes précautions, M. Tetterby, qui venait de s'arrêter pour reprendre haleine, se trouva, d'une façon bien inattendue, dans un véritable calme plat.

« Ma petite femme elle-même, dit M. Tetterby en essuyant son visage empourpré, ma petite femme elle-même n'aurait pas obtenu un plus prompt résultat! J'aurais seulement préféré que ce fût ma petite femme qui se fût chargée de la besogne! »

M. Tetterby se mit alors à chercher sur son paravent une citation appropriée à la circonstance et de nature à faire impression sur l'esprit de ses enfants. Il lut à haute voix ce qui suit :

« *Il est généralement reconnu que tous les hommes remarquables ont eu pour mères des femmes remarquables, et qu'ils les ont respectées après leur mort comme leurs meilleures amies.* Pensez, vous aussi, à votre remarquable mère, enfants, dit M. Tetterby, et appréciez-la à sa juste valeur, tandis qu'elle est encore au milieu de vous ! »

Cela dit, il s'assit de nouveau sur la chaise qu'il avait occupée près du feu; puis il croisa ses jambes, et s'arrangea de façon à lire le journal à son aise. « Que quelqu'un s'avise encore de sortir du lit, n'importe qui, dit Tetterby en manière de proclamation générale et d'une voix pleine d'émotion, *et ce respectable contemporain sera frappé d'étonnement!* » Ce dernier membre de phrase avait été choisi sur le paravent par M. Tetterby. « Johnny, mon enfant, ajouta-t-il, ayez bien soin de votre sœur Sally, car elle est le plus beau fleuron de votre couronne juvénile! »

Johnny s'assit sur un petit tabouret, et se courba avec un entier dévouement sous le poids de Moloch.

« Ah! quelle bénédiction pour vous que ce *baby*, dit le père, et combien vous devriez être reconnaissant! *On ignore généralement*, Johnny (continua M. Tetterby en empruntant une nouvelle citation au paravent), on *ignore généralement* (*bien que ce soit un fait prouvé par les calculs les plus exacts*), *que, dans les proportions suivantes, les babies n'atteignent jamais l'âge de deux ans, c'est-à-dire*....

— Oh! ne continuez pas, je vous en prie! dit Johnny en pleurant. Cela me fait trop de peine, quand je pense à Sally. »

M. Tetterby s'était arrêté, et Johnny, comprenant plus que jamais la responsabilité qui pesait sur lui, essuya ses yeux, et s'efforça de faire taire Moloch.

— Votre frère Dolphus est en retard ce soir, Johnny, dit le père en attisant le feu; il rentrera à la maison, roide de froid comme un morceau de glace. Et votre précieuse mère?

— La voici, je crois, père!... La voici avec Dolphus! s'écria Johnny.

— Vous avez raison, répondit M. Tetterby en prêtant l'oreille; oui, je reconnais le pas de ma petite femme. »

M. Tetterby n'avait jamais dit à personne par quel procédé d'induction il était arrivé à conclure que son épouse était une petite femme. Elle aurait fait aisément deux exemplaires de son mari. Considérée comme individu, elle était plutôt remarquable par sa taille élevée et son vigoureux embonpoint; mais, en comparaison de son mari, elle prenait des dimensions magnifiques qui ne perdaient rien de leur aspect, proportionnellement à la taille de ses sept fils, qui tous étaient fort petits. Sally seule faisait exception, car elle tenait évidemment de sa mère, et personne ne le savait mieux que Johnny, cette pauvre victime qui pesait et mesurait à chaque heure du jour cette exigeante idole.

Mistress Tetterby, qui revenait de faire quelques provisions, et qui portait un panier, rejeta en arrière son châle et son chapeau; puis, s'asseyant comme une personne harassée de fatigue, elle intima l'ordre à Johnny de lui apporter sur-le-champ la petite Sally, pour lui donner un baiser.

Après avoir exécuté cet ordre, Johnny retourna à son tabouret; mais à peine avait-il repris sa pénible posture, que Dolphus Tetterby, se renversant languissamment sur son siége, s'empressa de demander la même faveur. Et Johnny d'obtempérer à ce désir, puis de retourner à son tabouret pour s'y réinstaller comme précédemment. Frappé d'une pensée soudaine, M. Tetterby fit à son tour la même réclamation affectueuse. Le malheureux Johnny se prêta pour la troisième fois à ce désir; mais il se sentit si exténué, qu'il eut à peine la force de regagner son tabouret, sur lequel il s'assit dans l'attitude habituelle, tout haletant, et les yeux fixés sur sa chère famille....

« Surtout, Johnny, dit mistress Tetterby avec un hochement de tête, prenez bien garde à votre sœur, sinon vous aurez affaire à moi!
— Et à moi, dit Dolphus.
— Et à moi, Johnny, » ajouta M. Tetterby.

Très-affecté par cette menace conditionnelle, Johnny jeta sur Moloch des regards pleins de sollicitude, lui passa la main sur le dos avec précaution, et la berça sur ses genoux.

« Dolphus, mon garçon, êtes-vous mouillé? demanda M. Tetterby. Approchez-vous, prenez ma chaise et séchez-vous.
— Non, merci, père, répondit Adolphe en s'essuyant avec les mains. Je ne suis pas trop mouillé, je crois. Ma figure est-elle bien luisante, père?
— Comme de la cire, mon garçon.
— C'est le froid, père, dit Adolphe en polissant ses joues sur la manche usée de sa jaquette. Avec le vent, la neige et le grésil, ma figure en voit de drôles, pas vrai, père? »

M. Adolphe avait embrassé la carrière suivie par son père. Il était employé par une maison plus solide que la maison *Tetterby et Cie*, et vendait des journaux à une station de chemin de fer, où sa petite figure, joufflue comme celle d'un Cupidon en guenilles, et sa petite voix perçante (il n'avait guère que dix ans), était aussi connue que chaque locomotive rugissant au débarcadère. Son extrême jeunesse lui aurait peut-être rendu bien pénible ce genre de commerce, s'il n'avait heureusement découvert un moyen de rendre ses occupations attrayantes et de varier ses plaisirs, à chaque heure du jour, sans négliger le soin des affaires.

Cette ingénieuse invention, remarquable, comme une foule de grandes découvertes, par son extrême simplicité, consistait à changer la première voyelle du mot *journal*, et à lui substituer, aux différentes heures de la journée, toutes les autres voyelles, dans une succession grammaticale. Par exemple, en hiver et avant le point du jour, il courait en tous sens, avec sa casquette, son petit manteau en toile cirée, et son énorme cache-nez, en perçant l'air épais avec ce cri : *Jar-nal du matin!* Une heure environ avant midi, ce cri se changeait en celui de : *Jeur-nal du matin!* Vers deux heures en : *Jir-nal du matin!* Deux heures après en : *Jornal du matin!* Pour finir avec le jour par : *Jur-nal du soir!* à la grande satisfaction du jeune *gentleman*, qui trouvait un grand soulagement à varier ainsi ses exercices.

Mme sa mère, mistress Tetterby, assise avec son châle et son chapeau rejetés en arrière, était en ce moment occupée, tout en rêvant, à tourner et retourner son anneau de mariage sur son doigt. Enfin, elle se leva, et s'étant débarrassée de son accoutrement de ville, elle mit le couvert pour le souper.

« Ah! mon Dieu, mon Dieu! dit mistress Tetterby. Ainsi va le monde!

— Comment le monde va-t-il, ma chère? demanda M. Tetterby en regardant autour de lui.

— Oh! rien! » répondit mistress Tetterby.

M. Tetterby souleva ses sourcils, replia de nouveau son journal, puis le déplia et le parcourut des yeux dans tous les sens, mais sans lire une seule ligne, tant il était préoccupé.

Cependant mistress Tetterby mit la nappe, en s'y prenant de telle sorte qu'elle avait plutôt l'air de châtier la table que de préparer le souper de la famille; frappant dessus, sans nécessité aucune, avec les couteaux et les fourchettes, la souffletant avec les assiettes, la bossuant avec la salière, et l'écrasant sous le poids du pain lancé d'une main vigoureuse.

« Ah! mon Dieu! mon Dieu! répéta mistress Tetterby, ainsi va le monde!

— Ma poule, répliqua M. Tetterby en promenant de nouveau ses regards autour de la chambre, voici la seconde fois que vous dites cela. Comment donc va le monde?

— Oh! rien! répondit mistress Tetterby.

— Sophia! riposta le mari en manière de remontrance, c'est aussi la seconde fois que vous répétez cela.

— Eh bien! je le redirai encore si vous le désirez, répliqua mistress Tetterby. Oh! rien.... là! et encore, si vous le souhaitez.... oh! rien.... là! Êtes-vous content? »

M. Tetterby leva les yeux sur sa chère moitié et lui dit avec douceur et d'un air étonné :

« Ma petite femme, pourquoi donc êtes-vous en colère?

— Est-ce que je sais! répliqua mistress Tetterby. Ne me faites pas de questions. Qui a dit que j'étais en colère? Assurément, ce n'est pas moi. »

M. Tetterby, découragé, cessa de parcourir son journal, et, se mettant à marcher lentement à travers la chambre, les mains derrière le dos, les épaules levées, en un mot, conformant sa démarche et ses manières à ses pensées pleines de résignation, il s'adressa à ses deux fils aînés :

« Votre souper sera prêt dans une minute, Dolphus, dit M. Tetterby. Et, pour l'acheter, dans la boutique du rôtisseur, votre mère est sortie, malgré la pluie. Votre mère a fait preuve d'une bonté bien grande en agissant ainsi. Vous aussi, Johnny, vous aurez bientôt à souper. Votre mère est contente de vous, mon bonhomme, parce que vous avez bien soin de votre chère sœur. »

Mistress Tetterby, sans faire la moindre observation, mais avec des façons d'agir beaucoup moins hostiles à l'endroit de la table, mit fin à ses préparatifs et tira de son ample panier un substantiel morceau de pudding aux pois chauds, enveloppé dans un papier gluant, et un plat couvert qui exhala une odeur si agréable au moment où le couvercle fut enlevé, que les trois paires d'yeux des marmots au lit s'ouvrirent démesurément et se fixèrent sur le banquet.

Sans faire attention à cette pétition tacite, M. Tetterby répéta lentement :

« Oui, oui, votre souper sera prêt dans une minute. Et, pour l'acheter dans la boutique du rôtisseur, votre mère est sortie malgré la pluie. Votre mère a fait preuve d'une bonté bien grande en agissant ainsi. »

Comme il achevait cette dernière phrase, mistress Tetterby, qui, à l'insu de son mari, avait, à plusieurs reprises, manifesté son repentir par une pantomime expressive, lui passa le bras autour du cou et se mit à pleurer.

« Oh ! Dolphus ! dit mistress Tetterby, comment ai-je pu me conduire ainsi ? »

Cette réconciliation affecta Adolphe junior et Johnny à tel point, que tous deux, comme d'un commun accord, poussèrent un cri perçant dont l'effet immédiat fut de faire plonger les têtes des marmots sous les couvertures, et de mettre en fuite les deux petits Tetterby qui sortaient en ce moment du cabinet adjacent à pas furtifs, pour observer les progrès du banquet.

« En vérité, Dolphus, continua mistress Tetterby d'une voix entrecoupée de sanglots, en entrant dans la maison, je ne songeais pas plus que l'enfant qui n'est pas né.... »

M. Tetterby parut ne pas goûter cette métaphore, et reprit : « Contentez-vous de dire pas plus que l'enfant qui vient de naître, ma chère, cela suffira....

— Je ne songeais pas plus que l'enfant qui vient de naître, répéta mistress Tetterby. Johnny, au lieu de me regarder, regardez votre sœur. Si elle tombe de dessus vos genoux, elle se tuera, et alors vous mourrez, vous, dans l'agonie d'un cœur brisé ; et vous n'aurez que ce que vous aurez mérité.... Je ne songeais pas plus que notre *baby* à me mettre de mauvaise humeur, lorsque je suis rentrée à la maison ; mais je ne sais comment cela s'est fait, Dolphus.... » Mistress Tetterby s'interrompit, et, derechef, fit tourner sa bague autour de son doigt.

« Je vois ce que c'est! je comprends! dit M. Tetterby; ma petite femme a un accès de mauvaise humeur. Mauvais temps, mauvaise fortune, mauvaise besogne, produisent quelquefois cet effet-là.... Mon Dieu! je comprends cela! je n'en suis pas surpris. Dolf, mon bonhomme, continua M. Tetterby en explorant le plat avec une fourchette, voici ce que votre mère est allée chercher, outre le *pudding* aux pois; un gros morceau de porc frais, délicieusement rôti, avec une profusion de sauce et de moutarde. Tendez votre assiette, mon garçon, et commencez pendant que c'est tout chaud, tout bouillant. »

M. Adolphe ne se le fit pas dire deux fois, et, après avoir reçu sa portion, sur laquelle il jetait des regards humectés par l'appétit, il se mit à table, et attaqua son souper avec voracité. Johnny ne fut pas oublié, mais on lui donna sa part étendue sur un morceau de pain, de peur qu'il ne répandît de la sauce sur le *baby*. Pour le même motif, il fut prié de mettre provisoirement son *pudding* dans sa poche.

Il y avait plus d'os que de viande dans le morceau de porc frais découpé par le rôtisseur qui, assurément, avait mieux servi ses autres pratiques; mais la sauce était abondante, et la sauce est un accessoire qui fait illusion sur le principal, et qui trompe agréablement le palais. Tout bien considéré, cependant, le plat en question avait le goût de porc frais, et exhalait un irrésistible parfum.

Aussi les marmots couchés, tout en feignant de dormir profondément, lorsque le père et la mère avaient les yeux sur eux mettaient-ils à profit le moment où leurs parents ne regardaient pas de leur côté, pour se glisser hors du lit et faire un appel silencieux à leurs frères, afin d'en obtenir une preuve gastronomique d'affection fraternelle. Ceux-ci se prêtant de bon cœur à la circonstance, et par-ci, par-là, distribuant quelques morceaux, il en résulta qu'une bande de petits maraudeurs en robes de nuit manœuvra dans la chambre pendant tout le souper, ce qui tracassa considérablement M. Tetterby. Deux ou trois fois même, il se vit contraint à disperser cette troupe de guérillas, qui s'enfuyaient alors de tous côtés dans la plus grande confusion.

Mistress Tetterby ne fit pas grand honneur au souper.... elle semblait préoccupée.... Tantôt elle se mettait à rire sans raison tantôt elle pleurait sans plus de motifs, et enfin elle se prit à rire et à pleurer en même temps d'une façon si déraisonnable que son mari ne savait plus qu'en penser.

« Ma petite femme, dit-il, si c'est ainsi que va le monde, il me paraît aller tout de travers, et de manière à vous faire étouffer.

— Donnez-moi une goutte d'eau, répondit mistress Tetterby en faisant un effort sur elle-même, et ne me parlez pas ;... ne faites pas attention à moi pour le moment, je vous en prie. »

Après avoir administré l'eau, M. Tetterby se tourna subitement vers le malheureux Johnny qui pleurait en voyant pleurer sa mère, et lui demanda pourquoi il restait à se goberger au lieu de s'approcher avec le *baby*, dont la vue pouvait faire du bien à mistress Tetterby.

Johnny s'approcha sur-le-champ, courbé sous le poids de son fardeau ; mais mistress Tetterby ayant fait un geste de la main pour faire comprendre qu'elle n'était pas en état de supporter une pareille émotion, il fut interdit à Johnny de faire un seul pas de plus en avant, sous peine d'encourir la haine éternelle de tous les siens ; aussi regagna-t-il immédiatement son tabouret, sur lequel il reprit sa position fatigante.

Après un moment de silence, mistress Tetterby affirma qu'elle se sentait mieux, et se mit à rire.

« Ma petite femme, dit le mari d'un air de doute, êtes-vous bien sûre de vous sentir mieux, ou bien allez-vous encore, Sophia, recommencer sur nouveaux frais ?

— Non, Dolphus, non, répondit mistress Tetterby, je suis tout à fait revenue à moi-même. »

Puis, rejetant ses cheveux en arrière et posant les mains sur ses yeux, elle se mit à rire de plus belle.

« Quelle méchante folle j'étais d'avoir de pareilles idées ! dit-elle. Rapprochez-vous de moi, Dolphus, et laissez-moi vous expliquer ce que j'éprouve. Cela me soulagera.... Je vais tout vous dire. »

M. Tetterby ayant rapproché sa chaise, mistress Tetterby se prit encore à rire, essuya ses yeux, et embrassa son mari.

« Vous savez, Dolphus, dit mistress Tetterby, qu'avant de vous épouser j'aurais pu trouver cent maris pour un : j'ai eu jusqu'à quatre prétendants à la fois ; deux d'entre eux étaient fils de Mars.

— Fils de qui ?

— Fils de Mars, c'est-à-dire soldats.... sergents....

— Oh ! fit M. Tetterby.

— Eh bien ! Dolphus, je vous jure que je ne pense jamais à ce temps-là pour le regretter, et je suis sûre d'avoir un bon mari que j'aime autant que....

— Petite femme au monde, ajouta M. Tetterby; très-bien.... très-bien! »

Si M. Tetterby avait eu la taille d'un géant, et sa femme les formes d'une petite fée, elle n'eût pas été plus sensible à la convenance de ce petit nom d'amitié.

« Mais, voyez-vous, Dolphus, reprit mistress Tetterby, nous sommes au temps de Noël, et tous les gens qui en ont les moyens s'amusent et font de la dépense. Voilà pourquoi tantôt, en parcourant les rues, je me suis sentie toute triste. Il y avait tant de choses en vente, des choses si délicieuses à manger.... tant de belles emplettes à faire!... Mais j'avais tant de choses nécessaires à acheter avant de songer à dépenser six sous pour le moindre objet! Et j'avais si peu d'argent pour remplir mon panier de provisions!... Vous me haïssez, n'est-ce pas, Dolphus?

— Pas tout à fait, jusqu'à présent, répondit M. Tetterby.

— Eh bien! je vais vous dire toute la vérité, continua mistress Tetterby avec un air de contrition, et peut-être alors vous me haïrez. Ces pensées pesaient si fort sur mon esprit, tandis que je trottais par le froid, et que je voyais une foule de gens obligés de calculer comme moi, afin de pouvoir acheter le nécessaire, que je me demandai si je n'aurais pas mieux fait, pour mon bonheur, de..... de.... »

Mistress Tetterby fit tourner et retourner son anneau de mariage, et hocha la tête en baissant les yeux.

« Je comprends, dit tranquillement M. Tetterby; vous vous demandiez si vous n'auriez pas mieux fait de ne vous point marier, ou d'épouser un autre que moi?

— Oui, dit en sanglotant mistress Tetterby, c'est bien réellement ce que je pensais. Me haïssez-vous, maintenant, Dolphus?

— Je ne sais pas encore, » dit M. Tetterby.

Sa femme l'embrassa pour le remercier et continua:

« Maintenant, je commence à espérer que vous ne me haïrez pas, Dolphus, quoique j'aie bien peur de ne vous avoir pas dit le pire de la chose. Je ne sais pas vraiment ce qui m'a passé par l'esprit. J'ignore si j'étais malade ou folle.... Enfin, n'importe... Mais je ne pouvais réussir à réveiller des souvenirs de nature à me rappeler notre affection réciproque; je ne pouvais non plus me résigner à mon sort. Toutes les jouissances, tous les plaisirs que nous avions partagés me paraissaient si misérables et si insignifiants, que je les prenais en dégoût. Je les aurais foulés aux pieds.... Enfin, je ne pouvais penser à autre chose qu'à notre pauvreté et au nombre de bouches à nourrir chez nous.

— Bien! bien! ma chère, dit M. Tetterby en pressant la main de sa femme pour l'encourager; après tout, c'est la vérité. Nous sommes pauvres, et il y a, en effet, un grand nombre de bouches à la maison.

— Mais, ô Dolph! ô Dolph! reprit mistress Tetterby en pleurant et en jetant ses bras autour du cou de son mari; ô mon bon, mon patient, mon excellent ami, comme tout cela changea, sitôt que j'eus passé seulement quelques minutes ici! Oh! Dolphus, mon bien-aimé, comme tout cela changea vite! On eût dit qu'il venait de se produire tout à coup dans mon esprit un monde de souvenirs qui attendrissaient mon cœur et le remplissaient à le faire éclater. Toutes nos luttes pour gagner le pain quotidien, tous les tourments et toutes les privations que nous avons éprouvés depuis notre mariage.... toutes les heures de maladie, de veille passées ensemble et avec les enfants semblèrent me parler et me dire qu'elles avaient fait un seul cœur de nos deux cœurs, et que je n'aurais jamais pu être ni voulu être autre chose que la femme et la mère que je suis. Puis, les jouissances peu coûteuses que j'avais si cruellement foulées aux pieds devinrent à mes yeux si précieuses, si incomparables, que je ne pus me pardonner de les avoir à ce point méconnues; et j'ai dit, et je dis encore, et je dirai cent fois encore que je ne sais pas comment j'ai pu me conduire ainsi, Dolphus, et comment j'ai eu le cœur de vous faire de la peine! »

L'excellente femme, dans l'exaltation de sa tendresse et de ses honnêtes remords, pleurait à chaudes larmes, lorsque tout à coup elle tressaillit, poussa un cri perçant et se précipita derrière son mari.

Son cri trahissait une si grande épouvante, que les enfants, réveillés en sursaut, se jetèrent hors du lit et se pressèrent autour d'elle. Ses regards épouvantés étaient dirigés vers la porte, et sa main montrait un homme pâle, en manteau noir, qui venait d'entrer dans la chambre.

« Regardez cet homme.... Regardez, que nous veut-il?

— Je vais le lui demander, ma chère, si vous voulez me lâcher, dit M. Tetterby. Comme vous tremblez!...

— J'ai vu cet homme dans la rue, tantôt, lorsque je suis sortie. Il m'a regardée et s'est avancé vers moi. Cet homme me fait peur....

— Peur! Et pourquoi?

— Je ne sais pourquoi.... je.... arrêtez! mon ami, » s'écria-t-elle en voyant son mari s'avancer vers l'étranger.

Une main sur son front, et l'autre main pressée contre sa poitrine, elle était en proie à une agitation extraordinaire, tandis que ses regards, pleins d'anxiété, semblaient chercher un objet perdu.

« Êtes-vous malade? ma chère, lui demanda M. Tetterby.

— Malade!... non.... je ne suis nullement malade. »

Puis elle se tint immobile en regardant à ses pieds d'un œil hagard.

M. Tetterby qui, dans le premier moment, n'avait pu se préserver entièrement de cette épouvante contagieuse, et qui ne se sentait nullement rassuré par l'agitation croissante de sa femme, adressa néanmoins la parole au pâle visiteur en manteau noir, qui était resté près de la porte.

« Que voulez-vous de nous, monsieur? demanda M. Tetterby.

— Je crains, répondit l'homme au manteau, de vous avoir alarmés en entrant ici sans être aperçu; mais vous étiez occupés à causer, et vous ne m'avez pas entendu.

— Ma petite femme dit, et peut-être l'avez-vous entendue, répliqua M. Tetterby, que ce n'est pas la première fois que vous l'effrayez ce soir.

— Je le regrette. Il me souvient, en effet, de l'avoir observée dans la rue; mais je n'avais pas l'intention de l'effrayer. »

En ce moment, ses regards rencontrèrent ceux de mistress Tetterby. On ne saurait imaginer l'effroi dont elle fut saisie, et qui se communiqua soudain à l'étranger, lorsqu'il s'aperçut de l'effet qu'il produisait sur elle; et cependant il l'observa avec une attention de plus en plus vive.

« Je me nomme Redlaw, dit-il. Je viens du collége situé tout près d'ici. Un étudiant de ce collége ne demeure-t-il pas dans cette maison?

— M. Denham? demanda Tetterby.

— Oui. »

Avant de reprendre la parole, le petit homme passa la main sur son front et jeta rapidement les yeux autour de la chambre, comme s'il eût remarqué quelque changement dans l'atmosphère. Ce mouvement naturel et de si petite importance ne valait pas la peine d'être observé; mais, au même instant, le chimiste, reportant sur M. Tetterby le regard terrifiant qu'il avait d'abord dirigé sur la femme, fit un pas en arrière. La pâleur de son visage était devenue livide.

« La chambre de ce jeune homme est au-dessus de celle-ci, monsieur, reprit Tetterby. Elle a une entrée particulière et plus convenable; mais puisque vous êtes venu jusqu'ici, vous ferez bien, pour éviter le froid, d'y monter par le petit escalier que vous voyez au fond de cette pièce. Vous pouvez monter, monsieur, puisque vous désirez voir ce jeune homme.

— Oui, je désire le voir, dit le chimiste. Pouvez-vous me prêter une lumière ? »

Ses yeux hagards et assombris par une expression de défiance inexplicable semblèrent troubler M. Tetterby, qui, à son tour, regardant fixement le chimiste, demeura pendant quelques instants immobile et comme fasciné.

Enfin, il dit :

« Si vous voulez me suivre, monsieur, je vais vous éclairer.

— Non, répliqua le chimiste ; je veux monter seul, et ne pas être annoncé à ce jeune homme. Il ne m'attend pas, et je vous prie de ne pas m'accompagner. Faites-moi seulement le plaisir de me donner une lumière, si cela se peut, et je saurai trouver le chemin. »

Dans sa brusque impatience, il prit la chandelle des mains du petit homme, et, involontairement, il lui toucha la poitrine. Aussitôt, retirant sa main comme s'il l'eût blessé par accident (car il ignorait dans quelle partie de lui-même résidait son nouveau pouvoir et de quelle manière il se communiquait), le chimiste s'éloigna d'un pas rapide et monta l'escalier.

Mais, arrivé au dernier degré, il s'arrêta et regarda en bas. La femme, debout à la même place, tournait et retournait sa bague sur son doigt.... Le mari, la tête penchée sur la poitrine, était plongé dans une sorte de lourde torpeur.... Les enfants, groupés encore autour de leur mère, jetèrent sur l'étranger des regards craintifs, et se serrèrent les uns contre les autres en le voyant tourner les yeux de leur côté.

« Allons! dit M. Tetterby d'un ton brusque, en voilà assez.... Qu'on aille se coucher !

— La chambre est déjà bien assez incommode et petite. Allez vous coucher! » dit à son tour mistress Tetterby.

Inquiète, effrayée, toute la petite troupe détala, Johnny et le *baby* traînant à la suite. La mère, promenant un regard dédaigneux autour de la chambre sordide, et repoussant loin d'elle les débris du souper sur la table à moitié desservie, se jeta sur un siége et demeura plongée dans un profond abattement. Le père se blottit dans le coin de la cheminée, se mit à tourmenter d'une main fébrile le triste feu qui s'y trouvait, et pencha tout son corps au-dessus du foyer, comme s'il eût voulu se l'approprier exclusivement. Les deux époux n'échangèrent pas une seule parole.

Assailli par d'horribles pressentiments, à la vue du changement survenu dans la chambre, le chimiste, pareil à un voleur qui tremble d'être surpris, ne savait plus s'il devait aller en avant ou rebrousser chemin.

« Qu'ai-je fait! dit-il avec anxiété. Que vais-je faire? »

Il crut entendre cette réponse :

« Devenir le bienfaiteur de l'espèce humaine! »

Il regarda autour de lui, mais sans voir personne. Alors, s'avançant dans un corridor qui lui cachait la vue de la chambre, il continua sa route en regardant droit devant lui.

« Je ne suis resté enfermé chez moi que depuis hier soir, murmura-t-il tristement, et pourtant tout a pris à mes yeux un nouvel aspect.... Je ne me reconnais plus moi-même.... Je suis ici comme dans un rêve. Quel intérêt a pu me conduire en ces lieux? Mon esprit est devenu aveugle! »

En ce moment il rencontra une porte.... Il frappa; une voix l'invita à entrer; il obéit.

« Est-ce vous, ma bonne garde-malade? demanda la voix. Mais, qu'ai-je besoin de faire cette question; je sais bien que ce ne peut être que vous. »

La voix était enjouée, quoique faible et languissante. Le chimiste aperçut alors un jeune homme étendu sur une couchette placée devant la cheminée. Un maigre poêle, aux parois creuses comme les joues d'un malade, et planté dans une sorte de mur en briques, au centre d'un foyer qu'il échauffait à peine, contenait le feu devant lequel le jeune homme avait le visage tourné. Le vent qui s'engouffrait dans le tuyau de ce poêle en chassait incessamment des cendres et des étincelles.

« Signe d'argent, s'il faut en croire les dires des commères, murmura le jeune homme en souriant. Je serai bien portant et riche un jour, s'il plaît à Dieu, et j'aurai peut-être à aimer une fille que je nommerai Milly, en souvenir de la meilleure nature et du cœur le plus affectueux qui soit au monde. »

A ces mots, le jeune homme tendit sa main, comme s'il eût attendu la pression d'une main amie. Mais, bien qu'il fût éveillé, il demeura la tête appuyée sur son autre main, sans se retourner et sans changer d'attitude.

Le chimiste fit une rapide inspection de la chambre; il remarqua les livres et les papiers de l'étudiant, empilés sur une table reléguée dans un coin. Une lampe éteinte qui s'y trouvait aussi témoignait des veilles studieuses qui avaient précédé, causé peut-être la maladie du jeune homme.... Des vêtements, à cette heure inutiles, étaient accrochés au mur avec une foule d'objets dont on ne peut faire usage qu'aux heures de plaisir et de santé.

Au-dessus de la cheminée se trouvaient quelques miniatures au milieu desquelles le chimiste reconnut son propre portrait.

Naguère, hier encore, la vue de ces objets aurait infailliblement éveillé des sentiments de sympathie dans son cœur ; mais, à cette heure, ces objets n'eurent plus aucune signification pour lui, et il les regarda avec indifférence.

Surpris d'attendre aussi longtemps l'étreinte de la petite main qu'il croyait proche de la sienne, le jeune homme se leva à demi sur sa couchette et tourna la tête.

« M. Redlaw ! » s'écria-t-il, en se dressant sur ses pieds comme à l'aide d'un ressort.

Le chimiste étendit le bras.

« Ne m'approchez pas, dit-il. Je vais m'asseoir à la place où je suis ; restez à la vôtre, je vous prie. »

Il s'assit en effet sur un siége voisin de la porte, et, après un rapide regard jeté sur l'étudiant qui était resté debout, la main appuyée sur le dos de la couchette, il lui dit, en baissant les yeux vers le sol :

J'ai appris par hasard (il importe peu que vous sachiez à quel propos) qu'un des jeunes gens qui suivent mes cours était malade et seul. On ne m'avait dit ni son nom ni son adresse. On m'avait seulement indiqué la rue. J'ai fini par vous trouver en allant de maison en maison.

— J'ai été malade, monsieur, répliqua l'étudiant, non-seulement avec un timide embarras, mais avec une sorte de respectueux émoi ; je me porte beaucoup mieux à présent. C'était une fièvre.... cérébrale.... je crois ; mais je suis à peu près guéri. Je ne puis dire que j'aie été seul pendant ma maladie ; ce serait de l'ingratitude de ma part ; oui, ce serait bien mal reconnaître les soins qui m'ont été prodigués.

— Vous voulez parler de la femme du gardien ? dit Redlaw.

— Oui, » répondit l'étudiant en inclinant la tête, comme pour rendre un silencieux hommage à la personne en question.

Le chimiste qui, par son air froid, monotone, apathique, ressemblait à la statue de marbre sur la tombe de l'homme qui, la veille, avait quitté précipitamment son dîner à la première nouvelle de la maladie de l'étudiant, plutôt qu'à l'homme vivant lui-même, jeta de nouveau les yeux sur le jeune homme, et les leva presque aussitôt vers le ciel, comme pour y chercher la lumière nécessaire à son esprit aveugle.

« Je me suis souvenu de votre nom, dit-il, lorsqu'on l'a

prononcé tout à l'heure en bas; et je me rappelle vos traits.... Nous n'avons eu que fort peu de rapports ensemble, n'est-il pas vrai ?

— Fort peu.

— Vous vous êtes, je crois, tenu plus éloigné de moi qu'aucun de vos condisciples. »

L'étudiant fit un signe d'assentiment.

« Et pour quels motifs? reprit le chimiste sans la moindre expression d'intérêt, et poussé par un simple sentiment de vulgaire curiosité. Pour quel motif?... Comment se fait-il que vous ayez pris à tâche de me cacher à moi, bien plus encore qu'à tout autre, que vous étiez malade, et que vous restiez ici, à l'époque où tous vos condisciples se sont dispersés? »

Le jeune homme, qui avait écouté les paroles du chimiste avec une agitation croissante, leva sur lui des regards attristés, et, joignant les mains, s'écria tout à coup d'une voix tremblante :

« Monsieur Redlaw ! vous avez découvert mon secret ! vous connaissez mon secret !

— Quel secret, et que voulez-vous dire? répliqua le chimiste.

— Oui ! vos manières, offrant à cette heure un contraste si frappant avec cette bienveillance et cette sympathie qui vous attachent tous les cœurs.... l'altération de votre voix.... la contrainte qui respire dans chacune de vos paroles, et dans vos regards, me prouvent que vous me connaissez. Tous vos efforts pour me faire croire le contraire sont pour moi de nouvelles preuves (et Dieu sait que je n'en ai pas besoin !) de votre bonté naturelle, et des obstacles qui nous séparent. »

Un rire sec et méprisant fut la seule réponse du chimiste.

« Mais vous êtes un homme trop bon et trop juste, monsieur Redlaw, continua l'étudiant, pour ne pas reconnaître combien je suis innocent de toute participation au mal qui vous a été fait et aux chagrins que l'on vous a causés. Mon nom et mon origine sont mes seuls crimes....

— Mal !... chagrins !... dit le chimiste en riant. Qu'est-ce que cela me fait ?

« Au nom du ciel ! s'écria l'étudiant d'une voix suppliante et pleine d'angoisses, que ces quelques paroles échangées entre nous ne vous transforment pas à ce point, monsieur !... oubliez-moi, je vous en conjure, et permettez-moi de redevenir pour vous l'étudiant inconnu qui se tenait à distance du maître dont il recevait les leçons.... Connaissez-moi seulement sous le nom que j'ai pris, et non sous celui de Langford....

— Langford ! » s'écria Redlaw.

Puis il étreignit sa tête entre ses deux mains, et, pendant un instant, il tourna son visage intelligent et rêveur du côté de l'étudiant.... Mais semblable à un rayon passager, la lumière qui venait d'éclairer un moment son visage s'éteignit aussitôt.

« C'est le nom que porte ma mère, monsieur, balbutia le jeune homme, c'est le nom qu'elle se donna, lorsque peut-être elle pouvait en prendre un plus respecté.... monsieur Redlaw, ajouta-t-il en hésitation, je crois connaître cette histoire; et d'ailleurs, lorsque la connaissance de certains faits m'échappe.... S'il est quelques points que j'ignore, mon instinct y supplée et me rapproche de la vérité.

« Je suis le fruit d'un mariage qui n'a été ni bien assorti ni heureux. Dès mon enfance, j'ai entendu votre nom prononcé avec honneur et respect.... je dirais presque avec vénération. Ma mère m'a si souvent entretenu de votre dévouement sans égal, de votre exquise sensibilité, de votre force d'âme, de vos luttes énergiques contre les obstacles de la vie, que depuis la première leçon que j'ai reçue de ma mère, mon imagination a toujours entouré votre nom d'une auréole. Et d'ailleurs, pauvre étudiant que je suis, quel autre maître que vous vouliez-vous que je pusse choisir ? »

Nullement ému, nullement changé, Redlaw fixa sur le jeune homme un regard pénétrant et sombre, mais sans lui répondre, ni par une parole, ni par un geste.

« Je ne puis vous dire, poursuivit l'étudiant, j'essayerais en vain de vous dire à quel point j'ai été touché, ému, en retrouvant les traces du passé dans ce sentiment de confiance et de gratitude, associé au nom de M. Redlaw, parmi nous autres étudiants, et surtout dans le cœur des plus humbles d'entre eux. Nos âges et nos positions sont si différents, et j'ai, depuis si longtemps, l'habitude de vous regarder à distance, que je me trouve bien présomptueux, en touchant, même légèrement, à un pareil sujet.

« Cependant, celui qui, je puis le dire, a porté tant d'intérêt autrefois à ma mère..., apprendra peut-être, avec quelque plaisir, de quels sentiments d'affection j'étais pénétré pour lui, dans mon obscurité, avec quelle peine et quels regrets je me suis dérobé à ses encouragements dont, cependant, j'aurais été si fier.... Ah ! c'est que je sentais que je devais me contenter de le connaître, sans être connu de lui....

Monsieur Redlaw, ajouta le jeune homme d'une voix affaiblie. j'ai bien mal dit ce que je voulais dire, car mes forces ne sont pas encore tout à fait revenues; mais si j'ai démérité de vous, pardonnez-moi.... Pour tout le reste, oubliez-moi !.... »

Pendant ce discours, la physionomie du chimiste avait conservé la même expression farouche, et son regard la même fixité; mais le jeune homme, en prononçant ces dernières paroles, s'étant avancé comme pour lui prendre la main, il se recula précipitamment et s'écria : « Ne m'approchez pas ! »

Le jeune homme s'arrêta, blessé de ce mouvement de répulsion si extraordinaire, si spontané, et Redlaw passa la main sur son front d'un air rêveur.

« Le passé est passé, dit-il, il meurt comme meurt la brute. Que venez-vous me parler des traces qu'il aurait laissées dans ma vie ?.... Folies, mensonges que tout cela. Qu'ai-je à faire de vos rêves insensés ? Si vous avez besoin d'argent, en voici... Je suis venu pour vous en offrir et non pour autre chose.... Il ne peut y avoir d'autre motif qui m'ait conduit ici, ajouta-t-il en étreignant de nouveau sa tête entre ses deux mains. Il ne peut y avoir d'autre motif, et cependant... »

Il jeta sa bourse sur la table, et tomba dans une sombre rêverie. L'étudiant prit la bourse pour la lui rendre.

« Reprenez-la, monsieur, dit-il avec fierté mais sans colère. Je voudrais que vous pussiez reprendre en même temps le souvenir de votre offre et de vos paroles.

— En vérité? répliqua le chimiste avec une lueur fauve dans les yeux. En vérité !

— Oui, monsieur. »

Pour la première fois, Redlaw s'approcha du jeune homme, le tira par le bras et le regarda en face, après avoir repris la bourse.

« La maladie engendre des chagrins et des ennuis, n'est-il pas vrai ? dit-il en riant.

— Oui, répondit l'étudiant stupéfait.

— Avec la maladie, vient tout un cortége de misères physiques et morales : l'insomnie, l'anxiété, la douleur ! reprit le chimiste avec une exaltation surhumaine. Ne serait-on pas heureux d'oublier tout cela ? »

L'étudiant ne répondit point, et passa de nouveau la main sur son front, d'un air distrait. Pour la seconde fois, Redlaw le tira par la manche. En ce moment, la voix de Milly se fit entendre au dehors.

« J'y verrai très-bien à présent, dit-elle, merci, Dolf. Ne pleurez pas, mon ami. Demain vos parents seront plus calmes, et la maison reprendra son aspect accoutumé. Ah ! il y a un monsieur avec lui ! »

Redlaw laissa retomber le bras de l'étudiant, et prêta l'oreille.

« Depuis le premier moment, dit-il mentalement, j'ai eu peur de la rencontrer. Il y a en elle une bonté réelle que je crains d'altérer, ce serait un meurtre d'aller tuer en elle les meilleurs et les plus tendres sentiments de son cœur. »

Milly frappa à la porte.

« Écarterai-je ces puérils pressentiments, ou bien éviterai-je la jeune femme ? » murmura le chimiste en jetant autour de lui des regards troublés.

Milly frappa derechef à la porte.

De toutes les personnes qui pouvaient venir ici, dit le chimiste d'une voix tremblante, en se tournant vers le jeune homme, celle qui frappe en ce moment à la porte est précisément la personne au monde que je voudrais éviter. Cachez-moi quelque part! »

L'étudiant ouvrit une petite porte communiquant avec une espèce de mansarde. Redlaw se hâta d'y passer et referma la porte sur lui.

L'étudiant reprit alors sa place sur la couche et invita la jeune femme à entrer.

« Cher monsieur Edmund, dit Milly en regardant autour de la chambre, on m'avait dit qu'il y avait quelqu'un ici.

— Il n'y a ici que moi.

— Mais... vous avez eu la visite d'un monsieur?

— Oui, il est parti. »

Milly déposa son petit panier sur la table, et s'avança jusqu'au dossier de la couche, comme pour prendre la main du jeune homme.... La main n'y était pas. Un peu surprise, mais calme autant que d'habitude, Milly se pencha au-dessus de la couche pour regarder l'étudiant qu'elle toucha légèrement au front.

« Vous sentez-vous tout à fait aussi bien ce soir ? Votre tête était moins brûlante, cette après-midi, ce me semble.

— Bah ! répondit assez sèchement le jeune homme, je n'ai presque plus rien. »

Une expression d'étonnement, mais non de reproche, se peignit sur la physionomie de Milly, qui se retira à l'autre bout de la table, et tira de son panier un petit morceau d'étoffe et ses aiguilles à coudre. Mais, après une courte réflexion, elle laissa de côté son ouvrage, et s'occupa sans bruit de mettre tout en ordre dans la chambre, jusqu'aux coussins de la couche, qu'elle tourna d'une main si légère, que le jeune homme, occupé d'ailleurs à regarder le feu, s'en aperçut à peine. Lorsque tout cela fut terminé, et qu'elle eut balayé le foyer, elle prit un siége et se mit aussitôt à travailler avec une activité pleine de calme.

« Ce sont les rideaux de mousseline neuve pour la croisée, monsieur Edmund, dit Milly qui continua de coudre, tout en parlant. Ils sont jolis et fort propres, bien qu'ils n'aient pas coûté cher; et puis, ils garantiront vos yeux d'un jour trop vif. Mon William dit que, pendant votre convalescence, il ne faut pas laisser pénétrer dans la chambre une trop grande clarté qui pourrait vous donner des étourdissements.

L'étudiant ne dit rien; mais le brusque mouvement qu'il fit pour changer de position trahissait une impatience nerveuse si singulière, que les doigts agiles de Milly s'arrêtèrent, et qu'elle jeta sur lui un regard plein d'anxiété.

« Les oreillers ne sont pas bien placés, dit-elle en déposant son ouvrage et en se levant. J'aurai bientôt fait de les mieux arranger.

— Ils sont fort bien ainsi, répondit l'étudiant; n'y touchez pas, je vous prie. Vous faites des embarras pour rien. »

En prononçant ces paroles, il leva la tête et regarda la jeune femme d'une façon si peu affectueuse, qu'elle en fut toute décontenancée. Néanmoins, elle alla se rasseoir, et se remit à l'ouvrage, sans proférer une seule plainte.

« Vous avez dû souvent penser, monsieur Edmund, depuis votre maladie, que le malheur est un grand maître... Oui, cela est bien vrai, et je me le suis dit plus d'une fois en travaillant à vos côtés. Après ces jours de souffrance, la santé sera plus que jamais pour vous un précieux trésor. Et, dans quelques années, à pareille époque, lorsque vous vous rappellerez le temps où vous étiez ici malade, sans vouloir en instruire vos meilleurs amis, de peur de les affliger, votre intérieur sera pour vous doublement cher et doublement béni. Cela n'est-il pas vrai et doux à penser ? »

La jeune femme était trop appliquée à son travail, trop pénétrée de ce qu'elle venait de dire, et d'ailleurs, son esprit jouissait d'une trop grande sérénité, pour qu'elle songeât à remarquer la physionomie de l'étudiant et l'effet que ses paroles avaient produit sur lui; aussi ne s'aperçut-elle pas de la blessante expression d'ingratitude qui se peignit sur les traits du convalescent.

« Ah! continua Milly en penchant de côté sa jolie tête d'un air rêveur, tandis que son regard suivait ses doigts agiles, depuis votre maladie, monsieur Edmund, cette pensée a produit une vive impression même sur moi, bien que je n'aie pas appris comme vous à juger si bien des choses. En vous voyant si touché des attentions et des soins qui vous ont été prodigués par les gens d'en bas, j'ai senti que vous trouviez, dans ces marques d'intérêt, une sorte de compensation à la perte de votre santé. J'ai lu dans votre physionomie, aussi clairement que dans un livre, une pensée qui vous frappait souvent. Vous vous disiez, n'est-il pas vrai, que si nous étions à l'abri de tout chagrin, de toute souffrance, nous ne connaîtrions jamais la moitié de ce qu'il y a de bon en nous? »

Elle allait continuer, mais elle s'interrompit en voyant le jeune homme se lever de sa couche.

« Ce mérite-là ne vaut pas la peine d'être prôné si fort, mistress William, répliqua-t-il d'un ton léger. Les gens d'en bas, croyez-le bien, seront payés, lorsqu'il en sera temps, de tous les petits services supplémentaires qu'ils m'ont rendus.... et, sans doute, ils y comptent.... Je vous ai aussi de grandes obligations, mistress William. »

Les doigts de Milly s'arrêtèrent, et elle regarda l'étudiant.

« Votre exagération ne saurait changer ma manière de voir à l'égard des services en question, reprit-il. Je sais que vous avez pris intérêt à ma situation, et je vous en suis bien obligé, je vous le répète.... Que voulez-vous de plus? »

Milly laissa tomber son ouvrage sur ses genoux, et continua de le regarder, tandis qu'il se promenait en tous sens, et à pas inégaux, d'un air impatient.

« Je vous suis fort obligé, je vous le répète, reprit-il. A quoi bon me rappeler toute l'étendue de vos droits à ma reconnaissance? Vous parlez de souffrances, de chagrins, d'affliction, d'adversité!... Ne dirait-on pas, vraiment, que j'ai souffert ici mille et mille agonies?

— Pouvez-vous penser, monsieur Edmund, dit la jeune femme en s'approchant de l'étudiant, que j'aie parlé des pauvres gens de cette maison pour rappeler et faire valoir mes faibles services?... Moi!... avoir une semblable pensée!... ajouta-t-elle en posant la main sur son cœur avec un simple et innocent sourire d'étonnement.

— Oh! cela m'inquiète fort peu, ma chère, répondit-il. J'ai eu une indisposition à laquelle votre sollicitude.... remarquez!... je dis sollicitude.... a donné des proportions exagérées. Cette indisposition est passée maintenant, et il est inutile d'y revenir sans cesse. »

Il prit froidement un livre et alla s'asseoir près de la table.

La jeune femme le considéra pendant un moment.... jusqu'à la fin de son sourire.... puis, retournant vers l'endroit où elle avait posé son panier, elle dit d'une voix douce:

« Monsieur Edmund, préférez-vous être seul?

— Je n'ai aucune raison de vous retenir, répondit-il.

— Excepté ceci, dit Milly avec hésitation et en montrant son ouvrage....

— Oh! les rideaux, repartit le jeune homme avec un sourire dédaigneux. Cela n'en vaut vraiment pas la peine. »

Milly plia son ouvrage et le mit dans le panier. Puis se tenant devant l'étudiant, dans une attitude si tristement suppliante et si résignée, qu'il ne put se défendre de la regarder, elle ajouta:

« Si.... par hasard, vous aviez encore besoin de moi, je reviendrais de grand cœur. Lorsque vous avez eu besoin de moi, j'ai été bien heureuse de venir, et je ne m'en fais pas un mérite. À présent que vous allez mieux, peut-être craignez-vous que je ne revienne vous importuner. Mais je ne serais plus revenue, je vous assure, après votre guérison. Vous ne me devez rien.... cependant.... j'ai droit à être traitée par vous aussi justement que si j'étais une dame.... la dame que vous aimez; et si vous me soupçonnez de vouloir exagérer, par un vil calcul, le peu que j'ai essayé de faire pour rendre confortable votre chambre de malade, vous vous injuriez plus que vous ne m'injuriez moi-même..... Voilà pourquoi je suis attristée.... voilà pourquoi je suis bien attristée!... »

Si la jeune femme eût été violente autant qu'elle était douce, indignée autant qu'elle était calme; si ses regards et son accent eussent été aussi irrités qu'ils étaient sereins et pleins de bonté, son départ aurait passé comparativement inaperçu, au lieu de créer la solitude désolante qui régna tout à coup dans la chambre de l'étudiant, dont les regards éperdus étaient comme rivés à la place que venait de quitter la jeune femme, lorsque soudain Redlaw sortit de sa retraite et s'avança vers la porte.

« Quand la maladie étendra de nouveau sa main sur vous, dit-il en se retournant pour regarder le jeune homme d'un air sinistre.... et puisse-t-elle arriver bientôt!... Mourez ici!... Pourrissez ici!...

— Que vous ai-je fait? dit l'étudiant en retenant le chimiste par son manteau. Quel changement avez-vous opéré en moi?... Quelle malédiction avez-vous attirée sur ma tête?... Rendez-moi moi-même?...

— Rendez-moi aussi moi-même! s'écria Redlaw, semblable à

un fou. Je suis infecté !... je suis contagieux !... je suis chargé de poison pour mon esprit et pour les esprits de l'espèce humaine tout entière.... Je suis de pierre à cette heure pour tout ce qui excitait naguère mon intérêt, ma compassion, ma sympathie. L'égoïsme et l'ingratitude naissent sous mes pas maudits ! ma seule supériorité sur les misérables victimes de mon fatal pouvoir, c'est que je puis les haïr au moment de leur métamorphose. »

Le jeune homme continuant à vouloir le retenir par son manteau, Redlaw le frappa, puis s'élança comme un insensé hors de la chambre et hors de la maison, au milieu des ténèbres de la nuit, où le vent soufflait, où la neige tombait, où les nuages fuyaient à la lugubre clarté de la lune ; tandis que soufflaient avec le vent, tombaient avec la neige, fuyaient avec les nuages, rayonnaient à la clarté de la lune et surgissaient sous des formes fantastiques, dans l'obscurité, ces paroles du fantôme :

Le don que je vous ai fait, vous le transmettrez partout où vous porterez vos pas !

Où il portait ses pas !... Il ne le savait ni ne s'en inquiétait, pourvu qu'il évitât les hommes. Le changement qu'il sentait en lui faisait des rues un désert, de lui-même un désert, et de la foule qui s'agitait autour de lui, dans les innombrables occupations de la vie, un immense amas de sable, que les vents disperseraient en atomes inintelligibles et dans une confusion dévastatrice. Ces traces qui devaient bientôt mourir dans son cœur, suivant la prédiction du fantôme, n'étaient pas encore à ce point effacées qu'il eût perdu le sentiment de ce qu'il était et de ce qu'il faisait de ses semblables. C'est pourquoi Redlaw désirait la solitude.

Tandis qu'il cheminait, cette pensée lui rappela subitement l'enfant qui s'était précipité dans sa chambre. Il se souvint que, seul, parmi ceux avec lesquels il avait été en communication depuis la disparition du fantôme, cet enfant n'avait donné aucun signe de transformation prochaine.

Malgré l'horreur que lui inspirait cette espèce de monstre, il résolut de le chercher, afin de s'assurer si sa remarque était fondée, et en même temps dans une autre intention qui lui était venue tout à coup dans l'esprit.

Après avoir retrouvé son chemin, non sans peine, il se dirigea vers le vieux collége et du côté où se trouvait le grand porche, c'est-à-dire vers la seule partie de l'édifice fréquentée par les étudiants.

La loge du gardien, attenant au corps principal du bâtiment, était situé en dedans et à l'entrée de la grille. A l'extérieur se trouvait un petit cloître, et Redlaw savait que de là il pouvait, sans être aperçu, voir ce qui se passait dans la loge. La grille était fermée, mais il l'ouvrit aisément en passant sa main entre les barreaux ; il entra, et ferma doucement la grille; puis il s'avança vers la fenêtre de la loge en faisant craquer sous ses pieds le tapis de neige étendu sur le sol.

La lueur du feu dont il avait parlé à l'enfant dans la soirée brillait à travers les vitres, et rayonnait sur la neige. Évitant avec soin le sillon tracé par cette clarté, Redlaw fit un détour, et, s'approchant du mur de la loge, il regarda par la croisée.

Il crut d'abord qu'il n'y avait personne, et que la rouge clarté de la flamme n'éclairait que les vieilles poutres du plafond et les noires murailles ; mais en regardant plus attentivement, il vit l'objet de ses recherches pelotonné sur lui-même et dormant à terre devant le feu. Il se dirigea rapidement vers la porte, l'ouvrit et entra.

Le petit monstre se trouvait dans une température si brûlante, qu'en se baissant pour le réveiller, le chimiste se grilla la figure. Aussitôt qu'il sentit qu'on le touchait, l'enfant, encore tout endormi, ramassa ses guenilles autour de son corps avec l'instinct de la fuite, et courut, ou plutôt se roula jusque dans un coin éloigné de la chambre, et s'y étant blotti, il tendit son pied en avant comme pour se défendre.

« Levez-vous! dit le chimiste. Vous ne m'avez pas oublié?

— Voulez-vous me laisser tranquille! répliqua l'enfant. Cette maison est à la femme, et pas à vous. »

Néanmoins, obéissant involontairement à la puissance exercée sur lui par le regard fixe du chimiste, il se dressa sur ses pieds.

« Qui donc a lavé vos pieds et pansé leurs blessures ? demanda le chimiste en montrant du doigt les bandages dont ils étaient couverts.

— La femme.

— Est-ce elle aussi qui a lavé votre visage?

— Oui, c'est la femme. »

Le chimiste adressa ces questions à l'enfant, afin d'attirer ses regards, et ce fut dans la même intention qu'il lui posa la main sur la tête, bien qu'il eût horreur de le toucher. Ignorant ce que le chimiste lui voulait, l'enfant fixa sur lui ses yeux perçants, comme s'il eût jugé nécessaire pour sa défense de suivre tous les mouvements de Redlaw, qui fut à même de s'assurer en ce moment que nul changement ne s'opérait chez l'enfant.

« Où sont-ils ? demanda Redlaw.

— La femme est sortie.

— Je le sais. Mais où est le vieillard aux cheveux blancs ? où est son fils ?

— Le mari de la femme ? demanda l'enfant.

— Oui, le mari de la femme et le vieillard. Où sont-ils ?

— Sortis; ils ont eu affaire quelque part : on les a envoyé chercher bien vite, et ils m'ont dit de rester ici.

— Venez avec moi, dit le chimiste, et je vous donnerai de l'argent.

— Où voulez-vous me mener, et.... combien me donnerez-vous ?

— Je vous donnerai plus de schellings que vous n'en avez jamais vu, et vous ramènerai bientôt. Savez-vous votre chemin pour retourner à l'endroit d'où vous venez ?

— Laissez-moi tranquille, répliqua l'enfant en se dégageant soudain des mains du chimiste. Je ne veux pas vous mener à cet endroit-là. Laissez-moi tranquille, sinon je vais vous jeter un tison à la tête ! »

En effet, il était déjà devant le foyer et tout prêt à en retirer des charbons ardents avec ses mains sauvages.

Ce que le chimiste avait éprouvé en observant l'influence de son pouvoir surnaturel sur les personnes avec lesquelles il se trouvait en contact, n'était pas, à beaucoup près, comparable à la froide et vague terreur qu'il ressentit en voyant ce petit monstre défier ce pouvoir. Il sentit son sang se glacer à la vue de cette chose insensible, impénétrable, sous la forme d'un enfant, avec son visage hideux de méchanceté tourné vers le sien, et sa faible main étendue vers le foyer pour y prendre des charbons.

« Écoutez, enfant ! dit le chimiste. Vous me conduirez où vous voudrez, pourvu que vous me conduisiez vers des gens très-misérables ou très-méchants. Je veux leur faire du bien et non du mal. Vous aurez de l'argent, comme je vous l'ai dit, et je vous ramènerai. Levez-vous ! venez vite ! »

A ces mots, le chimiste s'avance rapidement vers la porte, dans la crainte du retour de Milly.

« Me promettez-vous de me laisser marcher seul et de ne pas me toucher ? dit l'enfant en retirant lentement la main qui avait menacé le chimiste, et en commençant à se lever.

— Je vous le promets.

— De me laisser aller devant, derrière, comme il me plaira ?
— Je vous le promets.
— Eh bien ! donnez-moi d'abord de l'argent, et j'irai. »

Redlaw mit quelques schellings, un par un, dans la main que l'enfant lui tendait. Le savoir de celui-ci n'allait pas jusqu'à pouvoir compter l'argent ; mais à chaque schelling qui lui était donné, il disait : un, et portait alternativement des regards pleins d'avarice, de la pièce d'argent à celui qui la donnait. Ne sachant où cacher les schellings, il les mit dans sa bouche.

Le chimiste écrivit avec son crayon sur une feuille de ses tablettes, que l'enfant était avec lui ; puis, déposant cette feuille sur la table, il fit signe au petit monstre de le suivre. Rassemblant ses guenilles, comme d'habitude, l'enfant obéit et s'avança tête et pieds nus dans la nuit d'hiver.

Préférant ne pas sortir par la grille, dans la crainte de rencontrer la personne qu'il évitait avec tant de soin, Redlaw traversa quelques-uns des passages dans lesquels l'enfant s'était perdu ; puis, passant par la partie du bâtiment où il habitait, il arriva près d'une petite porte dont il avait la clef. En débouchant dans la rue, Redlaw s'arrêta pour demander à son guide, qui sur-le-champ s'éloigna de lui, s'il savait où ils étaient.

La créature sauvage regarda de tous côtés, et au bout de quelques instants, fit un signe de tête affirmatif, et indiqua du doigt le chemin qu'elle voulait prendre. Redlaw s'étant mis en marche aussitôt, l'enfant le suivit d'un air un peu moins défiant. Tout en marchant, il portait son argent, tantôt de sa main à sa bouche, tantôt de sa bouche à sa main, et le frottait furtivement sur ses haillons pour le faire reluire. Trois fois, durant le trajet, le chimiste et l'enfant se trouvèrent côte à côte, et trois fois ils s'arrêtèrent. Trois fois Redlaw regarda le visage de l'enfant et se sentit frémir.

La première fois, ce fut en traversant un ancien cimetière, où Redlaw fit une pause au milieu des tombes, mais sans que leur aspect lui inspirât une seule pensée tendre, salutaire ou consolante.

La seconde fois, la lune venait de se dégager de ses voiles opaques, et Redlaw, levant les yeux vers le ciel, vit l'astre dans sa gloire, environné d'innombrables étoiles dont il avait appris l'histoire et les noms ; mais il ne vit aucune des autres choses qu'il voyait naguère, et ne sentit rien de ce qu'il sentait autrefois, en contemplant la voûte céleste par une nuit splendidement illuminée.

La troisième fois, il s'arrêta pour écouter une musique plaintive, mais il entendit simplement une mélodie, rendue sensible pour lui par le mécanisme régulier des instruments et des oreilles, sans que cette mélodie réveillât en son cœur aucun écho du passé, aucun pressentiment de l'avenir, aussi impuissante sur lui que le bruit de l'eau qui coulait l'année précédente, ou le souffle du vent de l'an passé.

A chacune de ces trois fois, il vit avec horreur que, malgré la vaste distance intellectuelle qui le séparait de l'enfant, et leur dissemblance sous tous les rapports physiques, l'expression du visage de l'enfant était l'expression de son propre visage.

Ils s'acheminèrent pendant quelque temps, tantôt à travers des lieux remplis d'une telle foule, que souvent le chimiste regardait par-dessus son épaule, de peur d'avoir perdu son guide, qu'il retrouvait presque toujours, cependant, de l'autre côté, dans son ombre; tantôt dans des lieux si déserts, qu'il aurait pu compter les pas courts, rapides et nus de l'enfant marchant derrière lui. Enfin, ils arrivèrent à un groupe de maisons en ruine.

L'enfant toucha le chimiste et s'arrêta.

« Là dedans! dit-il en désignant une maison dont quelques fenêtres étaient éclairées, et à la porte de laquelle on voyait une pâle lanterne portant cette inscription : *Logement pour les voyageurs.*

Redlaw regarda tout autour de lui; depuis les maisons jusqu'au terrain aride sur lequel s'élevaient ces maisons prêtes à tomber en ruine, qui se faisaient remarquer par l'absence de clôtures, de lumières, non moins que par le fossé boueux qui leur servait de bordure; depuis ce fossé jusqu'à la ligne d'arches décroissantes faisant partie de quelque viaduc ou pont voisin, et diminuant graduellement, si bien que l'avant-dernière avait à peine les dimensions d'un chenil; depuis ce viaduc jusqu'à l'enfant qui se tenait à ses côtés, grelottant de froid et sautant sur un pied, tandis qu'il plaçait l'autre sur sa jambe pour le réchauffer, ce qui ne l'empêchait pas de fixer les yeux sur tout ce qui l'environnait avec cette même et terrible similitude d'expression si visible sur son visage, que Redlaw recula en tressaillant.

« Là dedans! répéta l'enfant en désignant une seconde fois la maison. Entrez, je vous attendrai.

— Me laissera-t-on entrer? demanda Redlaw.

— Dites que vous êtes médecin, répondit l'enfant avec un signe affirmatif. Il y a beaucoup de malades par ici. »

Tout en se dirigeant vers la porte de la maison, Redlaw retourna la tête et vit l'enfant qui se traînait en rampant sous la dernière arche du pont, comme eût fait un rat.

Redlaw n'avait nulle pitié pour cette créature, mais il en avait peur, et lorsqu'il la vit regarder de son côté, du fond de la retraite où elle était blottie, il courut vers la maison comme pour y chercher un abri.

« Cette maison du moins, se dit-il en faisant un pénible effort pour se rappeler quelque souvenir plus distinct, cette maison du moins est hantée par la souffrance, par les chagrins, et en y apportant l'oubli des choses, on ne peut y faire aucun mal. »

A ces mots, il poussa la porte qui céda facilement, et il entra.

Il y avait une femme assise sur l'escalier; elle tenait sa tête penchée sur ses mains et ses genoux. Comme il était difficile de passer sans marcher sur elle, et qu'elle ne se dérangea pas à l'approche du chimiste, celui-ci s'arrêta et lui toucha l'épaule. La femme leva les yeux et lui laissa voir un visage extrêmement jeune, mais dont la fraîcheur avait disparu, comme si l'hiver farouche eût tué en elle le printemps.

Sans faire grande attention à l'étranger, elle se serra contre la muraille pour le laisser passer.

« Qui êtes-vous? lui demanda Redlaw en s'arrêtant et en posant sa main sur la rampe brisée de l'escalier.

— Qui croyez-vous que je sois? » répondit-elle en levant les yeux sur le chimiste.

Il contempla ce temple ruiné de Dieu, depuis si peu de temps édifié, et dévasté si promptement; et quelque chose qui n'était pas de la compassion, car les ressorts à l'aide desquels fonctionne une compassion vraie pour de telles misères, étaient brisés dans son cœur, mais quelque chose se rapprochant plus de ce sentiment que tout ce qui s'était récemment produit dans la nuit qui se faisait peu à peu dans son esprit, donna à ses paroles un faible accent d'intérêt.

« Je viens ici, dit-il, pour y apporter quelque soulagement, si je le puis. Souffrez-vous de quelque injustice? »

Elle fronça les sourcils et le regarda en riant; mais ce rire se termina par un soupir chevrotant; elle laissa retomber sa tête sur ses genoux et cacha ses doigts dans ses cheveux.

« Souffrez-vous de quelque injustice? lui demanda-t-il pour la seconde fois. A quoi pensez-vous?

— Je pense à ma vie, » dit-elle en le regardant à la dérobée.

A la vue de la pauvre créature à ses pieds affaissée, Redlaw eut l'idée qu'elle était comme tant d'autres, et qu'il voyait en elle le type de mille infortunes semblables.

« Que font vos parents ? lui demanda-t-il.

— Autrefois, j'avais une famille qui prenait soin de moi. Je demeurais chez mon père, qui était jardinier, bien loin d'ici, à la campagne.

— Est-il mort ?

— Il est mort pour moi. Toutes ces choses sont mortes pour moi. Vous, un monsieur, vous ne comprenez pas cela ! »

Elle se prit à rire en le regardant.

« Avant la mort de toutes ces choses, reprit Redlaw d'un ton brusque, aviez-vous déjà souffert? N'aviez-vous aucun souvenir d'avoir été victime de mauvais traitements et de quelque injustice? Ne vous arrive-t-il pas bien souvent d'être péniblement poursuivie par ce souvenir? »

Il restait en elle si peu de traces de la femme, qu'en la voyant tout à coup pleurer, Redlaw demeura stupéfait. Mais sa stupéfaction et surtout son trouble augmentèrent, lorsqu'il reconnut que ce souvenir réveillé en elle semblait y faire renaître, en même temps, un premier symptôme de sentiments humains et de sensibilité.

Redlaw recula d'un pas, et en faisant ce mouvement, il remarqua sur les bras, sur le visage et le sein de cette jeune femme, des traces noires et des cicatrices.

« Quelle main barbare vous a si cruellement frappée? demanda-t-il.

— Ma main, ma propre main, répondit-elle aussitôt.

— C'est impossible !

— Je vous le jure. Il ne m'a pas touchée. Je me suis ainsi blessée dans un accès de colère, et me suis jetée à l'endroit où je suis. Il n'était pas près de moi. Il n'a jamais porté la main sur moi ! »

A l'expression déterminée qui se peignit sur la pâle figure de la jeune femme, tandis qu'elle soutenait ce mensonge, Redlaw fut frappé de remords et se fit un crime d'avoir abordé cette infortunée, car il avait reconnu que la mémoire laissait à ce pauvre cœur une dernière lueur de bons sentiments.

« Souffrance et chagrins, murmura-t-il en détournant les yeux. Telles sont les racines de tous les souvenirs qui la rattachent au passé! Au nom du ciel, éloignons-nous ! »

Dans la crainte de revoir cette femme, de la toucher et de briser le dernier fil qui la retenait à la miséricorde céleste, Redlaw, s'enveloppant dans son manteau, monta l'escalier d'un pas rapide.

En face de lui, sur le palier, était une porte entr'ouverte, au seuil de laquelle parut un homme qui tenait une chandelle à la main. Mais en apercevant le chimiste, il fit un pas en arrière, et tout à coup, d'une voix tremblante d'émotion, il prononça le nom de Redlaw.

Surpris d'être reconnu dans cette maison, Redlaw s'arrêta en cherchant à se rappeler les traits blêmes et bouleversés de cet homme. Il n'eut pas le temps de se livrer à de longues réflexions, car, avec un redoublement de surprise, il vit le vieux Philip sortir de la chambre et venir le prendre par la main.

« Monsieur Redlaw, dit le vieillard, je vous reconnais bien là, je vous reconnais bien là, monsieur! Vous avez appris ce qui se passe, et vous êtes venu pour nous offrir vos services. Hélas! il est trop tard! »

En proie à la plus vive anxiété, Redlaw se laissa conduire dans la chambre. Il vit un homme couché sur un lit de sangle, au chevet duquel se tenait William Swidger.

« Trop tard!... murmura le vieillard en attachant sur le chimiste des regards désolés, et des larmes coulèrent sur ses joues.

— C'est ce que je dis, père, répliqua William à voix basse. C'est exactement comme cela. Tout ce que nous pouvons faire est de nous tenir tranquilles tandis qu'il sommeille. Vous avez raison, père. »

Redlaw s'approcha du lit et considéra le malade étendu sur le matelas. C'était un homme jeune encore, mais pour qui le soleil ne devait probablement plus briller. Les vices avaient si profondément stigmatisé son visage, que, comparativement, celui du vieillard paraissait jeune et beau.

« Quel est cet homme? demanda le chimiste.

— C'est mon fils Georges, monsieur Redlaw, répondit le vieillard en se tordant les mains. Mon fils Georges, qui, plus que tous ses frères, faisait l'orgueil de sa mère! »

Redlaw contempla tour à tour le vieillard qui venait de poser sa tête blanche sur le lit, et l'homme qui l'avait reconnu le premier. Cet homme était resté à l'écart, dans le coin le plus reculé de la chambre. Il semblait avoir à peu près l'âge du chimiste, et bien que celui-ci ne le reconnût pas, il considéra d'un œil inquiet, et en passant la main sur son front, la chétive contenance et la taille voûtée de cet homme qui, à ce moment, se dirigeait vers la porte.

« William, dit le chimiste à voix basse et avec un accent lugubre, quelle est cette personne?

— Dame! monsieur, répondit M. William, c'est ce que je me dis moi-même. Comment un homme peut-il boire, jouer et faire toutes sortes de choses semblables, pour se laisser comme cela tomber en ruine jusqu'à ce qu'il ne puisse tomber plus bas!

— Il joue, dites-vous? demanda le chimiste en considérant de nouveau l'étranger avec la même anxiété.

— Oui, monsieur, à ce que l'on m'a dit, répliqua William Swidger. Il sait un peu de médecine, à ce qu'il paraît, et comme il a été à Londres avec mon malheureux frère que vous voyez là (M. William passa la manche de son habit sur ses yeux), et comme il loge ici à la nuit.... oui, monsieur, comme vous voyez, il vient quelquefois de drôles d'individus dans cette maison.... Il est venu pour nous aider et donner ses soins à mon frère. Quel triste spectacle, monsieur! mais c'est comme cela. Il y a là de quoi tuer mon père! »

A ces mots, Redlaw leva les yeux, et se rappelant où il était, se souvenant aussi du pouvoir magique qu'il apportait avec lui, pouvoir que sa surprise semblait avoir paralysé, il s'éloigna précipitamment à quelques pas du lit, et se demanda s'il devait s'enfuir sur-le-champ de la maison ou bien y rester.

Cédant à une sorte d'insinuation méchante qui semblait être inhérente à sa condition actuelle, il se décida à rester.

« N'était-ce pas hier, se dit-il, que j'ai reconnu dans les souvenirs de ce vieillard une suite non interrompue de chagrins, de souffrances? Quoi! j'ai reconnu hier que les souvenirs de ce vieillard étaient un tissu de chagrins, de douleurs; et aujourd'hui j'aurais peur de déraciner ces souvenirs et d'user de ma puissance? Les souvenirs de ce moribond sont-ils si précieux que je doive avoir peur d'exercer sur lui mon pouvoir? Non! je reste ici. »

En dépit de ces réflexions, Redlaw ne sentit diminuer ni son trouble ni ses craintes. Enveloppé dans son manteau noir, et tournant le dos au lit, il prêta l'oreille aux paroles du vieillard et de son fils, comme s'il eût senti que sa présence en cette maison y attirerait le malheur.

« Père, murmura le malade qui sembla sortir de sa léthargie.

— Mon garçon, mon fils Georges! répondit le vieux Philip.

— Père! vous disiez tout à l'heure que j'étais autrefois le favori de ma mère. Le souvenir de ce temps est bien cruel à cette heure!

— Non, non, non, répondit le vieillard, ne dites pas que ce souvenir est cruel. Il ne l'est pas pour moi, mon fils.

— Oh! père, il vous brise le cœur. »

Les larmes du vieillard tombaient sur la main du moribond.

« Vous dites vrai, reprit Philip, ce souvenir me brise le cœur; mais il est profitable. Oh! pensez à ce temps-là; pensez-y comme je le fais, et votre cœur deviendra bien meilleur. Où est mon fils William? William, mon garçon, votre mère l'a aimé jusqu'à la fin, et avant de rendre le dernier soupir, elle a prononcé ces paroles : « Dites à Georges que je lui ai pardonné, que je l'ai béni, et que j'ai prié pour lui. » Ce furent ses dernières paroles. Je ne les ai jamais oubliées, et pourtant j'ai quatre-vingt-sept ans!

— Père! répliqua le malade, je suis mourant, je le sais ; je suis si bas qu'à peine j'ai la force de vous parler de ce qui pèse le plus sur mon cœur. N'y a-t-il plus d'espoir?

— Il y a de l'espoir, répondit le vieillard, pour tous ceux dont le cœur est touché de repentir. Il y a de l'espoir.... oh ! s'écria-t-il en croisant les mains et en levant les yeux au ciel; hier encore j'ai remercié Dieu qui m'envoyait le souvenir du temps où ce malheureux fils était un enfant innocent. Mais quelle consolation pour moi de penser que Dieu lui-même, à cette heure, se souvient de mon fils! »

Redlaw cacha son visage avec ses mains, et recula d'horreur, semblable à un assassin.

« Ah! dit le malade d'une voix éteinte, depuis ce temps-là quelle horrible et détestable existence j'ai traînée!

— Mais il a été enfant, reprit le vieillard, il a partagé les jeux des enfants. Le soir, avant de s'aller coucher pour dormir du sommeil de l'innocence, il disait ses prières à genoux, près de sa pauvre mère. Je l'ai vu bien des fois ainsi; bien des fois j'ai vu sa mère appuyer sa petite tête sur son sein et l'embrasser. Ce souvenir, si cruel pour elle et pour moi, depuis ses fautes, et depuis la ruine de toutes les espérances, de tous les projets que nous avions formés pour lui, ce souvenir lui laissait encore dans notre cœur une place que nulle autre chose au monde n'aurait pu lui donner. O mon Dieu! père si supérieur en tendresse à tous les pères de la terre! ô père, qui plus que tous les autres pères pleures les erreurs de tes enfants, ramène dans la bonne voie ce pauvre égaré! Permets-lui d'implorer ton pardon, comme il a semblé si souvent implorer le notre! »

Tandis que le vieillard levait vers le ciel ses tremblantes mains, le moribond pour qui il priait appuya sa tête contre la poitrine de son père, comme s'il était redevenu l'enfant dont le vieillard avait parlé.

Pendant le silence qui suivit, Redlaw trembla de tous ses membres. Il comprenait que son pouvoir allait s'appesantir sur ces hommes, et que l'heure fatale approchait.

« Je sens que je vais mourir.... j'ai peine à respirer, dit le malade en s'appuyant sur un bras, et en avançant l'autre comme un aveugle qui cherche son chemin. Je me souviens d'avoir quelque chose à dire au sujet de l'homme qui était ici tout à l'heure. Père !... William !... attendez !... N'y a-t-il pas là quelque chose de noir ?... là !... ajouta-t-il en montrant le chimiste.

— Oui, dit le vieillard.

— Est-ce un homme?

— C'est ce que je me dis, Georges, répliqua William en se penchant vers son frère d'un air affectueux ; c'est M. Redlaw.

— Il me semblait avoir rêvé de lui. Priez-le de s'approcher de mon lit. »

Plus pâle que le moribond, M. Redlaw s'avança; puis, obéissant à un geste de Georges, il s'assit sur le bord de la couche.

« J'ai été si cruellement affecté ce soir, monsieur, dit Georges en posant la main sur son cœur, avec un regard où se concentrait le profond désespoir de sa situation ; j'ai été si cruellement affecté par la vue de mon pauvre vieux père et par la pensée de tous les chagrins que j'ai causés, de tout le mal que j'ai fait, que.... »

Il s'arrêta tout à coup... Que se passait-il en lui? Souffrait-il davantage.... ou bien quelque pensée soudaine avait-elle surgi dans son esprit? Après une pause, il reprit :

« Que j'essayerai de réparer ce qu'il dépend de moi de réparer, si je parviens à débrouiller les pensées qui tourbillonnent dans mon esprit.... Il y avait un homme ici tout à l'heure.... L'avez-vous vu ? »

Redlaw ne put répondre une seule parole, car la voix expira sur ses lèvres, lorsqu'il vit le malade faire le geste fatal qu'il connaissait si bien à présent, c'est-à-dire lorsqu'il le vit porter la main à son front avec égarement.

Redlaw se contenta de répondre par un faible signe affirmatif :

« Cet homme est dénué de toute ressource, reprit le malade, et réduit à la dernière extrémité. Ne le perdez pas de vue ! Je sais qu'il a des pensées de suicide. »

Le pouvoir fatal agissait déjà.... Son empreinte était gravée sur les traits du malade, qui peu à peu changèrent, se contractèrent, s'assombrirent et perdirent leur expression de recueillement et de contrition.

« Ne vous souvenez-vous pas? continua-t-il. Ne le reconnaissez-vous pas? »

Il porta la main de son front sur ses yeux, puis il la posa sur l'épaule de Redlaw.... brusquement.... fatalement.

« Que Dieu vous damne! s'écria-t-il en jetant autour de lui des regards irrités. Que m'avez-vous donc fait? J'ai vécu sans peur et veux mourir sans peur; que Dieu vous damne! »

Cela dit, il s'enfonça dans son lit et boucha ses oreilles avec ses mains, comme s'il eût résolu de ne plus rien entendre et de mourir dans l'indifférence et dans l'endurcissement.

Redlaw se retira du lit comme s'il eût été frappé par un choc électrique.... Et le vieillard qui venait de se rapprocher, se recula de même avec horreur.

« Où est mon fils William? dit-il aussitôt. William, éloignons-nous d'ici. Retournons à la maison.

— A la maison, père! répondit William. Voulez-vous donc abandonner votre propre fils?

— Mon fils! Où est-il?

— Où?... Là, sur ce lit!

— Ce n'est pas mon fils, dit le vieillard tremblant de colère. Je n'ai rien de commun avec de tels misérables. Je vois mes enfants avec plaisir; ils s'empressent autour de moi et me prodiguent leurs soins; ils me donnent à manger, à boire, et me sont fort utiles; j'ai droit à leurs services; j'ai quatre-vingt-sept ans!

— Vous êtes assez vieux pour ne pas avoir besoin de le devenir davantage, murmura William, qui, les mains dans ses poches, regarda son père d'un air irrespectueux. Je ne sais pas moi-même à quoi vous êtes bon.... Nous aurions beaucoup plus de plaisir sans vous....

— Mon fils, monsieur Redlaw! s'écria le vieillard. Mon fils! il me parle de mon fils! Qu'a-t-il jamais fait pour m'être agréable? Je voudrais le savoir....

— Je voudrais bien savoir, de mon côté, ce que vous avez jamais fait pour m'être agréable, répliqua William d'un ton sec.

— Depuis bien des années, dit le vieillard, il ne m'était pas arrivé, à pareille époque, d'être dérangé de mon fauteuil, de mon feu, de m'exposer au froid, et cela pour assister à un spectacle si peu réjouissant. N'est-ce pas, William, il y a bien vingt ans que cela ne m'était arrivé?

— Vous devriez plutôt dire quarante, répondit William. Tenez, monsieur, ajouta-t-il en s'adressant à Redlaw avec un ton d'impatience et d'irritation tout nouveau chez lui, lorsque je regarde mon père, je veux être fouetté si je vois autre chose en lui qu'un vieux calendrier d'années employées à manger, à boire, à se donner ses aises, encore, et toujours.

— J'ai quatre-vingt-sept ans, dit le vieillard en radotant avec une voix d'enfant, et je ne me rappelle pas m'être jamais dérangé en rien, ni pour rien.... Ce n'est pas pour commencer maintenant, à propos de ce qu'il appelle mon fils. Il n'est pas mon fils.... Ah! j'ai eu un bon temps!... Je me rappelle qu'une fois.... non, je ne me rappelle pas.... je ne me rappelle pas.... si.... c'était quelque chose au sujet d'une partie de je ne sais quoi, avec un de mes amis.... mais je ne sais plus qui c'était.... Qui était-ce donc?... probablement quelqu'un que j'aimais.... Je ne me souviens plus de ce qu'il est devenu.... Il est mort, sans doute.... mais je ne sais pas, et, ma foi, ça m'est bien égal....»

Puis, hochant la tête avec indolence, il mit les mains dans les poches de son gilet. Dans l'une d'elles il trouva des baies qu'il y avait mises probablement le soir précédent; il les prit et les regarda.

« Ah! des baies! dit-il. Il est malheureux qu'elles ne soient pas bonnes à manger. Je me souviens que, n'étant pas plus haut que cela, quand j'allais me promener.... voyons!... avec qui allais-je me promener?... Avec?... non.... je ne me rappelle pas si je me suis jamais promené avec l'un plutôt qu'avec l'autre, et si quelqu'un faisait attention à moi, ou si moi je faisais attention à quelqu'un.... Ah! des baies!... c'est un bon temps que celui des baies.... Je devrais en avoir ma part, et on devrait me servir et avoir bien soin de moi, car je suis un pauvre vieillard. J'ai quatre-vingt-sept ans! J'ai quatre-vingt-sept ans!»

L'air égaré, lamentable, avec lequel, en répétant ces paroles, il mettait les baies dans sa bouche et les crachait; l'œil froid, indifférent avec lequel son plus jeune fils le regardait; l'apathie profonde et l'endurcissement du fils aîné, tout cela échappa aux yeux de Redlaw, car il avait déjà quitté tout à coup la place où ses pieds semblaient avoir pris racine, et sortit de la maison en courant.

Son guide, rampant hors du trou dans lequel il s'était réfugié, vint au devant de lui.

« Nous retournons vers la femme? demanda-t-il.

— Oui, et dépêchons! répondit Redlaw. Ne vous arrêtez pas en chemin. »

Pendant quelques instants l'enfant marcha devant; mais leur retour ressemblait plutôt à une fuite qu'à une marche ordinaire, et l'enfant aux pieds nus ne tarda pas à être distancé; il eut même toutes les peines du monde à suivre les rapides enjambées du chimiste, qui, étroitement drapé dans son manteau, comme s'il eût craint que le seul contact de ses vêtements ne fût mortel, s'écartait brusquement de toutes les personnes qu'il rencontrait.

Il ne s'arrêta qu'à la porte par laquelle il était sorti du vieux bâtiment, et après avoir fait passer devant lui l'enfant, il referma cette porte et gagna rapidement sa chambre à travers les sombres corridors.

Voyant le chimiste fermer à clef la porte de la chambre, l'enfant courut se blottir derrière la table.

« Voyons! ne me touchez pas! s'écria-t-il. Ah!... vous m'avez conduit ici pour me reprendre mon argent!... »

Redlaw jeta par terre quelques autres pièces de monnaie. L'enfant se précipita et se coucha sur cet argent comme pour le dérober aux regards du chimiste, dans la crainte que celui-ci ne fût tenté de le lui reprendre; et ce ne fut qu'après avoir vu Redlaw s'asseoir et cacher son visage dans ses mains qu'il se décida à ramasser furtivement les pièces de monnaie. Cela fait, il rampa vers la cheminée, s'assit sur une chaise, et tira de dessous ses guenilles quelques débris d'aliments qu'il se mit à dévorer, tout en fixant tour à tour des yeux béants sur le feu et sur l'argent qu'il tenait dans une de ses mains.

« Voici donc, se dit le chimiste en considérant l'enfant avec un redoublement de répulsion et de crainte, voici donc le seul compagnon qui me reste sur la terre! »

Il était plongé dans la contemplation de cette créature qui lui inspirait un si grand effroi, depuis une demi-heure, ou depuis des heures entières..... car il ne se rendait pas compte du temps.... lorsque le silence qui régnait dans la chambre fut rompu tout à coup par l'enfant, qui tressaillit, dressa les oreilles, et se mit à courir vers la porte.

« Voici la femme qui vient! » s'écria-t-il.

Redlaw se mit à la poursuite de l'enfant et le saisit. Au même moment il entendit frapper à la porte.

« Voulez-vous me laisser? dit l'enfant. Je veux voir la femme.

— Pas encore, répliqua Redlaw. Restez ici. Personne, à cette heure, ne doit sortir de cette chambre ou y entrer. » Puis, s'approchant de la porte :

« Qui est là? demanda-t-il.

— C'est moi, monsieur, cria Milly. Laissez-moi entrer, je vous prie, monsieur!

— Non! pour rien au monde! répondit Redlaw.

— Monsieur Redlaw, ouvrez-moi, de grâce.

— Que me voulez-vous? demanda-t-il en retenant l'enfant.

— Le malade que vous êtes allé voir est au plus mal, et tous mes efforts n'ont pu le tirer de son endurcissement. Le père de William est tombé subitement en enfance. William lui-même n'est plus reconnaissable. Il n'a pas eu la force de supporter un pareil coup, et il est si différent de lui-même, que je ne puis plus le comprendre.... Oh! je vous en conjure, monsieur Redlaw, conseillez-moi, secourez-moi!

— Non! non! non!

— Monsieur Redlaw, mon cher monsieur, Georges a parlé de l'homme que vous avez vu dans sa chambre.... il craint que cet homme ne commette un suicide.

— Il ferait mieux de se tuer que de s'approcher de moi.

— Dans son délire, Georges dit que vous connaissez cet homme.... qu'il était autrefois votre ami.... qu'il est le père d'un de nos étudiants.... et j'ai le pressentiment qu'il s'agit du jeune homme qui a été malade.... que faut-il faire?... Je vous en supplie, monsieur Redlaw, conseillez-moi, aidez-moi! »

Le chimiste continuait de retenir l'enfant qui faisait des efforts désespérés pour s'échapper et ouvrir la porte à Milly.

« Fantômes! esprits vengeurs des pensées impies, s'écria-t-il en jetant autour de lui des regards pleins d'angoisses, ayez pitié de moi!... Laissez sortir mon esprit de ses ténèbres; laissez rayonner sur ma misère les pensées de contrition qui y sont ensevelies? J'ai depuis longtemps enseigné que, dans le merveilleux édifice du monde matériel, chaque chose est indispensable, et que nul atome ne peut disparaître sans opérer un vide dans le grand univers.... Je sais à cette heure qu'il en est de même du bien et du mal, du malheur et de l'affliction dans la mémoire des hommes!... Ayez pitié de moi! délivrez-moi! »

Mais la seule voix de Milly lui répondit:

« Secourez-moi! secourez-moi! »

Et l'enfant fit de nouveaux efforts pour parvenir jusqu'à la jeune femme.

« Ombre de moi-même! Esprit de mes plus sombres heures! s'écria Redlaw d'une voix éperdue, revenez et poursuivez-moi nuit et jour; ou reprenez votre don.... ou, s'il faut qu'il me reste, dépouillez-moi du terrible pouvoir de le transmettre à mes semblables!... Défaites ce que vous avez fait! Je resterai maudit, mais rendez du moins la paix à ceux que j'ai voués à la malédiction.

« Vous en êtes témoin, j'ai épargné cette femme depuis le

commencement, et plutôt que de la laisser s'approcher de moi, je resterai reclus ici jusqu'à mon dernier soupir, sans d'autres mains pour me servir que celles de cet enfant, qui est à l'abri de mon pouvoir.... Sombres esprits, ayez pitié de moi!... »

Mais la seule voix de Milly lui répondit, criant avec une énergie croissante :

« Par pitié!... ouvrez-moi! secourez-moi! »

III

Le don contraire.

Le ciel était encore chargé de ténèbres épaisses.

De la plaine, du sommet des collines, du pont des navires solitaires voguant sur les flots, on entrevoyait cependant, au brumeux et lointain horizon, une ligne basse qui promettait de se changer bientôt en lumière; mais cette promesse était encore vague et douteuse, et la lune luttait opiniâtrement avec les nuages de la nuit.

Les ombres amoncelées sur l'esprit de Redlaw se succédaient épaisses et rapides, et obscurcissaient sa lumière, comme les nuages de la nuit suspendus entre la lune et la terre voilaient la naissante clarté du jour. Irrégulières et incertaines comme celles des nuages, elles étendaient leur voile sur les révélations imparfaites qui voulaient se faire jour dans son âme; et, de même que dans les nuages de la nuit, si la lumière apparaissait un instant à son esprit troublé, c'était pour s'évanouir aussitôt et rendre ses ténèbres plus profondes encore.

Au dehors, un silence lugubre et solennel planait sur le vieil édifice, dont les angles et les piliers projetaient sur le blanc tapis de neige des formes noires et mystérieuses qui paraissaient et disparaissaient, selon que les clartés de la lune étaient plus ou moins voilées.

Au dedans, la lampe expirante laissait la chambre dans une obscurité presque complète; un effrayant silence avait succédé aux supplications de Milly; nul bruit ne se faisait entendre, si ce n'est de temps en temps un craquement sourd dans les cendres blanchies du foyer, comme si le feu eût exhalé son dernier souffle. L'enfant, couché par terre devant la cheminée, dormait d'un profond sommeil. Semblable à un homme changé en pierre, le chimiste était assis dans son fauteuil qu'il n'avait plus quitté depuis que la voix de Milly avait cessé de se faire entendre à la porte de la chambre.

En ce moment, les chants de Noël qu'il avait entendus précédemment recommencèrent. D'abord, il prêta l'oreille à leurs accords, comme il l'avait fait dans le cimetière; mais un instant après, ces accords arrivant jusqu'à lui, sur un mode affaibli, doux et mélancolique, il se leva en tendant les bras comme à l'approche d'un ami.... Avait-il donc oublié qu'il ne pouvait presser dans ses mains maudites la main d'un ami, sans lui transmettre son pouvoir fatal! En même temps sa physionomie devint plus calme et plus naturelle; un léger tremblement s'empara de ses membres; enfin, ses yeux se remplirent de larmes, et il les couvrit de ses mains en penchant la tête sur sa poitrine.

Le souvenir de ses chagrins, de ses souffrances ne lui était pas revenu; il savait qu'il ne lui était pas rendu et il n'avait même pas le moindre espoir de le recouvrer jamais. Mais il éprouva tout à coup un tressaillement intérieur, et il lui sembla que, comme autrefois, il se sentait ému par le sens caché de la musique qu'il entendait au loin. Cet éclair de sensibilité ne dût-il servir qu'à lui faire comprendre la valeur de ce qu'il avait perdu, il en remercia le ciel avec une fervente gratitude.

Lorsque les derniers accords vinrent mourir à son oreille, il releva la tête pour écouter encore leurs vibrations expirantes.

A côté de l'enfant endormi, le fantôme se tenait debout, immobile et muet, les yeux fixés sur le chimiste.

Bien que sinistre, comme il l'avait toujours été, son aspect n'était plus si farouche, si impitoyable.... du moins Redlaw le pensa-t-il ou l'espéra-t-il, en le considérant avec attention. Le fantôme n'était pas seul et dans sa main spectrale il tenait une autre main.

A qui appartenait cette main? et la forme qui se dressait à côté du fantôme était-elle la forme de Milly, ou seulement son ombre et son image? La tête avait l'attitude habituelle à la jeune femme; elle était doucement penchée, et les yeux, semblant exprimer la compassion, étaient baissés sur l'enfant endormi. Une clarté radieuse illuminait le visage de cette autre forme, mais ne s'étendait pas sur le fantôme, qui, malgré cette lumière si rapprochée, était, comme toujours, incolore et sombre.

« Spectre, s'écria le chimiste que ce spectacle avait plongé dans un trouble nouveau, je ne me suis montré ni redoutable si inflexible pour elle.... Oh! ne la conduisez pas ici ; épargnez-moi cette douleur.

— Ce n'est qu'une ombre, dit le fantôme ; et quand paraîtront les premières lueurs du jour, allez chercher la réalité dont l'image est présente à vos yeux.

— Y suis-je condamné par mon inexorable destinée? s'écria le chimiste.

— Oui, répondit le fantôme.

— Suis-je condamné à détruire son repos, la bonté de son âme, et à faire d'elle ce que je suis moi-même et ce que j'ai fait des autres?

— J'ai dit : allez la chercher, répliqua le fantôme. Je n'ai pas dit autre chose.

— Oh! répondez-moi, s'écria Redlaw, saisissant l'espérance qu'il crut entrevoir dans ces dernières paroles ; puis-je défaire ce que j'ai fait?

— Non.

— Je ne demande rien pour moi, dit Redlaw. Ce que j'ai abandonné, je l'ai abandonné de ma propre volonté, et je l'ai justement perdu. Mais ne puis-je donc plus rien en faveur de ceux à qui j'ai transmis le don fatal qu'ils n'ont jamais souhaité ; de ceux qui, à leur insu, ont été victimes d'une malédiction imprévue, à laquelle il leur était impossible de se soustraire?

— Vous ne pouvez rien, répondit le fantôme.

— Si je n'ai pas ce pouvoir, un autre le pourra-t-il exercer? »

Immobile comme une statue, le fantôme conserva pendant quelques instants son immobilité ; puis, tournant soudain la tête, il regarda l'ombre qui se tenait à ses côtés.

« Ah! s'écria Redlaw, qui n'avait cessé de contempler l'ombre, aurait-elle ce pouvoir?... »

Le fantôme abandonna la main qu'il avait tenue jusqu'à ce moment, et fit signe à l'ombre de se retirer. Aussitôt l'ombre commença à s'éloigner ou plutôt à s'évanouir.

« Arrêtez, s'écria le chimiste avec une anxiété qu'il ne savait comment exprimer. Un instant encore, par pitié!... J'ai senti qu'un changement s'opérait en moi, tout à l'heure, en entendant ces chants de Noël.... Dites-moi, si elle n'a rien à redouter de moi.... Ah! répondez-moi!... Puis-je m'approcher d'elle sans crainte?... Laissez-la me donner quelque signe d'espoir! »

Le fantôme, à son tour, jeta les yeux sur l'ombre ; mais il ne répondit pas.

« Répondez au moins à cette question, reprit le chimiste.

Saura-t-elle désormais qu'il est en son pouvoir de réparer le mal que j'ai fait?

— Elle ne le saura pas, répondit le fantôme.

— Possède-t-elle ce pouvoir sans qu'elle en ait conscience?

— Allez la chercher, » répondit le fantôme.

A ces mots, l'ombre disparut entièrement.

Une fois encore, ils se trouvèrent face à face, l'homme et le spectre, se regardant l'un l'autre avec la même fixité terrifiante qu'au moment où le don fatal avait été accordé.

Entre eux, et aux pieds du fantôme, l'enfant demeurait couché, toujours plongé dans un profond sommeil.

« Terrible instructeur, dit le chimiste en se prosternant devant le fantôme, dans une attitude suppliante, terrible instructeur, par qui j'ai été renié, mais par qui je suis visité de nouveau, et dont l'aspect, moins impitoyable à cette heure, me laisse entrevoir une lueur d'espérance, je vous obéirai désormais aveuglément, me contentant de prier pour que le cri poussé par moi vers le ciel dans les angoisses de mon âme soit entendu, car nulle puissance humaine ne peut réparer le mal que j'ai fait.... Mais un seul être....

— Vous voulez parler de la créature qui gît à mes pieds, interrompit le fantôme en montrant du doigt l'enfant endormi.

— Oui, répondit le chimiste, et vous savez ce que j'allais vous demander.... Pourquoi, lui seul, cet enfant s'est-il soustrait à mon influence, et pourquoi ai-je découvert dans ses pensées une analogie terrible avec les miennes?

— Cela, dit le fantôme en désignant l'enfant, est la suprême expression, la personnification la plus complète d'une créature humaine, entièrement privée de toute espèce de souvenirs de la nature de ceux auxquels vous avez renoncé. Aucun souvenir de chagrins, de souffrances, ne pénètre dans cette misérable créature, parce que, depuis sa naissance, elle a été abandonnée à une condition pire que celle des animaux, et qu'elle n'a conscience d'aucun sentiment humain, d'aucun contraste qui puisse réveiller dans son cœur insensible l'ombre même d'un pareil souvenir. Le cœur de cet être abandonné est un désert aride, comme le cœur de l'homme déshérité des souvenirs auxquels vous avez renoncé.... Malheur à un pareil homme!... Malheur, mille fois malheur au peuple chez lequel se trouveront en grand nombre des monstres semblables au monstre qui dort à mes pieds!... »

Redlaw tressaillit d'épouvante en entendant ces paroles.

« Il n'est pas un de ces monstres, continua le fantôme, pas un seul qui ne sème une moisson que l'espèce humaine doit fatalement récolter. De chaque germe de mal que recèle cette créature, un champ de ruines a poussé qui sera moissonné, et dont les semences seront de nouveau répandues en mille endroits du monde, jusqu'à ce que ses diverses régions soient assez infectées de méchanceté pour appeler les eaux d'un nouveau déluge. Le meurtre commis en plein jour dans les rues des cités, et restant impuni, serait moins criminel dans son accomplissement toléré qu'un spectacle tel que celui-ci. »

Le fantôme semblait considérer l'enfant endormi. Redlaw le regardait aussi avec une plus vive émotion.... Alors le fantôme ajouta :

« Il n'y a pas un père à côté duquel passent ces créatures dans leurs courses errantes de nuit ou de jour; il n'y a pas une mère parmi toutes les mères aimantes de ce monde; il n'y a pas un être humain sorti de l'enfance, qui ne soit, plus ou moins, responsable de cette énormité.... Il n'y a pas, sur terre, une nation sur laquelle cette énormité n'attirerait la malédiction divine. Il n'y a pas de religion sur terre qui ne serait avilie par elle; il n'y a pas un peuple qui ne serait déshonoré par elle. »

Le chimiste joignit les mains, et l'expression de sa physionomie offrit un mélange de compassion et d'effroi, tandis que ses regards erraient de l'enfant endormi au fantôme qui montrait du doigt ce dernier étendu à ses pieds.

« Contemplez, vous dis-je, continua le spectre, le type parfait de ce que vous avez souhaité d'être. Votre influence est impuissante ici, parce que, du cœur de cet enfant, il n'y a rien à bannir. Ses pensées ont été en harmonie avec les vôtres, parce que vous étiez descendu jusqu'à son ignoble niveau. Cet enfant est le produit de l'indifférence des hommes.... vous êtes, vous, le produit de la présomption humaine. Les généreux desseins de la Providence ont été, dans l'un et l'autre cas, anéantis, et, bien que vous soyez partis, vous et cet enfant, des deux pôles du monde immatériel, vous avez fini par vous rencontrer. »

Le chimiste s'agenouilla à côté de l'enfant, et, mû par le même sentiment de pitié qu'il éprouvait pour lui-même à cette heure, il sembla veiller sur le sommeil de cet être misérable, qui déjà ne lui inspirait plus ni horreur ni indifférence.

Cependant, la ligne lointaine de l'horizon s'éclaircit ; les ténèbres se dissipèrent. Peu à peu, le soleil se leva rouge et glorieux, les cheminées et les pignons du vieil édifice se dessinèrent sur un fond lumineux dans le clair azur du ciel, et les vapeurs de la cité furent métamorphosées en nuages d'or. Le cadran solaire, dans son coin sombre où le vent s'engouffrait d'habitude avec une constance contraire à sa nature, se dégagea de la fine enveloppe de neige que la nuit avait jetée sur sa vieille face engourdie, et regarda les petites guirlandes blanches s'élargissant graduellement autour de lui.

Les Tetterbys étaient levés et commençaient leur tâche de chaque jour. M. Tetterby enleva les contrevents de la boutique, et, volet par volet, révéla les trésors de la devanture aux yeux de la population des bâtiments de Jérusalem ; mais ces yeux n'étaient que trop à l'épreuve de semblables séductions. Adolphe était parti depuis si longtemps qu'il devait être à peu près à moitié chemin du *Journal du matin*. Cinq petits Tetterbys, avec leurs dix yeux ronds, fort enflammés par l'effet du savon et de la friction, étaient en proie aux tortures d'une froide aolution dans l'arrière-cuisine, sous la présidence de mistress Tetterby.

Johnny, qui avait été contraint à faire sa toilette avec la plus grande hâte, parce que Moloch s'était montré singulièrement exigeant, ce qui, du reste, lui arrivait toujours, Johnny se traîna clopin-clopant jusqu'à la porte de la boutique avec son fardeau, plus difficilement encore que d'habitude, le poids de Moloch se trouvant fort augmenté par une complication de préparatifs contre le froid, composés de tricots de laine, et formant une complète armure avec cotte de mailles, morion et guêtres bleues.

Une des singularités de ce baby consistait à être toujours en train de faire des dents, soit qu'elles ne poussassent jamais, soit qu'après être venues, elles s'en retournassent, ce qu'on n'a jamais pu savoir. S'il avait eu toutes les dents que Mme Tetterby lui avait déjà trouvées par anticipation, il y aurait eu de quoi en composer une très-belle enseigne de chirurgien-dentiste.

On se servait de toute sorte d'objets pour frotter les gencives de Moloch qui, de plus, portait constamment un anneau d'ivoire, assez large pour représenter le rosaire d'une jeune nonne, toujours pendillant à sa ceinture qui se trouvait juste au-dessous du menton.

Des manches de couteau, des pommes de parapluie, des têtes de cannes choisies dans l'assortiment de la boutique, les doigts de la famille en général, mais ceux de Johnny en particulier, des râpes à muscade, des croûtes de pain, des boutons de porte, et les froides boules qui surmontent les pincettes, tels étaient les instruments appliqués le plus ordinairement au soulagement de ce baby. On ne saurait calculer la somme d'électricité qu'on dégageait de lui dans le cours d'une semaine. Mistress Tetterby disait néanmoins, mistress Tetterby disait toujours : « C'est la fin de la dentition, et la petite sera bientôt guérie, » ce qui n'empêchait pas le travail laborieux de se prolonger, et le baby de crier.

Depuis quelques heures, le caractère des petits Tetterbys avait déplorablement changé. M. et mistress Tetterby eux-mêmes n'étaient pas moins changés que leurs petits. C'était ordinairement une petite race exempte d'égoïsme, de méchanceté, d'entêtement, toujours prête à partager la plus chétive pitance, d'un cœur satisfait; généreuse lors même que les temps étaient durs, ce qui n'arrivait que trop souvent, et joyeuse à l'excès quand elle avait un tout petit morceau de viande. Mais à cette heure, ces intéressantes créatures se battaient, non-seulement pour le savon et l'eau, mais aussi pour le déjeuner qui n'était encore qu'en perspective. La main de chaque petit Tetterby frappait les autres petits Tetterbys, et la main de Johnny lui-même, du patient, du souffre-douleur, du dévoué Johnny, se leva sur le baby! oui, sur le baby!

Mistress Tetterby qui, par hasard, allait en ce moment vers la porte de la boutique, vit Johnny chercher vicieusement un côté faible, vulnérable dans l'armure de Moloch, et pincer cette idole adorée. Rapide comme l'éclair, mistress Tetterby traîna Johnny par le collet jusque dans la chambre, et le remboursa avec d'énormes intérêts.

« Horrible brute! petit assassin! s'écria mistress Tetterby, comment avez-vous eu le cœur de faire cela?

— Aussi pourquoi ne veut-elle pas finir de faire ses dents, au lieu de m'embêter comme ça? récrimina Johnny d'une voix audacieusement rebelle. Je voudrais bien vous voir à ma place!

— A votre place, monsieur? répliqua mistress Tetterby en lui enlevant le piteux fardeau.

— Oui, à ma place, répéta Johnny. Eh bien! à ma place, vous vous feriez soldat. Moi aussi je vais me faire soldat. Il n'y a pas de babies dans l'armée. »

M. Tetterby, qui venait d'arriver sur ces entrefaites, se frotta le menton d'un air rêveur, au lieu de châtier le rebelle, et sembla plutôt frappé de cette façon d'envisager la vie militaire.

« Moi aussi, je voudrais être soldat, si vous donnez raison à Johnny, s'écria mistress Tetterby, en se tournant vers son mari, car je n'ai pas un moment de repos ici. Je suis une esclave.... une esclave de Virginie. »

Cette expression aggravante fut sans doute suggérée à mistress Tetterby par quelque vague souvenir de leur excursion peu profitable dans le commerce du tabac.

« Depuis un bout de l'année jusqu'à l'autre, continua mistress Tetterby, je n'ai pas le moindre amusement, pas le plus petit plaisir ! Ah! que le bon Dieu le bénisse!... Eh bien ! qu'est-ce qui lui prend encore ? ajouta-t-elle en secouant le *baby* avec une violence peu conforme à une aussi pieuse invocation. »

En dépit de ces rudes secousses, mistress Tetterby n'ayant pu découvrir ce qu'avait le baby, le jeta dans un berceau; puis elle prit un siége, se croisa les bras et se mit à balancer vigoureusement le berceau avec son pied.

« Pourquoi restez-vous là à rien faire? dit mistress Tetterby à son mari. Pourquoi ne travaillez-vous pas ?

— Parce que je n'ai pas le cœur au travail, répliqua M. Tetterby.

— C'est exactement comme moi, reprit mistress Tetterby.

— Du diable si j'ai la moindre envie de travailler! » ajouta M. Tetterby.

En cet instant, le dialogue fut interrompu par Johnny et ses cinq frères cadets qui, en préparant la table pour le déjeuner, s'étaient pris de querelle à propos de la possession temporaire du pain, et s'administraient réciproquement les taloches les plus consciencieuses, tandis que le plus petit de tous, évitant avec une sagacité précoce de se jeter au cœur de la mêlée, courait autour des combattants et s'attaquait à leurs jambes.

M. et mistress Tetterby se précipitèrent avec une grande ardeur au centre du combat, comme si ce terrain eût été le seul sur lequel ils se pussent mettre d'accord ; et, après avoir fait autour d'eux une exécution terrible qui contrastait d'une façon extrêmement frappante avec leur mansuétude habituelle, ils reprirent leurs positions respectives.

« Pourquoi ne lisez-vous pas votre journal, au lieu de rester à rien faire? dit mistress Tetterby.

— Qu'est-ce qu'il y a à lire dans un journal, je vous le demande? répliqua M. Tetterby d'un air excessivement bourru.

— Ce qu'il y a à lire, monsieur ? les affaires de police....

— Quel intérêt cela peut-il avoir pour moi! répondit M. Tetterby. Peu m'importe ce que les autres font, et ce qu'on leur a fait.

— Les suicides? suggéra mistress Tetterby.

— Cela ne me regarde pas, » repartit son mari.

— Les naissances, les décès et les mariages. Cela vous est indifférent aussi? demanda mistress Tetterby.

— Quand bien même toutes les naissances seraient une bonne fois terminées dès aujourd'hui ; quand bien même les décès devraient tous commencer dès demain, je ne vois pas en quoi cela me pourrait intéresser, tant que je ne penserai pas que mon tour approche.... Quant aux mariages, ajouta le petit homme d'un air railleur, je les connais par expérience, et là-dessus, Dieu merci! j'en sais assez long. »

A en juger par son air peu satisfait et son geste expressif, mistress Tetterby fut de l'avis de son mari ; néanmoins, elle fit de l'opposition pour le seul plaisir de se quereller avec lui.

« Oh! vous êtes un homme bien *conséquent*, dit mistress Tetterby. Un homme *conséquent*, en vérité, avec votre paravent fait de vos propres mains, et uniquement composé de petits fragments de journaux que vous vous amusez à lire aux enfants pendant des heures entières!

— Dites que *je m'amusais* à lire, s'il vous plaît, répliqua M. Tetterby. Vous ne m'y reprendrez plus.... je vous prie de le croire.... Je ne suis pas si bête à présent, Dieu merci!...

— Bah! pas si bête! vraiment! dit mistress Tetterby. Et.... en êtes-vous devenu meilleur? »

Cette question révélait un certain trouble dans le cœur de mistress Tetterby. Son mari se mit à ruminer d'un air découragé, puis passa et repassa la main sur son front.

« Meilleur! murmura mistress Tetterby. Je ne sache pas que l'un de nous soit meilleur, ou plus heureux.... Ah! vous croyez en être devenu meilleur? »

M. Tetterby alla droit au paravent, et promena son doigt dessus, jusqu'à ce qu'il eût trouvé certain paragraphe dont il était en quête.

« Voici ce qui était ordinairement goûté par la famille, si j'ai bonne mémoire, dit M. Tetterby d'un ton morne et stupide. Voici qui les faisait ordinairement pleurer et les rendait sages, lorsqu'il s'élevait entre eux le moindre débat.... Oui, ceci les attendrissait autant que l'histoire du rouge-gorge dans le bois. « *Cas d'horrible détresse* : Hier un petit homme, tenant un baby dans ses bras, et entouré d'une demi-douzaine d'enfants déguenillés, tous évidemment affamés, comparut devant le digne magistrat et fit le récit suivant.... » Au fait! ajouta M. Tetterby en discontinuant de lire : en quoi cela peut-il nous intéresser?

— Comme il a l'air vieux et laid, dit mistress Tetterby en

considérant son mari. Je n'ai jamais vu pareil changement chez un homme. Ah! mon Dieu! mon Dieu! quel sacrifice!

— De quel sacrifice parlez-vous? » demanda brutalement le mari.

Mistress Tetterby hocha la tête, et, au lieu de répondre, elle souleva une véritable tempête autour du baby, tant furent violentes les secousses qu'elle imprima soudainement au berceau.

« Si vous voulez dire que votre mariage a été un sacrifice, ma bonne femme.... dit le mari.

— Justement, repartit la femme.

— Eh bien! moi, poursuivit M. Tetterby d'un ton non moins aigre, non moins bourru ; je veux dire qu'il y a deux manières d'envisager cette affaire ; je veux dire que c'est moi qui ai été le *sacrifice*, et je souhaiterais que le sacrifice n'eût pas été accepté.

— Je le souhaiterais aussi de tout mon cœur et de toute mon âme, Tetterby, je vous assure, dit la femme.

— Je ne sais pas, en vérité, murmura le mari, ce que j'ai vu de si beau en elle ; si jamais il y a eu quelque chose de beau.... En tout cas, il n'en reste rien à présent. C'est ce que je me disais hier soir, au coin du feu, après le souper. Elle est énorme, elle se fait vieille ; enfin, il n'y a pas de comparaison entre elle et la plupart des autres femmes.

— Il a l'air épais et commun, murmura mistress Tetterby ; il est petit, il commence à se voûter et sa tête se dégarnit d'une façon désolante.

— Il faut que j'aie été quasi-fou, lorsque je l'ai prise, grommela M. Tetterby.

— En vérité, j'étais folle ; autrement je ne pourrais m'expliquer mon choix, » dit sentencieusement mistress Tetterby.

Ce fut dans cette disposition d'esprit qu'ils se mirent à table pour déjeuner. Les petits Tetterbys n'étaient pas habitués à considérer ce repas au point de vue d'une occupation sédentaire ; ils s'y livraient au contraire, en dansant ou en trottant, si bien qu'elle ressemblait à quelque solennité chez les sauvages. Tantôt ils brandissaient leurs tartines de beurre, en poussant des cris aigus ; tantôt, s'élançant hors de la chambre, ils allaient faire un temps de course dans la rue, puis revenaient à la maison, et s'exerçaient à sauter à pieds joints les degrés de la porte.

Dans la circonstance actuelle, les petits Tetterbys eurent la fantaisie de se disputer avec acharnement le pot au lait coupé d'eau placé sur la table pour le commun usage, et leur ambitieuse rivalité avait soulevé de si violentes colères, que le seul fait de cette lutte déplorable constituait un véritable outrage à la mémoire du docteur Watts. M. Tetterby ayant pris le parti de mettre à la porte tous les acteurs de ce drame, le silence enfin se rétablit; encore fut-il troublé quelques instants après par Johnny, qui, rentré subrepticement dans la chambre, s'empara du pot au lait, dans lequel il se mit à souffler comme un ventriloque, avec une précipitation indécente et rapace.

« Ces enfants finiront par me faire mourir de chagrin ! s'écria mistress Tetterby, après avoir banni le coupable. Et je désire que ce soit le plus promptement possible.

— Les pauvres gens comme nous ne devraient pas avoir d'enfants du tout, dit M. Tetterby, ils ne nous donnent aucune satisfaction. »

En ce moment il tenait à la main la tasse que mistress Tetterby avait grossièrement poussée vers lui, et mistress Tetterby portait la sienne à ses lèvres, lorsqu'ils s'arrêtèrent tous deux, comme s'ils eussent été foudroyés.

« Mère ! cria Johnny qui entra dans la chambre en courant, père ! voici mistress William qui descend la rue pour venir ici. »

Et si jamais, depuis que le monde existe, un petit garçon prit un *baby* dans son berceau avec les précautions habituelles à une vieille nourrice, et l'apaisa, le caressa tendrement, et l'emporta joyeusement d'un pied mal assuré.... Johnny fut ce petit garçon-là; et Moloch fut ce baby, lorsque tous deux ils sortirent de la chambre l'un portant l'autre.

M. Tetterby posa sa tasse sur la table : mistress Tetterby posa la sienne.... M. Tetterby se frotta le front...; mistress Tetterby frotta le sien.... Le visage de M. Tetterby commença à s'épanouir et à rayonner.... celui de mistress Tetterby commença à s'épanouir et à rayonner de même.

« Dieu me pardonne ! dit mentalement M. Tetterby, à quels mauvais sentiments j'ai donné cours ! que s'est-il donc passé d'extraordinaire en moi ?

— Comment ai-je pu le maltraiter encore après tout ce que j'ai dit et ressenti hier soir ! murmura mistress Tetterby en sanglotant et en portant son tablier à ses yeux.

— Je suis une brute ! s'écria M. Tetterby, et je me demande s'il y a encore quelque bon sentiment en moi !... Sophie ! ma petite femme !...

— Dolphus, mon ami !... répondit mistress Tetterby.

— J'ai.... j'ai été dans une situation d'esprit dont le souvenir m'accable, Sophie !

— Oh ! ce n'est rien en comparaison de mes injustices, Dolf, répliqua mistress Tetterby en laissant éclater un violent désespoir.

— Ma Sophie!... calmez-vous. Je ne me pardonnerai jamais ma conduite.... Je dois avoir presque brisé votre cœur, je le sais....

— Non, Dolf, non. C'était moi! moi! répondit mistress Tetterby d'une voix entrecoupée de sanglots.

— Ma petite femme!... allons! ne pleurez pas!... Vos nobles sentiments m'accablent de remords.... Sophie!... ma chère!... si vous saviez ce que je pensais!... Je vous en ai dit beaucoup; eh bien! je ne vous ai pas tout dit. Ah! ma petite femme! si vous saviez ce que je pensais!...

— Oh! non, Dolf!... non, mon ami!

— Sophie, continua M. Tetterby, je veux tout vous révéler. Ma conscience ne me laissera pas en repos tant que je n'aurai point parlé. Ma petite femme....

— Mistress William n'est plus qu'à deux pas d'ici! cria Johnny en se montrant à la porte.

— Ma petite femme, balbutia M. Tetterby en se cramponnant à deux mains au dossier de sa chaise, je me demandais comment j'avais pu vous aimer jamais. J'oubliais les précieux enfants que vous m'avez donnés, et je pensais que votre taille n'était pas aussi mince que je l'aurais pu désirer.... Je.... je ne me souvenais plus, continua-t-il avec un accent de profond repentir, des ennuis auxquels vous avez été exposée pour m'avoir épousé, quand peut-être vous en eussiez été presque exempte avec un autre mari, meilleur et plus heureux que moi (et ce mari-là n'eût pas été bien difficile à trouver)! Ce n'est pas tout, et je vous accusais d'avoir un peu vieilli, pendant les dures années que vous m'avez rendues moins lourdes à supporter. Vous ne pouvez croire que de telles pensées me soient venues, n'est-ce pas, ma petite femme? Moi-même je ne puis croire.... »

Tout en riant et en pleurant avec une sorte de frénésie, mistress Tetterby prit et garda dans ses mains la tête de son mari.

« Oh! Dolf! s'écria-t-elle, je suis bien heureuse d'apprendre que vous ayez eu de semblables pensées. Oh! oui, bien heureuse! car j'ai pensé, moi, que vous aviez une figure commune, Dolf; et c'est la vérité, mon ami, mais peu m'importe que vous ayez la figure la plus commune du monde à mes yeux, pourvu que mes yeux soient fermés par vos mains.... J'ai pensé que vous étiez petit, et c'est la vérité; mais, précisément à cause de cela, je ferai beaucoup de cas de vous, et je ferai de vous plus de cas encore parce que j'aime mon mari. J'ai pensé que votre dos commençait à se voûter; il se voûte en effet, mais vous vous appuierez sur moi, et je vous soutiendrai de mon mieux. J'ai pensé que vous aviez l'air commun, quand j'aurais dû vous trouver l'air d'un bon père de famille, et celui-là est le plus pur et le meilleur de tous.... Oh! Dolf! que Dieu bénisse notre foyer et nous le rende de plus en plus cher!

— Hurrah! Voici mistress William! » cria Johnny.

Elle entra en effet, escortée de tous les enfants qui l'embrassèrent l'un après l'autre, puis embrassèrent le baby, ainsi que leur père et leur mère. Enfin, n'ayant plus personne à embrasser, ils s'embrassèrent entre eux en dansant et en sautant d'un air triomphant autour de mistress William.

M. et mistress Tetterby ne firent pas un accueil moins chaleureux à la jeune femme, vers laquelle ils se sentaient irrésistiblement attirés, ainsi que les enfants; ils s'élancèrent à sa rencontre, lui baisèrent les mains, ne sachant comment lui témoigner suffisamment leur allégresse et leur enthousiasme. Elle était pour eux le bon génie du foyer domestique, le génie du bien, de la tendresse et de tous les sentiments généreux.

« Vous êtes donc tous bien joyeux de me voir par cette belle matinée de Noël? dit Milly en joignant les mains avec une expression de douce surprise. Oh! que je suis heureuse! »

Et les cris de joie des enfants, et les baisers, et les sauts, et les danses de recommencer de plus belle, autour de la jeune femme.

« Quelles délicieuses larmes vous me faites répandre, dit-elle! comment ai-je mérité tous ces témoignages d'estime et d'affection?... Qu'ai-je donc fait pour être si tendrement aimée?..

— Qui donc ne vous aimerait pas? cria M. Tetterby.

— Qui donc ne vous aimerait pas? cria mistress Tetterby.

— Qui donc ne vous aimerait pas?» répétèrent tous les enfants en chœur d'allégresse. Puis ils se groupèrent autour d'elle, collant leurs visages roses contre ses vêtements, sans pouvoir se lasser de les baiser et de les toucher avec la même idolâtrie qu'ils avaient pour sa personne.

« Jamais je ne me suis sentie plus émue, dit mistress William en essuyant ses yeux, et la voix me manque pour vous dire ce qui m'amène près de vous.... Figurez-vous que, dès le lever du soleil, M. Redlaw est venu me trouver, et, me témoignant autant de tendresse que si j'eusse été sa fille chérie, il m'a suppliée d'aller voir avec lui le frère de William, le pauvre Georges, qui est bien malade. Nous partîmes ensemble, et tout le long du chemin M. Redlaw se montra pour moi si bon, si affectueux, il parut avoir en moi tant de confiance et d'espoir, que je ne pus m'empêcher de pleurer de plaisir.

« En arrivant à la maison, nous rencontrâmes sur le seuil de la porte une femme (quelqu'un, je le crains, l'avait cruellement battue) qui me prit par la main et me bénit à mon passage.

— Elle a eu raison ! » dit M. Tetterby.

Mistress Tetterby et tous les enfants répétèrent à l'unisson : « Elle a eu raison ! »

— Mais ce n'est pas tout, reprit Milly. Nous montons l'escalier, et nous entrons dans la chambre. Aussitôt le malade, qui, depuis de longues heures, était opiniâtrément resté silencieux et immobile, se lève sur son séant ; puis, fondant en larmes et me tendant les bras, il s'écrie qu'il a mené bien longtemps une vie coupable, mais qu'il est sincèrement repentant et qu'il déplore son passé, dont la détestable image se présente à ses yeux trop longtemps couverts d'un nuage épais. Il me conjure de demander à son pauvre vieux père son pardon, sa bénédiction, et de dire une prière au chevet du lit.

« En me voyant prier, M. Redlaw s'unit à moi avec une telle ferveur, et remercia le ciel et moi-même d'une voix si touchante, que mon cœur fut débordé par l'émotion, et que j'allais éclater en sanglots, si le malade ne m'eût rappelée à moi-même en me suppliant de m'asseoir près de lui. Lorsque je fus assise, il prit ma main entre ses mains et s'assoupit peu à peu. Alors seulement, je retirai ma main, qui fut aussitôt remplacée par celle de M. Redlaw, pour que le malade ne s'aperçût pas de mon départ, car j'avais hâte de venir vous voir.... O mon Dieu ! mon Dieu ! ajouta la jeune femme en sanglotant, que je suis heureuse ! que je suis heureuse !... »

Tandis qu'elle parlait, Redlaw était entré dans la chambre, et après s'être un instant arrêté pour contempler le groupe au centre duquel était Milly, il avait monté silencieusement l'escalier. En ce moment, le jeune étudiant passa rapidement près de Redlaw, descendit dans la chambre et courut se précipiter aux genoux de Milly.

« O vous, la meilleure et la plus aimable des créatures, s'écria-t-il en saisissant la main de la jeune femme, pardonnez-moi ma cruelle ingratitude !

— Encore quelqu'un qui m'aime !... C'est à en mourir de bonheur ! » dit Milly avec une adorable naïveté.

L'accent plein d'innocence et de simplicité avec lequel elle prononça ces mots, tandis qu'elle posait les mains sur ses yeux humides d'attendrissement, était on ne peut plus touchant.

« Je n'étais plus moi-même, continua l'étudiant. J'ignore la cause du désordre qui avait envahi mon cœur et mon esprit....

Peut-être était-ce ma maladie.... Enfin, j'étais fou ; mais je ne le suis plus, et à mesure que je parle, je me sens renaître entièrement à la vie.... Je viens d'entendre les enfants prononcer votre nom ; et à ce seul nom, le nuage qui couvrait mon esprit s'est aussitôt dissipé. Oh! ne pleurez pas !... chère Milly ; si vous pouviez lire dans mon cœur.... si seulement vous saviez de quelle affection, de quelle gratitude profonde il est pénétré pour vous, non, vous ne voudriez plus pleurer, car vos larmes me rappellent mon odieuse conduite à votre égard.

— Non, non, dit Milly, mes larmes ne vous accusent pas, car ce sont des larmes de joie, et je me demande comment vous avez pu songer seulement à me prier de vous pardonner pour si peu, quand vous me rendez au contraire si heureuse !

— Vous reviendrez, n'est-ce pas, et vous finirez mes petits rideaux? dit l'étudiant.

— Non, répliqua Milly en essuyant ses larmes, et en hochant la tête ; désormais, vous ne vous soucierez guère de mon ouvrage.

— Est-ce me pardonner que de me parler ainsi ? »

Milly tira le jeune homme à l'écart, et lui dit tout bas à l'oreille :

« Il est arrivé des nouvelles de chez vous, monsieur Edmund.

— Des nouvelles ?... Que voulez-vous dire ?

— Oui des nouvelles.... Soit que le silence que vous avez gardé pendant votre maladie ait inspiré de l'inquiétude, soit qu'on ait eu quelque soupçon de la vérité, en observant l'altération de votre écriture dans les lettres que vous avez écrites dès les premiers jours de votre convalescence.... toujours est-il que.... Mais, vous sentez-vous la force de supporter toute espèce de nouvelles, pourvu qu'elles ne soient pas trop mauvaises ?

— Oui, parlez.

— Eh bien! quelqu'un est arrivé ! répondit Milly.

— Est-ce ma mère ? demanda l'étudiant, en jetant involontairement les yeux sur Redlaw, qui venait de descendre l'escalier.

— Chut! fit Milly. Non, ce n'est pas votre mère.

— Ce ne peut être une autre personne.

— En vérité? répliqua Milly. En êtes-vous bien sûr ?

— Ce n'est pas.... »

Milly l'interrompit brusquement en lui mettant la main sur la bouche.

« Si.... c'est *elle!* dit Milly. Cette jeune dame.... Elle ressemble bien à la miniature que j'ai vue chez vous, monsieur Edmund; mais elle est beaucoup plus jolie.... Cette jeune dame, ne pouvant plus longtemps supporter l'incertitude où vous la laissiez, a pris le parti de venir elle-même chercher de vos nouvelles, et elle est arrivée, hier au soir, accompagnée d'une petite servante. Comme vos lettres étaient toujours datées du collége c'est là qu'elle est allée vous demander, et je l'ai vue, ce matin, avant la visite de M. Redlaw.... *Elle* aussi, monsieur Edmund, ajouta Milly, elle aussi a de l'affection pour moi.... Que je suis heureuse ! Encore une personne qui m'aime !

— Ce matin, dites-vous ?... Où est-elle en ce moment ? demanda l'étudiant.

— En ce moment, répondit Milly en approchant ses lèvres de l'oreille du jeune homme, en ce moment, elle est dans ma petite chambre de la loge, où elle vous attend. »

Edmund pressa la main de Milly et s'élança pour sortir, mais elle le retint.

« M. Redlaw est bien changé, dit-elle, et il m'a avoué, ce matin, que sa mémoire était très-affaiblie.... Ayez beaucoup de ménagements pour lui, monsieur Edmund ; il en a besoin, de la part de nous tous. »

Le jeune homme lui assura, par un regard, qu'il tiendrait compte de la recommandation, et, comme en sortant de la chambre il passa devant le chimiste, il s'empressa de le saluer avec le plus profond respect.

Redlaw rendit le salut courtoisement, humblement même, et suivit des yeux l'étudiant. Puis il appuya son front sur ses mains en paraissant chercher dans son esprit quelque souvenir perdu..... Mais ce souvenir ne se retrouvait plus.

Grâce à l'influence de la musique, et depuis la réapparition du fantôme, le changement durable qui s'était opéré chez Redlaw lui permit de comprendre à cette heure toute l'étendue de sa perte et de déplorer sa propre condition, en la comparant à la condition naturelle des personnes qui l'entouraient.

Frappé de ce contraste, il parvint à réveiller en son cœur les sentiments de sympathie que, naguère, il éprouvait pour ses semblables. En même temps, il ressentit une impression adoucie de son infortune, comme il arrive aux vieillards dont les facultés intellectuelles sont affaiblies sans les condamner cependant, pour surcroît de malheur, à l'insensibilité et au complet oubli de leurs infirmités.

Redlaw sentit que, tandis qu'il réparait peu à peu, par l'intermédiaire de Milly, le mal qu'il avait fait, et à mesure qu'il entrait en communion de plus en plus intime avec elle, une révolution s'opérait en lui. Ce sentiment, et l'affection que lui inspirait la jeune femme, lui firent comprendre qu'il était sous sa dépendance absolue, et qu'elle seule pouvait lui servir de soutien dans son affliction. Mais nulle autre espérance n'avait lui dans son âme.

Milly le tira de ses réflexions en lui proposant d'aller rejoindre le vieillard et William. Avec le plus grand empressement, Redlaw prit le bras de Milly et l'accompagna.... A cette heure, l'homme supérieur par son expérience, le savant capable de pénétrer les secrets les plus cachés de la nature, témoignait une si grande déférence pour cette jeune femme à l'intelligence naïve, à l'esprit inculte, que leurs positions semblaient être interverties.... On eût dit que c'était elle qui possédait la science et lui qui ne savait rien du tout.

Au moment où il se disposait à sortir de la maison avec Milly, il vit les enfants se presser autour d'elle et la couvrir de caresses.... Il entendit leurs rires éclatants et leurs voix joyeuses.... il contempla les radieuses figures formant autour de lui comme une guirlande de fleurs.... il fut témoin des marques d'affection si cordialement prodiguées à Milly par les parents.... il respira avec bonheur l'air de leur pauvre demeure, où la paix était revenue.... Il pensa au souffle mortel qu'il y avait répandu, et qui aurait pu y exercer des ravages, sans l'intervention de Milly.... Était-il donc surprenant que Redlaw lui témoignât une déférence si grande, et qu'il se serrât contre le cœur de la douce créature?

En entrant dans la loge, ils aperçurent le vieillard assis dans son fauteuil, au coin de la cheminée, les yeux fixés sur le plancher, tandis que William, adossé contre le mur, à l'autre coin du foyer, regardait attentivement son père.

Lorsque Milly se montra sur le seuil de la porte, tous deux tressaillirent et tournèrent aussitôt vers elle des visages illuminés par la joie.

« O mon Dieu! mon Dieu! les voilà aussi contents que tous les autres de me revoir! s'écria Milly, qui s'arrêta court et battit des mains dans son transport de joie. Oui, en voici encore deux! »

Contents de la revoir! Oh! ce mot rendait bien faiblement ce qu'ils éprouvaient!... Elle se précipita dans les bras de son mari tout grands ouverts pour la recevoir, et il eût trouvé bien doux de la garder ainsi, la tête appuyée sur son épaule, durant toute cette courte journée d'hiver; mais le vieillard ne pouvait se passer de Milly. Lui aussi ouvrit ses bras pour la recevoir, et, à son tour, il la pressa sur son cœur.

« Eh bien ! qu'est donc devenue ma douce Minette pendant tout ce temps ? dit le vieillard. Elle a fait une bien longue absence, et je m'aperçois qu'il m'est impossible de me passer d'elle. Je.... où est mon fils William ? Il me semble que je sors d'un rêve, William.

— C'est ce que je me dis, père, répondit William. Moi aussi j'ai fait, je crois, une sorte de vilain rêve.... Comment allez-vous, père ?... Allez-vous passablement ?

— Je me sens brave et gaillard, mon garçon, » répliqua le vieillard.

Et il y avait véritablement plaisir à voir M. William donnant des poignées de main à son père, le frappant affectueusement sur le dos, et enfin lui prodiguant mille caresses, comme s'il n'eût su qu'inventer pour lui témoigner sa tendresse et sa sollicitude.

« Quel homme étonnant vous êtes, mon père !... Comment allez-vous, père ?... Vous sentez-vous réellement en bonnes dispositions, hein ? dit William en donnant au vieillard une nouvelle poignée de main, une autre tape amicale sur le dos, et en lui prodiguant de nouvelles caresses.

— Je ne me suis jamais senti plus fort et plus dispos de ma vie, mon garçon.

— Quel homme étonnant vous êtes, père ! Mais, c'est exactement comme cela, dit William avec enthousiasme. Quand je pense à toutes les épreuves que mon père a traversées, à toutes les chances, à tous les chagrins qu'il a supportés durant le cours de sa longue carrière.... Quand je pense aux nombreuses années entassées sur sa tête blanchie.... il me semble que je ne saurais jamais faire assez pour honorer le vieux *gentleman*, et rendre sa vieillesse heureuse. Comment allez-vous, père ? Vous sentez-vous réellement bien, hein ? »

Et M. William ne se serait point lassé de réitérer ses questions, de donner à son père des poignées de main, des tapes amicales sur le dos, et de lui prodiguer ses caresses, si le vieillard ne s'était aperçu de la présence du chimiste qu'il n'avait pas encore remarqué.

« Je vous demande pardon, monsieur Redlaw, dit Philip, mais je ne vous savais pas ici.... autrement, je ne me serais pas mis si fort à mon aise.... Cela me rappelle, monsieur Redlaw, que je vous ai vu dans cette même loge, par une belle matinée de Noël, au temps où vous étiez vous-même un simple étudiant, mais si studieux, que, même pendant les fêtes de Noël, c'était à peine si vous quittiez notre bibliothèque.... Ha!

ha!... je suis assez heureux pour me souvenir de ce temps-là....
et je me le rappelle à merveille, je vous l'assure, bien que j'aie
quatre-vingt-sept ans.... Vous souvenez-vous de ma pauvre
femme, monsieur Redlaw ?

— Oui, répondit le chimiste.

— Oh! reprit le vieillard, c'était une chère créature! Je me
rappelle que, certain jour de Noël, vous vîntes ici, dans la matinée, avec une jeune dame; je vous demande pardon, monsieur Redlaw, mais je crois que c'était une sœur à laquelle vous
étiez bien tendrement attaché ? »

Redlaw regarda le vieillard en hochant la tête.

« Oui, j'avais une sœur, » répondit-il d'un air distrait.

Il s'arrêta court.... Ses souvenirs n'allaient pas plus loin.

« Par une belle matinée de Noël, poursuivit le vieillard, vous
vîntes avec elle ici.... Tout à coup, la neige commença à tomber, et ma femme engagea la jeune dame à venir s'asseoir près
du feu qui flamboyait toujours à Noël, dans ce qui était autrefois notre grande salle de banquets.... J'étais là, et je me rappelle que, tandis que j'attisais la flamme pour réchauffer les
petits pieds de la jeune dame, celle-ci lut à haute voix l'inscription qui se trouve au-dessus du portrait : « *Seigneur, conservez-
moi la mémoire!* » La jeune dame et ma femme se mirent à
causer, à propos de cette inscription.... et j'éprouve un sentiment étrange en songeant à cette heure, à ce qu'elles dirent
toutes deux.... Toutes deux, en apparence, si éloignées de la
mort.... Elles dirent que c'était une bonne prière, et qu'elles ne
manqueraient pas de la réciter avec ferveur pour ceux qu'elles
aimaient le mieux, si Dieu les retirait de bonne heure de ce
monde.... « Pour mon frère, » dit la jeune femme; « Pour mon
mari, » dit ma pauvre femme : « Seigneur, conservez-lui la
mémoire, et faites qu'il ne m'oublie pas ! »

Des larmes plus amères que toutes celles qu'il avait répandues en sa vie inondèrent le visage de Redlaw.

Mais Philip, entièrement absorbé par son récit, ne s'était pas
encore aperçu de l'effet que ses paroles avaient produit sur Redlaw : il n'avait pas non plus remarqué l'anxiété de Milly, qui
s'était vivement efforcée par des signes, de lui faire comprendre
qu'il devait s'arrêter.

Enfin, remarquant les pleurs de l'un et les signes de l'autre,
il cessa de parler.

« Philip! dit le chimiste en posant la main sur l'épaule du
vieillard, je suis un homme sur qui la main de la Providence
s'est appesantie lourdement.... Vous me parlez, mon ami, de

choses que je ne puis me rappeler, car ma mémoire s'en est allée....

— Ciel miséricordieux! s'écria le vieillard.

— J'ai perdu le souvenir de mes souffrances, de mes chagrins et du mal qui m'a été fait, dit le chimiste; et en perdant ce souvenir, j'ai perdu tout ce que l'homme aime à se rappeler! »

A voir le vieux Philip ému de compassion pour Redlaw, rouler près de lui son grand fauteuil en l'invitant à s'y asseoir.... à contempler sur la physionomie du vieillard l'expression de sa profonde sympathie pour la grande infortune de Redlaw... on eût appris, à un certain degré, combien de tels souvenirs sont précieux dans la vieillesse.

En ce moment, l'enfant qui, la veille, avait servi de guide au chimiste, entra dans la loge et se précipita vers Milly.

« L'homme est là, à côté, dit-il, je n'ai pas besoin de lui.

— Quel homme? que veut-il dire? demanda William.

— Chut! » fit Milly.

Obéissant comme d'habitude au moindre signe de la jeune femme, William et son père sortirent discrètement de la chambre sans attirer l'attention de Redlaw, qui appela près de lui l'enfant.

« J'aime mieux la femme, répondit ce dernier en s'attachant aux vêtements de Milly.

— Vous avez raison, dit Redlaw avec un sourire plein de mélancolie. Mais n'ayez point peur de vous approcher de moi.... Je suis maintenant animé de meilleures dispositions, et pour vous plus que pour personne au monde, pauvre enfant. »

Celui-ci se tint à l'écart pendant quelques instants encore; mais cédant aux instances de la jeune femme, il consentit enfin à s'approcher de Redlaw, et même à s'asseoir à ses pieds.

Redlaw mit une main sur l'épaule de l'enfant, en jetant sur lui des regards de tendre compassion, il tendit son autre main à Milly, qui la saisit aussitôt.

« Monsieur Redlaw, dit-elle après un moment de silence, puis-je vous parler?

— Oui, répondit-il en fixant les yeux sur elle. Votre voix et la musique sont mêmes choses pour moi.

— Puis-je vous demander quelque chose?

— Ce qu'il vous plaira.

— Vous rappelez-vous ce que je vous ai dit hier soir, lorsque je suis allée frapper à votre porte? Je vous ai parlé d'un de vos amis qui était sur le point de commettre un suicide.

— Oui, je crois m'en souvenir, répliqua le chimiste avec une certaine hésitation.

— Comprenez-vous cela? »

Redlaw passa sa main sur les cheveux de l'enfant, et regarda la jeune femme d'un air distrait.

« J'ai fini par retrouver la personne en question, continua Milly de sa voix douce et claire. Je suis retournée dans la maison où vous avez vu le malade, et, grâce à Dieu, j'y ai rencontré cette personne.... Heureusement je suis arrivée à temps.... Quelques instants de plus, il eût été trop tard.... »

Redlaw cessa de caresser l'enfant et serra la main de Milly, qui répondit à cette pression par une étreinte non moins éloquente que son regard.

« L'ami dont je vous parle, ajouta-t-elle, est le père de M. Edmund, ce jeune homme que nous venons de quitter. Son véritable nom est Langford. Vous rappelez-vous ce nom?

— Je me le rappelle.

— Et l'homme?

— Non.... A-t-il jamais eu des torts envers moi?

— Oui !

— Oh !... Alors il n'y a plus d'espoir.... il n'y a plus d'espoir !... »

A ces mots, Redlaw hocha tristement la tête et pressa de nouveau la main de la jeune femme, comme pour faire un muet appel à sa commisération.

« Je ne suis pas allée chez M. Edmund hier soir, reprit Milly. Voulez-vous m'écouter avec autant d'attention que si vous n'aviez rien oublié?

— J'écoute attentivement chacune de vos paroles.

— Je ne suis pas retournée chez M. Edmund, d'abord parce que je ne savais pas encore que votre ancien ami fût le père de ce jeune homme, et puis, parce que je redoutais pour celui-ci, dans l'état de faiblesse où il se trouve par suite de sa maladie, l'effet d'une semblable nouvelle. Je ne la lui ai pas encore apprise, mais c'est par un autre motif....

« Votre ancien ami est depuis longtemps séparé de sa femme.... et cette séparation date presque des premières années de son fils. Je tiens ces détails de votre ami lui-même. Oui, il a abandonné ce qu'il devait aimer le plus au monde.... Depuis cette époque, il est peu à peu tombé si bas que..... »

S'interrompant brusquement, Milly sortit de la loge en courant, mais pour y rentrer un moment après, accompagnée de l'individu dont l'aspect misérable avait attiré l'attention de Redlaw, la veille au soir.

« Vous me connaissez? demanda le chimiste.

— Je serais heureux.... et cette expression ne m'est pas habituelle, répondit le nouveau venu, je serais heureux de pouvoir répondre que je ne vous connais pas. »

Redlaw considéra cet homme si honteusement déchu, si dégradé, en s'efforçant, mais en vain, de deviner les rapports qui pouvaient exister entre eux deux, et sans doute il aurait longtemps poursuivi ses réflexions, si Milly n'eût détourné son attention et ses regards, en reprenant la position qu'elle occupait près de lui avant de sortir de la loge.

« Voyez dans quelle condition misérable il est tombé! dit tout bas la jeune femme en étendant son bras vers le nouveau venu, sans cesser de regarder le chimiste. Si vous pouviez vous souvenir de tout ce qui a rapport à cet homme, ne seriez-vous pas ému de compassion à la vue d'un ancien ami réduit à une pareille extrémité?

— Cette pensée, répondit le chimiste, exciterait ma compassion.... je l'espère.... je le crois. »

Cependant ses regards, un instant fixés sur l'homme qui se tenait debout près de la porte, se reportèrent précipitamment sur Milly qu'il contempla dans une sorte d'extase, comme s'il cherchait à puiser quelque renseignement dans chaque note de sa voix, dans chaque rayonnement de ses yeux.

« Je n'ai pas d'instruction, et vous en avez beaucoup, dit Milly; je n'ai pas l'habitude de réfléchir, tandis que vous réfléchissez toujours.... Mais voulez-vous me permettre de vous dire pourquoi il me semble profitable de se souvenir du mal qui nous a été fait?

— Oui.

— C'est pour que nous le puissions pardonner.

— Dieu puissant! s'écria le chimiste en levant les yeux au ciel, grâce! grâce! car je vois bien que j'ai rejeté un de vos dons les plus précieux!

— Et si la mémoire vous est rendue, ajouta Milly, comme nous l'espérons et le demandons au ciel, ne serez-vous pas bien heureux de vous rappeler en même temps le mal qui vous a été fait, et le pardon que vous en avez accordé? »

Comme précédemment, les regards du chimiste se tournèrent un instant vers l'homme qui se tenait debout à la porte; mais ils se concentrèrent de nouveau sur le visage de la jeune femme, et il lui sembla qu'un rayon de plus vive clarté, se détachant de ce radieux visage, se reflétait dans son esprit.

Milly continua :

« Il ne peut retourner sous le toit qu'il a déserté... Il ne songe même pas à y retourner.... Il sait qu'il n'apporterait que la honte et de nouveaux chagrins à ceux qu'il a si cruellement traités.... Il sait que la meilleure réparation qu'il leur puisse accorder, c'est de les éviter.... Eh bien! une petite somme d'argent prudemment employée le mettrait à même de partir pour quelque contrée lointaine où il lui serait loisible de vivre honnêtement et de réparer dans les limites de ses forces tout le mal qu'il a fait.... Ce serait assurément le plus grand service qu'on pût rendre à son fils et à la malheureuse femme qui l'a épousé... Et pour lui, perdu de réputation, d'esprit et de corps, ce serait le salut, peut-être!... »

Redlaw prit entre ses mains la tête de la jeune femme et la couvrit de baisers ; puis, il dit d'une voix émue :

« Cela sera fait ; mais je voudrais que ce fût fait par vous, en secret et sans nul retard.... Dites aussi à cet homme que je lui pardonnerais de bon cœur si j'étais assez heureux pour me souvenir de ses torts envers moi. »

Milly tourna son radieux visage du côté de l'homme déchu pour lui faire comprendre que sa médiation avait été favorablement accueillie. Celui-ci fit un pas en avant, et, sans lever les yeux, adressa ces paroles à Redlaw :

« Vous êtes si généreux.... comme vous l'avez été toute votre vie,... que vous vous efforcez de bannir de votre esprit toute idée de ressentiment, à la vue du spectacle qui s'offre à vos yeux.... Quant à moi, Redlaw, je ne chercherai point à oublier.... Croyez-moi, si vous pouvez me croire encore. »

Le chimiste supplia Milly, par un geste, de se rapprocher de lui plus près encore, et sembla chercher dans ses yeux l'explication des paroles qu'il entendait.

« Je suis un trop grand coupable, continua l'homme, pour essayer d'atténuer mes torts, et le souvenir de mon passé est trop profondément gravé dans mon esprit pour que j'ose implorer mon pardon.... Tout ce que je puis vous dire, c'est que, depuis le jour où j'ai commencé à me dégrader en trahissant votre confiance, je ne me suis plus arrêté dans la mauvaise voie.... »

Redlaw tourna vers l'homme des regards attristés. On eût dit qu'il commençait à reconnaître celui qui lui parlait.

« J'aurais été peut-être un autre homme, et ma vie eût été bien différente si j'avais évité ce premier pas si fatal.... Je dis peut-être.... car je ne cherche pas à me disculper.... Votre sœur vit tranquille et plus heureuse qu'elle n'eût vécu avec moi, lors même que je serais resté tel que vous me croyiez.... tel que je me supposais moi-même autrefois. »

Redlaw fit un geste soudain, comme pour mettre un terme à ce récit, mais l'homme continua :

« Je parle comme si je sortais de la tombe.... J'aurais en effet creusé ma propre tombe, la nuit dernière, sans l'appui tutélaire de l'ange qui se tient à vos côtés.

— Lui aussi ! lui aussi, il m'aime, » murmura Milly d'une voix pleine de larmes.

L'homme ajouta :

« Je n'aurais pas eu le courage de me présenter devant vous hier.... non, pour rien au monde.... mais, aujourd'hui, le souvenir de ce qui s'est passé entre nous deux est si cruellement poignant, et se présente à mon esprit.... je ne sais pourquoi.... sous des couleurs si saisissantes que j'ai osé, grâce aux exhortations de cette jeune femme, venir près de vous pour recevoir vos bienfaits, vous remercier et vous conjurer, Redlaw, d'être pour moi, à votre dernière heure, aussi compatissant dans vos pensées que vous l'êtes dans vos actions. »

Il se tourna du côté de la porte, mais il s'arrêta encore un moment avant de sortir.

« Mon fils, je l'espère, partagera l'affection que vous avez pour sa mère, et s'en montrera digne.... Hélas ! je ne le reverrai plus, à moins que ma vie ne soit longue encore, et que je n'aie le temps de racheter mon passé ! »

Avant de sortir, il leva, pour la première fois, les yeux sur Redlaw qui, le regardant fixement, lui tendit machinalement la main.... L'homme accourut aussitôt.... effleura cette main avec ses deux mains, puis, courbant la tête sur sa poitrine, il sortit lentement.

Milly le conduisit silencieusement jusqu'à la grille, et le chimiste se laissa tomber sur le fauteuil en se couvrant le visage de ses mains. Quelques instants après, Milly rentra dans la loge avec son beau-père et son mari, qui, tous deux, témoignaient un vif intérêt pour la situation de Redlaw. En voyant l'attitude qu'il avait prise depuis quelques instants, Milly s'avança sans bruit près de lui, tout en faisant signe à William et au vieux Philip de garder le silence. Elle alla s'agenouiller près du fauteuil et se mit à habiller l'enfant avec de chauds vêtements.

« C'est exactement comme cela.... et c'est ce que je dis toujours, père ! s'écria William dans son admiration pour sa femme. Il y a dans le cœur de mistress William des sentiments maternels qui doivent avoir et qui auront leur cours.

— Oui, oui, répondit le vieillard, vous avez raison.... mon fils William a raison.

— Il est assurément fort heureux pour nous, chère Milly, dit tendrement M. William, que nous n'ayons pas d'enfants à nous appartenant; et cependant, je regrette parfois que vous n'en ayez pas un à aimer, à chérir. Quelles brillantes espérances nous avions bâties sur l'avenir de celui que nous avons perdu, ou plutôt qui n'a jamais vécu!... Depuis ce temps, Milly, vous êtes devenue calme comme une sainte.

— Le souvenir de cet enfant me rend bien heureuse, cher William, répondit-elle. J'y pense tous les jours.

— Oh! je le craignais!

— Ne dites pas que vous craigniez ce souvenir, car il est bien consolant pour moi.... Il me dit tant de choses!... l'innocent enfant qui n'a pas vécu sur terre est un ange pour moi, William.

— Et vous, répliqua affectueusement M. William, vous êtes un ange pour mon père et pour moi.... Voilà ce que je sais.

— Quand je pense, dit Milly, à toutes les espérances que nous avions conçues pour son avenir; quand je me rappelle combien de fois je me suis représenté la petite figure souriante de cet enfant qui n'a reposé qu'un seul jour sur mon sein, et ses deux yeux levés vers les miens.... il me semble que j'en éprouve une sympathie plus grande pour toutes les honnêtes espérances qui ont été déçues.... Lorsque je vois un bel enfant dans les bras d'une mère idolâtre, je me surprends à l'aimer en songeant que mon enfant aurait pu ressembler à celui-là, et qu'il aurait pu faire battre mon cœur d'orgueil et de joie. »

Redlaw leva les yeux et regarda Milly.

« Il me semble, continua-t-elle, que ce souvenir est sans cesse présent à mon esprit, et qu'il me guide dans toutes les circonstances de la vie. Mon petit enfant plaide pour les pauvres enfants abandonnés, comme s'il était vivant et comme s'il avait une voix pour me parler, une voix familière à mon oreille. Ou bien encore si j'entends parler d'un jeune homme infirme ou coupable de grandes fautes, je me dis que mon fils aurait pu tomber dans une semblable condition, et que Dieu me l'a enlevé dans sa miséricorde....

« Les cheveux blancs comme ceux de votre père me font de même penser à mon enfant, car je me dis que lui aussi aurait pu devenir vieux, longtemps, bien longtemps après mon départ et le vôtre, et que sa vieillesse aurait eu besoin du respect et de l'amour de personnes plus jeunes que lui. »

Milly passa son bras sous celui de son mari et appuya sa tête sur son épaule. Sa voix douce et calme était plus douce encore et plus calme que d'habitude; elle continua ainsi :

« Les enfants m'aiment tant que, parfois, je me suis imaginé... jugez de ma folie, William! qu'ils ont un moyen, je ne sais lequel, de ressentir de l'affection pour mon petit enfant, pour moi-même, et de comprendre pourquoi leur tendresse m'est précieuse. Oui, depuis la mort de mon fils, mon caractère a toujours été égal et paisible, William, et je me suis sentie plus heureuse sous bien des rapports.... Ainsi, mon ami, quelques jours seulement après la mort de ce cher petit être, tandis que j'étais souffrante et en proie à un chagrin bien naturel, une pensée m'est venue qui m'a donné du bonheur, c'est que, si j'essayais de mener une vie pure, je rencontrerais dans le ciel une radieuse créature qui me donnerait le nom de mère. »

Redlaw tomba à genoux en poussant un grand cri.

« O mon Dieu! dit-il, toi qui, par les enseignements du divin amour, m'as fait la grâce de me rendre cette mémoire qui était la mémoire du Christ sur la croix, et celle de tous les hommes qui sont morts pour sa cause, reçois l'hommage de ma gratitude, et bénis cette jeune femme! »

A ces mots il pressa sur son cœur la douce Milly, qui, fondant en larmes et riant tour à tour, s'écria :

« Il est revenu à lui-même!... Lui aussi, il m'aime!... Encore quelqu'un qui m'aime!... Oh! que je suis heureuse! »

Sur ces entrefaites, entra l'étudiant, tenant par la main une charmante jeune fille qui le suivait d'un pas craintif. Et Redlaw, bien différent de ce qu'il avait été la veille, voyant en lui et dans la compagne de son choix l'ombre adoucie d'une époque mémorable de sa propre existence, courut à leur rencontre et les serra dans ses bras en les suppliant de devenir ses enfants.

Semblable à la colombe qui, longtemps enfermée dans sa prison solitaire, s'envole vers le feuillage pour y chercher le repos et des compagnes, l'âme de Redlaw, rendue à la liberté, s'élançait vers la jeunesse et la vie.

Et comme l'époque de Noël est, de toutes les autres époques de l'année, celle où nous devons particulièrement songer à secourir, à consoler, à soulager tous ceux qui souffrent autour de nous, et à faire tout le bien qu'il est en notre pouvoir de faire, Redlaw étendit la main sur la tête du petit garçon; puis prenant mentalement à témoin *Celui* qui, dans son temps, étendait la main sur les petits enfants, en reniant, dans la majesté de son esprit prophétique, quiconque les éloignait de lui, il fit vœu de protéger et d'instruire cet enfant.

Puis, il tendit joyeusement la main à Philip, en disant que ce jour devait être célébré par un repas de Noël dans « *ce qui était anciennement la grande salle des banquets,* » et qu'il fallait y convier, en aussi grand nombre que cela se pourrait faire en si peu de temps, les membres de la famille des Swidgers, lesquels, au dire de William, étaient si nombreux qu'en se tenant par la main, ils auraient pu former un cercle autour de l'Angleterre.

Le repas eut en effet lieu ce jour-là même; et il s'y trouva un si grand nombre de Swidgers, grands et petits, qu'en essayant d'en faire le compte exact, on s'exposerait à créer, dans les esprits défiants, des doutes sur la véracité de cette histoire.

C'est pourquoi cet essai ne sera point tenté. Toujours est-il que les Swidgers se trouvèrent là par douzaine, par vingtaines, et pour eux tous, il y eut bon espoir et bonnes nouvelles au sujet de Georges, que son père, son frère, ainsi que Milly, avaient revu dans la journée.

Parmi les convives, figuraient aussi les Tetterbys, y compris le jeune Adolphe, qui arriva dans son cache-nez omnicolore, juste à temps pour le bœuf.

Quant à Johnny et au baby, ils arrivèrent naturellement trop tard, et se présentèrent tout d'un côté, l'un exténué de fatigue, l'autre dans un état de crise attribué à la pousse des molaires; mais cela lui était habituel et n'avait rien d'alarmant.

Ce fut une chose triste à voir que l'enfant sans nom, sans famille, suivant d'un œil attentif les autres enfants occupés de leurs jeux, ne sachant comment causer ou jouer avec eux, en un mot, demeurant plus étranger aux manières de l'enfance qu'un chien mal-appris.

Ce fut aussi une chose triste à voir, bien que dans un autre ordre d'idées, que l'instinct avec lequel les plus jeunes de ces enfants sentaient que le petit garçon ne leur ressemblait point; et pourtant, ils s'approchaient de lui timidement, lui disant de douces paroles et lui faisant de petits présents pour qu'il ne s'ennuyât point. Mais il resta près de Milly, qu'il commençait à aimer, et comme tous les enfants avaient une grande affection pour elle, ils furent tout joyeux à la vue du petit garçon qui lui témoignait une véritable tendresse, et qui, étroitement rapproché d'elle, debout derrière sa chaise, jetait sur eux des regards furtifs.

Tout cela fut remarqué par le chimiste, qui était assis entre l'étudiant et sa fiancée, et par Philip, et par tout le monde enfin.

Quelques personnes ont dit depuis que toute cette histoire était un simple caprice de son imagination.... D'autres ont affirmé qu'il l'avait lue dans le feu, durant une nuit d'hiver, peu de temps après l'heure du crépuscule.... D'autres n'ont voulu voir, dans le fantôme, autre chose que la représentation de ses sombres pensées, et dans Milly, pas autre chose que la personnification des vertus de Redlaw.

Quant à moi, je ne dis rien,

.... Excepté ceci : que tandis qu'ils étaient réunis dans l'antique salle, sans autre lumière que celle d'un grand feu (le dîner ayant eu lieu de bonne heure), les ombres s'échappèrent de nouveau de leurs retraites et vinrent danser dans la salle, montrant aux enfants des formes et des figures merveilleuses sur les murs, et changeant graduellement les objets réels et familiers en objets étranges et magiques.

Mais il y avait surtout une chose vers laquelle les regards de Redlaw, ceux de Milly et de son mari, ceux du vieillard, de l'étudiant et de sa fiancée, étaient fréquemment tournés, sans que les ombres parvinssent à l'obscurcir ou à l'altérer. Éclairée par la lueur du feu, qui lui donnait un air de gravité plus que jamais imposante, et se détachant de l'obscure boiserie comme un visage vivant, la figure sereine du portrait, avec la barbe et la fraise, dans son encadrement de vert feuillage de houx, baissait les yeux sur les convives, lorsque ceux-ci levaient les yeux pour les regarder. Et au-dessous du portrait, il y avait ces mots, clairs et distincts, comme si une voix les eût prononcés :

Seigneur, conservez-moi la mémoire !

FIN

TABLE DES MATIÈRES.

CANTIQUE DE NOËL.

PREMIER COUPLET.
Pages.
Le spectre de Marley... 3

DEUXIÈME COUPLET.
Le premier des trois esprits...................................... 21

TROISIÈME COUPLET.
Le second des trois esprits....................................... 38

QUATRIÈME COUPLET.
Le dernier des esprits.. 61

CINQUIÈME COUPLET.
La conclusion... 76

LES CARILLONS.

I. Premier quart.. 85
II. Second quart.. 109
III. Troisième quart... 130
IV. Quatrième quart.. 151

LE GRILLON DU FOYER.

I. Premier cri.. 175

II. Deuxième cri... 301
III. Troisième cri.. 331

LA BATAILLE DE LA VIE.

Première partie... 365
Deuxième partie.. 386
Troisième partie.. 414

LE POSSÉDÉ.

I. Le don accordé... 441
II. Le don transmis.. 366
III Le don contraire... 440

FIN DE LA TABLE DES MATIÈRES.

Gaskell (Mrs) (suite) : *Marie Barton.* 1 vol.
— *Marguerite Hall* (Nord et Sud). 2 vol.
— *Ruth.* 1 vol.
— *Les amoureux de Sylvia.* 1 vol.
— *Cousine Phillis.* — *L'œuvre d'une nuit de mai.* — *Le héros du fossoyeur.* 1 vol.
Gerstæcker : *Les deux convicts,* traduit de l'allemand. 1 vol.
— *Les pirates du Mississipi.* 1 vol.
— *Aventures d'une colonie d'émigrants en Amérique.* 1 vol.
Gœthe : *Werther,* traduit de l'allemand. 1 vol.
Gogol (N.) : *Tarass Boulba,* traduit du russe. 1 vol.
— *Les âmes mortes.* 2 vol.
Grenville Murray : *Œuvres,* traduites de l'anglais, 7 volumes :
— *La jeune Brown.* 2 vol.
— *La cabale du boudoir.* 2 vol.
— *Veuve ou mariée?* 1 vol.
— *Une famille endettée.* 1 vol.
— *Étranges histoires.* 1 vol.
Hacklænder : *Boutique et comptoir,* traduit de l'allemand. 1 vol.
— *La vie militaire en Prusse.* 3 vol. Chaque vol. se vend séparément.
— *Le moment du bonheur.* 1 vol.
Hall (capitaine Basil) : *Scènes de la vie maritime,* traduites de l'anglais. 1 vol.
— *Scènes du bord et de la terre ferme.* 1 vol.
Hamilton-Aïdé : *Rita,* traduit de l'anglais. 1 vol.
Hardy (T.) : *Le trompette-major,* traduit de l'anglais. 1 vol.
Harwood (J.) : *Lord Ulswater,* traduit de l'anglais. 2 vol.
Hauff : *Nouvelles,* traduites de l'allemand. 1 vol.
— *Lichtenstein.* 1 vol.
Haworth (Miss) : *Une méprise.* — *Les trois soirées de la Saint-Jean.* — *Morwell.* Nouvelles traduites de l'anglais. 1 vol.
Hawthorne : *La lettre rouge,* traduit de l'anglais. 1 vol.
— *La maison aux sept pignons.* 1 vol.
Heiberg (L.) : *Nouvelles danoises,* traduites du danois. 1 vol.
Helm (Mme) : *Madame Théodore,* traduit de l'allemand. 1 vol.
Hildreth : *L'esclave blanc,* traduit de l'anglais. 1 vol.

Hillern (Mme de) : *La fille au vautour,* traduit de l'allemand. 1 vol.
— *Le couvent de Marienberg.* 1 vol.
Howells : *La passagère de l'Aroostoock,* traduit de l'anglais. 1 vol.
Hume (F. G.) : *Le mystère d'un hansom cab,* traduit de l'anglais. 1 vol.
Immermann : *Les paysans de Westphalie,* traduit de l'allemand. 1 vol.
Jackson : *Ramona,* traduit de l'anglais. 1 vol.
James : *Léonora d'Orco,* traduit de l'anglais. 1 vol.
— *L'Américain à Paris.* 2 vol.
— *Roderick Hudson.* 1 vol.
Jenkin (Mrs) : *Qui casse paye,* traduit de l'anglais. 1 vol.
Jerrold (D.) : *Sous les rideaux,* traduit de l'anglais. 1 vol.
Jokaï : *Le nouveau seigneur,* traduit de l'allemand. 1 vol.
Kavanagh (J.) : *Tuteur et pupille,* traduit de l'anglais. 2 vol.
Kingsley : *Il y a deux ans,* traduit de l'anglais. 2 vol.
Kompert : *Nouvelles juives,* traduites de l'allemand. 1 vol.
Krassewski (J.) : *Sur la Sprée,* traduit du polonais. 1 vol.
Lawrence (G.) : *Œuvres,* traduites de l'anglais, 8 volumes :
— *Frontière et prison.* 1 vol.
— *Guy Livingstone.* 1 vol.
— *Honneur stérile.* 2 vol.
— *L'épée et la robe.* 1 vol.
— *Maurice Dering.* 1 vol.
— *Flora Bellasys.* 2 vol.
Lennep (J. Van) : *Les aventures de Ferdinand Huyck,* traduites du hollandais. 2 vol.
— *La rose de Dekama.* 2 vol.
Longfellow : *Drames et poésies,* traduit de l'anglais. 1 vol.
Ludwig (O.) : *Entre ciel et terre,* traduit de l'allemand. 1 vol.
Lytton (lord) : *Glenaveril,* traduit de l'anglais. 1 vol.
Mancini (P.) : *De ma fenêtre,* traduit de l'italien. 1 vol.
Manzoni : *Les fiancés,* traduit de l'italien. 2 vol.
Marryat (Miss) : *Deux amours,* traduit de l'anglais. 2 vol.
Marah (Mrs) : *Le contrefait,* traduit de l'anglais. 1 vol.
Mayne-Reid : *La piste de guerre,* traduit de l'anglais. 1 vol.
— *La quarteronne.* 1 vol.
— *Le doigt du destin.* 1 vol.

Mayne-Reid (suite) : *Le roi des Séminoles*. 1 vol.
— *Les partisans*. 1 vol.
Melville (Whyte) : *Œuvres*, traduites de l'anglais, 7 volumes :
   Les gladiateurs : Rome et Judée. 2 vol.
   Katerfelto. 1 vol.
   Digby Grand. 2 vol.
   Kate Coventry. 1 vol.
   Satanella. 1 vol.
Mügge (Th.) : *Afraja*, traduit de l'allemand. 2 vol.
Nouvelles du Nord, traduites du suédois, de Frederika Bremer, J. L. Rudeberg, etc. 1 vol.
Ouida : *Ariane*, traduit de l'anglais. 2 vol.
— *Pascarel*. 1 vol.
— *Amitié*. 1 vol.
Page (H.) : *Un collège de femmes*, traduit de l'anglais. 1 vol.
Pouchkine (A.) : *La fille du capitaine*, traduit du russe. 1 vol.
Poynter (E.) : *Hetty*, traduit de l'anglais. 1 vol.
Reade et Dion Boucicault : *L'île providentielle*, traduit de l'anglais. 2 vol.
Reuter (Fritz) : *En l'année 1813*. Épisode de la vie militaire des Français en Allemagne, traduit de l'allemand. 1 vol.
Rockingham (C.) : *Les surprises d'un célibataire*, traduit de l'anglais. 1 vol.
Sacher-Masoch : *Le legs de Caïn*, contes galiciens, traduits de l'allemand. 1 vol.
— *Le nouveau Job. — Le laid*. 1 vol.
— *A Kolomea*. 1 vol.
— *Entre deux fenêtres. — Servatien et Pancrace. — Le Castellan*. 2 vol.
— *Sascha et Saschka. — La mère de Dieu*. 1 vol.
— *La pêcheuse d'âmes*. 1 vol.
Salow : *Nouvelles*, traduites du russe.
Schubin (O.) : *L'honneur*, traduit de l'allemand. 1 vol.
Segrave (A.) : *Marmorne*, traduit de l'anglais. 1 vol.
Smith (J.) : *L'héritage*, traduit de l'anglais. 3 vol.
Spielhagen (F.) : *Le mariage d'Ellen*, traduit de l'allemand. 1 vol.
Stephens (Miss) : *Opulence et misère*, traduit de l'anglais. 1 vol.
Stinde (J.) : *La famille Buchholz*, traduit de l'allemand. 1 vol.

Thackeray : *Œuvres*, traduites de l'anglais, 9 volumes :
   Henry Esmond. 2 vol.
   Histoire de Pendennis. 3 vol.
   La foire aux vanités. 2 vol.
   Le livre des Snobs. 1 vol.
   Mémoires de Barry Lindon. 1 vol.
Thackeray (Miss) : *Sur la falaise*, traduit de l'anglais. 1 vol.
Tourguéneff (I.) : *Mémoires d'un seigneur russe*, traduit du russe. 2 vol.
— *Scènes de la vie russe*. 1 vol.
— *Nouvelles scènes de la vie russe*. 1 vol.
Townsend (V.-F.) : *Madeline*, traduit de l'anglais. 1 vol.
Trollope (A.) : *Le domaine de Belton*, traduit de l'anglais. 1 vol.
— *La veuve remariée*. 2 vol.
— *Le cousin Henry*. 1 vol.
— *Les tours de Barchester*. 2 vol.
Trollope (Mrs) : *La pupille*, traduit de l'anglais. 1 vol.
Werner (E.) : *Vineta*, traduit de l'allemand. 1 vol.
Wichert : *Les perturbations. — Au bord de la Baltique. — Le vieux cordonnier*. Nouvelles traduites de l'allemand. 1 vol.
Wilkie Collins : *Œuvres*, traduites de l'anglais, 19 volumes :
   Le secret. 1 vol.
   La pierre de lune. 2 vol.
   Mademoiselle ou Madame ? 1 vol.
   Mari et femme. 2 vol.
   La morte vivante. 1 vol.
   La piste du crime. 2 vol.
   Pauvre Lucile ! 2 vol.
   Cache-cache. 2 vol.
   La mer glaciale. — La femme des rêves. 1 vol.
   Les deux destinées. 1 vol.
   L'hôtel hanté. 1 vol.
   La fille de Jézabel. 1 vol.
   Je dis non. 2 vol.
Wood (Mrs) : *Œuvres*, traduites de l'anglais, 10 volumes :
   Les filles de lord Oakburn. 2 vol.
   Le maître de Greylands. 2 vol.
   La gloire des Verner. 2 vol.
   Edina. 2 vol.
   L'héritier de Court-Netherleigh. 2 vol.
Zschokke : *Addrich des mousses*, traduit de l'allemand. 1 vol.
— *Le château d'Aarau*. 1 vol.

COLLECTIONS A 2 FR. ET 1 FR. 25 LE VOLUME

Ouida (suite) : *Afusa*, imité par J. Girardin. 1 vol.
— *Wanda*, traduit par Bernard. 2 vol.
— *Les Napraxine*, traduit par Hephell. 2 vol.
— *Othmar*, traduit par le même. 2 vol.
— *Don Gesualdo*. — *Une rose de Provence*. — *Pepistrello*. Nouvelles traduites par Bernard. 1 vol.

Ouida (suite) : *Scènes de la vie de château*, traduites par Fr. Bernard. 1 vol.
Tolstoï (comte) : *La guerre et la paix* (1805-1820). Roman historique traduit par une Russe; 5ᵉ édit. 3 vol.
— *Anna Karénine*. Roman traduit du russe; 5ᵉ édit. 2 vol.
— *Les Cosaques*. — *Souvenirs du siège de Sébastopol*, traduit du russe; 2ᵉ édit. 1 vol.
— *Souvenirs*. 1 vol.

3ᵉ SÉRIE, A 2 FR. LE VOLUME

About (Edm.) : *Germaine*; 60ᵉ mille. 1 vol.
— *Le roi des montagnes*; 72ᵉ mille. 1 v.
— *Les mariages de Paris*; 80ᵉ mille. 1 v.
— *L'homme à l'oreille cassée*; 43ᵉ mille. 1 vol.
— *Maître Pierre*; 10ᵉ édit. 1 vol.
— *Tolla*; 50ᵉ mille. 1 vol.
— *Trente et quarante*. — *Sans dot*. — *Les parents de Bernard*; 44ᵉ mille. 1 vol.
Bombonnel (C.) : *Le tueur de panthères*; 4ᵉ édit. 1 vol.

Énault (L.) : *Histoire d'amour*. 1 vol.
Erckmann-Chatrian : *Contes fantastiques*; 4ᵉ édit. 1 vol.
Gérard (J.) : *Le tueur de lions*; 12ᵉ édit. 1 vol.
Joliet (Ch.) : *Mille jeux d'esprit*; 2ᵉ édit. 1 vol.
Méry : *Contes et nouvelles*; 2ᵉ édit. 1 vol.
Wey (Francis) : *Trop heureux*. 1 vol.
Zaccone : *Nouveau langage des fleurs*, avec 12 gravures en couleurs. 1 vol.

4ᵉ SÉRIE, A 1 FR. 25 LE VOLUME

Achard (A.) : *Les vocations*. 1 vol.
— *La chasse à l'idéal*. 1 vol.
— *Le journal d'une héritière*; 2ᵉ édit. 1 vol.
— *Les chaînes de fer*. 1 vol.
— *Les fourches caudines*. 1 vol.
— *Maxence Humbert*. 1 vol.
— *Le serment d'Hedwige*. — *Madame de Mailhac*. 1 vol.
— *Olympe de Mézières*. — *Le mari de Delphine*. 1 vol.
— *Yerta Slovoda*. 1 vol.
Ancelot (Mme) : *Antonia Vernan*. 1 vol.
Araquy (E. d') : *Galienne*. 1 vol.
Arnould (A.) : *Les trois poètes*. 1 vol.
Bernardin de Saint-Pierre : *Paul et Virginie*. 1 vol.
Berthet (Élie) : *Les houilleurs de Polignies*; 4ᵉ édit. 1 vol.
Bertrand (L.) : *Au fond de mon carnier*. 1 vol.
Chapus (E.) : *Le turf*; 2ᵉ édit. 1 vol.
Deschanel : *Physiologie des écrivains et des artistes*, ou *Essai de critique naturelle*. 1 vol.
Énault (L.) : *Christine*; 10ᵉ édit. 1 vol.

Énault (L.) (suite) : *Pêle-Mêle*, nouvelles; 2ᵉ édit. 1 vol.
— *Histoire d'une femme*; 6ᵉ édit. 2 vol.
— *Alba*; 7ᵉ édit. 1 vol.
— *Hermine*; 7ᵉ édit. 1 vol.
— *En province*; 2ᵉ édit. 1 vol.
— *Olga*; 3ᵉ édit. 1 vol.
— *Un drame intime*; 2ᵉ édit. 1 vol.
— *Le roman d'une veuve*; 4ᵉ édit. 1 vol.
— *La pupille de la Légion d'honneur*; 3ᵉ édit. 2 vol.
— *La destinée*; 3ᵉ édit. 1 vol.
— *Le baptême du sang*; 2ᵉ édit. 2 vol.
— *Le secret de la confession*; 3ᵉ édit. 2 vol.
— *Irène*. 1 vol.
— *La veuve*; 2ᵉ édit. 1 vol.
— *L'amour et la guerre*. 2 vol.
— *L'amour en voyage*; 5ᵉ édit. 1 vol.
— *Nadège*; 6ᵉ édit. 1 vol.
— *Stella*; 5ᵉ édition. 1 vol.
— *Un amour en Laponie*; 2ᵉ édit. 1 vol.
— *La vierge du Liban*; 5ᵉ édit. 2 vol.
— *La vie à deux*; 4ᵉ édit. 1 vol.
— *Cordoval*. 1 vol.
— *Les perles noires*; 3ᵉ édit. 2 vol.
— *La rose blanche*; 6ᵉ édit. 1 vol.

Féval (P.) : *Cœur d'acier*. 2 vol.
— *Le mari embaumé*. 2 vol.
Figuier (Mme L.) : *Nouvelles languedociennes*. 1 vol.
Guizot (F.) : *L'amour dans le mariage*; 12ᵉ édit. 1 vol.
Houssaye (Arsène) : *Galerie de portraits du dix-huitième siècle*. 5 vol.
Les deux premières séries sont épuisées.
On vend séparément :
3ᵉ série : *Poëtes*, — *Romanciers*. — *Philosophes*.
4ᵉ série : *Hommes et femmes de cour*.
5ᵉ série : *Sculpteurs*. — *Peintres*. — *Musiciens*.
Jacques : *Contes et causeries*. 1 vol.
Joanne (Ad.) : *Albert Fleurier*. 1 vol.
Lamartine (A. de) : *Graziella*. 1 vol.
— *Raphaël*. 1 vol.
— *Le tailleur de pierres de Saint-Point*. 1 vol.
Laprade (J. de) : *En France et en Turquie*, nouvelles. 1 vol.

Lasteyrie (F. de) : *Causeries artistiques*. 1 vol.
Laurent de Rillé : *Olivier l'orphéoniste*. 1 vol.
Marchand-Gerin (Eug.): *La nuit de la Toussaint*. — *Il cantatore*. 1 vol.
Marco de Saint-Hilaire (E.) : *Anecdotes du temps de Napoléon Iᵉʳ*. 1 vol.
Michelet (Mme) : *Mémoires d'une enfant*. 1 vol.
Prévost (l'abbé) : *La colonie rocheloise*, nouvelle extraite de l'Histoire de Cleveland. 1 vol.
Renaut (E.) : *La perle creuse*. 1 vol.
Reybaud (Mme Charles) : *Miss Brun*; 2ᵉ édit. 1 vol.
— *Espagnoles et Françaises*. 1 vol.
Viardot (L.) : *Souvenirs de chasse*; 7ᵉ édit. 1 vol.
Viennet : *Épîtres et satires*. 1 vol.
Wailly (Léon de) : *Angélica Kauffmann*. 2 vol.

5ᵉ SÉRIE

PETITE BIBLIOTHÈQUE DE LA FAMILLE

Format petit in-16.

A 2 FR. LE VOLUME

La reliure en percaline gris perle, tranches rouges, se paye en sus 50 c.

Fleuriot (Mlle Z.) : *Tombée du nid*. 1 vol.
— *Raoul Daubry, chef de famille*. 1 vol.
— *L'héritier de Kerguignon*. 1 vol.
— *Réséda*; 9ᵉ édit. 1 vol.
— *Ces bons Rosade !* 1 vol.
— *La vie en famille*; 8ᵉ édit. 1 vol.
— *Le cœur et la tête*. 1 vol.
— *Au Galadoc*. 1 vol.
— *De trop*. 1 vol.
— *Le théâtre chez soi*. Comédies et proverbes. 1 vol.
Fleuriot-Kérinou. *De fil en aiguille*. 1 vol.
Girardin (J.) : *Le locataire des demoiselles Rocher*. 1 vol.
— *Les théories du docteur Wurtz*. 1 vol.

Girardin (J.) : *Miss Sans-Cœur*. 1 vol.
— *Les épreuves d'Étienne*. 1 vol.
— *Les braves gens*. 1 vol.
Marcel (Mme J.) : *Le Clos Chantereine*. 1 vol.
Wiele (Mme Van de) : *Filleul du roi ! mœurs bruxelloises*. 1 vol.
Witt (Mme de), née Guizot : *Tout simplement*; 2ᵉ édit. 1 vol.
— *Reine et maîtresse*. 1 vol.
— *Un héritage*. 1 vol.
— *Ceux qui nous aiment et ceux que nous aimons*. 1 vol.
— *Sous tous les cieux*. 1 vol.

D'autres volumes sont en préparation.

Coulommiers. — Typog. P. BRODARD et GALLOIS.

LIBRAIRIE HACHETTE ET Cie

BOULEVARD SAINT-GERMAIN, 79, A PARIS

1889
ROMANS, NOUVELLES
ŒUVRES DIVERSES
Format in-16.

1re SÉRIE, A 3 FR. 50 LE VOLUME

About (Edm.) : *Alsace* (1871-1872); 5e édition. 1 vol.
— *La Grèce contemporaine*; 9e édit. 1 vol.
— *Le progrès*; 4e édit. 1 vol.
— *Le turco.* — *Le bal des artistes.* — *Le poivre.* — *L'ouverture au château.* — *Tout Paris.* — *La chambre d'ami.* — *Chasse allemande.* — *L'inspection générale.* — *Les cinq perles*; 5e édit. 1 vol.
— *Madelon*; 10e édit. 1 vol.
— *Théâtre impossible*; 2e édit. 1 vol.
— *L'ABC du travailleur*; 4e édit. 1 vol.
— *Les mariages de province*; 7e édit. 1 vol.
— *La vieille roche* :
  1re partie : *Le mari imprévu*; 5e édit. 1 vol.
  2e partie : *Les vacances de la comtesse*; 4e édit. 1 vol.
  3e partie : *Le marquis de Lanrose*; 3e édit. 1 vol.
— *Le fellah*; 4e édit. 1 vol.
— *L'infâme*; 3e édit. 1 vol.
— *Le roman d'un brave homme*; 40e mille. 1 vol.
— *De Pontoise à Stamboul.* — *Le grain de plomb.* — *Dans les ruines.* — *Les œufs de Pâques.* — *Le jardin de mon grand-père.* — *Au petit Trianon.* — *Quatre discours.* 1 vol.

Amicis (de) : *Souvenirs de Paris et de Londres*, traduit de l'italien par Mme J. Colomb. 1 vol.

Barine (Arvède) : *Portraits de femmes* (Mme Carlyle. — George Eliot. — Une détraquée. — Un couvent de femmes en Italie au XVIe siècle. — Psychologie d'une sainte). 1 vol.
Ouvrage couronné par l'Académie française.
— *Essais et fantaisies*. 1 vol.

Charton (E.) : *Le tableau de Cébès, souvenirs de mon arrivée à Paris*. 1 vol.

Cherbuliez (V.), de l'Académie française : *Le comte Kostia*; 12e édit. 1 v.
— *Prosper Randoce*; 4e édit. 1 vol.
— *Paule Méré*; 6e édit. 1 vol.
— *Le roman d'une honnête femme*; 11e édit. 1 vol.
— *Le grand œuvre*; 3e édit. 1 vol.
— *L'aventure de Ladislas Bolski*; 7e éd. 1 vol.
— *La revanche de Joseph Noirel*; 4e édit. 1 vol.
— *Meta Holdenis*; 6e édit. 1 vol.
— *Miss Rovell*; 9e édit. 1 vol.
— *Le fiancé de Mlle Saint-Maur*; 5e éd. 1 vol.
— *Samuel Brohl et Cie*; 6e édit. 1 vol.
— *L'idée de Jean Téterol*; 6e édit. 1 vol.
— *Olivier Maugant*; 6e édit. 1 vol.
— *Amours fragiles*; 3e édit. 1 vol.
— *Noirs et Rouges*; 7e édit. 1 vol.
— *La ferme du Choquard*; 8e édit. 1 v.
— *La bête*; 7e édit. 1 vol.
— *La vocation du comte Ghislain*; 6e édit. 1 vol.
— *Profils étrangers*. 1 vol.
— *L'Espagne politique* (1868-1873). 1 v.
— *Études de littérature et d'art*. 1 vol.

Du Camp (M.), de l'Académie française : *Paris, ses organes, ses fonctions, sa vie*; 7e édit. 6 vol.
— *Les convulsions de Paris*; 6e édit. 4 vol.
— *La charité privée à Paris*; 3e édit. 1 vol.
— *La croix rouge de France*. 1 vol.

Duruy (G.) : *Andrée*; 9e mille. 1 vol.
— *Le garde du corps*; 9e mille. 1 vol.
— *L'unisson*. 12e mille. 1 vol.
— *Victoire d'âme*. 7e mille. 1 vol.

Août.

Énault (L.) : *Le châtiment;* 2ᵉ édit. 1 vol.
— *Valneige;* 2ᵉ édit. 1 vol.
— *Le château des anges.* 1 vol.
Ferry (G.) : *Le coureur des bois;* 10ᵉ éd. 2 vol.
— *Costal l'Indien;* 4ᵉ édit. 1 vol.
Filon (A.) : *Amours anglais.* 1 vol.
Goumy (E.) : *La France du centenaire.* 1 vol.
Grad (F.) : *Le peuple allemand.* 1 vol.
Houssaye (A.) : *Le violon de Franjolé.* 1 vol.
— *Voyages humoristiques.* 1 vol.
Kœcklin-Schwartz : *Un touriste en Laponie.* 1 vol.
Larchey (Lorédan) : *Les cahiers du capitaine Coignet (1799-1815),* publiés d'après le manuscrit original; nouvelle édition. 1 vol.
Lemaître : *La comédie après Molière et le théâtre de Dancourt.* 1 vol.
Marbeau (E.) : *Slaves et Teutons,* notes et impressions de voyage. 1 vol.
Marmier (X.), de l'Académie française : *En Alsace.* 1 vol.
— *Gazida,* fiction et réalité. 1 vol. Ouvrage couronné par l'Académie française.
— *Hélène et Suzanne.* 1 vol.
— *Le roman d'un héritier;* 2ᵉ édit. 1 vol.
— *Les fiancés du Spitzberg;* 4ᵉ édit. 1 vol. Ouvrage couronné par l'Académie française.
— *Lettres sur le Nord;* 5ᵉ édit. 1 vol.
— *Mémoires d'un orphelin.* 1 vol.
— *Sous les sapins,* nouvelles du Nord. 1 vol.
— *De l'est à l'ouest.* 1 vol.
— *Les voyages de Nils à la recherche de l'idéal.* 1 vol.
— *Robert Bruce;* comment on reconquiert un royaume; 2ᵉ édit. 1 vol.
— *Les âmes en peine,* contes d'un voyageur. 1 vol.
— *En pays lointains.* 1 vol.
— *Les hasards de la vie;* 2ᵉ édit. 1 vol.

Marmier (suite) : *Un été au bord de la Baltique;* 2ᵉ édit. 1 vol.
— *Histoire d'un pauvre musicien.* 1 vol.
— *Nouveaux récits de voyage.* 1 vol.
— *Contes populaires de différents pays,* recueillis et traduits. 2 vol.
— *Nouvelles du Nord.* 1 vol.
— *Légendes des plantes et des oiseaux.* 1 vol.
— *A la maison.* 1 vol.
— *A la ville et à la campagne.* 1 vol.
— *Passé et Présent.* 1 vol.
— *Voyages et littérature.* 1 vol.
Mézières (A.), de l'Académie française : *Hors de France.* 1 vol.
— *En France.* 1 vol.
Michelet (J.) : *L'insecte;* 10ᵉ édit. 1 vol.
— *L'oiseau;* 15ᵉ édit. 1 vol.
Millet (P.) : *La France provinciale,* Vie sociale. — Mœurs administratives. 1 vol.
Mistral : *Mireille,* poème provençal, traduit en vers français, par E. Rigaud, avec le texte en regard. 1 vol.
Poradowska (Mme) : *Demoiselle Micia.* 1 vol.
Ralston : *Contes populaires de la Russie.* 1 vol.
Saintine (X.-B.) : *Le chemin des écoliers;* 4ᵉ édit. 1 vol.
— *Picciola;* 51ᵉ édit. 1 vol.
— *Seul!* 6ᵉ édit. 1 vol.
Topffer (R.) : *Nouvelles genevoises.* 1 v.
— *Rosa et Gertrude.* 1 vol.
— *Le presbytère.* 1 vol.
— *Réflexions et menus propos d'un peintre genevois,* ou Essai sur le beau dans les arts. 1 vol.
Valbert : *Hommes et choses d'Allemagne.* 1 vol.
— *Hommes et choses du temps présent.* 1 vol.
Vercousin : *Saynètes et comédies.* 1 vol.
Wey (Fr.) : *Chronique du siège de Paris (1870-1871).* 1 vol.
— *Les Anglais chez eux;* 7ᵉ édit. 1 vol.
— *Petits romans.* 1 vol.

2ᵉ SÉRIE, A 3 FR. LE VOLUME

Deltuf (P.) : *L'ordonnance de non-lieu.* 1 vol.
Erckmann-Chatrian : *L'ami Fritz;* 10ᵉ édition. 1 vol.
La Cottière (Jacob de) : *Mes semblables.* 1 vol.
Ouida : *Umilta. — La récompense du vétéran. — Les oiseaux dans la neige.*

— *La dernière des Castlemaine. — L'assiette de mariage.* Nouvelles traduites de l'anglais. 1 vol.
— *La princesse Zouroff,* traduit par J. Girardin; 2ᵉ édit. 1 vol.
— *Les fresques. — Au palais Pitti. — Après-midi. — A Camaldoli.* Nouvelles traduites par Hephell. 1 vol.

LIBRAIRIE HACHETTE ET Cie

79, BOULEVARD SAINT-GERMAIN, 79

1889

BIBLIOTHÈQUE DES MEILLEURS ROMANS ÉTRANGERS

à 1 fr. 25 le volume.

Ainsworth (W.) : *Abigail*, traduit de l'anglais. 1 vol.
— *Crichton*. 2 vol.
— *Jack Sheppard*, ou les Chevaliers du brouillard. 2 vol.
Alarcon (A. de) : *L'enfant à la boule*, traduit de l'espagnol. 1 vol.
Alexander (Mrs) : *L'épousera-t-il ?* traduit de l'anglais. 2 vol.
— *Une seconde vie*. 2 vol.
Anonymes : *Les pilleurs d'épaves*, traduit de l'anglais. 2 vol.
— *Miss Mortimer*, traduit de l'anglais. 1 vol.
— *Paul Ferroll*, traduit de l'anglais. 1 vol.
— *Violette*, imitation de l'anglais. 1 vol.
— *Whitehall*, traduit de l'anglais. 2 vol.
— *Whitefriars*, traduit de l'anglais. 2 vol.
— *La veuve Barnaby*, traduit de l'anglais. 2 vol.
— *Tom Brown à Oxford*, imité de l'anglais. 2 vol.
— *Mehalah*, traduit de l'anglais. 1 vol.
— *Molly Bawn*, traduit de l'anglais. 1 vol.
— *Doris*, par l'auteur de *Molly Bawn*. 1 vol.
— *Portia*, traduit de l'anglais. 1 vol.
— *Le bien d'autrui*, étude de mœurs américaines, traduit de l'anglais. 1 vol.
— *La conquête d'une belle-mère*, par l'auteur de *Molly Bawn*. 1 vol.
— *Rossmoyne*, par l'auteur de *Molly Bawn*. 1 vol.
— *La maison du Marais*, traduit de l'anglais. 1 vol.
— *Helen Clifford*. 1 vol.
Austen (Miss) : *Persuasion*, traduit de l'anglais. 1 vol.
Azeglio (M. d') : *Nicolas de Lapi*, traduit de l'italien. 2 vol.
Beaconsfield (lord) : *Endymion*, traduit de l'anglais. 2 vol.
Beecher-Stowe (Mrs) : *La case de l'oncle Tom*, traduit de l'anglais. 1 vol.
— *La fiancée du ministre*. 1 vol.

Bersezio (V.) : *Nouvelles piémontaises*, traduites de l'italien. 1 vol.
— *Les anges de la terre*. 1 vol.
— *Pauvre Jeanne !* 1 vol.
Black (W.) : *Anna Beresford*, traduit de l'anglais. 1 vol.
Blackmore (R.) : *Erema*, traduit de l'anglais. 2 vol.
Blest Gana (A.) : *L'idéal d'un mauvais sujet*, traduit de l'espagnol. 1 vol.
Braddon (Miss) : Œuvres, traduites de l'anglais, 41 volumes :
  Aurora Floyd. 2 vol.
  Henri Dunbar. 2 vol.
  La trace du serpent. 2 vol.
  Le secret de lady Audley. 2 vol.
  Le capitaine du Vautour. 1 vol.
  Le testament de John Marchmont. 2 vol.
  Le triomphe d'Eléanor. 2 vol.
  Lady Lisle. 1 vol.
  Ralph l'intendant. 1 vol.
  La femme du docteur. 2 vol.
  Le locataire de sir Gaspard. 2 vol.
  L'allée des dames. 2 vol.
  Rupert Godwin.
  Le brosseur du lieutenant. 2 vol.
  Les oiseaux de proie. 2 vol.
  L'héritage de Charlotte. 2 vol.
  La chanteuse des rues. 2 vol.
  Un fruit de la mer Morte. 2 vol.
  Lucius Davoren. D. M. 2 vol.
  Joshua Haggard. 2 vol.
  Barbara. 1 vol.
  Vixen. 2 vol.
  Le chêne de Blatchmardean. 1 vol.
  Fatalité. 1 vol.
Bulwer Lytton (sir Ed.) : Œuvres, traduites de l'anglais, 27 volumes :
  Devereux. 2 vol.
  Ernest Maltravers. 1 vol.
  Le dernier des barons. 2 vol.
  Le désavoué. 2 vol.
  Le dernier jour de Pompéi. 1 vol.
  Mémoires de Pisistrate Caxton. 2 vol.
  Mon roman. 2 vol.

Bulwer Lytton (suite) : *Paul Clifford*, 2 vol.
  Qu'en fera-t-il ? 2 vol.
  Rienzi. 2 vol.
  Zanoni. 2 vol.
  Eugène Aram. 2 vol.
  Alice, ou les Mystères, 1 vol.
  Pelham, ou Aventures d'un gentleman. 2 vol.
  Jour et nuit, ou Heur et malheur. 2 vol.
Burnett (F. H.) : *Entre deux présidences*, traduit de l'anglais, 2 vol.
Caballero (F.) : *Nouvelles andalouses*, traduites de l'espagnol. 1 vol.
Caccianiga : *Le baiser de la comtesse Savina*, traduit de l'italien, 1 vol.
— *Les délices du farniente*, 1 vol.
— *Le bocage de Saint-Alipio*, 1 vol.
Carmen Sylva : *Nouvelles*, traduites de l'allemand. 1 vol.
Cervantès : *Nouvelles*, traduites de l'espagnol. 1 vol.
Conway (H.) : *Le secret de la neige*, traduit de l'anglais. 1 vol.
— *Affaire de famille*. 1 vol.
— *Vivant ou mort*. 1 vol.
Craik (Miss Mullock) : *Deux mariages*, traduit de l'anglais. 1 vol.
— *Une noble femme*. 1 vol.
— *Mildred*. 1 vol.
Cummins (Miss) : *L'allumeur de réverbères*, traduit de l'anglais. 1 vol.
— *Mabel Vaughan*. 1 vol.
— *La rose du Liban*. 1 vol.
— *Les cœurs hantés*. 1 vol.
Currer-Bell (Miss Brontë) : *Jane Eyre*, traduit de l'anglais. 2 vol.
— *Le professeur*. 1 vol.
— *Shirley*. 2 vol.
Dasent : *Les Vikings de la Baltique*, traduit de l'anglais. 2 vol.
Derrick (F.) . *Olive Varcoe*, traduit de l'anglais. 2 vol.
Dickens (Ch.) : *Œuvres*, traduites de l'anglais, 26 volumes :
  Aventures de M. Pickwick. 2 vol.
  Barnabé Rudge. 2 vol.
  Bleak-House. 2 vol.
  Contes de Noël. 1 vol.
  David Copperfield. 2 vol.
  Dombey et fils. 3 vol.
  La petite Dorrit. 2 vol.
  Le magasin d'antiquités. 2 vol.
  Les temps difficiles. 1 vol.
  Nicolas Nickleby. 2 vol.
  Olivier Twist. 1 vol.

Dickens (Ch.) (suite) : *Paris et Londres en 1793*. 1 vol.
  Vie et aventures de Martin Chuzzlewitt. 2 vol.
  Les grandes espérances. 2 vol.
  L'ami commun. 2 vol.
  Le mystère d'Edwin Drood. 1 vol.
Dickens et Collins : *L'abîme*, traduit de l'anglais. 1 vol.
Disraeli : *Sybil*, traduit de l'anglais, 2 vol.
— *Lothair*. 2 vol.
  Voir ci-dessus BEACONSFIELD.
Edwardes (Mrs Annie) : *Un bas-bleu*, traduit de l'anglais. 1 vol.
— *Une singulière héroïne*. 1 vol.
Edwards (Miss Amélia) : *L'héritage de Jacob Trefalden*, traduit de l'anglais. 2 vol.
Elliot (F.) : *Les Italiens*, traduit de l'anglais. 1 vol.
Eliot (G.) : *Adam Bede*, traduit de l'anglais. 2 vol.
— *La conversion de Jeanne*. 1 vol.
— *Les tribulations du révérend A. Barton*. 1 vol.
— *Le moulin sur la Floss*. 2 vol.
— *Romola, ou Florence et Savonarole*. 2 vol.
— *Silas Marner, le tisserand de Ravelœ*. 1 vol.
Farina (S.) : *Amour aveugle*. — *Bourrasques conjugales*. — *Un homme heureux*. — *Valet de pique*. Nouvelles traduites de l'italien. 1 vol.
— *Le trésor de Donnina*. 1 vol.
— *L'écume de la mer*. 1 vol.
Farjeon : *Le mystère de Porter Square*, traduit de l'anglais. 1 vol.
— *Pour la gloire*. 1 vol.
Fleming (G.) : *Un roman sur le Nil*, traduit de l'anglais. 1 vol.
Fleming (M.) : *Un mariage extravagant*, traduit de l'anglais. 2 vol.
— *Le mystère de Catheron*. 2 vol.
— *Les chaînes d'or*. 1 vol.
Freytag (G.) : *Doit et avoir*, traduit de l'allemand. 3 vol.
Fullerton (Lady) : *L'oiseau du bon Dieu*, traduit de l'anglais. 1 vol.
— *Hélène Middleton*. 1 vol.
Galdos (P.) : *Marianela*, traduit de l'espagnol. 1 vol.
— *L'ami Manso*. 1 vol.
Gaskell (Mrs) : *Œuvres*, traduites de l'anglais, 7 volumes :
  Autour du sofa. 1 vol.

Coulommiers. — Typog. P. BRODARD et GALLOIS.

Original en couleur
NF Z 43-120-8

www.ingramcontent.com/pod-product-compliance
Lightning Source LLC
Chambersburg PA
CBHW070603230426
43670CB00010B/1393